शब्दों का सफ़र

[हिंदी की शब्द-संपदा के जन्म-सूत्रों की तलाश और विवेचना]

[पहला पड़ाव]

शब्दों का सफ़र

[हिंदी की शब्द-संपदा के जन्म-सूत्रों की तलाश और विवेचना]

[पहला पड़ाव]

अजित वडनेरकर

राजकमल प्रकाशन

ISBN : 978-81-267-1988-4

मूल्य : ₹1595

पहला संस्करण : 2011
चौथा संस्करण : 2022

प्रकाशक : राजकमल प्रकाशन प्रा.लि.
साइंस कॉलेज के सामने, अशोक राजपथ
पटना-800 006

प्रधान कार्यालय : 1-बी, नेताजी सुभाष मार्ग, दरियागंज, नई दिल्ली-110 002
शाखाएँ : पहली मंजिल, दरबारी बिल्डिंग, महात्मा गांधी मार्ग, प्रयागराज-211 001
36 ए, शेक्सपियर सरणी, कोलकाता-700 017

वेबसाइट : www.rajkamalprakashan.com
ई-मेल : info@rajkamalprakashan.com

मुद्रक : बी.के. ऑफसेट
नवीन शाहदरा, दिल्ली-110 032

SHABDON KA SAFAR (Pehla Padav)
Etymology by Ajit Wadnerkar

ताई, भैया और मामा

के लिए...

जिन्होंने सबसे पहले

शब्दों से परिचय कराया...

अपनी बात

उत्पत्ति की तलाश में निकलें तो शब्दों का बहुत दिलचस्प सफ़र सामने आता है। लाखों सालों में जैसे इनसान ने धीरे-धीरे अपनी शक्ल बदली, सभ्यता के विकास के बाद से शब्दों ने धीरे-धीरे अपने व्यवहार बदले। एक भाषा का शब्द दूसरी भाषा में गया और अरसे बाद एक तीसरी ही शक्ल में सामने आया। शब्द-व्युत्पत्ति और विवेचना करने और जानने की ललक पश्चिम के बौद्धिक व सामान्य पढ़े-लिखे समाज में तो नज़र आती है जबकि संस्कृत की समृद्ध कोश परम्परा के बावज़ूद हिन्दी में शब्द-व्युत्पत्ति के प्रति जिज्ञासा का अभाव है। शब्द-विलास की बात छोड़िए, सामान्य शब्द की अर्थगर्भिता को गहराई से जानने और उसके विविध अर्थ-आयामों को समझने की ज़रूरत संवाद माध्यमों से जुड़े लोगों, ख़ासतौर पर पत्रकारों को भी अब महसूस नहीं होती। हिन्दी में साहित्य की तमाम विधाओं में ख़ूब लिखा जाता है मगर शब्द-व्युत्पत्ति पर बहुत कम सामग्री है। जो सामग्री है, वह भी भाषाविज्ञान की दुरूह स्थापनाओं और सिद्धांतों के आवरण में लिपटी है। क़रीब डेढ़ सौ साल पहले शुरू हुई हिन्दी पत्रकारिता ने आज़ादी के महायज्ञ में अंग्रेज़ी भाषा और अंग्रेज़ी शासन से डटकर मुक़ाबला किया। आम लोगों में निज भाषा का ग़ौरव भरा। आज़ादी के बाद आमजन की हिन्दी को संस्कारित करने में अख़बारों की ज़बर्दस्त भूमिका रही क्योंकि देश के सामान्य शिक्षित समुदाय का मुद्रित अक्षर से रिश्ता साहित्य के ज़रिए नहीं बल्कि समाचार-पत्रों के ज़रिए था। अख़बारों के सम्पादक मंडल में साहित्यकार या साहित्यप्रेमी सम्पादक होते थे। तब भाषा, वर्तनी और शब्दों की त्रुटियों पर बहस होती थी। इस देश का भूगोल 'कोस कोस पर बदले पानी, चार कोस पर बानी' वाली उक्ति से समझा जा सकता है। हमारी विविधतापूर्ण संस्कृति का असर राष्ट्रभाषा हिन्दी में झलकता है। इसीलिए हिन्दी के मानकीकरण की बात बेमानी है, मगर पढ़े-लिखे समुदाय से यह उम्मीद की जानी चाहिए कि वह जैसी भाषा लिख-बोल रहा है, उससे राष्ट्रभाषा का सम्मान बना रहे। बीते दो दशकों से हिन्दी पर भी इलाक़ाई असर ज़बर्दस्त दिखने लगा है, जिसके चलते शब्दों के मनमाने बरताव की वृत्ति उभर रही है। अख़बारों में अब के हिन्दी-कर्मी शब्दों की वर्तनी, उनकी अर्थगर्भिता जानने की ज़रूरत से ऊपर उठ चुके हैं। भाषा के सागर में अब सिर्फ़ किनारे पर बैठकर सब संतुष्ट हैं। न पार जाने की चाह है, न गहराई नापने की। जिसका नतीजा अभयारण्य, आप्रवासी, सौहार्द, किश्त जैसे शब्दों में नज़र आता है। शब्दों का इस्तेमाल

निर्जीव वस्तुओं की तरह किया जाता है। दी वाली में दीयों की पंक्ति अवलि या अवली से आ रही है, यह जानने की जिज्ञासा अब नहीं रही। यह अवली उत्तर भारत के मेहरौली, अतरौली या ग्वालियर के रिहाइशी इलाक़ों दर्जीओली, दानाओली में भी छिपी है यह जानकर लोग ताज्जुब तो करते हैं, पर ख़ुद होकर जानने की उनकी मंशा नहीं रहती। ऐसा भी नहीं है कि इस उपेक्षा या उदासीनता की वजह अंग्रेज़ी का बढ़ता प्रभाव है। जो लोग अंग्रेज़ी शब्दों का इस्तेमाल करते हैं वह भी अशुद्ध है।

संस्कृत में कोश, शब्द-व्युत्पत्ति और शब्द-विवेचना की समृद्ध परम्परा रही है। वैदिक शब्दावली के जन्म-सूत्र और उनकी विवेचना यास्क के निरुक्त में हुई है। आचार्य किशोरीदास वाजपेयी की प्रसिद्ध कृति 'हिन्दी शब्दानुशासन' एक महत्त्वपूर्ण पुस्तक है। हिन्दी परिवार की भाषाओं में समाए देशी-विदेशी शब्दों की आमद का दिलचस्प ब्योरा प्रसिद्ध भाषाशास्त्री भोलानाथ तिवारी की छोटी सी पुस्तिका 'शब्दों का जीवन' में मिलता है जिसमें उन्होंने बोलचाल की हिन्दी में प्रचलित चुने हुए शब्दों के ज़रिए एक भाषा के शब्दों की दूसरी भाषा में आवाज़ाही, शब्दों के बदलते रूप, अर्थ-विस्तार और नए शब्दों के जन्म की प्रक्रिया को भाषाविज्ञान के सिद्धांतों से हटकर बहुत आसान तरीक़े से समझाया है। मगर इस पुस्तक का लघु कलेवर ही इसकी सीमा है। शब्द-व्युत्पत्ति में रुचि रखने वालों में शब्दों के प्रति जिज्ञासा तो इससे बढ़ती है पर अन्य शब्दों के बारे में जानकारी नहीं मिलती। इस विषय में विद्यानिवास मिश्र की पुस्तक 'हिन्दी की शब्द-सम्पदा' भी उल्लेखनीय है। इसमें लेखक ने दैनंदिन कार्य-व्यापार के सैकड़ों देशज शब्दों का उल्लेख किया है, जो आज बोलचाल की हिन्दी में अप्रचलित हैं या लुप्त होते जा रहे हैं। यह पुस्तक दिलचस्प है मगर इसका दायरा सीमित है। समूचे हिन्दीभाषी क्षेत्र के शब्दों की चर्चा की बजाय इसमें हिन्दी की पूर्वी शैलियों के शब्दों का ही उल्लेख है, जैसे—भोजपुरी, मगही, मैथिली, अवधी आदि। इसमें ज़्यादातर वे शब्द हैं जो पूर्वी क्षेत्रों की लोक-संस्कृति में रचे-बसे हैं। खड़ीबोली हिन्दी का प्रयोग करने वालों के लिए यह उतनी उपयोगी नहीं है क्योंकि पश्चिमी उत्तर प्रदेश, मालवा, राजस्थान, हरियाणा आदि क्षेत्रों के हिन्दीभाषी इन शब्दों से न सिर्फ़ अपरिचित हैं बल्कि वहाँ की विभिन्न बोलियों में भी इनका इस्तेमाल नहीं होता। एक मीडियाकर्मी, अध्यापक, नेता, प्रशासक के लिए शब्दों की गहराई जानना बहुत ज़रूरी है। मनुष्य की सहज वृत्ति है सवाल खड़ा करना। विकास की सामान्य अवस्था में कब, क्यों, कैसे जैसे सवाल अपने प्राकृतिक रूप में मौजूद रहते हैं। बाद में जब स्वभाव और चरित्र प्रदूषित हो जाता है, तब सहज जिज्ञासा भी मरने लगती है। एक ठहरे पानी जैसा समाज भी इसी अवस्था में उभरता है। आज के दौर में भाषा के प्रति जिज्ञासा-वृत्ति सामान्य हिन्दीभाषी में ख़त्म होती जा रही है जबकि विदेशी विद्वानों द्वारा भारतीय भाषाओं में किए गए शोधकार्य आज भी महत्त्वपूर्ण हैं।

भाषाविज्ञान ही वह कड़ी है जिसने यह स्थापित किया है कि धर्म-संस्कृति के झगड़ों से परे, मूलतः मनुष्य की विकास-यात्रा अलग-अलग इलाक़ों में एक सी रही है। अंग्रेज़ी, पुर्तगाली, फ्रेंच, स्पेनिश से लेकर अरबी, फ़ारसी, तुर्की और मंगोल भाषाओं में हज़ारों

वर्षों से अंतर्संबंध रहा है जो बहुत आसानी से नज़र भी आता है। हिन्दी में इन्हीं तमाम भाषाओं के शब्द शामिल हैं। प्राचीनकाल से विभिन्न संस्कृतियों-समाजों के बीच व्यापारिक संबंध बनते रहे। अलग-अलग समाजों में भाषायी आदान-प्रदान का जितना काम वाणिज्य-व्यवसाय के ज़रिए हुआ उतना और किसी साधन से नहीं हुआ। आज समाज के विभिन्न स्तरों पर एक क़िस्म के कट्टरवाद की परत नज़र आती है। कुछ लोग इसे शुद्धतावाद भी कहते हैं। यह जो भी है, मगर है बहुत घातक। समूची दुनिया के मानव-समूहों में भाषायी अंतर्संबंध रहा है। नस्ली पृथकता का सवाल बेमानी है। असल बात सांस्कृतिक वैभिन्न्य के बीच एकता के सूत्रों की तलाश है जिसका सबसे महत्त्वपूर्ण, तार्किक और वज़नदार प्रमाण सिर्फ़ वाग्मिता में छिपा है। शब्द-व्युत्पत्ति से पता चलता है कि वैविध्य का जितना महत्त्व है, उससे ज़्यादा ऐक्य का है। प्राचीन मानव समाज घुमंतू था। विभिन्न गण-समाजों में आप्रवासन आम बात थी। ये गण अन्य गण-समाजों के सम्पर्क में रहते थे और इस तरह सांस्कृतिक-भाषिक ऐक्य या वैविध्य होता था। गणों ने जब अपनी बस्तियाँ बसाईं तब भौगोलिक क्षेत्रों को गणों का नाम मिला, हालाँकि मानव जत्थों की घुमक्कड़ी तब भी क़ायम रही। व्यापार, वाणिज्य की ख़ातिर ही मनुष्य की घुमक्कड़ी थी। इन यात्राओं के दौरान मुद्रा/माल का कारोबार जितना नहीं हुआ उतना शब्दों का व्यापार हुआ। वस्तु-विनिमय से लेकर मौद्रिक भुगतान तक व्यापार के विभिन्न स्वरूप बदले मगर शब्दों के कारोबार का न प्राचीनकाल में कोई क़ायदा था, न अब है। इनकी न सरहदें हैं, न संविधान। एक इलाक़े से दूसरे इलाक़े में इनकी यायावरी हज़ारों वर्षों से चली आ रही है। विभिन्न समुदायों की भाषा को शब्दों की दौलत से मालामाल करने में कारोबारी समूहों, घुमक्कड़ों, धर्म-दर्शन-ज्ञान के अध्ययन की ख़ातिर दर-दर भटकने वाले साधुओं-दरवेशों का जैसा योगदान रहा है, वह आश्चर्यजनक है।

जन-समूहों के एक स्थान से दूसरे स्थान पर विस्थापन को सिर्फ़ उनकी यायावर तबीयत समझना ठीक न होगा। कई बार विभिन्न जनसमूह प्राकृतिक कारणों, जैसे—बाढ़, सूखा या महामारी या फिर राजनीतिक कारणों, जैसे—युद्ध, सत्ता परिवर्तन सरीखे कारणों से भी विस्थापन को मजबूर होते रहे हैं। समूचे यूरोप और अमेरिका में आज जिप्सी समुदाय, जिन्हें रोमा भी कहा जाता है, बड़ी संख्या में हैं। दक्षिणी यूरोपीय देश रोमानिया का नाम ही रोमाओं के नाम पर है। यह सर्वसिद्ध तथ्य है कि रोमा मूलतः भारतवंशी हैं और बीते एक हज़ार वर्षों के दौरान अलग-अलग जत्थों में विभिन्न कारणों से पश्चिम को पलायन करते रहे हैं। रोमाओं के ये दस्ते अफ़गानिस्तान, ईरान, अजरबैजान, जॉर्जिया, यूक्रेन होकर भी और तुर्की, सीरिया, मिस्र होकर भी यूरोप में दाख़िल होते रहे। प्राचीनकाल में यह यात्रा चंद दिनों की नहीं बल्कि कई वर्षों में तय हुई। इन समुदायों में भारत के प्रायः हर वर्ग के लोग रहे, मगर यह आम मान्यता है कि यूरोप में बसे रोमाओं में अधिकांश, युद्धों में पराजित योद्धा, निम्न जाति के कर्मकार और घुमक्कड़ क़बीले रहे हैं। कई बार एक स्थान से दूसरे स्थान तक पहुँचने में एक समूची पीढ़ी का वक़्त लग जाता था।

प्राकृतिक कारणों से हुए विस्थापन का योगदान भी भाषायी वैविध्य को बढ़ाने में रहा है। माना जाता है कि सिंधु घाटी की सभ्यता के नष्ट या विलुप्त होने की बड़ी वजह इस क्षेत्र में आया भीषण सूखा भी है। सिंधु नदी ने अपनी दिशा अचानक बदली और उसके बाद यहाँ के लोगों को अन्य क्षेत्रों की ओर पलायन करना पड़ा। तात्पर्य यही कि किसी भी स्थान की भाषा सीधे-सीधे जातीय पहचान या राष्ट्रीयता से नहीं जुड़ती। मानव समूहों ने अपनी ख़ुद की पहचान के लिए भाषा को राष्ट्रीयता या जातीयता से जोड़ा है। पाकिस्तान राजनीति की वजह से जन्मा अन्यथा पूर्वी और पश्चिमी बंगाल एक ही था और पूर्वी पंजाब और पश्चिमी पंजाब में भी भाषायी और सांस्कृतिक फ़र्क़ नहीं है। बांग्लादेश तो पाकिस्तान से अलग ही भाषायी मुद्दे पर हुआ है। राजनीति बीच में न हो, तो भारतीय बांग्ला और बांग्लादेशी बांग्ला में क्या फ़र्क़ है? आज बड़ी आसानी से लोग नेपाल, भूटान जैसे देशों में जाकर घूम आते हैं। भारत से पाकिस्तान और बांग्लादेश में रोज़ाना हज़ारों लोग वैध तरीक़े से आवाज़ाही करते हैं तथा अन्य तरीक़ों से संवाद बनाते हैं, क्योंकि विदेश कहलाने के बावज़ूद वहाँ हिन्दी समझी जाती है। चाहे उसे कहीं उर्दू और कहीं हिन्दुस्तानी कहा जाता है। जर्मनी के बीच नक़ली बँटवारा था, कुछ दशकों बाद दोनों जर्मनियों को एक होना पड़ा। इसके अलावा यूरोप में जितने भी देश हैं, उन सबकी अलग-अलग भाषा है। मगर ज़्यादातर ईसाई धर्म ही है। यानी भाषा और समुदाय के आधार पर राष्ट्रीयता बनी है न कि राजनीति, धर्म या जातीयता के आधार पर। क्षेत्र और भाषा का गहरा रिश्ता है। मलय क्षेत्र की भाषा मलयालम है। मलयालम बोलने वाला मलयाली है फिर चाहे वो दिल्ली का निवासी क्यों न हो, उसकी पहचान मलयाली ही होगी। बंगाल के लोग तो बंगाली हैं ही, दिल्ली के बांग्लाभाषी भी बंगाली ही हैं क्योंकि उनकी भाषायी पहचान बांग्ला है। मनुष्य का इतिहास हमेशा भाषायी या क्षेत्रीय आधार पर ही जाना जाएगा न कि धर्म या राष्ट्रीयता के आधार पर। भाषायी समुदायों के आप्रवासन से ही भाषाएँ सर्वाधिक सम्पन्न हुई हैं। शब्दों के रूप बदले। मृद्भांड में मर्तबान की छाया खोजना बहुत मुश्किल है। कई लोग खोजने पर इसे ख़ारिज भी कर सकते हैं। पर अंततः रिश्ता जुड़ता हुआ लगता है। यह ठीक वैसा ही है जैसे स्वाद में फ़र्क़ के बावज़ूद अलग-अलग स्थानों के पानी को पानी के रूप में ही पहचाना जाता है।

वर्षों से हम पढ़ते आए हैं कि हिन्दी में तुर्की के सौ-सवा सौ, अरबी के सात-आठ हज़ार, अंग्रेज़ी के तीन हज़ार, फ़ारसी के आठ हज़ार, पुर्तगाली के सौ, फ्रेंच, इतालवी, चीनी आदि भाषाओं के दर्जनों शब्द समाए हैं। ये आँकड़े संभवतः अंग्रेज़ विद्वानों द्वारा ही जुटाए गए हैं, जिन्हें जस-का-तस हिन्दी भाषाविज्ञान की पुस्तकों में संदर्भित कर दिया गया है। कोई ग्रंथ, कोई दस्तावेज़ ऐसा नहीं मिलता है जहाँ अलग-अलग भाषाओं से आए शब्दों की कोई प्रामाणिक या ग़ैर-प्रामाणिक सूची मिलती हो। मैं इस विषय में अज्ञानी हूँ इसलिए कोई विद्वान अगर मुझे ऐसा कोई संदर्भ बता सके तो मैं आभार मानूँगा। 'शब्दों का सफ़र' के ज़रिए यहाँ बोल-चाल की हिन्दी में शामिल शब्दों के जन्म-सूत्रों को तलाशने और उनकी तार्किक विवेचना का प्रयास किया है, जो बीती

सदियों से हिन्दी के स्वरूप को निखारते रहे हैं। बीते क़रीब पच्चीस वर्षों से भारतीय भाषाओं, ख़ासतौर पर हिन्दी और उसकी बोलियों में दाख़िल अरबी, फ़ारसी, तुर्की, अंग्रेज़ी, स्पेनिश, पुर्तगाली तथा अन्य कई भाषाओं के शब्दों को बेहद दिलचस्पी से देखता रहा हूँ। किसी शब्द की व्युत्पत्ति के संदर्भ में हिन्दी के नामी शब्दकोश भी विस्तार से कुछ नहीं बताते हैं। मसलन जश्न शब्द को फ़ारसी मूल का बताया जाता है पर उसके साथ उसके संस्कृत रूप **यज्ञ** का उल्लेख नहीं होता। अगर कहीं है तो भी इसकी विवेचना नहीं की जाती कि **जश्न** और **यज्ञ** जैसे दो विपरीत अर्थवत्ताओं वाले शब्दों का तार्किक रूपांतर किस तरह हुआ होगा। अधिकांश पुस्तकों में हिन्दी में समाए पुर्तगाली शब्दों के संदर्भ में एक दर्जन शब्दों का उल्लेख होता है जिसमें **अलमारी** या **आलमारी** भी हैं। इस शब्द की व्युत्पत्ति जानने का जब प्रयास किया तो पता चला कि इसका मूल अरबी है और इसका संबंध **मैगज़ीन, ख़ज़ाना** जैसे शब्दों से जुड़ता है जो हिन्दी में भी प्रचलित है। यह बेहद ज़रूरी है कि **आलमारी** का मूल पुर्तगाली से बताते हुए ये तथ्य भी सामने रखे जाएँ। अरबी से यह यूरोपीय भाषाओं में गया। यह सच है कि हिन्दी में इसकी आमद पुर्तगाली के ज़रिए हुई है। पर इसके अरबी मूल और इस कुनबे से जुड़े अन्य परिचित शब्दों के बारे में भी जानना ज़रूरी है। 'शब्दों का सफ़र' के ज़रिए मेरा यह प्रयास आम हिन्दी-प्रेमी के मन में उपजने वाली इन्हीं जिज्ञासाओं को लेकर शुरू हुआ था। हिन्दी में समा चुके संस्कृत मूल के शब्दों समेत तमाम विदेशी मूल के हज़ारों शब्दों की व्युत्पत्ति और उसकी विवेचना संबंधी कोई पुस्तक हिन्दी में होनी चाहिए, जो आम हिन्दी पाठक से लेकर पत्रकारिता के छात्रों, सामान्य छात्रों, प्राध्यापकों, भाषाविज्ञान के शोधार्थियों, पर्यटन से जुड़े लोगों, मानविकी के क्षेत्र में काम करने वालों से लेकर विभिन्न सरकारी विभागों के लिए उपयोगी सिद्ध हो। प्रस्तुत पुस्तक इस कमी को पूरा करने की दिशा में विनम्र प्रयास है और यह इस शृंखला का पहला खंड है। इस पुस्तक का महत्त्व शब्द व्युत्पत्ति विवेचना कोश की तरह है। पुस्तक के अंत में इस खंड में उल्लेखित सभी शब्दों की सूची इसे एक व्यवस्थित कोश का रूप देती है। किसी भी शब्द का जन्म-सूत्र जानने के लिए सूची में दिए गए पृष्ठ-क्रमांक के ज़रिए संबंधित आलेख तक पहुँचा जा सकता है। मैं यह भी स्पष्ट करना चाहूँगा कि मेरे इस समूचे प्रयास को भाषाविज्ञान और व्युत्पत्तिशास्त्र के नियमों में बाँधकर न देखा जाए। यह मूलतः **शब्द-विलास** है। विभिन्न भाषाओं से हिन्दी में आए शब्दों के अंतर्संबंधों की पड़ताल और उनकी विवेचना ही मेरा लक्ष्य था, न कि शब्दों की भाषावैज्ञानिक पड़ताल। न तो वह मेरा उद्‌देश्य था और न ही मुझमें इसकी योग्यता है।

शब्द के जन्म-सूत्र की तलाश दरअसल अपनी जड़ों की तलाश जैसी ही है। शब्द की व्युत्पत्ति को लेकर भाषाविज्ञानियों का नज़रिया अलग-अलग होता है। मैं न भाषाविज्ञानी हूँ और न ही इस विषय का आधिकारिक विद्वान। अपनी जिज्ञासा शांत करने के लिए स्वांतः सुखाय जो कुछ बीते वर्षों से खोज रहा हूँ, पढ़ रहा हूँ, समझ रहा हूँ, उसे आसान भाषा में छोटे-छोटे आलेखों में लिखता रहा हूँ। इन आलेखों पर हिन्दी के विभिन्न

विद्वानों की उत्साहवर्धक प्रतिक्रियाएँ मुझे मिलती रही हैं। इनमें ख्यात कोशकार अरविंदकुमार और प्रसिद्ध साहित्यकार उदयप्रकाश का नाम मैं लेना चाहूँगा, जिन्होंने इस काम को बेहद महत्त्वपूर्ण मानते हुए इसे हिन्दी भाषा के शोधार्थियों के लिए भी महत्त्वपूर्ण बताया है, मैं हृदय से सबका आभार व्यक्त करता हूँ।

'शब्दों का सफ़र' की इस मुहिम के पीछे जिन लोगों को मैं पंच परमेश्वर के रूप में देख रहा हूँ उनमें सर्वोपरि मेरे नाना पं. लक्ष्मणराव बुधकर, जो विलक्षण व्यक्ति थे, अल्प शिक्षित होते हुए भी पुस्तकें पढ़ने के ज़बर्दस्त शौकीन। उनका यह शौक परिवार के कई सदस्यों को भी लगा। दूसरा नाम मेरी माँ श्रीमती विजया वडनेरकर का है। होश सँभालने के बाद पढ़ने का मुझे जो शौक लगा वह उनके निजी पुस्तक संग्रह की वजह से ही हुआ। अक़्ल आने के बाद यह सोचकर ताज्जुब होता है कि उनकी संघर्षपूर्ण गृहस्थी में वह पुस्तक संग्रह कैसे बन पाया, क्योंकि वह उन्हें विरासत में नहीं मिला था। तीसरा नाम मेरे मामा श्री कमलकांत बुधकर का है। मैं आज जो कुछ भी हूँ, उन्हीं की वजह से हूँ। मेरे लिए उन्होंने वह सब किया है जो पारम्परिक रूप से माता-पिता के कर्तव्य माने जाते हैं। हरिद्वार में मामा के घर उनके विशाल निजी पुस्तक संग्रह का मैंने बचपन से भरपूर लाभ उठाया है। चौथा नाम बड़ी दीदी श्रीमती माला तेलंग का है। 1978 में जब वे हिन्दी में एम.ए. कर रही थीं, मैं हाईस्कूल में पढ़ता था। भाषाविज्ञान पढ़ते वक़्त वे बड़े भाई अनिल व बहन अनिता (ताटके) से कभी-कभी दिलचस्प शब्द-व्युत्पत्तियों की चर्चा करती थीं। तब मैं उस वार्तालाप में शामिल नहीं होता था, पर मुझे वह एक दिलचस्प दुनिया लगती थी। बी.कॉम. करने के बाद मैंने भी हिन्दी में एम.ए. करने का फ़ैसला किया था जिसके पीछे एक वजह भाषाविज्ञान और शब्द-व्युत्पत्ति भी थी। मेरा सौभाग्य था कि एम.ए. के दौरान मैंने हिन्दी के श्रेष्ठ कहानीकार, भाषाविद् डॉ. सुरेश वर्मा को अपने गुरु के रूप में पाया। एम.ए. के प्रथम और द्वितीय वर्ष में मैं अपनी कक्षा का अकेला विद्यार्थी था। वर्मा सर ने जिस ख़ूबी के साथ भाषाविज्ञान पढ़ाया उसका प्रतिफल ही **शब्दों का सफ़र** के रूप में अब सामने आ रहा है। सायास-अनायास मिले इन संस्कारों के लिए इन सभी परिजनों का आभारी हूँ।

कम्प्यूटर की सुविधा ने आज भाषा के क्षेत्र में क्रांति ला दी है। इंटरनेट क्रांति के साथ ही हिन्दी अब विश्वभाषा बनने की ओर अग्रसर है, इसमें कोई शक नहीं। भाषा से जुड़े अध्येताओं, शोधार्थियों के अलावा मीडियाकर्मियों, लेखकों और अनुवादकों को इससे ज़बर्दस्त लाभ हुआ है। इस बीच ब्लॉग जैसी विधा भी सामने आई जिसने पढ़े-लिखे किन्तु आम व्यक्ति के लिए अभिव्यक्ति के नए द्वार खोले। समाज से लेखकीय प्रतिभाओं को चुनने की जिस ज़िम्मेदारी को पत्रकारिता या समाचार-पत्र दो दशक पहले विस्मृत कर चुके थे, कॉर्पोरेट कलेवर की चकाचौंध वाले इस बदलते माध्यम को आम आदमी ने भी अब अपना प्रमुख मंच मानना बंद कर दिया। अब उसके पास ब्लॉग है जहाँ वह अपनी रचनात्मकता और सृजन को प्रकट कर सकता है। 'शब्दों का सफ़र'

का पुस्तकाकार स्वरूप दरअसल इसी नाम से दो साल पहले शुरू किए ब्लॉग पर लिखे गए सात सौ से ज़्यादा चुने हुए आलेखों का संकलन है। शब्द-व्युत्पत्ति पर मेरा एक कॉलम बीते क़रीब पाँच वर्षों से हिन्दी के प्रतिष्ठित समाचार-पत्र **दैनिक भास्कर** में छप रहा है। पाँच वर्ष पूर्व इसके कलेवर और सामग्री में बदलाव की प्रक्रिया चल रही थी तब मैंने 'शब्दों का सफ़र' जैसे स्तम्भ का सुझाव दिया था जिसे 'दैनिक भास्कर' के वर्तमान राष्ट्रीय सम्पादक और तत्कालीन राजनीतिक सम्पादक और क्रिएटिव हेड श्री कल्पेश याज्ञनिक ने तत्काल मंज़ूर कर लिया। तब से अब तक यह निर्बाध हर रविवार प्रकाशित हो रहा है। इस संदर्भ में मैं श्री अभिलाष खांडेकर (स्टेट हेड, भास्कर-म.प्र.), श्री राजेश उपाध्याय (संपादक, भास्कर डॉट कॉम), राजेन्द्र तिवारी (स्थानीय संपादक-हिन्दुस्तान) का आभारी हूँ जिन्होंने इस प्रयास के लिए मुझे हमेशा प्रोत्साहित किया। हिन्दी में शब्द-व्युत्पत्ति विवेचना कोश होना चाहिए और यह कॉलम इसका निमित्त बनेगा, इसका विश्वास मुझे शुरू से था। दिक्क़त यह थी कि मैं काम तेज़ी से करना चाहता था, मगर इस स्तम्भ की आवृत्ति सप्ताह में एक दिन ही तय थी। तभी विचार आया कि क्यों न इसे ब्लॉग का रूप दिया जाए। चूँकि यह स्तम्भ में नियमित रूप से छप रहा था इसलिए नैतिक रूप से मैंने इसके लिए प्रबंधन को सूचित करना उचित समझा। दैनिक भास्कर समूह के गोआ में आयोजित एक सेमिनार में समूह के प्रबंध निदेशक **श्री सुधीर अग्रवाल** से इस संदर्भ में चर्चा की। उन्होंने सहर्ष इस विचार का स्वागत किया। बस, तभी से शब्दों का सफ़र ब्लॉग के रूप में इंटरनेट पर है। हिन्दी-प्रेमियों ने जिस तरह से इस पहल का स्वागत किया है उसके बारे में इतना कहना ही पर्याप्त है कि भाषा जैसे नीरस विषय के इस ब्लॉग पर हर रोज़ हज़ारों पाठक सैर करते हैं। अभी तक इस पर क़रीब 12 हज़ार पाठक अपनी प्रतिक्रियाएँ दर्ज करा चुके हैं। दुनिया भर में रहने वाले हिन्दीभाषियों में शब्दों से, भाषा से और अपनी जड़ों से जुड़ने की ललक मौजूद है इसका प्रमाण इस ब्लॉग के विदेश में निवास करने वाले भारतीय पाठकों की तादाद से मिलता है।

इस ब्लॉग को पुस्तकाकार लाने में जिन लोगों का ज़िक्र मैं करना चाहूँगा उनमें पल्लव बुधकर, अभय तिवारी और अनूप शुक्ल का नाम सबसे पहले लूँगा। पल्लव मेरे अनुज हैं। ब्लॉग सिर्फ़ लेखन-धर्म ही नहीं बल्कि तकनीकी कर्म भी है सो इस क्षेत्र में समय-समय पर आए कई तरह के तकनीकी संकटों से पल्लव ने मुझे उबारा। भाई के लिए मेरे हृदय में क्या है, ऐसी नाटकीय अभिव्यक्ति से मैं बचना चाहता हूँ। अभय और अनूप दोनों ही वरिष्ठ ब्लॉगर हैं। ये शब्दों का सफ़र की पहली पोस्ट से ही जुड़े हुए हैं और लगातार इस मुहिम को जारी रखने के लिए हौसलाअफ़ज़ाई करते रहते हैं। अभय ने अपने ब्लॉग निर्मल आनंद पर सबसे पहले शब्दों का सफ़र ब्लॉग की उदारतापूर्वक सूचना दी जिसकी वजह से ब्लॉग व मीडियाजगत में इस प्रयास की सबसे पहले ख़बर पहुँची। इन दोनों मित्रों के लिए दिल में ख़ूब सारा सम्मान और स्नेह है। शास्त्री जैसी फिलिप तीसरे शख़्स है जिन्होंने इस ब्लॉग के विषय केन्द्रित चरित्र को पहचाना। उन्होंने भी इस

पहल की सूचना एकाधिक बार ब्लॉगजगत को दी। इसके बाद शब्द-व्युत्पत्ति में गहन दिलचस्पी रखनेवाले लंदनवासी अनामदास ने ख़ूब प्रोत्साहित किया। मीडियाकर्मी अविनाश ने भी 'शब्दों का सफ़र' के बारे में साहित्यिक पत्रिका 'कथादेश' में एक परिचयात्मक आलेख लिखा। एन.डी.टी.वी. के सम्पादक रवीशकुमार, दिल्ली विश्वविद्यालय के प्रो. विजेन्द्रसिंह चौहान ने क्रमशः दैनिक हिन्दुस्तान और जनसत्ता में शब्दों का सफ़र के बारे में लेख लिखे। शब्दों का सफ़र की राह को आसान करने और इसे इस मुकाम तक पहुँचाने में रवि रतलामी, मीनाक्षी धन्वन्तरि (दुबई), अनिताकुमार, लावण्याशाह (यू.एस.ए.), अखिल मित्तल (टोक्यो), दिनेशराय द्विवेदी, चंद्रभूषण, शिवकुमार मिश्र, विजयमनोहर तिवारी, समीरलाल (कनाडा), बेजी जैसन (दुबई), मनीष जोशी (क़तर), धीरूसिंह, संजीत त्रिपाठी, दिनेशराय द्विवेदी, प्रशांत प्रियदर्शी, अभिषेक ओझा, गीत चतुर्वेदी, डॉ. भूपेन्द्रसिंह, डॉ. चंद्रकुमार जैन, अशोक पांडे, डॉ. दुर्गाप्रसाद अग्रवाल समेत कई ख़ास साथी हैं जो शब्दों का सफ़र के हमक़दम रहे हैं। सबका नाम यहाँ न लिख पाने की विवशता को सफ़र ज़रूर समझेंगे। सबसे अंत में मैं अपनी जीवनसाथी स्मिता और पुत्र चिरंजीव अबीर वडनेरकर का उल्लेख करना चाहूँगा। स्मिता ने अबीर से कम्प्यूटर सीखा और फिर इस पांडुलिपि का एकदम शुरुआती प्रारूप मुझे दिया जिसके बिना यह काम चार महीनों में पूरा होना मुश्किल था। अबीर हमेशा से ही शब्दों का सफ़र के हर आलेख का पहला पाठक रहा है। इतिहास, भूगोल में दिलचस्पी रखने वाले अबीर की कई टिप्पणियाँ और सुझाव उपयोगी रहे हैं। भाई सौरभ बघकर ने हमेशा इसे पुस्तकाकार रूप में लाने के लिए ख़ास सुझाव दिए। अब तक जो कुछ भी समाज में रहकर देखा, सुना और जाना, इस पुस्तक के ज़रिए यह सबसे साझा करने का प्रयास है। भरसक सावधानी के बावज़ूद पुस्तक में निश्चित ही कई कमियाँ रह गई होंगी, कृपया उनके बारे में ज़रूर बताएँ।

—अजित वडनेरकर

भूमिका

शब्दों के झरोखे से...

शब्द विश्व के सबसे बड़े यायावर हैं। वे मनुष्य की अभिव्यक्ति के घोड़े पर सवार होकर यात्रा करते हैं। मानव एक मुसाफ़िर है, जो अपने साथ अपनी बोलचाल की भाषा लेकर चलता है। कभी विराम करता है, कभी आगे बढ़ता है। मुसाफ़िर जहाँ रुकता है, वहाँ अपनी कुछ-न-कुछ पहचान छोड़ जाता है। यह छूटी हुई पहचान उसके शब्द भी हो सकते हैं, जो उस स्थान पर उस मुसाफ़िर के स्मारक के रूप में रह जाते हैं। फिर मुसाफ़िर को तो भुला दिया जाता है, पर उसके छूटे हुए शब्द बाक़ायदा इस्तेमाल होते रहते हैं। बोलचाल की भाषाओं के माध्यम से शब्दों के आदान-प्रदान का यह सिलसिला अनादि काल आज तक चला आ रहा है। इतना ज़रूर हुआ कि समय की छाप उन पर पड़ती रही है, जिससे कभी शब्द की ध्वनियाँ बदलीं, कभी उनके अर्थ बदले और कभी दोनों ही बदल गए। और सब कुछ इतना बदल गया कि उनके मूल रूपों की पहचान कठिन हो गई। **अजित वडनेरकर** ने अथक अध्यवसाय से उन शब्दों के मूल रूपों की खोज की और आज के पाठकों से उनका परिचय कराया। यह परिचय प्राप्त कर पाठकों को सुखद आश्चर्य होता है, क्योंकि अब तक वे जिन्हें पराया समझते थे, वे स्वजन निकले। यह भारतीय आर्य परिवार की बहुत बड़ी सेवा है। उन्होंने उसके नए आयाम खोजे और उसका विस्तार किया।

वेदान्त-चिन्तन के अनुसार जीव की रचना के दो संयोजक तत्त्व हैं–आत्मा और प्रकृति। ब्रह्म की परा विद्या से प्रकृति का निर्माण हुआ है। प्रकृति को ही माया कहा गया है। उसे अपरा विद्या की संज्ञा भी दी गई है। ब्रह्म का अंश होने के कारण आत्मा अविनाशी है, जबकि पंचभूतात्मक होने के कारण प्रकृति परिवर्तनीय, क्षयमाण और नाशवान है। प्रकृतिगत पाँच महाभूतों में एक आकाश है और आकाश का गुण है शब्द। जीवों में ध्वनि के विधायी तत्त्व के रूप में यह शब्द विद्यमान रहता है, जो चैतन्य सत्ता की प्रेरणा से आवश्यकतानुसार क्रियमाण हो जाता है।

ब्रह्म को तीन संज्ञाओं से विभूषित किया गया है–ॐ, तत् और सत। श्रीमद्‌भगवद्‌गीता में स्वयं भगवान श्रीकृष्ण ने अपने श्रीमुख से कहा है–ॐ तत्सदिति निर्देशो ब्रह्मणस्त्रिविधः स्मृतः। इस ॐ या ओम् को प्रणव भी कहा गया है। उसे ही नादब्रह्म के रूप में पुकारा जाता है। ब्रह्म की सृष्टिव्यापी अनन्त सत्ता के रूप में यही अनाहत (अनहद) नाद सर्वत्र व्याप्त है, जिसे सिद्ध या परम योगी ही सुन सकते हैं। ब्रह्म का एक अभिधान शब्दब्रह्म

भी है। कभी उसे केवल 'शब्द' भी कहा गया है। यह शब्द कहीं-न-कहीं मनुष्य के द्वारा प्रयुक्त भाषिक शब्द की अर्थसत्ता से जुड़ा हुआ है। वह इस अर्थ में कि शब्द का अभिप्रेत 'विचार' है और विचार को लोकोत्तर कहा गया है। इसे विलक्षण संयोग ही कहा जाएगा कि मनुष्य के अभिप्रेत अर्थ को व्यक्त करने के लिए जिस ध्वनि-समूह का प्रयोग किया जाता है, उसके लिए 'शब्द' का विधान किया गया है। यदि ब्रह्म को ओंकार कहा गया है, तो इस ओंकार की छाया (प्रतिध्वनि) ही अर्थ के रूप में व्याप्त है। इस दृष्टि से 'अर्थ' की लोकोत्तरता स्वयंसिद्ध है। शायद इसीलिए हमारी सनातन विचारधारा में अर्थ या विचार को अपौरुषेय कहा गया है, जो भाषागत प्राकृत ध्वनियों के द्वारा व्यक्त किया जाता है।

मनुष्य जिन भाषिक ध्वनियों का उच्चारण करता है, उनमें स्वर और व्यंजन ध्वनियों का मेल हुआ करता है। स्वर-ध्वनि में निरन्तरता रहती है, यद्यपि गुण-भेद और अर्थ-भेद के लिए इसे संयमित, नियंत्रित और विकृत होना पड़ता है। व्यंजनों का उच्चारण मुख-विवर से निस्सारित ध्वनियों के संघर्ष और द्वन्द्व का परिणाम है। द्वन्द्व प्रकृति का स्वभाव है। प्रकृति की इस प्रवृत्ति की छाप ध्वनियों पर दिखाई पड़ती है। जिस प्रकार अविनाशी आत्मा देह में आबद्ध होकर प्रकृति के वशीभूत हो जाती है, उसी प्रकार अपौरुषेय अर्थ भी प्रकृतिभूत ध्वनियों में आबद्ध हो जाता है। जिस प्रकार आबद्ध रहकर भी आत्मा देहगत इन्द्रियों एवं व्यापारों के द्वारा अपने चैतन्य को झलकाता रहता है, उसी प्रकार अर्थ भी अपने को कभी ध्वनियों की सतह पर और कभी गहराई में झलकाता रहता है।

अर्थ की रचना और प्रक्रिया पर विचार करने से यह बात और स्पष्ट हो जाती है। अर्थवैज्ञानिकों ने अर्थ की अभिव्यक्ति को चार चरणों में सम्पन्न माना है—परा > पश्यन्ती > मध्यमा > वैखरी। **परा** लोकोत्तर भावलोक है। **पश्यन्ती** के अन्तर्गत वक्ता अपने अभिप्रेत अर्थ की खोज करता है। फिर **मध्यमा** में इस अभिप्रेत अर्थ का भाषा-ध्वनियों के साथ अन्तःसम्बन्ध स्थापित होता है और **वैखरी** के रूप में वक्ता के प्रयोज्य अर्थ को भाषा व्यक्त कर देती है। व्यक्त भाषा ही वैखरी है। श्रोता वैखरी को सुनकर वक्ता के अभिप्राय को समझने की चेष्टा करता है। श्रोता के अन्तर्गत समझ की प्रक्रिया विपरीत क्रम में सम्पन्न होती है यानी कि वैखरी > मध्यमा > पश्यन्ती > परा। इसी क्रम से श्रोता **वैखरी** से होता हुआ **परा** तक पहुँचता है, जहाँ एक स्फोट के रूप में वक्ता का अभिप्रेत अर्थ उद्भासित हो जाता है। भर्तृहरि ने अपने 'वाक्यपदीय' ग्रंथ में वाक्यार्थ के सन्दर्भ में स्फोटवाद का प्रवर्तन किया है।

अभिव्यक्ति के अन्तिम चरण में अर्थ वाक्-ध्वनियों से सम्पृक्त होकर 'शब्द' के रूप में प्रकट होता है। सवाल यह है कि अर्थ शब्द की प्रत्येक ध्वनि में निवास करता है या शब्द के समग्र रूप में। दोनों ही स्थितियाँ हैं। अर्थ शब्द की आत्मा है। आत्मा देह की प्रत्येक इन्द्रिय में चेतन सत्ता के रूप में विद्यमान रहती है और चैतन्य के रूप में समग्र देह में भी। सामान्यतः अनेक ध्वनियों के समंजन से विकसित धातु से एक ही अर्थ प्रकट होता है, किन्तु अजित वडनेरकर ने ऐसी धातु का उदाहरण भी प्रस्तुत किया है, जिसकी प्रत्येक ध्वनि पृथक् अर्थ का द्योतन करती है। उन्होंने सेमेटिक भाषा की एक धातु **फ़क़र** की ओर संकेत किया है, जिसकी प्रत्येक ध्वनि पृथक् अर्थ को प्रकट करती है। उन्होंने बताया कि

फ़े का फ़ाक़ा (उपवास), **क़ाफ़** का किनाअत (सन्तोष) और **रे** का रियाज़त (समर्पण) अर्थ होता है, जबकि धातु के समग्र अर्थ **'फ़क़ीर'** में उपर्युक्त तीनों अर्थ समाहित हैं।

काव्य के सन्दर्भ में यह प्रसिद्ध है कि अच्छी कविता वही है, जो पाठक को किसी यात्रा पर ले जाती है। अर्थ के कारण शब्द में चेतना का संचार है। चेतना से गति आती है, क्योंकि चेतना का स्वभाव सक्रिय रहना है। इसीलिए शब्द में निहित अर्थ-चेतना उसे यात्रा पर ले जाती है। यह यात्रा कब शुरू होती है, किस दिशा और दशा में पहुँचती है और कहाँ ख़त्म होती है, यह बहुत-कुछ परिस्थिति, सन्दर्भ, आदमी की मानसिकता और उसकी ज़रूरतों पर निर्भर करता है। साहित्यिक भाषा के बजाय बोलचाल की भाषा में शब्द की विकास-यात्रा अधिक गति पकड़ती है। भाषा-भाषियों के पारस्परिक सम्प्रेषण से शब्दों का आदान-प्रदान होता है। फिर एक भाषा के शब्द दूसरी भाषा में जड़ पकड़ लेते हैं और भिन्न भाव-भूमियों पर पनपने लगते हैं। किस युग में या किस कालखंड में शब्द ने अपनी यात्रा में किस रूप या अर्थ को ग्रहण कर लिया, यह बात गहन पड़ताल से ही मालूम होती है। उनके विकासक्रम से शब्दों में इतना परिवर्तन हो जाता है कि उनके मूल जन्म-सूत्रों को पहचान पाना कठिन हो जाता है।

अजित वडनेरकर का विस्तृत विवेचन कतिपय शब्दों के इन्हीं जन्म-सूत्रों की तलाश है। यह तलाश भारोपीय परिवार के व्यापक पटल पर की गई है, जो पूर्व में भारत से लेकर पश्चिम में यूरोपीय देशों तक व्याप्त है। इतना ही नहीं, अपनी खोज में उन्होंने सेमेटिक परिवार का दरवाज़ा भी खटखटाया और ज़रूरत पड़ने पर चीनी एकाक्षर परिवार की दहलीज़ को भी स्पर्श किया। उनका **सबसे बड़ा** प्रदेय यह है कि उन्होंने शब्दों के माध्यम से एक अन्तर्राष्ट्रीय बिरादरी का धरातल तैयार किया, जिस पर विभिन्न देशों के निवासी अपनी भाषाओं के शब्दों में ध्वनि और अर्थ की विरासत सँजोकर एक साथ खड़े हो सकें। पूर्व और पश्चिम को अब तक ऐसी ही किसी साझा धरातल की तलाश थी।

व्युत्पत्ति-विज्ञानी विवेच्य शब्द तक ही अपने को सीमित रखता है। वह शब्द के मूल तक पहुँचकर अपने कर्तव्य की इतिश्री समझ लेता है। अजित वडनेरकर के व्युत्पत्ति-विश्लेषण का दायरा बहुत व्यापक है। वे भाषाविज्ञान की समस्त शाखाओं का आधार लेकर ध्वन्यात्मक परिणमन और अर्थान्तर की क्रमिक सीढ़ियाँ चढ़ते हुए शब्द के विकास की सारी सम्भावनाओं तक पहुँचते हैं। उन्होंने आवश्यकतानुसार धर्म, इतिहास, समाजशास्त्र, नृतत्त्वशास्त्र आदि के अन्तर्तत्त्वों को कहीं आधारभूत सामग्री के रूप में, तो कहीं मापदंडों के रूप में इस्तेमाल किया। उनकी एक विशिष्ट शैली है। वे नाम से नाम्नी तक पहुँचते हैं। फिर उसके सन्दर्भों की खोज करते हैं। फिर उसकी जीवन-शैली, सामाजिक परिवेश और परिदृश्य की झाँकी देते हैं और अन्ततः उसकी विलक्षणताओं की ओर संकेत करते हुए अपने अधीत निष्कर्षों को पाठकों के सम्मुख रखते हैं। अब **'दरवेश'** शब्द को ही लें, तो उन्होंने उस शब्द की अनेक रूपों में अनेक देशों में उपस्थिति दर्शाते हुए दरवेशों के रहन-सहन, खान-पान, चिन्तन और सामाजिक सरोकारों की चर्चा की है। वे उस शब्द के जन्म-सूत्रों की तलाश करते हुए अवेस्ता की धातु **द्रिगु** और संस्कृति की धातु **ध्रिगु** में तादात्म्य स्थापित करते हैं। फिर वे दरवेश की ज़मीन पर क़लंदर, फ़क़ीर, मलंग आदि शब्दों की विकास-यात्रा बतलाते हुए

उन लोगों की जीवन-शैली का जीवन्त रूपांकन करते हैं। वे बताते हैं कि सं. **मद्** से विकसित **'मत्त'** अवेस्ता से होता हुआ ईरान पहुँचा और वहाँ से **'मस्त'** होकर हिन्दी में लौटा। शायद उनका संकेत है कि देश के पुत्रों का विदेश में संस्कारित होकर लौटना सदैव दुखदायी नहीं होता। वैदिकी धातु **द्रिगु** का सं. ऋषि, अं. राइट, स्ट्रेट, रूल, फ़ा. राह, रास्त आदि से भाषिक बिरादरी का तालमेल बिठाना विस्मयकारी रहा है। अजित वडनेरकर ने शब्दों की अनोखी दुनिया में ऐसे कई विलक्षण तिलिस्मों को तोड़ा है।

अजित वडनेरकर के इस विवेचन में **विश्वकोश-लेखन** की झलक मिलती है। उन्होंने अनुशीलन के लिए जिन शब्दों का चयन किया, उन शब्दों की व्युत्पत्ति और प्रचलन से सम्बन्धित समस्त संज्ञाओं, वस्तुओं, जातियों, स्थानों आदि का ऐतिहासिक विवरण दिया है। उन्होंने एक शब्द के 'प्रिज्म' में सम्बन्धित विभिन्न देशों के इतिहास और उनकी जातीय संस्कृति की बहुरंगी झलक दिखलाई है। **'शाबाश'** शब्द के जन्म-सूत्र की खोज के सन्दर्भ में उन्होंने ईरान के बादशाह शाह अब्बास का इतिवृत्त प्रस्तुत किया है। तूरान, ईरान, पख़्तूनिस्तान आदि शब्दों की प्रासंगिकता की चर्चा करते हुए उन्होंने उन देशों के निर्माण, प्रभुत्व और प्रभाव की चर्चा की। इसी तरह 'रुहेला' के शब्दार्थ का तज़किरा उठाकर आनुषंगिक रूप से उन्होंने रुहेलखंड के इतिहास और वहाँ के जनजीवन का निरूपण कर दिया। **'ग़ुलाम'** शब्द की यात्रा पर पाठकों को ले जाते समय उन्होंने इस्लामपरस्त मुल्कों में दास-प्रथा का निरूपण करते हुए दासता की दारुण विभीषिकाओं को दिखलाया है। इसी तर्ज़ पर **'क़िला'** शब्द की व्युत्पत्ति इस बात का बाइस बनी कि पाठकों को लगे हाथ सुमेरी सभ्यता से परिचित करा दिया जाए और उसके उन्नत स्थापत्य की याद को एक बार फिर ताज़ा कर दिया जाए।

यह विश्वकोश लेखन का एक लक्षण है कि किसी शब्द या संज्ञा को उसके समस्त संज्ञात सन्दर्भों के साथ निरूपित किया जाए। अजित वडनेरकर ने इस लक्षण को तरह देते हुए व्याख्येय शब्दों को यथोचित ऐतिहासिक भूमिका और सामाजिक परिदृश्य में, सभी सम्भव कोणों के साथ संदर्शित किया है। **'बंदरगाह'** शब्द की रचना पर विचार करते हुए उन्होंने विश्व के अनेक बंदरगाहों का भौगोलिक और कार्य-व्यापारिक वर्णन किया है। नगर की बसाहट से सम्बन्धित **'चाल'** की व्युत्पत्ति दर्शाते समय नगरों का निर्माण, उसकी जनसंख्यात्मक और आवासीय संरचना पर विस्तार से टिप्पणी करते हुए नगरीय सभ्यता का समाजशास्त्रीय विश्लेषण किया है। उन्होंने मुंबई के विशेष सन्दर्भ में 'चाल' का स्वरूप, विकास और महत्त्व को निरूपित किया है। अजित समय के सिपाही हैं। जहाँ कहीं उन्हें अवसर मिलता है, वे पाठकों को युगीन विसंगतियों से रूबरू कराते हैं, और पेशे से पत्रकार होने के कारण, इतिहास से सबक़ लेने के लिए ख़बरदार करते हैं।

ग्रंथ में शब्दों के चयन का रेंज बहुत व्यापक है। जीवन के प्रायः हर कार्य-क्षेत्र तक लेखक की खोजी दृष्टि पहुँची है। तिल से लेकर तिलोत्तमा तक, जनपद से लेकर राष्ट्र तक, सिपाही से लेकर सम्राट् तक, वरुण से लेकर ब्रूनेई तक, और भी यहाँ से वहाँ तक, जहाँ कहीं उन्हें लगा कि किन्हीं शब्दों के जन्म-सूत्र दूर-दूर तक बिखर गए हैं, उन्होंने उन शब्दों को अपने विदग्ध अन्वीक्षण के दायरे में समेट लिया और उन बिखरे सूत्रों के बीच यथोचित तर्कणा

के साथ सामंजस्य बिठाने की कोशिश की। **'बिहार'** और **'बुख़ारा'** के बीच तालमेल बिठाना दूर की कौड़ी लाना नहीं है, बल्कि अन्तर्देशीय विकासक्रम के एक चरण की ओर इशारा करना है। दूर स्थित भाषायी तत्त्वों की विलक्षणताओं की खोज में दैनिक जीवन के रहन-सहन से सम्बन्धित नानाविध वस्तुओं और व्यापारों तक अजित वडनेरकर की पैनी नज़र पहुँची है। उन्होंने विभिन्न विदेशी भाषाओं में **'ज़ीरा'** जैसी वस्तु के ग्यारह नामों की पहचान की है, जिन्हें भिन्न ध्वन्यात्मक परिधान के कारण पहचानने में कठिनाई आ सकती थी। उन्होंने हिन्दी **'अदरक'** और उसके अंग्रेज़ी पर्यायवाची **'जिंजर'** की रोचक व्युत्पत्ति देते हुए उस खाद्य पदार्थ की सामान्य विशेषताओं के साथ उसके औषधीय गुणों की जानकारी देकर अपनी बहुज्ञता का परिचय दिया है। उन्होंने **'पाजामा'** नामक पहनावे को शक यायावरों की देन बतलाते हुए उनके रहन-सहन और उनकी जीवन-शैली का विस्तृत परिचय दिया है। इसी तरह उन्होंने **'कमीज़'** नामक पहनावे का व्युत्पत्तिमूलक सम्बन्ध अरबी से स्थापित करते हुए पाठकों को ग्रीस, अल्बानिया, मिस्र, नेपाल, इंडोनेशिया, फ्रांस और इंग्लैंड की सैर करा दी और प्रमाणित कर दिया कि देश-देश के साथ पहनावे और उनके सूचक शब्द बदल सकते हैं किन्तु उनकी मूल आत्मा एक हो सकती है। भले ही इस विवेचन का उद्देश्य व्युत्पत्तिविज्ञान का सहारा लेकर शब्दों के जन्म-सूत्रों की तलाश हो, भले ही इस अनुशीलन की मंशा एक ही वंश-वृक्ष के उत्तराधिकारियों के बदले हुए मिज़ाज की झलकियाँ दिखलानी हो, किन्तु इसमें सन्देह नहीं कि इस अध्ययन के द्वारा अजित वडनेरकर ने देश-विदेश के रहन-सहन, उनके रीति-रिवाज़ और लोकव्यवहार की जाने कितनी परतों को खोला है। इस तरह का प्रयत्न हिन्दी में पहली बार हुआ है कि किसी लेखक ने शब्दों के माध्यम से विश्व-सभ्यता और विश्व-संस्कृति तक अपनी रसाई की हो और यह प्रत्यय सामने रखा कि वैश्वीकरण के लिए शब्दों का सफ़र भी एक असरदार ज़रिया हो सकता है।

मैक्समूलर के द्वारा संस्कृत और संस्कृत वाङ्मय की जानकारी यूरोप पहुँची थी। तब संस्कृत के स्वरूप और उसकी संरचना की जानकारी ने वहाँ ख़ासी हलचल मचा दी। भाषाशास्त्रीय अवधारणाओं में बड़ा परिवर्तन हुआ। 'धातु' संस्कृत की संरचना का नाभिक केन्द्र है। उसी में ध्वन्यात्मक परिणमन कर, उपसर्ग, प्रत्यय लगाकर अभिप्रेत अर्थ-बोधक शब्द सिद्ध किए जाते हैं। अरबी जैसी सेमेटिक भाषाएँ भी इसी प्रकृति की हैं। भाषिक संरचना की इस प्रकृति से संकेत लेकर विद्वानों ने किसी भारोपीय मूल भाषा की कल्पना की और विश्व की समानधर्मी कतिपय भाषाओं का अध्ययन कर कतिपय मूल (प्रोटो) धातुओं को खोज निकाला। इन्हीं धातुओं के आधार पर पूर्व एवं पश्चिम के कतिपय देशों की भाषाओं में प्रयुक्त शब्दों को एक वंश-वृक्ष के फलों के रूप में स्थापित करने का प्रयत्न किया। अजित वडनेरकर का यह महत् प्रयत्न इसी प्रस्थापना की आगे की एक कड़ी है। इसका वैशिष्ट्य यह है कि उन्होंने शब्द की भाषिक संरचना के विश्लेषण तक ही अपने को सीमित न रखकर उस शब्द के प्रयोक्ताओं के जातीय परिवेश और परिदृश्य को अपने अध्ययन की व्याप्ति में समेट लिया और इस अवधारणा को जन्म दिया कि शब्द के माध्यम से भी किन्हीं भू-भागों के अन्तर्सम्बन्धों की पड़ताल की जा सकती है और उनकी जातीय विशेषताओं का पता लगाया जा सकता है।

ऐसा प्रतीत होता है कि संस्कृत सदैव प्रोटो भारोपीय भाषा की जड़ से सम्बद्ध रही है और उसने उसके मूल रूपों को कहीं अधिक ईमानदारी से सहेजकर रखा है। यह तब प्रमाणित हुआ जब अजित वडनेरकर ने पूर्व और पश्चिम की भाषाओं से शब्द उठाए और उनका समतुल्य तात्त्विक विश्लेषण किया। तब यह स्पष्ट हुआ कि एक तरफ़ अकेली संस्कृत खड़ी थी, तो दूसरी तरफ़ अन्य सारी भाषाएँ। इस विवेचन से एक बार फिर संस्कृत की सत्ता और महत्ता सिद्ध हुई है। भाषा-जगत् में संस्कृत के माहात्म्य की यह अनुगूँज और कुछ नहीं, असल में भारत के माहात्म्य की गूँज ही है।

यह सम्पूर्ण कार्य मूलतः व्युत्पत्तिविज्ञान से सम्बन्धित है, किन्तु अपने आकलन में लेखक ने भाषाविज्ञान की अन्य शाखाओं का आधार भी ग्रहण किया है। अन्तःअनुशासनात्मक अध्ययन के इस युग में किसी भी विषय का पृथकतः अनुशीलन न तो सम्भव है और न ही उचित भी। इसीलिए अजित वडनेरकर ने कहीं प्रत्यक्ष और कहीं परोक्ष रूप से ध्वनि, रूप, वाक्य, अर्थ, आदि से सम्बन्धित भाषाशास्त्रीय नियमों, प्रवृत्तियों और दिशाओं का यथास्थान उपयोग किया है। भले ही उन्होंने भाषाविज्ञान की विधियों और प्रविधियों के प्रति अपनी अनभिज्ञता प्रकट की हो, किन्तु उनका कथन 'कवित विवेक एक नहीं मोरे' की तर्ज़ पर उनकी विनम्रता का ही द्योतन है, अन्यथा ध्वनियों, पदों और शब्दों का विकास दिखलाते समय उन्होंने भाषाविज्ञान के नियमों, मानकों और प्रतिमानों का जो हवाला दिया है, उससे उनकी विचक्षणता और विदग्धता का स्वतः ही परिचय मिल जाता है। विज्ञान के नियम सार्वकालिक और सार्वदेशिक होते हैं। उनकी तुलना में भाषाविज्ञान के नियम काल, देश और पात्र सापेक्ष होते हैं। उनमें लचीलापन होता है और पर्याप्त अपवादीय स्थितियाँ मिलती हैं। फिर भी अजित वडनेरकर ने भरसक कोशिश की है कि शब्दों की रचना और उनके विकास की प्रवृत्तियों में एक सर्वमान्य संगत व्यवस्था दिखाई जा सके।

जिस प्रकार स्थानीय परिवेश के अनुसार सभ्यता और संस्कृति का विकास होता है, उसी प्रकार स्थानीय परिवेश और आवश्यकताओं के हिसाब से शब्द में नए अर्थों का विकास होता रहता है। कहीं सं. छत्र से विकसित 'चादर' ओढ़ने-बिछाने के वस्त्र का वाचक बन जाता है, तो कहीं हिं. जड़ में **'बुनियाद'** अर्थ का आदेश हो जाता है। कहीं सं. **बुद्ध** से विरुद्धार्थ **'बुद्धू'** का विकास होता जाता है, तो कहीं सं. **भद्र** शब्द की **'भद्रता'** नए विकसित शब्द **'भोंदू, भदेस** आदि में अर्थापकर्ष की सूचक बन जाती है। इसी सं. परचूर्णन (चूर्ण) हिन्दी में **'परचून'** के रूप में ध्वन्यात्मक परिणमन प्राप्त कर 'दुकान' के रूप में विस्तृत अर्थ को वहन करने लगता है। एक ही मूल से छिटककर गए दो परिवेशों में पले-बढ़े शब्द भिन्न अर्थ के संवाहक बन जाते हैं। यह कम आश्चर्यजनक नहीं कि एक ही मूल से विकसित अं. वाइसरॉय और अं. वीक के बीच अर्थपरक खाई इतनी गहरी हो गई है कि उसे पाटना अजित वडनेरकर की विलक्षण मेधा के ही बस की बात थी।

जिस प्रकार धातु में उपसर्ग और प्रत्यय लगाकर पद, शब्द आदि के रूप सिद्ध किए जाते हैं, उसी प्रकार शब्द में ध्वन्यात्मक परिवर्तन करके नए शब्द गढ़े जाते हैं। इस प्रक्रिया से नए-नए तद्भव शब्द बनते हैं, जो अर्थ की नई-नई छाया (nuance) को प्रकट करते हैं। वस्तुतः वक्ता शब्द की रचना-प्रक्रिया के माध्यम से समूचे भाव-जगत् और वस्तु-जगत्

को समेट लेना चाहता है। इसीलिए वह नए-नए अर्थों के द्योतन के लिए नए-नए शब्द गढ़ता है। इसके लिए तद्भवात्मक रूपान्तर एक कारगर हथियार है। अजित वडनेरकर के विवचेन में ऐसी अनेक शब्द-शृंखलाएँ दी गई हैं। सं. **रंज्** धातु से सिद्ध गए शब्द रंग से फिर **राग, रागिनी, रागी, रंगत, रंगदारी, रंग-बिरंग और रंगारंग** जैसे तद्भव विकसित कर नए अर्थों को प्रकट किया गया है।

सं. **जट्** से हिन्दी **जड़** शब्द विकसित हुआ और उसके बाद उसे **जड़ाऊ, जड़ना** (नगीना), **जड़ी** आदि तद्भव रूप विकसित किए गए। एक बार सं. **वास्** से हिन्दी **बसना** शब्द विकसित होने के बाद फिर उससे बसेरा, बसाहट, बासा आदि तद्भव रूपों का निर्माण हुआ। हिं. **बाँटना** से **बँटवारा, बँटैया, बंटाढार, बंदरबाट, बटुआ** आदि तद्भव रूप सिद्ध किए गए। अजित वडनेरकर के प्रचुर उद्धरणों से समर्थित इस विवेचन से यह सिद्धान्त आसानी से निकाला जा सकता है कि जब भी किसी शब्द में कोई ध्वन्यात्मक परिवर्तन किया जाता है, तो वह किसी नई वस्तु या नए विचार या भाव के प्रकाशन के लिए ही। तद्भवात्मक रूपान्तार हिन्दी शब्द-संपदा को समृद्ध करने की सबसे बड़ी रचना-प्रक्रिया है। इसी तारतम्य में रूपध्वनिग्रामिक संरचना (morphophonemic structure) के कुछ उदाहरण भी देखे गए हैं। जब दो शब्द अपने सामासिक सम्मेल में निकट आते हैं, तो उनकी पारस्परिक ध्वनिग्रामिक एवं रूपग्रामिक संरचना में परिवर्तन के कारण एक नया शब्द विकसित हो जाता है, जो भिन्न अर्थ का वाचन करता है। **पक्व + अन्न** से **पकवान**, **पक्व + वटी** से **पकौड़ी**, **चक्र + धर** से **चौधरी**, कहना-सुनना से कहासुनी, **ल्यू + टेनेंट** से **लपटन** आदि शब्द इसी भाषिक संरचना वर्ग के अन्तर्गत हैं। हिन्दी ने अपना लचीलापन दिखाते हुए बौछार, दियासलाई, पनघट, मुखौटा, बजरंग, धींगड़ा आदि इस कोटि के बहुसंख्य शब्दों की रचना की है। अजित वडनेरकर ने इस वर्ग के अनेक शब्दों का विश्लेषणात्मक विवेचन किया है, जिन्होंने हिन्दी को अभिव्यक्ति-समर्थ बनाने में महत्त्वपूर्ण योग दिया।

मराठी भाषा में हास-विनोद (humour) स्वयंसंजात है। मराठी रंगमंच देश का सबसे समृद्ध रंगमंच है। इसकी श्रेष्ठता का एक कारण उसकी सहज, सलीस या मुहावरेदार बोलचाल की भाषा से संग्रथित संवाद हैं, जो यथार्थ की खुरदरी ज़मीन पर दृश्य को हास-परिहास से परिपूर्ण बनाने में महती भूमिका अदा करते हैं। मूलतः मराठीभाषी होने के कारण अजित वडनेरकर को हास-विनोद का अवदान विरासत में मिला है। अपने विवेचन में उन्होंने इस विरासत का भरपूर उपयोग किया है। यह इसलिए कि ललित साहित्य की तुलना में भाषावैज्ञानिक विवेचन अपेक्षाकृत शुष्क माना जाता है और पाठकों तक उसकी रुचिपूर्ण पहुँच बनाने के लिए उसमें कुछ रमणीकता लाना ज़रूरी था। यह सम्प्रेषण की माँग थी। आख़िर हर रचना पाठक के लिए ही होती है। गोस्वामीजी ने जो यह कहा था कि 'रचना पैदा कहीं होती है और शोभा कहीं पाती है' (उपजहिं अनत अनत छवि लहहीं), तब उनका यही आशय था कि रचना रचनाकार की क़लम से निकलती है और पाठक के हृदय में शोभा पाती है। अपनी बात को ग्रहणीय बनाने एवं पाठकों तक वैसा-का-वैसा पहुँचाने के लिए अजित वडनेरकर ने हास-परिहास और विनोद का आश्रय लिया।

विषय-सामग्री के उपशीर्षकों की रचना से यह बात स्पष्ट हो जाती है—तमीज़दार लोगों

की कमीज़/गधे पँजीरी खा रहे हैं/बिहारी की बुख़ारी से रिश्तेदारी/सफ़र में सर्राफ़ हो गया श्राफ/अरब की रद्दी चीन का काग़ज़ आदि। उपर्युक्त कुछ शीर्षकों से अजित वडनेरकर की हास-परिहास की प्रवृत्ति का परिचय मिलता है, किन्तु यह विनोद सतही नहीं है। इन शीर्षकों से सम्बन्धित सामग्री की तह में जाएँ, तो मालूम होगा कि ज्ञान के जल में कितनी गहराई होती है। गम्भीर अध्येताओं को 'अनबूड़े बूड़े तरे जिन बूड़े सब अंग' के अनुभव के लिए तैयार रहना होगा। अजित की विनोद-वृत्ति इतनी पैनी है कि उपशीर्षकों की छोटी भूमि पर भी सामयिक विसंगतियों पर व्यंग्य करने का अवसर निकाल लेती है, यथा—स्कर्ट की तक़दीर है मुसल्सल छोटा होते जाना/लाटसाब बचे हैं, लपटनसाब गए/बहीखातों का अंबार यानी दफ़्तर/रँगे सियार का सफ़रनामा/चाँदी का जूता चन्दन की चप्पल/हम सब भ्रष्ट हैं!/अंडरवर्ल्ड की धर्मशाला बनी चाल आदि। इन उपशीर्षकों के अन्तर्गत सँजोयी सामग्री से कतिपय शब्दों की व्युत्पत्ति की परतें तो खुलती ही हैं, विभिन्न स्तरों पर सांस्कृतिक अवमूल्यन की झलक दिखाई पड़ती है। पत्रकार होने के कारण, जब भी अवसर मिला, अजित वडनेरकर ने समय के ताप से पाठकों को तप्त करने की कोशिश की। उपशीर्षकों के नामकरण से ही अंदाज़ हो जाता है कि अजित वडनेरकर के व्याख्येय शब्दों की रेंज कितनी व्यापक है और मज़ा तो यह है कि इस व्याप्ति में भी उन्होंने रस का स्रोत ढूँढ़ निकाला है। इससे विषय का उपचार सरस हुआ है, उपजीव्य सामग्री में रोचकता सहज सम्भाव्य हो गई है और सब कुछ पाठकों के लिए हृदयंगम-योग्य हो गया है।

अजित वडनेरकर के विवेचन से अनेक संकेत निकलते हैं। एक तो यह कि शब्द के अर्थ को नहीं, उसके मर्म को समझने की ज़रूरत है। दूसरे यह कि शब्द किसी विशिष्ट परिवेश या पृष्ठभूमि में विकसित होता है। उस परिवेश या पृष्ठभूमि को जानने से शब्द का बेहतर ढंग से प्रयोग हो सकता है। यह भी कि शब्द बोलते हैं, उन्हें सुनने और समझने की तमीज़ चाहिए। शब्द मात्र भाषिक ध्वनियों का संघात नहीं है, बल्कि उसमें अर्थ का ख़ज़ाना छिपा है और उसे सँभालकर ख़र्च करना चाहिए। शब्दों का यह ख़ज़ाना आदमी को अपने पूर्वजों से विरासत के रूप में मिला है। आदमी का कर्तव्य है कि इस विरासत को और समृद्धकर अपनी आने वाली पीढ़ी को सौंपे। शब्द दो मनुष्यों के बीच ही नहीं, दो जातियों और दो देशों के बीच भी सेतु का काम करते हैं। उनके धरातल पर खड़ा होकर आदमी अपने को दूसरों से बहुत भीतर तक जुड़ा हुआ पाता है। काल, देश और पात्र सापेक्ष होते हुए भी शब्द सार्वकालिक और सार्वजनीन सत्ता रखते हैं। यह अजित वडनेरकर का प्रदेय है कि उन्होंने शब्द को देश की सरहद से बाहर निकालकर मूल्यांकित किया और एहसास दिलाया कि शब्द की सत्ता सरहदों के आर-पार फैली है और आदमी को भाव और विचार के धरातल पर एक साथ खड़ा करने का माद्दा रखती है। शब्द अपनी यात्रा में सभ्यता और संस्कृति को वहन करके चलता है। उसकी यात्रा अनन्त की यात्रा है, जिसमें कोई विराम नहीं है। वह धरती पर ओंकार का प्रतिनिधि है और अप्रतिहत रूप से ध्वनित हो रहा है।

—सुरेश कुमार वर्मा

अनुक्रम

पद-सम्बोधन-उपाधि

रंग लाएगी फ़ाक़ामस्ती एक दिन (संत-1)

[शब्द संदर्भ : फ़क़ीर, फ़क़ीराना, फ़ाक़ा, फ़ाक़ाक़शी]

कबीर बानी में जो फ़क़ीराना ठाठ देखने को मिलता है वह फक्कड़-फ़ाक़ामस्ती से ही उपजता है। यूँ सभी निर्गुण संतों और सूफ़ियों का यही मूलमंत्र भी रहा है कि माया-मोह को त्यागकर आत्मज्ञान की जोत जलाने से ही प्रभु मिलते हैं। यह राह वह यूँ ही नहीं चुनता। पैग़म्बर साहब के मुताबिक़ फ़क़ीरी पर उन्हें फ़ख्र है (फ़क़ीरी फ़ख्री)। समूचे भारत में फ़क़ीर शब्द का मतलब साधु, संन्यासी, संत ही होता है। फ़क़ीर मूलतः ऐसे साधक को कहते हैं जिसने सांसारिक चोला त्यागकर आत्मज्ञान की राह पर क़दम बढ़ा दिए हैं। न्यूनतम आवश्यकताओं की पूर्ति वह माँगकर करता है इसीलिए फ़क़ीर को भी मंगतों की श्रेणी में रख दिया गया। फ़क़ीर के लिए फ़ाक़ा की व्यवस्था की गई है। सामान्य व्यक्ति दो वक़्त की रोटी के लिए आठ घंटे खटता है। बिना काम-धंधा किए दोनों वक़्त मुफ़्त की रोटी पर गुज़र करना मँगताई है मगर सिर्फ़ एक वक़्त माँगकर खाना और एक वक़्त निराहार रहना फ़ाक़ा है। फ़ाक़ा बना है अरबी के फ़ाक़ः से जिसका अर्थ होता है–उपवास, अनशन, निराहार रहना आदि। अर्थ संकोच के चलते फ़ाक़ः का मतलब सिर्फ़ भूखों मरने तक सीमित हो गया। फ़ाक़ा की रिश्तेदारी भी फ़क़ीर से है जिसका उद्गम फ़क्र से माना जाता है।

क़र्ज़ की पीते थे मय और समझते थे कि हाँ
रंग लाएगी हमारी फ़ाक़ामस्ती एक दिन

मशहूर शायर ग़ालिब का हाथ हमेशा तंग रहता था। कह सकते हैं कि मुफ़लिसी उन्हें घेरे रहती थी। फ़ाक़ा करने की नौबत कभी आई या नहीं, यह तो नहीं पता मगर मुहावरे के तौर पर उनकी शायरी में फ़ाक़ा शब्द का इस्तेमाल हुआ है। फ़ाक़ा शब्द का सामान्य अर्थ तंगी में गुज़र होना, भुखमरी में जीना है। इसीलिए फ़ाक़ाक़शी जैसा शब्द भी उर्दू-हिन्दी-फ़ारसी में प्रचलित है। मगर ये सूफ़ियों की शैली ही थी जिसने फ़ाक़ा शब्द के साथ मस्ती जोड़कर फ़ाक़ामस्ती जैसा नया लफ़्ज़ ईजाद किया जिसने तंगी की गुज़र-बसर को अघाए हुए लोगों की जमात में ईर्ष्या के लायक़ बना दिया। तंगहाली में संघर्ष का माद्दा हो, आंतरिक ऊर्जा, भविष्य पर भरोसा हो और सच्चाई की दिव्यता हो तभी फ़ाक़ामस्ती उभरकर सामने आती है। फ़ाक़ों में भी चैन से गुज़र-बसर करना ही फ़ाक़ामस्ती है। फ़क़ीराना-ठाठ भी यही है।

फ़ाक़ा में भूखों मरने का भाव कहीं नहीं है अलबत्ता उपवास, तंगी, ग़रीबी आदि भाव उसमें हैं। दरअसल फ़ाक़ा शब्द में मूल रूप से अभाव परिलक्षित होता है। विद्वान इसकी दार्शनिक व्याख्या करते हैं जिसे फ़क़ीर, फ़क़ीरी के आईने में समझा जा सकता है जो बना है फ़क्र से। फ़क्र में निहित अभाव का अर्थ विपन्नता या ग़रीबी से लगाया जाए तो फ़क़ीर वह व्यक्ति हुआ जो ग़रीब है। मगर भारत समेत तमाम एशियाई मुल्कों में फ़क़ीर शब्द का अर्थ सूफ़ी संत से लगाया जाता है। फ़क़ीर वह है जो सांसारिक मोह-माया से दूर है और ईश भक्ति में लीन है। सूफ़ियाना व्याख्या के मुताबिक़ फ़क़ीर वह नहीं है जिसकी झोली खाली है बल्कि फ़क़ीर वह है जिसके मन में इच्छाओं, तृष्णाओं का अभाव है। अर्थात जो संतुष्ट है। फ़क्र (fqr) की व्याख्या अरबी वर्ण-विग्रह से भी की जाती है। फ़े से फ़ाक़ा अर्थात उपवास, क़ाफ़ से किनाअत अर्थात संतोष और रे से रियाज़त अर्थात समर्पण। फ़क़ीर में यही गुण सर्वोपरि हैं। फ़क़ीर के पास अध्यात्म की पूँजी होती है। जो आत्मज्ञानी है वही फ़क़ीर है। फ़क्र में अभाव का जो भाव है उसका अभिप्राय यही है कि आपके पास जब तक ईश्वर नहीं है तब तक फ़क्र है। जब आपको ईश्वर की प्राप्ति हो जाती है तब आप फ़क़ीर कहलाते हैं जो फ़ख़्र के क़ाबिल है।

दरवेश चलेंगे अपनी राह (संत-2)

[शब्द संदर्भ : दरवेश, दर]

सूफ़ी संतों की एक विशिष्ट कोटि है दरवेशों की। अलमस्त फ़क़ीराना तबीयत इनकी पहचान होती है। डगर-डगर घूमना, डेरों पर ठहरना इनकी फ़ितरत। समूचे मध्य एशिया समेत तुर्की, ईरान, अरब समेत भारत और चीन तक में दरवेश परंपरा रही। आमतौर पर सभी धर्मों में ज्ञान के सर्वोच्च बिंदु पर समझदारों को संसार की निस्सारता का बोध होता है। सबसे पहले वे स्वयं माया-मोह से **निवृत्ति** की राह पर चलते हैं और फिर दूसरों को भी यही राह दिखाते हैं। अपने ख़ास रहन-सहन की वजह से **दरवेश** दूसरे इस्लामी संतों से अलग ही पहचाने जाते हैं। इतिहास के आँगन में दरवेश बारहवीं-तेरहवीं सदी से नज़र आते हैं। माना जाता है की महान सूफ़ी संत कवि जलालुद्दीन रूमी दरवेश पंथ के संस्थापक थे।

सांसारिक बंधनों में फँसा व्यक्ति आध्यात्मिक चिंतन नहीं कर सकता है इसीलिए भिक्षावृत्ति पर निर्भरता स्वाभाविक है। ज़ाहिर सी बात है कि माँगकर खाने वाले व्यक्ति के लिए दरवेश शब्द में संत का भाव ही छुपा है। शाब्दिक अर्थ में न जाया जाए तो **दरवेश** शब्द में भी वही भाव है जो फ़क़ीर में है। फ़क़ीर की व्याख्या यही है कि ग़रीब वह नहीं है जो भीख माँग रहा है बल्कि वह है जिसके पास ईश्वरीय ज्ञान नहीं है। जिसे ईश्वरीय बोध हो चुका है वही सच्चा फ़क़ीर है। यही बात दरवेश के संदर्भ में भी सच है। सच्चा दरवेश सिर्फ़ और सिर्फ़ ध्यान में निमग्न रहता है। इनके डेरों पर संगीत के ज़रिए नाम-सुमिरन और जाप की परिपाटी कब क़व्वाली में ढल

गई, कहा नहीं जा सकता। संगीत की धुन पर गोल-गोल फिरना भी ध्यान की परंपरा का हिस्सा रहा। भारतीय नृत्य शास्त्रीय-धार्मिक परंपरा से उपजे हैं। इसी तरह दरवेशों का घूमर नृत्य (Whirling Dervish) इस्लाम की धार्मिक परिपाटी के कला में तब्दील होने का एक बिरल उदाहरण पेश करता है। दरवेशों की जीवन शैली में अनोखापन इसलिए भी है क्योंकि वे पारंपरिक तौर पर इस्लाम की मान्यताओं-मर्यादाओं के अनुसार नहीं चलते। इसीलिए इनके दो प्रकार हैं **बाशरा** यानी जो इस्लामी तौर-तरीक़ों (शरीयत) पर चले और **बेशरा** यानी जो किसी भी एक पंथ या धर्म की राह को न मानते हुए अपनी अलग परिपाटी पर चले। धर्म और आस्था के साथ चमत्कार जुड़ा हुआ है। साधु-संतों से अक्सर चमत्कारों की उम्मीद की जाती है। लगातार चिंतन-मनन करने, सुदूर अंचलों में, पहाड़ों-जंगलों में रहने की वजह से एक अलग सा रहस्यवाद इनके साथ जुड़ जाता है। उनकी रूहानी बातों में लोगों को भविष्यवाणियाँ नज़र आती हैं। सच्चे संत तो कभी चमत्कार नहीं दिखाते मगर आस्था उसे ही सच मानती है जो चमत्कार दिखाता है लिहाज़ा संतों-सूफ़ियों के साथ भी अजूबा चस्पा हो गया। धर्म के सहारे पाखंड करने वाले तो सिर्फ़ चमत्कारों के बल पर ही वर्षों से लोगों को ठग रहे हैं। यही दरवेश के साथ भी हुआ।

हिन्दुओं में **परिव्राजक** ऐसे ही व्यक्ति को कहते हैं जिसने संसार त्याग दिया हो। संसार त्यागने का अर्थ है सांसारिक पदार्थों-कर्मों से निवृत्त होकर चिंतन-मनन के ज़रिए प्रभु की भक्ति में लीन होना। अपनी दैहिक आवश्यकताओं को कम-से-कम करते जाना। सभी धर्मों में साधु-संत समाज के द्वारा उपलब्ध कराए गए अन्न पर निर्भर रहते हैं। किसी एक परिवार, समाज या ग्राम पर इनका बोझ न पड़े इसलिए ये कहीं टिककर नहीं बैठते, लगातार अपना ठिकाना बदलते रहते हैं। इसीलिए चाहे फ़क़ीर हो या दरवेश, शब्दकोशों में इनका अर्थ निर्धन, ग़रीब भी बताया जाता है। मगर इसके मूल में इनका फक्कड़ रूप ही है। ग़ौर करें **फक्कड़** शब्द फ़क़ीर से ही बना है। दरवेश का मतलब घर-घर से मिले दान के आहार पर निर्भर रहने वाला साधु। दरवेश के **दर** में द्वार अर्थात **दरवाज़ा** का अर्थ निहित है। दरवेश को फ़ारसी, तुर्की में **दरविश** कहा जाता है जो पहलवी **द्रिगोश** से बना है जिसे **दर्योस** भी लिखा जाता है। यह शब्द बना है अवेस्ता के **द्रिगु** से जिसमें भिक्षावृत्ति और माँगकर गुज़र करने का भाव है। ग़ौरतलब है कि विद्वानों ने अवेस्ता के द्रिगु को वैदिक ध्रिगु से संबद्ध माना है और उसका अर्थ भी ग़रीब ही बताया है। इस पर विवाद है कि वैदिक संदर्भ में आया शब्द **ध्रिगु** नहीं बल्कि **अ-ध्रिगु** है जिसका अर्थ धनवान, श्रीमंत है। मगर दरवेश की व्युत्पत्ति **द्रिगु** से बताने वालों का तर्क है कि **अ** अर्थात नकारात्मक भाव लगने से ही **ध्रिगु** का निर्धन शब्द सही है। जो भी हो, दरवेश शब्द बहुत पुराना है और इसका दर या द्वार जैसी व्यंजना से कोई लेना-देना नहीं है बल्कि यह **द्रिगु** से **दर्योस** होते हुए यह फ़ारसी में **दरविस/दरवेश** हुआ।

क़िस्सों में ऐसे ऐसे दरवेशों का उल्लेख है जो अपनी ऊलजुलूल हरकतों की वजह से लोगों का सम्मान पाते थे। कहने की ज़रूरत नहीं कि ये सब दरवेश के भेस में मक्कार थे। इनके रंग-ढंग निराले थे। कोई उगालदान का सारा लुआब एक झटके में हलक़ में उँड़ेल लेता था तो कोई अपने लंबे बालों में हाथ डालकर निर्विकार भाव से मुट्ठीभर जुँएँ निकालकर दिखाता फिर वापस उन्हें बालों में ही छोड़ देता। जो जितने अजीबोग़रीब तौर-तरीक़े अपनाता, उसे उतना ही आलिम और ग़ैबी ताक़तों का मालिक समझा जाता। इन दरवेशो में होड़ भी ख़ूब रहती थी। एक अपने अनुयायियों को लात जमाकर नवाज़ता तो दूसरा अपने शागिर्द पर दनादन थप्पड की बौछार कर देता। इनकी धज भी विचित्र होती। लंबा चोगा जिसमें कई जेबें, बड़े-बड़े उलझे बाल, आँखों में काजल, कंधे पर झोली जिसमें जादू और तंत्र से जुड़ी चीज़ों का अंबार, औल-फौल सी शब्दावली जिसका कोई अर्थ नहीं होता था, उसे ये लगातार उच्चारते थे। सामान्य जनता इनका मतलब समझने में अपना सिर खपाती रहती थी। उनके मुरीद तथाकथित आध्यात्मिक ज्ञान की व्याख्या करते थे। मिसाल के तौर पर अस्पष्ट सी शब्दावली में कहीं 'बल' शब्द आ गया तो उसे 'बला' कहकर आसन्न विपत्ति का संकेत दे दिया जाता था। अगर एक ही शब्द तीन बार बोल दिया तो तीन दिन, तीन रात, तीन साल तक के दायरे में उसके अनिष्टकारी या मांगलिक संकेत तलाशे जाते। भारत और पाकिस्तान में यह तमाशा आज भी होता है। नामी फ़क़ीर दरवेश तो गिने-चुने हैं। ख़ुद को दरवेश कहने वालों के ज़्यादातर डेरों पर आस्था का प्रकाश नहीं, अंधविश्वास का अँधेरा तारी रहता है।

इश्क़ पक्का, मंज़िल पक्की 3 (संत-3)

[शब्द संदर्भ : क़लंदर, कलाँ, ख़ानाबदोश, ख़ान, क़िलेदार]

भारत में क़लंदर (qalandar) को ख़ानाबदोश, अर्ध-घूमंतू जनजाति का दर्जा मिला हुआ है जिसमें नट, बंजारे, कंजर आदि आते हैं। क़लंदर का अर्थ सूफ़ी संत परंपरा से कैसे जुड़ा, यह कहना मुश्किल है। मगर ईरान से इराक़, अजरबैजान, तुर्किस्तान, अफ़गानिस्तान, पाकिस्तान, भारत, बांग्लादेश, चीन तक क़लंदरों की एक लंबी परंपरा चली आई है जिसमें इन्हें इस्लाम धर्म को मानने वाला और सूफ़ी परंपरा का संत माना है। इनमें और सूफ़ियों में फ़र्क़ यही है कि सूफ़ी जहाँ साफ़-शफ़्फ़ाक़ श्वेत वस्त्रधारी संतों के तौर पर अलग से पहचाने जाते रहे हैं वहीं क़लंदर अपनी अनोखी धज, बेपरवाह रहन-सहन और चमत्कारपूर्ण क्रियाकलापों, हरकतों के लिए जाने जाते हैं। क़लंदर के बारे में शब्दकोश इतनी ही जानकारी देते हैं कि इसका मूल फ़ारसी में है और यह अरबी में भी प्रचलित है। अलिफ़ लैला की कहानियों में क़िस्सा चार दरवेश के कई संस्करणों में दरवेश के स्थान पर क़लंदर का प्रयोग भी किया गया है। इससे साफ़ है कि क़लंदर सूफ़ी दरवेशों की श्रेणी में ही आते रहे हैं। क़लंदरों के संदर्भ में उनकी निराली जीवन शैली के साथ मदिरापान की आदत का भी ज़िक्र होता है और

इनकी तुलना हिन्दू औघड़ संन्यासियों से की जा सकती है जिनकी जीवन शैली भी रहस्यमय होती है। क़लंदर ख़ुद को प्रेममार्गी मानते हैं। उनका दर्शन कहता है कि इश्क़ के ज़रिए ही ख़ुदा मिल सकता है तथा सूफ़ी परम्परा के अनुसार वे भी द्वैत भाव को नकारते हैं। ईश्वर और मैं अलग नहीं हैं—इस पर उनका गहन विश्वास रहता है।

क़लंदर शब्द की व्युत्पत्ति जितने भी संदर्भ टटोले हैं, उनमें इन्हें घुमक्कड़, अलमस्त और **ख़ानाबदोश** माना गया है जो लगातार अपने ठिकाने बदलते रहते हैं और डेरों में रहते हैं। इस शब्द में ही यायावरी छिपी है। यह बना है **ख़ाना-ब-दोश** से। खाना शब्द इंडो-ईरानी परिवार और इंडो-यूरोपीय परिवार का है जिसमें आवास, निवास, आश्रय का भाव है। संस्कृत की खन् धातु से इसकी रिश्तेदारी है जिसमें खनन का भाव शामिल है। **खनन** के ज़रिए ही प्राचीनकाल में पहाड़ों में आश्रय के रूप में प्रकोष्ठ बनाए। हिन्दी, उर्दू, तुर्की का खाना इसी से बना है। ख़ाना शब्द का प्रयोग अब कोना, दफ़्तर, भवन, प्रकोष्ठ, (अ.ख़ैमा) आदि कई अर्थों में होता है मगर भाव आश्रय का ही है। फ़ारसी में दोश का अर्थ हुआ कंधा। इस तरह ख़ानाबदोश का मतलब हुआ अपना घर कंधे पर लादकर चलने वाले। ज़ाहिर है घुमंतू जनजातियाँ लगातार स्थान बदलते रहने की फ़ितरत के चलते तम्बुओं में बसेरा करती हैं और मुकाम पूरा होते ही तम्बू उखड़ जाते हैं।

मेरी नज़र में यायावरी तबीयत के मद्देनज़र क़लंदर की व्युत्पत्ति क़लाँ शब्द से हुई है। **कलाँ** सेमेटिक भाषा-परिवार का शब्द है जिसमें वही भाव है जो **खन्** या **खान** में है। **कला** से ही क़िला शब्द बना है जिसमें फ़ौजी बस्ती या छावनी का भाव है जो अक्सर तम्बुओं की बस्ती होती है। कालांतर में दुर्ग के अर्थ में इससे बना क़िला शब्द प्रचलित हो गया मगर क़िले भी मूलतः फ़ौजी छावनी ही होते हैं। फ़ारसी, तुर्की, उर्दू, हिन्दी भाषाओं में क़लाँ शब्द बस्ती के अर्थ में प्रयुक्त होता रहा है। **कलंदर** यानी **कलाँ + दार**। अर्थात तम्बुओं की बस्ती का प्रमुख। क़लाँ के दुर्ग वाले अर्थ में इसका मतलब क़िलेदार के तौर पर भी लगाया जा सकता है। इसमें भी मुखिया का ही भाव है। तम्बू को ढकने वाले हलके कपड़े को भी कलाँ ही कहते हैं। कालांतर में तम्बुओं में रहने वाले लोगों खानाबदोशों के एक ख़ास समूह को ही क़लंदर कहा जाने लगा। ईरान, तुर्की, पाकिस्तान, अफ़गोनिस्तान आदि दक्षिण-मध्य एशियाई क्षेत्रों में प्राचीनकाल में दो बसाहटों के बीच फ़र्क़ करने के लिए छोटी बस्ती के साथ **ख़ुर्द** और बड़ी के साथ **क़लाँ** शब्द लगाया जाता था। यह फ़र्क़ आबादी के मद्देनज़र था। मगर **क़लाँ** शब्द में क़िले की मज़बूती, संगठन और सुरक्षा जैसे भाव हैं। इसीलिए क़लाँ से **क़िला** शब्द बना। क़लाँ से बने क़लाँदार, क़िलेदार, मुखिया, और फिर क़लंदर में ढले शब्द में निपट भिक्षुक कम और आध्यात्मिक नेता, पथप्रदर्शक, मार्गदर्शक, संन्यासी वाले भाव ही प्रमुख हैं।

धार्मिक स्तर पर क़लंदर शब्द का प्रयोग होने के प्रमाण ग्यारहवीं सदी में ख़्वाजा अब्दुल्ला के 'क़लंदरनामा' से मिलते हैं। बारहवीं सदी में ग़ज़नी के सना ग़ज़नवी के

'कलंदरियात' नामक ग्रंथ से भी क़लंदर को धार्मिक रूप मिलने के प्रमाण मिलते हैं। क़लंदर जिप्सियों की तरह घुमंतू लोग हैं। जिप्सी या रोमा भारतीय मूल के माने जाते हैं। क़लंदर शब्द निश्चित तौर पर मुस्लिम संस्कृति के साथ भारत में आया है। मगर क़लंदर समुदाय के पनपने के पीछे वही कारण रहे होंगे, जो जिप्सी समाज के उद्गम के पीछे देखे जाते हैं। लगता है, युद्धों से बेघर हुए लोगों का समूह, हमलावर देश के अत्याचार का शिकार हुए वे लोग जो देश छोड़ने को मजबूर हुए, ऐसे फ़ौजी जो बंदी बनाए जाने की आशंका में अपना राज्य छोड़ गए ऐसे तमाम लोग परिस्थितिवश अपने-अपने समाज से विमुक्त होकर यायावर बन गए। अलग-अलग ठिकानों पर ये तम्बुओं और डेरों में प्रभावहीन जीवन बिताने लगे। डेरेदारों, डेरों में रहने वाले ख़ानाबदोशों के लिए भी तब तक क़लंदर शब्द प्रयोग होने लगा होगा। कलाँदार अब क़लंदर थे। मुख्यधारा से कटकर ज़ाहिर है इनकी जीवन शैली भी बदली। अन्य विमुक्त जातियों से हेल-मेल बढ़ा। इसी क्रम में क़लंदर ख़ुद एक अलग बिरादरी बन गए। इनकी पहचान अर्धग्रामीण समाज के तौर पर बनी रही। भालू-बंदरों के तमाशों, जादू-टोने, झाड़-फूँक करने वालों के रूप में इनकी ख्याति बढ़ी। कुछ ऐसी ही पश्चिमी एशिया और दक्षिणी यूरोप के यायावर जिप्सियों की भी कहानी है। रोज़-रोज़ उजड़ते जाने के क्रम ने क़लंदरों के स्वभाव में बेफ़िक्री पैदा कर दी। स्थान विशेष से इन्हें कोई लगाव नहीं इसलिए इनके जीवन का ढर्रा बेढब बना रहा। क़लंदर ख़ूब शराब पीने और औघड़ जीवन शैली के लिए भी पहचाने जाते हैं। खाना-पीना और मस्त रहने वाली इनकी जीवन शैली ने ही इन्हें मस्त-क़लंदर की पहचान दी।

दमादम मस्त कलंदर (संत-4)

[शब्द संदर्भ : क़लंदर, सुहागिया, सुहाग]

इसमें कोई दो राय नहीं कि हिन्दुस्तान में क़लंदर (qalandar) शब्द इस्लामी संस्कृति के साथ दाख़िल हुआ। क़लंदर के साथ मस्त शब्द लगा होने का अर्थ यह नहीं कि सभी क़लंदर ख़ुशमिजाज होते हैं। ये लोग मनमौजी सिफ़त के होते हैं। पुराने ज़माने में क़लंदरों के ग़ुस्से, क्रोध और बेढब रुख़ को लेकर भय भी रहता था। कई क़लंदर न सिर्फ़ अपना सिर घुटाकर रखते बल्कि दाढ़ी मूँछ के साथ भवें और पलकें तक मुँड़वा लेते थे। भिक्षा मिलते ही ये तुरंत आशीर्वाद देते हैं। अगर ज़रा भी देर हो जाए तो ग़ुस्सा होते भी देर नहीं लगती। चिमटा, लोहे का कमरबंद, हाथों में लोहे के कड़े, गले में बहुत सारे हार वग़ैरह पहनना क़लंदरी जीवन शैली की कुछ ख़ास बाते हैं जो इन्हें अन्य सूफ़ी पंथियों या रहस्यवादियों से अलग करती हैं। कानों में कुंडल पहनने जैसी कुछ बातें हिन्दू रहस्यवादियों अर्थात नाथपंथी परंपराओं से भी भारत आने के बाद ग्रहण कीं। जादू-टोना और झाड़-फूँक के स्तर पर सामान्य समाज के साथ इनका रिश्ता बना रहा। क़लंदर संत एकत्ववादी रहे हैं। औघड़ जीवन शैली ने इन्हें रहस्यवादी की पहचान भी दी। अन्य इस्लामी संतों की तरह इनके जीवन में धर्म का प्रचलित

स्वरूप नहीं था। आराधना-इबादत का रिवायती अंदाज़ भी इन्हें नहीं सुहाता। नमाज़-रोज़ा इनकी जीवन शैली में नहीं है।

क़लंदर शब्द को यूरोप की ज़मीन से भी जोड़ा जाता है। पश्चिमी विद्वान ग्रीक शब्द किलिन्द्रोस (kylindros) से इसकी व्युत्पत्ति बताते हैं जिसका अर्थ होता है घूमना (रोलर)। सीरिया में किलिन्द्रोस नाम के शहर का रिश्ता इससे जोड़ा जाता है। इस शब्द की व्याख्या घुमक्कड़ी और यायावरी से की जाती है जिसका रिश्ता सूफ़ी क़लंदर से जुड़ता है। प्राचीन यूनानी संदर्भों में अलकैमी, लोहे से स्वर्ण बनाने की तकनीक का वर्णन है। ग्रीक के दार्शनिक संदर्भों में इसे (chelidonion) अर्थात शुद्धीकरण की प्रक्रिया से जोड़ा गया है। इसे सोने के पीले रंग से भी जोड़ा जाता है जिसमें भी शुद्धता का भाव ही है। प्राचीन तुर्की के क़ल/क़ाल (qal) शब्द से भी इसका रिश्ता जोड़ा जाता है जिसका अर्थ शुद्ध होता है। इसी तरह ईरानी के कलाँतार शब्द से भी इसका संबंध बताया जाता है जिसमें प्रमुख, ग्राम प्रधान, या शेरिफ का भाव है। हमारा मानना है कि **कलंदर** और **कलाँतार** में सिर्फ़ उच्चारण का अंतर है। इंडो-ईरानी भाषा-परिवार में **द** और **त** ध्वनियाँ आपस में बदलती हैं। जहाँ तक अर्थ का सवाल है क़लाँदार और कलाँतार के मायने एक ही हैं। दोनों का अर्थ एक बसाहट, बस्ती का मुखिया ही है। इससे यह भी स्पष्ट है कि क़लंदर में आध्यात्मिक गुरु या मुखिया का भाव ही प्रमुख है।

सिंध के प्रसिद्ध सूफ़ी दरवेश लाल शाहबाज़ क़लंदर की आध्यात्मिक ख्याति के साथ ही क़लंदर शब्द भारत में जाना-पहचाना बन गया। सिंधी भाषा के प्रसिद्ध सूफ़ी गीत "ओ लाल मेरी पत रखियों..." ने क़लंदर शब्द को आम आदमी की ज़बान पर ला दिया। शाहबाज़ क़लंदर का असली नाम था सय्यद मोहम्मद उस्मान। इनका जन्म ईरान-अज़रबैजान के सीमांत पर स्थित मरवंद में 1177 में हुआ। इनके पिता भी दरवेश थे। मन की भटकन इन्हें कई स्थानों पर ले गई। आख़िरकार सिंध प्रांत के सेहवान में आ बसे। 1274 में वे अनंत में लीन हो गए। लाल सलम शाहबाज़ क़लंदर सूफ़ियों के बेशरा सम्प्रदाय से ताल्लुक़ रखते थे अर्थात इस्लाम के रिवायती तौर-तरीक़ों में इनकी आस्था नहीं थी, शरीयत उनके चिन्तन का विषय नहीं था। हिन्दू, बौद्ध, ईसाई, पारसी जैसे धर्मों की पृष्ठभूमि में सूफ़ियों-क़लंदरों ने एकत्ववादी प्रेममार्गी अनलहक़ (अहं ब्रह्मास्मि) का नारा बुलंद किया और अपनी राह ख़ुद बनाई।

क़लंदरों का एक अलग सम्प्रदाय सेहवान वाले क़लंदर के नाम की वजह से चल पड़ा जिसे लाल शाहबाज़िया कहा जाता है। ग़ौरतलब है कि सय्यद मोहम्मद उस्मान हमेशा लाल रंग का चोगा पहनते थे जिसकी वजह से उन्हें लाल शाहबाज़ क़लंदर कहा जाता था। इस लाल रंग की वजह से ही क़लंदरों की एक **सुर्ख़पोश** बिरादरी भी थी। सुर्ख़ अर्थात लाल, पोश यानी वस्त्र, ज़ाहिर है अभिप्राय लाल चीवरधारी क़लंदरों के उसी सम्प्रदाय से है जिसकी परंपरा लाल शाहबाज़ क़लंदर से जुड़ती है। इसी परंपरा में एक नाम और मिलता है सोहागिया सम्प्रदाय का। **सोहागिया क़लंदर** सुहाग का अर्थात

विवाहिता का चोला पहनने की वजह से अलग से पहचाने जाते हैं। सुहाग का चोला लाल रंग का ही होता है। सुहागिया शब्द बना है सुहाग से। संस्कृत शब्द सौभाग्य के सुहाग में बदलने का क्रम कुछ यूँ रहा–सौभाग्य>सोहाग्ग>सुहाग। लाल रंग सौभाग्य का प्रतीक माना जाता है। सौभाग्य में उगते सूर्य की लालिमा का स्पष्ट संकेत है। पहुँचे हुए क़लंदर, सामान्य लोगों को उनकी आध्यात्मिक शक्तियों का इल्म न हो, इसीलिए लाल रंग का चोला पहना करते थे। सोहागिया पंथ के लोग और बढ़े-चढ़े थे। वे सुहाग का चोला पहनकर, स्त्रीवेश में किन्नरों के साथ रहते थे ताकि उनके बारे में कोई जान न सके। अहमदाबाद के मूसा शाही सुहाग का नाम इस पंथ के अव्वल सूफ़ी क़लंदरों में आता है जो पंद्रहवीं सदी में हुए थे।

करामातियों की करामातें 3 (संत-5)

[शब्द संदर्भ : करामात, करम, करीम, ग़ायब, ग़ैब]

सूफ़ी-संतों-योगियों के साथ चमत्कारों का गहरा रिश्ता रहा है। सूफ़ी मत में चमत्कार की व्याख्या सचमुच अतीन्द्रिय कर्मों की ही है। सूफ़ियों का विश्वास रहा है कि आध्यात्मिक सिद्धि के बाद लोकमंगल के लिए उनके पास चमत्कारक शक्तियाँ आ जाती हैं जिनके ज़रिए वे मानवता की भलाई कर सकते हैं। हालाँकि इसका प्रमुख उद्देश्य लोगों में ईश्वर की परम शक्तियों में भरोसा पैदा करना होता था। सूफ़ी पंथ में इसे करामात कहा जाता है। क़रीब नौवीं सदी में बग़दाद के पास कूफ़ा नामक शहर के हमदान करामत बिन अशेश को सूफ़ियों के करामतिया पंथ का संस्थापक माना जाता है। यह इस्माइली मुसलमानों का रहस्यवादी तबक़ा था जिसके क्रियाकलाप काफ़ी ढके-छुपे थे। कुल मिलाकर करामात या चमत्कार जहाँ भी होगा वहाँ की हर चीज़ पर रहस्य का पर्दा होना लाज़िमी है। घोर इस्लामी सोच पैग़म्बर के अलावा किसी अन्य के करामात दिखाने की बात नहीं स्वीकारती है।

करामात (karamat) शब्द बना है अरबी धातु क़ारुमाह (क़ाफ़-रा-मीम) से जिसने **करम** (करूमा) शब्द बनाया। इसका अर्थ होता है पवित्र भावना, भद्रता, सौजन्य, नवाज़िश, कृपा, मेहरबानी आदि। ग़ौर करें कि प्रेम के दो वचन, सौजन्यपूर्ण व्यवहार, दयालुता का बर्ताव सामान्य लोगों पर जादुई असर करते हैं। कुशल प्रबंधन सिखाने वाले गुरु भी इन्हीं गुणों को आज़माने की सलाह देते हैं। यही जादुई मंत्र हैं दुनिया को जीतने के। सो करम अगर **करामात** है तो इसमें ताज्जुब क्या? करम से बना है **करामा (ह)** जिसका मतलब होता है चमत्कार, कृपा आदि। इसी से **करामत** शब्द बना जिसका बहुवचन हुआ करामात। हिन्दी, उर्दू, फ़ारसी में यही करामत की जगह करामात रूप ही प्रचलित है। ईश्वर के कई नामों में एक नाम **करीम** भी है क्योंकि वह अपने भक्तों पर हमेशा कृपालु रहता है। करीम का स्त्रीवाची **करीमा (ह)** (karimah) होता है जिसमें **ह** मौन है। भक्त ईश्वरीय कृपा को हमेशा चमत्कार के रूप में ही देखता है चाहे इसके पीछे उसका आस्थाजनित कर्म ही क्यों न हो मगर इसे वह ख़ुदाई करामात के तौर पर

ही देखता है। सूफ़ी-संतों-दरवेशों की परंपरा में अक्सर सिद्धि को छुपाने के जतन किए जाते थे। मगर लोगों की आस्था उनसे हमेशा चमत्कारों की ही उम्मीद करती थी। सूफ़ियों से जुड़ी कुछ प्रचलित मान्यताएँ करामात के अंतर्गत रखी जाती हैं, मसलन— वे अदृश्य हो सकते हैं, परामानवीय शक्तियों से वार्ता कर सकते हैं, पारलौकिक आवाज़ें उन्हें सुनाई पड़ती हैं, वे उड़ सकते हैं, वांछित वस्तु को सुदूर कोने से ला सकते हैं या पहुँचा सकते हैं आदि। इन शक्तियों को ग़ैबी ताक़त कहा जाता है। **ग़ैब** (ghaib/gaib) का मतलब होता है अदृश्य, पारलौकिक पृष्ठभूमि का, परोक्ष आदि। हिन्दी का प्रचलित ग़ायब शब्द इसी ग़ैब का ही फ़ारसी रूप है। उर्दू में इसे **ग़ाइब** कहा जाता है। चमत्कार दिखाने वाले संतों को **पीर-ए-ग़ैब** कहा जाता है। इन चमत्कारों का ज़िक्र तो कई जगह पर है मगर इन्हें प्रामाणिक मानने का कोई रास्ता नहीं है। पुराने ज़माने में भी तर्क और प्रमाण की बात लोग करते थे। सूफ़ियों-क़लंदरों के मुरीदों ने ही बीच का रास्ता निकाला। अब अभिमंत्रित ताबीज़, टोटके, भस्म आदि भी इनके चमत्कारों में जुड़ गए।

करामात का वास्तविक अर्थ भी सूफ़ियों ने बताया है। सह इब्न अब्दुल्ला कहते हैं कि सबसे बड़ा चमत्कार दुर्गुणों के स्थान पर सद्गुणों की प्राप्ति है। करामात का मूल अर्थ था इन्द्रियों पर नियंत्रण पाना जिसे नफ़्स-कशी कहा जाता है। काम, क्रोध, लोभ, मोह, मद आदि पर नियंत्रण। "दस साल से सिर्फ़ दूध पर ज़िंदा है महिला" आत्मनियंत्रण के ऐसे नितांत निजी प्रयास जिस समाज में ख़बर बनते हैं और सार्वजनिक कौतूहल का विषय हों, आज से सदियों पहले के समाज में सूफ़ी-संतों द्वारा आत्मनियंत्रण के ऐसे ही प्रयास चमत्कार कहलाते हों, तो आश्चर्य नहीं। सदाचार का उपदेश आसान है पर सदाचार के रास्ते पर चल पड़ना सचमुच चमत्कार से कम नहीं है। ऐसा करके ही सामान्य मनुष्य संत-महापुरुष बनते हैं। अलबत्ता सदाचार को महापुरुषों की जीवन शैली मान लेने के बाद समाज उनसे कुछ ज़्यादा की उम्मीद करता है। ईसाई धर्म में तो संत का दर्जा तभी दिया जाता है जब तक उसके चमत्कारों का प्रमाण न मिल जाए। चमत्कार को यूँ नमस्कार करने वाले समाज में धर्म के नाम पर पाखंड बढ़ रहा है तो इसमें दोष किसका है?

बेपरवाह मस्त मलंग (संत-6)

[शब्द संदर्भ : मलंग, मलंग-मच्छिंद्र]

अपनी धुन में रहने वाले मस्तमौला तबीयत के इनसान को आमतौर पर मलंग की संज्ञा दी जाती है मगर मलंग भी सूफ़ी-दरवेशों का एक सम्प्रदाय है जो रहस्यवादी होते हैं। लंबा-चोगा, लोहे के कड़े और कमर में ज़ंजीर, लंबे बाल और बढ़ी हुई दाढ़ी और हाथ में कमंडलनुमा भिक्षापात्र, जिसे कश्कोल कहते हैं, इनकी पहचान है। आमतौर पर मलंग मुसलमान होते हैं। हिन्दुस्तान आने के बाद क़लंदरों-मलंगों पर नाथपंथी प्रभाव पड़ा और और चिमटा, कनछेदन, भभूत जैसे प्रतीकों को इन्होंने भी अपना लिया। वैसे मलंग उसी फ़क़ीर को कहा जाता है जो किसी सम्प्रदाय से संबद्ध न हो। ज़ाहिर है

सम्प्रदाय, परंपरा के स्तर भी जिसका कहीं जुड़ाव न हो उसे लापरवाह, बेपरवाह, निश्चिंत, मनमौजी कहा जा सकता है। यही है मस्त मलंग।

मलंगों के प्रभाव में कई हिन्दू वैरागी-विरक्त भी **मलंग** कहे जाने लगे। महाराष्ट्र की संत परंपरा में कई संतों के नाम के आगे मलंग शब्द लगता है। नाथपंथी नवनाथ अवतार कहे जाने वाले प्रसिद्ध संत मत्स्येन्द्रनाथ यानी मच्छिन्द्रनाथ (मछिंदरनाथ) को महाराष्ट्रवासी **मलंग-मच्छिंद्र** कहते हैं। कल्याण के पास समुद्रतट पर एक क़िला ही मलंगगढ़ कहलाता है जहाँ मलंग-मच्छिंद्र की समाधि है। यह जगह हिन्दू और मुस्लिमों की आस्था का केंद्र है। संत एकनाथ और पंढरीनाथ के आगे भी श्रद्धालु मलंग शब्द लगाते हैं। सूफ़ियों की तरह ही मलंगों के साथ भी संगीत परंपरा जुड़ी हुई है। कई क़व्वालियों में मलंग शब्द मुरीद, भक्त, शिष्य के अर्थ में आता है। जान शेक्सपियर की इंग्लिश-उर्दू डिक्शनरी के मुताबिक़ मलंग **मुहम्मदिया दरवेश** होते हैं जो लम्बा चोगा पहनते हैं और लम्बे बाल रखते हैं। इसी तरह की बात जॉन प्लैट्स की हिन्दी-उर्दू-इंग्लिश डिक्शनरी में भी है, बस उसमें इनके फक्कड़, घुमक्कड़, यायावर, अबूझ और बेपरवाह शख़्सियत का भी संकेत है। मोहम्मद ताहिर संपादित **एन्साइक्लोपीडिक सर्वे ऑफ़ इस्लामिक कल्चर** में सूफ़ी मत पर चीन के ताओवादी प्रभाव की चर्चा करते हुए अहमद अनानी **मलंग** की व्युत्पत्ति खोजते हुए इसे चीनी मूल का सिद्ध करते हैं। उनके मुताबिक़ यह ताओवादी **मंग-लंग** से मिलकर बना है। ताओवादी शब्दावली में एक शब्द है मंग जिसमें महत्त्वपूर्ण या आदरणीय व्यक्ति जैसे भाव हैं, मगर इस शब्द में यायावर, घुमक्कड़, दरवेश का अर्थ ज़्यादा है। अहमद अनानी इसका साम्य जिप्सियों से बैठाते हैं जो घुमक्कड़ जनजाति है। इनकी समानता चमत्कारी योगियों, सूफ़ियों, क़लंदरों से भी बताई गई है। लेखक हरबर्ट जिल्स की चीनी-इंग्लिश डिक्शनरी के ह वाले से **ल्यियू-मेंग** शब्द सामने लाते हैं। **ल्यियू** शब्द का अर्थ चीनी भाषा में होता है भ्रमणशील अर्थात घुमक्कड़। इसी तरह चीनी शब्द **लंग** का मतलब होता है आदरणीय, सम्मानित, प्रमुख आदि। इस तरह **मंग-लंग** का अर्थ निकला घुमक्कड़ संन्यासी या दरवेश। लेखक की स्थापना है कि हिन्दुस्तानी, फ़ारसी में यह **मा-लंग** होते हुए मलंग बना।

हिन्दी-उर्दू में मलंग शब्द फ़ारसी के ज़रिए ही दाख़िल हुआ है। संस्कृत, अवेस्ता, फ़ारसी के किसी संदर्भ में इस शब्द की ठीक-ठीक व्युत्पत्ति नहीं मिलती है। इस्लाम का सूफ़ी रूप क़रीब नौवीं सदी में आकार लेने लगा था। चीन का ताओवादी अध्यात्म इससे सदियों पहले का है। तब तक कई बौद्ध भिक्षु भारत से मध्य एशिया और चीन की ओर जा चुके थे। ज़ाहिर है ताओवादी परंपराओं का ज्ञान भी बरास्ता सोग्दियाना होकर ईरान की धरती तक पहुँच चुका था। इसलिए मलंग का चीनी मूल दूर की कौड़ी नहीं है। आध्यात्मिक आदान-प्रदान में विचारों के साथ-साथ शब्दावली भी सहेजी जाती है। भारतीय **ध्यान** के **ज़ेन** रूप में यही साबित होता है। फ़क़ीरों-क़लंदरों की तरह ही मलंग भी मूलतः भिक्षावृत्ति पर निर्भर रहते हैं। ज़्यादातर मलंग एकाकी ही होते हैं

और फक्कड़ बनकर यहाँ से वहाँ घूमते हैं। कई मलंग पहुँचे हुए संतों की दरगाह पर भी पड़े रहते हैं। मलंग भी गृहस्थाश्रम में रहते हैं। ये वे मलंग है जिन्होंने आजीविका के लिए सेवा संबंधी कोई पेशा अपना लिया है। आमतौर पर वैद्यकी इसके अंतर्गत आती है। इलाज के नाम पर मलग झाड़-फूँक, टोना-टोटका, काला-जादू और जड़ी-बूटी तक पर आज़माइश करते रहते हैं। यह काम इनके यहाँ पीढ़ी-दर-पीढ़ी चलता रहता है। मलंगों की अलमस्त जीवन शैली होती है। वे ख़ूब भाँग खाते हैं, चरस पीते हैं। शैवों की परंपरा में ये धूनी भी रमाते हैं। कुछ विशिष्ट नारे भी ये लगाते हैं, जैसे—लला है दिले जान नसीबे सिकंदर...। इनकी बोली में ठाठ से **महादेव बाबा** जैसे शब्द भी सुनने को मिल जाते हैं। भारत में, ख़ासतौर पर पंजाब में कई स्थानों पर मलंगों की दरगाहें हैं।

ऋषि कहो, मुर्शिद कहो या कहो राशिद (संत-7)

[शब्द संदर्भ : ऋषि, रुश्द, मुर्शिद, रशीद, राशिद, ऋतु, राहगीर, राहज़नी, राहनुमा, राहत, राहबर, राही, रीति, रास्ता]

संस्कृत का **ऋषि** शब्द बहुत महत्त्वपूर्ण है। पारंपरिक अर्थों में ऋषि का अर्थ होता है साधु, संन्यासी, तपस्वी, मुनि आदि। ऋषि के भीतर चिन्तक, मनस्वी, सिद्धि प्राप्ति में लगा साधक, पुण्यात्मा, विरक्त और योगी जैसे अर्थ भी समाहित हैं। इस तरह व्यापक रूप से देखें तो इस तरह ऋषि में तत्त्वद्रष्टा, सब कुछ जानने वाला अथवा मार्गदर्शक के भाव दिखाई पड़ते हैं। देवनागरी का **ऋ** अक्षर दरअसल संस्कृत भाषा का एक मूल शब्द भी है जिसका अर्थ है जाना, पाना। ज़ाहिर है किसी मार्ग पर चलकर कुछ पाने का भाव इसमें समाहित है। इसी तरह **र** वर्ण के मायने गति या वेग से चलना है। ज़ाहिर है मार्ग या राह का अर्थ भी इसमें छुपा है। हिन्दी-संस्कृत के जाने-पहचाने ऋषि शब्द देखें तो भी इस **ऋ** की महिमा साफ़ समझ में आती है। **ऋ** से बनी एक धातु है **ऋष्** जिसका मतलब है जाना-पहुँचाना। इसी से बना है **ऋषिः** जिसका शाब्दिक अर्थ तो हुआ ज्ञानी, महात्मा, मुनि इत्यादि मगर मूलार्थ है सही राह पर ले जाने वाला। राह क्या है? गतिशील बने रहने की युक्ति! ज्ञानी अर्थात ऋषि भी तो मनुष्य को सांसारिकता से मुक्ति की युक्ति ही सिखाता है। आध्यात्मिक अर्थों में ऋषि वह है जिसने अपने भीतर ईश्वर प्राप्ति की राह खोज ली है।

फ़ारसी के **रशद** या **रुश्द** जैसे शब्द जिसका अर्थ है सन्मार्ग, दीक्षा और गुरु की सीख। उचित राह पर कुशल मार्गनिर्देशन में आगे बढ़ना है **रुश्द** का सही मतलब। यहाँ सलमान रुश्दी को याद करें। इसी से बना **रशीद,** जिसके मायने हैं—राह दिखाने वाला। **राशिद** भी इससे ही बना है, जिसके मायने हैं—ज्ञान पाने वाला। यही शब्द अरबी में जाकर **मुर्शिद** का रूप लेता है। ग़ौरतलब है मुर्शिद अरबी नहीं बल्कि फ़ारसी का शब्द है और इसका सेमिटिक भाषा-परिवार से रिश्ता नहीं है। यह भारत-ईरानी (indo & irani) परिवार का शब्द है अलबत्ता इसमें लगे **मु** उपसर्ग का अरबी में ख़ूब प्रयोग

होता है। मुर्शिद यानी गुरु में भी इसी **ऋ** की महिमा है। पारंपरिक गुरु के रूप में ही अरबी-फ़ारसी में मुर्शिद शब्द का प्रयोग होता है सो मुर्शिद शब्द इन भाषाओं में **ऋषि** के समकक्ष ही है। सामान्य तौर पर उर्दू-फ़ारसी-अरबी में शिक्षक को मुदर्रिस, उस्ताद, आलिम आदि कहा जाता है। इसी तरह गुरु का विकल्प हिन्दी में शिक्षक, अध्यापक होता है। मगर **ऋषि** भी गुरु है किन्तु लौकिक शिक्षा का नहीं अध्यात्म मार्ग का। सामान्य शिक्षक ज़माने की रीति सिखलाता है मगर ऋषि या मुर्शिद दुनियावी प्रपंच से मुक्ति की राह दिखलाता है। ऋग्वेद भी इससे ही जुड़ता है जिसका अर्थ हुआ **ज्ञान** के सूत्र यानी ज्ञान का ज़रिया।

ऋ से ही बना है **ऋत्** जिसके मायने हुए पावन प्रथा या उचित प्रकार से। हिन्दी का **रीति** या **रीत** शब्द इससे ही निकला है। मौसम के प्रकारों को **ऋतु** कहा जाता है। ऋतुएँ कभी नहीं बदलतीं। एक निर्धारित पथ पर वे चलती हैं और निश्चित कालावधि में उनकी वापसी होती है। प्रकृति के पावन नियमानुसार उनका क्रम निर्धारित है, इसलिए उन्हें **ऋतु** कहा जाता है। **ऋ** का जाना और पाना अर्थ इसके ऋत् यानी रीति रूप में और भी साफ़ हो जाता है अर्थात उचित राह जाना और सही रीति से कुछ पाना। **ऋ** की महिमा से कई भारोपीय भाषाओं, जैसे–हिन्दी, उर्दू, फ़ारसी अंग्रेज़ी, जर्मन वग़ैरह में दर्जनों ऐसे शब्दों का निर्माण हुआ जिन्हें बोलचाल की भाषा में रोज़ाना इस्तेमाल किया जाता है। भाषा विज्ञानियों ने इसके मूल में रिग् धातु खोजी है। ज़रा देखें, कहाँ-किस रूप में मौजूद हैं इससे बने शब्द। ऋ का प्रतिरूप नज़र आता है अंग्रेज़ी के राइट (सही-उचित) और जर्मन राख्त में। इसी तरह सीधा-सरल और जाना-पाना का अर्थ-विस्तार हुआ और अंग्रेज़ी के रैंक (rank) श्रेणी और स्ट्रैट (strate) (सीधा), रूल (नियम) रेल, करेक्ट जैसे कई अन्य शब्द भी बने। मार्ग के अर्थ में हिन्दी में प्रचलित **राह** या **रास्ता** जैसे शब्द वैसे तो उर्दू-फ़ारसी के ज़रिए हिन्दी में आए हैं मगर इनका रिश्ता भी ऋ से ही है। फ़ारसी में रास के मायने होते हैं पथ, मार्ग। इसी तरह रस्तः या राह का अर्थ भी पथ या रास्ता के साथ-साथ ढंग, तरीक़ा, युक्ति भी है। उर्दू-हिन्दी में प्रचलित राहगीर, राहज़नी, राहनुमा और राहत, राहबर, राही जैसे ढेरों शब्द भी इससे ही बने हैं।

मदरसे में बैठा मदारी 3 (संत-8)

[शब्द संदर्भ : मदरसा, मदारी, राह, राहगीर, राही, रहबर, मुर्शिद, राशिद]

निर्गुण निराकार के साधक सूफ़ियों की एक धारा का नाम मदारी भी है। मदार या मदारी शब्द के बारे में हिन्दी-उर्दू के संदर्भ ज़्यादा जानकारी नहीं देते हैं। इसका अर्थ तो मिलता है मगर व्युत्पत्ति नहीं। शब्दकोशों में इसका मतलब बाज़ीगर, तमाशाबाज़, कलाबाज़ बताया जाता है। मगर मदारी का सबसे लोकप्रिय अर्थ है भालू बंदर को नचाने वाला बाज़ीगर। इन अर्थों में मदारी का आध्यात्मिक पुरुष या सूफ़ी संत के तौर पर परिचय नहीं मिलता है। सूफ़ियों के मदार-पंथ को सीधे-सीधे हज़रत सय्यद

बदीउद्दीन ज़िंदा शाह मदार से जोड़ा जाता है जो सीरिया में जन्मे और कई जगह घूमते-घामते उत्तर प्रदेश में कानपुर के पास मकनपुर में आ टिके जहाँ उनकी दरगाह है और दुनिया भर से इस पंथ के अनुयायियों का यहाँ मेला जुटता है।

एक बात तो तय है कि **मदारी** शब्द सीधे-सीधे बाज़ीगर से जुड़ा हुआ नहीं है। संत-संन्यासी के चरित्र से मेल खाने वाली कोई भी बात अगर इस शब्द से जुड़ी है तो वह है काला लंबा चोगा जिसे मदारी पंथ के संत भी धारण करते हैं और बाज़ीगर मदारी भी। संत के चरित्र की सबसे बड़ी ख़ूबी पथ प्रदर्शक और गुरु की ही होती है जिसका काम अपने अनुयायियों को सच्चाई की राह दिखाना और सिखाना है। मदारी शब्द का रिश्ता अरबी शब्द मदार से जुड़ता है जिसके मायने होते हैं—केन्द्र, वृत्त, घेरा, गोलाकार स्थान। मदार शब्द बना है सेमेटिक धातु द-र-स से अरबी में कुछ शब्द बने है दिरस या दरासा जिसका अर्थ होता है शिक्षा, ज्ञान, पढ़ाई। दर्रासा का अर्थ होता है पढ़ाना। दरिस या दुर्रुस का मतलब होता है कक्षा, पाठ्यक्रम, सबक, पाठ आदि। इस शब्द समूह के साथ अरबी का एक उपसर्ग 'म' भी जुड़ता है जिससे कुछ अन्य शब्द भी बनते हैं, जैसे—मुदर्रिस (mudarris) यानी अध्यापक। यह शब्द फ़ारसी उर्दू के ज़रिए हिन्दी में भी कभी-कभी इस्तेमाल होता है। शिक्षा से जुडे इस शब्द समूह का सबसे महत्त्वपूर्ण शब्द है मदरसा (madrasa) जिससे हिन्दीभाषी सर्वाधिक परिचित हैं। मदरसा यानी पाठशाला, शिक्षास्थल, स्कूल, शाला, विद्यालय अथवा गुरुकुल आदि। प्रायः हर सभ्यता में गुरुकुल की परंपरा रही है। पूर्व में चीन, जापान, भारत से लेकर पश्चिम में ग्रीक और रोमन सभ्यता तक इसके साक्ष्य मिलते हैं। गुरुकुल का अर्थ ही गुरु के साथ रहकर विद्यार्जन करना है। प्राचीन ऋषि-मुनि अपने दोनों और शिष्यों को घेरा बाँधकर बैठाते थे और फिर शिक्षा देते थे। दिरस से मदरसा तक पूरी शब्द श्रृंखला में मूल भाव शिक्षा ही है। इसकी अगली कड़ी है मदार जो इसी धातु से जन्मा है जिसका अर्थ होता है फ़क़ीरों के एक सम्प्रदाय का प्रमुख या संरक्षक। केन्द्र अथवा घेरे हुए स्थान के रूप में मदार के अंदर गुरुकुल का ही भाव समाया हुआ है। सूफ़ी पंथ में समाए ध्यान, चिन्तन, मनन जैसी क्रियाओं के मद्देनज़र मदार पर विचार करने के लिए सेमेटिक धातु द-र-स (d r s) की व्याप्ति अरबी के अलावा सबसे महत्त्वपूर्ण सेमेटिक भाषा हिब्रू में भी देखनी चाहिए। हिब्रू (hebrew) में इसका रूप होता है (drsh) अर्थात द्रश जिसमें गुरु की सोहबत में प्रभु भक्ति करने अथवा ईश्वरीय ज्ञान की खोज का भाव है। पुराने ज़माने में शिक्षा का स्वरूप मूलतः धार्मिक व ईश्वरीय ज्ञान ही था। मदार शब्द में न सिर्फ़ चिंतन-मनन का स्थान, बल्कि विद्या केन्द्र का भाव भी है। ध्यानकेन्द्र गोल, मंडलाकार होते हैं। इसे किसी भी धर्म के आराधना स्थलों में देखा जा सकता है जो मुख्यतः गुम्बदनुमा कक्ष ही होते हैं। स्पष्ट है कि मदारी पंथ का रिश्ता मदार शब्द से ही जुड़ता है।

मोहम्मद ताहिर संपादित 'एन्साइक्लोपेडिक सर्वे ऑफ़ इस्लामिक कल्चर' में सूफ़ी मत पर चीन के के ताओवादी प्रभाव की चर्चा करते हुए अहमद अनानी ने मलंग की

व्युत्पत्ति पर चर्चा की है। अनान साहब के उक्त आलेख से ही मदार के बारे में भी महत्त्वपूर्ण जानकारी मिलती है। वे इस संदर्भ में दो चीनी शब्दों **दाओ-रह्** और **दाओ-शी** का उल्लेख करते हैं। **दाओ-शी** ताओवादी शब्दावली में आता है जिसका मतलब है ताओ पंथ का गुरु, शिक्षक। **दाओ-रह्** का अर्थ भी क़रीब-क़रीब यही है फ़र्क़ सिर्फ़ अंतिम पद का है। रह् का अर्थ होता है अनुयायी यानी ताओपंथ का अनुयायी। इस तरह माँग-दाओ-रह् उंदह-कंव-मती से बना **मा-दा-र** जिसने मदार का रूप लिया जिसमें गुरु, शिक्षक, मार्गदर्शक जैसे भाव समाहित हुए। हिब्रू और अरबी (arabic) के क्रमशः **द्रश-दिरस** के मूल में ज्ञान की खोज अथवा शिक्षा जैसे भाव यूँ ही नहीं है। मेरे विचार में यह इंडो-ईरानी प्रभाव है जिसकी व्याप्ति सेमेटिक भाषा-परिवार से लेकर सिनो-तिब्बती परिवार की चीनी भाषा पर भी पड़ा। ग़ौर करें संस्कृत धातु **'ऋ'** या **'र'** पर जिसमें जाने और पाने का भाव है। इसमें रास्ते का भाव है जिसे ज्ञानमार्ग से जोड़ा जाता है। इससे बने संस्कृत के ऋषि शब्द का अर्थ गुरु ही है जो ज्ञान की राह बताता है। **ऋषि** शब्द **रिष्** से बना है। **रिष्** और **द्रिश** की समानता ग़ौरतलब है। फ़ारसी में इसी धातु मूल से राह, राहगीर, राही, रहबर जैसे शब्द बने हैं वहीं ऋषि के समतुल्य मुर्शिद, राशिद जैसे शब्द भी बने हैं। **मदार** के चीनी भाषा से व्युत्पत्ति का आधार ध्वनिसाम्य और अर्थसाम्य है। हालाँकि चीनी मूल के दाओ-रह् शब्द में भी वैदिक **'ऋ'** का असर ही मानना चाहिए। सेमेटिक परिवार में इंडो-ईरानी प्रभाव के बावज़ूद द-र-स धातु का स्वतंत्र रूप बना जिसने **'र'** अथवा **'ऋ'** के भावों को ख़ुद में समोए रखा।

ग़ौरतलब है कि सूफ़ी परंपरा के क़लंदर और मदारी जैसे शब्दों का प्रचलित अर्थ हिन्दी में बाज़ीगर या बंदर-भालू का तमाशा दिखाने वाला ज़्यादा प्रचलित हुआ। तमाशेबाज़ मदारी शब्द संभवतः इसलिए चल पड़ा क्योंकि ये लोग भी अपने पशुओं को कलाबाज़ी सिखाते हैं, उन्हें प्रशिक्षित करते हैं। अब इन बाज़ीगरों के लिए समाज ने फ़क़ीरों के अलग-अलग समुदायों से ही पहचान क्यों तलाशी, अथवा क़लंदरों और मदारियों के साथ भालू-बंदर कैसे जुड़े यह अलग शोध का विषय है। अनानी कहते हैं कि नूर-उल-लुगात के मुताबिक़ मलंग शाह मदार के अनुयायियों को कहा जाता है। शाह मदार सूफ़ी मत के मदारी सम्प्रदाय के प्रवर्तक माने जाते हैं। यह ग़ौरतलब समानता है कि मध्य एशिया में पनपे धार्मिक आंदोलन से उपजे क़लंदर, फ़क़ीर, मलंग और मदारी जैसे शब्दों का हिन्दुस्तान आने पर आध्यात्मिक गरिमा के साथ-साथ जादूगर, बाज़ीगर और भालू-बंदरों का तमाशा दिखाने वाले समुदायों के रूप में भी अर्थ-विस्तार हुआ।

ख़्वाजा मेरे ख़्वाजा (संत-9)

[शब्द संदर्भ : चिश्ती, चिश्तिया, ख़्वाजा, ख़्वाजासरा, ख़ोजा]

सूफ़ी संतों के कई वर्ग-उपवर्ग हैं इनमें चिश्तिया और इस्माइली भी हैं। अजमेर के प्रसिद्ध सूफ़ी ख़्वाजा मुईनुद्दीन चिश्ती का नाम सबसे प्रसिद्ध है। अजमेर को उनके रुतबे के चलते ही ख़्वाजा की नगरी कहा जाता है। ख़्वाजा नामधारी कई मशहूर हस्तियाँ

हुई हैं। आमतौर पर सूफ़ी संतों के नाम के आगे तो यह ज़रूरी विशेषणों की तरह लगाया जाता है। सम्मान, आदर, रुतबा, वरिष्ठ जैसे भाव इस शब्द में अंतर्निहित हैं।

ख़्वाजा को अरबी भाषा का समझा जाता है पर मूल रूप से यह फ़ारसी भाषा का शब्द है जिसमें महत्त्व का भाव समाया है। ख़्वाजा का मतलब होता है—रईस, धनवान, गुरु, ज्ञानी, शक्तिशाली, कारोबारी, स्वामी अथवा दुखहर्ता। यह बना है **ख़्व** धातु से जिसमें इच्छा, आकांक्षा या मनोकामना का भाव है। ज़ाहिर है कि अधिकार-प्रभुत्व सम्पन्न व्यक्ति में ही ऐसी क्षमताएँ होती हैं जो इच्छापूर्ति कर सके। आध्यात्मिक पुरुष के तौर पर उस व्यक्ति के आगे, हर उस संत के आगे ख़्वाजा शब्द लगाया जा सकता है जिसमें मनोकामनापूर्ति की शक्ति हो। प्रभावी व्यक्ति के तौर पर मध्य एशिया के तुर्क़मेनिस्तान, कजाकिस्तान, अफ़गानिस्तान, ईरान, अज़रबैजान आदि मुल्कों में ख़्वाजा की उपाधि अधिकार सम्पन्न व्यक्ति को दी जाती रही है। अरबी में इसका उच्चारण ख़्वाजाह होता है और ईरानी में खाजे। भारत, पाकिस्तान, ईरान में एक बड़ा व्यापारी समुदाय है जो ख़ोजा (khoja) कहलाते हैं। ख़ोजा शब्द इसी ख़्वाजा का अपभ्रंश है। यूरोप के यहूदियों की तरह ख़ोजा लोग महान व्यापारी रहे हैं। पश्चिमी भारत के मुस्लिमों में ख़ोजा कारोबारी होते हैं। ख़ासकर पंजाब के ख़ोजा सुन्नी कहे जाते हैं जिनके पुरखों में धर्मांतरित पंजाबी खत्री भी शामिल हैं। मोहम्मद अली जिन्ना भी ख़ोजा समुदाय से ताल्लुक़ रखते थे और उनके पुरखे भी पंजाब के खत्री (khatri) थे। गुजरात और मुंबई के ख़ोजा व्यवसायी शिया समुदाय के हैं और इस्माइली धर्मगुरु आग़ाख़ान को मानते हैं।

बादशाहों-सुल्तानों के दौर में रनिवास अर्थात हरम की मुखिया के पद को ख़्वाजासरा (khwajasara) कहा जाता था। तुर्कों ने यह परंपरा चलाई थी कि हरम का मुखिया कोई किन्नर ही होगा। यह किन्नर भी किसी ऐसे ग़ुलाम को बनाया जाता था जो राज्य शासन में प्रभावी हो। किसी किन्नर को ख़्वाजासरा का रुतबा देकर बादशाह बेफ़िक्र हो जाते थे। कई बार बदला लेने के लिए भी दरबारी अपने बीच के किसी व्यक्ति को ख़्वाजासरा बनाने की सिफ़ारिश कर देते थे। ज़ाहिर है रनिवास की चौकसी सँभालने से पहले उसका बंध्याकरण किया जाता था और यही दरबारियों का मक़सद भी होता था। इस प्रवृत्ति को लेकर समाज में काफ़ी हँसी-ठिठोली होती थी। मध्यकालीन सूफ़ी कथाओं का प्रसिद्ध नायक मुल्ला नसरुद्दीन, जिसे ख़ोजा नसरुद्दीन के नाम से भी जाना जाता है, के क़िस्सों में इसका दिलचस्प चित्रण है। ख़ोजा नसरुद्दीन को भी बुख़ारा के बादशाह का कोप-भाजन बनना पड़ा था और उसे वहाँ के हरम का ख़्वाजासरा नियुक्त किया गया था।

भारत में सूफ़ियों के सम्प्रदायों में सर्वाधिक लोकप्रिय अगर कोई सम्प्रदाय हुआ है तो वह चिश्तिया सम्प्रदाय है। इसकी वजह उसके आचार-व्यवहार रहे हैं। चिश्ती सूफ़ी पंथ की विशेषताओं में पवित्र-सादा जीवन, धर्म को लेकर उदार दृष्टिकोण, नामोच्चार अर्थात जप आदि रहे हैं। डॉ. प्रभा श्रीनिवासुलु/डॉ. गुलनाज़ तँवर लिखित 'सूफ़ीवाद'

पुस्तक में चिश्तियों के भारत में लोकप्रिय होने के तीन कारण गिनाए गए हैं। पहला चिश्ती संत भारत के जनजीवन और रीति-नीति से अच्छी तरह परिचित हो चुके थे। दूसरा इसके प्रमुख गुरुओं का असंदिग्ध महान व्यक्तित्व और तीसरा संगीत को अत्यधिक महत्त्व। ख़्वाजा मुईनुद्दीन चिश्ती (1141-1230) को चिश्तिया सम्प्रदाय का प्रवर्तक भी माना जाता है। हालाँकि चिश्तिया पंथ उनसे पहले शुरू हो चुका था। अफ़गानिस्तान के चिश्त क़स्बे से चिश्तिया-पंथ का नाम शुरू हुआ है। नौवीं सदी के उत्तरार्ध में सीरिया के दमिश्क से अबु इशाक शामी नाम के सूफ़ी संत ने अफ़गानिस्तान के चिश्त क़स्बे को अपना मुक़ाम बनाया जहाँ वे ख़्वाजा अबु इशाक शामी चिश्ती कहलाए। 940 ईसवी में उनका देहांत हुआ। उन्हें ही चिश्तिया पंथ का प्रवर्तक माना जाता है। इस पंथ को आगे ले जाने में ख़्वाजा मुईनुद्दीन चिश्ती का बड़ा योगदान रहा है जिन्हें दुनिया भर में ग़रीबनवाज़ के नाम से भी जाना जाता है। उनके अलावा ख़्वाजा कुतुबुद्दीन बख़्तियार काकी, शेख़ फरीदुद्दीन गंजशकर, शेख़ निज़ामुद्दीन औलिया आदि प्रमुख चिश्ती सूफ़ी हुए हैं।

ये मतवाला, वो मस्ताना 3 (संत-10)

[शब्द संदर्भ : मस्त, मस्ताना, मत्त, उन्मत्त, मतवाला, मत्सर, मद, मदिर, मदिरा, मदन, मस्ती]

होली के साथ जो भाव सर्वाधिक जुड़ा हुआ है वह है मस्ती और उल्लास का। वसंत और फागुन का मिला-जुला आनंदातिरेक ही होली का उल्लास है मस्ती है। अतिशय उल्लास से ही उन्माद की सृष्टि होती है। मगर उन्माद के लिए लोग प्रायः नशा भी करते हैं। उसकी वजह से कहीं रंग में भंग होता है और कहीं भंग (भाँग) से रंग चढ़ता है। **मस्ती, मस्ताना, मतवाला** जैसे शब्दों की होली से ख़ूब सोहबत है। होली के इन संगी-साथियों की कुछ ख़बर ली जाए।

हिन्दी में **मस्त** शब्द फ़ारसी से आया है और यह इंडो-ईरानी भाषा-परिवार का शब्द है। फ़ारसी में मस्तम, मस्तान, मस्ताना और मस्ती जैसे रूप मिलते हैं जो सभी उर्दू-हिन्दी में भी मौजूद हैं। फ़ारसी का मस्त शब्द बरास्ता अवेस्ता संस्कृत के मत्त से रिश्ता रखता है, जिसका अर्थ होता है—आनंदातिरेक, नशे में चूर आदि। इस नशे की व्याख्या यहाँ नहीं है कि नशा मादक पदार्थ का है अथवा आध्यात्मिक है मगर यह साफ़ है कि **मत्त** वही व्यक्ति है जो अपने आपे में नहीं है, जो दुनिया के सामान्य क्रिया-कलापों से अनभिज्ञ है। जो ख़ुद में ग़ाफ़िल है। हिन्दी उर्दू में मत्त से ही बना है **मतवाला** जिसका मतलब होता है नशे में चूर। मत्त अथवा मतवाला का अर्थ घमंडी अथवा गर्व से इतराने वाला भी होता है। ज़ाहिर है घमंड की वजह भी धन, बल, संतान, स्त्री, ज्ञान की अधिकता ही है। सो वह भी एक तरह का नशा ही उत्पन्न करती है। इसलिए घमंडी व्यक्ति का व्यवहार भी मतवालों जैसा ही होता है। मतवाला शब्द का प्रयोग ज़रूरी नहीं कि शराबी के लिए ही हो। **मस्तमौला** भी **मतवाला** ही है। हिन्दी की व्यंग्य पत्रकारिता में मतवाला नाम मील के पत्थर की हैसियत रखता है।

आज से क़रीब नब्बे साल पहले कलकत्ता से **मतवाला** का प्रकाशन होता था। तत्कालीन भारत के समाज, राजनीति और नेताओं पर की गई मुंशी नवजादिक लाल श्रीवास्तव और शिवपूजन सहाय की टिप्पणियाँ कालजयी हैं। मत्त से ही बना है **मत्सरः** शब्द जिसका हिन्दी रूप मत्सर है। इसका मतलब होता है—लालची, ईर्ष्यालु, द्वेष रखने वाला, घमंडी अथवा दुष्ट। धर्मग्रंथों में मत्सर को बड़ी बुराई बताया जाता है। हाथी जब कामभावना से **उन्मत्त** होता है तब उसके कान से एक द्रव का स्राव होता है जिसे **मद** कहते हैं। इस अवस्था में हाथी मनुष्य के क़ाबू में नहीं रहता। इसीलिए हाथी को भी मत्त कहा जाता है क्योंकि वह **'मदवाला'** होता है। मनुष्यों में भी नशे और मस्ती की अवस्था उसे **मतवाला** बनाती है। इस अवस्था में हाथी विक्षिप्त भी हो जाता है। मत्त का एक अर्थ पागल भी होता है। वैसे भी घमंड या नशे के प्रभाव में मनुष्य का स्वभाव सामान्य कहाँ रह पाता है!

होली पर जिस मस्ती की बात चली है वह मस्ती सूफ़ी संतों पर तो बारहों महीने छायी रहती है। इसीलिए सूफ़ियाना कलामों में और सूफ़ी संतों को मस्ताना, मस्त क़लंदर आदि कहा जाता है। ख़ुशमिज़ाज तबीयत के इनसान को मस्तमौला कहा जाता है। इस मुहावरे से भी सूफ़ियाना सिफ़त ही झलक रही है। सूफ़ी दार्शनिकों की निगाह में मस्त वह है जो ईश्वर के प्रेम में निमग्न है। ईश्वर भक्ति में आनंदलीन है। प्रभु की भक्ति में ख़ुद को इस क़दर मशग़ूल रहना की दीन-दुनिया की ख़बर न हो, वही है मस्ती। मौला यानी संन्यासी, सूफ़ी इस तरह जब भक्ति में निमग्न फ़क़ीर जब हाल की अवस्था में आता है तो उसे भी मस्ती ही कहा जाता है। ऐसे फ़क़ीरों को ही मस्तमौला कहते हैं। **मत्त** शब्द बना है संस्कृत धातु **मद्** से। **मद्** में वही सारे भाव हैं जो मत्त में हैं। **मद्** से ही बना है **मदः** जिसमें मस्ती, नशीलापन, लालसा, लालित्य, उत्कंठा, उल्लास जैसे भाव हैं। जो नशा करे वह मादक है। **मादकता** में ही **उन्माद** है। आनंददायक या उल्लास का भाव पैदा करे वह मदन है। कामदेव को इसीलिए मदन की उपमा दी गई है। कृष्ण को भी **मदनगोपाल** कहा जाता है। वसंत ऋतु को भी मदन कहा जाता है। वसंतोत्सव को ही **मदनोत्सव** कहा गया है। होली के साथ नशा यूँ ही नहीं जुड़ा है। होली ही दरअसल मदनोत्सव है। मदिर अर्थात जिससे आनंद प्राप्त हो। मदिरा अर्थात शराब। आप्टे कोश के मुताबिक़ दुर्गा का नामान्तर भी **मदिरा** है। यूँ भी शाक्त सम्प्रदाय में देवी अनुष्ठानों में मदिरा एक पवित्र सामग्री मानी जाती है। मद्य शब्द भी इसी मूल से निकला है।

मुफ़्ती के फ़तवे (संत-11)

[शब्द संदर्भ : मुफ़्ती, फ़तवा, क़यास]

इस्लामी संतों की आध्यात्मिक शृंखला में ही आते हैं मुफ़्ती। हालाँकि मुफ़्ती शब्द सूफ़ी परंपरा के आध्यात्मिक गुरुओं की श्रेणी का नहीं है। आमतौर पर दरवेश, सूफ़ी, क़लंदर, फ़क़ीर आदि साधु-पुरुष जहाँ इस्लाम के दायरे से कभी बँधे नहीं रहे और

इस्लामी धर्मपद्धति शरीयत के हिसाब से नहीं चले इसीलिए इनमें से कई संतों को बेशरा भी कहा गया। इन्होंने जहाँ एकात्म ब्रह्मज्ञान का प्रचार-प्रसार धर्म की पारम्परिक प्रचलित व्यवस्था से हटकर किया वहीं मुफ़्ती इस्लाम की धार्मिक व्यवस्था का प्रमुख हिस्सा रहे हैं। मुफ़्ती वह धर्मशास्त्री है जो कट्टर मुस्लिम धर्मप्राण लोगों की सामाजिक समस्याओं का निराकरण इस्लामी क़ानून के मद्देनज़र प्रश्नोत्तर शैली में करता है और अंत में उसके आधार पर काग़ज़ के पुर्ज़े पर एक फ़तवा जारी करता है जो उस विवाद, मुद्दे या समस्या के संदर्भ में आइंदा भी मिसाल के तौर पर देखा जाता है। फ़तवा (fatwa) और मुफ़्ती में गहरी रिश्तेदारी है।

मुफ़्ती शब्द बना है अरबी के अफ़्ता (afta) से जिसमें वर्णन करना या जानकारी देना जैसे भाव हैं। इसका मतलब सामान्य क़ानूनी (शरई) सलाह भी है। इसके मूल में है सेमिटिक धातु **प-त्त-व** जिसका अरबी रूप होता है **फ़-त्त-व** यानी सलाह, मशवरा, राय देना। फ़तवा शब्द के मूल में भी यही धातु है। फ़तवा का मतलब है धार्मिक सलाह, व्यवस्था अथवा निराकरण। फ़तवा के बहुवचन रूप फ़तावी या फ़तावा हैं। मुफ़्ती के पास किसी मामले में राय माँगने और फ़तवा जारी करने की पहल इस्तफ्ता कहलाती है। आमतौर पर लोग फ़तवा का मतलब निर्णय से लगाते हैं मगर ऐसा नहीं है। फ़तवा महज़ सलाह या राय है जिस पर अमल करना ज़रूरी नहीं है। मुफ़्ती से अभिप्राय एक ऐसे प्रमुख धार्मिक व्यक्ति से है जो शरीयत के दायरे में विभिन्न मुद्दों पर लोगों को धर्मसम्मत सलाह देता है। इस्लाम के सुन्नी पंथ के तहत मुफ़्ती का पद बहुत महत्त्वपूर्ण है। इस्लामी क़ानून शरीयत (shariat) के तहत इस्लाम का कोई भी अनुयायी मुफ़्ती से सलाह ले सकता है। मुफ़्ती इस्लामी क़ानून अर्थात शरीयत की व्याख्या चार प्रमुख दृष्टियों से करते हैं—क़ुरान, हदीस, इज्मा और क़ियास। शरीयत का अर्थ होता है—मार्ग, रास्ता। इसकी व्युत्पत्ति शर्अ बताई जाती है जिसमें आत्मज्ञान, इल्हाम अथवा दिव्यबोध का भाव है। शरीयत के चार प्रमुख स्रोतों में क़ुरान (koran) हदीस (hadith), इज्मा (ijma) और क़ियास (qiyas) आते हैं। शरीयत में क़ुरान और हदीस को ही सर्वोपरि माना गया है। क़ुरान तो पैगंबर के वचनों का संग्रह है और उसे ख़ुदाई माना जाता है जबकि हदीस में उनके ह वाले से कही गई बातें लिखी हैं। विद्वानों का मानना है कि इसमें समय-समय पर मिलावट होती रही है। ऐसा हर धर्म में, हर काल में होता रहा है। जब क़ुरान और हदीस की रोशनी में किसी मसले का हल या मार्गदर्शन नहीं मिलता है तब इज्मा-ए-उम्मत अर्थात विद्वानों की मजलिस में बहुमत के आधार पर आम सहमति बनाई जाती है। अगर कोई पेचीदा मामला हो या ऐसी परिस्थिति पर फ़ैसला लेना हो जिसका क़ुरान और हदीस की रोशनी में भी कोई हल न निकल रहा हो तब क़ियास (क़यास) के ज़रिए अर्थात आत्मज्ञान, अनुमान, स्वविवेक से मुफ़्ती अपनी राय क़ायम करता है और फ़तवा सुनाता है। प्रगतिशील नज़रिये वाले इस्लामी विद्वान शरीयत के इसी स्रोत में इस्लाम के नवोत्थान और उदारवादी भविष्य का मार्ग देखते हैं।

मुस्लिम आबादी वाले मुल्कों में मुफ़्ती के अलग-अलग रूप हैं, मसलन–अल्बानिया में इसे मिफ़्ती, क्रोएशिया में मुफ़्तिजा, रोमानिया में मुफ़्त्यू, तुर्किक में मुफ़्तू कहा जाता है। कई इस्लामी राष्ट्रों में मुफ़्ती न्यायाधीश की तरह एक सरकारी पद होता है फ़र्क़ यही है कि उसके दिए गए फ़तवों को मानने के लिए कोई बाध्य नहीं होता। बीते कुछ वर्षों से भारत में भी मुफ़्तियों के फ़तवे बहुत चर्चित हो रहे हैं। इन पर अमल कोई करे न करे मगर अपनी अनोखी सोच और प्रचारप्रियता के चलते थोक के भाव फ़तवे जारी करने वाले मुफ़्तियों की वजह से उनके पंथ के प्रति अन्य धर्मों के लोगों में गंभीरता का भाव कम हुआ है। सूफ़ियों ने तौहीद अर्थात एकेश्वरवाद को अनलहक़ की रोशनी में देखा। निरंतर आत्मज्ञान की राह पकड़ी और ईश्वर, आत्मा, जीव, संसार के बारे में चिंतन करते रहे इसलिए एक ऐसा आध्यात्मिक साम्राज्य खड़ा कर पाए जिसकी बादशाहत किसी के पास नहीं थी। वहीं मुफ़्तियों को शरीयत के आईने में लोगों को राह दिखाने की जो ज़िम्मेदारी मिली थी उसमें धीरे-धीरे राजनीति प्रमुख होती चली गई। चिन्तन (क़ियास) का स्थान रूढ़िवादी सोच ने ले लिया।

सफ़र में सूफ़ी, कभी ज़मीनी तो कभी रूहानी (संत-12)

[शब्द संदर्भ : सूफ़ी, सोफ़ा, तसव्वुफ़]

अरबी में एक शब्द है सफ़्फ़ा जिसका मतलब है–क़तार, पंक्ति। इसका एक अर्थ पैगंबर साहब के घर का आँगन या बरामदा भी है जहाँ उनसे ज्ञानचर्चा करने के लिए विद्वान जुटते थे। इसी तरह सलाह लेने आने वाले भी वहाँ क़तार लगाकर बैठते थे। इन लोगों को ही सूफ़ी कहा गया। क़तार या पंक्ति पर ग़ौर करें तो न सिर्फ़ लंबाई का बोध होता है बल्कि एक सीध या सरलता का भी बोध होता है।

हिन्दी, उर्दू और फ़ारसी का प्रचलित शब्द सफ़र भी इसी कड़ी में आता है। सामान्य अर्थ में सफ़र यात्रा है मगर यूँ देखें तो सफ़र भी एक क़तार है। पहले यात्रा अथवा पर्यटन समूह में हुआ करती थीं जिन्हें क़ाफ़िला कहते थे। ये क़ाफ़िले दरअसल क़तार ही होते थे। दरअसल सफ़र शुरू से ज्ञान का ज़रिया रहा है। सूफ़ी भी कहाँ एक जगह बैठते हैं? हमेशा सफ़र में ही रहते हैं। कभी ज़मीनी सफ़र तो कभी रूहानी सफ़र। सफ़्फ़ा का एक अर्थ हुआ–सीधा, सच्चा रास्ता। सूफ़ी की एक व्याख्या यह भी है कि सूफ़ी एकेश्वरवादी थे और ईश्वरप्राप्ति का सीधा रास्ता प्रेम में ख़ुद को बिसरा देना ही मानते थे।

सफ़्फ़ा शब्द मूलतः सीरियाई ज़बान (आरमेइक) का है जहाँ इसका रूप है सिप्पेटा। यहाँ से हिब्रू में सिप्पा हुआ और फिर अरबी में बना सफ़्फ़ा। क़तार से बैठने की वजह से ही सफ़्फ़ा का मतलब हुआ चटाई या बिछायत। यह शब्द ही बाद में अरबी से स्पेन में गया और बैठने की ही एक अन्य व्यवस्था के रूप में सोफ़ा बनकर सामने आया। इसी तरह एक शब्द है तसव्वुफ़। इस शब्द के मायने होते हैं सांसारिकता से विरक्ति,

दुनिया से परहेज़, ब्रह्मवाद, एकेश्वरवाद, ज्ञानमार्ग। इन्हीं सब अर्थों में तसव्वुफ़ को सूफ़ी-दर्शन का पर्याय मान लिया गया है और सूफ़ी शब्द की उत्पत्ति का एक आधार भी इसे समझा जाता है।

एक अन्य शब्द है सुफ़ह जिसका मतलब होता है चक्रवात या हवा का तेज़ गति से घूमना। ग़ौर करे कि सूफ़ी दरवेश प्रायः एकचित्त बैठने के बाद उठकर घूमने लगते हैं इस अवस्था को 'हाल' कहते हैं। तुर्की के दरवेशों के गोल-गोल घूमने की इसी प्रक्रिया को कला में शामिल कर लिया गया है। इस सूफ़ी नृत्य को **सेमा** कहते है। सूफ़ी शब्द से इसका रिश्ता जोड़ने की दार्शनिक व्याख्या यह है कि गोल-गोल घूमकर भक्त अपनी ख़ुदी को भूलकर ईश्वर से एकात्म होता चला जाता है इसीलिए वही सूफ़ी है।

सफ़ेदपोश नहीं, उजले होते हैं सूफ़ी (संत-13)

[शब्द संदर्भ : फ़िलॉसॉफ़ी, फ़ल्सफ़ा, सूफ़ी, साफा, साफ़ी, सफ़ाई, सफ़ेदा, सफ़ेदपोश]

सूफ़ी संतों का में भारी योगदान रहा है। सूफ़ीमत या सूफ़ीवाद का भारत में सातवी-आठवीं सदी में प्रवेश माना जाता है। सूफ़ियों का मज़हब तो इस्लाम ही था लेकिन वे हिन्दुस्तानी संस्कृति की समृद्धि प्रेममार्गी थे, ब्रह्मज्ञानी थे। सभी मज़हबों को समान मानने वाले थे, इसीलिए हिन्दू और मुसलमान दोनों को ही वे अपने प्रेमपंथ में दीक्षित करना चाहते थे। **फ़िलॉसॉफ़ी** और **फ़ल्सफ़ा** का एक रिश्ता सूफ़ीवाद या सूफ़िज्म से भी जुड़ता है। सूफ़ी शब्द की उत्पत्ति का कोई एक सर्वमान्य आधार अभी तक सामने नहीं आया है लेकिन जितने भी उद्गम, आधार या व्याख्याएँ सामने आई हैं वे सभी बहुत सुंदर और तार्किक हैं। साथ ही साथ इन सबमें एक अंतर्संबंध भी नज़र आता है। सूफ़ी के पीछे अरबी भाषा के सूफ़ शब्द को भी देखा जाता है। सूफ़ का मतलब होता है—ऊन, श्वेत वस्त्र, सूती वस्त्र, भेड़ या बकरी के बाल। सूफ़ी शब्द से इसका रिश्ता जोड़ने की वजह है दरवेशों की सफ़ेद चोगे वाली वेशभूषा। सूफ़ से बने वस्त्रों को धारण करने की वजह से सूफ़ी की रचना हुई। हिन्दी के साफा और साफ़ी भी इसी शृंखला में आते हैं। सूफ़ का एक अन्य अर्थ है—विद्वत्ता, ज्ञान, दानाई, विज्ञान, आयुर्वेद, युक्ति, तरक़ीब वग़ैरह-वग़ैरह। सूफ़ी ब्रह्मज्ञानी थे और प्रेम को ही मुक्ति का आधार समझते थे। ज़ाहिर है इन तमाम अर्थों में उनके लिए सूफ़ी शब्द प्रचलित हो जाना सहज था।

स्वच्छता के अर्थ में अरबी का ही एक अन्य शब्द है सफ़ा। विशुद्धता, पवित्रता, चमक-दमक, खरापन आदि के अर्थ में भी इसका प्रयोग होता है। इसी शब्द से हिन्दी-उर्दू में सफ़ाई, सफ़ेद और साफ़-सफ़ाई, सफ़ेदा, सफ़ेदपोश जैसे शब्द बने हैं और अभिप्राय शुचिता-पवित्रता का ही है। मगर ग़ौर करें कि आज सफ़ेद कपड़े पहनना क़तई इस बात की गारंटी नहीं कि आप भलेमानुस भी होंगे मगर किसी ज़माने में ऐसा था इसीलिए सूफ़ी जैसा शब्द बन गया। सूफ़ी की व्याख्या के लिए यह शब्द भी पर्याप्त आधार पेश कर रहा है। ग़ौर करें कि ज्ञान का सर्वाधिक प्राचीन प्रतीक है उजाला या

प्रकाश प्रकारांतर से सूर्य। इसे यूँ समझें कि प्रकाश की मौजूदगी में ही जगत् का ज्ञान मिलता है। बाद में ज्ञान ख़ुद एक चमक या रोशनी बन जाता है। इस तरह सूफ़ी शब्द का मतलब सफ़ेदपोश तो हुआ मगर भौतिक रूप से श्वेत वस्त्र धारण करने वाला नहीं बल्कि वह जो ज्ञान से भरा-पूरा है। फ़िलॉसॉफ़ी के (sophis) शब्द का भी ग्रीक भाषा में मतलब ज्ञान ही है। सूफ़ी शब्द की ख़ूबियों पर ग़ौर करें तो सफ़ा शब्द से भी इसकी व्युत्पत्ति की सही-सही व्याख्या हो जाती है बल्कि फ़िलॉसॉफ़ी और फ़ल्सफ़ा से भी इसका मेल बैठ जाता है।

समझदार से बुद्धू की रिश्तेदारी

[शब्द संदर्भ : समझ, समझदार, सम्बुद्ध, बुद्धि, बोधि, बुद्धू, बुत]

किसी बात का ज्ञान करने या कराने के अर्थ में हिन्दी में बड़ा आम शब्द है—**समझ**। बातचीत के दौरान इसके **समझना, समझाना, समझाया** जैसे क्रिया रूप बनते हैं। इस समझ को समझने का जतन करें तो इसके पीछे न सिर्फ़ संस्कृत का **बुद्ध** नज़र आता है बल्कि इसकी छाया रूसी, जर्मेनिक, स्लोवानी, लिथुआनी, फ़ारसी जैसी भाषाओं में भी नज़र आती है। संस्कृत की एक धातु है **बुद्** जिसका अर्थ है किसी बात का ज्ञान होना, जागना। इससे बने **बुद्ध, बुध, बुद्धि** और **बोधि** जैसे शब्द जिनके भीतर भी समझना, जानना, प्रकाशमान और जागा हुआ जैसे भावार्थ छुपे हैं। हिन्दी का एक उपसर्ग है **सम्** जिसका अर्थ है समान या से मिलकर। **सम् + बुद्ध** मिलकर बना सम्बुद्ध यानी जान लेना। इसका देशी रूप बना समुझ और फिर बना हिन्दी का शब्द समझ। क्रम कुछ यूँ रहा—सम्बुद्ध > सम्मुज्झ > समुझ > समझ > समझ। बाद में **समझ** शब्द उर्दू में भी चला गया और इसमें **दार** प्रत्यय लगकर एक और आम शब्द बना **समझदार** यानी सयाना। संस्कृत की मूल धातु **बुद्** यानी रूसी भाषा का **बुदीत्** अर्थात जागना। संस्कृत का एक शब्द है **प्रबुद्ध** अर्थात जागा हुआ, ज्ञानी, जागरूक और समझदार। **बुद्ध** में **प्र** उपसर्ग लगने से इस शब्द का निर्माण हुआ है। ग़ौर करें कि रूसी में भी इसी के समकक्ष एक शब्द है **प्रबुज्देनिये**। अर्थ वही है जो संस्कृत-हिन्दी में है। इसी तरह लिथुआनी में **बुदति** (जानना, समझना) स्लोवानी में **बुदिति**, चेक और क्रोशियाई में **ब्दीम**, अवेस्ता में **बोदयति** जैसे शब्द भी हैं।

इसी बुद् से बौद्धधर्म और उसके संस्थापक महात्मा बुद्ध का नाम भी जन्मा है। यही नहीं, बौद्धधर्म का प्रचार जब फ़ारस में हुआ और वहाँ बुद्ध की मूर्तियाँ बनने लगीं तो लोगों ने उसका उच्चारण **बुत** यानी बुद्ध किया। बाद में प्रतिमा के अर्थ में ही फ़ारसी में बुत शब्द का प्रचलन हो गया। ख़ुद में खोए रहने वाले, चिंतनशील व्यक्ति के लिए भी प्राचीनकाल में बुद्ध शब्द का चलन रहा और बाद में इसकी इतनी दुर्गति हुई कि भोंदू, जड़ बैठे रहने वालों और कुछ भी न समझने वालों यानी मूर्ख के अर्थ में एक नया शब्द चल पड़ा **बुद्धू**। ज़ाहिर सी बात है कि यूँ बुद्धिमान किसी बुद्धू को पास नहीं फटकने देता है मगर शब्दों के सफ़र में ये दोनों एक ही क़तार में खड़े हैं।

बुत में बुद्ध की तलाश

[शब्द संदर्भ : बुत, बुतशिकन, बुतपरस्त बुतक़दा, बुद्ध]

फ़ारसी का एक शब्द है बुत जो अब अरबी, तुर्की, उर्दू समेत हिन्दी में भी आम हो गया है। बुत के मायने होते हैं प्रतिमा या मूर्ति। बुत शब्द जन्मा ज़रूर फ़ारस में मगर रिश्ता इसका भारत से ही है। दरअसल बुद्ध से ही बुत निकला है। **बुद्ध** के मायने होते है सब कुछ जानने वाला। मगर यह अर्थ बुत के मायने से मेल नहीं खाता। दरअसल बुद्ध के निर्वाण की एक सदी के भीतर बौद्ध धर्म एशिया में फैलने लगा था। अफ़गानिस्तान के रास्ते जब बौद्ध धर्म फ़ारस पहुँचा तो वहाँ भी भिक्षुओं ने पठन-पाठन के लिए विहारों की स्थापना की और बड़ी संख्या में भव्य और विशाल मूर्तियों का निर्माण हुआ। फ़ारसवासी उस समय भी मूर्तिपूजक नहीं थे। वे अग्निपूजक थे। महात्मा बुद्ध से उनका परिचय प्रतिमाओं के माध्यम से ही हुआ जिसका उच्चारण उन्होंने बुत के रूप में किया। इन्हें देखकर वे कहते–ये तो **बुत** है अर्थात **बुद्ध** हैं। बाद के सालों में यही बुत प्रतिमा के अर्थ में फ़ारसी में प्रचलित हुआ। कई सदियों बाद जब इस्लाम का उदय हुआ तो **बुत** शब्द को और विस्तार मिला तथा **बुतपरस्त, बुतशिकन, बुतकदा** यानी मंदिर जैसे कई शब्दों का जन्म हुआ। एक और बात ग़ौरतलब है। बौद्धधर्म में भी मूर्तिपूजा का निषेध है और स्वयं **बुद्ध** ने अपने जीवन काल में शिष्यों को पाबंद किया था कि निर्वाण के बाद उनकी प्रतिमाएँ न बनाई जाएँ। विडंबना देखिए कि बुद्ध के इतने बुत बनें कि यह नाम ही मूर्ति का पर्याय हो गया। अफ़गानिस्तान, चीन और जापान में तो बौद्ध मूर्तियों ने विशालता के प्रतिमान स्थापित किए।

साधु-साधु साहूकार

[शब्द संदर्भ : साधु, साहू, साह, साहूकार, साधन, श्रेष्ठ, सेठ, साधुता, साधुवाद]

भारतीय परंपरा में अक्सर प्रशंसा के अर्थ में **साधु-साधु** शब्द पढ़ने को मिलता है। अब तो प्रशंसा के प्रसंग को अतिनाटकीय बनाने के लिए ही यह शब्द युग्म इस्तेमाल किया जाता है। साधुवाद शब्द भी इससे ही बना है जिसमें शाबाश का भाव, धन्य-धन्य की ध्वनि उजागर होती है। साधु शब्द बना है **साध्** से जिसमें किसी काम को पूरा करने, समाप्त करने, जीतने, सिद्ध करने का भाव शामिल है। उपलब्ध करना, हासिल करना आदि अर्थ भी इसमें समाहित हैं। अब कार्य को करने के लिए किसी यंत्र या उपकरण की भी ज़रूरत होती है सो साधन शब्द का अभिप्राय भी समझ में आ रहा है। स्पष्ट है कि किसी कार्य की पूर्णता पर होने वाली सराहना के लिए साधु शब्द भी चल पड़ा। यूँ साधु शब्द का सबसे प्रमुख अर्थ हिन्दी में संत-ऋषि-मुनि ही माना जाता है। साध् शब्द में निहित सकारात्मक कर्मों के भाव ही साधु में समा गए हैं जिससे साधु शब्द का अर्थ हुआ भले कर्म करने वाला, दयालु, कृपालु, उत्तम, श्रेष्ठ, गुणी, पुण्यात्मा आदि।

मगर **साधु** का एक अन्य अर्थ भी शब्दकोश बताते हैं–वह है महाजन, सूदख़ोर अथवा सौदागर। साधारणतः विपरीतार्थी समझे जाने वाले इस शब्द के मूल में देखें तो प्राचीनकाल में कुलीनों-धनिकों को भी दयालु, कृपालु, श्रेष्ठ जैसे संबोधन ही मिले हुए थे। श्रेष्ठ से ही सेठ जैसा शब्द भी बना है। तब साधु शब्द से ही अगर **साहू** शब्द भी चल पड़ा हो तो कोई आश्चर्य नहीं। भाषाविज्ञानी तो **साहूकार** शब्द के मूल में साधु शब्द ही देखते हैं। भारतीय समाज में यूँ तो साहूकार शब्द का नकारात्मक प्रभाव है मगर अपने मूल अर्थ में यह साधु + कार्य से प्रेरित है। साधुता के कार्य करने वाला कुलीन। इसे यूँ समझें कि प्रायः सभी नीतिशास्त्र, धर्मशास्त्र धनी-कुलीन के जो लक्षण बताते हैं उनमें परोपकार, दयालुता और उदारता जैसे गुण ही प्रमुख रहे हैं। यही कुलीनों के साधुकार्य रहे हैं। कालांतर में कलियुगी लक्षणों के साथ मूल साधु-कर्म पीछे छूट गए और साहूकार का असली चेहरा उभरा जिसमें न तो दया नज़र आती है, न ही परोपकार। साहूकार के चक्कर में पड़े व्यक्ति के मुँह से साधु-साधु नहीं बल्कि त्राहिमाम्-त्राहिमाम् ही निकलता है। वैसे देखा जाए तो आज के दौर में न तो साधु का फेर सही, न साहूकार का चक्कर। साह शब्द भी इससे ही जन्मा है और साहू भी। मूलतः ये सभी शब्द व्यापार, व्यवसाय और मुद्रा से जुड़े हुए हैं। साह और साहू व्यापारिक जातियों में उपनाम भी होता है।

शाब्बाश! वाह, शाह अब्बास

[शब्द संदर्भ : शाबाश, शादबाश, शाद]

किसी की प्रशंसा में बेसाख़्ता जो लफ़्ज़ अक्सर ज़बान पर आता है वह है **शाबाश**। ये एहसास कुछ ज़्यादा ही गहरा हो तो निकलता है शाब्बाश। हिंदी-उर्दू शब्दकोशों में इसका अर्थ ख़ुश रहो, मज़े करो जैसे आशीर्वाद के रूप में मिलता है। सवाल उठता है फ़ारसी मूल के इस शब्द का जन्म कैसे हुआ?

फ़ारसी का ही एक शब्द है **शादबाश**। शाद यानी आनंद और **बाश** यानी रहने वाला। अर्थ हुआ–ख़ुश रहो। कुछ जानकार इस लफ़्ज़ के पीछे ईरान के सुप्रसिद्ध शासक **शाह अब्बास** को खड़ा देखते हैं। दरअसल यह शाह अब्बास कोई और नहीं इस्फहान का प्रसिद्ध बादशाह शाह अब्बास महान था जो सफावी वंश का था। शाह अब्बास (1557-1629) ग़ज़ब की बहादुरी और ईमान के लिए जाने जाते थे। समाज में उनकी इतनी शोहरत थी कि हर अच्छे काम के लिए लोग उन्हीं की मिसालें दिया करते। क्या ख़ूब...बिल्कुल शाह अब्बास जैसा काम किया है। बाद में तारीफ़ हासिल करने वाले को ही शाह अब्बास कहकर सराहा जाने लगा। घिसते-घिसते यह शाबाश हो गया। ठीक वैसे ही जैसे बुद्ध ने ही घिस-घिस कर फ़ारसी में बुत का रूप अख़्तियार कर लिया और हिंदी में बुद्धू बन गया। ग़ौरतलब है कि फरसी निकला शाबाश लफ़्ज़ आज हिंदी के साथ-साथ अंग्रेज़ी में भी इसी अर्थ में इस्तेमाल किया जाता है। ख़ासतौर पर ब्रिटिश फ़ौज की शब्दावली में यह धड़ल्ले से बोला जाता है।

कुछ शाह अब्बास के बारे में

सन् पंद्रह सौ से सत्रह सौ के बीच ईरान विशुद्ध ईरानियों द्वारा शासित रहा। यह दौर सफ़ावी वंश का था। इसी वंश के थे शाह अब्बास। इन्हें पश्चिम में ओटोमन तुर्कों का मुक़ाबला करना पड़ा। तब तुर्कों ने समूचे अज़रबैजान पर कब्ज़ा किया हुआ था। इसी तरह पूर्व में इन्हें उज्बेकों से टक्कर लेनी पड़ी जो खुरासान में घुस आए थे और हेरात और मशहद पर कब्ज़ा किए बैठे थे। शाह अब्बास ने पहले तो तुर्कों से संधि करके उज्बेकों को मार भगाया। बाद में तुर्कों को पटखनी देते हुए अज़रबैजान, आर्मीनिया और जार्जिया छीन लिया। अब्बास ने अंग्रेज़ों की मदद से 1598 में हथियारों की ढलाई का एक कारख़ाना खोला। इस्फहान को राजधानी बनाया। दस हज़ार घुड़सवारों और बीस हज़ार पैदल सैनिकों की फ़ौज खड़ी की। उन्होंने ईरान के विकास के लिए ख़ूब काम किए। ईरान का प्रसिद्ध बंदरगाह बंदरअब्बास उन्हीं की देन है। सन 1622 में उन्होंने होरमुज़ से पुर्तगालियों को खदेड़ा था और यहाँ एक सुव्यवस्थित बंदरगाह बनाया। शाह अब्बास के यूरोप से अच्छे संबंध थे। उसके शासन काल में ही इस्फहान की आबादी छह लाख थी। उसने शीराज, तबरेज आदि प्राचीन शहरों को भी आधुनिक बनाया। वह ग़ैर-मुस्लिमों के प्रति भी उदार थे। शाह अब्बास के बाद दूसरा कोई महान शासक इस वंश में प्रसिद्ध नहीं हुआ 1725 ईसवी के बाद सफावी वंश का पतन शुरू हो गया और तुर्की-रूसी विद्रोहों ने इसे कमज़ोर कर दिया।

विधवा-बेवा-विडो

[शब्द संदर्भ : विधवा, बेवा, विडो, धूत, अवधूत]

क्या आप जानते हैं कि बोलचाल की हिन्दी के कुछ शब्द ऐसे हैं जिनके इस्तेमाल के तरीक़े पर आपत्ति जताते हुए इन पर रोक लगाने के लिए राष्ट्रीय मानवाधिकार आयोग सभी राज्य सरकारों को निर्देश दे चुका है। ये शब्द हैं **विधवा, बेवा** और **विडो**। विधवा हिन्दी-संस्कृत का है, बेवा उर्दू-फ़ारसी का और विडो अंग्रेज़ी का, मगर तीनों ही शब्द हिन्दी में इस्तेमाल होते हैं। दिलचस्प यह भी कि इन तीनों में रिश्तेदारी है और ये एक ही मूल से जन्मे हैं।

भारतीय समाज में ख़ासतौर पर हिन्दी क्षेत्र में जिस महिला के पति का निधन हो जाए उसका उल्लेख अख़बारों और सरकारी दस्तावेज़ों में बेहद शर्मनाक तरीक़े से किया जाता है मसलन अमर शहीद...की विधवा या बेवा, जो बहुत आपत्तिजनक है। एक संस्कारी समाज द्वारा किसी विधवा स्त्री के लिए इस तरह का उल्लेख अच्छा नहीं कहा जा सकता। हद-से-हद यह कहा जा सकता है कि अमर शहीद...की पत्नी...मानवाधिकार आयोग ने उक्त उदाहरणों पर ही आपत्ति जताई थी। संस्कृत में एक शब्द है **धवः** जिसका मतलब होता है–पति, परमेश्वर, मालिक आदि। **धवः** बना है संस्कृत धातु **धू** या **धु** से जिसमें छोड़ा हुआ, परित्यक्त, ऐकांतिक, अकेला

आदि। ग़ौरतलब है जिसे त्याग दिया जाए वह अकेला ही होगा। हालाँकि पति, मालिक या परमेश्वर के अर्थ में इसकी व्याख्या अकेले से न होकर एकमात्र के रूप में होगी। ईश्वर, पति या स्वामी एक ही होता है, दो नहीं। महाभारत के पाँच पतियों वाला प्रसंग अपवाद है। आप्टे के संस्कृत कोश के मुताबिक़ विधवा यानी–**विगतो धवो यस्याः सा** जिसका अर्थ हुआ जिसने अपने पति को खो दिया है या जिसका साथ पति से छूट गया हो। विडम्बना देखिए कि जीते जी अपनी पत्नियों का त्याग करने वाले पति तो संभवतः सुखी रहते हैं, पर वे स्त्रिया समाज में विधवा जैसा जीवन जीने को मजबूर होती हैं।

भाषाविज्ञानियों ने अंग्रेज़ी के **विडो** के मूल में भी यही शब्द माना है। रूसी में इसका रूप है व्दोवा, ग्रीक में **इदेओस**, लैटिन में **विदु**, अवेस्ता में **विथवा** और फ़ारसी में **बेवा** के रूप में यह मौजूद है। जिसकी पत्नी जीवित न हो उसके लिए हिन्दी में विधुर भी शब्द प्रचलित है जो इसी मूल से जन्मा है। यूँ आप्टे कोश में इसके कुछ अन्य भाव भी बताए गए हैं, जैसे–जिससे प्रेम करने वाला कोई न हो, वंचित, विरह पीड़ा भोगने वाला या वाली आदि। हिन्दी का **अवधू** या **अवधूत** भी इसी मूल का है। यह बना है **धूत** से जिसका मतलब भी परित्यक्त, त्यागा हुआ ही होता है अर्थात वह संन्यासी जिसने सांसारिक बंधनों तथा विषय-वासनाओं का त्याग कर दिया हो।

रावण तो हर दौर में रुलाएगा ही

[शब्द संदर्भ : कलरव, रव, रोना, रुलाई, रुदन, रौरवनर्क, रुआँसा, रावण, नीरव, रौद्र, रुद्र]

रावण शब्द का **कलरव** से क्या रिश्ता हो सकता है? कलरव बहुत सुंदर शब्द है जिसका मतलब है मधुर आवाज़। चिड़ियों का चहचहाना। पक्षियों की कूजनध्वनि। कल यानी चिड़िया और रव यानी ध्वनि, आवाज़। **रव** बना है संस्कृत की **'रु'** धातु से जिसके मायने हैं शब्द करना, आवाज़ करना। ख़ास बात यह कि इसमें सभी प्रकार की ध्वनियाँ शामिल हैं। मधुर भी, तेज़ भी, कर्कश भी और भयावनी भी। और अगर कहीं कोई ध्वनि नहीं है तो इसी **रव** में **'नि'** उपसर्ग लगाने से सन्नाटे का भाव भी आ जाता है। यही नहीं, विलाप करते समय जो ध्वनि होती है उसके लिए भी यही **'रु'** धातु में निहित भाव समाहित हैं।

हिन्दी में **रोना** शब्द ही आमतौर पर विलाप के अर्थ में इस्तेमाल होता है। रोना बना है संस्कृत के **रुदन, रुदनम्** से जिसका मतलब है क्रंदन करना, शोक मनाना, आँसू बहाना आदि। नरक के संदर्भ में रौरवनरक का उल्लेख भी आता है अर्थात जहाँ दुष्टात्माएँ क्रंदन करती हों। **अरण्य-रोदन** यानी बियाबान में क्रंदन करना जिसे कोई न सुन सके। यह एक मुहावरा भी है जिसका मतलब होता है कोई सुनवाई न होना। रुआँसा शब्द इसी कड़ी से जन्मा है। **'रु'** में शोर मचाना, चिंघाड़ना, दहाड़ना आदि भी शामिल है। इससे ही बना है संस्कृत शब्द **रावः** जिसका मतलब है भयानक ध्वनि

करना। चीत्कार करना। चीख़ना-चिल्लाना। हू-हू-हू जैसी भयकारी आवाज़ें निकालना आदि। **रावः** से ही बना है **रावण** जिसका अर्थ हुआ भयानक आवाज़ें करने वाला, चीख़ने-चिल्लाने वाला, दहाड़ने वाला। ज़ाहिर है यह सब संस्कारी मानव के सामान्य क्रियाकलापों में नहीं आता। किसी मनुष्य का अगर ऐसा स्वभाव होता है तो उसे हम या तो पशुवत् कहते हैं या राक्षस की उपमा देते हैं। ज़ाहिर है कि रावण तो जन्मा ही राक्षस कुल में था इसलिए रावण नाम सार्थक है।

एक दिलचस्प संयोग भी है। रावण को **रुद्र** यानी शिव का भक्त बताया जाता है और रुद्र की कृपादृष्टि के लिए रावण द्वारा घोर तपस्या करने का भी उल्लेख है। **रुद्र** यानी एक विशेष देवसमूह जिनकी संख्या ग्यारह है। भगवान शिव को इन रुद्रों का मुखिया होने से रुद्र कहा जाता है। **रुद्र** भी बना है **रुद्** धातु से जिसका मतलब भयानक ध्वनि करना भी है। इससे रुद्र ने भयानक, भयंकर, भीषण, डरावना वाले भाव ग्रहण किए। रावण ने रुद्र की तपस्या कर किन्हीं शक्तियों के साथ रौद्र भाव भी अनायास ही पा लिया यानी रावण और रुद्र दोनों शब्दों का मूल और भाव एक ही हैं। भयानक-भीषण जैसे भावों को साकार करने वाला रौद्र शब्द इसी रुद्र से बना है। रावण ने रुद्र की तपस्या कर किन्हीं शक्तियों के साथ **रौद्र-भाव** भी अनायास ही पा लिया। कथाओं में रावण की विद्वत्ता की बहुत बातें कही गई हैं। बताया जाता है कि 'कृष्णयजुर्वेद' रावण द्वारा रचित वेदों पर टिप्पणियों का ग्रंथ है। इसमें इंद्र के स्थान पर रावण ने अपने आराध्य रुद्र की महिमा गाई है। इस ग्रंथ की सामग्री बाद में यजुर्वेद से जुड़ गई जिन्हें 'शतरुद्री संहिता' कहा गया और तभी से रुद्र के साथ शिव नाम भी प्रचलित हुआ। वाल्मीकि ने भी रावण को वेदविद्यानिष्णात कहा है। रावण की गणना कुशल राजनीतिज्ञों में होती है। कहते हैं कि कुशध्वज ऋषि की कन्या वेदवती से रावण ने अनुचित व्यवहार करना चाहा था तब उसने शाप दिया था कि सीता के रूप में पुनर्जन्म लेकर वह उसके सर्वनाश का कारण बनेगी।

रावण का कुनबा–● पितामह–पुलस्त्य ऋषि ● पिता–विश्रवा ● माता–कैकशी या केशिनी ● पत्नियाँ–1. मंदोदरी, 2. धान्यमालिनी ● पुत्र–इंद्रजित सहित पाँच अन्य पुत्र ● बहनें–1. शूर्पणखा, 2. कुंभीनशी ● भाई–1. कुभकर्ण, 2. विभीषण, 3. मत्त 4. युद्धोन्मत्त ● सौतेला भाई–कुबेर ● अन्य नाम–पौलस्त्य, दशग्रीव, दशानन, दशमुख, दशवदन आदि। रौद्र, रावण, रुदन, रौरव, कलरव,

मुग्ध हुआ मूर्ख

[शब्द संदर्भ : मोह, मूर्ख, मूढ़, मुग्धा, मोहित, मोहिनी, मुग्ध, बेवकूफ़, वाक़िफ़]

संस्कृत-हिन्दी एक शब्द है **मोह** यानी किसी पर मुग्ध होना, जड़ होना, घबरा जाना या ग़लती करना आदि। इसके अलावा अज्ञान, भ्रान्ति, अविद्या, भूल होना जैसे अर्थ भी हैं। ग़ौरतलब है कि मोह और मुग्ध ये दोनों शब्द ही संस्कृत की **मुह्** धातु से बने

हैं जिसमें ऊपर लिखे तमाम अर्थ निहित हैं और इससे स्पष्ट है कि विवेक, बुद्धि और ज्ञान के विपरीत अर्थ वाले भाव इनमें समाहित हैं। दिलचस्प बात यह कि उपरोक्त सभी भाव मूर्ख शब्द में समा गए हैं क्योंकि यह लफ़्ज़ भी इसी धातु से निकला है जिसका अर्थ हुआ नासमझ, अज्ञानी और बेवकूफ़। **मुह्** धातु में मूलतः चेतना पर किसी के प्रभाव में आकर ज्ञान अथवा बुद्धि पर परदा पड़ जाने अथवा ठगे से रह जाने, जड़ हो जाने, मूढ़ बन जाने का भाव है। यही बात मोह अथवा मुग्ध में हैं। नकारात्मक छाप के साथ यही **मूर्ख** शब्द भी यही कहता नज़र आता है। मूर्ख वह जो कुछ न समझे, जड़ हो। इसीलिए मूर्ख के साथ कई बार जड़बुद्धि या जड़मूर्ख शब्द का भी प्रयोग किया जाता है। अपनी सुंदरता के लिए पुराणों में मशहूर कामदेव का एक नाम है **मुहिर** पर मज़ेदार बात यह भी कि इसका एक अन्य अर्थ बूद्धू और मूर्ख भी है। श्रीकृष्ण का **मोहन** नाम भी इसी से निकला है। ज़ाहिर है उनकी मोहिनी के आगे सब ठगे से रह जाते थे। इसके अलावा मुग्धा, मोहिनी, मोहित जैसे नाम इसी से चले हैं।

ग़ौरतलब है कि **बुध्** धातु से बने बोध, बुद्धिमान, बुद्ध, संबोधन, संबोधि, सम्बुद्ध और समझ जैसे तमाम शब्दों में जानकारी व ज्ञान का भाव है मगर मूर्ख के अर्थ में बुद्धू भी इस धातु से निकला है। वजह वही है मूर्खता में जड़ता, स्थिरता जैसे भाव का समा जाना। बुद्ध की बोधिमुद्रा ने उन्हे बुद्ध मूर्ख के लिए हिन्दी में आमतौर पर बेवकूफ़ शब्द का ज़्यादा इस्तेमाल किया जाता है। यह शब्द मूलतः उर्दू का है जहाँ यह अरबी से आया। अपने शुद्ध रूप में अरबी-उर्दू में यह लफ़्ज़ बेवुक़ूफ़ है मगर हिन्दी में बेवकूफ़ के तौर प्रचलित है। अरबी का एक लफ़्ज़ है वुक़ूफ़ यानी ज्ञान, जानकारी, परिचय। इसी से बना है वाक़िफ़ यानी जानकार, परिचित। यह भी हिन्दी में ख़ूब इस्तेमाल होता है। वुक़ूफ़ में **बे** उपसर्ग लगने से बना बेवुकूफ़ यानी अज्ञानी-मूर्ख। फ़ारसी में एक लफ़्ज़ है कूफ़ जिसका मतलब है मूर्ख, उल्लू। कई लोग बेवकूफ़ को बेकूफ़ कहने के आदी हैं। कूफ़ के आगे **बे** लगाने से तो मतलब बनता है जो मूर्ख न हो। अब इस बे का इस्तेमाल करने वालों को क्या कहा जाए?

बावर्ची, लज़्ज़त के साथ भरोसा भी (बावर्ची-1)

[शब्द संदर्भ : बावर्ची, बावर]

फ़ारसी भाषा से हिंदी-उर्दू में शामिल हुआ बावर्ची लफ़्ज़ दरअसल लज़्ज़त के अहसास से भरा है। बावर्ची यानी रसोइया। और अलग अंदाज़ में कहें तो शेफ। लज़्ज़तदार खाने के खाने के शौकीन सब होते हैं। इसीलिए रसोई या रसोइया शब्द का ज़िक्र होते ही लज़ीज़ पकवानों के ख़यालात दिमाग़ में आने लगते है। जैसे रसोइया के साथ रसोई जुड़ी है, वैसा बावर्ची के साथ नहीं है। फ़ारसी में 'बावर' के मायने होते हैं भरोसा या विश्वास। फ़ारस में बावर अपने आपमें एक संस्कृति

है, सभ्यता है, रीति है। पुरानी क़बाइली संस्कृति में अलग-अलग समूहों या क़बीलों में किसी भी विवाद की स्थिति में बावर व्यवस्था ही इकलौता समाधान थी। जब कभी विवाद होता तो **बावर** यानी भरोसा देने की रस्म पूरी की जाती थी। दोनों पक्ष एक दूसरे को भरोसा देते थे ताकि फिर विवाद न हो। अगर भरोसा तोड़ा जाता तो उसे ग़ैरक़ानूनी माना जाता था। तो इसी बावर में इसमें **'ची'** यानी 'वाला' प्रत्यय लगने से मतलब निकलता है भरोसेमंद या विश्वासपात्र। फ़ारसी में बावर्ची का रुतबा रसोईघर के व्यवस्थापक का होता था। ज़ाहिर है तत्कालीन राजनीति में षड्यंत्रों की भरमार के चलते हर क़दम पर भरोसेमंद लोगों की दरकार थी। और जब बात खान-पान की हो तो सावधानी सबसे ज़्यादा होनी चाहिए थी। इसीलिए शाही रसोइए के लिए नया शब्द चल पड़ा 'बावर्ची'। शाही दौर बीत जाने के बावज़ूद 'बावर्ची' के लिए लज़्ज़तदारी के साथ वफ़ादारी आज भी पहली कसौटी है।

शेफ़ की खोपड़ी और चीफ़ की दावत...(बावर्ची -2)

[शब्द संदर्भ : कैप, शेफ़, हेडकुक, हेडनर्स, हेडसाब, हेड, चीफ़, खोपड़ी, खप्पर, खुपड़िया, खोपड़ा]

बावर्ची को अंग्रेज़ी में **शेफ़** कहते हैं। पाँच सितारा होटलों का लंबी सी हेट वाला महाराज यानी होटल की रसोई का प्रमुख **शेफ़** कहलाता है और अपनी ख़ास **कैप** यानी टोपी की वजह से अपनी अलग पहचान भी रखता है। **कैप, शेफ** और **हेड** यानी सभी बातें ख़ास हैं। अब एक ख़ास बात पर और ध्यान दें। ज़्यादातर ख़ास लोगों की अलग पहचान **कैप** से ही होती है। सबसे प्रमुख व्यक्ति को अंग्रेज़ी में हेड ही कहते हैं और यह शब्द हिन्दी में भी ख़ूब इस्तेमाल होता है, जैसे–हेडमास्टर, हेडकुक, हेडनर्स, हेडसाब (गाँवों में थानेदार को इस नाम से भी बुलाते हैं), यही नहीं, प्रमुख के लिए कैप्टन शब्द भी आम है जिसका हिन्दी रूप कप्तान होता है। हेडेक मानी सिरदर्द भी इसी कड़ी में आता है। अब कहने की ज़रूरत नहीं कि **हेड** यानी सिर मानव शरीर का सबसे प्रमुख हिस्सा है इसलिए प्रमुख के अर्थ में ही कई भाव इसमें समाहित हो गए। मगर बात चल रही थी शेफ़ की। **शेफ़** दरअसल अंग्रेज़ी का नहीं बल्कि फ्रेंच भाषा का शब्द है। फ्रेंच में एक मुहावरा है शेफ़ डी क्विजिन अर्थात प्रमुख रसोइया। इसी का छोटा रूप शेफ़ के तौर पर पूरी दुनिया में शोहरत पा गया। प्रमुख व्यक्ति के लिए अंग्रेज़ी का चीफ़ शब्द भी फ्रेंच से ही आया है और शेफ़ की उत्पत्ति का आधार भी वही है।

ग़ौरतलब है कि चीफ़ शब्द इंडो-यूरोपीय भाषा-परिवार का शब्द है और इसकी उत्पत्ति हुई है लैटिन शब्द कैपुट से जिसका मतलब होता है सिर। यही शब्द जर्मन में Haupt और पुरानी अंग्रेज़ी में heafod होते हुए अंग्रेज़ी के head में ढल गया। अब इस सिर यानी कैपुट का कैप, कैप्टन और कप्तानी से रिश्ता भी समझ में आने लगा होगा। किसी भी देस-राज्य की राजधानी सबसे प्रमुख शहर होता है इसीलिए

उसे कैपिटल कहा जाता है यह इसी कड़ी का शब्द है। इटली के माफिया सरगना के लिए **कैपोन** (अल कैपोन) शब्द भी इसी मूल से बना है। इंडो-यूरोपीय भाषा-परिवार का शब्द होने के नाते इसका संस्कृत रूप हुआ **कपाल** और **खर्परः** जिसका अर्थ भी सिर, मस्तक आदि है। खोपड़ी, खप्पर, खुपड़िया, खोपड़ा आदि इसी कपाल या खर्परः के देशी रूप हुए। अब तो आप समझ ही गए होंगे कि क्यों शेफ़ की खोपड़ी पर लंबी कैप रहती है? चीफ़ जो ठहरा!

भोंदू, भद्दा और भदेस

[शब्द संदर्भ : भदन्त, भद्र, अभद्र, भद्दा, भदेसल, भद्रा, भोंदू, भन्ते, सुभद्रा, भद्राकरणम्]

हिन्दी में भद्दा शब्द के मायने होते हैं बुरा, अशालीन, कुरूप या ख़राब। बेढंगापन या भौंडापन भी इसमें शामिल है। इसी तरह भोंदू शब्द के मायने हैं मूर्ख या बुद्धू। जानकर ताज्जुब हो सकता है कि इन दोनों शब्दों का जन्म **भद्र** से हुआ जिसका अर्थ हुआ भला, श्रेष्ठ, मंगलकारी या साधु। भद्र शब्द जन्मा है संस्कृत की **भन्द्** धातु से जिसमें सुखद, शुभ, कल्याण जैसे मंगलकारी भाव छुपे हैं। भन्द् से ही जन्मा है **भदन्तः** या भदन्त जो प्रायः बौद्ध श्रमणों या भिक्षुओं के लिए प्रयोग किया जाता है जिसका एक रूप भंते ज़्यादा प्रचलित है। हिन्दी का **भोंदू** शब्द इसी भन्द् या भदन्त का बिगड़ा हुआ रूप है। यह अजीब बात है कि प्रायः शुभ, मांगलिक भावों वाले शब्दों ने प्राकृत, अपभ्रंश और हिन्दी तक आते आते जनमानस में विपरीतार्थक भाव ग्रहण कर लिये। भद्र के मायने हुए भला, समृद्धिशाली, भाग्यवान, प्रमुख आदि। इसके अलावा प्रिय, सुहाना, सुंदर, रमणीय, चटकदार आदि अर्थ भी इसमें समाहित हैं। इसी से बना है भद्राकरणम् जिसका मतलब होता है बाल मूँडना। पाखंडी के लिए भी भद्र शब्द है।

ग़ौर करे कि भद्र ने जब हिन्दी का चोला पहना तो अपने मूल अर्थ के विपरीत रूप में ढल गया। कहाँ तो श्रेष्ठ और कहाँ एकदम ख़राब। हिन्दी की पूर्वी शैलियों में भदेस शब्द भी इससे ही चला। भदेसल यानी भद्दी वेशभूषा वाला। यह बना है **भद्र + वेष + लः** से। एक तरफ़ तो भद्र का विलोम बनाने के लिए भद्र में **अ** उपसर्ग लगाकर अभद्र जैसा शब्द बनाना पड़ा दूसरी ओर सीधे ही भद्दा बन गया।

इसी तरह भद्र से एक और शब्द जन्मा है **भद्रा**। ज्योतिष शब्दावली के इस शब्द का अर्थ हुआ कुयोग अर्थात शुभ कार्य के लिए निषिद्ध समय। एक तारामंडल को भी यही नाम मिला हुआ है। संस्कृत में इसी भद्र से बने भद्रा में सु उपसर्ग लग जाने से एक नया शब्द बनता है–**सुभद्रा** जिसका अर्थ हुआ पृथ्वी। इसके दो अर्थ और भी हैं–दुर्गा या गाय। इस तरह देखें तो भद्र शब्द की जन्मकुंडली में अर्थ-विस्तार तो लिखा था मगर नकारात्मक रूप होना भी बदा था।

बेटा निहाल, बजरबट्टू बेहाल

[शब्द संदर्भ : बिट्टू, बिटवा, बिटिया, बिट्टी, बिट्टन, बटुक, वटुः, बेटा, बजरबट्टू, बज्जर, बटुक, वज्र-साधना]

हिन्दी में पुत्र या पुत्री के लिए **बेटा** या **बेटी** शब्द का चलन है। यही नहीं, बड़ों की ओर से छोटों को स्नेहपूर्वक दिया जाने वाला भी यह एक बेहद लोकप्रिय संबोधन है। इस बेटा और बेटी पर जब लाड़-प्यार-वात्सल्य की चाशनी ज़्यादा चढ़ा दी जाती है तब बिट्टू, बिटवा, बिटिया, बिट्टी, बिट्टन जैसे कई गाढ़े और प्यारे रूप देखने को मिलते हैं। ये सभी शब्दरूप संस्कृत के **वटुः** से बने हैं। संस्कृत में इसी शब्द के तीन अन्य रूप–**वटुकः, बटु** और **बटुक** भी हैं। इन तमाम शब्दरूपों के दो ही अर्थ हैं, पहला–ब्रह्मचारी, दूसरा–छोकरा, लड़का या किशोर। वटुः या बटुक से अपभ्रंश रूप में बेटा शब्द बना जिसका चलन पुत्र के अर्थ में होने लगा। बाद में पुत्री की तर्ज़ पर इससे बेटी शब्द भी बना लिया गया मगर मूलतः यह पुरुषवाची शब्द ही था। प्राचीनकाल में गुरुकुल के विद्यार्थी के लिए ही आमतौर पर वटुः या बटुक शब्द प्रयोग किया जाता था। राजा-महाराजा और श्रीमन्तों के यहाँ भी ऋषि-मुनियों के साथ ये वटुः जो उनके गुरुकुल में अध्ययन करते थे, जाते और दान पाते।

बजरबट्टू भी बटुक से ही बना। **बजरबट्टू** आमतौर पर मूर्ख या बुद्धू को कहा जाता है। जिस शब्द में स्नेह-वात्सल्य जैसे अर्थ समाए हों उससे ही बने एक अन्य शब्द से तिरस्कार प्रकट करने वाले भाव कैसे जुड़ गए? आश्रमों में रहते हुए जो विद्यार्थी विद्याध्ययन के साथ-साथ ब्रह्मचर्यव्रत के सभी नियमों का कठोरता से पालन करता उसे वज्रबटुक कहा जाने लगा। ज़ाहिर है वज्र यानी कठोर और बटुक मतलब ब्रह्मचारी/विद्यार्थी। ये ब्रह्मचारी अपने गुरु के निर्देशन में वज्रसाधना करते इसलिए वज्रबटुक कहलाए। मगर सदियाँ बीतने पर जब गुरुकुल और आश्रम परम्परा का ह्रास होने लगा तब इन बेचारे बटुकों की कठोर वज्रसाधना को भी समाज ने उपहास और तिरस्कार के नज़रिये से देखना शुरू किया और अच्छा-ख़ासा वज्रबटुक हो गया बजरबट्टू यानी मूर्ख।

बेचारे चरणों का चरित्र

[शब्द संदर्भ : चरण, चरणवंदना, चारण, चरित, चरित्र, आचरण, चारा, बेचारा, लाचार, चारागर, उपचार, विचरण, परिचर, परिचारिका, परिंदा, चरिंदा, चरवाहा, चरागाह]

भारतीयता की पहचान जिन संस्कारों से होती है उनमें एक है **चरणवंदना** करना। दुनिया भर में शायद ही किसी अन्य समाज के भीतर बड़ों के प्रति आदर-भाव प्रकट करने का ऐसा तरीक़ा हो। पैर छूने की परंपरा शुरू करने के पीछे भारतीय मनीषियों का चिन्तन महत्त्वपूर्ण है। इसे समझने के लिए जानते हैं **चरण** शब्द की उत्पत्ति को। हिन्दी का चरण शब्द बना है संस्कृत के **चरणः** से जिसका जन्म हुआ है चर् धातु से।

इसका अर्थ है चलना, भ्रमण करना, अभ्यास करना आदि। एक अन्य अर्थ भी है सृष्टि की समस्त रचना। इसी से बना है **चरण** जिसका मतलब है पैर यानी जो चलते-फिरते हैं, भ्रमण करते हैं। ग़ौरतलब है कि प्राचीनकाल में ज्ञानार्जन का बड़ा ज़रिया देशाटन भी था। चूँकि घूमे-फिरे बिना दुनिया की जानकारी हासिल करना असंभव था, इसलिए जो जितना बड़ा घुमक्कड़, उतना बड़ा ज्ञानी। चूँकि पैरों से चलकर ही मनुष्य ने ज्ञानार्जन किया है इसीलिए प्रतीक-स्वरूप उन्हें स्पर्श कर उस व्यक्ति के अनुभवों को मान्यता प्रदान करने का भाव महत्त्वपूर्ण है।

पुराने ज़माने में राजाओं के संदेश लाने ले-जाने का काम करने वाले दूतों को भी **चर** या **चारण** कहते थे। राजस्थान की एक जाति का नाम भी इसी आधार पर पड़ा है। जीवनी, इतिहास और साहस कथाओं के लिए चरित शब्द भी इसी मूल से निकला है, जैसे—दशकुमारचरित, रामचरितमानस आदि। चर् धातु के घूमने-फिरने के अर्थों से ही बना है एक मुहावरा चाल-चलन जिसे किसी व्यक्ति के मूल्यांकन का आधार माना जाता है। दरअसल यही चरित्र है। चर् में **वि** उपसर्ग और **अण्** प्रत्यय लगने से बन गया **विचरण** यानी घूमना-फिरना। इसी तरह बना **परिचर** या **परिचारिका** यानी जो घूम-फिरकर देखभाल करे। अब देखभाल करना तो इलाज की प्रक्रिया का ही हिस्सा है इसलिए **उपचार** का अर्थ हुआ इलाज करना। इसीलिए फ़ारसी में भी उपाय, दवा, इलाज के लिए एक शब्द है **चारा** और डॉक्टर के लिए **चारागर** शब्द है। इलाज करने के लिए **चारागरी** लफ़्ज़ भी है।

जब किसी समस्या का कोई हल या इलाज न निकले तब क्या होता है सिवाय इसके कि आप असहाय महसूस करें सो **चारा** में **ला** उपसर्ग लगने से बन गया **लाचार**। इसी तरह बने **बेचारा, बेचारगी, लाचारी** आदि शब्द। हिन्दी में तो **बिचारा, बिचारी** जैसे रूप भी प्रचलित हैं और सामान्य तौर पर इनमें अनाथ की अर्थवत्ता शामिल है। ग्रामीण क्षेत्रों में बच्चों के साथ अकारण अगर कोई बेचारा शब्द का प्रयोग करता है तो उसके माता-पिता बुरा मानते हैं। चर् यानी चलने-फिरने, घूमने से जैसे अर्थ से कोई ताज्जुब नहीं कि **चरिः** जैसा शब्द भी बना जिसका मतलब हुआ पशु और फिर चारा अर्थात घास शब्द भी बना यानी वह चीज़ जिसे घूम-घूमकर खाया जाए। इस क्रिया का नाम हुआ **चरना** और चराने वाले को कहा गया चरवाहा। फ़ारसी में भी जानवरों के लिए **परिंदा** की तरह **चरिंदा** लफ़्ज़ और **चरागाह** जैसे लफ़्ज़ भी बने।

बुज़ुर्गवार बजरंगी मारुति हनुमान

[शब्द संदर्भ : वज्र, बुज़ुर्ग, बुज़ुर्गवार, बज्जर, बजरंगी, बजरंग, मारुति, हनुमान]

वयोवृद्ध व्यक्ति के लिए हिन्दी में **बुज़ुर्ग** शब्द बड़ा आम है। बुजु र्ग में कई प्रत्यय लगने से बुज़ुर्गवार, बुज़ुर्गीयत, बुज़ुर्गतर, बुज़ुर्गतरीन, बुज़ुर्गाना जैसे कई और भी शब्द बने हैं जिनसे बुज़ुर्ग शब्द की वरिष्ठता, महत्ता और वरीयता ही पता चलती है। तुर्की, फ़ारसी में इसके बोजोर्ग (bozorg) जैसे रूप भी प्रचलित हैं।

बुज़ुर्ग शब्द हिन्दी-उर्दू में फ़ारसी से आया है मगर यह मूलतः इंडो-ईरानी भाषा-परिवार से ताल्लुक़ रखता है और इसकी रिश्तेदारी संस्कृत से है। संस्कृत में एक शब्द है वज्र। ईरानी के प्राचीन रूप अवेस्ता में भी इसका वज्र रूप ही मिलता है जिसका अर्थ महान, शक्तिशाली, कठोर, चमक, बिजली होता है फिर वज्रका, **वजारका** होते हुए अवेस्ता से मध्यकालीन फ़ारसी में इसने वुज़ुर्ग रूप धारण किया जो **बोज़ुर्ग** या **बुज़ुर्ग** बनकर प्रचलित है। बुज़ुर्ग में भी मूलतः आदरणीय, महान, प्रभुतासम्पन्न जैसे भाव ही हैं। मगर कालांतर में इसके साथ वरिष्ठता के विभिन्न भाव जुड़ते चले गए जिनका अर्थ-विस्तार रसूख, प्रभाव में हुआ और बाद में आयु के उत्कर्ष के तौर पर ये सब बुज़ुर्ग में सिमट गए। पहले बड़ी आबादियों के साथ भी बुज़ुर्ग शब्द लगता था जैसे रामपुरबुज़ुर्ग। हिन्दी में भी वज्र के विविध रूप हैं, जैसे—**बज्जर, बजर** आदि। जहाँ **बज्जर** का मतलब कठोर, मुस्टंड होता है वहीं **बजर** का मतलब तड़ित या विद्युत होता है।

रामभक्त हनुमान के **बजरंगबली** नाम के पीछे भी **वज्र** शब्द का योगदान है। संस्कृत में **वज्रः** या **वज्रम्** का अर्थ है बिजली, इन्द्र का शस्त्र, हीरा अथवा इस्पात। इससे ही हिन्दी का वज्र शब्द बना है। इन्द्र के पास जो **वज्र** था वह महर्षि दधीचि की हड्डियों से बना था। हनुमान वानरराज केसरी और अंजनी के पुत्र थे। केसरी को ऋषि-मुनियों ने अत्यंत बलशाली और सेवाभावी संतान होने का आशीर्वाद दिया। इसीलिए हनुमान का शरीर लोहे के समान कठोर था। इसीलिए उन्हें **वज्रांग** कहा जाने लगा। अत्यंत शक्तिशाली होने से **वज्रांग** के साथ **बली** शब्द जुड़कर उनका नाम हो गया **वज्रांगबली** जो बोलचाल की भाषा में बना **बजरंगबली**। वज्रांग का स्वतंत्र तद्‌भवरूप बजरंगी या बजरंग भी बना। इन्हें मरुत यानी वायु देवता का पुत्र भी कहा जाता है इसलिए इनका एक नाम **मारुति** यानी वायु के समान वेगवान भी कहा जाता है। संस्कृत में मरुत का अर्थ होता है वायु, हवा, पवन। मरुतः पवनदेव का विशेषण था। इसका एक रूप मारुत भी है जिससे मारुति शब्द बना जो कि पवनसुत अथवा मरुतसुत के तौर पर ही हनुमान का एक विशेषण है।

अंग्रेज़ी का एक शब्द है **चिन** जिसका मतलब होता है चिबुक, ठुड्डी या ठोड़ी। यानी होंठों के नीचे की हड्डी का उभार। यह इंडो-यूरोपीय भाषा-परिवार का शब्द है। संस्कृत में इसके लिए **हनुः** शब्द है जिसका अर्थ भी ठोड़ी या जबड़ा होता है। इसकी मूल धातु है घनु जिसका मतलब कठोर है। ग्रीक में ठोड़ी या चिबुक को गेनुस और जर्मन में किन/किनुस कहते हैं। **किन** का ही विकसित रूप अंग्रेज़ी का **चिन** है। यूरोपीय भाषाओं के ये सभी शब्द मूल भारोपीय धातु गेनु से बने हैं जिसका अर्थ भी यही है। संस्कृत की मूल धातु **घनु** से परवर्ती संस्कृत में **ग** ध्वनि का लोप हो गया और इसका रूप बना **हनुः**। ग़ौरतलब है कि भक्तशिरोमणि हनुमान (hanuman) के नामकरण में भी इसी चिन या हनुः का योग रहा है। पुराणकथा के अनुसार जन्म लेते ही महाबली फल समझकर सूर्य को खाने लपके। सूर्य को इनकी पकड़ से छुड़ाने के

लिए इन्द्र ने अपने **वज्र** से इन पर प्रहार किया जिससे इनका जबड़ा यानी **हनु** टेढ़ी हो गई। तभी से इन्हें **हनुमान** कहने लगे।

प्यारा कौन? बैल, बालम या मलाई?

[शब्द संदर्भ : बल, बलमा, बलराम, बलदेव, बैल, बालक, बालिका, बाल, बाली, बैल, बालाई, मलाई, बालाखाना, बालकनी, बोल्शेविक]

बोलचाल की हिन्दी में सर्वाधिक प्रयोग किए जाने वाले शब्दों का रिश्ता अक्सर संस्कृत या इसके वैदिक रूप से निकल आता है। इसके अलावा अरबी, फ़ारसी और अंग्रेज़ी के ढेरों लफ़्ज़ हैं जो हिन्दुस्तानी ज़बान पर चढ़े हुए हैं। मगर कुछ शब्द ऐसे भी हैं जो न तो संस्कृत के हैं और न ही इंडो-यूरोपीय भाषा-परिवार के बल्कि ये सुमेरी (मेसोपोटेमियाई), बाबुली (बेबिलोनियन) और इब्रानी (हिब्रू) आधार से उठकर किसी-न-किसी वजह से संस्कृत और इसके ज़रिए भारतीय भाषाओं में समा गए।

हिन्दी में प्रचलित बल, बलमा, बलराम, बलदेव, बैल, बालक और बालिका जैसे कई शब्दों का मूल संस्कृत नहीं बल्कि हिब्रू है। सुमेरी यानी मेसोपोटेमियाई भाषा में यह शब्द बेल और हिब्रू में **बाल** के रूप में मिलता है और इसी रूप में हिन्दी, उर्दू व फ़ारसी में भी प्रचलित है। डॉ. भगवत शरण उपाध्याय अपनी पुस्तक भारतीय संस्कृति के स्रोत पुस्तक में लिखते हैं कि अपने सुमेरी मूल से उठकर बाद में **बेल** या **बाल** शब्द संस्कृत में समा गया। सुमेरी संस्कृति में इसका मतलब होता है–सर्वोच्च, शीर्षस्थ या सबसे ऊपर वाला। हिब्रू में इसका मतलब होता है परम शक्तिमान, देवता अथवा स्वामी। ग़ौरतलब है कि लेबनान की बेक्का घाटी में बाल देवता का मंदिर है। जानकारों के मुताबिक़ सुमेरियंस के **बाल देवता** का रूपांतरण ही बाद में रोमन जुपिटर के रूप में हुआ।

हिब्रू के बाल में निहित सर्वोच्च या सर्वशक्तिमान जैसे भावों का अर्थ-विस्तार ग़ज़ब का रहा। संस्कृत में इसी **बाल** या **बेल** के प्रभाव से **बलम्** शब्द प्रचलित हुआ जिसका अभिप्राय शक्ति, सामर्थ्य, ताक़त, सेना, फ़ौज आदि है। **बल** के पर्याय बैल का **बलीवर्दः** नामकरण भी इसी धातु से हुआ है। एक सुमेरी देवता का नाम **बेलुलू** है। ग़ौर करें कि संस्कृत में भी इन्द्र का एक विशेषण बललः है। ये सभी समानताएँ ज़ाहिर करती हैं कि वृहत्तर भारत दरअसल विभिन्न संस्कृतियों के मेल से ही बना है। अनिष्टकारी शक्ति के, आसमानी मुसीबत, विपत्ति आदि के लिए हिन्दी में बला शब्द ख़ूब प्रचलित है। यह अरबी फ़ारसी के ज़रिए हिन्दी में आया। अरबी में इसका प्रवेश हिब्रू के बाल की ही देन है अर्थात **बला** में **बल** की महिमा तो नज़र आ रही है। इससे कुछ हटकर संस्कृत में बला शब्द मंत्रशक्ति के रूप में विद्यमान है। महाशक्ति, सर्वशक्तिमान को प्रसन्न करने के लिए दी जाने वाली आहुतियों में जब जीवित प्राणी भी स्वीकार्य हो गए तो इन्हें बलि कहा जाने लगा। नामों के साथ प्रत्यय के रूप में बल शब्द लगाने का चलन सुमेरी संस्कृति में भी रहा है। **हेन्नीबाल,**

हस्रूबाल जैसे प्राचीन योद्धाओं के नाम यही साबित करते हैं। यही परम्परा भारत में भी इसी के साथ शुरू हो गई और **बलदेव, बलराम, बीरबल, बलवीर, बलभद्र** जैसे नाम चल पड़े।

बेल या **बाल** के सर्वोच्च या ऊपर वाला जैसे शाब्दिक अर्थ अन्य भाषाओं में प्रमुख हो गए। नतीजतन **बाल** (सिर के ऊपर), अनाज के पौधे का ऊपरी हिस्सा (बाली) जैसे शब्द भारतीय-ईरानी परिवार की भाषाओं में भी आ गए। यही नहीं बलम, बालम या बलमा (सर्वाधिक प्रिय, सवोत्तम पात्र, पति) जैसे थोड़े भिन्न अर्थ वाले शब्द भी बने। भगवत शरण उपाध्याय के मुताबिक़ **बालक, बालिका** जैसे शब्दों का मूलार्थ किसी ज़माने में घोड़े की पूँछ था जो उठाए जाने पर घोड़े के शरीर का सबसे ऊँचा हिस्सा बनती है। बाल के सर्वोच्च या शीर्षस्थ अर्थ का संस्कृत में और भी विस्तार हुआ और इससे **बल** यानी शक्ति और बाद में **बैल** जैसे शब्द भी बन गए। ग़ौर करें कि दूध के ऊपर जो क्रीम जमती है उसे हिन्दी में मलाई कहते हैं। मलाई को उर्दू, फ़ारसी और अरबी में **बालाई** कहते हैं क्योंकि इसमें भी ऊपर वाला भाव ही प्रमुख है। जो दूध के ऊपर हो वही बालाई। **ब** की जगह **म** ने ले ली। ग़ौरतलब हैं कि ये दोनों ही अक्षर एक ही वर्णक्रम में आते हैं और अक्सर इनमें अदल-बदल होती है। पुराने ज़माने में मकान की ऊपरी मंज़िल को **बालाख़ाना** कहते थे। **बाला** यानी ऊपर और **ख़ाना** यानी स्थान। ग़ौर करें कि अंग्रेज़ी में छज्जा, दुछत्ती को **बालकनी** कहते हैं। इसमें भी ऊँचाई का ही भाव है। रूस की **बोल्शेविक** क्रांति दुनिया में प्रसिद्ध है। **बोल्शेविक** का शाब्दिक अर्थ हुआ **बहुसंख्यक**। मगर इसमें भी कुछ लोगों को **बाल** यानी सर्वशक्तिमान की महिमा नज़र आ रही है। ज़ाहिर है बहुसंख्यक ही शक्तिशाली भी है।

बाँकी चितवन और बाँके की करतूत

[शब्द संदर्भ : वक्र, बाँका, बाँकेबिहारी, भंगुर, क्षणभंगुर, भंगिमा, त्रिभंगीलाल, बाँके, अंग]

ख़ूब बन-ठनकर रहने वाले व्यक्ति को हिन्दी में बाँका भी कहा जाता है। अब यह कहने की ज़रूरत नहीं कि **बाँका** जो भी होगा वह सजीला भी होगा। कोई भी व्यक्ति या तो पैदाइशी सुंदर होता है या बनाव-सिंगार से सजीला बनता है। पुरुषों में जब सजीले-सलोनेपन की बात आती है तो कृष्ण की छवि ही मन में उभरती है। इसीलिए कृष्ण को **बाँकेबिहारी** नाम भी मिला हुआ है।

बाँका शब्द हिन्दी की अनेक बोलियों में भी प्रचलित है। अवधी से लेकर ब्रज, बाँगड़ू, राजस्थानी, मालवी आदि कई भाषाओं में यह ख़ूब प्रचलित है। ग़ौरतलब है कि सजीले जवान के तौर पर बाँका शब्द ख़ूब प्रचलित है और इसमें श्रीकृष्ण की मनोहर मूरत भी नज़र आती है मगर साठ के दशक की मुंबइया फ़िल्मों में अक्सर खलनायक का नाम भी **बाँके** हुआ करता था जिसकी करतूतों से यूँ तो पूरा क़स्बा मगर ख़ासतौर पर नायिका ज़्यादा परेशान रहती थी। कम-से-कम किसी नायक का नाम तो हमने बाँके नहीं सुना। नायक और खलनायक की ख़ूबियों वाले इस शब्द की जन्मकुंडली परखना

दिलचस्प होगा। संस्कृत में एक एक धातु है **बङ्क (वंक)** जिसका अर्थ होता है टेढ़ा-मेढ़ा, मोड़, नदी का घुमाव आदि। **बङ्क** अथवा **वंक** से ही बना है संस्कृत-हिन्दी का **वक्र** शब्द जिसका मतलब होता है कुटिल, टेढ़ा, चक्करदार, घुमावदार आदि। दरअसल इसी **वंक/वक्र** से बना है बाँका जिसमें कुटिलता और आकर्षण का भाव समाया है। ग़ौर करें कि कुटिल व्यक्ति हमेशा गोलमोल, घुमावदार बातें करता है, धोखेबाज़ी करता है, चक्कर में डालता है। उसके समूचे व्यक्तित्व में वक्रता होती है। इसीलिए वंक से बने बाँके शब्द में खलनायक का भाव है। प्रसिद्ध रीतिमुक्त कवि घनानंद एक कवित्त में कहते हैं–

अति सूधो सनेह को मारग है, जहाँ नैक सयानप बाँक नहीं...

अर्थात प्रेममार्ग में ज़्यादा बाँकपन यानी चतुराई नहीं चलती। सजीले, गबरू के तौर पर बाँके शब्द का निहितार्थ समझना भी कठिन नहीं है। सज-धज के बाद चाल-ढाल भी बदल जाती है। जिसे अपने रूप, जवानी और सज-धज का गुमान होता है वह ज़रा अकड़कर चलता है। यह अकड़ ठीक वैसी ही होती है जिसकी अभिव्यक्ति शतरंज के मुहावरे–**प्यादे से फ़र्जी भया, टेढ़ो टेढ़ो जात...**में पूरी सटीकता से हुई है। अर्थात तरक्क़ी होते ही चाल में अकड़ आ जाना। चाल की यह अकड़ ही व्यक्ति को बाँका बनाती है। ग़ौर करें तो पाएँगे कि अकड़ में ही टेढ़ापन है। बाँका शब्द का ख़ूबसूरती से कोई रिश्ता नहीं है। बल्कि बेहतर व्यक्तित्व के लिए बाँका-सजीला होना ज़रूरी है। सिर्फ़ बाँकपन से काम नहीं चलता। जिनके पास बाँकपन के साथ सजीलापन नहीं होता दरअसल वे बाँकेबिहारी की जगह सिर्फ़ बाँके बनकर रह जाते हैं। श्रीकृष्ण भी हर मुद्रा में बाँकेबिहारी नहीं कहे जाते बल्कि होंठों पर बाँसुरी लगाए, कदम्ब के वृक्ष से कमर टिकाए हुए, एक पैर में दूसरे को फँसाए हुए तीन कोण पर झुकी हुई मुद्रा में ही उन्हें बाँकेबिहारी कहा जाता है।

वंक का ही एक अन्य रूप है **वंग** जिसका अर्थ होता है लँगड़ाना। मालवी में किसी चीज़ के टेढ़ा होने को भी बाँका होना कहा जाता है। इसी तरह टेढ़ी चाल वाले या अपाहिज़ व्यक्ति को देशी अंदाज़ में ढके-छिपे ढंग से आड़ा-बाँका भी कहा जाता है। वंग का ही एक रूप है **भङ्ग** या **भंग**। संस्कृत में भङ्ग का मतलब भी टेढ़ा, तिरछा, मोड़ा हुआ, सर्पिल, घुमावदार आदि ही होता है। ग़ौर करें भंगिमा शब्द पर। हाव-भाव के लिए नाटक या नृत्य में अक्सर भंगिमाएँ बनाई जाती हैं। चेहरे पर विभिन्न हाव-भाव दर्शाने के लिए आँखों, होंठों की वक्रगति से ही विभिन्न मुद्राएँ बनाई जाती हैं जो भंगिमा कहलाती हैं। इस संदर्भ में **बाँकी चितवन** या **तिरछी चितवन** को याद किया जा सकता है जिसका अर्थ ही चाहत भरी तिरछी नज़र होता है। श्रीकृष्ण की बाँकेबिहारी वाली मुद्रा को इसीलिए त्रिभंगी मुद्रा भी कहते हैं। **त्रिभंगीलाल** भी उनका एक नाम है। भंग के टेढ़े-मेढ़े अर्थ में ही टूट-फूट भी समाई हुई है। भंगुर या क्षणभंगुर का मतलब होता है टूटने योग्य जो इसी मूल से बना है। इस वंक या भंग से जब **व** और **भ** वर्ण (व्यंजन) को लुप्त किया जाता है तो शेष बचता है **अंग** या **अंक** जिसमें

फिर टेढ़ा-मेढ़ा का भाव है। ग़ौर करें कि शरीर के **अंग** अर्थात हाथ या पैर इसी वजह से अंग हैं क्योंकि इनमें मुड़ने, घूमने का स्वभाव निहित है। अंग से बनी हैं अँगुलियाँ जो अगर टेढ़ी न होतीं तो डिब्बे में से कभी घी भी नहीं निकलता अर्थात मुश्किल कामों को अंजाम नहीं दिया जा सकता था।

धींगड़ी को शऊर नहीं

[शब्द संदर्भ : दृढ़, दृढ़ता, धींगड़ा, धींगड़ी, धींगा-मुश्ती, धींगामस्ती, डिंगा, डेंगू]

हिन्दी का एक शब्द है दृढ़ जिसका मतलब होता है कठोर या मज़बूत। मूल रूप से संस्कृत के इस शब्द में पक्का, टिकाऊ, ताक़तवर, पकड़, कब्ज़ा, जकड़ना, थामना, स्थायी, बलिष्ठ, डील-डौल, अडिग रहने के भाव हैं। **दृढ़** शब्द बना है **दृह** धातु से जिसमें स्थिर होना, कसना, समृद्ध होना और विकसित होना-बढ़ाना जैसे भाव हैं। **दृढ + अंग** से मिलकर बना है **दृढ़ांग** जो ध्रिड़ांग > धिडंगआ > धिंगड़आ; होते हुए वर्ण विपर्यय के ज़रिए **धींगड़ा** बना होगा। **दृढ़** और **अंग** के मेल से बने **धींगड़ा** का शब्दार्थ होता है मज़बूत कद-काठी का। हृष्ट-पुष्ट बढ़ती उम्र में शरीर परिपुष्ट होता है इसीलिए किशोर बच्चों के लिए **धींगड़ा** शब्द रूढ़ हो गया। मगर **धींगड़ा** शब्द में कई सारे भाव शामिल हैं, मसलन—छैला, रंगीला, साहसी, बलवान, मोटा, हट्टा-कट्टा, कद्दावर, बलिष्ठ आदि। शरारती और नटखट के अर्थ में भी इसके स्त्रीवाची और पुरुषवाची रूपों का चलन है।

ग़ौरतलब है कि मनमानी करने वाले लोगों को अपने शारीरिक बल का ही घमंड होता है। यह घमंड ही उन्हें नियम-तोड़ने को उकसाता है और वे अपराध तक करने लगते हैं, इसीलिए नकारात्मक भाव के साथ धींगड़ा शब्द बाहुबलियों, गुंडों, मवालियों के लिए भी प्रयुक्त होता है। सामान्य तौर पर भी बेशर्म, नालायक़, बेशऊर और लम्पट के अर्थ में **धींगड़ा** या **धींगड़ी** शब्दों का इस्तेमाल समाज में होता है। धींगड़ा या धींगड़ी शब्द के मायने **धींगामस्ती** की छाया में समझने में आसानी होगी। धींगामस्ती के साथ लगा मस्ती शब्द अपने-आप इसका संकेत देता है कि यहाँ मस्ती से कहीं आगे की बात कही जा रही है। धींगामस्ती से भाव हुड़दंग, उठापटक या हाथापाई या उत्पात मचाने से है। असल में इसका सही रूप **धींगा-मुश्ती** है जो उर्दू का है और बरास्ता फ़ारसी-हिन्दी में दाख़िल हुआ। धींगामुश्ती के मुश्ती को हिन्दी में कई लोग **मस्ती** भी उच्चारने लगे और **धींगामस्ती** शब्द भी चल पड़ा। धींग या धींगा भी धींगड़ा से ही जन्मे हैं। इसका धिंग रूप भी प्रचलित है। **धिंगाधिंगी** शब्द का मतलब भी उधम या मस्ती ही होता है। **मुश्त** का मतलब होता है मुट्ठी और यह **मुश्त** से ही बना है। ज़ाहिर है ज़ोर-आज़माइश मुट्ठी यानी पकड़ से ही की जाती है। अब धींगामुश्ती का हाथापायी अर्थ एकदम साफ़ है। स्पष्ट है कि धींगा या धिंगा संस्कृत-प्राकृत मूल से ही पश्चिमोत्तर क्षेत्र की भाषाओं में दाख़िल हुआ। पंजाबी में साहसी, मज़बूत व्यक्ति को धिंगा या डिंगा कहा जाता है। पाकिस्तान में क़स्बे का नाम है **डिंगा** जो गुजराँ वाला

ज़िले में है। इसे किसी **डिंगासिंह** नाम के महाबली व्यक्ति की वजह से यह नाम मिला। ज़ाहिर है डिंगा नाम भी धींगा से ही प्रचलित हुआ होगा। पंजाब में भी डिंगासिंह नाम मिलते हैं। डिंगा शब्द अफ़गानी, ईरानी की कई बोलियों में इन्हीं अर्थों में इस्तेमाल होता है। इन्हीं भाषाओं के ज़रिए डिंगा शब्द स्वाहिली भाषा में भी दाख़िल हुआ। ग़ौरतलब है कि अफ्रीका की स्वाहिली में स्थानीय बोली के शब्दों के साथ-साथ अरबी के शब्दों की भरमार है। इसके अलावा फ़ारसी और भारतीय मूल के शब्द भी इसमें हैं।

डेंगू बुख़ार कुछ समय पहले बड़ा चर्चित हुआ था। इस **डेंगू** का मूल भी **डिंगा** ही समझा जाता है। डिंगा शब्द से जुड़े कई अर्थों का मिला-जुला प्रयोग एक विशिष्ट बुख़ार के संदर्भ में हुआ जो मच्छरों द्वारा फैलाया जाता है। इस बुख़ार में समूचे शरीर का पोर-पोर, जोड़-जोड़ दर्द करता है। डिंगा का यहाँ अर्थ हुआ बुरी आत्माओं द्वारा फैलाया गया उत्पात। स्वाहिली से डिंगा स्पेनिश में गया और इसका **डेंगू** रूप प्रचारित हुआ डेंगू के तौर पर। दिलचस्प यह कि स्पेनिश में इस डेंगू ने फिर वही भाव ग्रहण कर लिये जो इसके एशियाई मूल स्वरूप के साथ जुड़े थे अर्थात बन-ठनकर रहने वाला, कड़ियल जवान, छैलाबाबू आदि। क़रीब दो सदियों पूर्व वेस्टइंडीज़ के स्पेनीभाषी क्षेत्रों में इस बुख़ार ने अपने पैर पसारे और दुनिया को इसकी जानकारी मिली। वहाँ इसे **डेंडी फीवर** कहा गया जो स्पेनिश के से ही बना था। डेंगू बुख़ार में जोड़ों के दर्द की वजह से मनुष्य अकड़कर चलता है और यही लक्षण इसके डेंगू नामकरण की वजह बना। यानी जिसे डेंगू हो जाए, वह बाँके बन जाता है।

फ़िरंगी का फीका रंग

[शब्द संदर्भ : फ़िरंग, फ़िरंगी, फ्रांस, फ्रैंक, फ़िरंगिया, फ़िरंगीलाल]

गुमी हुई आज़ादी की क़ीमत सबने पहचानी थी
दूर फ़िरंगी को करने की सबने मन में ठानी थी

आज़ादी के क़िस्से-कहानियों में अक्सर अंग्रेज़ों के लिए **फ़िरंगी** शब्द पढ़ने-सुनने को मिलता रहा है। यह एक ऐसा शब्द है जो अंग्रेज़ों की एक ख़ास छवि पेश करता है यानी जबरिया घुसपैठ कर आए विदेशी की। इसमें नापसंदगी का भाव समाया हुआ है। रीतिकाल के प्रसिद्ध कवि पद्माकर भट्ट की निम्नलिखित पंक्तियाँ अत्यंत प्रसिद्ध हैं :

बाँका नृप दौलत अलीजा महाराज कबौ,
सजि दल पकरि फ़िरंगिन दबावैगो,
दिल्ली दहपट्टि पटना हू को झपट्ट करि,
कबहूँक लत्ता कलकत्ता को उड़ावैगो...

ख्यात लेखक सुंदरलाल की पुस्तक 'भारत में अंग्रेज़ी राज' में अंतिम मुग़ल सम्राट बहादुर शाह ज़फ़र द्वारा 8 जून, 1857 जारी एलान का उद्धरण मिलता है जिसमें भारतीयों का आह्वान करते हुए कहा गया है–

"हिंदुस्तान के हिंदुओ और मुसलमानो उठो। भाइयो, उठो! ख़ुदा ने जितनी बरकतें इनसान को अता की हैं, उनमें सबसे क़ीमती बरकत 'आज़ादी' है। क्या वह ज़ालिम नाकस, जिसने धोखा दे-देकर यह बरकत हमसे छीन ली है, हमेशा के लिए हमें उससे महरूम रख सकेगा?...नहीं, नहीं...फ़िरंगियों ने इतने जुल्म किए हैं कि उनके गुनाहों का प्याला लबरेज़ हो चुका है।"

भारत में **फ़िरंगी** शब्द का प्रयोग चाहे अंग्रेज़ों के लिए नस्ली आधार पर किया जाता रहा हो मगर यह तथ्य भी दिलचस्प है कि अंग्रेज़ों से पहले ही भारत में इस शब्द की आमद हो चुकी थी। बरास्ता अरबी-फ़ारसी, **फ़िरंगी** शब्द भारत में जिन लोगों के साथ दाख़िल हुआ वे ख़ुद भी सदियों तक भारत में विदेशी ही समझे जाते रहे मगर यह शब्द जुड़ा अंग्रेज़ों से। फ़िरंगी मूलतः अरबी भाषा का माना जाता है, मगर अरबी में इसकी आमद मिस्र से हुई है। फ़िरंगी शब्द अरबों और यूरोपीयों के बीच चले क्रूसेड यानी धर्मयुद्ध की देन है जब ईसाइयों ने ग्यारहवीं सदी में यरूशलम पर पुनः कब्ज़े के लिए अरबों के साथ ख़ूनी संघर्ष किया। मिस्र के रास्ते ही ज़्यादातर आक्रमण हुए। क्रूसेड से पहले भी फ्रांस वाले मिस्र में विदेशियों के तौर पर जाने जाते थे।

यूरोप के विभिन्न इलाक़ों के लड़ाकों की शिनाख़्त मिस्री समाज ने **फ्रैंक** यानी फ्रांसीसियों के रूप में ही की। फ्रैंक का उच्चारण मिस्री में हुआ **फिरंज** और अरबी में यह हो गया **फ़िरंग**। इसके फ़िरंगिया अथवा **फ़िरंजिया** रूप भी हैं। अरबी से यह फ़ारसी में भी चला आया। शुरुआत में अरब में **फ़िरंग** शब्द यूरोपीयों के लिए प्रयुक्त होता रहा मगर बाद में व्यापक रूप से इसमें विदेशी का भाव समा गया। पूर्वी एशियाई देशों में भी जहाँ-जहाँ पुर्तगाली, फ्रांसीसी और अंग्रेज़ी उपनिवेश बसे, वहाँ विदेशी के तौर पर फ़िरंगी शब्द का चलन बढ़ता चला गया। थाईलैंड, मलेशिया, श्रीलंका आदि तमाम देशों में यह प्रचलित है। श्रीलंका में फ़िरंगी को **परंजियर** बोला जाता है क्योंकि तमिल भाषा में **फ** का लोप हो जाता है। मज़ेदार बात यह है कि मलेशिया में यूरोपीयों के साथ-साथ अफ्रीकियों को भी फ़िरंग ही कहा जाता है अर्थात फ़िरंगी का विदेशी के अर्थ में सही-सही इस्तेमाल होता है।

फ़िरंगी की एक और रोचक उत्पत्ति बताई जाती है। चूँकि यूरोपीयों का रंग एशियाई लोगों के गाढ़े रंग की तुलना में हलका होता है सो फ़ारसी में उन्हें **'फीका रंग'** कहा गया जो **फ़िरंग** में बदल गया। जो भी हो, अभिप्राय तब भी यूरोपीयों और एशियाइयों के बीच नस्ली फ़र्क़ महसूस करने का ही था। **फीके** रंग वाला यह मामला ठीक वैसा ही है, जैसा अग्रेज़ों के लिए हिन्दी में **गोरा** शब्द चल पड़ना। ख़ास बात यह कि फीके रंग वाले फ़िरंगियों का रंग गाढ़े रंग वाले हिन्दुस्तानियों पर कुछ ऐसा चढ़ा, कि उनसे पीछा छुड़ाने के बावज़ूद बोली, खाना और बाना पर उनका असर अब भी सिर चढ़कर बोल रहा है। भारत में रंग के आधार पर नाम रखने का रिवाज़ रहा है। गोरे रंग के प्रति ललक तो ख़ास देखी जाती है। पुराने ज़माने में जिन बच्चों का उजला रंग होता था उनका नाम भी फ़िरंगीमल या फ़िरंगीलाल भी रखा जाता रहा है। इलाक़ों और

इमारतों के नामों के साथ भी यह शब्द जुड़ा रहा जैसे **फ़िरंगी चाल, फ़िरंगी छावनी** या **फ़िरंगी महल** आदि। अब नामों पर ज़ोर नहीं रहा वरना किसी मायने में हम फ़िरंगियों से कम हैं?

जवानी दीवानी से युवा तुर्क़ तक

[शब्द संदर्भ : युवा, यौवन, युवती, जवान, जोबन, युवावस्था, जवानी, जवाँमर्द, युवक, नौजवान, युवराज, युवराज्ञी, जुवनाइल, यंग, यंगटर्क, जूनियर]

युवावस्था अर्थात जवानी बड़ी अनमोल होती है और बुज़ुर्ग इसे सँभालकर रखने की बात कहते हैं। यहाँ तक की यौवन को धन संपत्ति जितना ही मूल्यवान माना जाता है और नसीहत दी जाती है कि जिस तरह धन की सार-सँभाल की जाती है, वैसे ही यौवन को भी सँजोकर रखना चाहिए क्योंकि चार दिन की चाँदनी, फिर अँधेरी रात। मगर संत-महात्मा इसे निस्सार भी बताते हैं और कहते हैं कि मनुष्य के परमलक्ष्य अर्थात ईश्वर की प्राप्ति में धन-यौवन किसी काम नहीं आते। इसलिए उस पर गर्व करना बेकार है। कबीर ने कहा है–

धन जोबन को गरब न कीजै, झूठा पचरंग चोल रे...

हिन्दी में तरुण के लिए **जवान** शब्द आमतौर पर इस्तेमाल किया जाता है। युवक शब्द भी आम है। जवाँमर्द, जवाँदिल, जवानी-दीवानी, जोश-ओ-जवानी शब्द भी इसी सिलसिले की कड़ी हैं। नौजवान, जवान या जवाँ शब्द उर्दू-फ़ारसी में भी हैं और हिन्दी में भी। जवान या युवक सोलह से तीस वर्ष की उम्र के तरुण अथवा किशोरवय के बाद की अवस्था को कहा जाता है। बालिग भी जवान कहलाता है। सशस्त्र-बलों के सिपाही को भी बोलचाल में जवान ही कहा जाता है क्योंकि लड़कपन युवावस्था में ही होता है। **युवक** का स्त्रीवाची हिन्दी में **युवती** है मगर उर्दू-फ़ारसी में **जवान** का स्त्रीवाची **जवानी** नहीं होता बल्कि जवानी का मतलब तरुणाई होता है। राजकुल के उत्तराधिकारी को **युवराज** कहा जाता है। **युवराज** की पत्नी को **युवराज्ञी** या **युवरा ी** कहते हैं। देशी बोली में **यौवन, जोबन** बन जाता है।

ये सभी शब्द एक ही मूल से जन्मे हैं। संस्कृत में **युवन्** शब्द है जिसका मतलब **तरुण, जवान, वयस्क, युवा** आदि होता है। संस्कृत की संगिनी प्राचीन फ़ारस की भाषा अवेस्ता में भी इसका रूप युवन ही रहा। प्राचीन फ़ारसी में यह **जुआँ** होते हुए **जवाँ** में ढल गया जिससे **जवान, जवानी** और **नौजवाँ** जैसे रूप भी सामने आए। इसके प्राकृत रूप जवाण, जुवाण, ज्वाण आदि बने मगर खड़ीबोली ने जवान रूप ही ग्रहण किया।

अंग्रेज़ी के **यंग** और **यूथ** जैसे शब्दों की भी युवा और जवानी से रिश्तेदारी है। भाषाविदों ने प्राचीन भारोपीय भाषा-परिवार से एक मूल धातु लमन की कल्पना की है जिससे भारतीय और यूरोपीय भाषाओं में तरुण, तरुणाई से जुड़े कई शब्द बने हैं।

मिसाल के तौर पर अंग्रेज़ी के जुवनाइल शब्द, जिसका अर्थ भी युवक या जवान ही होता है, की जवानी या यौवन से साम्यता ग़ौरतलब है। कनिष्ठ या छोटे के लिए बोलचाल की हिन्दी में जूनियर शब्द बहुत आम है। मूलतः इसका प्रयोग पिता की तरुण संतान के लिए ही होता था जिसका परिचय ही पिता का जूनियर था। अंग्रेज़ी मुहावरे **यंग-टर्क** की तर्ज़ पर हिन्दी में भी **युवातुर्क** मुहावरा आपातकाल के दौर में काफ़ी मशहूर हो गया था। दरअसल यह मूल फ्रेंच मुहावरे का अंग्रेज़ी अनुवाद था। ग़ौरतलब है कि 1889 से 1908 तक तुर्की के ऑटोमन शासकों के ख़िलाफ़ चले सुधारवादी आंदोलन के नेताओं को यही पहचान मिली थी। उनकी गतिविधियों का केंद्र फ्रांस भी था इसलिए यह नामकरण वहीं से चला।

छिनाल का जन्म

[शब्द संदर्भ : छिन्नमस्ता, छिन्न, छिनार, छिनाल, छिनरा]

हिन्दी में कुलटा, दुश्चरित्रा, व्यभिचारिणी या वेश्या के लिए एक शब्द है छिनाल। आमतौर पर हिन्दी की सभी बोलियों में यह शब्द है और इसी अर्थ में इस्तेमाल होता है और इसे गाली समझा जाता है। अलबत्ता पूरब की कुछ शैलियों में इसके लिए छिनार शब्द भी है। छिनाल शब्द बना है संस्कृत के छिन्न से जिसका मतलब विभक्त, कटा हुआ, फाड़ा हुआ, खंडित, टूटा हुआ, नष्ट किया हुआ आदि है। ग़ौर करें चरित्र के संदर्भ में इस शब्द के अर्थ पर। जिसका चरित्र खंडित हो, नष्ट हो चुका हो अर्थात चरित्रहीन हो तो उसे क्या कहेंगे? ज़ाहिर है बात कुछ यूँ पैदा हुई होगी–छिन्न + नारझ छिन्नारझ छिनारझ छिनाल।

छिन्न शब्द ने गिरे हुए चरित्र के विपरीत पुराणों में वर्णित देवी-देवताओं के किन्हीं रूपों के लिए भी कुछ ख़ास शब्द गढ़े हैं, जैसे–छिन्नमस्ता या छिन्नमस्तक। इनका मतलब साफ़ है–खंडित सिर वाली (या वाला)। छिन्नमस्तक शब्द गणपति के उस रूप के लिए हैं जिसमें उनका मस्तक कटा हुआ दिखाया जाता है। पुराणों में वर्णित वह कथा सबने सुनी होगी कि एक बार स्नान करते वक़्त पार्वती ने गणेशजी को पहरे पर बिठाया। इस बीच शिवजी आए और उन्होंने अंदर जाना चाहा। गणेशजी के रोकने पर क्रोधित होकर शिवजी ने उनका सिर काट दिया। बाद में शिवजी ने गणेशजी के सिर पर हाथी का सिर लगा दिया इस तरह गणेश बने गजानन। इसी तरह छिन्नमस्ता देवी तांत्रिकों में पूजी जाती हैं और दस महाविद्याओं में उनका स्थान है। इनका रूप भयंकर है और ये अपना कटा सिर हाथ में लेकर रक्तपान करती चित्रित की जाती हैं। हिन्दी में सिर्फ़ छिन्न शब्द बहुत कम इस्तेमाल होता है। साहित्यिक भाषा में फाड़ा हुआ, विभक्त आदि के अर्थ में विच्छिन्न शब्द प्रयोग होता है जो इसी से जन्मा है। छिन्न का आमतौर पर इस्तेमाल छिन्न-भिन्न के अर्थ में होता है जिसमें किसी समूह को बाँटने, विभक्त करने, खंडित करने या छितराने का भाव निहित है। छिन्न बना है **छिद्** धातु मे जिसमें यही सारे अर्थ निहित हैं। इससे ही बना है छिद्र जिसका अर्थ

दरार, सूराख़ होता है। **छेदः** भी इससे ही बना है जिससे बना **छेद** शब्द हिन्दी में प्रचलित है। संस्कृत में बढ़ई के लिए **छेदिः** शब्द है क्योंकि वह लकड़ी की काट-छाँट करता है। सहज ही प्रश्न उठता है कि जिस समाज ने छिन्न शब्द से स्त्री के लिए छिनाल जैसा उपालम्भ-सम्बोधन बनाया वहीं छिनाल के लक्षणों वाले पुरुष के लिए कौन सा शब्द है? हिन्दी की पूर्वी बोलियों में इसके लिए छिनरा, छिनारा है। हिन्दी के जाने माने कवि बोधिसत्व ने छिनरा के बारे में जो लिखा है वह जस-का-तस यहाँ प्रस्तुत है–

'जिन संदर्भों में छिनाल की चर्चा होती है उन्हीं संदर्भों में छिनरा व्यक्ति की भी चर्चा होती है। छिनाल के साथ जो छिनरई करते धरा जाता है सहज ही वह छिनरा होता है। वहाँ दोनों का क़द बराबर है-

छिनरा छिनरी से मिले
हँस-हँस होय निहाल।

किसी भी समाज में अकेली स्त्री छिनाल नहीं हो सकती। उसे सती से छिनाल बनाने में पहले एक अधम पुरुष की उसके ठीक बाद एक अधम समाज की आवश्यकता होती है। छिनाल शब्द की उत्पत्ति पहले हुई या छिनरा की यह एक अलग विवाद का विषय हो सकता है। साथ ही समाज में पहले छिनरा पैदा हुआ या छिनाल। क्योंकि बिना छिनरा के छिनाल का जन्म हो ही नहीं सकता। एक पक्का छिनरा ही किसी को छिनार बना सकता है। तत्सम छिनाल का पुलिंग शब्द भले ही न मिले लेकिन तद्भव छिनरी का पुलिंग शब्द छिनरा ज़रूर मिलता है...। छिनरा का शाब्दिक अर्थ है लंपट, चरित्रहीन और परस्त्रीगामी। वहीं छिनाल या छिनार का अर्थ है व्यभिचारिणी, कुलटा, पर-पुरुषगामी। रोचक बात यह है कि लोक ने उस स्त्री में छिपे छिनाल को खोज लिया जिसके गालों में हँसने पर गड्ढे पड़ते हों–

'हँसत गाल गड़हा परै, कस न छिनरी होय।'

छमकछल्लो और छैला बाबू

[शब्द संदर्भ : छाया, छवि छैला, छैल-छबीला, छैलबिहारी, छमकछल्लो, छबीली, चिकना]

भाषा में विविधता या लालित्य लाने के लिए समाज में अपने आप प्रयोग होते हैं जो प्रचलन बन जाते हैं। इन शब्दों की पड़ताल करें तो पाएँगे कि जैसे एक ही चेहरे में कई भाव समाए होते हैं वैसे ही एक ही शब्द से बने शब्दों के भी कई रूप होते हैं। छैला, छैल-छबीला, छैल बिहारी, छैलाबाबू जैसे शब्दों के मूल में आख़िर है क्या...।

संस्कृत का एक शब्द है छवि जिसे बोलचाल की हिन्दी में भी ख़ूब समझा जाता है। यह एक शृंगारिक शब्द है और ज़्यादातर काव्य में प्रयुक्त होता आया है। इसका अर्थ होता है रूप, सुंदरता, चमक आदि। मध्यकालीन कवियों, जैसे–सूर, तुलसी, मीरा आदि ने न जाने शृंगार और वात्सल्य के प्रसंगों में इस शब्द का प्रयोग किया है। मगर दिलचस्प

बात यह कि बोलचाल की हिन्दी में किसी के रूप की प्रशंसा में इस शब्द का प्रयोग कम और राजनीतिक रूप की चर्चा में ज़्यादा होता है, मसलन–**राजनीतिक** छवि। यह एक मुहावरा सा बन चुका है। **छवि** बना है संस्कृत की धातु **छो** से जिसका मतलब होता है अंश या खंड। **छो** से ही बने हैं **छाया** अथवा **छवि** जैसे शब्द। इसका अर्थ होता है रंग-रूप, चेहरे की आभा, कांति, चमक, सौन्दर्य आदि। इसी तरह छाया का अर्थ होता है प्रतिबिंब, अक्स, समरूप आदि। इसके अतिरिक्त छवि शब्द में निहित रंगरूप और चमक जैसे भाव भी इसमें शामिल हैं। ग़ौर करें कि प्रतिबिंब या अक्स मूल वस्तु या आकृति का खंड या अंश जैसा ही होता है इसलिए इसकी मूल धातु **छो** में निहित भाव एकदम साफ़ है।

छैल-छबीला, छैला, छैल बिहारी जैसे शब्दों की कड़ी में ही आता है एक और शब्द **छमकछल्लो**। छबीली, नखराली और नाज़ो-अंदाज़ वाली महिला के लिए छमकछल्लो शब्द की उत्पत्ति भी इसी छवि > छइल्ल > छल्लो वाले क्रम से हुई है। बस, इसमें घुँघरू की छम-छम और जुड़ गई है। इस छम-छम से जो नाज़ो-अंदाज़ पैदा हो रहा है उसे किसी व्याख्या की ज़रूरत नहीं है।

बाँके-सजीले युवा अथवा युवती के लिए हिन्दी में **छैल-छबीला** या **छैल-छबीली** जैसे शब्द कहावत की तरह इस्तेमाल होते आए हैं। मज़े की बात यह कि **छैल** और **छबीला** ये दोनों ही शब्द **छवि** से ही बने हैं। संस्कृत से प्राकृत में क्रमशः छवि > छइल्ल > छइल्लो > छैला के रूप में ढल गया। इसी तरह छवि से **छबि** रूप बना और फिर उससे छबीला, छबीली जैसे रूप विकसित हो गए। ये शब्द दशकों पहले तक समाज में ख़ूब लोकप्रिय थे। ग़ौर करें महारानी लक्ष्मीबाई का नाम छबीली ही था। छबीली अर्थात रूपवती। सुभद्राकुमारी चौहान ने अपनी कविता में लिखा है–

कानपुर के नाना की
मुँहबोली बहन छबीली थी
लक्ष्मीबाई नाम, पिता की
वह संतान अकेली थी

छबीला शब्द ऐसे नौजवानों के लिए इस्तेमाल होता था जो न सिर्फ़ रूपवान थे बल्कि चुस्त, ख़ुशमिजाज़, रसिक बातूनी और ख़ूब बन-ठनकर रहने के आदि होते थे। तो इन्हीं गुणों के आधार पर हिन्दी के शब्द-भंडार को समाज ने एक नया शब्द दे दिया छैल-छबीला। **छैलाबाबू** जैसे शब्द भी चल पड़े। भगवान श्रीकृष्ण के लिए भी छैलबिहारी शब्द कहा जाता है। बदलते वक़्त में छबीला या **छैल-छबीला** जैसे शब्दों के साथ कुछ नकारात्मक भाव भी जुड़े और पुरुषों में कमनीयता, स्त्रैणता जैसे अर्थ भी इसमें समाहित हो गए। दरअसल यह हुआ एक अन्य शब्द के जन्म से। पूरबी हिन्दी में छैल-छबीला जैसा ही एक और शब्द प्रचलित है–**छैल चिकनिया**। इस शब्द का अर्थ भी सजीला, बना-ठना रहने वाला बाँका जवान ही होता है। बस, चिकनिया

शब्द उसमें इसलिए जुड़ गया क्योंकि सजीला दिखने के लिए क्लीन शेव्ड दिखना ज़रूरी है। अब दाढ़ी-मूँछ में मर्दानगी तलाशने वाले समाज में क्लीन-शेव्ड लोगों को हिकारत से तो देखा जाना ही था। कुलीनों की बात अलग थी, मगर आम समाज में उन्हें **चिकनिया** कहा जाने लगा। चिकनिया या **चिकना** शब्द बना है संस्कृत के **चिक्कण** से जिसका मतलब चमक, स्निग्ध, चर्बीला है। आज भी हिन्दी में चॉकलेटी हीरो के लिए मुंबइया ज़बान में चिकना शब्द ख़ूब सुनने को मिलता है। आमतौर पर अंग्रेज़ी में जिस पुरुष को चॉकलेट या चॉकलेटी या प्लेबॉय कहा जाता है छैल-छबीला कुछ इन्हीं अर्थों में प्रचलन में आया था। हिन्दी के विख्यात साहित्यकार पांडेय बेचन शर्मा 'उग्र' ने एक उपन्यास लिखा था **'चॉकलेट'**। इसे अश्लील माना गया था। बताया जाता है कि गांधीजी ने भी इसे पढ़ा और उन्हें कहना पड़ा कि इसमें कुछ भी अश्लील नहीं।

छप्पन-छुरी और असली छुरी

[शब्द संदर्भ : छुरी, क्षुरिका, खुरदरा, खुरपी, खुरचन, छप्पन-छुरी, क्षत-विक्षत]

किसी रूपगर्विता के लिए छप्पन-छुरी हम सबने ख़ूब सुना है। यह मुहावरा देशी ज़बान में ख़ूब बोला जाता है। कहानियों और फ़िल्मों में भी नाज़ो-अंदाज़ वाले स्त्री पात्रों के चरित्र को उभारने के लिए इस विशेषण का प्रयोग होता रहा है। इसका मतलब होता है अपने रूप से पुरुषों पर गहरा वार करने वाली रमणी। इस मुहावरे में **छुरी** शब्द का अर्थ तो स्पष्ट है मगर **छप्पन** का अर्थ अज्ञात है। ये माना जा सकता है कि यह मुहावरा राजाओं-नवाबों के दौर की ही देन है जब तवायफ़ों और रूपजीवाओं का ज़ोर था। लोग मनोरंजन के लिए मेलों-ठेलों में मुजरा और नौटंकी देखने जाते थे। ऐसे में न जाने कितनी नायिकाओं के हुस्नो-अंदाज़ के बारे में चर्चाएँ आम होती थीं। उन्हीं की जलवागरी से किसी वक़्त **छप्पन-छुरी** जैसे मुहावरे ने जन्म लिया होगा जो तवायफ़ों का वक़्त ख़त्म होने के साथ ही आम बोलचाल में भी उन्हीं अर्थों में समा गया।

आमतौर पर चाकू या छुरी के साथ लकड़ी का एक हत्था जुड़ा होता है। चाकू-छुरी के तेज़ धार से बचने के लिए बाद में उसे लकड़ी या चमड़े के एक कवच से ढका जाने लगा। छुरी को छप्पन-छुरी का रूप इसी कवच से मिला। अक़्लमंदों ने इस कवच में एक साथ कई क़िस्म की छुरियों का समायोजन किया जिनके विभिन्न उपयोग थे। इसीलिए एक कवच के भीतर कई धार वाली छुरियों को ही छप्पन छुरी कहा गया। इतिहास में जानकी बाई (1875-1934) नाम की एक गायिका का ज़िक्र आता है जो 'छप्पन-छुरी' के नाम से ख्यात थीं। उनके एक चाहने वाले ने इश्क़ की रंजिश में उन पर चाकू से छप्पन वार किए थे, तभी से उनका यह नाम पड़ गया। मगर 'छप्पन-छुरी' मुहावरे का मूल आधार यह कहानी है, यह बात प्रामाणिक नहीं लगती। छप्पन-छुरी के बहाने से हम बात **छप्पन** की नहीं बल्कि **छुरी** और उसकी रिश्तेदारी वाले दूसरे शब्दों की करना चाहते हैं। छुरी यानी छोटा चाकू जिसे बंद भी किया जा सकता हो।

कष्ट देना, सताना वाले अर्थों में **छुरी चलाना, छुरी फेरना** जैसे मुहावरे भी पैदा हुए हैं। छुरी या छुरा शब्द बने हैं संस्कृत की क्षुर धातु से जिसका मतलब है–काटना, खुरचना, गोड़ना आदि। इससे ही बना है क्षुरः शब्द जिसका मतलब होता है–उस्तरा, चाकू आदि। क्षुरी या **क्षुरिका** का रूपांतर हुआ **छुरी** में।

क्षुर से बने और भी कई शब्द हिन्दी में प्रचलित हैं। जानवरों के नाख़ूनों या सुम के लिए **खुर** शब्द भी इसी मूल से निकला है। संस्कृत में **क्षुरिन् नाई** को ही कहते हैं और हजामत के लिए **क्षौर** शब्द है। ज़ाहिर सी बात है कि नाई का काम बाल काटना है और इसे वह उस्तरे से ही करता है जो एक प्रकार से छुरी (क्षुरिका) ही है। खेती-किसानी के औज़ारों में **खुरपी** और **खुरपा** भी प्रमुख हैं। ज़मीन की निराई-गुड़ाई के लिए लोहे से बने इन्हीं उपकरणों का प्रयोग किया जाता है। खरपतवार काटने, उखाड़ने के लिए भी **खुरपी** ही काम आती है। ये सभी शब्द बने हैं **क्षुरप्रः** से जिसका मतलब होता है अर्धचंद्राकार धारदार उपकरण। हिन्दी के ही एक और बोलचाल के शब्द **खुरदरा** या **खुरदरापन** की भी इससे ही रिश्तेदारी है। खुरदरा का मतलब होता है असमान सतह वाला, ऊबड़-खाबड़ आदि। ग़ौर करें कि कटी-फटी चीज़ की सतह भी असमान ही होती है। सो क्षुर से ही खुरदरा भी जन्मा है। अब खुरदरी सतह को हमवार करने के लिए खुरचना ज़रूरी होता है सो साफ़ है कि **खुरचन** शब्द भी इसी धातु की देन है। वैसे खुरचन (खुरचनमलाई) एक मशहूर मिठाई भी है। देवनागरी के **क्ष** वर्ण की विशेषता यही है कि देशज रूप में कभी यह **छ** ध्वनि में बदलता है और कभी **ख** उच्चारा जाता है। ग़ौरतलब है कि संस्कृत की धातु **क्षः** में मूलतः हानि, नाश, खेत, किसान आदि अर्थ समाहित हैं और इससे बने तमाम शब्दों में इसी का भाव उभरता है, जैसे–**क्षर** यानी पिघलना, नष्ट होना, **क्षत** यानी चोट लगना, **क्षति** यानी नुक़सान आदि। **अक्षत** शब्द भी इसी कड़ी का हिस्सा है जिसका अर्थ होता है समूचा, साबुत। ज़ाहिर है कि **क्षुर** भी इसी शृंखला की कड़ी है।

गुलाम तो बच्चा है

[शब्द संदर्भ : गुलाम]

समाज में बदलाव का दौर आता रहता है बदलाव की वजह कुछ भी हो सकती है मगर इसका प्रभाव खान-पान, पहनावा और बोली पर महसूस किया जाता है। खान-पान, पहनावे की तुलना में बोली का बदलाव कहीं ज़्यादा टिकाऊ और असरदार होता है। हिन्दी-उर्दू सहित कई एशियाई भाषाओं में दास या सही मायनों में क्रीतदास (ख़रीदा गया सेवक) के अर्थ में **गुलाम** शब्द प्रचलित है और इसका इस्तेमाल आम है। मूलतः यह अरबी भाषा का है। किसी दौर में अरबी ज़बान में **गुलाम** शब्द का वह अर्थ नहीं था जिसे आज ज़माना भर जानता है। सही मायने में गुलाम का मतलब था बच्चा। भाषा प्रयोग के आधार पर किशोर से नौजवान तक के लिए यह शब्द इस्तेमाल होता था। बाद में यह लक्षण इसके साथ जुड़ गया कि जिस उम्र तक लड़के की दाढ़ी-मूँछ

नहीं आती, वह ग़ुलाम यानी बच्चा है। हालाँकि एक बात तो साफ़ है कि दास के अर्थ में ग़ुलाम शब्द के ढलने के पीछे यह तथ्य भी छुपा है कि किसी ज़माने में अरब देशों में सेवा-टहल के लिए बच्चों को काम में लिया जाता रहा। मुस्लिम नामों के साथ जुड़े ग़ुलाम शब्द के पीछे भी बच्चा या सेवादार जैसे अर्थ ही हैं, मसलन–ग़ुलाम हसन, ग़ुलाम नबी अथवा ग़ुलाम मोहम्मद। ये ठीक वैसा ही है, जैसे–रामदास, हरिदास, केशवदास या रामसेवक आदि।

ग़ुलाम शब्द का जो अर्थ आज ज़माने भर में प्रचलित है वो है ख़ादिम, दास, पराधीन वग़ैरह। ग़ुलाम से जुड़े कुछ अन्य शब्द हैं **ग़ुलामगर्दिश** जिसका मतलब होता है भवन के चारों ओर का बरामदा या रास्ता। ग़ौरतलब है कि पुराने ज़माने में महलों और कोठियों के गलियारों में नौकर-चाकरों की आमदरफ़्त बनी रहती थी इसीलिए ये रास्ते कहलाए ग़ुलामगर्दिश। दासपुत्र कहलाता था ग़ुलामजादा। इससे ही बना है **ग़ुलामी** शब्द जो हिन्दी में भी ख़ूब प्रचलित है। पश्चिमी एशिया के सामाजिक-राजनीतिक परिवर्तनों के दौर में इस शब्द ने अपना मूल अर्थ खो दिया और इसका मतलब रह गया ग़ुलाम यानी दास। अरब देशों में बच्चों के यौन शोषण जैसी बातें कोई छुपी हुई नहीं है। ऊँट दौड़ में बच्चों के इस्तेमाल को भी बाल शोषण के रूप में ही दुनिया देख रही है। भाषा के नज़रिए से ग़ुलाम शब्द का वज़न कितना कम होता चला गया, यह इसी तथ्य से समझा जा सकता है कि नौकर शब्द भी ग़ुलाम से ज़्यादा रसूख़ रखता है। नौकर तो सेवा की एवज़ में तनख़्वाह पाता है मगर ग़ुलाम तो सिर्फ़ हुक्म बजाता है। वैसे मध्यकाल में एक वक़्त एसा भी आया था जब भारत और पश्चिमी एशिया में ग़ुलाम लफ़्ज़ काफ़ी वज़नदार हो गया था क्योंकि परिस्थितिवश तब दिल्ली और तुर्की के तख़्त पर ग़ुलामों का वंश ही क़ाबिज़ हो गया था हालाँकि यह बहुत थोड़े वक़्त की बात रही और लंबे समय के लिए हिन्दुस्तान ही ग़ुलाम हो गया।

ख्यात, विख्यात और कुख्यात

[शब्द संदर्भ : ख्यात, विख्यात, कुख्यात, आख्यान, उक्खान, व्याख्या, व्याख्याता]

शोहरत के अर्थ में हिन्दी में एक शब्द और इस्तेमाल किया जाता है ख्यात या ख्याति। इसमें उपसर्गों के जुड़ने से विख्यात, प्रख्यात या सुख्यात, कुख्यात जैसे शब्द भी बनते हैं और ये सब हिन्दी में **विख्यात** हैं। **ख्यात** या **ख्याति** के मूल में है संस्कृत की **ख्या** धातु जिसमें कहना, घोषणा करना और प्रसिद्ध होना जैसे भाव निहित हैं। ख्या से ही बने हैं **व्याख्या, व्याख्यान** जैसे शब्द। व्याख्या का शब्दार्थ हुआ किसी तथ्य का सुविस्तृत भाष्य अथवा टीका। इसके अलावा वृत्तान्त या वर्णन भी इसमें शामिल है। इसी तरह व्याख्यान में भी वृत्तान्त या वर्णन के साथ किसी किसी चीज़ का ज्ञान कराना, समाचार देना, व्याख्या करना आदि है। ज़ाहिर है ये सारे काम जो करता है उसे ही व्याख्याता कहा जाएगा। हिंदी-संस्कृत में पौराणिक कथा के लिए आमतौर पर

आख्यान शब्द का प्रयोग होता है जो **ख्या** से ही निकला है। **आख्यान** या **आख्यायिका** ऐसी कहानी होती है जिसमें कहने वाला स्वयं कथा का एक चरित्र होता है।

अब आते हैं **उपाख्यान** पर। मराठी समेत हिन्दी की कुछ बोलियों में कहावतों के लिए एक शब्द आमतौर पर प्रचलित है **उक्खान** जिसे मराठी में इसे **उखाणं** कहते हैं। यह बना है उपाख्यान से। लोक व्यवहार को लेकर कही गई नीतिगत बात ही उक्खान या कहावत बन जाती है, जैसे–थोथा चना, बाजै घना। वे तमाम बातें जो धार्मिक ग्रंथों में आख्यायिका के रूप में मौजूद हैं उन्हीं के रोचक प्रसंग या उक्तियाँ कहावतों अथवा उक्खानों के रूप में विख्यात हो गए।

आश्रय-स्थान-भूगोल

क़िले की क़लई खुल गई (आश्रय-1)

[शब्द संदर्भ : कला, कलाकर्म, क़िला, क़लाअत, कलात, क़लई]

बचपन के क़िस्से-कहानियों में क़िलों, महलों, गढ़ियों के ज़िक्र अक्सर आते थे और कथानक से कम महत्त्वपूर्ण नहीं होती थी उनकी काल्पनिक छवियाँ जो बरसों तक मस्तिष्क में बनी रहती थीं। क़िस्सों और क़िलों का चोली दामन का साथ है। क़िस्सों में क़िले नज़र आते हैं और क़िलों में कई क़िस्से बसेरा करते हैं।

गढ़ के लिए **क़िला** शब्द उर्दू-हिन्दी में बेहद प्रचलित है। इससे मिलते-जुलते कई शब्द दुनिया की कई भाषाओं में प्रचलित हैं। मूलतः यह सेमेटिक भाषा-परिवार का शब्द है। डॉ. भगवत शरण उपाध्याय (भारतीय संस्कृति के स्रोत) के अनुसार यह असूरियाई (मेसोपोटेमियाई) शब्द है और विभिन्न संस्कृतियों के मेल के साथ इंडो-यूरोपीय परिवार में भी चला आया। अरबी भाषा में क़ला शब्द का मतलब होता है गढ़, दुर्ग, क़िला। इसमें ऊँचाई पर बना सुरक्षित स्थान वाला भाव भी समाया हुआ है। हिब्रू भाषा अरबी से भी प्राचीन है जिसमें क़ला का अर्थ होता है तराशना, पत्थर काटना और नक्क़ाशी करना। दरअसल असूरियाई संस्कृति में वही अर्थ था जो हिन्दी में कला यानी आर्ट का है। गढ़ या क़िले में तो इसकी अर्थवत्ता बेहद सीमित हो जाता है। मेसोपोटेमिया की सभ्यता भवन निर्माण में बहुत उन्नत थी। ख़ासतौर पर गुंबद और मेहराबों की तकनीक उन्हीं की देन मानी जाती है। क़रीब ईसा पूर्व पंद्रह सदी पहले की इस सभ्यता ने मेसोपोटेमिया यानी आज के इराक़ में जिस दर्जे का निर्माण कार्य हुआ वह आश्चर्यचकित कर देने वाला है। ग़ौरतलब है कि जिन लोगों ने ये निर्माण कराए वे अग्निपूजक थे।

इराक़ के मौसूल शहर के क़रीब निमरूद नाम का पुरातात्त्विक महत्त्व का लुप्त शहर है। बाइबल समेत प्राचीन ग्रंथों में इसका उल्लेख **क़लाह** या **क़ला** के तौर पर आया है। मेसोपोटेमियाई शिल्पियों द्वारा उस नगर में ऐसे ऐसे अनोखे भवन, मीनार, मेहराब और गुंबद बनाए गए कि वह अद्‌भुत वास्तुकर्म ही कलाकर्म का पर्याय हो गया। शहर **क़ला** को ही लोग स्थापत्य और बसाहट का पर्याय समझने लगे। अरबी में एक शब्द है क़लाअत या क़लात। जिसका मतलब भी क़िला ही होता है मगर इसका एक अर्थ आबादी या गाँव भी होता है। समझा जा सकता है कि ईसा पूर्व डेढ़ हज़ार साल पहले असूरियाई शहर कला आबादी और बसाहट का पर्याय बन चुका था जो समय के साथ छोटी आबादी के संदर्भ में प्रयोग होने लगा। भारत-पाकिस्तान में प्रचलित गाँव के लिए

कलाँ शब्द भी सेमेटिक मूल का माना जाता है। संभव है उसकी व्युत्पत्ति भी इसी **कलात** से हुई हो। पुराने ज़माने में क़िले सिर्फ़ सैनिक जमाव के केन्द्र ही नहीं होते थे बल्कि वहाँ आबादी भी रहती थी।

मेसोपोटेमियाई शिल्पियों ने चट्टानों को काट-काटकर इस अंदाज़ के साथ निर्माण किए जो सुरक्षा की दृष्टि से बेहद महत्त्वपूर्ण थे। क़ला शब्द में निहित पत्थरों की नक्क़ाशी और काटने का भाव भी यह साबित करता है कि इस सभ्यता के विकसित होने से पूर्व मूलतः चट्टानों को आश्रय स्थल बनाने के लिए मनुष्य ने जो श्रम किया उसे ही क़ला कहा गया। इसी क़ला शब्द को दुर्गों, गढ़ों, कोट और परकोटों का नाम मिला जो अरबी प्रभाव के चलते क़िला हो गया। पूर्वी रोमानिया यानी मोल्दाविया के एक शहर का नाम है गलाटी जो अरबी **क़लात** से ही बना है। तुर्की में इसका उच्चारण **क़ले** होता है।

इस क़ला को आर्ट के अर्थ में कुछ और विस्तार ईरान में आकर मिला जहाँ **क़लई** जैसा शब्द बना जो इसी मूल का था। **क़ला** में निहित तराशने, काटने-छाँटने के भावों को कुछ और विस्तार मिला असूरियाई लोगों के हुनर और दक्षता के चलते। वे लोग धातुएँ निकालने, उन्हें चमकाने, पॉलिश करने आदि अनेक कर्मों में महारत हासिल कर चुके थे। उनके हुनर का प्रसार पश्चिम में यूनान और पूर्व में फ़ारस तक हुआ और एक नया शब्द सामने आया क़लई जो हिन्दुस्तान में भी **क़लई खुलना** के मुहावरे में मशहूर हो गया।

कोठी में समाएगा कुटुम्ब (आश्रय-2)

[शब्द संदर्भ : कुटिया, कोट, कुटी, कुटीर, कुटिल, कुटिरम्, कोटर, कुटुम्ब, कोठी, कुटज, कोष्ठ, कोष्ठागार, कोठारी, प्रकोष्ठ, कोष्ठक, कोश, कोष, कोष्ठक, घट, कोठार]

सभ्यता के विकासक्रम में मनुष्य ने जिस बात पर सबसे पहले ग़ौर किया वह थी आश्रय की तलाश। एक ऐसा ठिकाना बनाना जहाँ वह सुरक्षित रह सके। सुरक्षा चाहिए थी हिंस्र प्राणियों से, अन्य क़बीलों के मनुष्यों से। इसके अलावा प्राकृतिक शक्तियों से भी उसे सुरक्षा चाहिए थी। छत की तलाश में मनुष्य ने सबसे पहले प्रकृति का ही सहारा लिया और शैलाश्रय ढूँढ़ निकाले। पहाड़ों में बनी गुफाओं में उसने रहना शुरू किया। भाषा के संसार में आश्रय के लिए **क** वर्ण का रिश्ता अद्‌भुत है। **क** वर्ण पर अगर ग़ौर करें तो इससे बने ऐसे अनेक शब्द कई भाषाओं में नज़र आएँगे जिनमें आवास, निवास, आश्रय का भाव समाया है। संस्कृत में **कुट्** धातु का अर्थ होता है पहाड़ी, कंदरा, छप्पर आदि। **कुट्** में निहित आश्रय का भाव **कुटीर, कुटिया** में नज़र आता है। कुट् धातु में निहित भाव का अर्थ-विस्तार ही **कुटुम्ब** में नज़र आता है जहाँ आबादी भी झाँक रही है और आश्रय भी। अब कुटुम्ब के निवास के तौर पर तो हवेली या प्रासाद ही चाहिए। मगर भाषाविज्ञान में कुटुम्ब का रिश्ता जुड़ता है कुटी से। **कुटि** या **कुटी** दरअसल झोंपड़ी या एक छप्परदार घर को कहते हैं। यह बना है **कुट्** धातु

से जिसका मतलब हुआ वक्र, टेढ़ा। ग़ौर करें टेढ़े व्यक्ति को भी हिन्दी में कुटिल ही कहते इसका एक अन्य अर्थ होता है वृक्ष। पथिक को भी **कुट** यानी **वृक्ष** का ही आसरा रहता है। प्राचीनकाल में झोंपड़ी या आश्रम निर्माण के लिए वृक्षों की छाल और टहनियों को ही काम में लिया जाता था जिन्हें मोड़कर, टेढ़ा कर दो दीवारों पर इस तरह से रखा जाता था कि ढलुआँ छत बन जाती थी। यही भाव है कुट् से बनी कुटिया में। इस तरह कुट् से बने **कुटः** शब्द में छप्पर, पहाड़ (कंदरा), क़िला या दुर्ग जैसे अर्थ भी समाहित हो गए। भाव रहा आश्रय का। इससे ही बना **कोट** जिसका अर्थ क़िला होता है। **सियालकोट, राजकोट** जैसे दुर्गनगरों के पीछे यही कोट लगा है। इसके अन्य कई रूप भी हिन्दी में प्रचलित हैं, जैसे–कुटीर, कुटिया, कुटिरम्। छोटी कंदरा या वृक्ष के खोखले तने को **कोटर** भी कहते हैं।

दिलचस्प बात है कि **कुट्** का अर्थ पहाड़ भी है और वृक्ष भी। मगर हजारीप्रसाद द्विवेदी के प्रसिद्ध निबंध **कुटज** की बात करें तो कुटज एक वृक्ष विशेष का नाम भी निकल आता है। यहाँ कुट (कूट-चित्रकूट) पहाड़ है और **कुट + ज** से अभिप्राय है पहाड़ पर जन्मा। ज़ाहिर है निबंध में द्विवेदी जी ने एक ख़ास पहाड़ी वृक्ष की ही बात कही है। कुट का अर्थ घड़ा भी होता है और घर भी। दोनों ही शब्दों में आश्रय का भाव है। घर में कुटुम्ब आश्रय पाता है और घड़े में जल। व्यापक अर्थ में बात करें तो **कुट** में घट व्याप्त है। **क** वर्ण क्रम में ही **घ** भी आता है। घट में जल व्याप्त है। जल में ही जीवन जन्मा है और उसी पर टिका है। वृक्ष घड़े में नहीं उगते, मगर पुष्पीय पौधे ज़रूर गमले अर्थात कुंड में उगाए जाते हैं। कुंड एक प्रकार का घड़ा ही है। कुट यानी गमले में जन्मा पौधा भी कुटज ही कहलाया। पहाड़ों के बीच स्थिर जलराशि को प्रकृति का घड़ा भी कह सकते हैं और कुंड भी।

यह संयोग नहीं है कि हिब्रू में क़ला का अर्थ चट्टान को तराशना, खोदना, छेदना होता है। प्रकृति में आश्रय का निर्माण करने के लिए यही क्रियाएँ सहायक होती हैं। अरबी, फ़ारसी, हिन्दी, उर्दू में दुर्ग के अर्थ में **क़िला** शब्द इससे ही बना है। यहाँ भी **क** ही प्रमुखता से उभर रहा है। कुटुम्ब शब्द की व्युत्पत्ति का रिश्ता चाहे छोटी-सी कुटिया से जुड़ रहा हो मगर कुटुम्ब को रहने के लिए **कोठी** ही चाहिए। हिन्दी में कोठी के दो अर्थ होते हैं। पहला अर्थ है अट्टालिका, प्रासाद या भवन। दूसरा अर्थ है टंकी या बखारी जिसमें अनाज भरा जाता है। दोनों की ही व्युत्पत्ति संस्कृत के **कोष्ठ** से ही हुई है। भाव भी लगभग एक ही है–सुरक्षित या घिरा हुआ स्थान। कोष्ठ की व्युत्पत्ति हुई है **कुष्** धातु से जिसमें फाड़ना, खींचना जैसे भाव शामिल हैं। कोष्ठ का प्रारंभिक अर्थ रहा होगा चहारदीवारी या घिरा हुआ स्थान। मनुष्य ने पहाड़ों को छेदकर, मिट्टी उलीच कर ही अपने लिए प्रारंभिक कोष्ठ बनाए होंगे। कोष्ठ शब्द के साथ बाद में भंडार वाला भाव भी जुड़ता चला गया जिससे **कोष्ठागार** जैसे शब्द बने। **कोठी, कोठार** जैसे शब्द इससे ही बने हैं। कोष्ठागार का अधिपति **कोष्ठागारिक** कहलाता था। यह एक पद था। बाद के दौर में यह **कोठारी** के अर्थ में वणिकों का उपनाम हो गया। भाव

वही था, भंडारगृह के स्वामी का। भंडारी उपनाम भी इसी तरह बना है। **कुष्** धातु से ही बना है **कोष** या कोश जिसका अर्थ भंडार, समूह, ढेर होता है। शब्दकोश भी तो भंडार ही है। भाषा के संकेत चिह्नों में **कोष्ठक** प्रमुख है। घिरे हुए स्थान में रखे गए शब्द को इससे विशेष महत्त्व मिल जाता है। इसी तरह **कोठी** भी मनुष्य को विशेष महत्त्व प्रदान करती है और **कोठरी** भी। फ़र्क़ सिर्फ़ सम्पत्ति का है। इसी कड़ी का एक अन्य शब्द है **कोठा**। यूँ तो इसका अर्थ अटारी, बड़ा कमरा, हॉल होता है मगर बोलचाल में कोठा तवायफ़ के ठिकाने को कहते हैं।

कक्षा, कोख और मुसाफ़िरख़ाना (आश्रय-3)

[शब्द संदर्भ : कक्ष, कक्षा, कच्छा, कच्छी, कुक्षि, काँख, खान, खनिज, खनन, खाना, मुसाफ़िरख़ाना, खंड]

किसी भी प्राणी को निवास के लिए हमेशा घिरे हुए स्थान की ही तलाश रहती है जहाँ वह सुरक्षा और सुविधा अनुभव करता है। पहाड़ों की कंदरा, गुफा या वृक्ष के कोटर ऐसे ही घिरे हुए स्थान थे जहाँ प्रारम्भिक मानव ने अपने ठिकाने बनाए। मैदानी इलाक़ों के इनसानों के लिए कंदरा या गुफाओं की सुविधा कहाँ से होती, सो उन्होंने अपने विश्रामस्थल को ही परिधि में घेरकर सुरक्षित आवास का रूप दिया। ऐसे स्थानों को बाड़ा, चहारदीवारी या परकोटा कहा जा सकता है।

हिन्दी में कमरे के लिए **कक्ष** प्रचलित शब्द है। ख़ास बात यह कि आश्रय के संदर्भ में कक्ष में आंतरिक या भीतरी होने का भाव भी विद्यमान है। कक्ष के कई अर्थ हैं जो रहने का स्थान या घिरा हुआ क्षेत्र के अर्थ में ही हैं, जैसे—बाड़ा, रनिवास, अंतःपुर, जंगल का भीतरी हिस्सा, आँगन आदि। भीतरी के अर्थ में अंतःवस्त्र को भी कक्ष ही कहते हैं। मोटे तौर पर कक्ष किसी भवन के भीतरी कमरे को ही कहा जाता है। संभवतः अंडरवियर के लिए **कच्छी** या **कच्छा** इसी **कक्ष** से बना है। कक्ष का अर्थ-विस्तार **कक्षा** में नज़र आता है। हिन्दी में कक्षा का सबसे लोकप्रिय अर्थ क्लासरूम ही है। कक्षा का जन्म हुआ है **कष्** धातु से जिसमें कुरेदने, घिसने, खुरचने, मसलने आदि का भाव है। ये सभी क्रियाएँ गुफा, कंदरा या कोटर के निर्माण से जुड़ी हैं जिनसे प्राचीनकाल के कक्ष का बोध होता है। कक्षा का अर्थ ग्रहों का भ्रमण-मार्ग भी होता है। परिधि या दायरा भी **कक्षा** ही है। कंधे के भीतरी हिस्से को बगल या काँख भी कहते हैं। काँख का जन्म भी कक्षा से ही हुआ है। यहाँ आंतरिक वाला भाव प्रमुख है। तलवार की म्यान को भी **कक्षा** ही कहा जाता है। फ़ारसी में भी म्यान के लिए **खोद** शब्द है जिसमें भी आश्रय और आंतरिकता का ही भाव है। इसी तरह समुद्री खाड़ी को भी **कक्षा** कहा गया है क्योंकि खाड़ी समुद्र का वह हिस्सा होता है जो मुख्यभूमि के भीतर तक चला आता है। खाड़ी में ही समुद्र भी विश्राम करता है और जलयान आश्रय पाते हैं।

गुफा, **कंदरा** के लिए संस्कृत में एक अन्य समानार्थी शब्द है **कुक्षि**। मध्य प्रदेश के मालवा में इस नाम का एक शहर भी है। कुक्षि भी उसी **कुष्** धातु से बना है जिससे कोष्ठ शब्द बना है। संस्कृत के कोष्ठ का अर्थ भी कक्ष, कमरा या घिरा हुआ स्थान

ही होता है। आंतरिक वाला भाव यहाँ भी प्रबल है। **कुष्** से बने **कुक्ष** का अर्थ होता है पेट। कुक्षि इसका अर्थ-विस्तार हुआ। गर्भाशय के अर्थ में हिन्दी में सर्वाधिक प्रचलित शब्द है कोख जिसके जन्म-सूत्र भी कुक्षि में ही छुपे हैं। क्रम कुछ यूँ रहा—कुक्षि > कुक्ख > कोक्ख > कोख। कक्ष के रूप में मानव ने अपने आश्रय की तलाश की। फिर उसके लिए कई शब्द बनाए और अंत में जननि के जिस गर्भ में भ्रूण का विकसन, पल्लवन, संरक्षण होता है उसे भी कक्ष यानी कोख कहकर आश्रय को सर्वोच्च महत्त्व दे दिया।

क वर्णक्रम का अगला शब्द है **ख**। इसमें भी कुछ शब्द हैं जिनमें निवास, स्थान, आश्रय का भाव है। संस्कृत धातु **खन्** का अर्थ होता है खोदना, ख़ुदाई करना, खुरचना या खोखला करना। **खन्** में भी गुफा, कंदरा या बिल का भाव है यानी यहाँ भी निवास है। खदान के लिए हिन्दी में **खान** शब्द भी है। ग़ौरतलब है कि उथली खदानों में प्रायः श्रमिक रहते भी हैं और जिन खदानों में ख़ुदाई बंद कर दी जाती है उन्हें भी ज़रूरतमंद अस्थायी आवास के तौर पर इस्तेमाल करते हैं। धातुओं को आमतौर पर **खनिज** कहा जाता है अर्थात खनन से जन्मी हुईं। ख़ुदाई करने वाले श्रमिक के लिए **खनिक** शब्द इसी कड़ी का हिस्सा है। इसी **खन्** का असर बजरिए अवेस्ता ईरानी में भी आया जहाँ भवन ख़ासतौर पर सराय के अर्थ में **खान** या **ख़ाना** शब्द है जैसे **मुसाफ़िरख़ाना**। मूलतः यह फ़ौजी व्यापारिक कारवाँ के लोगों की विश्रामस्थली के लिए प्रयोग में आने वाला शब्द था। बाद में अन्य शब्दों के साथ भी इसे लगाया जाने लगा, जैसे—**बजाजख़ाना** यानी वस्त्र भंडार, **नौबतख़ाना** यानी जहाँ वाद्ययंत्र बजाए जाते हैं, **ज़नानख़ाना** यानी अंतःपुर वग़ैरह-वग़ैरह। **खन्** धातु का रिश्ता संस्कृत के **खंड्** से भी जुड़ता है जिसका मतलब है टुकड़े करना, तोड़ना, काटना, नष्ट करना आदि। यानी वही पर्वतों-पहाड़ों में आश्रय निर्माण की क्रियाएँ। **खंड्** से बना **खंडः** जिसका अर्थ होता है किसी भवन का हिस्सा, कमरा, अंश, अनुभाग, अध्याय आदि। किसी अलमारी या दीवार में बने आलों को भी खन या ख़ाना कहा जाता है। मूलतः ये शब्द भी खंडः से बने हैं और हिन्दी, उर्दू, फ़ारसी में समान रूप से इस्तेमाल किए जाते हैं।

क़िलेबंदी से ख़ेमेबंदी तक (आश्रय-4)

[शब्द संदर्भ : कमान, कमानी, खम्भा, कॉटेज, ख़ेमा, ख़ेमेबाज़ी, होम, स्कम्भ, कमरा, चैम्बर]

बेहतर आवास के लिए मनुष्य लगातार प्रयत्नशील रहा है। प्राचीनतम निर्माण विधियों में जो कुछ भी महत्त्वपूर्ण तकनीकें सामने आईं हैं वे सब उसने आश्रय-निर्माण की प्रक्रिया के दौरान ही समझी-जानी हैं। **कुट्** धातु का मूलार्थ है टेढ़ापन या झुकाव। संस्कृत की **कुटि** से लेकर अंग्रेज़ी के **कॉटेज** तक सारे आश्रय इसी **कुट्** की छत के नीचे है। इंडो-यूरोपीय भाषा-परिवार की धातु **कम्** में भी मुख्यतः झुकाव या टेढ़ापन ही है जिससे फ़ारसी में **कमान** या **कमानी** शब्द बने। कमान मेहराब को ही कहते हैं जिस पर मुख्यतः मकान की छत डाली जाती है। खम्भा भी एक ऐसा ही आलंबन है जिस पर घर की छत टिकी रहती है। छत टिकाने के लिए खम्भे को खड़ा भी किया

जाता है तो उसे आड़ा लेटाया भी जाता है। टेढ़ेपन के इसी भाव के लिए अरबी-फ़ारसी में **ख़म** शब्द है। दमदारी दिखाने के लिए **ख़म ठोका** जाता है। ख़म यानी टेढ़ापन। क़ला के ज़रिए चाहे मेहराब या **कमान** बनाने का श्रेय मेसोपोटेमिया की सभ्यता को दिया जाता रहा हो मगर **कम्, कुट** या **ख़म** जैसे शब्दों से पता चलता है कि छत बनाने की कमानीदार तकनीक से भारतवर्ष के लोग भी परिचित थे। यहाँ भी **क** वर्णक्रम का महत्त्व साफ़ नुमायाँ हो रहा है।

प्रायः तम्बू, टेंट अथवा छोलदारी के अर्थ में **ख़ेमा** (अरबी में ख़ैमा) शब्द हिन्दी का सुपरिचित है। ख़ेमा की उपस्थिति चीन-तिब्बत से लेकर अरबी-फ़ारसी-उर्दू-हिन्दी और यूरोपीय भाषाओं में भी नज़र आती है। फ़ारसी-हिन्दी-उर्दू में ख़ेमा शब्द का ज़्यादा अर्थगर्भित प्रयोग मिलता है और इसमें प्रत्यय जोड़कर नए शब्द भी बना लिये गए हैं, जैसे—फ़ारसी का बाज़ी प्रत्यय ख़ेमा से **ख़ेमेबाजी** जैसा शब्द गढ़ता है जिसका अर्थ तम्बू तानना नहीं बल्कि अलग दल बनाना, स्वतंत्र सत्ता बनाना, गुटबंदी करना आदि होता है। अरबी में **ख़ेमा** शब्द का अर्थ घर या मकान होता है। ग़ौरतलब है कि प्राचीन अरब में लोग ज़्यादातर तम्बुओं में ही गुज़र-बसर करते थे इसलिए ख़ेमा शब्द का अर्थ वहाँ तम्बू नहीं बल्कि घर के अर्थ में मिलता है। तिब्बती में भी घर के लिए ख़ेम शब्द है। स्वाहिली सहित कई अफ्रीकी भाषाओं में **केम, कम, कोमा, ख़ेमा** जैसे शब्द भी घर के लिए ऐसे ही मिलते-जुलते शब्द हैं। हिब्रू भाषा में **ख़ेमा** की जगह **शिमाह** शब्द है जिसका अर्थ होता है घिरा हुआ स्थान या परकोटा। सिंहली भाषा में **गामा** शब्द ग्राम के अर्थ में है। अंग्रेज़ी का **होम** शब्द भी इसी शृंखला की कड़ी है। घर, मकान के अर्थ में होम शब्द भी हिन्दी संसार में रचा-बसा है। इंडो-यूरोपीय भाषा-परिवार का **होम** शब्द पोस्ट जर्मनिक के ख़ैम से आया है जिसका गोथिक रूप होता है हैम जिसने अंग्रेज़ी में होम का रूप लिया।

ख़ेमा या ख़ैमा शब्द की व्युत्पत्ति अज्ञात है। मुझे लगता है संस्कृत के **स्कम्भ** से ही **ख़ेमा** शब्द जन्मा होगा। **ख़ेमा** यानी जो खम्भे पर टिका हो। सिनो-तिब्बतन भाषा-परिवार, इंडो-ईरानी, इंडो-यूरोपीय आदि भाषा-परिवारों में इस शब्द की व्याप्ति से यही सही भी लगता है। संस्कृत की **कुट्** धातु में और हिब्रू के क़ला शब्द में जिस मेहराब की बात उभर रही है, स्कम्भ में वह सीधे-सीधे रचना के अर्थ में उपस्थित है। **स्कम्भ** का मूल अर्थ है रुकावट डालना, बाधा डालना, रोकना, अवरोध, नियंत्रण आदि। स्कम्भ से बना है हिन्दी का जाना-पहचाना शब्द **खम्भा**। तम्बू के बीचोबीच लगे खम्भे पर ग़ौर करें तो ये सभी क्रियाएँ साकार नज़र आएँगी। किसी भी भवन में खम्भे की भूमिका दीवार अथवा छत को नीचे आने से रोकने की ही होती है। खम्भा आलंब है तम्बू का, ख़ेमे का। तम्बू में जो बम्बू लगाया जाता है वह यही खम्भा होता है। फ़ारसी के **ख़म** में भी यही **खम्भा** झाँकता नज़र आएगा। प्राचीनकाल में छत को सहारा देने के लिए ख़म यानी सहारा देना ज़रूरी होता था। यह आधार ही मेहराब की तकनीक लाने में सहायक हुआ। इसे ही **ख़म** कहा गया जो सीधे-सीधे छत को सहारा देने वाले खम्भे

से ही जन्मा शब्द है। इसकी भूमिका सिर्फ़ आलंब के अर्थ में ही सीमित नहीं है। स्कम्भ अर्थात रुकावट डालना। ज़ाहिर है परिधि अथवा चारदीवारी निर्माण के लिए जो महत्त्वपूर्ण घटक है वह भी स्कम्भ अर्थात खम्भा है जिसे चाहें तो डंडा, टहनी, सरिया, डाँड़, स्तंभ कुछ भी कह सकते हैं मगर इनसे मनुष्य के आश्रय की सुरक्षा होती है और ये बाड़ का काम करते हैं। स्पष्ट है कि स्कम्भ खम्भे जैसे महत्त्वपूर्ण घटक से बने आश्रयस्थल को स्कम्भ या ख़ैमा नाम मिला हो जिसके समय के साथ विभिन्न रूप सामने आए। आश्रय को बचाने के लिए लिए जब लड़ाई छिड़ती है तब **ख़ेमाबंदी** और **क़िलाबंदी** जैसे अर्थ प्रभावी होते हैं। सामान्य तौर पर ये दोनों ही शब्द मुहावरे के रूप में हिन्दी में प्रयोग किये जाते हैं और इनका भाव बचाव की रणनीति या योजना बनाना है।

आश्रय के अर्थ में कई और शब्द भी प्रचलित हैं। हिन्दी का **कमरा** शब्द यूँ तो पुर्तगालियों की देन माना जाता है मगर यहाँ भी आश्रय के अर्थ में **क** वर्ण नज़र आ रहा है। कमरा शब्द भी इंडो-यूरोपीय भाषा-परिवार का है जिसकी व्युत्पत्ति कम् धातु से हुई है जिसमें मोड़, मेहराब या आर्च का ही भाव है जिस पर छत डाली जाती है। **कमरा** शब्द से ही **कैमरे** का जन्म हुआ है क्योंकि इसमें भी कोष्ठ ही होता है। कैमरे से ही फ्रेंच ज़बान में चैम्बर शब्द का जन्म हुआ जिसमें छोटे प्रकोष्ठ का ही भाव था। मगर आजकल अट्टालिकाओं के नामों के पीछे भी चैम्बर लगा रहता है। ईरानी में छोटे कमरे के लिए **कडक** शब्द है जो अवेस्ता के **कट** से बना है। इसका संस्कृत के **कुट्, कुटिया** और **कोट** से रिश्ता साफ़ नज़र आ रहा है। कुटिया से मिलता-जुलता अग्रेज़ी का **कॉटेज** शब्द भी है जो हिन्दी में बोला-समझा जाता है और इसका अर्थ भी कुटिया, कुटीर, छोटा एक कोष्ठीय मकान ही होता है। कॉटेज के लिए पुरानी अंग्रेज़ी में cot या cote शब्द हैं। कॉटेज शब्द का निर्माण पोस्ट जर्मनिक की कुट् धातु से हुआ है जिसका अर्थ होता है छोटा निवास। ज़ाहिर है इस कुट् की रिश्तेदारी भी संस्कृत के कुट् से सीधे-सीधे जुड़ रही है।

उत्तराखंड से समरकंद तक (आश्रय-5)

[शब्द संदर्भ : खंड, खन, खान, खाना, अश्म, जीवाश्म, कंद, शकरकंद, समरकंद]

हिन्दी का **खंड** शब्द आया है संस्कृत के **खंडः** से जिसका अर्थ है दरार, खाई, भाग, अंश, हिस्सा, अध्याय, समुच्चय, समूह आदि। इस खंड में ही आज भारत समेत दुनिया के कई इलाक़ों के आवासीय क्षेत्रों, प्रदेशों और नगरों के नाम छुपे हुए हैं। संस्कृत में एक धातु है **खडः** जिसका अर्थ होता है तोड़ना, आघात करना आदि। **खंड्** का भी यही अर्थ है। ये सभी क्रियाएँ आश्रय निर्माण से जुड़ी हैं। पाषाण, प्रस्तर, काष्ठ आदि सामग्री को तोड़-तोड़कर इस्तेमाल के लायक़ बनाने का श्रम मानव ने किया। पाषाण के खंड-खंड जोड़ कर विशाल आवासीय प्रखंड बनाए। मूलतः इसी तरह बस्तियाँ बसती चली गईं और खंड शब्द का प्रयोग आवास के दायरे से बाहर निकलने लगा।

ग़ौरतलब है कि आश्रय निर्माण की प्रक्रिया में **क** वर्ण की विशिष्टता यहाँ भी क़ायम है क्योंकि इसी वर्णक्रम की अगली कड़ी **ख** भी है। प्रभाग या अंश के लिए **खंड** शब्द का भौगोलिक क्षेत्रों के नामकरण में भी प्रयोग शुरू हुआ और देश, प्रदेश व क्षेत्र के लिए भी खंड शब्द चल पड़ा। **उत्तराखंड, बघेलखंड, झारखंड, रुहेलखंड** जैसे भौगोलिक नाम वहाँ रहने वालों की पहचान और दिशा के आधार पर ही पड़े हैं।

प्राचीन ईरानी और अवेस्ता में भी इस **खडः, खड** या **खंड** की व्याप्ति आवासीय भू-भाग के तौर पर हुई। **खान** या **खाना** शब्द में भी आश्रय का बोध होता है क्योंकि इन शब्दों का निर्माण खन् धातु से हुआ है जिसका अर्थ है खोदना, तोड़ना, छेद बनाना आदि। खन् शब्द के मूल में खड् ही है जो ध्वनिसाम्य से स्पष्ट हो रहा है। उज्बेकिस्तान, तुर्कमेनिस्तान आदि इलाक़ों में कई शहरों के नामों के साथ **कंद** शब्द लगा मिलता है, जैसे--**ताशकंद, समरकंद, यारकंद, पंजकंद** आदि। ये सभी मूलतः खंड ही हैं। इनमें से ज़्यादातर शहर प्राचीन ईरानी सभ्यता के दौर में बसे हैं इसीलिए बस्ती के रूप में खंड शब्द **कंद, खान, खाना** आदि कई रूपों में यहाँ उपस्थित है। **ताशकंद** में **ताश** दरअसल तुर्की भाषा का शब्द है जिसका अर्थ है **पत्थर**। कंद नाम से जुड़ी जितनी भी बस्तियाँ थीं वे सभी दुर्ग-नगर ही थीं। ज़ाहिर है कि दुर्ग का निर्माण वहीं होता है जहाँ चट्टान और पहाड़ की उपलब्धता हो। **समरकंद** के साथ जुड़ा **समर** शब्द प्राचीन ईरानी के **अस्मर** से बना है जिसका अर्थ होता है प्रस्तर, चट्टान आदि। दिलचस्प यह कि संस्कृत में **अश्म** शब्द का प्रयोग भी पत्थर के लिए होता है। **अस्मर** और **अश्म** की समानता ग़ौरतलब है। इस अश्म की मौजूदगी फ़ॉसिल के हिन्दी अनुवाद **जीवाश्म** में देखी जा सकती है जो **जीव + अश्म** से बना है। इसमें निष्प्राण देह के प्रस्तरीभूत होने का ही भाव है। कुल मिलाकर प्राचीन ईरानी में **कंद, कुड, कड, कथ** आदि तमाम शब्द **क़िला, कोट** में रहने वाली आबादी यानी दुर्ग-नगर की अर्थवत्ता ही रखते हैं।

द्वापर काल में कुरु प्रदेश का प्रसिद्ध **खांडव वन** जो बाद में **खांडवप्रस्थ** या **इंद्रप्रस्थ** प्रसिद्ध हुआ, एक भू-क्षेत्र के तौर पर ही जाना जाता रहा। खंड से ही बना है **खांडव** अथवा **खाँड** अर्थात गुड़ का एक रूप। इसे यह नाम मिला है गन्ने की वजह से क्योंकि संस्कृत में गन्ने को भी खंडः ही कहा जाता है। ग़ौरतलब है कि गन्ना प्राकृतिक रूप से कई भागों में, हिस्सों में बँटा रहता है। खंडः में निहित अंश को ही पिंड के रूप में भी देखा जा सकता है। इसीलिए जड़मूल वनस्पति के लिए फ़ारसी में भी और संस्कृत में भी कंद शब्द मिलता है क्योंकि ये पिंड ही होते हैं, जैसे–**शकरकंद, जिमीकंद**। और हाँ, मिठाई के नामों में भी यही खंड, कंद के रूप में मौजूद है, जैसे–**कलाकंद...**।

बंदरगाह से बंदर की रिश्तेदारी! (आश्रय-6)

[शब्द संदर्भ : बंदरगाह, बंदर, बंद, दर, गाह, शाबाश, बोरीबंदर, अपोलोबंदर]

बचपन से ही भूगोल की किताबों में अक्सर **बंदरगाह** शब्द सिर्फ़ इसी वजह से सबको आकर्षित करता रहा है क्योंकि इसमें **बंदर** शब्द आता है। **बंदरगाह** शब्द का अर्थ

समझा तो पता चला कि समंदर किनारे वह स्थान बंदरगाह कहलाता है जहाँ जहाज़ रुकते हैं। यूँ शब्द-विलास के स्तर पर पेड़ को भी बंदरगाह कह सकते हैं क्योंकि वहाँ बंदर रुकते हैं। वैसे हिन्दी का बंदर शब्द संस्कृत के वानर से बना है। बंदरगाह वाले बंदर शब्द की आमद कहाँ से हुई?

बंदरगाह शब्द मूलतः फ़ारसी का है जो तीन शब्दों से मिलकर बना है **बंद + दर + गाह**। **बंद** यानी घिरा हुआ, **दर** यानी दरवाज़ा, गेट और **गाह** यानी स्थान, ठिकाना। इस तरह जहाज़ों के रुकने के स्थान के रूप में बंदरगाह का अर्थ हुआ तीन ओर भूमि से घिरा हुआ समुद्र अथवा खाड़ी जहाँ जलपोत ठहरते हों। फ़ारसी का बंद शब्द हिन्दी में भी प्रचलित है जो कई अर्थों में प्रयुक्त होता है, जैसे–घुटा हुआ, ढका हुआ, घेरा हुआ आदि। यह बना है संस्कृत की बंध धातु से जिसमें कसने, समेटने, संकीर्ण करने, बाँधने आदि का भाव है। **बाँध, बंधु, बंदी, बंधन** आदि शब्द इसी मूल से पैदा हुए हैं। इसी तरह **दर** शब्द भी संस्कृत मूल का है और **द्वारम्** से बना है जिसके फ़ारसी रूप है **दर, दर्रा, दरवाज़ा** आदि। **दरगाह** भी इसी मूल से बना है। **गाह** अर्थात ठिकाना या स्थान शब्द की रिश्तेदारी संस्कृत के **गुहा** अथवा **गृह** से मानी जा सकती है जिसका मतलब स्थान, ठिकाना, घिरा हुआ क्षेत्र आदि होता है।

दूसरी व्युत्पत्ति के मुताबिक़ बंदरगाह शब्द बोनेहदार > बोनदार > बंदर **बोन्दर** से बना है। फ़ारसी में बोनेहदार (bonehdar) राजस्व विभाग का एक आला अफ़सर होता था जिसके ज़िम्मे समुद्र तट से होने वाले व्यापार की कर वसूली का काम था और वह वसूल हुए लगान अथवा अन्य महसूल का हिसाब-किताब रखता था। इसी वसूली अफ़सर के ठिकाने के लिए **बोन्दर** (बंदर) के साथ **गाह** शब्द लगा है जिससे बना **बंदरगाह** अर्थात समुद्रपारीय व्यापार की चुंगी वसूलने का स्थान। ज़ाहिर सी बात है कि जहाज़ जब किनारे पर लंगर डालता है तो माल की लदाई, उतराई, ख़रीद-फ़रोख़्त, तौल जैसी कई क्रियाएँ भी वहाँ होती हैं जो सब कर की सीमा में आती हैं लिहाजा बंदरगाह शब्द का अर्थ-विस्तार हुआ और गोदी अथवा पोर्ट भी इसके दायरे में आ गए। वैसे मध्यकालीन ईरान की कृषि व्यवस्था से भी **बोनेह** शब्द जुड़ा हुआ है। बोनेह एक क़िस्म की बटाई पर खेती की व्यवस्था थी जिसमें पाँच से आठ व्यक्तियों का समूह बड़ी जोत या बड़ी खेती वाले गाँवों में या ऐसे ज़मींदारों के लिए जो बड़ी काश्त के मालिक थे, फ़सली मौसम के दौरान कृषि से जुड़े समस्त कार्यों की ज़िम्मेदारी सँभालते थे जिसमें बुवाई से लेकर फ़सल की कटाई और फिर उसकी बटाई भी शामिल थी। इस समूह के मुखिया को **सर बोनेह** कहते थे। राजस्व वसूली के अर्थ में बोनेहदार भी इसी कृषि संस्कृति से निकला शब्द है जो बाद में बंदर के रूप में रूढ़ हो गया।

दुनिया भर में **बंदर नाम** के अनेक शहर हैं। कहने की ज़रूरत नहीं कि ये सब समुद्र तटवर्ती ही हैं। ईरान का **बंदरअब्बास** शहर फ़ारस की खाड़ी का मशहूर बंदरगाह रहा है जिसका नामकरण शाह अब्बास के नाम पर किया गया। मुंबई में **बंदर** नाम से जुड़े कुछ ठिकाने हैं, मसलन–**अपोलोबंदर** या **बोरीबंदर**। मुंबई के ये सभी इलाक़े समंदर के

किनारे स्थित हैं। **अपोलोबंदर** इलाक़े के नाम के साथ लगे बंदर शब्द पर कोई मतभेद नहीं है कि यह जलीय व्यापार केंद्र के तौर पर प्रचलित बंदरगाह से ही आया है अलबत्ता **अपोलो** शब्द के बारे में अलग-अलग नज़रिया ज़रूर है। कुछ संदर्भ इसे **पखाड़ी** (बसाहट, बस्ती) से जोड़ते हैं जिसका उच्चारण अंग्रेज़ **पल्लो** करते थे और कुछ संदर्भों में इसका रिश्ता **पाल** से जोड़ा गया है जिसमें युद्ध पोत का भाव निहित है। यहाँ ग़ौरतलब है कि प्राचीन जलयान पालों के सहारे चलते थे। इसे **पल्लव बंदर** से व्युत्पन्न भी माना जाता है। तटीय कोलियों की ज़बान में **पल्लव** का अर्थ होता है सघनता, समूह आदि मगर इस बात का खुलासा नहीं है कि स्थान विशेष के अर्थ में समूह (पल्लव) शब्द का अर्थ क्या है क्योंकि बंदरगाह पर अगर कोई जमावड़ा है तो वह सिर्फ़ नौकाओं और जलयानों का ही होता है। अरब सागर के मुंबई तटीय क्षेत्र में पल्वा मछली की बहुतायत है। अपोलो बंदर के नामकरण में इस पल्वा का भी शुमार है। जो भी हो, इस विषय में किसी भी संदर्भ में अपोलो शब्द का रिश्ता ग्रीक पुराणों में उल्लेखित अपोलो से नहीं जोड़ा गया है जिससे ज़ाहिर है कि अपोलोबंदर का पूर्वार्ध विदेशी नहीं है। इसी तरह **बांद्रा** का नाम भी बंदर अर्थात **पोर्ट** की वजह से ही पड़ा है।

बस्ती थी, बाज़ार हो गई (आश्रय-7)

[शब्द संदर्भ : पत्तन, पट्टन, पट्टण, पाटन, पटना, पोर्ट, प्रयाण, पोर्टल, पुर्तगाल, पोर्टफोलियो, अफोर्ड, पोर्टेबल]

बंदरगाह के लिए प्राचीन भारत में **पत्तन, पट्टम्** या **पट्टण** शब्द आम था। इस शब्द का मूलार्थ था ग्राम, बस्ती, आबादी या बसाहट। अब किसी साधारण सी बसाहट के लिए पत्तन शब्द का इस्तेमाल नहीं होता था बल्कि जो बसाहट व्यापारिक केंद्र के तौर पर विकसित हो चुकी होती थी, उसे ही पट्टन कहा जा सकता था। जिन रास्तों से बड़े क़ाफ़िले गुज़रते थे वहाँ की बस्तियों के साथ अक्सर इन नामों का प्रयोग नज़र आता है। **पत्तन** या **पट्टम** का एक अन्य अर्थ होता है बंदरगाह या समुद्र/नदी तटीय बस्ती। भाव यहाँ भी व्यापार केंद्र का ही है। **श्रीरंगपट्टणम, विशाखापट्टम** या **विशाखापत्तन**। **पत्तन/पट्टम** शब्दों में बसाहट का भाव कहाँ से आ रहा है? दरअसल कोई भी बसाहट आश्रय के एक अत्यंत साधारण और छोटे-से ठिकाने से ही शुरू होती है जो सिर्फ़ एक छप्पर भी हो सकता है इसीलिए **पत्तन/पट्टम** का अर्थ प्राचीनकाल में सिर्फ़ गाँव या बसाहट ही था। इसके पीछे तर्क यही है कि **पटः** धातु का अर्थ है ढकना। इसीलिए इसका एक अर्थ वस्त्र भी है। मनुष्य सर्वप्रथम लज्जा को ढककर आश्रय पाता है। लज्जा वस्त्र में ही छुपाई जाती है। सम्पूर्ण अस्तित्व की रक्षा के लिए छत या छप्पर का आश्रय लगता है। प्राचीनकाल की ऐसी ही छप्परयुक्त बसाहटें बाद में ग्राम और नगरों का रूप लेती चली गईं और **पत्तन/पट्टम** शब्द का अर्थ भी बसाहटों के कई आयामों को छूता रहा। पट में छुपाने का भाव **द्वारपट** में भी दिख रहा

है। पट्टम् बना है **पटः** से और पत्तन बना है **पत्र, पत्रकम्** से। छप्पर आमतौर पर वृक्षों के पत्तों से ही बनाए जाते हैं।

पाटलिपुत्र का मौजूदा नाम **पटना** भी **पत्तन** से ही बना है। ग़ौरतलब है कि गंगा नदी के किनारे बसा यह नगर मौर्यकाल से ही देश का प्रमुख व्यापारिक केन्द्र रहा है। गुजरात और राजस्थान में भी **पाटण** नाम के दो नगर है जो किसी ज़माने में बड़े व्यापारिक केंद्र थे। इसके अलावा भी मलेशिया से लेकर पाकिस्तान तक और कश्मीर से कन्याकुमारी तक पाटन, पत्तन, **पट्टम्, पाटण** जैसे नामों वाली हज़ारों बस्तियाँ हैं जो किसी-न-किसी नदी, जलाशय समुद्र अथवा मुख्यमार्ग पर स्थित हैं। पट्टन के साथ प्रमुख भाव बंदरगाह का न होकर व्यापारिक केंद्र का है। यही भाव बंदरगाह में भी है। ईरान में हवाई अड्डे के साथ भी बंदर शब्द लगता है और समुद्री व्यापार केंद्र के साथ भी।

अंग्रेज़ी में पत्तन के लिए **पोर्ट** शब्द है। इस शब्द के साथ भी गेट, दरवाज़ा, मुख्यमार्ग जैसे भाव जुड़े हुए हैं। यह शब्द बना है लैटिन के **पोट्र्स** से जिसका अर्थ होता है गुज़रना, ले जाना, वहन करना, रास्ता, दर्रा, मार्ग अथवा दरवाज़ा। भाषाविज्ञानी इसे इंडो-यूरोपीय धातु prtu से उद्भूत मानते हैं जिसमें इसमें प्रवेशद्वार, बढ़ना जैसे भाव हैं। इसकी तुलना संस्कृत के **प्रयाणम्** से करें जिसका मतलब कूच करना, जाना, अभियान, यात्रा, मार्ग, हमला, यात्रा के बीच रुकना आदि। प्रयाण के मूल में है **या** धातु जिसमें गति, जाना, आना, घूमना, टहलना जैसे भाव हैं। **यात्रा, यात्री, यायावर, यान, अभियान** जैसे शब्द इसी मूल से जन्मे हैं। इसलिए **प्रयाण, पोट्र्स** और **पोर्ट** में गहरी रिश्तेदारी है। अलबत्ता **पोर्ट-फोर्ड** जैसे शब्द यात्रा, ठहराव जैसे अर्थों तक सीमित रह गए। प्रयाण शब्द में भारतीय चिंतन और मनीषा झाँक रही है जिसने मृत्यु के लिए भी **महाप्रयाण** शब्द का ही प्रयोग किया। जीवन ही यात्रा नहीं है, उसके बाद अनंत यात्रा है।

वेबसाइट के लिए **पोर्टल** शब्द भी इसी मूल से जन्मा है। इसका रिश्ता ग्रीक **पोरस** से भी है जिसका अर्थ दर्रा, गलियारा अथवा यात्रा होता है। आधुनिक भवनों में वाहनों के प्रवेश के स्थान के लिए **पोर्च** या **पोर्टिको** शब्द इस्तेमाल होता है जो इसी मूल का है। यूरोप के दक्षिण पश्चिमी देश **पुर्तगाल** का नामकरण इसी **पोर्ट** से हुआ है। **पत्तन** की तरह यूरोप-अमेरिका में भी पोर्ट नामधारी अनेक बंदरगाह शहर या बस्तियाँ हैं। कैरिबियन सागर में स्थित स्वशासी क्षेत्र (अमेरिका) **प्यूर्टोरिको** के इस नाम के साथ भी पोर्ट ही जुड़ा है तथा इसके दूसरे हिस्से **रिको** का मतलब है **रिच** अर्थात समृद्ध। प्यूर्टोरिको स्पेनिश नाम है जिसका मतलब हुआ समृद्ध बंदरगाह। आज भी विश्वबैंक की सूची में यह समृद्ध राष्ट्र है।

एक प्रसिद्ध अंग्रेज़ी शराब का नाम भी **पोर्ट** है। पुर्तगाल के बंदरगाह शहर oporto **(अपोर्तो)** शहर में बनने की वजह से इसका यह नाम पड़ा। यह मदिरा यहाँ से पूरे यूरोप में भेजी जाती थी इसी वजह से इसे यह नाम मिला। अंग्रेज़ी के **पोर्टेबल** या **पोर्टफोलियो**

जैसे शब्द भी इसी मूल के हैं। पोर्टफोलियो एक ऐसी फाइल (बस्ता) को कहते हैं जिसमें अपने निजी दस्तावेज़ रखे जाते हैं। पोर्टफोलियो का अर्थ-विस्तार विभाग, सूची, के तौर पर भी होने लगा। जर्मन में **प** का उच्चारण अक्सर **फ** की तरह से होता है। अंग्रेज़ी का **फोर्ड** जर्मन मूल का ही है और इसका मतलब भी गुज़रना, जाना, पुल, यात्रा आदि ही होता है। प्रसिद्ध फोर्ड मोटरकार का नामकरण इसी से हुआ है। ख़रीदना, जाना, वहन करना के अर्थ में **अफोर्ड** से इसकी साम्यता विचारणीय है।

क़िस्सा चावड़ी बाज़ार का (आश्रय-8)

[शब्द संदर्भ : चावड़ी, चावड़ी बाज़ार, चतुर, चौकी, चौराहा, वाट, चातुर्वाट, कारवाँ, सराय]

भारत के कई शहरों में एक ख़ास नाम का मोहल्ला, बाज़ार या बसाहट ज़रूर होती है जिसे **चावड़ी** या **चावड़ी बाज़ार** कहा जाता है। ग्वालियर और दिल्ली के चावड़ी बाज़ार का नाम इस संदर्भ में लिया जा सकता है। यूँ भी चावड़ी शब्द अलग-अलग रूपों में हिन्दी में इस्तेमाल होता है। आख़िर इस चावड़ी का मतलब क्या है? पुराने समय से चली आ रही घनी आबादी के बीच चावड़ी बाज़ार नाम की बसाहट में तवायफ़ों और नृत्यांगनाओं के डेरे भी होते रहे हैं। मुग़ल काल में दिल्ली के चावड़ी बाज़ार की एक ख़ासियत यहाँ की तवायफ़ें भी हुआ करती थीं। यहाँ की सघन गलियों में इनके ठिकाने हैं।

चावड़ी शब्द मूलतः दक्षिण भारतीय भाषाओं में विभिन्न रूपों में प्रचलित है। हिन्दी क्षेत्रों में इसका प्रयोग मराठों के उत्कर्षकाल में बढ़ा है मगर दक्षिणी भाषाओं में यह बहुत प्राचीनकाल से व्यवहृत होता रहा है। चावड़ी शब्द की व्युत्पत्ति के बारे में ठोस जानकारी नहीं मिलती है। मलयालम में इसका रूप **चावटी**, तेलुगू और तमिल में यह **चावडी** है। उत्तर भारत में इसका चावड़ी रूप प्रचलित है। मोटे तौर पर **चावड़ी** शब्द का अर्थ है एक ऐसा सार्वजनिक स्थान जहाँ व्यापार-व्यवसाय के लिए लोगों की आमदरफ़्त हो। गाँव-देहात के विभिन्न मेलों-ठेलों से भी यह शब्द जुड़ा हुआ है। बहुप्रतीक्षित मेले के लिए जब भूमिपूजन होता है और पहले दौर की दुकानें आ जाती हैं उसे भी **चावड़ी लगना** कहते हैं। **चावड़ी खुलना** भी एक व्यापारिक टर्म है जो आमतौर पर पशु मेलों के समापन पर इस्तेमाल होती है। मेले में व्यापारी पशुओं के सौदे करते हैं, उन्हें देखते-भालते और पसंद करते हैं। पेशगी रक़म देकर सौदा पक्का किया जाता है मगर ख़रीद नहीं होती है। मेले के अंतिम दिन सौदे का पूरा भुगतान किया जाता है। सरकारी दस्तावेज़ों में जब इन सौदों का इन्द्राज शुरू होता है उसे कहते हैं चावड़ी खुलना। इस रूप में देखा जाए तो चावड़ी उस सरकारी दफ़्तर को भी कहा जा रहा है जहाँ व्यापारिक सौदे पक्के हो रहे हैं।

विभिन्न संदर्भों में **चावड़ी** का एक ऐसे स्थान के तौर पर उल्लेख है जहाँ लोगों का जमघट है। चावड़ी का एक अर्थ अदालत, पंचायत या कचहरी भी है। शहर के व्यस्ततम क्षेत्र में लोगों का जमाव ज़्यादा होता है और ऐसा स्थान शहर का प्रमुख

चौराहा होता है जहाँ चारों ओर से रास्ते मिलते हैं। हॉब्सन-जॉब्सन के प्रसिद्ध कोश में **चावड़ी** की व्युत्पत्ति संस्कृत शब्द **चतुर + वाट** से बताई गई है। **चतुर** का अर्थ चार की संख्या से है। संस्कृत की **चत्** धातु से यह बना है। चार या चौथा हिस्सा के लिए इस्तेमाल होने वाला **चतुर्थ** शब्द भी इसी मूल का है। **चौकी, चौराहा, चौका** जैसे आमफ़हम शब्द इससे ही निकले हैं। संस्कृत में **वाट** शब्द का अर्थ घिरा हुआ स्थान होता है। इसका एक अर्थ मार्ग या रास्ता भी है। इस तरह **चातुर्वाट** का अर्थ चारों ओर से घिरा हुआ स्थान या **चौराहा** हुआ। दक्षिणी बोलियों में प्रचलित इस शब्द का अपभ्रंश रूप **चावटी–चावडी** हुआ। एक ऐसा स्थान जहाँ लोगों के झगड़े सुलझाए जाते। एक तरह से अदालत। उपनिवेशकालीन एंग्लो-इंडियन शब्दावली में इसके लिए **चौल्ट्री जस्टिस/चौल्ट्री कोर्ट्स** शब्द ख़ूब आया है। एक ऐसी इमारत जहाँ न्याय होता हो। इस इमारत के आस पास शहर के प्रमुख व्यक्तियों के निवास होते थे। पुराने ज़माने में सार्वजनिक स्थलों पर ही झगड़े सुलझाए जाते थे ताकि आबादी के बड़े हिस्से को इसकी जानकारी हो सके।

चावड़ी शब्द पहले दक्कनी हिन्दी में **चावरी** हुआ और फिर उत्तर भारतीय क्षेत्रों में कुछ और बदले हुए रूप और अर्थ में चावड़ी बनकर पहुँचा। यहाँ इसका मतलब हुआ चारों ओर से घिरा हुआ ऐसा आश्रय, ठिकाना जहाँ पद-यात्रियों को आराम मिल सके। अलायड चौम्बर्स डिक्शनरी में भी इसका अर्थ कारवाँ-सराय या राहगीरों के रुकने की जगह ही बताया गया है। कुछ संदर्भों में इसे पालकियों-गाड़ियों के रुकने की जगह भी कहा गया है। ज़ाहिर है पुराने ज़माने में सम्पन्न लोग पालकियों में ही सफ़र करते थे। लबे सफ़र के बाद मुसाफ़िरों के लिए शहर के बीचोबीच प्रशस्त स्थान पर ही सराय या धर्मशालानुमा व्यवस्था को चावड़ी कहा गया। दूरदेश के मुसाफ़िर, जिनमें ज़्यादातर व्यापारी ही होते थे, लंबे समय तक यहाँ मुकाम करते। यह क्षेत्र व्यस्त कारोबार की जगह बन जाते थे क्योंकि यात्रियों का आना-जाना लगा रहता था। इन्हें ही चावड़ी बाज़ार कहा गया। धनिकों के मनोरंजन के लिए ऐसे ठिकानों पर रूपजीवाओं के डेरे भी जुटने लगते हैं। इसीलिए चावड़ी बाज़ार शब्द के साथ तवायफ़ों का ठिकाना भी जुड़ा है। ग्वालियर के चावड़ी बाज़ार की भी इसी अर्थ में किसी ज़माने में ख्याति थी।

मुंबइया चाल का जायज़ा (आश्रय-9)

[शब्द संदर्भ : चाल, शालि, सरणि]

मुंबई की विश्वप्रसिद्ध **चाल** के बारे में ज़्यादा कुछ कहने की ज़रूरत नहीं है। संभवतः इन्हें अब वर्ल्ड हेरिटेज का दर्जा भी मिलने वाला है। जो लोग मुंबई नहीं गए हैं, फ़िल्मों के ज़रिए ही ज़्यादातर भारतीयों का परिचय चालों से हुआ। मुंबई के जीवन पर बनी फ़िल्म में **चाल** न हो, ऐसा हो नहीं सकता। लोकल ट्रेन की तरह ही मुंबई की आत्मा भी चालों में बसती है। एक जिज्ञासा अरसे से रही कि **चाल** का मतलब क्या होता है।

चाल शब्द की व्युत्पत्ति के बारे में कोई ठोस जानकारी नहीं मिली। मुंबई से जुड़े जितने भी संदर्भों को टटोला है वहाँ चाल के सामाजिक संदर्भों पर तो लिखा गया है मगर बसाहट के तौर पर इस शब्द का खुलासा नहीं मिलता। मेरे अपने कुछ अनुमान, कुछ निष्कर्ष यहाँ प्रस्तुत हैं।

मुंबई **चाल** की व्युत्पत्ति पर चर्चा करने से पहले चाल की बसाहट-बनावट को समझ लें। आज से क़रीब डेढ़ सदी पहले अंग्रेज़ी राज में मुंबई तेज़ी से बड़े आर्थिक केंद्र के रूप में विकसित होने लगी थी। देश भर के विभिन्न हिस्सों से यहाँ कामगार आने लगे थे जो मुख्यतः निर्माण मज़दूर थे। राजस्थान से मारवाड़ी समुदाय के हज़ारों लोग सट्टा, हुंडी, व अन्य व्यवसायों के लिए मुंबई को अपनी कर्मभूमि बना चुके थे। **चाल** जैसी रिहायशी व्यवस्था भारी तादाद में मुंबई आने वाले आप्रवासियों के आश्रय की वजह बनी, जिसमें निम्न-मध्यमवर्गीय और मध्यमवर्गीय परिवारों ने मिल-जुलकर एक ऐसे आत्मीय परिवेश का निर्माण किया, जिसने इसे दुनिया भर में मशहूर कर दिया। हालाँकि जिस दौर में मुंबई में चालें आकार ले रही थीं, कमोबेश उन्हीं हालात में उससे कुछ अरसा पहले सुदूर पूर्व में बीजिंग, शंघाई, ढाका, कोलकाता, चेन्नई, से लेकर बोस्टन, न्यूयॉर्क तक ऐसी ही आवासीय व्यवस्थाएँ बन चुकी थीं, मगर शोहरत चाल को ही मिली। अनुमान है मुंबई में पिछली सदी की शुरुआत से चालें बनने लगी थीं। यह वही दौर था जब मुंबई में लगातार मिलें खुल रही थीं जिनमें काम करने वाले लोगों को लिए मिल क्षेत्र के आसपास ही चालों के निर्माण का क्रम शुरू हुआ।

चाल दरअसल भूमि के चौरस टुकड़े पर बनी चार पाँच मंज़िला इमारत को कहते हैं। इसके हर तल पर क़तार में एक-दूसरे से जुड़े दो कमरों की दस से पंद्रह इकाइयाँ होती हैं। कुछ इमारतों में चारों तरफ़ ऐसी ही आवासीय इकाइयाँ होती थीं और बीच में विशाल दालान होता था जिसमें कुआँ, हैंडपम्प होते। हर मंज़िल पर सार्वजनिक शौचालय होता। कुछ इमारतों में अंग्रेज़ी के सी आकार में तीन तरफ़ निर्माण होता है। ऐसी इमारतों में चाल का स्वरूप बाहर से ही साफ़ नज़र आता है। सभी आवासीय इकाइयाँ अगले और पिछले हिस्से में लंबी बालकनी से जुड़ी रहती है। हालाँकि ऐसी चालों का निर्माण अब बंद हो गया है मगर सत्तर-अस्सी साल पुरानी कई चालें हैं जो अभी भी आबाद हैं। औद्योगिक विकास के साथ जब झोंपड़पट्टी का विस्तार हुआ तो क़तारनुमा मकानों को भी चाल का नाम मिल गया।

एक बात जो पकड़ में आ रही है, वह है चाल के साथ क़तार में बने आश्रय स्थल का भाव। मुंबई की विश्वप्रसिद्ध चाल की व्युत्पत्ति के मूल में संभवतः संस्कृत का **शालः** शब्द है जिसका अर्थ होता है क़तार, पंक्ति, क्यारी, बाड़ा आदि। चाल शब्द संस्कृत **शाल** का ही रूप है। मगर इसका चाल रूपांतर दक्षिणी भाषाओं में ही हुआ है। तमिल **चाल्** का अर्थ है खेत में बुवाई करने के लिए बनाई गई लंबी क्यारी अथवा नाली। खेत की मेंड, जिस पर चल कर किसान आते-जाते हैं, भी **चाल्** कहलाती है। संस्कृत में धान के नन्हे रोपों की क़तार को **शालि** ही कहते हैं जिसमें पंक्ति या सरल रेखा

का ही भाव है। सीधी रेखा वाला यही भाव खेत में हल जोतने से बनी सरल बुवाई पंक्ति से भी जुड़ता है। कन्नड़ में इसका रूप **साल** है। दक्षिणी भाषाओं में मराठी के बाद कन्नड़ पर संस्कृत का स्पष्ट प्रभाव दिखता है। **शाल्** का कन्नड़ में **साल** रूप यही दर्शाता है। तेलुगू **चालु** और मलयालम चाल् में भी यही भाव हैं। वैसे यह तमिल **चाल्** का परिवर्तन भी हो सकता है पर दोनों में भाव वही है। बांग्ला में क़तार के लिए सारि शब्द है। एक पंक्ति में बने मकानों की गली को सरणि कहा जाता है। जैसे रवीन्द्र सरणि। यह **सारि** या **सरणि** शब्द भी **शालः** का ही रूपांतर है। **चाल** भी एक क़तार वाले आवासों को ही कहते हैं।

ग़ौर करें कि मुंबई में कई चालों का समूह **वाड़ी** या **वाड़ा** कहलाता है। **शालः** का एक अर्थ घिरा हुआ स्थान या बाड़ा भी यही साबित कर रहा है कि चाल के लिए यह विशेषण भी प्राचीन **शालि** या **शालः** से ही निकला है। संस्कृत का शालः बना है **शल्** धातु से जिसमें तीक्ष्ण, तीखा, हिलाना, हरकत देना, गति देना, उलट-पुलट करना जैसे भाव हैं। ये सभी भाव भूमि में हल चलाकर खेत जोतने की क्रिया से मेल खाते हैं। हल की तीक्ष्णता भूमि को उलट-पुलट करती है। शालः शब्द के मूल में बाड़ा अथवा घिरे हुए स्थान का अर्थ भी निहित है। भूमि में शहतीरों को गाड़कर प्राचीनकाल में उसके चारों ओर बाड़ बनाकर आश्रय का निर्माण किया जाता था। उत्तर भारत से पहले मुंबई में बड़ी संख्या में दक्षिण भारतीय मज़दूर पहुँचते रहे हैं। यूँ भी मराठी पर दक्षिणी बोलियों का भी असर है तो ताज्जुब नहीं कि कोंकण क्षेत्र में क़तारनुमा बसाहट के लिए **चाल** शब्द पहले से प्रचलित रहा हो। यह भी संभव है कि दक्षिणी आप्रवासियों ने जब क़तारनुमा आशियानों में रहना शुरू किया तब उनकी बोली के ज़रिए इनके लिए **चाल** शब्द प्रचलित हो गया।

चाल, शालीनता और नर्क (आश्रय-10)

[शब्द संदर्भ : शाला, पाठशाला, धर्मशाला, चाल, शाल, साल, शालिनी, शालीन, हॉल, सेल, होल, हॉलो, टकसाल, घुड़साल, हेल]

क़तार में बने कई बड़े प्रकोष्ठों या कमरों को **शाला** कहा जाता है। यह **शालः** से बना है जिसमें दीर्घाकार का भाव भी शामिल है। सामुदायिक निवास या आवास संकुल के रूप में यहाँ भी **चाल** शब्द से इसकी रिश्तेदारी की पुष्टि होती है। **विशाल** शब्द इसी मूल का है। मनुष्य के लिए आश्रय इतना महत्त्वपूर्ण है कि मृत्योपरांत भी आश्रय के लिए उसने स्वर्ग और नर्क की कल्पना कर ली। मगर ये दोनों जीवनकाल में ही, इसी पृथ्वी पर नज़र आते हैं। **चाल, शाल, शाला, धर्मशाला, पाठशाला** का रिश्ता नर्क से भी जुड़ता है।

सीधे सरल स्वभाव वाले व्यक्ति को **शालीन** कहा जाता है। ज़ाहिर है यह **शाल्** से ही बना है। डॉ. रामविलास शर्मा के मुताबिक़ **शालीन** वह व्यक्ति है जिसके रहने का ठिकाना है। मोटे तौर पर यह अर्थ कुछ दुरूह लग सकता है, मगर गृहस्थी, निवास,

आश्रय से उत्पन्न व्यवस्था और उससे निर्मित सभ्यता ही घर में रहने वाले व्यक्ति को **शालीन** का दर्जा देती है। कन्या के लिए हिन्दी का लोकप्रिय नाम **शालिनी** संस्कृत का है जिसका अर्थ गृहस्वामिनी अथवा गृहिणी होता है। व्यापक अर्थ में गृहस्थ ही **शालीन** है। स्पष्ट है कि आश्रय में ही शालीनता का भाव निहित है। जिसका कोई ठौर-ठिकाना न हो वह आवारा, छुट्टा साँड जैसे विशेषणों से नवाज़ा जाता है। हमेशा घर में रहने वाले व्यक्ति को घरू या घरघूता, घरघुस्सू आदि विशेषण दिये जाते हैं। इन घरघुस्सुओं को दुनिया शालीन मानती है। इस अर्थ में **शाल** अर्थात चाल में रहने वाले सभी जन शालीन कहलाने चाहिए, मगर इसके ठीक उलट बँगलों में रहने वालों की निगाह में चाल वाले असभ्य, उजड्ड, मवाली होते हैं। आजकल की झोपड़पट्टियों वाली चालें कुछ हद तक इस नज़रिए को सही भी साबित करती हैं। दगड़ी चाल जैसी बसाहट अब माफ़िया सरगना के नाम से जानी जाती हैं।

विशाल प्रकोष्ठ के अर्थ में अंग्रेज़ी का हॉल शब्द हिन्दी में ख़ूब प्रचलित है। बल्कि यह हिन्दी का ही हो गया है। अंग्रेज़ी का **हॉल, सेल, होल** और **हॉलो** जैसे शब्द शाल् की कड़ी में आते हैं। इन सभी शब्दों के मूल में प्राचीन भारोपीय धातु **केल** है जिसमें आश्रय, घिरा हुआ और निर्माण के ही भाव हैं। शाल शब्द के देसी रूप जैसे राजस्थानी का **साल** अर्थात **टकसाल, घुड़साल** से **सेल** की रिश्तेदारी पर ग़ौर करें। शाल में जो आश्रय का भाव है वही अंग्रेज़ी के सेल में भी है। **शाल** का देशी रूप **साल** अंग्रेज़ी के **सेल** को और क़रीब ले आता है। **हॉल** के मूल में भी **सेल** ही है। सेल बना है पोस्ट जर्मनिक धातु khallo से जिसका अर्थ होता है घिरा हुआ, ढका हुआ, विस्तारित, बड़ा प्रकोष्ठ, खाली स्थान आदि। भारोपीय परिवार की भाषा पोस्ट जर्मनिक के khallo और सेमिटिक परिवार की अरबी के ख़ल्क़ khalq या ख़ला की समानता पर ग़ौर करें। ख़ल्क का अर्थ भी निर्माण, सृजन, घेरा हुआ, विशाल, विस्तारित, अंतरिक्ष आदि ही होता है। हालाँकि ख़ल्क़ शब्द का दायरा काफ़ी व्यापक है जो सृष्टिरचना से संबंधित है। मगर अंततः सृष्टि है तो आश्रय ही।

अंग्रेज़ी के **सेल** का मतलब होता है–कमरा, प्रकोष्ठ। यहाँ कमरे के अर्थ में भी सेल शब्द का प्रयोग होता है और किसी संगठन के विभाग की तरह भी। जेल के क़तारबद्ध कमरों को भी सेल कहा जाता है। अंदमान की **सेल्युलर** जेल का नामकरण इसी सेल की वजह से हुआ है। ख़ास बात यह कि संस्कृत के शाला और अंग्रेज़ी के हॉल में जहाँ विशाल प्रकोष्ठ का भाव है वहीं अंग्रेज़ी के ही सेल शब्द में छोटे कक्ष या कोठरी का भाव है। सेल कितना छोटा हो सकता है इसका अंदाज़ा मनुष्य के शरीर की सबसे छोटी इकाई कोशिका के लिए प्रचलित सेल शब्द से होता है। ग़ौर करें कि सेल का हिन्दी अनुवाद कोशिका के मूल में **कष्** धातु है जिससे जिसमें कुरेदने, घिसने, तराशने का भाव है जिससे आश्रय अर्थात **कोष्ठ** का निर्माण होता है। कोष एक घिरा हुआ स्थान है। इससे ही कोशिका शब्द बनाया गया। हिन्दी में बैटरी के लिए **सेल** शब्द

ज़्यादा प्रचलित है। विद्युत सेल भी एक छोटा-सा कक्ष ही होता है। **हॉलो** का अर्थ है ख़ाली, खोखला। इसी तरह अंग्रेज़ी का **होल** शब्द भी हिन्दी में बहुधा प्रयोग होता है जिसका अर्थ है छिद्र, विवर, छेद आदि। सुराख़ के अर्थ में होल शब्द का इस्तेमाल हिन्दी में आम है।

नर्क के अर्थ में अंग्रेज़ी का **हेल** शब्द भी भारोपीय धातु kel से ही निकला है जिससे संस्कृत का **शल्** बना है। ग़ौरतलब है कि संस्कृत में भी नर्क का एक नाम **शाल्मली** है। यह शब्द शल्, शालः से ही बना है दिलचस्प यह कि इसी मूल से अंग्रेज़ी का **हेल** भी है। नर्क की कल्पना दुनिया की सभी संस्कृतियों में है। अतृप्त आत्माओं, प्रेतों-पिशाचों का आवास। स्वर्ग से पहले का पड़ाव जहाँ से आगे सिर्फ़ पुण्यात्माएँ ही जा सकती हैं। ये तमाम बातें तो दार्शनिक हैं, मूल रूप से **हेल** शब्द क़ब्र के लिए बना होगा। वह सँकरा, छोटा कक्ष जहाँ शवों को दफ़नाया जाता होगा। बाद में मृतात्माओं के ठिकाने के तौर पर इसका अर्थ-विस्तार होता चला गया और नर्क की कल्पना के साथ यह शब्द जुड़ गया। वैसे आज भी बेहद छोटी, तंग जगह की रिहाइश को नर्क की संज्ञा ही दी जाती है। इस अर्थ में झोंपड़पट्टी की चालें तो यक़ीनन अंतरराष्ट्रीय स्तर पर नर्क की ख्याति अर्जित कर चुकी हैं।

अंडरवर्ल्ड की धर्मशाला बनी चाल (आश्रय-9)

[शब्द संदर्भ : जूनीसाल, बैसा री साल, पंसाल, पंसारी, पाकशाला, टकसाल, पंसारी, धर्मशाला]

मुंबइया **चाल** एक मंज़िला या बहुमंज़िला एक या दो कमरे के आवासों का संकुल है। इसमें क़तार या पंक्ति का भाव प्रमुख है। संस्कृत के शालः शब्द में क़तार, पंक्ति या लकीर का भाव छुपा है। दक्षिणी भाषाओं में इसके चाल्, चालु, साल जैसे रूप होते हैं। क़तारबद्ध रिहाइश के लिए चाल, सरणि अथवा प्रकोष्ठ के अर्थ में राजस्थानी के साल जैसे शब्दों का इनसे गहरा रिश्ता है।

शल् धातु से ही निकला है **शाला** शब्द, जो चाल के अर्थ को भी स्पष्ट करता है और चाल के मूल स्वरूप का भी पक्का प्रमाण माना जा सकता है। **शल्** धातु में आश्रय अथवा घिरे हुए स्थान का भाव है। शाला का मतलब होता है बड़ा कक्ष, कमरा अथवा विशाल प्रकोष्ठों का संकुल। स्टेडियम अथवा सभा स्थल के लिए **प्रशाल** शब्द का अभिप्राय भी किसी घिरे हुए स्थान से ही है। ग़ौर करें कि स्कूल अथवा विद्याध्ययन केंद्र के रूप में **शाला** शब्द सर्वाधिक प्रचलित है। इसका मूल रूप **पाठशाला** है। मगर प्राचीनकाल से **शाला** शब्द की सामूहिक आवास, निवास, सम्मेलन, जमाव जैसे शब्दों से रिश्तेदारी है। पाठशाला की बनावट पर ग़ौर करें। एक क़तार में बने कमरे। एक लंबा गलियारा। एक सार्वजनिक अहाता। सार्वजनिक प्रसाधनों का निर्धारित स्थान। शाला में क़तार का ही महत्त्व है। प्रार्थना की क़तार, कक्षा में पंक्तिबद्ध बैठक व्यवस्था। आगमन और निगमन की क़तार। अनुशासन का पहला सबक़ पंक्ति-क्रम बनाना ही हम पाठशाला में सीखते हैं। राजस्थान में रजवाड़ों के

ठिकानों, महलों और गाँवों की हवेलियों में आज भी बड़े कमरों को **साल** कहा जाता है। इनके भीतर, या बाहर की तरफ़ छोटे दरवाज़ों वाले कक्ष होते हैं, जहाँ क़ीमती सामान रखा जाता है। इन सालों के नाम देखिए–**जूनी साल, बड़ी साल** या **बैसा री साल**। चाल शब्द से साल का अर्थसाम्य व ध्वनिसाम्य महत्त्वपूर्ण है।

कुछ शब्दों पर ग़ौर करें। **घुड़साल, पंसाल, पंसार, पंसारी, पाकशाला, टकसाल, यज्ञशाला**। आदि। खोजने पर ऐसे अनेक शब्द मिल जाएँगे जिनके साथ शाला शब्द लगा है। पंसारी शब्द बना है **पण्य + शाल** से। पण्य यानी वस्तु, सामग्री। शाल यानी विशाल कक्ष। प्राचीनकाल में बड़े सार्थवाह के स्वामी, श्रेष्ठिजनों के विशाल कोष्ठागार होते थे, ठीक आज के वेयर हाउसों की तरह। यही **पण्यशाला** थी। इसका मालिक **पण्यशालिक** हुआ जिसका अपभ्रंश **पंसारी** हुआ। कहाँ थोक व्यापारी के रुतबे वाला बड़ा स्टाकिस्ट पण्यशालिक और कहाँ आज के रिटेल व्यापार की अंतिम कड़ी में तराज़ू लेकर बैठा बेचारा **पंसारी**! जिस स्थान पर घोड़ों की परवरिश होती है उसे घुड़साल कहते हैं। निश्चित ही यह शब्द घोटकशाला से बना है। पुरानी घुड़सालों को देखें तो वहाँ घोड़ों को बाँधने के क़तारबद्ध बाड़े जो विशाल कक्ष होते थे, मिलेंगे। रजवाड़ों के दौर के बाद अनेक स्थानों पर इन विशाल घुड़सालों को होटल में तब्दील कर दिया गया है। ये तमाम शब्द भी मुंबइया चाल की एक क़तार या पंक्ति में रिहाइश को ही साबित कर रहे हैं।

आज जिसे हम **धर्मशाला** कहते हैं वह यात्री-निवास जैसी व्यवस्था है। हर शहर में होटल, लॉज आदि होते हैं। धर्मशाला से तात्पर्य एक ऐसे विश्रामस्थल से है जहाँ दूरदराज के यात्री आकर निःशुल्क या रियायती दरों पर रुक सकते हैं। प्राचीनकाल में यात्राएँ अक्सर धार्मिक प्रयोजनों से होती थीं और लोग विशिष्ट अवसरों पर प्रसिद्ध तीर्थस्थलों पर जाया करते थे। दूरदराज़ के तीर्थयात्री लंबी पदयात्रा के बाद कई दिनों तक यहाँ टिकते थे। पुण्य कमाने की आशा में श्रेष्ठिवर्ग हर तीर्थस्थान पर ऐसी धर्मशालाएँ बनवाया करते थे। मगर **धर्मशाला** का मूल स्वरूप दरअसल **पाठशाला** का ही था। ज़्यादातर तीर्थस्थलों को किसी-न-किसी धार्मिक स्थल की वजह से ही महत्ता मिली है। चाहे वह हिन्दू, बौद्ध या जैन तीर्थ हो। नदियों के किनारे ऋषिमुनियों के चातुर्मासी प्रवास भी उसे तीर्थ का दर्जा देते थे। धीरे-धीरे ये बड़े मंदिरों और मठों का संकुल बन गए। यहाँ धार्मिक शिक्षा भी दी जाती थी जिसका प्रबंध मंदिरों से जुड़े मठ करते थे। चूँकि संन्यस्त व्यक्ति ही मठवासी हो सकता है इसलिए विद्याध्ययन के लिए शांत-सुरम्य स्थानों पर धर्मशालाएँ बनवाई गईं। चातुर्मास अवधि का लाभ लेने यहाँ हर वर्ग के लोग आते और ठहरते तथा धार्मिक शिक्षा लेते थे। ऐसे पवित्र और प्राकृतिक स्थान पर ज्ञानार्जन का अलग महत्त्व होता है। बदलते वक़्त में धार्मिक शिक्षा का महत्त्व कम होता गया, साथ ही यातायात के तेज़ साधनों ने चातुर्मास अवधि का महत्त्व भी घटा दिया, मगर तीर्थयात्राएँ और बढ़ गईं। इस तरह धर्मशालाओं को यात्री निवास का रूप मिला।

माधव गोविंद वैद्य (शिक्षाविद्, चिंतक) 'अपनी संस्कृति' पुस्तक में धर्मशाला की बहुत सुंदर दार्शनिक व्याख्या करते हैं। उनके मुताबिक़ व्यक्ति स्वयं को बड़ी इकाई में समर्पित कर दे, वही धर्म है। ख़ुद के लिए आलीशान मकान बनवाना धर्मकार्य नहीं कहलाएगा, मगर जब दूसरों के निवास के लिए आवास बनवाते हैं तो उसे **धर्मशाला** कहा जाता है। वहाँ कोई पूजा-पाठ, यज्ञ-कर्म आदि नहीं होते तो भी वह धर्मशाला क्यों है? वैद्यजी का जवाब है, केवल इसलिए क्योंकि वहाँ व्यक्ति ख़ुद को समूह अथवा समाज से जोड़ता है। यही धर्म है। इसीलिए जो आश्रय धर्म का निमित्त बना वह धर्मशाला है। मुंबइया चालों में सुदूर अंचलों से आए मेहनतकशों, श्रमजीवियों ने दशकों पहले परस्परता और सहअस्तित्व वाला आदर्श समाज रचा। मुंबई की चालों में सर्वधर्म-समभाव बसता रहा है, यह हमने किताबों में पढ़ा और फ़िल्मों में देखा। अफ़सोस है कि पाठशाला और धर्मशाला से रिश्तेदारी वाली **चाल** अब गुंडे-मवालियों और अंडरवर्ल्ड सरगनाओं की 'धर्मशाला' भी है जहाँ बसने से उन्हें 'अनोखा पुण्य' मिलता है।

इक बँगला बने न्यारा (आश्रय-10)

[शब्द संदर्भ : बँगला]

औसत हिन्दुस्तानी के दिल में एक सुंदर-सलोने घर की फैंटेसी को ज़िंदा कर देने वाले कुंदनलाल सहगल के इस मशहूर गीत में **बँगला** शब्द की जगह अगर कोई दूसरा शब्द होता तो मुमकिन है न तो इस नग़्मे को न इतनी शोहरत हासिल होती और न ही हिन्दी को रूमानियत और रोबदाब से भरपूर बँगला जैसा लफ़्ज़ मिलता। आख़िर ये **बँगला** या **बँगलो** आया कहाँ से? यह हिंदी लफ़्ज़ है या अंग्रेज़ी का? अंग्रेज़ी और हिन्दी में मिलते-जुलते उच्चारण वाला यह शब्द मूलतः अंग्रेज़ी का है मगर जन्मा भारत में ही है और बंगाल से इसका गहरा रिश्ता है। बँगले के पीछे जो शख़्स खड़ा नज़र आता है वह है **जाब चार्नक**। ग़ौरतलब है कि सन् 1615 में इंग्लैंड के राजा जेम्स प्रथम ने मुग़ल बादशाह जहाँगीर के दरबार में सर टामस रो को राजदूत बनाकर भेजा जो तीन साल यहाँ रहा मगर भारत से कारोबारी रिश्ते बनाने की काबिलियत न दिखा सका। इससे पहले तक अंग्रेज़ों को देश के दक्षिण-पश्चिमी तट के रजवाड़े ही व्यापार की सीमित अनुमति देते रहे। टामस रो, जहाँगीर को चाहे प्रभावित न कर पाया हो मगर उसके बेटे शहज़ादा खुर्रम (शाहजहाँ) से सूरत और भरुच का कारोबारी फ़रमान लेने में सफल रहा। खुर्रम उन दिनों गुजरात का सूबेदार था। इसके बाद अंग्रेज़ों ने पूर्वी तट पर अपनी निगाहें जमाईं जहाँ उनसे काफ़ी पहले ही डच लोगों ने अपनी धाक जमा रखी थी।

ईस्ट इंडिया कंपनी यहाँ भी कामयाब रही और 1651 तक हुगली, मुर्शिदाबाद, ढाका और कासिम बाज़ार तक उसकी व्यापारिक कोठियाँ खड़ी हो गई। क़रीब साढ़े तीन सौ साल पहले ईस्ट इंडिया कंपनी की इसी कासिम बाज़ार कोठी का फर्स्ट आफ़िसर था

जाब चार्नक जो बाद में कंपनी एजेंट बना। इसी आदमी ने 1690 के आसपास **सूतानटी** नामक जगह पर **कोलकाता** की नींव डाली और कंपनी के अफ़सरों-कारिंदों के लिए ख़ास शैली के मकान बनवाए। जैसे-जैसे बंगाल में कंपनी बहादुर का कामकाज जमता गया वैसे-वैसे कंपनी के आला मुलाज़िमों के लिए भी मकान बनने लगे। इन एक मंज़िला मकानों के आगे लंबा लॉन, घर के अंदर खुली जगह, वरांडा और दूसरे मकानों से सटा हुआ न होना इन्हें विशिष्ट बनाता था। देश के बाक़ी इलाक़ों में जैसे-जैसे अंग्रेज़ पहुँचते गए इन मकानों के लिए **बंगाल स्टाइल हाउसेज़** जैसा शब्द चल पड़ा जिसे बाद में **बँगलो** कहा जाने लगा। इसी से बना **बँगला** शब्द आज तक उसी शान से हिन्दुस्तान ही नहीं बल्कि दुनिया भर की भाषाओं में मौजूद है।

ऊँची अटरिया में ठहाके (आश्रय-11)

[शब्द संदर्भ : अट्टालिका, अट्टहास, ठहाका, अटारी, अटरिया, अटना, लॉफ्टर]

आज **लॉफ्टर** का ज़माना है और यह टी.वी. शो की बदौलत है वरना पूरी दुनिया में हम हिन्दुस्तानी सबसे कम हँसने वालों में बदनाम हैं। एक ओढ़ी हुई गंभीरता हम सबके स्वभाव में समा गई है। हँसी-मज़ाक और उन्मुक्त हास्य तो सिर्फ़ पंजाब वालों के लिए छोड़ दिया गया है कि भई ख़ुद भी हँस लो, और हमें भी हँसा दो!! लॉफ्टर यानी उन्मुक्त हास्य अर्थात ठहाका।

कभी सोचा है कि ठहाकों और ऊँची इमारतों में कोई रिश्तेदारी हो सकती है? दुनिया भर में अब बहुमंज़िला इमारतों का दौर है। अक्सर इन्हें स्काईस्क्रैपर, आकाशचुंबी या गगनचुंबी इमारत कहा जाता है। उर्दू में भी इसके लिए **फ़लकबोस** शब्द प्रचलित है। मगर प्राचीनकाल में बहुमंज़िला इमारतों के लिए **अट्टालिका** शब्द था और आज भी हिन्दी वाले इससे अपरिचित नहीं हैं।

अट्टालिका शब्द बना है संस्कृत धातु **अट्ट** से जिसका मतलब होता है सीमा लाँघना, ऊँचा, निरंतर। ग़ौर करें कि अट्टालिका उसी इमारत को कहा जाता है जो सामान्य से काफ़ी ऊँची हो। यानी सामान्य ऊँचाई का सीमोल्लंघन तो **अट्टालिका** में होता ही है। अट्टालिका से ही बने हैं **अटारी, अटरिया** जैसे लोक संस्कृति की महक में रचे-पगे शब्द जो न जाने कितने लोकगीतों में समाए हैं। सूनी अटरिया, ऊँची अटरिया में साँवरिया की ग़ैरमौजूदगी का उल्लेख अक्सर हिन्दी की तमाम बोलियों के विरह गीतों में सुना जाता है। अमृतसर भारत-पाक सीमा पर चौकी है **अटारी**। ग़ौरतलब है कि आज चाहे ये दो देशों को जोड़ने वाला मार्ग है मगर किसी ज़माने में इसके नामकरण के पीछे अट्टालिका शब्द से जुड़ी समृद्धि ही झाँक रही है। यूँ **अटारी** का मतलब ऊपरी मंज़िल, बालकनी, छत, कोठी, गुंबद या मीनार भी होता है। संस्कृत में **आलय** यानी आश्रय, निवास, घर या मकान को कहते हैं। **अट्ट** यानी ऊँचा सो **अट्टालिका** के ऊँचाई से संबंध से ज़ाहिर है कि एक के ऊपर एक शिलाओं अर्थात ईंटों के जमाव से बने मकान को ही **अट्टालिका** कहेंगे।

हिन्दी में सामान के अंबार को **अटाला** भी कहते हैं। ग़ौरतलब है कि अब तो कबाड़ या फ़ालतू चीज़ों के ढेर के लिए ही अटाला शब्द प्रचलित है। ये अटाला भी **अट्ट** से ही आ रहा है। **अट्ट** यानी ऊँचा। एक पर एक रखा हुआ। ठसाठस। यानी अटाला ऐसी जगह है जहाँ सामान अटा पड़ा हो। ऊँची अटारियों में जब सामान के अंबार लगेंगे तो **अटाला** भी होगा ही। और जहाँ सामान अटा पड़ा हो तो वहाँ से गुज़रना तो मुश्किल होगा ही सो **अटकते-अटकते** ही जाना होगा। साफ़ है कि यह **अटकना** या **अटकाना** भी **अट्ट** की वजह से ही हो रहा है। ऊँचे चूबतरे के लिए मालवी राजस्थानी में **ओटला** शब्द भी है जो इसी मूल से आ रहा है। अट्टालिका में अटकते-भटकते **अट्टहास** भी सुनाई पड़ते हैं। **अट्ट** यानी ऊँचा और **हास्** यानी हँसी अर्थात ऊँचे सुर वाली हँसी हुई अट्टहास। अट्टहास का ही विपर्यय हुआ **ठहाके** में। क्रम कुछ यूँ रहा होगा। अट्टहास > अट्ठहास > ठहास > ठहाक > ठहाका। तो साफ़ है कि ऊँची अटरिया और ठहाकों में क्या रिश्तेदारी है। हालाँकि ये तो सिर्फ़ बात पैदा करने वाली बात है ठहाकों की रिश्तेदारी ग़रीब की झोपड़ी या अमीर की अटारी से नहीं बल्कि इनसान की ज़िंदादिली और ख़ुशमिज़ाज़ी से है। एक संयोग। ऊँचाई का **अट्टहास** से यह रिश्ता अंग्रेज़ी में भी नज़र आता है। अंग्रेज़ी में ऊँचाई, टाँड़ या दुछत्ती को **लॉफ्ट** कहते हैं। बहुमंज़िला इमारतों को लॉफ्टी भी कहा जाता है। हँसी के लिए **लॉफ्टर** शब्द भी इस रिश्तेदारी को पुष्ट करते हैं।

कैसे कैसे अड्डे और अड्डेबाज़! (आश्रय-12)

[शब्द संदर्भ : अड्डा, हाट, अड्डेबाज़, अट्टाबाज़ार, हट्टी, गौहाटी]

अट्ट से ही बना है हिन्दी के सर्वाधिक प्रयोग होने वाले शब्दों में एक **अड्डा**। सचमुच अड्डे की महिमा निराली है। **अट्ट** में निहित ऊँचाई, जमाव, अटना जैसे भाव जैसे सार रूप में अड्डे में समा गए हैं। आज अड्डा शब्द का प्रयोग ज़्यादातर इकट्ठा होने की जगह के तौर पर ही किया जाता है चाहे वह **बस अड्डा** हो या **हवाई अड्डा**। **गुंडों का अड्डा** हो या शराबियों-नशेड़ियों का। ये अलग बात है कि समाज ने सभी अड्डों को सुविधानुसार सभ्य बना दिया है, मसलन--शराबियों का अड्डा बार कहलाता है, पत्रकारों का अड्डा प्रेस क्लब कहलाता है, पतुरियों-मनचलों का अड्डा डांस-बार कहलाता है तो व्यापारियों का अड्डा सीआईआई या फिक्की जैसे नामों से जाना जाता है। रंगकर्मियों-संस्कृतिकर्मियों और बुद्धिजीवियों के अड्डे अब भारतभवन, जवाहरकला केंद्र, मंडी हाउस, इंडिया इंटरनेशनल सेंटर आदि कहलाते हैं और इन तमाम क्षेत्रों के लोगों का सर्वाधिक सम्मानित अड्डा दिल्ली में है जहाँ वे कभी पाँच तो कभी छह साल के लिए जम जाते हैं और वहाँ के स्थायी सदस्य कहलाते हैं। **अड्डे** से ही बना है **अड्डेबाज** और वहाँ अड्डे का शगल कहलाता है **अड्डेबाजी**। इसी तरह सूफ़ी-फ़क़ीरों के डेरे भी **अड्डा** कहलाते थे। बेशक **अट्टा** शब्द का मतलब बाज़ार ही होता है। नोएडा के **अट्टा बाज़ार** में जब हम घूमे तो यही व्युत्पत्ति दिमाग़ में आई थी। आप्टे

कोश में भी **अट्ट** का अर्थ बाज़ार या मंडी ही है। मज़ेदार बात यह कि बाज़ार के लिए हिन्दी में कहीं ज़्यादा प्रचलित शब्द है **हाट** और वह भी इसी **अट्ट** की देन है। सवाल यह है कि नोएडा के **अट्टापीर** का नामकरण अट्ट वाले **हाट** से हुआ है या **अट्ट** वाले **अड्डे** से हुआ है। संभव है किसी वक़्त वहाँ सचमुच सूफ़ी का डेरा रहा हो और श्रद्धालुओं के आने-जाने के लिए इक्के-तांगे वाले वहाँ अपना **अड्डा** लगाने लगे हों। दूर गाँव से आने वाले लोगों के लिए वह जगह **अड्डापीर** या **अड्डे वाले** पीर का स्थान के रूप में पहचानी जाने लगी हो।

हालाँकि संस्कृत में **अट्ट** की तर्ज़ पर **हट्टः** शब्द भी है जो बाज़ार, मेला, मंडी के अर्थ में ही है। बाज़ार से चीज़ें उठाने वाले को उठाईगीर या उठाईगीरा बोलते हैं इसी तरह प्राचीनकाल में भी चोरों के वर्गीकरण के तहत बाज़ार से सामान चुराने वाले के लिए **हट्टचौरकः** शब्द है। प्राचीनकाल में (और आज भी कहीं-कहीं) नगर के समृद्ध बाज़ार में ही कोठे भी होते थे जहाँ मुजरे से लेकर देह-व्यापार तक होता था। **अट्ट** के मेले वाले अर्थ पर ग़ौर करें तो दूर गाँव और परदेस के मुसाफ़िर जहाँ ख़रीदारी करते थे वहीं रंगीले रतन, मनचले और दिलफेंक तवायफ़ों के डेरों पर भी पसरने के लिए पहुँच जाते थे। ज़ाहिर है कारोबार की जगह पर ही दीगर व्यापार की राह भी खुलती है। आप्टे कोश में **हट्टबिलासिनी** शब्द भी मिलता है जिसका मतलब होता है वारांगना, वेश्या या तवायफ़ जो बाज़ार में बैठकर ठाठ से कमाती है। हाट में दुकानदारी करने वाला **हटवार** कहलाता है। अब हाट में तो सामान **अटा** ही रहता है सो **अटना, अटकना**, **अटकाना** जैसी बातें आम हैं। ये शब्द इसी मूल से जन्मे हैं। इसी तरह **अड़ना, अड़ाना** जैसे रूप भी सामने आए। हट्टः या **अट्ट** से बने **हाट** के भी कुछ रूप हैं, जैसे—पंजाबी में **हट्टी** का मतलब दुकान होता है। मशहूर मसाले वाले जो अब बड़े कॉर्पोरेट हो गए हैं, एम.डी.एच., वो दरअसल **महाशियाँ दी हट्टी** है अर्थात महाशय जी की दुकान। कई गाँवों शहरों के नाम भी बाज़ारों की जमावट या व्यापार केंद्र के रूप में इस शब्द की वजह से बन गए जैसे **गौहाटी** जो **गुवाहाटी** भी कहलाता है। **हाट पीपल्या** या **अटारी**। गुवाहाटी नामकरण के पीछे **गूवा** यानी सुपारी और **हाटी** यानी हाट या बाज़ार है। ग़ौरतलब है कि असम में सुपारी की पैदावार होती है।

टेंट में सुरीली तान और बाहर तुनकमिज़ाज (आश्रय-13)

[शब्द संदर्भ : तान, तन, तानना, टेंट, तनाव, टेंशन, तुनकमिज़ाज, तानसेन]

गीत की तान का अंग्रेज़ी के **टेंट** यानी तंबू या या शामियाने से क्या संबंध है? बेशक एक संबंध तो है। संगीत की बड़ी-बड़ी महफ़िलें शामियानों (टेंट) में सजती हैं और फ़नकार अपनी तानों से समाँ बाध देते हैं। मगर इन दोनों शब्दों का रिश्ता है खिंचाव से। सुरों और **टेंट** दोनों को खींचने से ही बात बनती है। इन दोनों ही शब्दों में क़रीबी रिश्ता है। भारोपीय भाषा-परिवार की ten धातु से ही दोनों शब्द जन्मे हैं। संस्कृत की **तन्** धातु का मतलब है—खींचना, तानना, विस्तार करना। ग़ौर करें कि धातु को

ठोक-पीटकर, विस्तार कर उसके तार बनाए जाते हैं। तार की ख़ासियत होती है उसका लम्बा, पतला होना। यही **तन्** है। यानी जिसे खींचकर, विस्तारित कर पतला बना दिया जाए। सात सुरों का जो सप्तक होता है उसमें सबसे ऊँचे सप्तक को तार-सप्तक इसीलिए कहते हैं। संगीत में वे स्वर जिन्हें उच्च आवृत्ति पर गाया जाता है **तान** कहलाते हैं। पाश्चात्य संगीत में भी उच्च स्वर को TENOR कहा जाता है। संगीत सम्राट तानसेन के नाम का आधार तान ही है। इस खिंचाव या तनाव में निहित पतलेपन या सूक्ष्मता पर अगर ध्यान दें तो मालूम होगा कि पतली, तनी हुई चीज़ में नज़ाकत का गुण भी आ ही जाता है। फ़ारसी का एक शब्द है **तुनक**। यह **तन्** से ही बना है जिसका मतलब है **नज़ाकत**, सूक्ष्म, छोटा वग़ैरह। इससे बना है **तुनकमिज़ाज** जिसका मतलब हुआ, बात-बात में तन जाने वाला, चिड़चिड़ा आदि।

अब बात TENT की। दरअसल ये अंग्रेज़ी में भी आया फ्रेंच शब्द TENTE से। फ्रेंच में भी तेरहवीं सदी के आसपास ये आया चलताऊ, लैटिन के TENDENCIA से जिसका अर्थ होता है फैलाना या तानना। और लैटिन के चलताऊ यानी देसी रूप ने इसे ग्रहण किया है प्रोटो इंडो-यूरोपीय मूल के शब्द TEN से जिसका मतलब भी किसी चीज़ को फैलाना, तानना या बिछाना ही था। यही जमद संस्कृत में भी सदियों पहले तन् के रूप में अपनी जड़ें जमा चुका था। लैटिन में TENTA, TENTUS आदि कई रूप लेते हुए क़रीब दो सदी पहले किसी ख़ास ढाँचे या फ्रेम पर मोटे कपड़े या चमड़े को चढ़ाने या फैलाने की की क्रिया के रूप में इस शब्द चलन शुरू हुआ।

बाटला ख़ुर्द से देहली ख़ुर्द तक (आश्रय-14)

[शब्द संदर्भ : ख़ुर्द, खराद, ख़ुदरा, ख़ुर्दबीन]

संस्कृत के **क्षुद्र** शब्द की उपस्थिति न सिर्फ़ पदार्थों के संदर्भ में नज़र आती है बल्कि बसाहटों, आबादियों में भी यह दिखती है। **क्षुद्र** से बने फ़ारसी के **ख़ुर्द** शब्द में छोटा, अंश, टुकड़ा, खंड आदि भाव समाए हैं। **ख़ुर्द** से **ख़ुदरा, ख़ुर्दबीन, खराद** जैसे शब्द ही नहीं बने हैं बल्कि सबसे ज़्यादा अगर बने हैं तो भारत के क़रीब पाँच लाख गाँवों में से हज़ारों गाँवों के नाम। जी हाँ, भारत सरकार के पंचायत एवं ग्रामीण विकास मंत्रालय की सूची में गिनना शुरू कर दीजिए **ख़ुर्द** शब्द की उपस्थिति वाले गाँव मसलन **जमालपुर ख़ुर्द, रामपुर ख़ुर्द, बाटला ख़ुर्द** या **करोंद ख़ुर्द**। महीनों लग जाएँगे गिनते-गिनते मगर नाम ख़त्म नहीं होंगे।

दरअसल भारत में मुस्लिम शासन के दौरान बसाहटों को अलग-अलग क़िस्म के नाम भी मिले। उसी परंपरा में छोटी-छोटी मगर एक से नामों वाली ग्रामीण आबादियों के नाम के साथ **ख़ुर्द** शब्द का चलन शुरू हुआ। यह परंपरा ईरान से पंजाब होकर भारत भर में फैल गई। **ख़ुर्द** नाम वाले गाँव धुर अफ़गानिस्तान, पाकिस्तान, पंजाब, जम्मू-कश्मीर, हरियाणा, उत्तर प्रदेश, बिहार, मध्य प्रदेश, राजस्थान और महाराष्ट्र से लेकर बर्मा तक में मिल जाएँगे। कोई ताज्जुब नहीं कि तलाशने पर मलेशिया,

इंडोनेशिया में भी ये नाम निकल आएँ। मूलतः फ़ारसी के ख़ुर्द शब्द का विशेषण की तरह प्रयोग करते हुए छोटी बसाहटों के लिए **खुर्द** नाम शुरू किया गया। एक सरीखे नाम वाली दो बसाहटों के बीच फ़र्क़ करने के लिए **ख़ुर्द** शब्द का ईज़ाद हुआ। यह परंपरा मुग़लकाल में परवान चढ़ी और फिर सदियों तक **ख़ुर्दबीनी** होती रही एक से नामों वाली आबादियों की ताकि उनमें से किसी एक के साथ ख़ुर्द लगाया जा सके। जो आबादी कम या छोटी थी उसके बाद **ख़ुर्द** लगा दिया गया, मसलन–**बीरपुर** गाँव के अलावा अगर किसी राजस्व क्षेत्र या किसी ज़मींदार की अमलदारी में इसी नाम का दूसरा **बीरपुर** हुआ तो उसे **बीरपुर ख़ुर्द** कहा जाता। हालत यह है कि देश की राजधानी देहली है तो एटा जिले में **देहली ख़ुर्द** गाँव भी है जिसका मतलब हुआ छोटी दिल्ली।

इस व्यवस्था के पीछे मुख्यतः तो राजस्व वसूली में आने वाली गड़बड़ियों से बचना था जिसके न होने से भ्रष्टाचार की गुंजाइश बनी हुई थी। ज़मींदार की ओर से जब सालाना लगान वसूली होती थी तब एक जैसे नाम वाले गाँवों के राजस्व रिकॉर्ड को रखने में परेशानी का सामना करना पड़ता था। कई स्थानों पर छोटा या बड़ा जैसे विशेषणों से भी फ़र्क़ करने की कोशिश की गई। मगर इसमें दोनों ही आबादियों के मूलनाम से छेड़छाड़ हो जाती थी। जैसे राजस्थान में **दो सादड़ी** हैं। **छोटी सादड़ी** और **बड़ी सादड़ी**। मगर ख़ुर्द लगाने से फ़ायदा यह था कि एक गाँव की मूल पहचान तो सुरक्षित रहती थी। गाँव के साथ **ख़ुर्द** शब्द लगाने से अपने आप स्पष्ट हो जाता था कि उसका रुतबा छोटा है। आमतौर पर कम आबादी का राजस्व से रिश्ता रहा है मगर यह ज़रूरी नहीं था कि कम आबादी वाले गाँवों से राजस्व वसूली भी कम ही हो। इसी तरह नदियों के प्रवाह, बेहतर खेती, गाँवों से पलायन जैसी परिस्थितियों के चलते बीती सदियों से आज तक ख़ुर्द नामधारी कई गाँवों की तक़दीर भी बदली है और वे अपनी हमनाम आबादियों से कहीं बड़े हो गए हैं मगर कहलाते अभी भी **ख़ुर्द** ही हैं।

पामीर ख़ुर्द से चीन कलाँ तक... (आश्रय-15)

[शब्द संदर्भ : कलाँ, बुज़ुर्ग, जागीर, कोसीकलाँ, चीनकलाँ]

सदियों पहले से नगरीय ग्रामीण बसाहट का राजस्व अर्थात सरकारी उगाही से गहरा रिश्ता रहा है। कोई भी आबादी जिस भूमि पर बसती थी वह राज्य का हिस्सा होती थी और वहाँ बसने और विभिन्न व्यापार-व्यवसाय की एवज़ में उसे राज्य को करों की अदायगी करनी होती थी। यही व्यवस्था आज भी जारी है। राजस्व का किसी भी बसाहट के आकार से गहरा रिश्ता है।

आमतौर पर बड़ी बसाहटों से सरकार को अधिक करों की प्राप्ति होती है क्योंकि वहाँ विभिन्न प्रकार के क्रिया-कलाप होते हैं जिससे व्यापारिक गतिविधियाँ तेज़ होती हैं। भारत में मुस्लिम शासनकाल में ग्रामीण बसाहटों को राजस्व व्यवस्था के तहत मज़बूत किया गया। मुग़लों ने लगभग पूरे देश में कर वसूली की प्रक्रिया को अपने हिसाब से सुव्यवस्थित किया। एक जैसे नामों वाली ग्रामीण बसाहटों में छोटी और बड़ी आबादी

के हिसाब से नामों में संशोधन किया गया। छोटी आबादी वाले गाँवों-क़स्बों के पीछे ख़ुर्द शब्द लगाया गया। फ़ारसी के इस शब्द का अर्थ होता है छोटा। देश भर में **ख़ुर्दधारी** गाँवों की तादाद हज़ारों में है।

इसी तरह कई गाँवों के साथ कलाँ शब्द जुड़ा मिलता है जैसे कोसी कलाँ, बामनियाँ कलाँ। जिस तरह ख़ुर्द शब्द छोटे या लघु का पर्याय बना उसी तरह क़लाँ शब्द बड़े या विशाल का पर्याय बना। कलाँ का प्रयोग लगभग उसी अर्थ में होता था जैसे भारत के लिए प्राचीनकाल में बृहत्तर भारत शब्द का प्रयोग होता था जिसमें बर्मा से लेकर ईरान तक का समूचा भूक्षेत्र आता था। हालाँकि किसी यात्रावृत्त में हिन्दुस्तान कलाँ जैसा शब्द नहीं मिलता। ग्रेट ब्रिटेन की बात चलती थी तो उसके उपनिवेशों का संदर्भ निहित होता था। इसी तरह कलाँ शब्द की अर्थवत्ता भी ग्रामीण आबादियों के संदर्भ में महत्त्वपूर्ण है। कलाँ मूलतः फ़ारसी का शब्द है जिसका मतलब होता है वरिष्ठ, बड़ा, दीर्घ या बिशाल। कुछ संदर्भों में इसे सेमेटिक भाषा-परिवार का बताया जाता है और इसे ईश्वर की महानता से जोड़ा जाता है। इस कलाँ का रिश्ता अरबी के क़ला शब्द से जुड़ता है जिसमें आश्रय का भाव है। इराक़ के प्राचीन शहर क़ला के साथ जुड़ा बसाहट का भाव भी इसे पुष्ट करता है। प्राचीन सुमेरी सभ्यता के क़ला शब्द में महानता, कारीगरी, बसाहट के मिले-जुले भाव थे। अरबी का **कलाअत, कलात** और फ़ारसी, उर्दू, हिन्दी का **क़िला** जैसे शब्द इसी मूल से उपजे हैं। कलाँ शब्द का प्रयोग सिर्फ़ स्थानों का रुतबा बताने के लिए ही नहीं होता था बल्कि व्यक्तियों के नाम भी होते थे जैसे मिर्जा कलाँ या अमीर कलाँ अल बुख़ारी जिसका मतलब बुख़ारा का महान अमीर होता है। ज़ाहिर है यहाँ कलाँ शब्द का अर्थ महान है।

मुस्लिम शासनकाल में बसाहटों के नामकरण की महिमा यहीं ख़त्म नहीं होती। कई गाँवों के नामों के साथ **बुज़ुर्ग** शब्द लगा मिलता है जैसे **सोनपिपरी बुज़ुर्ग**। ज़ाहिर है हमनाम गाँव से फ़र्क़ करने के लिए एक बसाहट को वरिष्ठ मानते हुए उसके आगे **बुज़ुर्ग** लगा दिया गया और दूसरा हुआ **सोनपिपरी ख़ुर्द**। ऐसी कई ग्रामीण बस्तियाँ हज़ारों की संख्या में हैं। इसी तरह किसी गाँव के विशिष्ट दर्जे को देखते हुए उसके साथ जागीर शब्द लगा दिया जाता था। इसका अर्थ यह हुआ कि सालाना राजस्व वसूली से उस गाँव का हिस्सा सरकारी ख़जाने में नहीं जाएगा अथवा उसे आंशिक छूट मिलेगी। मुग़लों के दौर में प्रभावी व्यक्तियों को अथवा पुरस्कारस्वरूप सामान्य वर्ग के लोगों को भी गाँव जागीर में दिए जाते थे। मगर उसी नाम के अन्य गाँवों से फ़र्क़ करने के लिए नए बने जागीरदार उसके आगे जागीर जोड़ देते थे जैसे **हिनौतिया** और **हिनौतिया जागीर**।

एक और दिलचस्प बात। **ख़ुर्द** और **कलाँ** की मौजूदगी बृहत्तर भारत की तरह ही अंतराष्ट्रीय संदर्भों में भी है। जगत्प्रसिद्ध पामीर क्षेत्र दरअसल चीन, पाकिस्तान, अफ़गानिस्तान, किर्गिजिस्तान, ताजिकिस्तान के दरम्यान फैली हिन्दुकुश, कुनलुन, तिआनलान और काराकोरम पर्वत श्रृंखलाओं के समूह को कहते हैं जिसे अंग्रेज़ दुनिया

की छत कहते थे। **पामीर** का सुरम्य हिस्सा, जो अफ़गानिस्तान में पड़ता है, **छोटा पामीर** कहलाता है। इसे **पामीर ख़ुर्द** भी कहते हैं। समूचे पाकिस्तान, ईरान, अफ़गानिस्तान में इसी नाम से जाना जाता है। शेष पामीर को **पामीर कलाँ** कहते हैं अर्थात बड़ा पामीर। इसी तरह 'अरेबियन नाइट्स' के प्रसिद्ध अरबी सौदागर सिंदबाद जहाज़ी के यात्रा वर्णनों में **चिनकलाँ**, चीनकला या **सिनकलाँ** शब्द आया है जिसका मतलब वृहत्तर चीन के संदर्भ में दक्षिणी चीन के उस हिस्से से था जहाँ आज **गुआंगझू** कैंटन प्रांत है। ऐतिहासिक संदर्भों में भी सदियों पहले इस क्षेत्र का यही नाम प्रचलित था। इससे यह तो ज़ाहिर होता है कि फ़ारसी के साथ-साथ यह अरबी भाषा में भी ख़ूब प्रचलित था।

ख़ुर्द की तरह से छोटा के अर्थ में एक अन्य शब्द है **कोचक**। एशिया माइनर के लिए हिन्दी, उर्दू में एशिया कोचक शब्द का प्रयोग होता है। कोचक तुर्क़-मंगोल मूल का शब्द है जिसका अर्थ होता है लघु या छोटा। कोचक शब्द की व्याप्ति हिन्दी में कम रही मगर चंगेज़ ख़ान और उसकी संतानों ने सुदूर यूरोप तक ख़ासतौर पर हंगरी में जो धावे बोले उसकी वजह से तुर्किक ज़बान का प्रभाव इस पूर्वी यूरोपीय देश पर पड़ा और यह **किशुक, किसुक** जैसे रूपों में हंगरी भाषा में प्रचलित है।

ख़ुदा बचाए उज़बकों से

[शब्द संदर्भ : उज़बक, उज्बेक, उज्बेकिस्तान, बेग]

जाहिल या उजड्ड के अर्थ में हिन्दी में एक शब्द ख़ास प्रचलित है **उज़बक**। अकसर गँवारू या अजीब क्रियाकलापों के लिए यही उलाहना दिया जाता है कि क्या उज़बकों जैसी हरकतें कर रहे हो! दरअसल यह एक समूहवाची शब्द है और तुर्की भाषा के **उज्बेक** शब्द से बना है जिसके मायने हैं तुरानी या तातारी क़बीला। ग़ौरतलब है कि इस क़बीले की बहुलता के चलते एक समूचे इलाक़े का नाम पड़ा उज्बेकिस्तान। प्राचीन भारत के ऐश्वर्य के क़िस्से सुनकर उसे लूटने की चाह में पश्चिमी सरहदों को लाँघकर आने वाले अनेक हमलावरों का इस क़बीले से रिश्ता रहा है।

सभ्यता, संस्कृति के लिहाज़ से इनका भारतीयों से कोई मेल न था। हमलावरों के प्रति वैसे भी कोई दमित समूह अच्छी राय नहीं रखता। कई मायनों में ये हिन्दुस्तानियों से पिछड़े संस्कारों के थे। लूटने की चाह में ये अपने इलाक़े के बेपढ़े-लिखे लोगों की सैनिक के तौर पर भर्ती करते थे और हज़ारों मील और महीनों का सफ़र तय करते हुए उज्बेकिस्तान, तुर्किस्तान के ठिकानों से भारत पर धावे मारते रहते थे। आक्रान्ता के रूप में इनकी फ़ौजों द्वारा मचाई गई तोड़-फोड़, लूटमार और शासक के तौर पर अजीबोग़रीब बर्ताव के चलते भारतीय जनमानस में एक तुर्की क़बीले के नाम ने मूर्ख और उजड्ड के अर्थ में अपनी पैठ बना ली। ये अलग बात है कि अपने वतन में उज्बेक, उज़बक नहीं हैं। भारत पर हमला करने वाले लँगड़े तैमूर और बाबर का इसी क़बीले से रिश्ता रहा है। **उज़्बेक** शब्द की व्युत्पत्ति के पीछे दो तरह की धारणाएँ हैं। चंगेज़ ख़ान की मौत के बाद दुर्दांत मंगोल हमलावरों में फूट पड़ गई। किसी वक़्त

मंगोलों ने मध्य एशिया से लेकर पूर्वी यूरोप तक के विशाल इलाक़े को अपने लगातार आक्रमणों से रौंद रखा था। चंगेज़ की मौत के कई दशकों बाद सुल्तान मोहम्मद **उज़्बेग** ने अपना रुतबा दिखाया। उसने 1282-1341 तक शासन किया। उसे ही चंगेज़ के बाद सबसे योग्य सरदार माना गया। कहा जाता है कि उसके नाम से ही **उज्बेक** शब्द चला। मगर दूसरी धारणा ज़्यादा प्रभावी नज़र आती है। **उज्बेक** लोगों की सिफ़त रही है हमेशा आज़ाद रहना।

तुर्किस्तान, तुर्क़मेनिस्तान, उज्बेकिस्तान जहाँ इनकी ख़ासी तादाद रही है वहाँ सदियों से ये ख़ानाबदोश क़बीलों की शक्ल में जहाँ मन हुआ अपनी अहलकारी क़ायम करते रहे। **उज्बेक** शब्द बना है **ओज़ + बेक** से। **ओज़** का मतलब होता है स्वयं और **बेक** का अर्थ होता है मुखिया, स्वामी अर्थात ख़ुदमुख़्तार, स्वघोषित नायक। यही बात इस समुदाय के स्वभाव से भी मेल खाती है अतः **उज्बेक** शब्द की यही उत्पत्ति सही लगती है। ग़ौरतलब है कि मुस्लिम नामों के साथ जो **बेग़** उपनाम लगता है, जैसे–**नियाज़ बेग़, खालिद बेग़** वग़ैरह, वह इसी **बेक** की उपज है। यानी उज्बेकिस्तान से ही है **बेग़** का भी रिश्ता। ग़ौर करें यह **बेग़** या **बेग** दरअसल भारोपीय मूल के **भज्** या **भग** का ही बदला रूप है जिसमें अंश, भाग्य, अथवा ईश्वर का भाव है। भगवान भी इसी कड़ी का शब्द है। **उज्बेक** शब्द में चाहे ख़ुदमुख़्तारी और नायकत्व का भाव हो मगर हिन्दी में जो उज़बक है उसका अर्थ तो गंवार, जाहिल, मूर्ख और उजड्ड ही होता है। मध्य एशिया के इन आक्रांताओं के नायकत्व को भारत ने इसी रूप में पहचाना।

चिड़िया चुग गइ खेत

[शब्द संदर्भ : खेत, क्षेत्र, क्षिति, ख़ला, ख़ल्क़, ख़ाली, क्षत, क्षति]

खेतों की समृद्धि ही किसी भी देश को सोने की चिड़िया बना सकती है, जैसा कि सदियों पहले भारत था और कहावतों में अब भी है...जब चिड़िया चुग गइ खेत जैसा पछतावे का एहसास ही नज़र आता है। पृथ्वी का असीम विस्तार ही मनुष्य के लिए सुख-दुख की वजह रहा है। इसकी व्याख्या फिर कभी, फिलहाल इतना ही कि यही विस्तार **क्षेत्र** कहलाता है जिससे **खेत** जैसा शब्द जन्मा है। **क्षेत्र** शब्द की मूल धातु है **क्षि** जिससे बने **क्षितिः** शब्द के मायने व्यापक हैं। **क्षितिः** यानी पृथ्वी, आवास, घर आदि। इसके अलावा इस शब्द के कुछ अन्य अर्थ भी हैं, जैसे–हानि, विनाश, आघात आदि। इसी तरह **क्षः** वर्ण का अर्थ भी क्षेत्र, खेत और किसान ही होता है।

क्ष का अगला रूप **खः** होता है। **खः** में निहित अंतरिक्ष, आकाश, ब्रह्म जैसे भावों और **क्ष** से बने अक्षर शब्द के अविनाशी, ब्रह्म जैसे अर्थों पर अगर ग़ौर करें तो देखते हैं मूलतः इनमें ख़ालीपन और विस्तार का ही भाव समाया है जिसे अंग्रेज़ी में स्पेस कहा जाता है। जो कि अरबी के **ख़ला** (ख़ाली स्थान, शून्य, अंतरिक्ष), **ख़ल्क़** (संसार, राज्य) जैसे शब्दों में भी साफ़ हो रहा है। ज़ाहिर है क्षेत्र में भी मूल भाव-विस्तार और ख़ालीपन और रिक्तता का ही है। क्षेत्र ने ही खेत का रूप लिया है। पृथ्वी की सतह

पर जितनी भी **ख़ाली** जगह है क्षेत्र कहलाती है मगर भूमि का वही **क्षेत्र, खेत** कहलाता है जिसे जोता जा सके। जुताई क्या है? धरती के कठोर सीने को हल की नोक से छील कर मुलायम मिट्टी में तब्दील करने की प्रक्रिया ही जुताई है। यहाँ आकर **क्षितिः** शब्द में अंतर्निहित हानि, विनाश अथवा आघात जैसे शब्दों का अर्थ जुताई के संदर्भ में साफ़ होता है। **क्षि** धातु से ही **क्षत, क्षतिः** जैसे शब्द बने है जिनमें चोट, ज़ख़्म, हानि, बर्बादी जैसे भाव शामिल हैं। जंग में मारे जाने के लिए एक मुहावरा **खेत रहना** भी प्रचलित है जिसका अभिप्राय यही है कि शरीर से प्राणों की मुक्ति। **ख** में शामिल शून्य, विस्तार, ख़ालीपन जैसे भाव इससे बने संस्कृत के **खलकः** जैसे शब्द में भी शामिल है, जिसका अर्थ है—घड़ा। सूफ़ी कवियों ने घड़े की व्याख्या भी ब्रह्म और आकाश के रूप में ही की है। ग़ौर करें की खेत की उपज अन्न कहलाती है। शास्त्रों में अन्न को भी ब्रह्म की ही उपमा दी गई है। अन्न अपने आपमें ब्रह्म है और अन्न भूख नाम के उस अविनाशी तत्त्व का आंशिक शमन करता है जो उदर नामक घड़े में (स्पेस, ख़ालीपन) आश्रय पाता है और लोभ, मोह, माया जैसे विभिन्न रूपों में मन में भी अपना डेरा जमाए रहता है। इसीलिए लालच, तृष्णा का घड़ा और भूख के संदर्भ में पेट को घड़ा या गड्ढा कहा जाता है।

तुर्रमख़ाँ तूरानी, दुर्र-ए-दुर्रानी

[शब्द संदर्भ : तूरान, दुर्रान, ईरान, दुर्रानी]

ईरान का उत्तरी क्षेत्र प्राचीनकाल में **तूरान** के नाम से जाना जाता था और यहाँ के जातीय समूह और भाषा के लिए तूरानी शब्द का प्रयोग होता रहा। ईरान की प्राचीन भाषा अवेस्ता में इसके लिए **तुर्य** शब्द मिलता है। ग़ौरतलब है कि ईरान शब्द की व्युत्पत्ति **आर्य** से हुई है। संस्कृत की बहन और ईरान की प्राचीन भाषा अवेस्ता में **ऐर्य-तुर्य** शब्दों का उल्लेख है जिसकी वजह से इस पूरे भूक्षेत्र के लिए **ईरान** के साथ **तूरान** नाम भी चलन में आया। किसी ज़माने में इस इलाक़े में पश्चिम में तुर्की से लेकर पूर्व में मंगोलिया और उत्तर में साइबेरिया तक का विशाल क्षेत्र आता था। तूरान का संबंध तुर्क़ जाति से है।

ग़ौरतलब है कि संस्कृत में **तुर्क़** के लिए **तुरुष्क** शब्द है। अवेस्ता में इसे ही **तुर्य** कहा गया है। इसके अलावा अवेस्ता की कथाओं में एक उल्लेख मध्य एशिया के प्रतापी सम्राट फरीदुन का भी मिलता है जिसके तीन पुत्र थे। सल्म (अरबी में सलामत), तूर (ज़) और ईर (ज़)। सम्राट ने पश्चिमी क्षेत्र के सभी राज्य जिसमें अनातोलिया भी था सल्म को दिए। तूर को मंगोलिया, तुर्किस्तान और चीन के प्रांत दिए और साम्राज्य का सबसे अच्छा इलाक़ा तीसरे पुत्र ईरज़ को सौंपा। ईर का बहुवचन ईरान हुआ और तूर का तूरान। अर्थात जहाँ तूर शासित क्षेत्र तूरान और ईर शासित क्षेत्र ईरान। यह गाथा काफ़ी लंबी है मगर इतना तो बताती है कि संस्कृत और अवेस्ता में उल्लेखित **तुरुष्कः**, **तुर्य** अथवा तूर से ही **तुर्क़** शब्द बना है और प्राचीनकाल में इसे ही तूरान या तुरान

कहा जाता था। इस शब्द के दायरे में सभी मंगोल, तुर्क़, कज़ाख, उज़बेक आदि जाति समूह आ जाते हैं। उल्लेखनीय है कि अवेस्ता में **आर्य** का उच्चारण **ऐर्य** होता है। **एर** का अर्थ होता है सीधा, सरल, सभ्य। **तूर** का मतलब होता है ताक़तवर, कठोर, मज़बूत। हिन्दी में प्रचलित तेज़-तर्रार और **तुर्रमख़ाँ** जैसे मुहावरों के पीछे यही **तुरुष्क, तूरान** और **तुर्क़** झाँक रहा है।

दुर्रान-दुर्रानी—ईरानी, तूरानी की तरह **दुर्रानी** शब्द भी भारत में सुनाई पड़ता है। इसका रिश्ता भारत के एक आक्रांता से जुड़ा हुआ है। नादिरशाह की मौत के बाद उसके सिपहसालार अहमदशाह अब्दाली (1723-1773) ने काबुल की गद्दी कब्ज़ा ली। अपने आक़ा की तरह दिल्ली फ़तह के इरादे उसके भी थे और कई बार उसने भारत पर चढ़ाई भी की। दिल्ली फ़तह की उसकी इच्छा इतनी प्रबल थी कि उसका उल्लेख उसने एक कविता में भी किया है। बहरहाल, अहमदशाह अब्दाली पख़्तून (पठान) था। पठानों की एक उपजाति है अब्दाली। इन्हीं अब्दालियों का एक क़बीला है सबदोजाई जिससे ताल्लुक़ था उसका। अहमदशाह की बहादुरी को देखते हुए उसे **दुर्र-ए-दुर्रान** की उपाधि मिली। अरबी में **दुर्र या दुर** का मतलब होता है मोती। दुर्र का बहुवचन हुआ **दुर्रान** इस तरह दुर्र ऐ दुर्रान का मतलब हुआ मोतियों में सबसे बेशक़ीमती। सबसे अव्वल। सो अहमदशाह अब्दाली को **दुर्रानी** कहा जाने लगा। कई लोग दुर्रानी का अर्थ क़बीले अथवा जाति से लगाते हैं, जबकि ऐसा नहीं है। अलबत्ता सबदोजाई क़बीले के लोगों ने अहमदशाह के बाद ख़ुद को दुर्रानी कहलवाना ज़रूर शुरू कर दिया। हालाँकि एक अन्य व्युत्पत्ति के अनुसार यह शब्द **दुर्र-ए-दौरान** से बना है अर्थात दौर यानी काल, वक़्त, समय का बहुवचन दौरान। इसका मतलब हुआ वक़्त का बेशक़ीमती मोती।

तातार—तूरानियों की तरह ही भारतीय इतिहास में तातारियों का भी उल्लेख है। दरअसल तातार शब्द से अभिप्राय तुर्क़ और उज़बेक लोगों से ही है। मूलतः एक मंगोलियाई क़बीले के नाम के तौर पर तातार शब्द प्रचलित हुआ। पुराने ज़माने में चीन के लोग उत्तर पश्चिमी सीमा से लगते प्रांतवासियों के लिए **तातान** अथवा **दादान** शब्द का प्रयोग करते थे। **तातार** शब्द इससे ही चला। बाद में चंगेज़ ख़ान द्वारा शासित मंगोल जाति समूहों ने ख़ुद को तातार कहना शुरू कर दिया।

दक्षिणापथ और पंचद्रविड़

[शब्द संदर्भ : द्रविड़, पंचद्रविड़, तमिल, दक्षिणापथ]

भारतवर्ष, जिसके चर्चे प्राचीनकाल से ही पूरी दुनिया में रहे हैं, दो महान सभ्यताओं जातियों के मेल से बना है आर्य और द्रविड़। मूल रूप से द्रविड़ दक्षिण भारतीय माने जाते हैं मगर कभी ये सुदूर उत्तर में फल-फूल रहे थे। संस्कृत शब्द द्रविड़ में दक्षिण भारत में निवास करने वाले सभी प्रमुख चार जाति समुदायों यानी मलयालम, तमिल, कर्नाटक और तेलुगू को शामिल माना जाता है। वैदिक काल में दक्षिण भारत को

द्रविड़ों के नाम से नहीं बल्कि **दक्षिणापथ** के नाम से जाना जाता था। ख़ास बात यह भी कि दक्षिण के क्षेत्रों में गुजरात, महाराष्ट्र समेत समूचा दक्षिण भारत शामिल था। **द्रविड़** शब्द तो संस्कृत में बहुत बाद में शामिल हुआ। दरअसल द्रविड़ शब्द **तमिळ** (तमिल) का रूपांतर है। भाषा के स्तर पर जो अर्थ संस्कृत का है यानी जो सुसंस्कृत हो या जिसमें संस्कार हो वही अर्थ तमिल का भी है। **चेन्तमिल,** तेलुगू, कन्नड़ आदि शब्दों के मूल में भी शुद्धता-माधुर्य आदि भाव छुपे हैं। **द्रविड़** शब्द संस्कृत का है ज़रूर पर उसका मौलिक नहीं **तमिळ** का विकृत रूप है। इसका विकासक्रम कुछ इस तरह रहा है–तमिळ > दमिळ > द्रमिळ > दमिड > द्रविड़। दरअसल आर्य भाषा-परिवार में **ळ** जैसा कोई वर्ण नहीं था और न ही ध्वनि थी इसलिए ळ वर्ण सहज रूप से ड़ में बदल गया। संस्कृत पर द्रविड़ परिवार के असर के बाद ही भारतीय भाषाओं में **ळ** वर्ण का प्रवेश हुआ और अब मराठी, गुजराती और राजस्थानी में भी इसका प्रयोग होता है। हालाँकि इसमें कोई शक नहीं कि दक्षिण की सभी भाषाओं में **तमिल** भाषा सर्वाधिक शुद्ध है जबकि तेलुगू, कन्नड़ और मलयालम पर आर्य भाषाओं का काफ़ी प्रभाव पड़ा है। आर्य जिसे दक्षिणापथ कहते थे उसमें सौराष्ट्र और महाराष्ट्र समेत दक्षिण के राज्य शामिल थे। महाराष्ट्रीय समाज आज भी ख़ुद को द्रविड़ संस्कृति के निकट मानता है और **पंचद्रविड़** भी कहलाता है।

दिग्गज और देश-प्रदेश

[शब्द संदर्भ : दिश्, दिक्, दिग्गज, निर्दिष्ट, निर्देश, दिशा, निर्देशक, निर्देशन, बिदेस, बिदेसिया, अंदेशा, देशाटन, उपदेश]

हिन्दी में **दिशा** शब्द के लिए प्रचलित विकल्प बहुत सीमित हैं। दिशा का मतलब पूछा जाने पर सामान्य तौर पर **उस, तरफ़** या **उस, ओर** जैसे अर्थ बताए जाते हैं। जानकार दिश्, दिक्, **दिग्, सिम्त** या **डायरेक्शन** जैसे शब्द बताने लगेंगे, मगर ये प्रचलित नहीं हैं। दिशा का विकल्प चाहे न हो मगर ऐसे कई शब्द हैं जिनमें **दिशा** शब्द छुपा हुआ नज़र आता है। इससे ही बना है **देश** शब्द जिसके कई विकल्प हिन्दी में प्रचलित हैं, मसलन–राष्ट्र, मुल्क, वतन, नेशन और कंट्री आदि।

दिशा शब्द बना है संस्कृत धातु **दिश्** से जिसका मतलब होता है दिखलाना, संकेत करना आदि। ग़ौर करें कि **दिश्** में निहित दिखलाने के भाव पर। रास्तों में हमने अक्सर दिशा सूचक चिह्न या पट्टिकाएँ देखी होंगी वो किसी ख़ास तरफ़ इंगित करती हैं–कुछ दिखलाती हैं। ज़ाहिर है दिशा में सबसे पहले इंगित करने का भाव ही सामने आया। दिश् से ही बना है **दिष्ट** अर्थात जो अँगुली के इशारे से दिखाया जा सके। इसमें निर् उपसर्ग लगने से बना है निर्दिष्ट यानी जिस ओर बतलाया जाए, दिखाया जाए, तयशुदा। **निर्देश, निर्देशन** या **निर्देशक** भी इसी मूल से बने हैं। **दिश्** शब्द में दिशा या **दिग्बिंदु,** चार दिशाओं वाले भाव बाद में समाए। इससे बने दिशा शब्द का अर्थ पृथ्वी का चौथाई, आकाश का चौथाई भी होता है। संस्कृत में **दिश्** के ही अन्य रूप **दिक्**

और **दिग्** भी मिलते हैं जिनसे **दिग्गज, दिग्विजय, दिक्पाल** जैसे शब्द बने हैं। **दिश्** में **दस** का भाव भी शामिल हैं। ग़ौरतलब है सामान्यतः चार दिशाएँ मानी जाती हैं मगर ज्योतिष शास्त्र में दस दिशाएँ बताई गई हैं–पूर्व, पश्चिम, उत्तर, दक्षिण, ईशान, वायव्य, नैऋत्य, आग्नेय, आकाश और पाताल। दिग्गज़ या दिक्पाल का अर्थ भी दिशाओं के रख वाले के अर्थ में ही हुआ है। पुराणों में आठ दिशाओं का भी उल्लेख है (आकाश-पाताल नहीं)। इस तरह आठों दिग्गजों के नाम इस प्रकार हैं– (1) ऐरावत, (2) पुंडरीक, (3) वामन, (4) कुमुद, (5) अंजन, (6) पुष्पदंत, (7) सार्वभौम व (8) सुप्रतीक।

इसी तरह **देश** शब्द का जन्म भी इस **दिश्** धातु से ही हुआ है। यहाँ दिश् से बने देश शब्द में स्थान, जगह, स्वदेश, प्रदेश, विदेश, प्रांत, राज्य, मुल्क आदि अर्थ समाहित हैं। बात वही है, इंगित करने के अर्थ में दूरस्थ स्थान के अर्थ में ही इस शब्द का प्रयोग होता रहा है। इससे ही बने **बिदेस, बिदेसिया, देस-परदेस** जैसे शब्द लोक बोलियों में ख़ूब रचे-बसे हैं। **बिदेसिया** तो पूरब की एक प्रसिद्ध लोकगायन शैली ही है। परदेसगमन पर सभी भाषाओं में ख़ूब लोकगीत रचे जाते रहे हैं। राजस्थान के मारवाडी बरसों पहले कमाई के लिए अपना घर छोड़कर जब **परदेस** जाते थे तो उनके इस यात्रा-काल को दिसावरी कहा जाता था। अब **परदेस** से आने वाले समाचारों के लिए संदेश, सँदेसा जैसे शब्द और आशंका के लिए **अंदेशा, अंदेसा** जैसे शब्द भी इसी मूल से उपजे हैं। **देशाटन** शब्द हालाँकि इसी मूल का है, मगर इसका अर्थ किसी वक़्त देश का भ्रमण या मुल्क की सैर न होकर विशुद्ध भ्रमण या पर्यटन था। सूक्ति, वचन के अर्थ में **उपदेश** जैसा शब्द भी हिन्दी में ख़ूब प्रचलित है और इन उपदेशों के ज़रिए ही संत-महात्माओं ने भी देस-परदेस के दार्शनिक भाव उजागर किए हैं। उपदेश में निर्देश का भाव स्पष्ट है। संसार की निस्सारता के बारे में कबीर कहते हैं–

कबीर कहा गरबियौ, काल कहै कर केस।
ना जाणै कहाँ मारिसी, कै घर, कै परदेस ॥

पठान, पाषाण और पख़्तूनिस्तान

[शब्द संदर्भ : पख़्तूनिस्तान, पाषाण, पश्तून, पठार, पुख़्ता]

पठान यानी ख़ालिस अफ़गानिस्तानी लोग। काबुली वाला के तौर पर जो तस्वीर ज़ेहन में उभरती है वह दरअसल एक पठान की होती है। भारत के मुस्लिम समाज में बहुत से लोग पठान उपनाम का इस्तेमाल करते हैं। आज **पठान** शब्द से एक धर्म या जाति-विशेष का होकर रह गया है मगर किसी वक़्त ऐसा नहीं था। बल्कि पश्चिमोत्तर भारत के एक ख़ास इलाक़े में रहने वाले सभी लोग पठान कहलाते थे ठीक वैसे ही जैसे पंजाब निवासी पंजाबी, महाराष्ट्र के लोग मराठी और गुजरातवासी गुजराती।

दरअसल इस्लाम के जन्म से भी सदियों पहले वैदिककाल में जब अलग-अलग गण हुआ करते थे, भारत के उत्तर-पश्चिमी इलाक़े में **पक्थ** नाम का एक गण था। इसका क्षेत्र आज के रावलपिंडी से लेकर अफ़गानिस्तान के दक्षिण-पूर्वी इलाक़े तक थे। इसमें उत्तर में आज के पेशावर-काबुल से लेकर दक्षिण में क्वेटा जैसे इलाक़े आते हैं। ख़ास बात ये कि ये समूचा क्षेत्र पहाड़ी है। **पख़्त** शब्द मूल रूप से पषू धातु से बना है जिसमें ऊँचाई, बुलंदी और मज़बूती जैसे अर्थ निहित हैं। समझा जा सकता है कि ये सब विशेषताएँ पहाड़ में ही होती है और पहाड़ी क्षेत्र होने से ही इसे **पक्थ** नाम मिला होगा। इससे बने पठार (हिन्दी), **पुख़्ता**, पुख़्तगी (फ़ारसी) और **पाषाण** (संस्कृत) जैसे शब्द भी इसी तथ्य को साबित करते हैं। ज़ाहिर है **पक्थ गण** का एक रूप पहले **पश्त या पष्त** रहा होगा। क्योंकि आज भी इस इलाक़े के लोग ख़ुद को **पश्तून** कहते हैं। इनकी बोली भी **पश्तो** कहलाती है। पक्थ गणवासी ही **पख़्तून** कहलाए। इन लोगों का इलाक़ा **पख़्तूनिस्तान** कहलाया और **पख़्तून** से ही बना **पठान**। अविभाजित भारत में पेशावर, सियालकोट, रावलपिंडी के हिन्दू भी पठान ही थे और मुस्लिम भी। भारत में मुस्लिम आक्रमण के वक़्त तक इस पूरे क्षेत्र में हिन्दू राजा जयपाल का शासन था **पठानकोट** जैसे कई रिहायशी इलाक़ों के नाम के साथ पठान शब्द भी किसी ज़माने में वहाँ पठानों की बहुतायत होने का संकेत करता है।

पर्वत से पोर में समाया दर्द

[शब्द संदर्भ : पर्वत, पोर-पोर, पार्वती, द्रोणपर्व, भीष्मपर्व, पर्वतेश्वर, पर्वतराज]

ज़्यादा मेहनत के बाद थकान की स्थिति का बखान करते वक़्त आमतौर पर **पोर-पोर दुखना** मुहावरा सुनने को मिलता है। **पोर-पोर** का अर्थ होता है एक-एक जोड़ में दर्द होना। थोड़ा और विस्तार में जाएँ तो कह सकते हैं कि पर्व की मस्ती में चूर होने और पर्वतारोहण की मेहनत के बाद स्वाभाविक है कि शरीर का पोर-पोर दुखे अर्थात **पोर-पोर, पर्व** और **पर्वत** तीनों शब्दों के बीच रिश्तेदारी है। मगर ये अनायास नहीं है बल्कि इसलिए है क्योंकि इनका जन्म एक ही मूल से हुआ है और अर्थ लगभग समान है।

संस्कृत की मूल धातु **पर्व** से इनका निर्माण हुआ है जिसके मायने हैं गाँठ, जोड़ या संधि। हिन्दी में पहाड़ के लिए पर्वत या देशी बोलियों में परबत शब्द आम है। इसका जन्म भी इसी प्रक्रिया के तहत हुआ है। ग़ौर करें कि जोड़ या गाँठ जहाँ भी होती है वह स्थान कुछ उभरा हुआ, खुरदरा या ऊबड़-खाबड़ होता है। इसी आधार पर पहाड़ी उभारों के लिए भी पर्व की कल्पना की गई और नया शब्द बना पर्वत। चूँकि पहाड़ों में सर्वोच्च हिमालय है इसलिए इसी से उसके लिए वैकल्पिक शब्द बने **पर्वतराज, पर्वतपति** या **पर्वतेश्वर**। पुराणों में हिमालय की पुत्री के लिए **पार्वती** नाम इसी से बना। बाद में पहाड़ों से निकलने के कारण नदियों के अनेक नामों में एक नाम पार्वती भी जुड़ गया। इसी तरह शरीर के संधि-स्थल को भी पर्व कहते हैं, जैसे—घुटना, कुहनी,

कंधा आदि। इसीलिए लोकबोली में जोड़ के लिए **पोर-पोर** शब्द चल पड़ा। जोड़ या संधि के अर्थ में ही किसी पुस्तक या ग्रंथ के अध्याय को भी **पर्व** कहते हैं। ग़ौर करें कि महाभारत में विभिन्न अध्यायों के नाम के साथ भी पर्व शब्द का प्रयोग हुआ है, जैसे—**द्रोण पर्व, भीष्म पर्व**।

पर्व का एक अन्य महत्त्वपूर्ण अर्थ है उत्सव, त्योहार या धार्मिक अवसर। इसका संबंध भी गाँठ, जोड़ या संधि जैसे अर्थों से है। प्राचीनकाल में सभी प्रमुख धार्मिक तिथियाँ ग्रहों की स्थितियों के आधार पर तय की जाती थीं, जैसे—सूर्य ग्रहण या चंद्र ग्रहण। पूर्णिमा अथवा अमावस्या की समाप्ति। ऐसे संधिकाल को ही पर्वसंधि कहा गया। इन तिथियों पर पुण्यकर्म अथवा मांगलिक कार्य तय किए जाते थे। बाद में ये अवसर पर्व यानी त्योहार के अर्थ में प्रचलित हो गए।

बिहारी की बुख़ारी से रिश्तेदारी

[शब्द संदर्भ : विहार, बुख़ारा, बुख़ारी, विहारी, बिहारी]

विहार शब्द मूल रूप से संस्कृत का है मगर हिन्दी में भी बोला-समझा जाता है। इसके कई अर्थ हैं जो रागरंग से भी जुड़ते हैं और धर्म-वैराग्य से भी। **विहार** के विभिन्न मायनों में शामिल है—सैर-सपाटा, भ्रमण, देशाटन, आमोद-प्रमोद, उद्यान या वाटिका, विलास, मनोरंजन वग़ैरह-वग़ैरह। इसके कुछ अन्य अर्थ भी हैं, जैसे—बौद्ध या जैन मंदिर, पूजास्थल, मठ-आश्रम, संघाराम, विश्राम, भिक्षुमठ, निवास, धर्मस्थली अथवा तीर्थाटन आदि। विहार के इन दूसरे अर्थों से ही रिश्ता जुड़ता है आज के बिहार प्रान्त और उज्बेकिस्तान के **बुख़ारा** नाम के प्रसिद्ध शहर का। ये दोनों ही नाम **विहार** शब्द से बने हैं और इनका बौद्धधर्म से बहुत गहरा संबंध है। विहार यानी बौद्धमठ। ईसापूर्व पाँचवीं सदी तक लगभग समूचे उत्तरी भारत में बौद्धधर्म झंडा फहरा चुका था। आज का बिहार उस ज़माने में **मगध** कहलाता था और बौद्धधर्म का ख़ास केन्द्र था। वह मौर्य और गुप्तकाल का समय था। न सिर्फ़ बौद्धमठों (विहार) की अधिकता के कारण बल्कि भिक्षुओं के निरंतर तीर्थाटन (विहार) के कारण इस समूचे भूक्षेत्र को विहार के नाम से प्रसिद्धि मिलने लगी और बाद में यह बिहार कहलाने लगा। मगध नाम इतिहास की किताबों में दर्ज होकर रह गया।

चौथी सदी तक बौद्धधर्म का डंका पूर्वी एशिया से लेकर मध्य एशिया तक बज चुका था। इस इलाक़े में आज के उज्बेकिस्तान, ताजिकिस्तान, किर्गिजिस्तान, तुर्क़मेनिस्तान, कजाकिस्तान, अफ़ग़ानिस्तान, ईरान जैसे मुल्क आते हैं। प्राचीनकाल में बुख़ारा मध्य एशिया के **बल्ख प्रान्त** की राजधानी था और यहाँ तेरहवीं सदी ईसापूर्व से ही सभ्यता के निशान मिलते हैं। **बल्ख** का ज़िक्र प्राचीन संस्कृत ग्रंथों में **वाह्नीक** के रूप में भी मिलता है। प्राचीनकाल से ही यूरोप को चीन से जोड़ने वाले मशहूर सिल्क रूट या रेशममार्ग पर होने की वजह से यहाँ बस्ती रही जो बाद में बड़े कारोबारी केन्द्र के रूप

में बदल गई। उस ज़माने में **तक्षशिला** ही बौद्धधर्म का केन्द्र नहीं था बल्कि काबुल, कंधार और इस्फहान में भी बौद्धों का ख़ूब बोलबाला था। मगर **बुख़ारा** की बात ही कुछ और थी। वहाँ इतने विहार बने कि नाम ही बुख़ारा हो गया। क्रम कुछ यूँ रहा– विहार > बिहार > बख़ार > बुख़ार > बुख़ारा। इस्लाम के जन्म तक यह स्थान इसी नाम से प्रसिद्ध हो चुका था। यहाँ खड़े बौद्धविहारों के अवशेष यही कहते हैं कि ये कभी विहार था। भारत में मुस्लिम उपनामों में एक है बुख़ारी जो बुख़ारा से ही ताल्लुक़ रखता है।

ऊधो, मोहिं ब्रज बिसरत नाहीं

[शब्द संदर्भ : ब्रिज, वृज, ब्रज, ब्रजघोष, ब्रजेश, ब्रजवासी, ब्रजधाम, ब्रजमंडल, ब्रजेन्द्र, बिरजू, बिरज, परिव्राजक]

ब्रज या **ब्रिज** शब्द से सभी परिचित है। चाहे लोग इसे कृष्णलीला भूमि के तौर पर जानते हों मगर किसी ज़माने में इस शब्द का सीधा सरल अर्थ था मवेशियों का रेवड़। वैसे भगवान कृष्ण, गोप-गोपियों और गोधन के अलावा ब्रज का रिश्ता वैराग्य से भी है। ब्रज का संस्कृत में रूप है व्रज जिसका जन्म हुआ है **व्रज्** धातु से। संस्कृत धातु **व्रज्** एक गतिवाचक शब्द है जिसके मायने हुए जाना, चलना, प्रगति करना, पधारना आदि भाव इसमें समाए हुए हैं। इससे ही बना है **व्रजः** जिसका मतलब हुआ समुच्चय, समूह, रेवड़ या संग्रह आदि। मवेशियों की प्रवृत्ति कभी एक स्थान पर टिककर बैठने की नहीं होती है। वे लगातार विचरण करते ही रहते हैं।

मथुरा के नज़दीक स्थित एक विशाल क्षेत्र को पौराणिक काल से ही **ब्रज** नाम इसीलिए मिला क्योंकि द्वापर युग में यहाँ भगवान श्रीकृष्ण का वास था। रूढ़ अर्थों में इसकी व्याख्या करते हुए समझा जा सकता है कि **ब्रज प्रदेश** यानी जहाँ श्रीकृष्ण ने गौएँ चराईं। उनके गोपाल स्वरूप की सर्वव्यापकता ने ही इस क्षेत्र को ब्रजप्रदेश की ख्याति दिलाई।

व्रज् में निहित घूमने-फिरने का भाव इससे ही बने **व्रजः** में आश्रय, समूह आदि से जुड़ जाता है। ज़ाहिर है गौशाला, गोष्ठ, गोधन और ग वालों के आश्रय स्थल के रूप में **व्रजः** के अभिप्राय विकसित होते चले गए। **व्रज्** धातु के गतिवाचक भाव से ही जुड़ता है संन्यास अथवा वैराग्य। साधु संन्यासी भी कभी एक जगह टिककर नहीं बैठते हैं। इसी वजह से उन्हें **परिव्राजक** कहा जाता है। इस शब्द में भी व्रज् में निहित भटकने, जाने, छोड़ने का भाव निहित है। जो सांसारिक वासनाओं को छोड़ निर्वासित हो चुका हो, वही है परिव्राजक। इसीलिए प्राचीनकाल में संन्यास लेने को **प्रव्रज्या** लेना भी कहा जाता था। व्रज या ब्रज से बने लोकप्रिय हिन्दी शब्दों पर जरा ग़ौर करें–**ब्रजेश, ब्रजवासी, ब्रजधाम, ब्रजमंडल, ब्रजेन्द्र, बिरजू, बिरज** (बिरज में होरी खेलत नंदलाल...) आदि।

आज की तरह ही प्राचीनकाल में भी पशुगणना होती थी जिसे **घोष-यात्रा** अथवा **व्रज-घोष** कहा जाता था। यह शासन के अधिकारियों का एक लंबा-चौड़ा दल होता था जो वन प्रांतरों में जाकर प्रतिवर्ष **घोष-यात्रा** के ज़रिए पशुओं की गणना करता था। इसके अंतर्गत गायों की गणना की जाती थी। तुरंत ब्याई हुई गायों को, बछड़ों को और गाभिन गायों की अलग-अलग गणना करते हुए उनके शरीर पर ही अंक या निशान डाल दिए जाते थे। इस प्रक्रिया के तहत दस सहस्र गायों की संख्या को व्रज कहा जाता था।

स्थान के अर्थ में ब्रज के अंतर्गत पहले पश्चिमी उत्तर प्रदेश का यमुना और चंबल तटवर्ती क्षेत्र आता है। आज भी इस समूचे क्षेत्र को **ब्रजप्रदेश** बनाने की माँग बीच-बीच में उठती रहती है।

वरुण, डॉलर और इस्लाम

[शब्द संदर्भ : वरुण, ब्रुनेई]

वरुण का इस्लाम या डॉलर से क्या रिश्ता हो सकता है? कहाँ वरुण एक संस्कृत मूल का हिन्दी शब्द जिसका अर्थ है समुद या समुद्रदेव। हिन्दू धर्म में पूजे जाने वाले अनेक देवताओं में एक। दूसरा है इस्लाम जो बहुदेववाद नहीं बल्कि एकेश्वरवाद पर आधारित है। और तीसरा है डॉलर, जो आज के ज़माने में ख़ुद अपने आपमें एक देवता है। दरअसल वरुण का इस्लाम और डॉलर से रिश्ता जुड़ता है ब्रुनेई के ज़रिए। ब्रुनेई हिन्द महासागर में स्थित एक इस्लामी देश है। यहाँ के समुद्र में तेल के भारी मात्रा में भंडार हैं और इसके चलते यहाँ का सुल्तान दुनिया के चंद सबसे अमीर लोगों में एक है। यहाँ की मुद्रा है ब्रुनेई डालर। ब्रुनेई देश का नाम संस्कृत के वरुण से ही निकला है। वरुण यानी समुद्र, नदी, जल। वामन शिवराम आप्टे के संस्कृत शब्दकोश के अनुसार वरुण समुद्र का अधिष्ठाता देवता है। उसे पश्चिम दिशा का देवता भी कहा गया है। यही नहीं, **वरुण** का एक अर्थ अंतरिक्ष भी है।

प्राचीनकाल से ही सभ्यताओं ने जलस्रोतों के इर्द-गिर्द विकास किया है। ये जलस्रोत न सिर्फ़ जीवन के लिए आधार बने बल्कि जीवन व्यापार का आधार भी बने। जल-प्रवाह ही मनुष्य के गतिशील होने का दूसरा सबसे बड़ा माध्यम बना। पहला माध्यम तो उसके पैर थे ही जिनके ज़रिए उसने जलस्रोत खोजे। ज़ाहिर है नदी, सागर तट आदि शुरू से ही बसाहट के लिए मनुष्य के प्राकृतिक आश्रय रहे।

सदियों पहले मलेशिया में हिन्दू धर्म का प्रसार हो चुका था। मलेशियाई भाषा में **वरुण** ने **बरूनाह** का रूप अपना लिया जिसका अर्थ निकलता है बसने लायक़ जगह। क़रीब एक हज़ार साल पहले जब मलेशियाई यहाँ बसने आए तो यहाँ के प्राकृतिक सौंदर्य से प्रभावित होकर उन्होंने इस जगह को यही नाम दिया। तेरहवीं सदी तक यहाँ हिन्दू धर्म था। चौदहवीं सदी में यहाँ के राजा ने इस्लाम धर्म ग्रहण कर लिया और पंद्रहवीं

सदी में यहाँ के दूसरे सुल्तान ने अपने देश का नया नाम **बरूनाह** की जगह रखा ब्रुनेई। इस तरह हिन्दी का वरुण हो गया ब्रुनेई।

रज़िया, हब्शी और अबीसीनिया

[शब्द संदर्भ : हब्शी, अबीसीनिया, हबासत, सैयद, सिद्दी, आबनूस, इबोनी]

भारत में सुल्तानों-नवाबों के वक़्त से ही ग़ुलामों का प्रचलन रहा है। स्थानीय रजवाड़ों में भी ग़ुलामों की भरमार रहती थी जिन्हें **हब्शी** कहते थे। अरब और पूर्वी अफ्रीकी राज्यों से भारत के व्यापारिक रिश्ते थे। भारत में केरल से गुजरात तक के पश्चिमी तट पर माल उतारा जाता था। इसी के साथ ग़ुलाम भी आया करते थे। इथोपिया, जंजीबार आदि अफ्रीकी ग़ुलामों की बड़ी मंडी थे। उत्तर-पूर्वी अफ्रीका से आने वाले ग़ुलाम ही आमतौर पर **हब्शी** कहलाते थे जिनकी पहचान थी ऊँचा क़द, गठा हुआ शरीर, आबनूसी रंग और घुँघराले बाल। हब्शी शब्द का प्रयोग भी हिन्दी साहित्य और इतिहास में होता आया है। आज भी देश के विभिन्न इलाक़ों में **हब्शी** मूल के लोग रहते हैं जिनका भारतीय मूल के लोगों से रक्त संबंध भी हो चुका है। गुजरात के जूनागढ़ क्षेत्र में अलबत्ता अफ्रीकी मूल के हब्शियों का समूदाय ज़रूर रहता है जिन्हें सिद्दी कहते हैं। इस समूदाय ने अपनी सांस्कृतिक पहचान काफ़ी हद तक बचाकर रखी है।

हब्शी शब्द मूल रूप से सेमेटिक शब्द है। इसके कई रूप हैं, मसलन—**हब्शी, हबशी, हबसा** आदि। अरबी में इसका एक रूप है **हबासत** जो सेमेटिक धातु **हब्स्त** का रूप है। आमतौर पर यह शब्द उत्तर-पूर्वी अफ्रीकी समुदाय के लोगों के लिए इस्तेमाल होता था। ख़ासतौर पर इथियोपिया, इरिट्रिया आदि के संदर्भ में। अरबी में एक शब्द है **अल-हबाशात** यानी इथियोपिया के लोग। **अलहबाशा** ने ही यूरोपीय भाषाओं में जाकर **अबीसीनिया** का रूप लिया। ग़ौरतलब है कि इथियोपिया का पुराना नाम **अबीसीनिया** ही था। ग़ौरतलब है कि ग़ुलाम वंश की रजिया सुल्तान के प्रेमी का नाम याकूत था जो एक अबीसीनियाई ग़ुलाम ही था। रजिया तेरहवीं सदी में दिल्ली के तख़्त पर बैठी थीं। इथियोपिया नाम के पीछे भी काली रंगत ही प्रमुख है। इथियोपिया दरअसल ग्रीक मूल के एथिओप्स से बना है जिसका मतलब होता है झुलसा हुआ चेहरा। अर्थात काले रंग का। जूनागढ़ के **सिद्दी** मूल रूप से हब्शी हैं मगर उनके सिद्दी कहलाने की दूसरी वजह है। बताया जाता है कि **सिद्दी या सिद्धी** (हिन्दी वाला सिद्धि नहीं), अरबी **सय्यद** का रूपांतर है। ग्यारहवीं-बारहवीं सदी में अरब और अफ्रीका से जो जहाज़ गुजरात के तट पर उतरते थे उनके कप्तान **सय्यद** उपाधि लगाते थे। इन्हीं जहाज़ों से ये **हब्शी** लाए गए और इन्हें **सिद्दी** कहा जाने लगा। भारत में सिद्दियों की आबादी कुछ हज़ार तक सीमित है। गुजरात के अलावा ये महाराष्ट्र, कर्नाटक, केरल और कुछ संख्या में बंगाल में भी हैं। अकेले गुजरात में ही इनकी संख्या दस हज़ार से ज़्यादा बताई जाती है।

इसी तरह **नीग्रो** शब्द भी अफ्रीकी मूल के लोगों के लिए प्रयुक्त होता है। यह शब्द भी रंगभेदी है। यह बना है लैटिन के **निग्रम** से। फ्रेंच, अंग्रेज़ी, स्पेनिश, पुर्तगाली में इसके **नोइर, नीग्रो, नेग्रो, नेग्रे** आदि रूप मौजूद हैं जिनका अभिप्राय काले से ही है। हिन्दी में काले रंग के लिए या काले रंग वाले के लिए **आबनूसी** शब्द का प्रयोग किया जाता है। ग़ौरतलब है कि **आबनूस** भी अरबी मूल का ही शब्द है और **हब्नी** से बना है जिसका अर्थ होता है काली लकड़ी या काला रंग। ग़ौर करें **हब्शी** और **हब्नी** की समानता पर। **हब्नी** से बने **इबोनी** का अंग्रेज़ी में तेंदू की लकड़ी या आबनूस की लकड़ी के रूप में ही प्रयोग होता है मगर इबोनी का प्रयोग अमेरिका में अश्वेत समुदाय के लिए या काले व्यक्ति के लिए भी किया जाता है।

रूखेपन की रिश्तेदारियाँ

[शब्द संदर्भ : आरोह, अवरोह, रुह, रुहेला, रुहेलखंड, अश्वारोही, सिंहासनारोहण, रोहण, रोहिल्ला, रूढ़ि, रुक्ष, रुखाई]

संगीत में **आरोह-अवरोह** बेहद आम और सामान्य शब्द हैं बल्कि यूँ कहा जाए कि संगीत इन्हीं दो शब्दों पर टिका है तो ग़लत न होगा। सुरों के चढ़ाव-उतार से ही संगीत की रचना होती है। **आरोह** यानी चढ़ाव और **अवरोह** यानी उतार। आरोह-अवरोह बने हैं संस्कृत के **रूह्** से जिसका अर्थ है उपजना, चढ़ना, ऊपर उठना, विकसित होना, पकना आदि। इसी से बना है **रोहः** जिसका अर्थ है चढ़ना, वृद्धि-विकास और गहराई। चढ़ाई के लिए **आरोहण** शब्द भी इसी से बना है। राज्यारोहण, सिंहासनारोहण जैसे शब्दों से यह ज़ाहिर है।

आरोही

संस्कृत के **रोहः** में **आ** उपसर्ग लगने से एक और शब्द की रचना होती है–आरोही। शाब्दिक अर्थ हुआ ऊपर की ओर जाने वाला (या वाली) मगर भावार्थ हुआ प्रगतिगामी। जो उत्तरोत्तर तरक्क़ी करे। ऊँचे स्थान को हासिल करे, प्रतिष्ठित हो। **आरोही** से बनने वाले कुछ शब्द हैं **अश्वारोही, पर्वतारोही** आदि। ग़ौरतलब है कि पहाड़ों पर चढ़ने वालों को हिन्दी में **पर्वतारोही** कहते हैं मगर नेपाली भाषा में पर्वतारोही को सिर्फ़ आरोही ही कहा जाता है। श्रीलंका के एक पहाड़ का नाम है रोहणः। ज़ाहिर है रुह् में निहित चढ़ाई और गहराई जैसे अर्थ को ही यह साकार करता है।

रुहेलखंड

आज के उत्तर प्रदेश के एक हिस्से को **रुहेलखंड** कहा जाता है। इसका यह नाम पड़ा रुहेलों की वजह से। मुस्लिम आक्रमणकारियों के साथ पश्चिम से जो जातियाँ भारत आकर बस गईं उनमें अफ़गानिस्तान के रुहेले पठान भी शामिल थे। इसकी उत्पत्ति भी संस्कृत के **रूह्** से ही हुई है जो पश्तो ज़बान में बतौर रोह प्रचलित है। **पश्तो** में

रोह का अर्थ पहाड़ होता है। सिन्धी ज़बान में भी पहाड़ के लिए **रोह** शब्द ही है। साफ़ है कि पहाड़ी इलाक़े में निवास करने वाले लोग **रुहेले पठान** कहलाए। **रोहिल्ला** शब्द भी इससे ही बना। भारत में आने के बाद ये अवध के पश्चिमोत्तर इलाक़े में फैल गए और इस तरह रुहेलों ने बसाया रुहेलखंड। दिल्ली के नज़दीक सराय रोहिल्ला क़स्बे के पीछे भी यही इतिहास है। भारत में रोहिल्ला, रुहेला, रोहिला लोगों का आगमन दो बार हुआ है और ये दोनों काल एक दूसरे से 800-900 वर्ष के अन्तर से हैं। अफ़गानिस्तान के पहाड़ी प्रदेशों (रोह/रूह) के हिन्दू निवासी मुस्लिम आक्रांताओं के हमलों से बचने और हिन्दू बने रहने के लिए वहाँ से भारत के दोआब इलाक़े में बसने के लिए आए। जो लोग नहीं आ पाए वे सैकडों वर्षों के काल में मुस्लिम धर्म में हिल-मिल गए। रोहिल्ला अफ़गानों का दूसरी बार भारत में आगमन 17वीं/19वीं शताब्दियों में हुआ जब मुग़लों ने ख़ुद उन्हें भारत आमन्त्रित किया। **रुहेलखंड** के भी दो भाग हैं, पुराना रुहेलखंड पीलीभीत के आसपास था और कहते हैं कि ये हिन्दू रोहिल्ला राजाओं की राजधानी थी। 17वीं शताब्दी में बरेली, बदायूँ के आस पास के क्षेत्र को रुहेलखंड की राजधानी के रूप में जाना जाता है। यूँ भारत में **रुहेला** समूह के लोग हिन्दू भी होते हैं और क्षत्रिय माने जाते हैं।

रूखा या रुक्ष

हिन्दी में **रूखा** शब्द का अर्थ है खुरदरा, कठोर, नीरस के अलावा इसका एक अर्थ उदासीन भी होता है। इस शब्द का उद्‌गम हुआ है संस्कृत के **रुक्ष** शब्द से जिसका मतलब है ऊबड़-खाबड़, असम और कठिन। **रुक्ष** की उत्पत्ति भी **रूह्** धातु से हुई है जिसका अर्थ है ऊपर उठना, चढ़ना आदि। ग़ौरतलब है कि हिन्दी का ही एक और शब्द है **रूढ़** जिसका जन्म भी रूह् धातु से हुआ है। इसके मायने भी स्थूलकाय, बड़ा या उपजना, उगना आदि हैं। कुल मिलाकर **रूह्** से जहाँ संगीत की सुरीली दुनिया के शब्द बने वहीं पथरीली-पहड़ी और ऊबड़-खाबड़ दुनिया के लिए भी **रुक्ष** और **रूढ़** जैसे शब्द बने। ग़ौर करें रूह् के ऊपर चढ़ने और उतरने जैसे भावों पर। ज़ाहिर है चढ़ने-उतरने के लिए धरातल का असम होना ज़रूरी है। अर्थात पहाड़ी या ऊबड़-खाबड़ ज़मीन। इसीलिए **रूह्** से बने **रुक्ष** शब्द में ये सारे भाव विद्यमान हैं और इससे **रुखाई** जैसे लफ़्ज़ भी बन गए। इसी तरह **रूह्** के चढ़ने के अर्थ में उगने-उपजने और बढ़ने का भाव भी छुपा है। ग़ौर करें कि प्रथा के लिए **रूढ़ि** शब्द भी इससे ही बना है। इसमें भी बढ़ने और उपजने का भाव छुपा है।

खानपान-रहनसहन-कृषि

गधे पँजीरी खा रहे हैं

[शब्द संदर्भ : पँजीरी, जीर्णक, जीरा, जीर्ण, जराजीर्ण, जीर्णावस्था, चूर्ण, जरावस्था, जरासंध]

कहावत है—ग़रीबी में आटा गीला यानी मुश्किल वक़्त में और मुसीबत। बचपन में इसे सुनकर दो सवाल मन में आते थे कि आटा अगर गीला न हो तो उससे रोटी बने कैसे? दूसरा ये कि क्या अमीर लोग सूखा आटा खाते हैं? सूखा आटा खाते तो किसी को नहीं देखा गया अलबत्ता आटे से बनी **पँजीरी** ज़रूर ख़ूब खाई है जो बेहद स्वादिष्ट लगती है। **पँजीरी** के बारे में भी एक कहावत मशहूर है कि **गधे पँजीरी खा रहे हैं**...इसका मतलब होता है अक्षम व अयोग्य व्यक्ति का प्रभावशाली होना। हालाँकि गधा अयोग्य होता है ये हम नहीं मानते। गधे अगर अयोग्य-अक्षम होते तो दुनिया भर के धोबी भूखों मर जाते! इससे यह तो ज़ाहिर है कि पँजीरी कुछ विशिष्ट क़िस्म का खाद्य पदार्थ है जिसे खाना श्रेष्ठता का प्रतीक है। हालाँकि पँजीरी को लेकर एक मुहावरा है पँजीरी फाँकना अर्थात अभाव में रहना। गधों के पँजीरी खाने की बात से साफ़ है कि किसी ज़माने में पँजीरी खाना शान की बात थी और यह बेहद राजसी पदार्थ रहा होगा। बाद के दौर में जब पाक कला का और विकास हुआ और विभिन्न देशों, ख़ास तौर पर अरबी और फ़ारसी मिठाइयों की हिन्दुस्तान में आमद हुई तो पँजीरी की क़द्र थोड़ी घट गई और इसे ईश्वर के भोग तक सीमित कर दिया गया। पँजीरी की क़द्र घटी है यह इस तथ्य से भी ज़ाहिर होता है कि ग़रीब विद्यार्थियों को स्कूल तक लाने के लिए केंद्र सरकार की दोपहर भोजन योजना में कई राज्यों में खाना पकाने की ज़हमत से बचने के लिए पँजीरी बाँटी जा रही है। सीधी सी बात है सरकारों को यह रोटी-सब्जी से भी सस्ती पड़ रही है, इसके ज़रिए गधे पँजीरी खा रहे हैं और बच्चे पँजीरी फाँक रहे हैं।

पँजीरी आमतौर पर आटे से बना पदार्थ माना जाता है मगर इसके नाम पर ग़ौर करें तो इसमें से झाँकता पंच भी नज़र आएगा। पंच अर्थात पाँच पदार्थ। इसके नाम का दूसरा हिस्सा है जीर्ण, इस तरह पँजीरी बना है **पंच + जीर्ण=पंचजीर्णकः** से। विकासक्रम कुछ यूँ रहा—पंचजीर्णकः > पंजीर्णक > पँजीरअ > पँजीरी। जीर्ण शब्द संस्कृत धातु **जृ** से बना है जिसमें सूखना, मुरझाना, घुलना, नष्ट होना, पचाना आदि अर्थ समाहित है। **जृ** से बने **जीर्ण** में कमज़ोर, टूटा हुआ, बरबाद, ध्वस्त, कुचला-पिसा हुआ, फटा-पुराना, पचा हुआ जैसे भाव हैं। ग़ौरतलब है कि पँजीरी मूलतः आटे से बनती है। आटा अर्थात चूर्ण। ग़ौर करें **च** वर्ग का ही अगला शब्द है **ज**। चूर्ण और जीर्ण के भाव एकसमान हैं और ध्वनियाँ भी एक सी ही हैं। माना जा सकता है कि चूर्ण का

अर्थ-विस्तार ही **जीर्ण** में हुआ है। जीर्ण में निहित कुचलने-पीसने का भाव ही पँजीरी में उभर रहा है। कभी पँजीरी पाँच पदार्थों से बनाई जाती थी, जिसमें गेहूँ, चना, गोंद, सोंठ और शर्करा का चूर्ण शामिल हैं। यूँ इन पदार्थों को घी में सम्मिलित कर भूनने से **पँजीरी** जैसे स्वादिष्ट पदार्थ का निर्माण होता था। पाककला-प्रवीण लोगों ने इसमें खोपरा-मेवे जैसे पदार्थों का सम्मिश्रण कर इसे और भी स्वादिष्ट बना दिया। इसका सेवन समृद्ध-सम्पन्न लोग ही करते थे। पँजीरी अन्य कई पदार्थों-अनाजों के आटे से बनती है, जैसे–बाजरा, ज्वार, खसखस, नारियल, धनिया, राजगीरा वग़ैरह।

ख़राब दशा के लिए **जीर्ण-शीर्ण, जीर्णावस्था** शब्द इसी मूल से उपजे हैं। वृद्धावस्था के लिए **जरा** शब्द भी जृ धातु से ही बना है जिसका अर्थ निर्बल, टूटा-फूटा, विभक्त, अशक्त, बुढ़ापा आदि होता है। वयोवृद्ध, अशक्त, निर्बल अथवा खँडहर के लिए **जराजीर्ण** या **जरावस्था** शब्द भी प्रचलित है। पौराणिक चरित्र **जरासंध** के नाम का जन्म-सूत्र भी इसी जरा में छुपा हुआ है। वह बृहद्रथ नाम के राजा का पुत्र था और जन्म के समय दो टुकड़ों में विभक्त था। **जरा** नाम की राक्षसी ने उसे जोड़ा था तभी उसका नाम **जरासंध** पड़ा। जरा राक्षसी ने जोड़ा हो या न जोड़ा हो, मगर पुराणों में कौरवों का साथी होने के नाते जरासंध खलनायक की तरह ही उल्लेखित है। **जरा** नाम में ही विभक्त का भाव है जिसे बाद में संधि मिली। यानी एक आधे-अधूरे व्यक्तित्व का स्वामी। इतिहास गवाह है कि दुनिया भर के खलनायक विभक्त और खंडित व्यक्तित्व वाले ही होते हैं, उनका बाहरी रंग-रूप चाहे जैसा हो। जरासंध का अंत भी खंडित व्यक्तित्व का अंत था। भीम ने उसके शरीर को दो हिस्सों में विभक्त कर मृत्यु प्रदान की थी।

लस्सी दा जवाब नहीं

[शब्द संदर्भ : लस्सी, लसीका, लास्य, लिजलिजा]

दुनिया का सबसे स्वादिष्ट पेय कौन सा है? अगर दार्शनिक क़िस्म का जवाब चाहिए तो हम पानी का नाम ले देंगे पर पेय-सूची से अगर उसे भूल जाएँ (क्योंकि वह तो सबमें है ही) और बात अगर स्वाद और सेहत से जुड़ते पेयों की हो रही हो तो **लस्सी** का जवाब नहीं है। स्वादिष्ट में भी हमारा मत नमकीन जीरा लस्सी के पक्ष में जाएगा। क्योंकि इसमें गुलाबजल की ज़रूरत नहीं है। मीठी लस्सी में अगर गुलाबजल के छींटे न हों तो बर्फ़ चाहे जितनी डाल दीजिए, तरावट का एहसास जीभ को हो जाता है, दिमाग़ को नहीं होता।

लस्सी की व्युत्पत्ति जानने से पहले यह भी जान लें कि इसका संबंध नृत्य से भी है। लस्सी से तरावट पैदा होती है इससे यह न समझा जाए कि यह सिर्फ़ गर्मियों में पीने की चीज़ है। लस्सी बारहों महीने पी जा सकती है। लस्सी का डंका तो विदेशों में भी बज रहा है। सुना है कि यूरोप की किसी पेय-स्पर्धा में लस्सी को सर्वश्रेष्ठ पेय घोषित किया जा चुका है। लस्सी बना है संस्कृत के **लसीका** से जिसमें तरल पदार्थ के साथ

गन्ने के रस का भी भाव है। यह बना है संस्कृत की **लस्** धातु से जिसमें प्रकाश में आना, चमकना, नचाना, क्रीड़ा करना, खेलना, लहराना, फड़फड़ाना, फूँक मारना, क़िलोल करना, आवाज़ करना, ध्वनि करना, गूँजना आदि भाव शामिल हैं। नृत्य के लिए संस्कृत-हिन्दी में एक ख़ास शब्द है **लास्य**। जिस नृत्य में आंगिक चेष्टाओं और विन्यास के ज़रिए मनोभावों को प्रकट किया जाता है वही लास्य है। लस्सी का इस लास्य से गहरा संबंध है। **लस्** में निहित उक्त भावों पर ग़ौर करें तो पता चलता है कि ये तमाम गत्यात्मक भाव है अर्थात इन सभी क्रियाओं में गति, रफ़्तार झलक रही है। लस्सी बनाने की प्रक्रिया अर्थात दही बिलोने की प्रक्रिया को देखें। यह तरल बनाने की प्रक्रिया है। दही की अवस्था अर्ध ठोस होती है। इसे तरल बनाकर ही इसमें गति पैदा की जा सकती है। लगातार दही मिश्रित पानी का आलोड़न होता है। यह क्रिया नृत्य जैसी ही है। पानी में जैसे क़िलोल के दौरान लहरें उत्पन्न होती हैं वही दही बिलोने के दौरान भी होती है। इसमें **लस्** में निहित सभी अर्थ उजागर हो रहे हैं।

लसीका (अपभ्रंश **लस्सी**) नाम के तरल को एक विशिष्ट पेय बनाने में यही क्रियाएँ महत्त्वपूर्ण हैं। लस् धातु से बने कुछ अन्य शब्द भी हैं जिनमें तरलता का भाव है मगर ये शब्द और इनके अर्थ सुहावने नहीं हैं। एक शब्द हिन्दी में आमतौर पर मुहावरे की तरह इस्तेमाल करते हैं **लिजलिजा** अर्थात चिपचिपा, ढीला। जिससे हम दूर रहना चाहें, जिसके व्यक्तित्व में स्थिरता न हो, जो अनावश्यक आपसे जुड़ना चाहे। ऐसे व्यक्तित्व अक्सर चिपकू भी कहलाते हैं। इस लिजलिजा की रिश्तेदारी भी लस् से ही है, जिससे **लिसलिसा** और **लसलसा** जैसे शब्द बने जो चिपचिपा के अर्थ में प्रयोग होते हैं। लिसलिसा का ही प्रतिरूप है लिजलिजा। साफ़ है कि कि थूक अथवा लार के लिए लसीका शब्द का प्रयोग क्यों होता है और इन्हें स्रावित करने वाली अति सूक्ष्म नलिकाएँ **लसीका ग्रंथि** कहलाती हैं।

भूख बढ़ाए जलजीरा

[शब्द संदर्भ : जलजीरा, जल, जीरा, जीर्ण]

जलजीरा का नाम सुनते ही मुँह में पानी आने लगता है। भूख बढ़ाने और ज़ायका पैदा करने का इससे बेहतर इंस्टेंट टॉनिक कोई और नहीं है। जलजीरा बना है **जल + जीरा** के मेल से। मगर इसमें जीरा के अलावा अन्य मसालों का प्रयोग भी होता है तभी इसमें जाना-पहचाना ज़ायका आता है। इसके बावज़ूद इसका प्रमुख तत्त्व जीरा ही है जो एक प्रसिद्ध भारतीय मसाला है।

जीरा बना है संस्कृत धातु **जृ** से जिसमें क्षरण, घटना, कमज़ोर जैसे भाव हैं जिनसे हिन्दी के **जरा** (अवस्था), **जीर्ण, जर्जर** जैसे कई शब्द बने हैं। **जृ** में इन भावों के अलावा पाचन का भाव भी है जो मूलतः जीरा के नामकरण का आधार है। ग़ौर करें तो क्षरण, कमज़ोर, क्षीण, क्षय जैसे भावों का ही विस्तार है पाचन। भोजन को पचाने की क्रिया दरअसल आहार को छोटे-छोटे टुकड़ों में तोड़ने, पीसने से जुड़ी है। इसके अलावा

आमाशय में आहार में विभिन्न पाचक रस घुलते हैं जो भोजन के पौष्टिक तत्त्वों को शरीर के ग्रहण करने लायक़ बनाने के लिए उसकी कठोरता-उग्रता को कम करने का काम करते हैं। ये सभी क्रियाएँ पाचन से जुड़ी हैं और **जृ** धातु के मूल भावों को सिद्ध करती हैं। जब पाचन क्रिया सही नहीं चलती है तब उस अवस्था को **अजीर्ण** या **अजीरन** कहते हैं।

जीरे की महिमा सम्पूर्ण मध्य एशिया और दक्षिण एशिया में नज़र आती है जहाँ इसी शब्द के आसपास किसी-न-किसी उच्चारण से इस मसाले को पहचाना जाता है, मसलन—कजाकिस्तान में **जैरे**, अजरबैजान में **सिरा**, जॉर्जिया में **जिरा**, फ़ारसी में **जिरेह** और उर्दू में भी **जिरेह** कहा जाता है। हिन्दी, पंजाबी, बांग्ला में इसे **जीरा**, गुजराती में **जीरू**, तमिल में **जीरगम्**, तेलुगू में **जिरकारा**, बर्मा में **जिया**, थाईलैंड में **यीरा** और चीन में **जीरन** कहा जाता है। जीरा के कई प्रकार है जिन्हें उनकी कुछ भिन्न गंध और तासीर के चलते महत्त्व मिला हुआ है। इनमें ख़ास है **शाहजीरा**। नाम से ही स्पष्ट है कि जीरा की इस क़िस्म का प्रयोग शाही भोजन को लज़ीज़ बनाने में होता रहा है। यह सामान्य से कुछ ज़्यादा पतला, सुतवाँ और विशिष्ट सुगंध लिए होता है। वैसे शाहजीरा उच्चारण दोष का शिकार है। अपने मूल रूप में इसका नाम **सियाह जीरा** है जो इसकी काली रंगत की वजह से मिला है। इसे चलती हिन्दी में **कालाजीरा** भी कहा जाता है। अंग्रेज़ी में यह **ब्लैक क्यूमिन** है। इसके अलावा **कश्मीरी जीरा** और **हिमालयी जीरा** भी इसकी क़िस्में हैं। सामान्य जीरा सफ़ेद जीरा भी कहलाता है। संस्कृत में जीरा के लिए **सुषवी** शब्द है जिसमें शीतल, ठंडा, सुखकर और रुचिकर करने का भाव है। जीरा में यह सभी गुण हैं क्योंकि इसकी मूल प्रकृति शीतल ही होती है।

जीरा के औषधीय गुणों की जानकारी मनुष्य को अत्यंत प्राचीनकाल से रही है। सीरिया और मिस्र के कुछ उत्खनन स्थलों पर चार हज़ार साल पुराने जीरा बीज मिले हैं। जीरा को पश्चिमी दुनिया में **क्यूमिन** (**कमिन**) नाम से जाना जाता है। मूलतः अंग्रेज़ी में इस शब्द की आमद लैटिन **कुमिनम** से हुई है। स्पेनिश भाषा का कॉमिनो भी यूरोप में इस नाम के पीछे एक वजह माना जाता है। स्पेन में अरबों के शासनकाल के दौरान यह शब्द वहाँ पहुँचा। जीरा की तरह **कुमिन** नाम भी एशियाई मूल का है और सेमेटिक भाषा-परिवार की प्राचीन सुमेरी भाषा का माना जाता है। इसका मूल स्वरूप था **गमुन** जो अक्कद भाषा में क **कमुनू** में बदलते हुए अरबी में हुआ **अल कमून**, मिस्री ज़बान में यह कम्मिनी कहलाया। हिब्रू में यह **कम्मोन** और पुरानी इराक़ी अर्थात आरमेइक में **कमुना** कहलाया। ईरान का एक प्रसिद्ध शहर है **केरमान** इसके साथ भी जीरा अर्थात क्यूमिन की रिश्तेदारी बताई जाती है। प्राचीन संदर्भों के मुताबिक़ ईरान के **केरमान** प्रांत में इसकी ख़ूब उपज होती थी। केरमान के कुमिन में तब्दील होने का क्रम कुछ यूँ रहा—KERMAN > KERMUN > KUMUN > CUMIN. भारत में नमकीन ज़ायका बढ़ाने के लिए मसालों की बुकनी

अर्थात चूरण बनाया जाता है। जीरे की बुकनी प्रायः हर रसोई में होती है और तैयार भोजन पर इसे छिड़ककर तुरत-फुरत स्वादिष्ट बना लिया जाता है जिसे जीरावण कहते हैं।

जड़ में मट्ठा डालिए

[शब्द संदर्भ : मथ, मन्थन, मन्थरा, मट्ठा, बिलोना, बिलोनी, विलोड़न]

किसी भी समस्या का आधा-अधूरा समाधान नहीं बल्कि उसका समूल नाश होना चाहिए। इस संदर्भ में **जड़ों में मट्ठा** डालने वाला मुहावरा भी प्रचलित है। मट्ठा यूँ तो दही से बना स्वादिष्ट पेय होता है पर यह इतना प्रभावी है कि किसी वनस्पति की जड़ों में इसे पानी की जगह डाला जाए तो वह समूल नष्ट हो जाती है। कूटनीति के जनक कौटिल्य अर्थात चाणक्य ने भी मट्ठे के इसी गुण को जानकर राजनीति में इसका प्रयोग किया।

यूँ मट्ठा और दही में गुण संबंधी कोई फ़र्क़ नहीं है। दही में पानी मिलाकर बिलोने से मट्ठा बन जाता है। ताज़े दही से बना मट्ठा बेहद पाचक होता है और पेट संबंधी समस्याओं से निज़ात के लिए ख़ाली पेट सेंधा नमक, जीरा और कालीमिर्च के चूर्ण के साथ मट्ठा पीने की सलाह दी जाती है। कहा जा सकता है कि पेट की समस्याओं को यह जड़ से मिटा सकता है। **मट्ठा** बना है संस्कृत की **मथ्** या **मन्थ** धातु से जिसमें आघात करना, हिलाना, घुमाना, रगड़ना, मिश्रण करना जैसे अर्थ हैं। संस्कृत का **मन्थनः** या हिन्दी का **मन्थन/मंथन** शब्द इससे ही बना जिसमें यही सारे भाव समाहित हैं। **मन्थ्** से बने **मन्थर** शब्द का अर्थ होता है धीमा, मन्द, विलंबित, टेढ़ा, वक्र, जड़, मूर्ख आदि। कैकेयी की दासी कुब्जा kubja का नाम कूबड़ की वजह से ही पड़ा था। उसका दूसरा नाम था **मन्थरा** जो इसमें शामिल वक्रता या टेढ़ेपन के भाव के चलते ही उसे मिला होगा। क्योंकि उसे मंदबुद्धि या मूर्ख तो नहीं कहा जा सकता।

मन्थ् का एक अन्य अर्थ है क्षुब्ध करना। अगर दही बिलोने की प्रक्रिया देखें तो मथानी की उमड़-घुमड़ से तरल में जिस तरह का झाग उत्पन्न होता है, जैसी ध्वनि पैदा होती है उससे क्षुब्ध करने का भाव भी स्पष्ट हो रहा है। **मन्थन** का अर्थ हिन्दी में आमतौर पर विचार-विमर्श होता है। भाव वही है कि किसी मुद्दे पर समग्रता के साथ सोच-विचार, तर्क-वितर्क करना ताकि निष्कर्ष रूपी रत्न प्राप्त हो सकें। **मन्थन** की क्रिया से कुछ-न-कुछ निकलता ही है। सागर-मन्थन से चौदह रत्न निकले थे। दही बिलोने से घी मिलता है। इसी तरह वैचारिक मन्थन से सत्य की प्राप्ति होती है। मन्थन करने का उपकरण **मन्थनी** कहलाता है जिससे **मथानी** शब्द बना है। मन्थ/मथ का अपभ्रंश हुआ मट्ठ जिससे बना **मट्ठा** या **मठा**। मंथन या मथने के लिए हिन्दी में बिलोना शब्द भी प्रचलित है। यह बना है **विलोडन/विलोडनीयं** शब्द से। विलोडन > विलोअन > बिलोना। इसके मूल में हैं **लुट/लुठ/लुड** जैसी धातुएँ

जिनमें क्षुब्ध करने-होने, घुमाने-घूमने, हरकत करने जैसे भाव हैं। हिन्दी में लुढ़कना, लोट-पोट होना, लोटना जैसे शब्द इन्हीं धातुओं से निकले हैं। मराठी में लोटना के लिए **लोळ** शब्द है। **लुड़्** में आ उपसर्ग लगने से **आलोडन** शब्द भी बनता है जिसका अर्थ भी मंथन ही है। मथानी की तर्ज पर बिलोने की क्रिया कराने वाला उपकरण बिलोनी कहलाता है।

अदरक में नशा है

[शब्द संदर्भ : अदरक, जिंजर, सोंठ]

पश्चिमी दुनिया में भारतीय मसालों के लिए जो ललक थी उसी ने यूरोप से भारत के लिए आसान समुद्री मार्ग की खोज करवाई। मसालों की दुनिया में अदरक की ख़ास जगह है। अंग्रेज़ी में इसे **जिंजर** कहते हैं। खान-पान में अदरक के दो रूप प्रचलित हैं पहला ताजा यानी गीला और दूसरा सूखा। गीला रूप अदरक कहलाता है और सूखा रूप सोंठ। ग़ौरतलब बात ये है कि अदरक और जिंजर दोनों ही शब्द भारतीय मूल के हैं।

पहले **अदरक** की बात। अदरक शब्द बना है संस्कृत के **आर्द्रकम्** से। हिन्दी में यह हुआ अदरक। उर्दू-फ़ारसी में इसे **अद्रख** कहते हैं। बाक़ी भारतीय भाषाओं में भी इससे मिलते-जुलते रूप मिलते हैं। वामन शिवराम आप्टे कोश के मुताबिक़ संस्कृत में एक शब्द है **अर्द्** जिसका मतलब होता है दुख देना, व्यथित करना, कष्ट देना, प्रार्थना करना, निवदेन करना आदि। इससे बने आर्द्र शब्द में अर्द के विपरीत कोमल, दया, मृदु, करुणा जैसे शब्दों के साथ पिघलने, पसीजने जैसे भाव प्रकट होते हैं। यही **आर्द्रता** है जिसका अभिप्राय प्रचलित अर्थो में हम नमी, गीलापन, सीला, रसीला, हरा से लगाते हैं। ताज़गी में नमी का भाव ही प्रमुख है। अदरक का गुण है कि वह कई दिनों तक नम बना रहता है इसीलिए उसे **आर्द्रकम्** कहा गया।

अब बात **जिंजर** की। अंग्रेज़ी का जिंजर मध्यकालीन लैटिन के **जिंजीबेरी** से बना। लैटिन में इसकी आमद हुई ग्रीक के **जिंजीबेरिस** से। ग्रीक भाषा का जिंजीबेरिस प्राकृत के **सिंगीबेरा** से बना जिसकी उत्पत्ति संस्कृत शब्द **शृंगवेरम्** से मानी जाती है जिसका अर्थ हुआ सींग जैसी आकृति का। मगर भाषाविज्ञानी उत्पत्ति के इस आधार को एक दिलचस्प मान्यता से ज़्यादा तरजीह नहीं देते। उनके मुताबिक़ जिंजर की उत्पत्ति संस्कृत के **शृंगवेरम्** से नहीं बल्कि द्रविड़ भाषा-परिवार से हुई है। प्राचीन द्रविड़ भाषा में **इंची** शब्द है जिसका अर्थ है जड़ या मूल। इसी से बना तमिल में **इंजीवेरी**। तमिल के ज़रिए ही यह शब्द पूर्वी एशिया, पश्चिमी एशिया और फिर यूरोप पहुँचा। आज दुनिया भर में अलग-अलग रूपों में दक्षिण भारत से गया यही शब्द है, जैसे—लैटिन में **ज़िंजबेर**, जर्मन में **इंगवर**, श्रीलंका की सिंहली में **इंगुरू**, रशियन में **इंबिर**, यूक्रेनियन में **इंब्री**, स्लोवेनियन में **डुंबियर**, फ्रेंच में **जिंजेम्ब्रे** और हिब्रू में **सेंगविल** के रूप में।

अदरक का सूखा रूप **सोंठ** कहलाता है। संस्कृत में **शुण्ठ्** का मतलब होता है पवित्र करना या सुखाना। इससे बना है **शुण्ठी, शुण्ठि** या **शुण्ठ्यम** जिसका अर्थ है शुष्क अदरक या सूखा हुआ अदरक। हिन्दी का **सोंठ** इससे ही बना है। इसे कश्मीरी में **शोंठ**, गुजराती में **सूंठ**, मराठी में **सुंठ**, पंजाबी में **सुंड**, कन्नड़ में **शुंथि**, तेलुगू में **शोंटी** और तमिल में **सुंथि** कहते हैं। पुराने वक़्त में दक्षिण भारत में अदरक से शराब भी बनाई जाती थी जिसे **आर्द्रकमद्यम्** कहा जाता था। यह परम्परा श्रीलंका में अब भी क़ायम है और वहाँ जिंजर बीयर ख़ूब मशहूर है। इसे आयुर्वेदिक औषधि के तौर पर भी विदेशी सैलानियों के आगे परोसा जाता है। यहाँ का एलिफेंट ब्रांड मशहूर है।

आटा-दाल का भाव

[शब्द संदर्भ : आटा, आटवल, ओटू , अर्द, पिष्टपेषण, बेसन, पीठी, पिसना, पिसाई]

सांसारिक बातों के व्यावहारिक ज्ञान अथवा दुनियावी मुश्किलात से अवगत होने को मुहावरे में आटा-दाल का भाव पता चलना भी कहा जाता है। रोटी, कपड़ा और मकान का संघर्ष आटा-दाल के मुहावरे से जुड़ा है। अब रोटी तो तभी बनेगी जब आटा होगा। अक्सर ग़रीबी में **आटा गीला** होता है। रोटी बनाने के लिए जितना गीला आटा होना चाहिए, टपकता छप्पर जब उससे भी ज़्यादा गीला कर देता है तो ग़रीबी और अभिशाप बन जाती है। इस मुहावरे में मुश्किल वक़्त की दुश्वारी की ओर इशारा है। बहरहाल इन कहावतों में आटे की महत्ता ही सामने आ रही है। आख़िर क्यों न हो! रोटी अगर जीवन का आधार है तो रोटी का आधार ही आटा है। आटा कहाँ से आया!

आटा का संबंध फ़ारसी से बताया जाता है क्योंकि फ़ारसी में अनाज से बने आटे को **आर्द** कहा जाता है। **अरद** का मतलब होता है तोड़ना, पीसना, कुचलना आदि। दरअसल यह इंडो-ईरानी भाषा-परिवार का शब्द है। संस्कृत में एक धातु है अर्द जिसमें भी तोड़ने, मारने, कुचलने, दबाने, चोट पहुँचाने, प्रहार करने जैसे भाव है। **अर्द** का प्राकृत रूप **अट्ट** था। जिसने हिन्दी में आटा का रूप ग्रहण किया जिसका मतलब हुआ पिसा हुआ बारीक़ अनाज। हिन्दी की विभिन्न बोलियों और देश की ज़्यादातर भाषाओं में इससे मिलते-जुलते शब्द ही हैं। सिंधी में इसे **आटी**, गुजराती में **आटी**, कश्मीरी में **ओटु**, मराठी में **आटवल** आदि कहा जाता है।

आटे से मिलता-जुलता ही एक और शब्द है जिसे इसके विकल्प के तौर पर भी इस्तेमाल किया जाता है वह है **पीठी**। यह पीठी किसी भी चीज़ की हो सकती है। दाल, धान, मेवे, मसाले किसी भी चीज़ की मगर इसका प्रयोग बतौर आटे के विकल्प अर्थात अनाज की **पीठी** के रूप में होता है। यह बना है संस्कृत के **पिष्ट** से जिसका अर्थ है बारीक़ किया हुआ, चूर्ण किया हुआ, कूटना आदि। **पीठी** में बदलने का इसका क्रम कुछ यूँ रहा। पिष्टि > पिट्ठी > पीठी। संस्कृत के **पिष्ट** की मूल धातु है **पिष्**

जिसमें कूटना, दबाना, रगड़ना, दोहराना, चोट पहुँचाना जैसे भाव हैं। दालों के चूर्ण, ख़ासतौर पर चने की दाल के आटे अथवा **पीठी** को **बेसन** कहा जाता है, जो इसी पिष् से.बना है और इसके बेसन में ढलने का क्रम कुछ यूँ रहा–पिषन > पेषन > वेषन > बेसन। एक मान्यता यह भी है कि बेसन का निर्माण वेस् से हुआ है। मगर आप्टे कोश के मुताबिक़ **वेस्** का अर्थ चूर्ण तो होता है पर इसका अर्थ आटा या पीठी न होकर पिसे हुए मसाले से है, मसलन–जीरा, कालीमिर्च, राई, सोंठ आदि के योग से तैयार चूर्ण। इसलिए **पिष्** से ही **बेसन** का निर्माण तार्किक लगता है। कहने की ज़रूरत नहीं कि बारीक़ बनाने, चूरा करने या चूर्ण बनाने की क्रिया के हिन्दी की पीसना-पिसाना या पिसाई जैसी क्रियाओं के पीछे यही **पिष्** धातु है। यूँ भी **प** व्यंजन की ध्वनि **ब** में ही बदलती है।

संस्कृत में एक मुहावरा है **पिष्टपेषण** जो साहित्यिक हिन्दी में ख़ूब इस्तेमाल होता है। इसका अर्थ होता है एक ही बात को बार-बार दोहराना, जिसका कोई अर्थ नहीं। ग़ौर करें कि **पिष्ट** और **पेषण** ये दोनों शब्द एक ही मूल से जन्मे हैं और इनका अर्थ भी एक ही है। अतः **पिष्टपेषण** का मतलब हुआ पिसे-पिसाए को पीसना। इसे नए रूप में चलाना चाहें तो कह सकते हैं–**बेसन पीसना**। वैसे कई लोग इस संदर्भ में **आटा पिसाना** जैसे वाक्यों को याद कर सकते हैं। गेहूँ की पिसाई होती है, आटे की नहीं लिहाज़ा आटा पिसाना भी **पिष्टपेषण** ही हुआ। ग़ौर करें कि कूटना, रगड़ना ऐसी क्रियाएँ हैं जिनमें लगातार आवृत्ति या दोहराव की ही क्रिया सम्पूर्ण हो रही है। चक्की के दो पाटों के बीच में जब अनाज पड़ता है तो रगड़ने, घिसने की यही क्रिया उसे आटे का रूप देती है। पुराने ज़माने में अनाज कूटा ही जाता था। पहले उसका छिलका उतारने के लिए खलिहान में कूटा जाता था, उसके बाद ओखली में इसलिए कुटाई होती थी ताकी आटा मिल सके।

कलाली पर कलेवा

[शब्द संदर्भ : कलाल, कलेवा, कल्प, कलाली]

पिछड़ी जातियों के संदर्भ में अक्सर कलाल शब्द सुनते आए हैं। **कलार** या **कलाल** मूलतः वैश्यों के उपवर्ग हैं जो जातिवादी समाज में विकास की दौड़ में लगातार पिछड़ते चले गए। अब इन्हें अन्य पिछड़ा वर्ग में गिना जाता है। यह भी स्थापित सत्य है कि वैश्य समुदाय की पहचान किस ज़माने में क्षत्रिय वर्ण में होती रही है। विभिन्न वैश्य समूहों के उत्पत्ति-सूत्र क्षत्रियों से ही जुड़ते हैं।

कलाल शब्द की व्युत्पत्ति संस्कृत के **कल्य** या **कल्प** से मानी जाती है जिसका अर्थ होता है इच्छापूर्ति करना। व्यवहार में लाने योग्य, समर्थ आदि। व्यावहारिक तौर पर इसमें राशन सामग्री का भाव भी आता है। आप्टे के संस्कृत शब्दकोश में **कल्पपालः** का अर्थ शराब विक्रेता बताया गया है। इसी तरह **कल्य** शब्द का अर्थ भी रुचिकर, मंगलमय आदि है। इसमें भी भोज्य सामग्री का भाव है। **कल्य** से ही बना है **कलेवा**

जो हिन्दी में ख़ूब प्रचलित है और सुबह के नाश्ते या ब्रेकफास्ट के अर्थ में इस्तेमाल होता है। **कल्या** का मतलब मादक शराब होता है। मदिरा के कई उपासकों का **कलेवा, कलाली** पर ही होता है। **कल्यपाल** या **कल्पपाल** मूलतः एक महत्त्वपूर्ण ओहदा होता था जिस पर तैनात व्यक्ति के ज़िम्मे सेना की रसद से जुड़ी हुई तमाम ज़िम्मेदारियाँ थीं। **कल्यपाल** यानी जो खाद्य आपूर्ति का काम करे। व्यापक रूप में खाद्य आपूर्ति यानी प्रजा के भरण-पोषण का दायित्व राजा का भी होता है, अतः प्रजापालक के रूप में **कल्यपाल** का अर्थ राजा भी होता है। **कलाल** वैश्यों से भी पहले क्षत्रिय थे, इसके संदर्भ भी मिलते हैं। कल्यपाल राजवंश भी हुआ है जिन्होंने कश्मीर में शासन किया।

शासन के लिए, ख़ासतौर पर सेना के लिए रसद आपूर्ति के काम में मदिरा भी एक रसद की तरह ही उपभोग की जाती थी। **कल्प** का एक अन्य अर्थ है रोगी की चिकित्सा। ज़ाहिर है इसमें पदार्थ का सार, आसवन करना, आसव निकालना आदि भाव भी शामिल हैं। ग़ौरतलब है कि प्राचीन भैषज विज्ञान के अनुसार ये सारी विधियाँ औषधि निर्माण से जुड़ी रही हैं। कलाल के वैश्य समुदाय संदर्भित अर्थ पर ग़ौर करें तो ज़ाहिर है कि रोगोपचार वैद्य का कार्य रहा है मगर औषधि निर्माण का काम एक पृथक व्यवसाय रहा है जिसे वैश्य समुदाय करता रहा है। **कल्यपाल** एक राज्याश्रित पद होता था। प्राचीनकाल में भी मदिरा के गुण-दोषों के बारे में राज्य व्यवस्था सतर्क थी। **कल्यपाल** का मतलब हुआ आसवन की गई सामग्री का अधिपति। शासन व समाज के उच्च तबके द्वारा विलासिता के तौर पर उपभोग की जाने वाली मदिरा के निर्माण का काम इसी कल्यपाल के ज़िम्मे होता था। कल्यपाल का ही अपभ्रंश रूप होता है **कलार** या **कलाल**। कलाल समुदाय में जायसवाल वर्ग काफ़ी सम्पन्न और शिक्षित रहा है। इनकी उद्यमशीलता वैश्यों सरीखी ही है। मदिरा के कारोबार पर हमेशा से राजकीय नियंत्रण रहा है। आज के दौर में हर राज्य में शराब विक्रेताओं के सिंडिकेट बने हुए हैं जिन पर कलाल समुदाय के लोग ही क़ाबिज़ हैं। देश के अलग-अलग इलाक़ों में इनके कई नाम भी प्रचलित हैं मसलन **कलार, कलवार, दहरिया, जायसवाल, कन्नौजिया, आहलूवालिया, शिवहरे** आदि। पंजाब के आहलूवालिया ज़बर्दस्त लड़ाका क्षत्रिय हैं। बहादुरी में इनका सानी नहीं, अविभाजित पंजाब के **आहलू** गाँव से इनकी शुरुआत मानी जाती है। अवध का एक बड़ा इलाक़ा किसी ज़माने में **कन्नौज** कहलाता था। यहाँ से जितने भी समुदाय व्यवसाय-व्यापार के लिए अन्यत्र जा बसे उनके साथा **कन्नौजिया** शब्द भी जुड़ गया। कन्नौजिया शब्द में किसी जाति विशेष का आग्रह नहीं बल्कि स्थान विशेष का आग्रह अंतर्निहित है। कन्नौजिया उपनामधारी लोग हर वर्ग-समाज में मिल जाएँगे। **शिवहरे** नाम शिव से संबंधित है।

कल्य शब्द से बने **कलाली** से जहाँ ताड़ीख़ाने का रूप उभरता है वहीं राजस्थान की रजवाड़ी संस्कृति में यह शब्द-विलास और शृंगार के भावों को व्यक्त करता है।

लोकगायन की एक शैली ही कलाली अथवा कलाळी कहलाती है। इस पर कई भावपूर्ण गीत लिखे गए हैं। शुद्ध रूप में इन्हें **कलाळियाँ** कहा जाता है। रजवाड़ी दौर में **कलाळ** अर्थात कलालों का रुतबा था। उनकी मदिरा प्रसिद्ध थी। उनकी अपनी भट्ठियाँ होती थीं। लक्ष्मीकुमारी चूँडावत ने रजवाड़ी गीत की भूमिका में लिखा है कि समाज के प्रतिष्ठित व्यक्ति इनके घर जाकर मदिरापान करते थे। इन कलालों की महिलाएँ मेहमानों की आवभगत करतीं और मनुहार से मदिरा पिलाते हुए भी अपनी प्रतिष्ठा और आत्मसम्मान को बनाए रखती थीं। वे इस संबंध में **सजन** और **पातुड़ी कलाळन** का उल्लेख करती हैं। मध्यकालीन सूफ़ी-संतों ने भी ईश्वर भक्ति के संदर्भ में कलाली, भट्टी जैसे शब्दों का प्रयोग किया है। कबीरदास कहते हैं–

कबीर भाठी कलाल की, बहुतक बैठे आइ।
सिर सौंपे सोई पिवै, नहिं तो पिया न जाइ॥

यानी रामरस का स्वाद अगर लेना है तो सर्वस्व त्यागना होगा। अब यह कैसे संभव है कि जिस सिर अर्थात मुँह से मदिरा का स्वाद लेना है, वही सिर कलाल को मदिरा की एवज में सौंप दिया जाए!

कल्य शब्द से बने **कलाल** या **कलार** से ही जन्मे **कलारी** या **कलाली** का किसी समय समाज में ऊँचा और विशिष्ट स्थान था। आज कलाली देशी दारू की दुकानों या ठेकों के रूप में आमतौर पर व्यवहृत हैं। मराठी, गुजराती, पंजाबी जैसी भाषाओं में भी यही रूप प्रयोग में आते हैं जिससे सिद्ध है कि कल्यपाल की राज्याश्रित व्यवस्था का विस्तार समूचे भारत में था। शराब की भट्ठियाँ लगाने का काम खटीक करते थे और विक्रय की ज़िम्मेदारी कलाल समुदाय की थी। डॉ. विगो खोबरेकर लिखित 'मराठा कालखंड-2' में शिवाजी के राज्य में नियंत्रित मदिरा व्यवसाय का उल्लेख है जिसमें कहा गया है कि ब्राह्मणों के लिए शराबनोशी प्रतिबंधित थी। सैनिकों के लिए भी शराब की मनाही थी।

आह! पुलाव, वाह! पुलाव

[शब्द संदर्भ : पुलाव, पुलक]

दुनिया में सर्वाधिक पसंद किए जाने वाला खाद्यान्न संभवतः चावल ही है। चावल से बनने वाले हज़ारों तरह के व्यंजन हैं मगर **पुलाव** को ख़ास शोहरत हासिल है। वजह है, ग़ज़ब की लज़्ज़त और ज़ायका। भारतीय उपमहाद्वीप से चलकर आज ख़ुशनुमा पुलाव कांटिनेंटल डिश बन चुका है। विश्व का शायद ही कोई कोना ऐसा होगा जहाँ लोगों ने इसका नाम न सुना होगा। पुलाव के प्रति इसी ललक ने हिन्दी-उर्दू में एक ख़ास मुहावरा बना डाला है–**ख़याली पुलाव पकाना** अर्थात कल्पनालोक में घूमना, हवाई क़िले बनाना आदि। पुलाव को किस ज़बान का शब्द माना जाए? फ़ारसी, उर्दू

या हिन्दी का? यह फ़ारसी भाषा में भी है और उर्दू हिन्दी में भी। दरअसल **पुलाव** की उत्पत्ति संस्कृत से हुई है। आइए जानते हैं कैसे।

हर्ष, ख़ुशी संचार का भाव जब मन में संचारित होता है तो उसे **पुलक** या **पुलकित** होना कहते हैं। संस्कृत की एक धातु है पुल् जिसका मतलब है रोमांच होना। इससे बना **पुलकः** जिसका मतलब भी रोमांच के साथ आनंदित होना, गद्गद होना, हर्षोत्फुल्ल होना आदि है। ग़ौर करें कि अत्यधिक रोमांच की अवस्था में शरीर में सिहरन सी होती है। त्वचा के बाल खड़े हो जाते हैं। इसे ही रोंगटे खड़े होना कहते हैं। इसे यूँ समझें कि इस अवस्था में एक-एक बाल स्पष्ट रूप से दिखाई देता है। यही **पुलक** है। यही पुलक जब चेहरे पर दिखती है तो ख़ुशी, उत्साह, आवेग नुमायाँ हो रहा होता है। यानी खिला-खिला चेहरा। एक तरह की सरसों अथवा राई को भी **पुलकः** ही कहा जाता है वजह वही है खिला-खिला दिखना। राई के दाने पात्र में रखे होने के बावज़ूद खिले-खिले ही नज़र आते हैं। पुल् से ही बना है **पुलाकः** या **पुलाकम्** जिसका मतलब है सुखाया गया अन्न, भातपिंड, संक्षेप या संग्रह और चावल का माँड। इससे ही बना पुलाव जो बरास्ता फ़ारस, अरब मुल्कों में गया जहाँ से स्पेन होकर यूरोप में भी इसने रंग जमा लिया। पुलाव की सबसे बड़ी ख़ासियत है इसकी सुगंध और चावल का दाना-दाना खिला होना। अब जब भी पुलाव खाएँ तो उसके दाने-दाने में पुलक महसूस करें और तब इसके नाम की सार्थकता आपको समझ में आ जाएगी।

गंदुमी रंगत और ज़ायके की बात

[शब्द संदर्भ : गेहूँ, गंदुम, गंदुमी, गोधूम, गेहुँआ]

रोज़मर्रा की ज़िंदगी में रोटी सबसे ज़्यादा पसंद किया जाने वाला खाद्य पदार्थ है और इसमें भी अगर अनाज की बात की जाए तो ज़्यादातर लोग गेहूँ को पसंद करने वाले मिल जाएँगे। वैदिक साहित्य में एक शब्द मिलता है **गोधूम**। इसी से बना है गेहूँ। गोधूम यानी **गो + धूम** यानी गाय को धुआँ देना। स्पष्ट है कि प्राचीनकाल में गेहूँ के पौधे का धुआँ गायों को मच्छरों व अन्य कीटों से बचाने के लिए दिया जाता रहा होगा। ग़ौरतलब है कि गाँवों में मवेशियों को आज भी सूखे चारे का धुआँ दिया जाता है।

एक अन्य शब्द भी गेहूँ के विकल्प के रूप में संस्कृत में मिलता है—**बहुदुग्ध**। ज़ाहिर है बाद में यही **गोधूम** यानी गेहूँ चारे के रूप में गायों को भी दिया जाने लगा होगा जिसकी पौष्टिकता से उनके दूध में बढ़ोतरी होने पर यह नाम चल पड़ा होगा। प्राचीन आर्य संस्कृति में गेहूँ का उपयोग मनुष्य के लिए कम और पशुओं के लिए ज़्यादा था। खाद्यान्नों में इसे बहुत बाद में सामाजिक स्वीकृति मिली होगी।

हिन्दू पूजा विधि-विधानों में जो महत्त्व **यव** या **जौ** और **धान** यानी **चावल** का है वह गेहूँ को नहीं मिला है। फ़ारसी में भी यही गोधूम, गंदुम बनकर विद्यमान है। इस शब्द

का हिन्दी में भी गेहुँआ रंग के अर्थ में गंदुमी रंग कहकर प्रयोग होता है। जो भी हो, जिस गेहूँ अर्थात गोधूम की आज धूम है किसी ज़माने में उससे सिर्फ़ धुआँ ही किया जाता था।

जल-वल्लिका, जलाबिया या जिलबी

[शब्द संदर्भ : जल-वल्लिका, जलेबी, कुंडलिका, जिरयाब, रजत, अर्जुन]

जलेबी जैसी रस भरी मिठाई को नापसंद करने वाले कम ही होंगे। इस लज़ीज़ मिठाई की धूम भारतीय उपमहाद्वीप में तो है ही मगर हममें से कई लोगों के लिए यह जानना दिलचस्प होगा कि यह गोल-गोल रसीली कुंडली धुर पश्चिमी देश स्पेन तक में जानी जाती है। इस बीच भारत, बांग्लादेश, पाकिस्तान, ईरान के साथ तमाम अरब मुल्कों में भी यह ख़ूब जानी-पहचानी है।

जलेबी मूल रूप से अरबी लफ़्ज़ है और इस मिठाई का असली नाम है जलाबिया। यूँ जलेबी को विशुद्ध भारतीय मिठाई मानने वाले भी हैं। शरदचंद्र पेंढारकर (बनजारे बहुरूपिए शब्द) में जलेबी का प्राचीन भारतीय नाम **कुंडलिका** बताते हैं। वे रघुनाथकृत 'भोज कुतूहल' नामक ग्रंथ का हवाला भी देते हैं जिसमें इस व्यंजन के बनाने की विधि का उल्लेख है। भारतीय मूल पर ज़ोर देने वाले इसे **'जल-वल्लिका'** कहते हैं। रस से परिपूर्ण होने की वजह से इसे यह नाम मिला और फिर इसका रूप **जलेबी** हो गया। फ़ारसी और अरबी में इसकी शक्ल बदलकर हो गई **जलाबिया**। मगर ज़्यादातर प्रमाण जलेबी का रिश्ता अरब से ही बताते हैं। उत्तर-पश्चिमी भारत और पाकिस्तान में जहाँ अरबी **जलाबिया** के **जलेबी** रूप को ही मान्यता मिली हुई है वहीं महाराष्ट्र में इसे **जिलबी** कहा जाता है और बंगाल में इसका उच्चारण **जिलपी** करते हैं। ज़ाहिर है बांग्लादेश में भी यही नाम चलता होगा।

जलेबी से मिलती-जुलती एक और मिठाई है **इमरती**। यही **अमृती** से बना है और मुखसुख के चलते (शायद फ़ारसी प्रभाव के कारण भी) इसका रूप इमरती हो गया। मूलतः अमृती नाम भी **अमृत** से बना है जिसका एक अर्थ मीठा और मधुर पदार्थ भी होता है। शायद यह जानकर ताज्जुब होगा कि **जलेबी** का रिश्ता एक काली चिड़िया (कोयल) से है। एक दसवीं सदी के महान अरबी-स्पेनी संगीतकार से है और इन्हीं दोनों संबंधों का गहरा रिश्ता है **जलेबी** के नामकरण से। जलेबी से कोयल की रिश्तेदारी की पहेली सिर्फ़ एक ही तथ्य से सुलझ सकती है और वह है मिठास। रस भरी जलेबी के ज़ायके में जो मिठास है वही मिठास कोयल की सुरीली कुहुक में भी है। अरबी ज़बान में जिरयाब का मतलब है एक काली चिड़िया यानी कोयल।

पहेली सुलझाने से पहले इतिहास में चलना होगा। अरबी संगीतजगत में एक महान संगीतकार हुए हैं अबु अल हसन अबी इब्न नफी उर्फ़ **जिरयाब** जो सन् 789 में बग़दाद में पैदा हुए। वे अफ्रीकी मूल के हब्शी थे और गुलामों के उस तबक़े से

ताल्लुक़ रखते थे जिन्हें राज्यसत्ता ने आज़ादी दे दी थी। अबु में जन्मजात संगीत की प्रतिभा थी और उनका कंठ बेहद सुरीला था, इसी के चलते उन्हें **जिरयाब** कहा जाने लगा। क़िस्सा-ए-कोताह यूँ कि वह दौर ख़लीफ़ा हारूँ अल रशीद का था जिनकी कलाप्रियता के चर्चे इतिहास में ख़ूब मशहूर हैं। ख़लीफ़ा के प्रमुख दरबारी संगीतकार थे इशाक अल मवासिली। अपनी प्रतिभा के दम पर जिरयाब को उनसे संगीत सीखने का मौक़ा मिला और बाद में ख़ुद ख़लीफ़ा उनकी संगीत कला का क़ायल हो गया। यह जानना ज़रूरी है कि अरब संगीत जगत में मवासिली, उनके गुणी पिता इब्राहिम और जिरयाब को सम्मिलित रूप से शास्त्रीय संगीत का पितृपुरुष माना जाता है। बहरहाल, जैसा कि अक्सर होता आया है, उस्ताद मवासिली अपने शागिर्द की प्रतिभा से ईर्ष्या रखने लगे और ख़लीफ़ा के एक आदेश पर जिरयाब को इराक़ छोड़कर स्पेन के अंडलूसिया प्रांत में जाना पड़ा। ग़ौरतलब है, ये वो वक़्त था जब स्पेन के एक हिस्से समेत यूरोप में कई जगहों पर मुस्लिम रोब-दाब क़ायम हो चुका था। जिरयाब ने कोरडोबा में अपना मुकाम बनाया और वहाँ के अमीर अब्दुर्रहमान (822-852) की ताबेदारी में ख़ूब बरकत-शोहरत हासिल की। जिरयाब बहुमुखी प्रतिभा के थे। न सिर्फ़ संगीत वरन कला के हर क्षेत्र में उनका दख़ल था। यहाँ तक की फ़ैशन और पाकशास्त्र में उन्होंने अरबी, बल्कि स्पेनी संस्कृति को भी प्रभावित किया। उन्होंने एक ख़ास क़िस्म की भुनी हुई मछली की रेसिपी बनाई जो आज भी मेडिटरेनियन मुल्कों में **तक़लीयत जिरयाबी** कहलाती है। इसी तरह ख़ास अरबी पेस्ट्री जो ख़ूब रसभरी होती है, पश्चिम में **जिरयाबी** कहलाती है। इसी का रूप हुआ **जलाबिया** जो फ़ारस होते हुए जलेबी के रूप में हिन्दुस्तान में मशहूर हो गई, उन्हीं के नवाचार और खोजी प्रवृत्ति की देन है।

अरबी-स्पेनी समाज को **जिरयाब** की देन का अनुमान इसी से लगाया जा सकता है कि एक ख़ास आभिजात्य संस्कृति को **जिरयाब** ही कहा जाता है। इस नाम के रेस्टोरेंट मिलेंगे, रेसिपी बुक्स मिलेंगी और मिलेंगे मोटेल्स। यही नहीं जलाबिया अगर वहाँ मिष्टान्न है तो एक ख़ास क़िस्म की पोशाक जो हमारे यहाँ कश्मीर में कफ्तान भी कहलाती है उसका नाम भी **जलाबिया** है। यह है फ़ैशन में जिरयाब की देन। चलते चलते यह भी बता दें कि व्युत्पत्ति के नज़रिए से जिरयाब के मायने हुए स्वर्णजल अर्थात सोने का पानी। यह बना अरबी **ज़र** यानी सोना और आब यानी पानी के मेल से। ग़ौरतलब है कि अरबी/फ़ारसी ज़र के मूल में भारोपीय धातु अर्ज् है जिससे **अर्जुन, रजत** और **अर्जेंटम** यानी चाँदी जैसे शब्द बने हैं। अर्जेंटीना भी इसी मूल का है।

काम का न काज का, दुश्मन अनाज का

[शब्द संदर्भ : अन्न, अनाज, नाज]

निकम्मे, नाकारा व्यक्ति के लिए यह कहावत बड़ी मशहूर है। अब आलसी चाहे दिन भर खाट तोड़ता रहे मगर खाना तो तब भी खाएगा ही न! तो यह अनाज का अपव्यय

ही हुआ। लिहाज़ा दुश्मन अनाज का जैसी बड़ी लाक्षणिक बात तत्काल प्रतिक्रिया करने वाले समाज में पैदा हो गई।

बोलने-सुनने में उर्दू-फ़ारसी के असर वाला **अनाज** शब्द हिन्दी का ही है। अनाज यानी गल्ला, राशन, गेहूँ, चना, चावल, दलहन और धान्य आदि। अनाज बना है संस्कृत के **अन्नः** या **अन्नम्** और अद्य शब्द के मेल से। अन्न का सामान्य अर्थ होता है भात अथवा चावल। ग़ौरतलब है कि प्राचीनकाल में अन्य **खाद्यान्नों** की तुलना में चावल से ही मनुष्य अधिक परिचित था। बाद में अन्न का अर्थ सम्पूर्ण भोजन अथवा भोज्य पदार्थ हो गया। अन्न बना है संस्कृत धातु **अद्** से जिसमें खाने, निगलने या नष्ट करने का भाव शामिल है। इससे ही बना अद्य जिसका मतलब होता है खाने योग्य पदार्थ। इस तरह बना **अन्न + अद्य** > अन्नाद्य > अण्णाज्ज > अनाज। मालवी, राजस्थानी और पूर्वी हिन्दी में आदि स्वरलोप होने से सिर्फ़ **नाज** शब्द भी प्रचलित है। इस नाज के **ज** में जब नुक्ता लग जाता है तो उर्दू का नाज़ बन जाता है जिसका इस शब्द से कोई लेना-देना नहीं है। डॉ. रामविलास शर्मा के मुताबिक़ अनाज के अर्थ वाला **नाज** शब्द दरअसल ईरानी परिवार का शब्द है। उनके मुताबिक़ ईरानी परिवार में नाद् क्रिया पीटने के अर्थ में प्रयुक्त होती है और चूँकि उपज को पीटकर ही **अनाज** निकाला जाता है इसलिए इसी **नाद्** से **नाज** शब्द चल पड़ा। मगर भारत भर में प्रचलित अनाज और नाज दोनों रूपों को देखते हुए और संस्कृत के अन्न शब्द के मद्देनज़र अन्न + अद्य से ही इसकी उत्पत्ति तार्किक नज़र आती है।

पकौड़ियाँ, पठान और कुकर

[शब्द संदर्भ : पक्का, पुख़्ता, पकौड़ा, कुक, कुकर, पाचन, पचना, पाचक, पकवान, आलूबड़ा, पकाना]

मज़बूती के अर्थ में रोज़मर्रा की हिन्दी में पक्का शब्द ख़ूब इस्तेमाल होता है जिसका रिश्ता संस्कृत धातु पक्व से है। ईंट को आँच पर गर्म करते हैं तो वह मज़बूत होती है, पक्की होती है। इसी तरह जठराग्नि में अन्न को पकाकर शरीर मज़बूत होता है। पकौड़ी जैसी शानदार चीज़ शायद ही किसी को नापसंद हो। नाम सुनते ही मुँह में पानी आने लगता है। बारिश का मौसम तो ख़ासतौर पर गर्मागर्म पकौड़ों के लिए जाना जाता है मगर ज़्यादा खा लेने से पाचन तंत्र के खराब होने का भी ख़तरा है। क्या आप जानते हैं कि **पकौड़े** और **कुकर** में कुछ रिश्तेदारी है? है न अजीब बात! पकौड़ियों की रिश्तेदारी कड़ाही से हो सकती है, तेल से हो सकती है, पाचन से हो सकती है पर कुकर से तो हरगिज़ नहीं। मगर रिश्तेदारी है। इन दोनों बल्कि तीनों शब्दों का जन्म एक ही मूल शब्द (धातु) से हुआ है।

भाषा विज्ञानियों ने इंडो-यूरोपीय भाषा-परिवार में एक धातु खोजी है **पेक्व** जिसका अर्थ है पकना या पकाना। लैटिन में इसका रूप हुआ **कोक्कुस** जो **कोकस** होते हुए पुरानी इंग्लिश के **कोक** में ढल गया और फिर इसने **कुक** का रूप धारण कर

लिया। **कुक** यानी खाना बनाना। ज़ाहिर है **कुकर** उस उपकरण का नाम हुआ जिसमें खाना जल्दी पकता है। पेक्व की सादृश्यता संस्कृत शब्द **पक्व** से ग़ौरतलब है जिसका अर्थ पकाया हुआ होता है। **पक्व** शब्द बना है **पच्** धातु से जिसमें गर्म करना, भूनना, पूर्णता तक पहुँचाना या विकसित होना जैसे भाव शामिल हैं। पक्व क्रिया में भोजन का बनना भी शामिल है और उसे पचाना भी। **पच्** धातु से जैसे शब्द बने हैं जिनका रिश्ता पके हुए भोजन से है। क्योंकि अगर भोजन पका हुआ पाचक, पाचन, सुपाच्य नहीं है तो वह पचेगा नहीं। **पकाना** अगर एक क्रिया है तो उसकी सम्पूर्णता उसके पचने में निहित है। पकौड़ी शब्द बना है **पक्व + वटी** > पक्कउडी > पकौड़ी। वटी शब्द उसी **वट्** से बना है जिसमें गोल-गोल बनाना, घेरना आदि भाव शामिल हैं और जिससे भारत के प्रमुख खाद्य पदार्थ, जैसे–भाजीबड़ा, वड़ापाव, आलूबड़ा (बोंडा) आदि बने हैं। पकवान शब्द भी **पक्व + अन्न** से बना है जिसका अर्थ तरह-तरह के, घी में तले हुए अथवा भूने हुए भोज्य पदार्थ होता है। मज़बूती के अर्थ में रोज़मर्रा की हिन्दी में पक्का शब्द ख़ूब इस्तेमाल होता है जिसका रिश्ता भी **पक्व** से ही है। ईंट को आँच पर गर्म करते हैं तो वह मज़बूत होती है, पक्की होती है। इसी तरह जठराग्नि में अन्न को पकाकर शरीर मज़बूत होता है। पकाना शब्द का मुहावरों में ख़ूब प्रयोग होता है, जैसे–खिचड़ी पकाना यानी गुप्त मंत्रणा करना, गोपनीयता बरतना। कान पकाना यानी किसी बात का ज़रूरत से ज़्यादा दोहराव।

फ़ारसी का एक शब्द है **पुख़्ता**। आमतौर पर इसका इस्तेमाल भी उर्दू-हिन्दी में ख़ूब होता है। पुख़्ता यानी मज़बूत, पका हुआ, टिकाऊ, पायेदार आदि। पुख़्ता शब्द बना है फ़ारसी के **पुख़्तः** से जिसका मूल अवेस्ता की **पच** धातु ही है जिसमें पकाना, पकना का भाव शामिल है। फ़ारसी **पुख़्त** में पकना-पकाना जैसे भाव भी शामिल हैं। दमपुख़्त एक ऐसी ही क्रिया है जो आमतौर पर मीट को कुकरनुमा बर्तन में भाप की गर्मी से पकाने के लिए कही जाती है। कुकर का उदाहरण यहाँ मौजूद है जो भाप की गर्मी से ही भोज्य पदार्थ को जल्दी पकाता है।

अफ़गानिस्तान की भाषा **पश्तो** या **पुख़्तो** कहलाती है। उस इलाक़े को **पुख़्तोनिस्तान** या **पख़्तूनिस्तान** भी कहते हैं। यहाँ के निवासी **पख़्तून** या **पश्तून** कहलाते हैं। संस्कृत की एक धातु है **पश्** जिसका अर्थ है सुदृढ़, मज़बूत, ऊँचा, बुलंद। ध्यान दें कि जिस इलाक़े को **पख़्तूनिस्तान** कहा जा रहा है वह समूचा पहाड़ी इलाक़ा है। यहाँ पश् धातु में पहाड़ की मज़बूती और बुलंदी का भाव प्रमुख है। **पश्** को **पष्** मानें तो बनता है पाषाण अर्थात पहाड़ यानी बुलंद, मज़बूत, विराट, पुख़्ता। फ़ारसी में इसी मूल से निकला एक और शब्द है **पज़** जिसका मतलब पका हुआ भी होता है और मज़बूत भी जो **पष्** का ही रूप है। हिन्दी-उर्दू में मवाद के लिए जो **पस** शब्द का प्रयोग होता है उसका रिश्ता फोड़े के पकने से ही है। **पख़्तून** का देशज रूप हुआ पठान जो हिन्दी में ख़ूब इस्तेमाल होता है। पहाड़ का एक रूप होता है पठार जो

इसी शब्द समूह का हिस्सा है। यानी **पकौड़ों** की रिश्तेदारी न सिर्फ़ कुकर से बल्कि काबुली वाला यानी **पठान** से भी है जिसके पास आमतौर पर हम किशमिश, बादाम की उम्मीद कर सकते हैं, पकौड़ों की तो हरगिज़ नहीं।

रथ से रोटी तक का सफ़र

[शब्द संदर्भ : रथ, राउंड, रोटेशन, रोटरी, रोटी, रोटड़ा, इतिवृत्त, वृत्त, वर्तुल, बेल, बेलन, बालोर, वल्लरी]

मुतासिर लोग यूँ हैं रोटियों से,
ख़यालों तक गई गोलाइयाँ हैं।

कवि सूर्यभानु गुप्त की इन पंक्तियों में रोटी की गोलाई को ही भूख के प्रतीक के रूप में रेखांकित किया गया है। संस्कृत-हिन्दी के **रथ, वृत्त, रोटी** और अंग्रेज़ी के **रोटेशन, राउंड** या **रोटरी** जैसे शब्दों पर ग़ौर करें तो इनमें दिलचस्प रिश्तेदारी सामने आती है। न सिर्फ़ ये सभी शब्द गोलाई का भाव लिये हुए हैं बल्कि ये सभी इंडो-यूरोपीय आधार से निकले हैं।

ग़ौरतलब है कि घूमने-फिरने, चक्कर लगाने या गोलाकार आदि भावों के लिए संस्कृत में **वृत्** शब्द है जिससे **वृत्त** बना। वृत्त शब्द के व्यापक अर्थ है, मसलन–गोल, घेरा या परिधि के अलावा घटना के अर्थ में इतिवृत्त, जीवनवृत्ति या व्यवसाय, आचरण-व्यवहार के अर्थ में वृत्ति वग़ैरह। गोल, कुंडलाकार गोलाकार के लिए वर्तुल शब्द इससे ही निकला है। इसी क्रम में है **रथः** शब्द जिसने हिन्दी में **रथ** का रूप लिया। रथ का मतलब हुआ वाहन का एक विशेष भाग अर्थात पहिया-चक्र। वृत्त या रथ का इंडो-यूरोपीय मूल है **रोटो** यानी दौड़ना या लुढ़कना आदि। इसी तरह अवेस्ता में यान अथवा वाहन के लिए रथो शब्द है जो मूलतः संस्कृत के रथः शब्द के पहिए वाले अर्थ से ही मेल खाता है। पहिए के लिए ही कुछ यूरोपीय भाषाओं के शब्दों पर ज़रा ग़ौर करें–जर्मन में **रैड**, लैटिन में **रोटा**, लिथुआनियाई में **रोटास** और अंग्रेज़ी में **रोटरी, रोटेशन, राउंड** जैसे शब्द बने हैं।

अब आते हैं **रोटी** पर जो संस्कृत के **रोटिका** से बना है। रोटिका यानी अनाज के आटे से तवे पर सेंकी गई गोल गोल पतली, चपटी टिकिया। वृत्-वर्त-रथ के ही क्रम में ही थोड़े ध्वनि परिवर्तन के साथ वल्, वल, वलनम वेल्लन, वेल्लनम् जिनमें मुड़ना, घूमना, सरकना, लुढ़कना आदि भाव आते हैं। संस्कृत के उक्त शब्दो से ही हिन्दी में उमेठना के अर्थ में बल देना जैसा वाक्य कहा जाता है। **बेल-वल्लरी**, **बालोर** या **बल्लर** जैसे शब्द भी हैं जो मूलतः सब्ज़ियों के नाम हैं मगर ग़ौर करें कि ये सब लता के रूप में उपजती हैं। लता का स्वभाव होता है गोल-गोल चक्कर लगाते हुए ऊपर की ओर चढ़ना। इसके अलावा रोटी या पूरी को आकार देने वाले उपकरण को बेलन नाम भी घुमाने की क्रिया के चलते ही मिला है।

फुलका भी एक फूल है

[शब्द संदर्भ : फूल, फुलका, चपाती, रोटी, फूलना]

रोटी हिन्दी में चपाती के लिए सर्वाधिक प्रचलित शब्द है। **रोटी** की व्युत्पत्ति संस्कृत शब्द **रोटिका** से हुई है जिसके मूल में इंडो-यूरोपीय अर्थात भारोपीय भाषा-परिवार का रोटो शब्द है जिससे संस्कृत, हिन्दी, अंग्रेज़ी के वृत्त, रथ, रोटिका, रोटी, रोटेशन और रोटरी जैसे अनेक शब्द बने हैं जो सभी गोलाई का भाव लिये हैं। अब देखते हैं कि फुलका और चपाती का आधार क्या है।

फुलका पूरे देश में रोटी के सबसे ज़्यादा पसंद किए जाने वाले प्रकार का नाम है। जैसा कि नाम से ज़ाहिर है यह कि तवे या सीधी आँच पर सिंकने की वजह से गर्म भाप भर जाने से रोटी फूल जाती है इसी वजह से इसे **फुलका** भी कहते हैं। ज़ाहिर है जब तक इसमें भाप है तब तक ही यह फुलका है, बाद में यह सामान्य चपाती या रोटी ही कहलाएगी। गर्मागर्म खाने में ही फुलके का आनंद है। फुलका शब्द का जन्म हुआ है संस्कृत की **फु** धातु से जिसका मतलब है फुलाना, फूँक मारना, आदि। फूँक मारने की क्रिया पर ग़ौर करें तो पाएँगे की **फू** ध्वनि निकालते हुए गाल भी फूल जाते हैं। फूलने के यही लक्षण इस धातु से बने कई शब्दों में नज़र आते हैं। इसी से बना है संस्कृत का ही **फुल्ल** शब्द जिसका मतलब हुआ खिलना, फूलना, फुलाना। ग़ौरतलब है कि **पुष्प** के लिए **फूल** शब्द का जन्म भी इसी **फु** से हुआ है। कली की पँखुड़ियाँ जब पूर्ण विकसित हो जाती हैं तो उसे कली का **फूलना** कहते हैं। कली ही फूल कर पुष्प अर्थात फूल का रूप लेती है।

अब आते हैं चपाती पर। चपाती यानी गेहूँ के आटे से बनी पतली-चपटी रोटी। संस्कृत में एक शब्द है चर्पटः जिसका अर्थ है रगड़ना, दबाना आदि। इसके अलावा थप्पड़ लगाना या पिटाई करना भी मायने हैं। चर्पटः से ही बना है **चपेट** (चपेट में आना या चपेट में लेना), **चपेटा** (लाख की गोटी जिससे चौपड़ जैसे खेल खेले जाते हैं), **चपड़ा** यानी लाख। इसी के साथ **चपत** यानी थप्पड़ और चाँटा भी इससे ही बना है। **चर्पटः** से ही बना संस्कृत में **चर्पटी** जिसका मतलब हुआ **चपाती**। ग़ौर करें कि आटे की लोई को हथेली पर थाप-थाप कर बनाई गई रोटी इसीलिए चपाती कहलाई क्योंकि उसे **चपत** लगाकर **चपटा** बनाया गया। संस्कृत से ही यही लफ़्ज़ फ़ारसी में भी गया और वहाँ भी चपत चपात बनकर विराजा जिसका मतलब हुआ थप्पड़। चपत से **चपाती** भी फ़ारसी में बन गया जिसका मतलब हथेलियों की थपकी से बहुत पतली और बढ़ाई गई रोटी है।

बेगुन बैंगन महाराज!

[शब्द संदर्भ : बैंगन, वात, एगप्लांट, बेगुन, बिंजल]

बहुत कम होंगे जिन्हें सब्ज़ियों का राजा बैंगन नापसंद होगा। बैंगन की बात ही निराली है। सब्ज़ीमंडी में किसी एक सब्जी की एक साथ इतनी क़िस्में देखने को नहीं मिलती होंगी जितनी बैंगन की। बैंगनी बैंगन, सफ़ेद बैंगन, चितकबरा बैंगन, हरा

बैंगन। ख़ास बात ये कि इन सभी बैंगनों की लंबी, भरवाँ और भुरता भनाने वाली क़िस्में मिलती हैं। यानी एक दर्जन से तो ज़्यादा हो गईं। सब्जी मंडी में एक साथ मासूम और शरारती सिफ़त वाली कोई चीज़ अगर है तो वह यही बैंगन महाराज हैं। और तो और इन पर कविताएँ तक लिखी जाती रही हैं।

बैंगन को कई लोगों ने मुखसुख के आधार पर **बेगुन** अर्थात जिसमें कोई गुण न हो, कहा है। मगर ऐसा है नहीं। बैंगन में सिर्फ़ स्वाद ही नहीं गुण भी हैं और भारतीय मूल के इस फल (सब्ज़ी) से चीन और मलेशिया में आँतों के रक्तस्राव का इलाज किया जाता है। बैंगन को सुपाच्य माना जाता है। हालाँकि आयुर्वेद में बैंगन को वातवर्धक भी कहा गया है। बैंगन को अंग्रेज़ी में **एगप्लांट** या BRANJAL भी कहते हैं। इसके मूल में है संस्कृत का वातिंगमः शब्द। इसे वातिंगण भी कहा जाता है। यह बना है **वात + गम=वातिगमः** से। संस्कृत में **वात** कहते हैं हवा या वायु को। जानकारों के मुताबिक़ शरीर में वायु से संबंधित विकारों को ही वात रोग कहते हैं और ये दर्जनों प्रकार के होते हैं। देशी ज़बान में इसके **बाई, बादी** वग़ैरह भी कहा जाता है। गठिया भी एक वात रोग है। संस्कृत धातु गम् का अर्थ जाना, गुज़रना, चलना-फिरना आदि होता है साथ ही भोगना, अनुभव करना, ग्रस्त होना आदि भाव भी इसमें समाए हैं। **वातिंगमः** के रूप में यही भाव उजागर होते नज़र आ रहे हैं। यानी **बैंगन** का नामकरण उसके वायुवर्धक गुणों की वजह से हुआ है। दुनिया भर की भाषाओं में बैंगन शब्द के अलग-अलग रूप मिलते हैं मगर ज़्यादातर के मूल में संस्कृत शब्द **वातिंगमः** ही है। संस्कृत से यह शब्द फ़ारसी में **बादिंजान** बनकर पहुँचा वहाँ से अरबी ज़बान में इसका रूप हुआ **अल-बादिंजान**। अरबी के ज़रिए ये स्पेनी में **अलबर्जेना** हुआ वहाँ से केटलॉन में ऑबरजीन और फिर अंग्रेज़ी में हुआ BRINJAL।

हिन्दी में ही, ख़ासतौर पर मध्य भारत में **बैंगन** को **भटा** या **भंटा** भी कहने का चलन है। दरअसल यह बना है संस्कृत के **वृन्तम्** से। **वृन्त** से बना है **वृन्तम्** जिसका मतलब होता है किसी पौधे, फल, फूल या पत्ती का डंठल। वृन्त बना है **वृ** धातु से जिसका मतलब हुआ चुनना, छाँटना आदि। ग़ौर करें कि पौधों से फूल या फलों को चुनने या छाँटने के लिए उसके डंठल को ही चुना जाता है और वहीं से उसे तोड़ा जाता है। संस्कृत में बैंगन का एक अन्य नाम है **वृन्ताकः**। बैंगन के सामान्य से लंबे और बड़े डंठल पर अगर ग़ौर करें तो यह नाम सही साबित होता है। बैंगन के बड़े डंठल की वजह से ही उसे एक टाँग का मुर्ग़ा भी कहते हैं। **वृन्ताकः** से भटा बनने का क्रम वृन्ताकः > वन्टाअ > भन्टा > भटा रहा होगा।

मिठास का क़ानून

[शब्द संदर्भ : खंड, गुड़, खाँड, कंद, गन्ना, क़ानून]

संस्कृत के **खंडः** शब्द की बड़ी व्यापक पहुँच है। इससे मिलती-जुलती ध्वनियों वाले कई शब्द द्रविड़, भारत-ईरानी, सेमेटिक और यूरोपीय भाषाओं में मिलते हैं। **क ख ग**

वर्णक्रम में आने वाले ऐसे कई शब्द इन तमाम भाषाओं में खोजे जा सकते हैं जिनमें खंड, गुड़ या कैंडी की मिठास के साथ-साथ वनस्पति का भाव भी शामिल है। यह भाषाविज्ञानियों के बीच की सनातन बहस का विषय हो सकता है कि इन शब्दों का प्रसार पूर्व से पश्चिम को हुआ अथवा पश्चिम से पूर्व को। इस वर्ग के शब्द उन आर्यों की शब्द संपदा का हिस्सा हैं जिनकी मूलभूमि भारत ही मानी जाती है या उन आर्यों की शब्द संपदा से आए जिनकी मूलभूमि पश्चिमी विचारकों के मुताबिक़ एशिया माइनर थी।

सबसे पहले बात करते हैं **गुड़** की। गुड़ से बने कई मुहावरे हिन्दी में प्रचलित हैं, जैसे–सब गुड़-गोबर होना यानी चौपट होना या गुड़ खाए, गुलगुलों से परहेज़ यानी बेतुकापन या दिखावा आदि। गुड़ यानी खाँड इसी परिवार का शब्द है। **खंड** की तरह ही ही संस्कृत के **गुडः** शब्द के मायने भी पिंड, ईख का पौधा, शीरा अथवा ईख के रस से तैयार पिंड होता है। ग़ौर करें **खंड** और **गुड़** की समानता पर। **ख** और **ग** दोनों एक ही वर्णक्रम के अक्षर हैं और इनमें एक-दूसरे में बदलने की वृत्ति होती है। हिन्दी का गुड़, संस्कृत के **गुडः** से जन्मा है जिसका मतलब है रस, राब, शीरा, ईख के रस से तैयार पिंड या भेली। **गुडः** के मूल में जो धातु है उससे इसका अर्थ और साफ़ होता है वह है गड्। गड् यानी रस निकालना, खींचना। दुनिया भर में शकर और गुड़ सिर्फ़ गन्ने से ही नहीं बनते बल्कि ताड़ के रस अथवा चुकंदर से भी बनाए जाते है। **गड्** का का एक और अर्थ होता है **कूबड़**। ग़ौर करें कूबड़ एक क़िस्म की गाँठ ही होती है। गण्ड का मतलब भी गाँठ, फोड़ा अथवा फुंसी ही होता है। ईख के लिए हिन्दी में प्रचलित गन्ना शब्द इसी **गंड** से बना है इसका आधार है गन्ने के तने का गाँठदार होना। गण्डिः का मतलब होता है वृक्ष के तने का वहाँ तक का हिस्सा जहाँ से पत्ते या शाखाएँ शुरू होती हैं।

अब आते हैं खंडः पर। खंड का अर्थ होता है भाग, हिस्सा, अंश अथवा ईख का पौधा। ग़ौर करें ईख के तने पर जिसमें कई खंड होते हैं। ये खंड अपने जोड़ पर उभार या गठान का रूप लिये होते हैं। इसी जोड़ या गठान का भाव तब और साफ़ होता है जब खंड का अर्थ पिंड के रूप में सामने आता है। गन्ने के छोटे-छोटे टुकड़ों को गँडेरी कहते हैं। यह भी गड् से ही बना है। छोटे-छोटे टुकड़े खंड ही तो कहलाते हैं न! संस्कृत का कंदः शब्द भी इसी शब्द श्रृंखला का हिस्सा है जिसका मतलब होता है गाँठदार जड़। इसीलिए शकरकंद, जिमीकंद जैसे शब्द बने। अब अगर **खंड-गंड-कंद** में समाहित अनुनासिक ध्वनियों पर ग़ौर करें तो इसका रिश्ता सेमेटिक परिवार से जुड़ता है। प्राचीन हिब्रू में एक शब्द है **क़ैना (ह)** यानी जिसका मतलब है लंबा-सीधा पोले तने वाला वृक्ष। सरकंडा या बाँस का इस अर्थ में नाम लिया जा सकता है। यही शब्द ग्रीक ज़बान में कैना (ह) (kannah) के रूप में मौजूद है। अर्थ वही है लंबा, सीधा, पोला वृक्ष। एक और अर्थ है छोटी छड़ जिससे पैमाइश की जा सके। अंग्रेज़ी का केन यानी बेंत शब्द इससे ही बना है। अब गन्ना या बाँस

या केन तो सीधे-सरल ही होते हैं सो जीवन की सीधी सरल राह वाली प्रणाली या नियम को ही **क़ानून** कहा जाता है। यह **क़ानून** शब्द भी इससे ही बना है। ग्रीक में इसका रूप हुआ CANON और अंग्रेज़ी में हुआ CANON और दोनों का अर्थ समान है नियम, क़ायदा। अरबी-तुर्की-फ़ारसी-उर्दू और हिन्दी में इसका क़ानून रूप हुआ। खंड से ही बना एक शब्द महाजनी व्यापार पद्धति में चलता है खंडिका। यह एक ऐसी पुस्तिका या रजिस्टर होता है जिसमें लगान का हिसाब रखा जाता है। अलग-अलग हिस्सों में बँटी होने की वजह से इसे यह नाम मिला। तो मिठास का रिश्ता न सिर्फ़ जड़ से है बल्कि तने से भी है। क़ानून यानी नियम-धर्म का पालन करें तो भी जीवन में मिठास क़ायम रहती है।

रायता फैल गया

[शब्द संदर्भ : रायता, रायड़ा, राजिका, राई]

भारतीय मसालों की महक से पूरी दुनिया सदियों से महक रही है। अगर कहा जाए कि ये भारतीय मसाले ही थे जिनकी वजह से सुदूर पश्चिमी जगत के लिए पूरब के समुद्री द्वार खुले तो कुछ ग़लत नहीं होगा। भारतीय मसालों में एक ख़ास जगह है **राई** की। एक भी ऐसा भारतीय परिवार न होगा जिसकी रसोई में **राई** न पाई जाती हो। किसी भी कुशल गृहिणी या रसोइए के लिए भोजन को ज़ायकेदार बनाने की जो रस्म होती है वह है तड़का या छौंक। यह कोई आसान काम नहीं है। बहरहाल, बात **राई** की चल रही थी। राई रबी की तिलहनी फ़सल है। राई शब्द बना है संस्कृत के **राजिका** से जिसका मतलब होता है काली सरसों, पीली सरसों। काली राई और सरसों को आमतौर पर वे लोग अलग-अलग पदार्थ समझते हैं जिन्हें पाकशास्त्र में दिलचस्पी नहीं है, मगर मूल रूप से ये एक ही हैं। सरसों और राई एक ही जाति की फ़सलें हैं, क़िस्में कई तरह की होती हैं।

राजिका शब्द बना है संस्कृत के **राजि** या **राजी** से। इसका अर्थ होता है पंक्ति, क़तार धारी, रेखा आदि। इससे मिलते-जुलते खेत, क्यारी जैसे अर्थ भी इसके हैं। अब ग़ौर करें कि यूँ तो सभी फ़सलें खेतों में ही उगती हैं और क़रीब-क़रीब क़तार में ही बोई जाती हैं मगर क़तार वाले अनुशासन से जुड़ा नाम पाने का सौभाग्य सिर्फ़ राई यानी राजिका को ही मिला। देवनागरी वर्ण **ऋ** (रि) में क़तार, अनुशासन आदि भाव हैं। राजस्थानी में मोटी सरसों को **रायड़ा** भी कहते हैं। **रायता** एक ऐसी भारतीय डिश है जिसकी धूम देश-विदेश में उतनी ही है जितनी कि पुलाव की। **रायता** शब्द के नामकरण में राई का ही कमाल है। रायता दरअसल दही के अंदर उबली सब्ज़ियों से बना वह पदार्थ है जिसे राई से बघारा गया हो। रायते की ख़ासियत ही है उसके ज़ायक़े में एक ख़ास क़िस्म की तेज़ी जो सिर्फ़ राई से ही आती है। आज सैकड़ों तरह के रायते प्रचलन में हैं मगर जो बात राई के तड़के और हींग के धमार वाले रायते में है, वो और किसी में नहीं। रायता चाहे जितना स्वादिष्ट हो मगर जब फैल जाता है

तो न सिर्फ़ फैलाने वाले की शामत आती है बल्कि बनाने वाले का भी माथा घूम जाता है। और फिर पूरे माहौल का अंदाज़ा लगाना कुछ मुश्किल नहीं।

सामाजिक-भाषिक संस्कृति में भी **राई** का एक अलग ही महत्त्व है। चश्मेबद्दूर के लिए भी राई का उपयोग आम है। छोटे बच्चों, कम उम्र लड़कियों को नज़र न लग जाए इसके लिए आमतौर पर उनकी माँ राई की पोटली उनकी क़मर से बाँधती हैं या कपड़ों में खोंस देती हैं। कहावतों में भी यह बात नज़र आती है जैसे **राई नोन** करना यानी नज़र उतारना। राई से जन्मी कुछ अन्य कहावतें भी प्रचलित हैं, मसलन–राई रत्ती का हिसाब, राई का पहाड़ बनाना या राई रत्ती का हाल जानना। ज़ाहिर है कि इसमें राई के सूक्ष्म आकार को महत्त्व दिया गया है।

वटवृक्ष की छाया में है ज़ायका

[शब्द संदर्भ : बड़ा, वड़ापाव, मिर्चीबड़ा, वड़ा, वटवृक्ष, वटकः, खलबत्ता, सिलबट्टा]

भारतीय शैली के व्यंजनों में एक बेहद आम शब्द है–**बड़ा**। उत्तर भारत में यह बड़ा के रूप में प्रचलित है तो दक्षिण भारत में यह वड़ा कहलाता है। इसके वडा और वड़ी रूप भी प्रचलित हैं। इस नाम वाले कितने ही खाद्य पदार्थ प्रचलित हैं, मसलन–मिर्चीबड़ा, भाजीबड़ा, पालकबड़ा, मूँगबडी या बटाटावड़ा वग़ैरह। इसी तरह दक्षिण भारत में वड़ासाँभर, दालवड़ा या वड़ापाव मशहूर हैं। ग़ौरतलब है कि इस बड़ा या वड़ा में न सिर्फ़ रिश्तेदारी है बल्कि **बाटी** और **सिलबट्टा** जैसे शब्द भी इनके संबंधी हैं।

संस्कृत का एक शब्द है **वट्** जिसके मायने हैं घेरना, गोल बनाना या बाँटना–टुकड़े करना। ग़ौर करें वटवृक्ष के आकार पर। इसकी शाखाओं का फैलाव काफ़ी अधिक होता है और दीर्घकाय तने के आसपास की परिधि में काफ़ी बड़ा क्षेत्र इसकी शाखाएँ घेरे रहती हैं इसीलिए इसका नाम वट् पड़ा जिसे हिन्दी में बड़ भी कहा जाता है। **वट्** से बने वटकः या वटिका शब्द के मायने होते हैं गोल आकार का एक क़िस्म का खाद्य-पिंड जिसे हिन्दी में **बाटी** कहा जाता है। इसे रोटी का ही एक प्रकार भी माना जाता है। वटिका शब्द से ही बना टिकिया शब्द। संस्कृत वटकः का अपभ्रंश रूप हुआ वड़अ जिसने हिन्दी में बड़ा और दक्षिण भारतीय भाषाओं में वड़ा का रूप लिया। वट् से ही विशाल के अर्थ में हिन्दी में बड़ा शब्द भी प्रचलित हुआ। अब आते हैं **खलबत्ता** या **सिलबट्टा** पर। ये दोनों शब्द भी वट् से ही बने हैं। औषधियों, अनाज अथवा मसालों को कूटने–पीसने के उपकरणों के तौर पर प्राचीनकाल से आज तक खलबत्ता या सिलबट्टा का घरों में आमतौर पर प्रयोग होता है। हिन्दी में ख़ासतौर पर मराठी में खलबत्ता शब्द चलता है। यह बना है खल्लः और **वट्** से मिलकर। संस्कृत में खल्लः का मतलब है चक्की, गढ़ा। हिन्दी का खरल शब्द भी इससे ही बना है। वट् का अर्थ यहाँ ऐसे पिंड से है जिससे पीसा जाए। यही अर्थ सिलबट्टे का है। **सिल** शब्द बना है **शिला** से जिसका अर्थ पत्थर, चट्टान या चक्की होता है। ज़ाहिर है पत्थर की छोटी सिल्ली पर बट्टे से पिसाई करने के चलते **सिलबट्टा** शब्द बन गया।

शराब, ख़ुमार और अक़्ल पे परदा

[शब्द संदर्भ : ख़ुमार, ख़ुमारी, ख़मीर, मख़मूर]

आलस्य-प्रमाद के क्षणों के लिए अक्सर हिन्दी में **ख़ुमार** या **ख़ुमारी** शब्द का इस्तेमाल होता है। जो लोग मदिरा सेवन करते हैं वे हैंगओवर भी समझते हैं जिसका मतलब नशे के उतार की वह अवस्था है जिसमें हलका सा सिरदर्द भी रहता है। ख़ुमार की अवस्था में मस्तिष्क ठीक तरीक़े से काम नहीं कर पाता। स्पष्ट है कि ख़ुमार शब्द का प्रयोग नशे की अवस्था या नशे के बाद की अवस्था बताने के लिए होता है। ख़ुमार शब्द मूलतः अरबी भाषा का शब्द है और हिन्दी में उर्दू के ज़रिए दाख़िल हुआ है। फ़ारसी में भी इसका इस्तेमाल होता है। ख़ुमार की व्युत्पत्ति दिलचस्प है। इसकी जन्मपत्री में नक़ाब, आवरण, मदिरा, सिरदर्द जैसे अनेक भाव समाए हैं। अरबी भाषा में एक शब्द है **ख़म्र** जिसका अर्थ है आवरण, कवर या ढका हुआ होना। इसी से बना है **ख़िमार** यानी ओढ़नी या दुपट्टा। अरबी समाज में आमतौर पर लंबे और समूचे शरीर को ढकने वाले परिधान पहनने का चलन रहा है। जैसे बुर्क़ा, जलाबिया, एहराम आदि। नक़ाब भी एक आवरण है जो समूचे जिस्म को तो नहीं बल्कि चेहरे को ढकता है। दुपट्टे या स्कॉर्फ़ की तरह का एक कपड़ा होता है जिसे **ख़िमार** कहते हैं जो आँख और नाक को छोड़कर समूचे चेहरे और वक्ष को ढककर रखता है। **ख़िमार** भी **ख़म्र** से ही बना है।

अनाज अथवा फलों से मदिरा के निर्माण की अवस्था को किण्वन या फर्मेंटेशन कहते हैं। बोलचाल की हिन्दी में कहें तो ख़मीर उठने की प्रक्रिया से ही शराब का निर्माण होता है। इसके लिए फल या अनाज में विभिन्न औषधियाँ डाली जाती हैं और सड़न की प्रक्रिया के बीच ख़मीर उठना शुरू होता है। ख़मीरी शब्द का अर्थ होता है ख़मीर से बनी या ख़मीर संबंधी। अरबी में ख़मीर का अर्थ ही मादक पदार्थ होता है। मोटे तौर पर इसमें शराब आती है। इसके लिए **ख़म्रः**, **ख़ुमूर** या **ख़म्रा** जैसे शब्द भी हैं।

सवाल उठता है कि जब **ख़म्र** शब्द के मायने आवरण अथवा ढका होना है तो इसमें नशा का संदर्भ कहाँ से जुड़ गया? दरअसल ढकने वाला भाव ही यहाँ प्रमुखता से उभर रहा है बस, व्याख्या थोड़ी दार्शनिक है। जिस तरह से **ख़िमार** चेहरे को ढककर रखता है उसी तरह से नशा और प्रमाद बुद्धि को ढक लेता है जिसे दिमाग़ पर पर्दा पड़ना कहते हैं। ज़ाहिर है नशा भी एक आवरण है और जब यह बुद्धि पर छा जाता है तो विवेक काम करना बंद कर देता है। सही ग़लत का निर्णय लेने की क्षमता भी जाती रहती है। यही है ख़मीर और ख़ुमार।

नशे के बाद वाली यानी उतार वाली अवस्था को तो **ख़ुमार** कहते ही हैं मगर चढ़ते नशे के लिए भी **ख़ुमार** शब्द का प्रयोग होता है। मदमस्त, नशे में चूर व्यक्ति को उर्दू में मख़मूर कहते हैं। यह भी ख़म्र से ही बना है। शायरों का यह उपनाम भी होता है।

कर्नल रंजीत के नाम से उपन्यास लिखने वाले मशहूर शायर **मख़मूर** जालंधरी, मख़मूर **सईदी** इसी कड़ी में आते हैं। अरबी का एक शब्द है **ख़मीरमायः** अर्थात किसी वस्तु में बढ़ोतरी करना। **ख़म्रः** या **ख़मीरः** में एक और भाव है वृद्धि का। **ख़मीरी रोटी** सामान्य से बड़ी नज़र आती है। ब्रेड को ख़मीर उठाकर ही तैयार किया जाता है इसीलिए उसे डबलरोटी कहा जाता है। वृद्धि साफ़ नज़र आ रही है न! ख़मीर में एक विशेष गुण होता है कि वह गुँथे हुए आटे में भौतिक वृद्धि करता है। ऐसा जीवाणुओं द्वारा की जाने वाली जैविक क्रियाओं के चलते होता है। नशे में भी यही गुण नज़र आता है। नशा होने के बाद मनुष्य ख़ुद की क्षमताओं में वृद्धि अनुभव करता है। विज्ञान की निगाह में भी यह आंशिक सच है कि मदिरा से सोचने-समझने और शारीरिक क्षमता में थोड़े समय के लिए वृद्धि होती है। यही नहीं, अत्यधिक नशा होने पर एक की जगह दो वस्तुएँ दिखाई पड़ती हैं और एक ही बात बार-बार कही जाती है। ख़म्र से बने कुछ अन्य शब्द हैं जो हिन्दी में इस्तेमाल तो नहीं होते मगर इनके बारे में जान लें। उर्दू में शराब की सुराही या मदिरा कलश को **ख़ुम** कहते हैं। इसी तरह मदिरालय को मैक़दा की तरह **ख़ुमकदः** भी कहा जाता है।

अजब पाजामा, ग़ज़ब पाजामा

[शब्द संदर्भ : पायजामा, पाजामा, जामा, पीताम्बर, दिगम्बर]

दुनिया की सबसे आरामदेह पोशाकों में **पायजामे** का शुमार है। किसी ज़माने में भद्दा माना जाने वाला **पायजामा** आज कुलीन और आभिजात्य पहनावा बन गया है। इस पायजामे का भी रिश्ता है यायावरी से बल्कि इसका जन्म ही बेहतर यायावरी के लिए हुआ है। याद करें रेल में भी सोने से पहले कई लोग इसे पहनना नहीं भूलते।

संस्कृत और प्रोटो इंडो-यूरोपीय भाषाओं के बहनापे वाली शब्दावली में ही आते हैं अंग्रेज़ी के फुट, पैड और हिन्दी के पद, पैर, पाँव जैसे शब्द। पायजामा भी इसी शृंखला की कड़ी है। यह बना है फ़ारसी के **पाए + जामः** से मिलकर। फ़ारसी में पैर के लिए पा शब्द है जो अवेस्ता के पद से बना है। जामः यानी वस्त्र। यह शब्द हिन्दी में जामा के अर्थ में भी प्रचलित है। याद करें, जामातलाशी वाला मुहावरा। ग़ौरतलब है कि इंडो-इरानी भाषा-परिवार की संस्कृत और अवेस्ता सगी बहनें हैं। संस्कृत के पद से इसकी समानता से यह ज़ाहिर है। फ़ारसी में **पाएजामः** का मतलब है एक ख़ास क़िस्म का अधोवस्त्र। फ़ारसी में ही इसका एक अन्य रूप पाजामः भी मिलता है। हिन्दी में इसके **पजामा, पाजामा, पायजामा** जैसे रूप चलते हैं।

ग़ौरतलब है कि भारत में पायजामा शकों के द्वारा तीन सदी ईसा पूर्व ही लाया जा चुका था। शक मूलतः मध्य एशिया के घुमक्कड़, ख़ानाबदोश लड़ाके थे जो अक्सर अपने शानदार घोड़ों पर अभियानों के लिए निकलते थे। यहाँ अभियान के खोजयात्रा और चढ़ाई दोनों अर्थों को आप समझ सकते हैं। घोड़ों पर लंबी-लंबी यात्राओं के

लिए शकों की यह बेहद दूरदर्शितापूर्ण खोज थी कि ऐसा वस्त्र बनाया जाए जिसे पहनकर घोडे की पीठ पर सवार हुआ जा सके। अधिकांश सभ्यताओं के आदिकाल में वस्त्र संस्कृति के नाम पर शरीर को कपड़े के एक ही टुकड़े से ढकने का चलन था। बाद में शरीर के निचले हिस्से को अधोवस्त्र के रूप में एक अलग कपड़े से ढकने की परिपाटी सुविधानुसार शुरू हुई। रोमन स्कर्ट, भारतीय साड़ी या धोती जिसे स्त्री-पुरुष दोनों ही धारण करते हैं, इसी का प्रमाण हैं। धोती को जब देवता, ब्राह्मण या गुणीजन धारण करते हैं तो उसे **पीतांबर** कहते हैं। तो घुड़सवारी के लिए यह धोती अनुपयुक्त थी। शकों ने इतना ही किया कि एक ही कपड़े से दोनों पैरों को ढकने की तरकीब को थोड़ा आधुनिक बना दिया और उसे दो हिस्सों में बाँटकर सिलाई कर दी जिससे ट्राउजर या पायजामा बन गया।

मध्य एशिया के इन दुर्दान्त यायावरों की इस अनोखी सूझ ने उनकी यात्राओं को कुछ सुविधाजनक बनाया। ये शक ईरान होते हुए भारत में दाख़िल हुए और **पायजामे** समेत भारतीयों ने थोड़ी नानुकर के बाद शकों को भी अपना लिया। सदियों बाद तक आज भी भारतीयों का विदेशी हमलावरों के साथ यही रवैया है। भारतीय संस्कृति में सबको समो लेने की अद्‍भुत क्षमता है। आज से एक सदी पहले अंग्रेज़ी राज के प्रभाव में आने वाले भारतीय युवाओं के चालचलन पर जो बुज़ुर्ग कुढ़ा करते थे उसकी ख़ास वजह पैंट-शर्ट जैसा पहनावा थी। वे नहीं जानते थे कि वो पतलून या पैंट ख़ुद यूरोपीय लोगों की भी नहीं थी। सदियों पहले शकों ने ही यूरोपीय लोगों को भी यह पायजामा या ट्राउजर पहनाना सिखा दिया था वरना वहाँ तो अरसे तक स्कर्टनुमा पोशाक ही अधोवस्त्र के तौर पर जानी जाती थी।

लोग कहते हैं कि यायावरी के लिए पोशाक मायने नहीं रखती, सिर्फ़ इरादा चाहिए। प्राचीन भारत में तो संन्यासियों, भिक्षुओं को ही **यायावर** कहा गया और पोशाक के नाम पर उन्हें कम-से-कम वस्त्र पहनने की पाबंदी थी। दिगंबर जैन पंथ में तो एक भी वस्त्र धारण नहीं किया जाता है। दिगंबर बना है **दिक् + अंबर** अर्थात दिशाएँ ही जिसका वस्त्र हो इसीलिए दिगंबर श्रमण, मुनि निर्वस्त्र रहते हैं। मगर तारीफ़ करनी चाहिए उन शक यायावरों की जिन्होंने अपनी घुमक्कड़ी को और सुविधाजनक बनाने के लिए दुनिया को **पायजामा** जैसा शानदार वस्त्र दे दिया।

अतिथि तो यायावर ठहरा

[शब्द संदर्भ : अतिथि, आतिथ्य]

अतिथि शब्द की महिमा निराली है। तैत्तिरीयोपनिषद् की प्रसिद्ध उक्ति **अतिथि देवो भव** उसे पूजनीय बनाती है। मगर मेहमान को मुसीबत समझने की परंपरा भी पूरी दुनिया में प्राचीनकाल से ही रही है। रोमन विद्वान प्लाटियस का कथन–'कोई भी अतिथि इतना श्रेष्ठ नहीं कि तीन दिन बाद भी अपने मेज़बान को बुरा न लगे' यही साबित करता है।

इसके बावज़ूद **अतिथि** शब्द के हिस्से में ज़्यादातर रुतबा और सम्मान ही आए हैं। **अतिथि** शब्द की कुछ लोग बड़ी दिलचस्प व्युत्पत्ति बताते हैं। वे इस शब्द का संधि-विच्छेद करते हुए **(अ + तिथि)** साबित करते हैं कि जिसके आने की कोई तिथि न हो वह अतिथि है। वैसे यह बात बड़ी मज़ेदार लगती है और एक हद तक तार्किक भी क्योंकि मेहमान कभी भी टपक पड़ता है और इस शब्द में इसकी व्याख्या भी छुपी है। मगर यह सही नहीं है।

संस्कृत धातु **अत्** से बना है यह शब्द। **अत्** में **इथिन्** प्रत्यय लगने से हुआ **अतिथि**। **अत्** का मतलब होता है घूमना, फिरना, चक्कर लगाना आदि। आज चाहे अतिथि का अर्थ आगंतुक, अभ्यागत या मेहमान हो गया है, मगर प्राचीनकाल में इसका अर्थ कहीं गूढ़, दार्शनिक और मानवीय था। **अत्** धातु में निहित लगातार गमनशील रहना है। जिसके जीवन का उद्देश्य ही **चरैवेति-चरैवेति** हो यानी चलते रहो, रुको मत, इसे जीवनसूत्र बनाने वाला कौन हुआ? ज़ाहिर है वह ज्ञानमार्गी है, यायावर है, संत है, परिव्राजक है अथवा जीवन को कर्म मानते हुए निकला कोई कर्मयोगी है। यही है अतिथि का अर्थ। सामान्य पथिक भी इसी श्रेणी में आता है। अब लगातार कर्मशील रहना एक सात्विक और नैतिक बात हो सकती है मगर ठहराव तो शरीर की आवश्यकता है। ऐसे ही आगंतुक जब प्राचीनकाल में कहीं ठहराव की इच्छा प्रकट करते तब अतिथि का अर्थ मेहमान अथवा आगंतुक में स्थापित हुआ, अन्यथा अतिथि का अर्थ यात्री हुआ। और ऐसे व्यक्ति की अभ्यर्थना करना, उसे आश्रय उपलब्ध कराना महत्त्वपूर्ण माना गया। अतिथि से ही बना आतिथ्य अर्थात आवभगत करना, स्वागत-सत्कार करना। आतिथेय यानी मेज़बान भी इससे ही बना है। डॉ. राजबली पांडेय 'हिन्दू धर्मकोश' में अतिथि के बारे कहते हैं कि—

यस्य न ज्ञायते नाम न च गोत्रं स्थितिः।
अकस्माद् गृहमायाति सो तिथिः प्रोच्यते बुधैः॥

अर्थात जिसका नाम, गोत्र, स्थिति नहीं पता हो और जो अचानक घर पर आता है वही अतिथि है।

अफ़ीमची और पोस्ती

[शब्द संदर्भ : अफ़ीम, पोस्त, पोस्ती, अफ़ीमची, अफ्यून, अहिफेन, ओपिअम]

अफ़ीम शब्द मूलतः यूनानी भाषा का शब्द है न कि एशियाई। इसका मूल अर्थ है एक ख़ास क़िस्म के पौधे पौपी का रस। **पौपी** को हिन्दी-उर्दू में **पोस्त** के नाम से जाना जाता है। यूनानी भाषा में इसे OPION कहा जाता है। पोस्त के रस से अफ़ीम का निर्माण संभवतः सबसे पहले यूनान से ही शुरू हुआ हो। यूनान से निकला ये शब्द आज दुनिया भर में रोज़ इस्तेमाल होता है। यूनान से यह पहुँचा लैटिन में और इसका रूप हो गया ओपिअम। लैटिन से ही जर्मन, फ्रेंच, अंग्रेज़ी, आदि कई भाषाओं में थोड़े

बहुत परिवर्तन के साथ ये यूरोप में फैल गया। यूनान से ही इस शब्द ने एशिया की यात्रा की और सबसे पहले अरब पहुँचा AFUN यानी अफ्यून के रूप में। वहाँ से ये ईरान होते हुए भारत पहुँचा। यही शब्द हिन्दी में **अफ़ीम**, गुजराती व मराठी में **अफीण**, मालवी में **आफू** आदि रूपों में इस्तेमाल किया जा रहा है। अफ़गानिस्तान से सिल्क रूट के ज़रिए ये शब्द चीन भी गया और इसने चीनी रूप ग्रहण कर लिया अ-फू-युंग जो मूलतः अरबी रूप अफ्यून का ही रूपांतर है।

बात पोस्त और पोस्ट की

संस्कृत में अफ़ीम के लिए **अहिफेन** नाम मिलता है। अहि का मतलब होता है साँप, अजगर आदि। **फेन** का मतलब हुआ झाग अर्थात साँप के मुँह से निकला फेन। फ़ारसी में **अफ़ीम** के आदी के लिए **अफ़ीमची** शब्द ख़ूब चलता है और इसे हिन्दी-उर्दू में भी बोला जाता है। फ़ारसी में अफ़ीम को **पोस्तः** कहते हैं। मज़ेदार बात ये कि इस ज़बान में अंग्रेज़ी का **पोस्ट** शब्द हो ज़ाता है **पोस्तः** यानी पोस्ता। **पोस्त** से बना पोस्ती यानी अफ़ीमची या **मदकची**। हिन्दी की प्रसिद्ध कहावत **नौ दिन चले अढ़ाई कोस** को अगर आप पूरा सुनें तो यही पोस्त नुमायाँ होता है। पूरी कहावत है–**पोस्ती ने पी पोस्त, नौ दिन चला अढ़ाई कोस**।

ग़ौरतलब है कि चीनी लोग अफ़ीम के इतने लती रहे कि चीन पर कब्ज़ा करने के बाद अंग्रेज़ों ने लंबे समय तक अफ़ीम के ज़रिए राजनीति की। यही नहीं अफ़ीम का जन्मदाता चाहे यूनान हो मगर दुनिया में सबसे ज़्यादा अफ़ीम की पैदावार उससे हज़ारों क़िलोमीटर दूर अफ़गानिस्तान, पाकिस्तान, भारत और चीन जैसे एशियाई इलाक़ों में होती है।

आन-बान-शान की पगड़ी

[शब्द संदर्भ : पगड़ी, परिकरोति, पट्टा, पट्टम]

देश भर के लगभग सभी हिस्सों में हर समुदाय में **पगड़ी** पहनने का रिवाज़ है और ख़ास मौक़ों पर इसे पहनना शान की बात समझी जाती है। देहातों में तो पुरुषों के रोज़मर्रा के पहनावे का ये आम हिस्सा है। दुनिया भर में सिर ढकने का चलन दरअसल मौसम की मार से बचने के लिए ही शुरू हुआ और साफा, टोपी, पगड़ी जैसी चीज़ें सामने आइ। बाद में पहनावे का ज़रूरी हिस्सा बनने के साथ-साथ मान-सम्मान, इज़्ज़त जैसी भावनाओं से भी इनका रिश्ता जुड़ गया। **पगड़ी** शब्द का जन्म कुछ विद्वान **पगरी** से मानते हैं। उनके मुताबिक़ पहले सिर पर बाँधा जाने वाला साफा पैर तक झूलता था इसलिए उसे **पगरी** कहा गया जो बाद में पगड़ी हुआ। कुछ का मानना है कि इसकी उत्पत्ति **पट्टम्** से हुई है। संस्कृत में इसका अर्थ हुआ रेशमी कपड़ा। **पट्टम्** से हिन्दी के **पटका** शब्द की उत्पत्ति को समझना

ज़्यादा आसान है बजाय पगड़ी के। भाषाविज्ञान के नजरिए से पगड़ी की उत्पत्ति का आधार संस्कृत शब्द **परिकरः** या **परिकरोति** में नज़र आता है। **परिकर** का मतलब है स्वयं को सज्जित करना या तैयार करना।

ग़ौर करें कि हिन्दी और संस्कृत के **परि** उपसर्ग का मतलब होता है चारों ओर, इधर-उधर या इर्दगिर्द। **करोति** का मतलब है करना, बनाना आदि। ज़ाहिर है तैयार होने के अर्थ में सिर को चारों ओर से किसी कपड़े से सज्जित करने की क्रिया को ही **परिकरः** या **परिकरोति** कहा गया और इसी से बनी हिन्दी की पगड़ी। ग़ौरतलब बात ये कि पगड़ी अब अमेरिकन अंग्रेज़ी में भी PAGGREE के रूप में मौजूद है जिसका अर्थ भी टोपी TURBAN या ही होता है। यही नहीं इस शब्द से एक नई क्रिया भी बना ली गई है–PAGGREED, जिसका मतलब है कुंडली या घुमावदार।

कपड़े पहनो, चीथड़े उतारो!

[शब्द संदर्भ : पोशाक, वस्त्र, सूत, कपास, कर्पटम्, कताई, कातना, चीथड़ा, छिद्र, चीथ]

ज़िदगी की बुनियादी ज़रूरतों को उजागर करता रोटी, कपड़ा और मकान का मुहावरा हर वक़्त सबकी ज़बान पर रहता है। यूँ तो हिन्दी में पोशाक के लिए वस्त्र जैसा शब्द भी है मगर इस अर्थ में बोलचाल में सर्वाधिक जो शब्द इस्तेमाल होता है, वह है **कपड़ा**। वस्त्र शब्द में जहाँ पोशाक यानी सिले हुए परिधान का भाव शामिल है, वहीं कपड़े में ऐसा नहीं है। हिन्दी में सिली हुई पोशाक के लिए भी कपड़ा शब्द का इस्तेमाल कर लिया जाता है और बिना सिली के लिए भी। आमतौर पर कपड़े पहनना या कपड़े उतारना या कपड़े सिलवाना जैसे वाक्य प्रयोग एक साथ कई अर्थों में बोले सुने जाते हैं। किसी वक़्त अपने मूल रूप में इस शब्द का मतलब जीर्ण-शीर्ण वस्त्र ही था।

प्राचीनकाल से ही कपड़े की **कपास** यानी रुई से गहरी रिश्तेदारी है। **कपास** यानी एक पौधा जिसके फल पकने पर शुभ्र-धवल-रेशेदार फ़सल मिलती है जिसे कातने पर सूत बनता है और फिर बुनकर उससे कपड़ा तैयार करता है। कपास बना है संस्कृत के **कर्पासः** से जिसका मतलब होता है वह पौधा जिसके डोडे से रुई निकलती है। इसी तरह एक अन्य शब्द है **कर्पटः** या **कर्पटम्** जिसका मतलब है फटा-पुराना, जीर्ण-शीर्ण कपड़े का टुकड़ा, थेगली लगा वस्त्र आदि। **कर्पटः** का ही बिगड़ा रूप है कपड़ा जो हिन्दी में अपने मूलार्थ की तुलना में सुधर गया और सामान्य वस्त्र के अर्थ में ढल गया। **कर्पासः** और **कर्पटः** दोनों ही बने हैं **कृ** धातु से। यह वही **कृ** धातु है जिससे संस्कृत हिन्दी में कई तरह के शब्द बने हैं। **कृ** का मतलब होता है करना, निर्माण करना, बनाना, रचना, धारण करना, पहनना, ग्रहण करना आदि। रुई की धुनाई, कताई, सुताई से लेकर कपड़ा बनाने और फिर वस्त्र निर्माण सम्पन्न होने से

लेकर उसे धारण करने तक की क्रियाओं में ये सभी अर्थ स्पष्ट हो रहे हैं। ग़ौरतलब है कि कपड़े का मराठी-गुजराती रूप **कापड़** होता है। व्यवसाय आधारित समुदायों की पहचान वाले समाज में कपड़ा बेचने वाले के लिए **कपाड़िया** या **कापड़िया** सरनेम चल पड़ा जो बाद में गुजराती वणिकों के एक वर्ग में प्रचलित भी हुआ। यह ठीक वैसे ही हुआ जैसे **वसन** (वस्त्र) से **बस्सन** होते हुए **बजाज** शब्द बन गया अर्थात जो कपड़े का व्यवसाय करे।

अब आते हैं कपड़े यानी **कर्पटः** के मूल अर्थ यानी जीर्ण-शीर्ण और फटे हुए वस्त्र पर। हिन्दी में आमतौर पर ऐसे कपड़ों के लिए एक शब्द ख़ूब प्रचलित है **चीथड़ा** अर्थात फटा-पुराना, थिगले-पैबंद लगा हुआ वस्त्र। ज़्यादा इस्तेमालशुदा वस्त्र या पुराना वस्त्र आमतौर पर इसी गति को प्राप्त होता है। यह बना है संस्कृत के **छिद्र** से जिसका मतलब होता है दरार, सूराख़, कटाव, दोष या त्रुटि आदि। यह बना है **छिद्** से जिसमें काटना, खंड-खंड करना और नष्ट करना जैसी क्रियाएँ शामिल हैं। ज़ाहिर सी बात है ये सब लक्षण जीर्ण-शीर्ण अवस्था ही ज़ाहिर करते हैं। कपड़े के सन्दर्भ में छिद्र ने छिद्र > छिद्द > चिद्द > चीथ आदि रूप बदले होंगे।

क़ातिबे-तक़दीर कुछ तो बता दे

[शब्द संदर्भ : किताब, क़ातिब, क़ातिबे-तक़दीर, खुत्बा, ख़त, कतब, कुतुबख़ाना]

कहते हैं कि पुस्तक से अच्छा कोई मित्र नहीं होता। पुस्तक यानी पोथी-पत्रा, ग्रंथ आदि। मगर इतने विकल्प होने के बावज़ूद पुस्तक के अर्थ में हिन्दी में ज़्यादातर **किताब** शब्द का चलन है। पुस्तक भी प्रचलित शब्द है मगर इसका इस्तेमाल लिखने में ज़्यादा होता है। बोलचाल में किताब शब्द ही अधिक प्रयोग में आता है। किताब मूलतः अरबी का शब्द है और फ़ारसी-उर्दू में भी प्रचलित है। अरबी की धातु है **कतब** जिसमें लिखने का भाव निहित है। **कतब** से बने अनेक शब्द अरबी, फ़ारसी, उर्दू में प्रचलित हैं और हिन्दी समेत अनेक बोलियों में प्रचलित हैं। किसी इमारत या स्मारक जिसमें क़ब्र भी शामिल है में अक़्सर एक पत्थर लगाया जाता है जिस पर उस स्थान और उससे जुड़े व्यक्ति के बारे में विवरण होता है जिसे हिन्दी में शिलालेख अथवा अभिलेख कहते हैं। अरबी में इसे क़त्बः या कत्बा कहते हैं। कतब में निहित लिखने के भाव यहाँ स्पष्ट हैं। इसी का एक रूपांतर है ख़ुत्बः या खुत्बा जिसका मतलब होता है प्राक्कथन, पुस्तक की भूमिका। खुत्बा धर्मोपदेश भी होता है और नमाज़ या निकाह के वक़्त भी पढ़ा जाता है।

इसी शृंखला में आता है ख़त जिसे जिसका अर्थ होता है आड़ी-टेढ़ी रेखाएँ बनाना, चिह्नांकन करना, चिह्न, निशान, चिट्ठी-पत्री, परवाना, तहरीर आदि। इस कड़ी का सबसे महत्त्वपूर्ण शब्द है **क़िताब** जिसका मतलब होता है पुस्तक, ग्रंथ, पोथी, पन्ना, कॉपी आदि। उर्दू में सुलेखन बहुत विशिष्ट कला विधा रही है। सुलेखन का काम **क़िताबत** कहलाता है। पुस्कालय या लाइब्रेरी को **क़िताबख़ाना** या **क़िताबिस्तान** कहते

हैं। **क़िताबी** चेहरा एक मुहावरा है जिसका अर्थ है चित्रोपम या कल्पना के अनुकूल। भाव है ऐसा चेहरा जो किताबों में वर्णन रहता है। इसी मूल का एक अन्य महत्त्वपूर्ण शब्द है **क़ातिब** अर्थात लिखने वाला। **क़ातिब** उर्दू में बाबू, क्लर्क या लिपिक को भी कहते हैं। वैसे हर लिपिक **क़ातिब** हो सकता है मगर हर बाबू या क्लर्क **क़ातिब** नहीं होते। जिस कर्मचारी के पास कार्यालय संबंधी पत्रों के लिखने, दर्ज करने आदि का काम हो वहीं **क़ातिब** कहलाता है। उर्दू के अख़बार में कम्पोजिटरों को **क़ातिब** ही कहा जाता है क्योंकि वहाँ अभी भी मशीनी लिखाई की जगह हाथ से लिखने का काम होता है। चूँकि सबके भाग्य का लेखा ईश्वर के पास है इसलिए तकदीर लिखने वाला ईश्वर ही हुआ। उर्दू में इसे **क़ातिबे-तकदीर** कहा जाता है।

क़तब से ही कई अन्य शब्द भी बने हैं, जैसे—सरकारी दफ़्तर जहाँ लिखा-पढ़ी का काम ही होता है **मक़तब** कहलाता है। **क़ुतुब** यानी जहाँ शिक्षणकार्य किया जाए। मकतब और कुतुब दोनों का इस्तेमाल पाठशाला के अर्थ में भी किया जाता है। कुतुब का अर्थ किताब का बहुवचन भी होता है। **क़ुतुबी, क़ुतुबफ़रोश** पुस्तक विक्रेता को कहते हैं। लाइब्रेरी के लिए भी **क़ुतुबख़ाना** शब्द चलता है। कुछ लोग इसे अशुद्ध बताते हैं। कुतब अपने आप में बहुवचन है इसलिए उसके साथा खाना शब्द लगाना ग़लत है। अरबी के कतब से बने ये तमाम शब्द विभिन्न रूपों में अन्य कई भाषाओं में भी मौजूद हैं, जैसे—तुर्की में किताब को **किताप** कहेंगे, स्वाहिली में इसका रूप **किताबू** है। फ़ारसी में **क़ुतुब** का उच्चारण **कोतोब** की तरह होता है। इसी तरह **क़ुतुब** का तुर्की रूप **कुतुप** ही होगा।

कृषक की कशीदाकारी और छींटाकशी

[शब्द संदर्भ : कशिश, कशीदाकारी, छींटाकशी, किसान, कृषि, मेहनतकश, रस्साकशी, फ़ाक़ाकशी, पेचकस]

आकर्षण और **कशिश** एक दूसरे के पर्यायवाची शब्द हैं। संस्कृत और फ़ारसी के इन अलग-अलग शब्दों का अर्थ है खिंचाव, रुझान या किसी ओर झुकाव। प्रचलित अर्थ में अक्सर इन शब्दों का ज़्यादातर प्रयोग प्रेम-मुहब्बत या किसी से लगाव के अर्थ में किया जाता है और इस तरह से किसान शब्द से इनका कोई रिश्ता नज़र नहीं आता। मगर इनमें रिश्ता है और काफ़ी गहरा है। दरअसल संस्कृत का मूल शब्द है **कृष्** जिसका अर्थ है खींचना, धकेलना, उखाड़ना और हल चलाना। ध्यान दीजिए कि हल चलाने में ये सभी क्रियाएँ पूरी हो रही हैं और हल चलाने का काम कौन करता है? हल खींचे बिना खेती मुमकिन नहीं सो **कृष्** से बना कृषि शब्द जो संस्कृत-हिन्दी में समान रूप से है। इसी तरह कृषिकः, कृषाणः और कृष्टिः जैसे शब्द भी बने जिनसे हिन्दी में **कृषक, किसान** और **खींचना** जैसे शब्दों का निर्माण हुआ। **कृष्** से ही संस्कृत का एक अन्य शब्द जन्मा कर्षः जिसका अर्थ भी खींचना, घसीटना, हल चलाना ही है। इसमें **आ** उपसर्ग लगने से बना आकर्षण जिसका मतलब है खिंचाव, रुझान या

लगाव। कर्ष से ही बने हिन्दी के **कसना, कसाव या कसावट** जैसे शब्द जिनमें भी खिंचाव का अर्थ निहित है।

प्राचीन फ़ारसी यानी अवेस्ता में भी **कृष्** शब्द इसी अर्थ में प्रचलित था। आज की फ़ारसी में इसका रूप **कश** के रूप में मिलता है। कश यानी खींचना। ग़ौर करें कि धूम्रपान में धुएँ को खींचा जाता है इसलिए इस क्रिया को **कश** कहा जाता है। इसी **कश** से बना **कशिश** जिसका मतलब भी **आकर्षण** ही है। **कशमकश, रस्साकशी, मेहनतकश, नीमकश, फ़ाक़ाकशी** जैसे शब्दों में भी यह मौजूद है। यही नहीं कपड़ों पर बेलबूटे बनाने की प्रसिद्ध कला के लिए **कशीदाकारी** शब्द के मूल में भी **कृष्** से बना यही **कश** मौजूद है। बेलबूटे बनाने वाले कारीगर बड़ी नफ़ासत से कपड़े में सुई धागे को डालते हैं और उसे खींचते हैं। यही है **कशीदाकारी**। फ़ारसी में कशीदः का अर्थ है बेलबूटे बनाना। नाराज़गी या ग़ुस्से में भी व्यक्ति का चेहरा तन जाता है। यह तनना भी एक क़िस्म का खिंचाव ही है इसलिए **कशीदः** का एक अन्य अर्थ खिंचा हुआ, नाराज़ या ग़ुस्से में रहने वाला भी हुआ। हिन्दी का **कसना** शब्द इसी मूल से आ रहा है। कसना किसी चीज़ को मज़बूत करने के लिए उसे खींचकर बाँधने की क्रिया को कहते हैं। पहले किन्हीं दो चीज़ों को बाँधकर ही जोड़ा जाता था। अब यह काम पेच के ज़रिए भी सम्पन्न होता है लिहाजा इसके लिए भी कसना शब्द ही इस्तेमाल होता है। यही नहीं कसने की क्रिया करने वाले उपकरण को पेचकस जैसा नाम भी मिल गया।

कृष्ण की गली में

[शब्द संदर्भ : कृष्ण, आकर्षण]

विष्णु के सर्वाधिक लोकप्रिय नामों में एक नाम **कृष्ण** भी है। इस शब्द की व्युत्पत्ति **कृष्** धातु से हुई है जिसमें खींचने का भाव निहित है। आकर्षण, खींचना, खिंचाव, कशिश जैसे शब्द भी इससे ही बने है। **कृष** धातु से बने कुछ और महत्त्वपूर्ण शब्द हैं—**कृषि, किसान, कृषक** और **आकृष्ट** आदि। कृष्ण का एक अर्थ है काला, श्याम, गहरा नीला। इसी तरह काला हिरण भी इसके अर्थों में शामिल है। प्रख्यात संस्कृत विद्वान पांडुरंग राव कृष्ण शब्द की व्याख्या करते हुए कहते हैं कि **आकर्षण कृष्ण** का लक्षण है। समस्त संस।र को वह अपनी ओर खींच लेते हैं। **कृष्ण** का जन्म रात को हुआ और राम का दिन में। रात सबको अपनी ओर खींच लेती है और दिन सबको अपने-अपने काम में लगा देता है। रात में लोग अपने में लीन हो जाते हैं, सपनों की नई दुनिया में प्रवेश करते हैं जबकि दिन में लोग बहिर्मुख हो जाते हैं, बाहर के कामों में लग जाते हैं जिस प्रकार राम और कृष्ण एक-दूसरे के पूरक हैं वैसे ही जैसे दिन और रात।

कृषि तत्त्व से भी **कृष्ण** का संबंध है। भूमि पर **कृषि** की जाती है और सारी पृथ्वी भगवान के लिए **कृष्य** अर्थात खेती करने योग्य है। विशाल विश्व को कृष्यभूमि

बनाकर विराट् कृष्ण भगवान् अच्छी-अच्छी फ़सलें उगाते हैं। यही कृष्ण का आकर्षण है। **कृष्** धातु भू की सत्ता की प्रतीक है और **'न'** निवृत्ति का वाचक। सत्ता और निर्वाण के संयोग से ही **कृष्ण** की उत्पत्ति होती है।

ग्लोब, गुल्लक और गल्ला

[शब्द संदर्भ : गुल्लक, गोलक, गल्ला, ग्लोब, भेला, भेली, मेला, सम्मेलन, गुड़]

बचपन से ही सभी को बचत का पाठ पढ़ाया जाता है। आज की बचत को कल की ख़ुशहाली भी कहा जाता है क्योंकि इसी बचत से बच्चों को दुनियादारी का पाठ सिखाया जाता रहा है। बच्चों को बचत की प्रेरणा देने के लिए अक्सर उन्हें **गुल्लक** थमा दी जाती है। पारंपरिक गुल्लक अक्सर मिट्टी की होती है मगर अब प्लास्टिक से लेकर धातु तक की गुल्लकें मिलती है। अक्सर खिलौना गुल्लक या बच्चों की गुल्लक जैसा विशेषण भी इसके आगे लगाया जाता है। इंडो-यूरोपीय भाषा-परिवार से ताल्लुक़ रखने वाले गुल्लक की रिश्तेदारी सचमुच दुनियादारी से इतनी नज़दीकी है कि भूगोल और **ग्लोब** जैसे हिन्दी और अंग्रेज़ी के शब्दों में भी इसकी गोलाई नज़र आती है। इस शब्द में न सिर्फ़ बचत अर्थात संग्रह का भाव है बल्कि गोलाई, समष्टि, समूह का अर्थ भी निहित है।

गुल्लक एक गोल आकार का घड़ेनुमा बंद मुँह वाला मिट्टी से बना पात्र होता है। इसमें सिक्के इकट्ठा करने के लिए एक छोटा छिद्र बना होता है। जब पात्र भर जाता है तो इसे तोड़कर सिक्के निकाल लिए जाते हैं। प्रायः मिट्टी की गुल्लक बच्चों के लिए होती है या देहातों में महिलाएँ रसोई की बचत के तौर पर इसे प्रयोग करती हैं। गुल्लक बना है मूल रूप से संस्कृत के **गोलः** शब्द से। **गोलः** का अर्थ होता है पिंड, गेंद, खंड आदि। प्राचीनकाल से ही मनुष्य प्रकृति चिंतन करता था। पृथ्वी, आकाश, अंतरिक्ष आदि के बारे में मौलिक विचार वह रखता था। इसीलिए **गोलः** शब्द में अंतरिक्ष, आकाश अथवा भूगोल जैसे अर्थ भी समाहित हैं। **गोलः** शब्द बना है **गुडः** से जिसका मतलब भी होता है पिंड या पिंड बनाना, गोल आकार देना। गुड का एक अन्य अर्थ गुड़ भी होता है।

प्राचीनकाल से ही गन्ने के रस से बने गर्म गाढ़े शीरे को मोटे कपड़े में बाँधकर रखा जाता है जो ठंडा होने पर एक पिंड में बदल जाता है। इसे ही गुड़ की भेली कहते हैं। **भेली** शब्द की सटीक व्युत्पत्ति तो अभी तक ज्ञात नहीं है। हमारे विचार में हिन्दी की कई बोलियों में **भेला, भेली** जैसे शब्दों का अलग-अलग अर्थों में प्रयोग होता है। इसका आशय एकत्र करना, मिलना, समेटना होता है। यह बना है **मिल्** धातु से जिसमें मिलना, समेटना जैसे भाव ही हैं। लोगों के जमावड़े के लिए **मेला** शब्द इसी मिल् से आ रहा है। मिलना भी इसी मूल से बना है। गाढ़े शीरे को कपड़े में उँडेलकर बाँधने की प्रक्रिया दरअसल शीरे को बहने से रोकने, समेटने का ही प्रयास है। मालवी में इकट्ठा होने को भेला होना कहते हैं। गुडः से बने गोलः से ही बना है गोलकः

जिसमें गोल पात्र, गेंद, पानी का मटका, गुड़ की **भेली** जैसे अर्थ इसमें शामिल हैं। वैसे गन्ने के छोटे-छोटे टुकड़ों को गड़ेरी कहते हैं जो इसी **गुडः** से बना शब्द है।

गोलकः और **गुल्लक** की रिश्तेदारी संभव है भारत में फ़ारसी की आमद के बाद हुई हो। घड़े के लिए **गोलक** शब्द तो भारतीय भाषाओं में प्रयोग होता रहा है। हिन्दी में भी गोलक और गुल्लक दोनों शब्द मिलते हैं। मगर **गोल** शब्द के फ़ारसी-ईरानी रूपों को देखने से ऐसा लगता है कि **गुल्लक** रूप फ़ारसी प्रभाव में बना होगा। फ़ारसी-ईरानी की विभिन्न शैलियों में बरास्ता अवेस्ता के **गुडे** से बने कुछ रूप देखिए—**गुलूले, गुल्ले, गोरूक, गुल्लू, गुला** आदि। दिलचस्प यह कि ये सभी रूप गोलाई के साथ-साथ संग्रह को भी इंगित कर रहे हैं। आमतौर पर अनाज मंडी को **गल्ला** मंडी कहा जाता है। यह गल्ला क्या है? **गल्ला** शब्द का प्रयोग मोटे तौर पर अनाज के भंडारण के लिए किया जाता है। पुराने ज़माने में हवेलियों के भीतर अनाज रखने के लिए बड़ी बड़ी घड़ेनुमा टंकियाँ बनाई जाती थीं जिन्हें **गोलक** कहा जाता था। गोलक से **गल्ला** जैसा शब्द बनने के पीछे गोल पात्र में रखे संग्रह का भाव ही है। यही गल्ला व्यापारी के लिए नगद राशि का पर्याय भी बनता है। कारोबारी भाषा में गल्ले की कमी का मतलब नगदी मुद्रा की समस्या से होता है। अंग्रेज़ी का ग्लोब भी इसी शब्द समूह का हिस्सा है। प्राचीन इंडो-यूरोपीय भाषा-परिवार की एक धातु है गेल जिससे ग्रीक में **ग्लूटोस** शब्द बना। इसके लैटिन में ग्लोमस, ग्लोबस जैसे रूप बने और बाद में अंग्रेज़ी का ग्लोब बना। संस्कृत के गोलः या गोलकः का अर्थ भी पृथ्वी, अंतरिक्ष या भूगोल ही होता है। ग्लोब का अर्थ भी गोलाई के भाव में पृथ्वी या धरापिंड से ही है। विश्वबैंक को ग्लोबल गुल्लक कह सकते हैं। पूरी दुनिया इसमें तगड़ी रक़म डालती है बचत के लिए नहीं बल्कि क़र्ज़ की किस्तें चुकाने के लिए।

चिरकुट चर्चा

[शब्द संदर्भ : चिरकुट, चीर, चीवर, छिद्र]

चिरकुट शब्द के क्या मायने होते हैं? अक्सर बोलचाल की भाषा में लोग ऐसे कई शब्द बेधड़क बोल जाते हैं जिनके अर्थ और अभिप्राय से प्रायः अनभिज्ञ रहते हैं। दरअसल ऐसे ही शब्द अपने मूल भाव की तुलना में लगातार अर्थ-विस्तार पाते चले जाते हैं। **चिरकुट** भी ऐसा ही शब्द है। आज किसी भी वस्तु से लेकर व्यक्ति तक चिरकुट हो सकता है। वार्ता से लेकर विचार तक चिरकुट हो सकता है और आस्था से लेकर संस्था तक सब चिरकुट हो सकती है।

चिरकुट शब्द **चीर + कृतं** से बना है। संस्कृत में **चीर** शब्द वस्त्र को कहते हैं। **चीवर** यानी प्राचीन भारत में भद्रलोक और भिक्षुकों द्वारा धारण किया जाने वाला परिधान भी था, इसी **चीर** से बना है। चीर शब्द बना है संस्कृत की **चि** धातु से जिसमें भरना, ढकना, मढ़ना आदि भाव शामिल हैं। स्पष्ट है कि कपड़े या वस्त्र जो **चीर** से निर्मित होते हैं शरीर पर मढ़े ही जाते हैं, ढकने का ही काम करते हैं। **चीरकृतं** का अर्थ हुआ

तार-तार कर देना। ज़ाहिर है अभिप्राय वस्त्र से ही है। पुराने-फटे कपड़ों को चिथड़ा कहते हैं जो इसी चिरकुट का रिश्तेदार हुआ। इसके अलावा लत्ते, गूदड़ आदि भी इससे ही जुड़े हैं। बहुत ज़्यादा इस्तेमालशुदा वस्तु या वस्त्र के लिए भी **चिरकुट** शब्द प्रचलित है। ऐसी वस्तु भी चिरकुट है जो आउटडेटेड हो गई हो। इस स्थिति में नेता भी चिरकुट हो सकते हैं और अभिनेता भी। बदलते वक़्त में चिरकुट शब्द आज तुच्छ के अर्थ में भी लोग प्रयोग करने लगे हैं। यहाँ तक की वार्तालाप, वस्तु अथवा कोई भी सब स्टैंडर्ड या बिलो स्टैंडर्ड वस्तु या व्यक्ति को भी **चिरकुट** कह दिया जाता है। यूँ शब्दकोशों के मुताबिक़ तो **चिरकुटिया** वह व्यक्ति है जो गंदे-फटे चीथड़ों में रहता हो। ज़ाहिर है यह तस्वीर भिखारी की ही ज़्यादा है। ग़ौर करें कि समाज में जो व्यक्ति भिखारियों सी धज वाला हो और उसके चरित्र में दीनता, हीनता और याचना भी वैसी ही हो तो उसे भी चिरकुट ही कहा जाएगा।

संस्कृत में **चीर** या **चीवर** शब्द प्रायः साधु-संन्यासियों और भिक्षुकों के परिधान को कहते हैं। मूलतः इसे परिधान कहना भी सही नहीं होगा क्योंकि चीवर पहले वस्त्र का एक छोटा टुकड़ा होता था। अपरिग्रह और त्याग के सिद्धांतों की वजह से परिव्राजक निजी उपभोग के लिए जितना हो सके कम-से-कम सांसारिक वस्तुओं पर निर्भर रहने का प्रयास करते थे। इसीलिए सिले हुए वस्त्र पहनने जैसी विलासिता भी वे नहीं दिखाते थे। वस्त्र के छोटे टुकड़े को ही कंधे से ऊपर गर्दन की पीछे से गठान बाँधकर लटका लिया जाता था जो भिक्षुकों के घुटनों तक शरीर को ढक लेता था। यही चीवर कहलाता था। किसी वस्तु के दो टुकड़े करना या दो हिस्सों में विभक्त करने को हिन्दी में चीरना कहते हैं। हिन्दी का **चीर, चिरा, चीरा, चिराई** आदि शब्द चीर् से ही बने हैं। ग़ौरतलब है कि वस्त्र को चीरे बिना उससे परिधान का निर्माण करना असंभव है। इसीलिए चीर से चीरना जैसा शब्द बना। जीर्ण-शीर्ण, फटा पुराना, थिगले-पैबंद लगा हुआ वस्त्र हिन्दी में **चीथड़ा** कहलाता है। ज़्यादा इस्तेमालशुदा वस्त्र या पुराना वस्त्र आमतौर पर इसी गति को प्राप्त होता है। यही है चिरकुट मगर चीथड़ा भी कहलाता है। यह बना है संस्कृत के छिद्र से जिसका मतलब होता है दरार, सूराख़, कटाव, दोष या त्रुटि आदि। यह बना है छिद् से जिसमें काटना, खंड-खंड करना और नष्ट करना जैसी क्रियाएँ शामिल हैं। ज़ाहिर सी बात है ये सब लक्षण जीर्ण-शीर्ण अवस्था ही ज़ाहिर करते हैं। कपड़े के सन्दर्भ में छिद्र ने छिद्र > छिद्द > चिद्द > चीथ आदि रूप बदले होंगे।

चूसने-चखने का चस्का

[शब्द संदर्भ : चषक, चूसना, चखना, मक्खीचूस, चस्का, चुस्की, चुसनी]

चूसना एक बहुत आम शब्द है और दिन भर में हमें कई बार इसके भाषायी और व्यावहारिक क्रियारूप देखने को मिलते हैं। कहने का तात्पर्य यह कि आए दिन चूसने की क्रिया देखने में भी आती है और सुनने-बोलने में भी। यही बात **चखना** शब्द के

बारे में भी सही बैठती है। ये दोनों लफ़्ज़ भारतीय ईरानी मूल के शब्द समूह का हिस्सा हैं और संस्कृत के अलावा फ़ारसी, हिन्दी और उर्दू के साथ ज़्यादातर भारतीय भाषाओं में बोले-समझे जाते हैं।

चूसना शब्द बना है संस्कृत की **चुष्** या **चूष्** धातु से। इस धातु का अर्थ है पीना, चूसना। इससे ही बना है **चषक** शब्द जिसका मतलब होता है प्याला, कप, मदिरा पात्र, सुरा पात्र अथवा गिलास। एक ख़ास क़िस्म की शराब के तौर पर भी **चषक** का उल्लेख मिलता है। इसके अलावा मधु अथवा शहद के लिए भी चषक शब्द है। इसी शब्द समूह का हिस्सा है चष् जिसका मतलब होता है खाना। हिन्दी में प्रचलित चखना इससे ही बना है जिसका अभिप्राय है स्वाद लेना। इसके अन्य अर्थों में है चोट पहुँचाना, क्षति पहुँचाना अथवा मार डालना। चुष् से ही बना है **चोष्यम्** जिसके मायने भी चूसना ही होते हैं। मूलतः चूसने की क्रिया में रस प्रमुख है। अर्थात जिस चीज़ को चूसा जाता वह रसदार होती है। ज़ाहिर है होंठ और जीभ के सहयोग से उस वस्तु का सार ग्रहण करना ही चूसना हुआ। अब इस अर्थ और क्रिया पर ग़ौर करें तो इस लफ़्ज़ के कुछ अन्य मायने भी साफ़ होते हैं। कुछ मुहावरे भी नज़र आने लगते हैं, जैसे–**कंजूस मक्खीचूस** अथवा **ख़ून चूसना** वग़ैरह। किसी का शोषण करना, उसे खोखला कर देना, जमा-पूँजी निचोड़ लेना जैसी बातें भी चूसने के अर्थ में आ जाती हैं।

इसके कई रूप हिन्दी में प्रचलित हैं मसलन **चस्का** या चसका। ग़ौरतलब है कि किसी चीज़ का मज़ा लेने, उसे बार-बार करने की तीव्र इच्छा अथवा लत को भी **चस्का** ही कहते हैं और यह बना है चूसने अथवा स्वाद लेने की क्रिया से। बर्फ़ के गोले और चूसने वाली गोली के लिए आमतौर पर **चुस्की** शब्द प्रचलित है। बच्चों के मुँह में डाली जाने वाली शहद से भरी रबर की पोटली भी **चुसनी** कहलाती है। इसके अलावा **चुसवाना, चुसाई, चुसाना** जैसे शब्द रूप भी इससे बने हैं।

यही **चुष्** फ़ारसी में भी अलग-अलग रूपों में मौजूद है, मसलन–चोशीदः या **चोशीदा** अर्थात चूसा हुआ। इससे ही बना है **चोशीदगी** यानी चूसने का भाव और **चोशीदनी** यानी चूसने के योग्य। अगर चूसने पर आ जाएँ तो सारे ही आम चूसे जा सकते हैं मगर आम की एक ख़ास क़िस्म के चौसा नामकरण के पीछे भी इसी शब्द की रिश्तेदारी नज़र आती है।

झीनी-झीनी बीनी चदरिया

[शब्द संदर्भ : छत्र, चादर, छाता, छतरी, छाया, छत्रधारी, छत्रसाल]

मैं जिसे ओढ़ता, बिछाता हूँ
वो ग़ज़ल आपको सुनाता हूँ

इस मशहूर शेर में दुश्यंत कुमार अपने शायराना मिज़ाज की बात कह रहे हैं। मगर बात अगर पहेली में बदली जाए कि ऐसी कौन सी चीज़ है जो ओढ़ी भी जाती है और

बिछाई भी जाती है तो सभी की ज़बान पर **चादर** लफ़्ज़ ही आएगा। चादर हिन्दी का एक आमफ़हम शब्द है जिसका मतलब होता है कंधे या सिर के ऊपर से ओढ़ा जा सकने वाला कपड़ा, बिस्तर पर बिछाया जाने वाला पटका, धातु के चौड़े पत्तर या पानी की मोटी धार आदि। राजस्थानी में किसी बाँध या टंकी के ओवरफ्लो होने की स्थिति को **चादर चलना** कहा जाता है। हिन्दी के अलावा चादर शब्द उर्दू, फ़ारसी और अरबी में समान रूप से मौजूद है फ़र्क़ सिर्फ़ इतना है कि वहाँ इसका अर्थ बुर्क़ा या नक़ाब होता है। जो भी हो, काम तो जिस्म को ढकने का ही हो रहा है।

चादर संस्कृत मूल से निकला शब्द है। संस्कृत की एक धातु है **छद्** जिसका मतलब होता है ढकना, छिपाना, पर्दा करना आदि। **छद्** से ही बना है **छत्रः, छत्रकः** या **छत्रकम्**। इन्हीं शब्दों से बने हैं **छाता, छत्री, छतरी** जैसे शब्द जो जिसका मतलब होता है ऐसा आवरण जिससे सिर ढका रहे, छाया बनी रहे। राजाओं के सिंहासन के पीछे लगे छत्र से भी यह साफ़ है। **छत्रसाल, छत्रपति, छत्रधारी** जैसे शब्द इससे ही निकले हैं। मंडपनुमा इमारत भी छतरी ही कहलाती है। राजाओं की याद में भी पुराने ज़माने में जहाँ उन्हें दफ़नाया जाता था, छतरियाँ बनाईं जाती थीं। कहावत है कि चारदीवारी को ही घर नहीं कहते। सही है क्यों कि अगर चारदीवारी पर छत नहीं होगी तो आश्रय अधूरा माना जाएगा और घर यानी सम्पूर्ण आश्रय। छद् के **चादर** में तब्दील होने का क्रम कुछ यूँ रहा होगा– छत्रकः > छत्तरअ > छद्दर > चद्दर > चादर। चादर में समाए ओढ़ने, बिछाने, ढकने, छुपाने के भावों ने कविता और मुहावरों में दार्शनिक-लाक्षणिक अर्थ ग्रहण किए हैं, मसलन–

ते ते पाँव पसारिए, जेती चादर होय।

कबीर की झीनी-झीनी बीनी चदरिया तो सब दुखों से मुक्ति का रास्ता बताती है और चिन्तामुक्ति के बाद मनुष्य को चादर तानकर सोना चाहिए। फ़ारसी होते हुए जब यह चादर अरबी में पहुँची तो वहाँ के सामाजिक संस्कार इसमें समा गए और ख़ासतौर पर इसका मतलब हो गया शरीर को ढकने का वस्त्र, नक़ाब या बुर्क़ा। इसका प्रयोग भी विशेष रूप से महिलाओं के संदर्भ में होने लगा। भारत में मुस्लिम शासन के दौरान इस क़िस्म के प्रयोग यहाँ भी होने लगे जो मुहावरों में नज़र आते हैं, जैसे–चादर डालना या चादर ओढ़ाना जिसका मतलब होता है किसी विधवा को घर में डाल लेना या उससे विवाह कर लेना। भाव आश्रय देने का ही है मगर लाक्षणिकता साबित करती है कि इसमें पुरुषवादी सोच पैठी है। यूँ देवताओं को छत्र चढ़ता है तो मज़ारों पर चादर चढ़ती है। दोनों मूलतः एक ही हैं और श्रद्धास्वरूप किए जाने वाले अनुष्ठान हैं।

तमीज़दार लोगों की कमीज़

[शब्द संदर्भ : शर्ट, कमीज़, शमीस, शमीज़]

रोज़मर्रा की पोशाक़ों में अक्सर शर्ट कमीज़ पहनी जाती है। हिन्दी में ये दोनों शब्द ख़ूब चलते हैं। कमीज़ शब्द हिन्दी में बरास्ता उर्दू आया। ग़ौरतलब है शर्ट शब्द भी

हिन्दी में ख़ूब चलता है और यह अंग्रेज़ी से हिन्दी में दाख़िल हुआ। कमीज़ दरअसल कमर से ऊपर पहना जाने वाला वस्त्र होता है जो आमतौर पर पूरी बाँहों का होता है। मौसम के अनुरूप इसे आधी बाँह का पहनने का भी चलन रहा है।

उर्दू का कमीज़ शब्द दरअसल फ़ारसी कमीज़ का ही रूप है। फ़ारसी में यह शब्द अरबी से आया जहाँ इसे **कमीस** या **कमिस** कहा जाता है। अरबी का **कमीस** शब्द पूरी दुनिया में छाया हुआ है। लैटिन में इसका रूप है **कैमिसा**, अल्बानी में **केमिशे**, मिस्री में **कमीस**, ग्रीक में **पॉकमिस्क**, इंडोनेशियाई में **केमिजा**, रोमन में **कमिसिया**, मालदीवी में **ग़मीज़**, नेपाली में **कमिज**, सिंहली में **कमिसे** जैसे कई शब्द रूप मिलते हैं। ये सभी शब्द रूप मूल रूप से अरबी कमिस या कमीस से निकले हैं। ज़ाहिर है कि अरब सौदागरों के दुनिया भर के साथ कारोबारी रिश्तों ने ही इस शब्द को सर्वव्यापी बनाया है। अरबी भाषा में भी इस शब्द की व्युत्पत्ति मूल हिब्रू धातु **क़म्स** से हुई है जिसका मतलब छोटा वस्त्र होता है। **क़म्स** ने ही कमीस का रूप लिया। मूल हिब्रू में भी इस धातु से बना शब्द है क़मास जिसका मतलब हुआ बाँहों का ढँका होना। ज़ाहिर है सिर्फ़ बाँहों को ढकने वाला तो कोई वस्त्र होता नहीं लिहाज़ा **कमीस** अपने मूल रूप में पूरी बाँहो वाला वस्त्र ही रही होगी।

हिन्दी में एक और शब्द आमतौर पर प्रचलित है **शमीज़** जिसका मतलब होता है स्त्रियों का एक अंतर्वस्त्र। बनियान की तरह के इस वस्त्र को मुख्य पोशाक के नीचे पहनने का प्रचलन पूरी दुनिया में है। शमीज़ शब्द की व्युत्पत्ति भी **कमीस** से ही हुई है। मोटेतौर पर **कमीस** का **शमीस** या **शेमीस** रूप फ्रेंच में दिखाई देता है। वहीं से इसे अंतर्वस्त्र के तौर पर पहनने की शुरुआत हुई। **शेमीस** शब्द इस नए वस्त्र विन्यास का पर्याय बनकर अंग्रेज़ी में पहुँचा। फ्रेंच लोगों की आमद जब इथियोपिया में हुई तो वहाँ की ज़बान **आम्हारिक** में इसने कमीस की जगह **शमीस** का रूप ले लिया। अरबी, फ़ारसी और फिर उर्दू में भी यह शब्द बाद में चला आया। स्त्रियों के अंतर्वस्त्र के तौर पर **कंचुकी, अँगिया** पहनने का चलन रहा है मगर भारत में **शेमीस** या **शमीस** शब्द की आमद अंग्रेज़ी सभ्यता के साथ ही हुई है ऐसा मानने की ख़ास वजह यही कि उर्दू-हिन्दी के शब्दकोशों में इस शब्द को स्थान नहीं मिला हुआ है।

सचमुच तिल का ताड़ बना दिया (तिल-1)

[शब्द संदर्भ : तेल, तेली, तिलम्, तिलहोम, तिलहन, तैलम, तेलिया मसान]

हर दौर में भाषा लगातार विकास करती चलती है। दूसरे ढंग से कहें तो शब्दों का सफ़र लगातार चलता रहता है और उनमें अर्थ-विस्तार होना। मसलन **तेल** शब्द पर ही ग़ौर करें। तेल का लोकप्रिय अर्थ किसी बीज, वनस्पति आदि को पेरने से निकाला गया चिकना तरल पदार्थ है। मगर सदियों पहले तेल सिर्फ़ उसी को कहते थे जो तिल से निकाला गया हो।

संस्कृत में **तिल** के लिए **तिलः** शब्द है जिससे हिन्दी में बना तिल। इसका मतलब है तिल का पौधा या तिल का बीज। इसके आकार की वजह से बहुत छोटे कण या वस्तु के लिए भी तिल शब्द का प्रयोग होने लगा अर्थात इतना छोटा कि जितना तिल। शरीर पर पड़े निशान या मस्से के लिए **तिल** शब्द का प्रचलन भी इसी तरह शुरू हुआ होगा। एशिया की सभी प्राचीन सभ्यताओं में तिल का बहुत प्राचीनकाल से उल्लेख मिलता है चाहे वह आर्य सभ्यता हो, असीरियाई हो या मिस्र की हो। भारत में ईसा से ढाई हज़ार साल पूर्व हड़प्पाकाल में तिल की खेती के प्रमाण मिले हैं। इन सबसे हटकर प्राचीन ग्रंथों में तिल का उल्लेख बताता है कि वैदिक युग से ही इसका बड़ा धार्मिक महत्त्व था और चावल के साथ-साथ इसका शुमार भी उन प्राचीनतम खाद्य वनस्पतियों में है जिनके महत्त्व से मनुष्य परिचित था। हिन्दू संस्कृति में तो **तिल-तंडुल** और **तिलहोम** जैसे शब्द इसके धार्मिक महत्त्व को ही साबित करते हैं।

पेराई से निकले द्रव्य को **तैलम्** कहते हैं। इसी से हिन्दी में **तेल** शब्द बना। कहावत भी है–**इन तिलों में तेल नहीं**। मगर ज़माने की रफ़्तार के साथ-साथ तिलों की तो छोड़िए न जाने कितनी चीज़ों से तेल निकलने लगा। अरंडी का तेल, नारियल का तेल, लौंग का तेल, बादाम का तेल और तो और मिट्टी का तेल? तेल शब्द के अर्थ-विस्तार के संदर्भ में प्रसिद्ध भाषाविज्ञानी भोलानाथ तिवारी इस शब्द की मज़ेदार तुलना पसीने से करते हैं। ग़ौर करें ज़्यादा मेहनत करने या करवाने पर अक्सर सुनने को मिलता है–सारा तेल निकाल दिया। यानी किसी काम के लिए पसीना बहाना पड़ा। इसका मतलब हुआ मनुष्य का भी तेल निकलता है।

पुराने ज़माने में जब कोल्हू से तेल निकाला जाता था तो सज़ा के तौर पर कई दफ़ा जानवर की जगह अपराधी को जोत दिया जाता था–यानी उधर तिल का तेल निकलता और इधर आदमी का। साफ़ है कि प्राचीनकाल में तिल से निकाले गए द्रव्य को ही तेल कहा जाता था मगर बाद में उन वनस्पतियों अथवा बीजों से निकाले गए द्रव्य को भी **तेल** कहने का चलन हो गया। यही नहीं, वे तमाम बीज जिनसे तेल निकाला जा सकता हो तिलहन या तेलहन कहलाने लगे। जो समुदाय तेल निकालने और बेचने के काम में लगा वह तेली कहलाया। पूर्वी भारत में कंजूस व्यक्ति को तेलिया मसान कहा जाता है। ग़ौरतलब है कि तिल के अर्थ-विस्तार को देखकर तो लगता है कि इसका सचमुच ताड़ बना दिया गया है।

रिश्वत-दहेज़-सम्मान का टीका (तिल-2)

[शब्द संदर्भ : तिलक, टीका, टिकुली]

परिमाण और आकार में लघुता का प्रतीक बना **तिल** कई मुहावरों में स्थान पा गया मसलन **तिल-तिल कर मरना, तिल का ताड़ बनाना, इन तिलों में तेल नहीं** आदि। यही नहीं उसका अर्थ-विस्तार भी ख़ूब रहा। एक वनस्पति यानी फ़सल तो उसके

नाम से ही मशहूर हो गई यानी **तिल** और **तिलहन**। जिस वनस्पति से तेल निकाला जा सकता था वह **तिलहन** कहलाई। बिनौला भी तिलहन है और सरसों भी तिलहन है। किसी गोल चिह्न या आकृति अथवा अल्प परिमाण का भाव भी तिल शब्द में निहित है। संस्कृत का **तिलकः** शब्द इससे ही बना है जो हिन्दी में तिलक के रूप में ख़ूब व्यवहार में आता है और आमतौर पर चंदन, रोली आदि से बने टीके के रूप में इस्तेमाल करते हैं। यूँ सुंदर फूलों के एक वृक्ष का नाम भी **तिलकः** है जो वसंत में पुष्पित होता है। शरीर पर बने चिह्न यानी मस्से की ही तरह तिलकः का भी एक अर्थ शरीर पर पड़े चकत्ते या ऐसा ही चिह्न है। ज़ाहिर है यह भी तिल का विस्तार है।

तिलक एक शोभाकार चिह्न है जो प्रायः मस्तक पर बनाया जाता है। प्राचीनकाल से ही हिन्दू समाज में धार्मिक-सांस्कृतिक अवसरों पर मंगलकारक चिह्न की तरह इसे मस्तक, बाहु और वक्ष पर धारण करने की परिपाटी रही है। धार्मिक संहिताओं में चंदन की लकड़ी को घिसकर बने लेप से मस्तक पर मंगलकारी चिह्न बनाने का प्रावधान है मगर अक्षत, रोली, हल्दी व अन्य रंगों के लेप भी मस्तक पर लगाने की परम्परा रही है और इसे ही तिलक कहा गया है। तिलक को स्त्री-पुरुष या अन्य कोई भी अपने ललाट पर धारण कर सकता है। इसीलिए माथे के लिए संस्कृत में **तिलकाश्रयः** जैसा शब्द भी है अर्थात जहाँ तिलक को आश्रय मिले अर्थात मस्तक। तिलक शब्द में धार्मिक ग्रंथों की व्याख्या भी शामिल है। इसे **टीका** भी कहते हैं। **तिलकः** का ही अगला रूप टीका है जिसे मस्तक पर भी लगाया जाता है। इससे ही अत्यंत छोटी बिंदी या चिप्पी, जिसे मस्तक पर लगाया जाए, **टिकुली/टिकली** कहलाती है। धर्मग्रंथों की व्याख्या को टीका कहने का कारण भी दिलचस्प है। पुराने ज़माने में जब हस्तलिखित ग्रंथों का चलन था, पृष्ठ बीचोबीच मूल पाठ होता था। उसकी व्याख्या पृष्ठ के ललाट यानी ऊपरी हिस्से में लिखी जाती थी। चूँकि मूल पाठ का सम्मान उसकी व्याख्या ही बढ़ाती थी इसलिए उसे टीका या तिलक भी कहा जाने लगा। आज तिलक लगवाना एक मुहावरा बन चुका है जिसमें कई भाव समाहित हैं, मसलन–अनुज्ञा हासिल करना, सीख लेना, दस्तख़त कराना और दीक्षित होना आदि।

तिल का ताड़ यानी अर्थ-विस्तार और देखिए। विवाह संस्कार से संबंधित एक प्रमुख रस्म भी **तिलक** या **टीका** कहलाती है क्योंकि इसमें विवाह से पूर्व वर को वधूपक्ष की ओर से माथे पर तिलक लगाकर आदर-मान दिया जाता है और कुछ भेंट भी दी जाती है। भेंट की इसी परिपाटी ने कालांतर में दहेज़ का रूप ले लिया। आज मध्यमवर्गीय परिवारों में वरपक्ष के घर टीका या तिलक भेजना माता-पिता के लिए बहुत सुखद अनुभूतियों वाला क्षण नहीं रहता। उसी क्षण से वे क़र्ज़ का बोझ अनुभव करने लगते हैं। पहले टीका भेजा जाता था। अब तो वरपक्ष टीका माँगने लगे हैं। दफ़्तरों में फाइल को आगे बढ़ाने के लिए भी रिश्वत के वैकल्पिक शब्द के

तौर पर तिलक-टीका शब्द चल पड़ा है। तिलक शब्द का प्रयोग पूज्य, प्रमुख या श्रेष्ठ के अर्थ में सम्मान देने के लिए भी होता है जैसे रघुकुलतिलक। आमतौर पर **रघुकुलतिलक** की उपमा भगवान राम के लिए कही जाती है। 'रामचरितमानस' में कई जगह राम के लिए यह शब्द आया है।

रघुकुलतिलक सुजन सुखदाता। आयउ कुसल देव मुनि त्राता॥

तिलक शब्द के सम्मान वाले भाव के चलते ही मराठीभाषियों में एक उपनाम **तिलक** भी है। बालगंगाधर तिलक के नाम में भी यह शामिल है। राजतिलक जैसे शब्द में भी इसकी मौजूदगी में भी सम्मान-प्रतिष्ठा का यही भाव तिलक आज भारत की सांस्कृतिक पहचान बन चुका है और सम्मान देने के लिए माथे पर टीका लगाने की परम्परा रोज़मर्रा में निबाही जाती ही है, देशी-विदेशी अतिथियों और अन्य महानुभावों को सम्मानित करने के लिए सरकारी आयोजनों तक में इसे देखा जा सकता है। हमारी संस्कारशीलता की इससे बड़ी मिसाल क्या होगी कि पालतू पशुओं ख़ासकर गोवंश के माथे पर भी सम्मानसूचक तिलक लगाया जाता है। ये अलग बात है कि रस्म अदायगी के बाद ये तिलकधारी पशु भी ख़ूब खदेड़े जाते हैं।

पहली मिस यूनिवर्स! (तिल-3)

[शब्द संदर्भ : कश्यप, निकुंभ, अरिष्टा, तिलोत्तमा]

तिल से बने **तेल, तैलीय, तिलहन** जैसे शब्दों के बीच अपार सौन्दर्य राशि का पर्याय बना एक अन्य शब्द भी तिल के कुनबे की शोभा बढ़ा रहा है। **तिलोत्तमा** नाम की एक अप्सरा का पुराणों में उल्लेख है। इसके बारे में अलग-अलग संदर्भ हैं। कहा जाता है कि इसकी रचना के लिए ब्रह्मा ने तिल-तिल भर संसार भर की सुंदरता को इसमें समाहित किया था इसीलिए इसका नाम तिलोत्तमा पड़ा। यह भी धारणा है कि इन्द्रलोक की समस्त अप्सराएँ अलग-अलग विधाओं में निष्णात थीं और एक से बढ़कर एक थीं। मगर एक अप्सरा ऐसी भी थी जो सबसे रूप, गुण और कला में तिल भर श्रेष्ठ थी इसीलिए उसे तिलोत्तमा कहा गया। अप्सराओं में जो सर्वश्रेष्ठ हो वही त्रिलोकसुंदरी है, ब्रह्मांडसुंदरी भी वही है। मिस यूनिवर्स और किसे कहते हैं?

एक कथा के अनुसार हिरण्यकशिपु के कुल में निकुंभ नाम का प्रतापी दैत्य हुआ। उसके दो पुत्र थे सुंद और उपसुंद। दोनों एक शरीर दो आत्मा की तरह थे और परस्पर अतुल स्नेह भी रखते थे। उन्होंने त्रिलोक पर राज करने की कामना से विन्ध्याचल पर्वत पर घोर तपस्या की। उनके तप-तेज से देवता घबरा गए और हमेशा की तरह ब्रह्मा की शरण में गए। ब्रह्मा स्वयं दोनों भाइयों के सामने गए और उनसे वर माँगने को कहा। दोनों ने अमरत्व माँगा। ब्रह्मा ने साफ़ इनकार कर दिया। तब दोनों ने कहा कि उन्हें यह वरदान मिले कि एक दूसरे को छोड़कर त्रिलोक में उन्हें किसी से मृत्यु का भय न हो। ब्रह्मा ने कहा, तथास्तु! जैसा कि होना ही था, सुंद-उपसुंद लगे उत्पात

करने जिसे देवताओं ने अत्याचार की श्रेणी में गिना और फिर ब्रह्मा के दरबार में गुहार लगा दी। अब तो दोनों की मौत तय थी, बस उपाय भर ख़ोजा जाना बाक़ी था। ब्रह्माजी को उनके वरदान की याद दिलाई गई। ब्रह्माजी ने फ़ौरन विश्वकर्मा को तलब किया और एक दिव्यसुंदरी की रचना का आदेश दिया। बस, विश्वकर्मा ने त्रिलोक भर की **तिल-तिल** भर सुंदरता लेकर एक अवर्णनीय सौंदर्य प्रतिमा साकार कर दी। ब्रह्माजी ने उसमें प्राण फूँक दिए। यह सुंदरी तीनों लोकों में अनुपम थी। ब्रह्माजी ने इसका नाम तिलोत्तमा रखा।

तिलं तिलं समानीय रत्नानां यद् विनिर्मिता।
तिलोत्तमेति तत् तस्या नाम चक्रे पितामहः॥

बस, उसे दोनों भाइयों के पास जाने को कहा गया। तिलोत्तमा का वहाँ जाना था, दोनों का उस पर एक साथ मोहित होना था और फिर एक दूसरे की जान का प्यासा होना तो तय। ब्रह्माजी का वरदान फलीभूत हुआ। दोनों आपस में ही लड़ मरे। एक अन्य उल्लेख में तिलोत्तमा **कश्यप** ऋषि और **अरिष्टा** की संतान थी। अरिष्टा दक्ष प्रजापति की पुत्री थी। गंधर्वों और अप्सराओं को इसी की संतान माना जाता है। तिलोत्तमा को पूर्व जन्म में **कुब्जा** कहा गया है।

धोती खुल गई भैया!

[शब्द संदर्भ : अधोवस्त्र, धावक, धोबी, धोती, धोना]

धोती एक बहुत आम भारतीय पहनावा है जो स्त्री और पुरुष दोनों ही धारण करते हैं, फ़र्क़ सिर्फ़ इतना है की धोती जब स्त्री पहनती है तो यह उसके समूचे शरीर को ढकने वाली पोशाक बन जाती है जबकि पुरुष इसे सिर्फ़ अधोवस्त्र के रूप में ही धारण करते हैं। धोती चूँकि एक परिधान है इसलिए इसके उतारे जाने के भाव से जुड़े मुहावरे भी चल पड़े हैं, जैसे–सीधे-सादे या स्त्रैण के अर्थ में किसी व्यक्ति को धोती-छाप कहना अथवा छक्के छूटने या भयभीत हो जाने के अर्थ में धोती खुलना या धोती छूटना आदि।

दरअसल कुछ विद्वान अधोवस्त्र से ही धोती का जन्म मानते हैं। धोती की व्युत्पत्ति पर भाषाशास्त्री एकमत नहीं हैं। अगर इसे कमर से नीचे के हिस्से को ढकने वाले परिधान के तौर पर देखा जाए तब तो यह व्युत्पत्ति सही नज़र आती है। संस्कृत के **अधोवस्त्रिका > अधोतिका > धोतिका >** धोती के विकासक्रम पर अगर ग़ौर करें तो धोती की व्युत्पत्ति एकदम सही है। मगर ध्यान दें कि धोती भारतीय महिलाएँ भी धारण करती हैं। साड़ी के वैकल्पिक शब्द के रूप में नारी परिधान के तौर पर ही धोती का इस्तेमाल ज़्यादा होता है। धोती अपने आपमें महिलाओं के लिए पूरी देह के आवरण का काम करती है इसलिए **अधोवस्त्रिका** के रूप में इस शब्द की व्युत्पत्ति को कुछ भाषाशास्त्री सही नहीं मानते हैं।

संस्कृत के एक अन्य शब्द **धौत** में भी **धोती** का जन्म तलाशा जाता है। **धौत** का अर्थ होता है धोया हुआ, चमकाया हुआ, उज्ज्वल, चमकदार, सफ़ेद आदि। ग़ौर करें कि आमतौर पर धोती शुभ्र-धवल ही होती है। ख़ासतौर पर पुरुषों के अधोवस्त्र के रूप में तो धोती हमेशा ही सफ़ेद रंग की होती है। महिलाओं की धोती कई रंगों और रूपों में होती है। भारतीय समाज में धोती को आमतौर पर धार्मिक अवसरों पर ही धारण करने की परिपाटी रही है। इसके आनुष्ठानिक महत्त्व पर ध्यान दें तो धुलाई, उज्ज्वल, धवल आदि शब्दों में छिपे पवित्रता और निर्मलता के भाव स्पष्ट ही **धौत** से धोती की उत्पत्ति सिद्ध करते हैं। **धौत** शब्द बना है संस्कृत धातु **धाव्** से। मूलतः यह गति वाचक धातु है। इसका मतलब है दौड़ना, भागना।

प्राचीनकाल से ही जल भी गति का प्रमुख प्रतीक रहा है इसलिए **धाव्** में बहना, प्रवाहित होना, टकराना आदि सभी अर्थ भी निहित हैं। अब पुराने ज़माने से ही **धुलाई** की क्रिया जलस्रोतों पर ही की जाती थी जहाँ पानी का प्रवाह वस्त्रों को निर्मल करने में सहायक होता था। कपड़ों को पत्थर पर पछीटने का भाव भी इसमें शामिल है। **धाव्** से ही बने **धावकः** शब्द से ही बना है हिन्दी का **धोबी** शब्द जिसका अर्थ होता है कपड़ों की धुलाई करने वाला। **धोना, धुलाई** या **धोवन** भी इसकी कड़ी में आता है जिनमें किन्हीं वस्तुओं की सफाई का ही भाव है। कालांतर में इस शब्द जातिसूचक अर्थ भी ग्रहण कर लिया। **धाव्** शब्द मराठी शब्द **धाव** में जस का तस दौड़ने, भागने के अर्थ में नज़र आता है। **धाव्** के **धा** में शामिल धारा वाला प्रवाही अभिप्राय तो स्वतः स्पष्ट है।

नन्हा कातो, महँगा बिकेगा

[शब्द संदर्भ : कताई, कृत, तकली, तकुआ, कतरनी, कतौनी, कतर-ब्योंत, कतराना, कतिन, क़त्ल, क़ातिल, मक़तल, कत्ल, कॉटन]

नान्हां काती चित्त दे, महँगे मोल बिकाइ।
गाहक राजा राम हैं, और न नेड़ा आइ॥

इस दोहे में कबीर ने भक्ति के धागे को इतना महीन कातने की बात कही है जितना कोई और न **कात** सके क्योंकि ग्राहक तो सिर्फ़ भगवान राम ही हैं जो उसे महँगे मोल ही ख़रीदेंगे अर्थात सत्कर्मों का सही फल देंगे। इस दोहे में निहित आध्यात्मिक अर्थ पर अगर न भी जाएँ तो भी यह साफ़ हो रहा है कि महीन कताई ही हमेशा से उत्तम समझी जाती है इसीलिए नन्हा कातना एक मुहावरा भी है जिसका मतलब होता है नफ़ीस या बारीक़ काम करना। **कताई** का काम वस्त्र निर्माण का प्रमुख हिस्सा रहा है। पुराने ज़माने से कपास ही दुनिया भर में वस्त्रनिर्माण के लिए धागा बनाने का बड़ा ज़रिया रहा है।

कताई शब्द कहाँ से आया? **कताई** या **कातना** जैसी क्रियाएँ बनी हैं संस्कृत के **कृत्** से। कृत् बना है कृ धातु से जिसका मतलब होता है काटना, टुकड़े-टुकड़े करना,

विभक्त करना अथवा कुछ करने के भाव वाले अर्थ इसमें शामिल हैं। **कृत्** में इन तमाम अर्थों के साथ कातना, कताई करना, घेरना आदि भाव भी शामिल हैं। कताई करने के लिए प्रयुक्त प्रमुख उपकरण को **तकली** कहते हैं। तकली भी इसी धातुमूल से उपजा शब्द है जिसके लिए संस्कृत में **तर्कुः** शब्द है जिसका अर्थ है लोहे की शलाका या घिरनी जिससे सूत (सूत्र-धागा) काता जाए। **तर्कुः** से बना **तर्कुटिका** जो हिन्दी में बना तकली। इससे ही बना तकुआ। **तकुआ** दरअसल चर्खे अथवा लूम का वह हिस्सा है जो गोल-गोल घूमता है जिसमें सूत लपेटा जाता है।

साफ़ है कि **कृत्** में व्याप्त कातने और घेरने दोनों ही क्रियाएँ **कताई, तकली, तकुआ** में उजागर हो रही हैं। कृत् धातु से ही **कतरनी, कतौनी, कतर-ब्योंत, कतराना, कतवार, कतिन** (बुनकर) जैसे शब्द भी बने हैं। **कृ** में मौजूद कृ ध्वनि और उसमें निहित विभक्त करने, नष्ट करने के भावों का विस्तार न सिर्फ़ प्राचीन भारोपीय परिवार में नज़र आता है बल्कि सेमेटिक परिवार की हिब्रू और अरबी जैसी भाषाओं में भी है। ग़ौर करें अरबी लफ़्ज़ क़त पर जिसका मतलब होता है काटना। इससे ही बने हैं **क़त्ल, क़ातिल, मक़तल** जैसे तमाम शब्द। सेमेटिक भाषाओं में एक अन्य शब्द है **कत्न** या **कुत्न** जिसका मतलब होता है कातना, पतला करना आदि। हिब्रू में इसका रूप है क़त्तन और अरबी में है **कत्न**। मिस्री ज़बान, जो अरबी का ही रूप है, में भी यही शब्द चलता है। ग़ौर करें कि दुनिया की सबसे नफ़ीस रूई का उत्पादन नील नदी की घाटी में होता है और इसे **इजिप्शियन कॉटन** कहा जाता है। अब साफ़ है कि रूई के लिए अंग्रेज़ी में जो **कॉटन** शब्द चला उसके मूल में भी यही **कत्न** और **कृ** जैसी ध्वनियाँ ही हैं। सभ्यता के इतिहास में जिन चीज़ों का प्रायः दुनिया के हर क्षेत्र में साक्ष्य मिला है उनमें कपास, कॉटन या रूई हैं। दक्षिण अमेरिका से लेकर सुदूर पूर्व तक बिखरी पड़ी पुरातात्त्विक सामग्रियों से इसकी पुष्टि हुई है।

पसीने की माया और स्वेटर का बुख़ार

[शब्द संदर्भ : स्वेट, स्वेद, स्वेटर]

खाँचों में बँटी इस दुनिया में इनसान के एक होने का तर्क गले उतारने के लिए समाजवादी तरीक़े से बात समझाई जाती है और अक्सर ख़ून-पसीने का ज़िक्र किया जाता है। यानी ख़ून सबका लाल होता है और पसीने में मेहनत ही चमकती नज़र आती है वग़ैरह-वग़ैरह। भाषाविज्ञान के नज़रिए से भी यही साबित होता है कि हम सब एक हैं। पसीने के लिए अंग्रेज़ी के **स्वेट** और इसके हिन्दी पर्याय **स्वेद** की समानता पर ग़ौर करें। दरअसल यह शब्द भी प्रोटो इंडो-यूरोपीय भाषा-परिवार का है और भाषाविज्ञानियों ने इसकी मूल धातु SWEID मानी है जो हिन्दी-संस्कृत के **स्वेद** के काफ़ी क़रीब है। स्वेद की उत्पत्ति स्विद् धातु से हुई है। यूरोपीय भाषाओं में इससे बने शब्दों की बानगी देखें, मसलन–स्पेनिश में यह SUDORE है तो जर्मन में SCHWEIB है, डच ज़बान में यह ZWEET है और लात्वियाई में SVIEDRI के रूप में मौजूद है।

तमाम यूरोपीय भाषाओं में इसी तरह के मिलते-जुलते रूप मिलते हैं पसीने के अर्थ वाले शब्द के लिए। मोटे तौर पर तो **पसीना** शब्द इस कड़ी का हिस्सा नहीं लगता। बोलचाल की हिन्दी उर्दू में **स्वेद** के अर्थ में सर्वाधिक यही लफ़्ज़ प्रचलित है। ज़्यादा मेहनत करने के संदर्भ में **पसीने-पसीने** होना जैसा मुहावरा भी इससे ही निकला है। दिलचस्प बात ये कि पसीना भी संस्कृत के **स्विद** से ही निकला है। **स्विद** में **प्र** उपसर्ग लगने से **प्रस्वेदः** बना। इसके **प्रस्विन्नः** जैसे रूप भी बने जिसका मतलब हुआ बहुत ज़्यादा पसीना। इससे ही बना पसीना।

स्वेटर यानी सर्दियों का एक आम पहनावा। यह शब्द भी अंग्रेज़ी से हिन्दी में आया और आज गाँवों से शहरों तक बेहद आमफ़हम है। सर्दियाँ आते ही आज तो दुकानें गर्म कपड़ों से सज जाती हैं और घर के बक्सों से स्वेटर भी निकल आते हैं। यह जानकर ताज्जुब हो सकता है कि किसी ज़माने में डॉक्टर की सलाह के बाद स्वेटर पहना जाता था। जैसा कि नाम से पता चलता है स्वेटर अंग्रेज़ी के **स्वेट** शब्द से बना है। ज़ाहिर है **स्वेटर** के मायने हुए पसीना लाने वाला। पहले लोगों को जाड़े का बुख़ार आने पर पसीना लाने के लिए डॉक्टर एक ख़ास क़िस्म के ऊनी वस्त्र को पहनने की सलाह देते थे। तब इसे कमीज़ के अंदर पहना जाता था। बाद में जब सर्दियों से बचाव के लिए कमीज़ से ऊपर पहने जाने वाले पहनावे भी चलन में आए तो भी उनके लिए स्वेटर शब्द ही चलता रहा। सर्दियों में ही **पुलोवर** भी पहना जाता है। इस पर ग़ौर करें तो पता चलता है इसका यह नाम गले की तरफ़ से खीचकर पहनने से **(पुल-ओवर)** पड़ा होगा।

कपड़े छिपाओ, पुस्तक छिपाओ

[शब्द संदर्भ : पुस्तक, पोशाक, पोशीदा, पोश, पक्ष, पुच्छ, पूँछ]

पुस्तक और **पोशाक** में मोटे तौर पर तो कोई रिश्तेदारी नज़र नहीं आती मगर भाषाविज्ञान के नज़रिए से इनमें बहुत गहरा संबंध है। दोनों में ही छिपाने का भाव प्रमुख है। अच्छे वस्त्र और अच्छी पुस्तकें भी तो लोगों की निगाहों से तब तक छिपाकर रखी जाती हैं जब तक आप ख़ुद उनका इस्तेमाल न कर रहे हों। मगर इस छुपाने की वृत्ति का रिश्ता इन दोनों से नहीं है। ये क्या छिपाते हैं, जानना दिलचस्प होगा।

पहनने के कपड़ों या वस्त्रों के लिए हिन्दी में पोशाक शब्द बहुत आम है। यह इंडो-यूरोपीय भाषा-परिवार का शब्द है। सामान्य तौर पर इसे उर्दू का लफ़्ज़ समझा जाता है मगर है फ़ारसी का और वहीं से ये बरास्ता उर्दू, हिन्दी में चला आया। फ़ारसी में **पोश** का अर्थ है छिपाने वाला। ज़ाहिर है कि वस्त्र शरीर को छिपाने का काम करते हैं इसलिए धारण करने वाले कपड़े, सिले हुए कपडे पोशाक कहलाए। इसके मूल में जो छिपाने वाला भाव है वह इसे संस्कृत से जोड़ता है। संस्कृत की **पस** धातु से बने **पक्ष्मल, पक्ष, पुस्त** और **पुच्छ** जैसे शब्द बने हैं और इन सभी का रिश्ता खाल, ढँका

हुआ, बाल, ऊन, छिपाना जैसे अर्थों से जुड़ता है। इससे ही **पोश** जैसे हिन्दी, उर्दू और फ़ारसी के कई शब्द बने हैं। ग़ौरतलब है कि सभ्यता के विकासक्रम में मनुष्य शुरू से ही पशुओं की खाल से ढँकने का काम करता आया है फिर चाहे शरीर हो, छप्पर, तम्बू हो या फिर पुस्तकों के लिए चमड़े की जिल्द हो।

संस्कृत के **पुस्त** का अर्थ ढँकने से संबंधित है और पुस्तक शब्द में इसके आवरण वाला भाव ही प्रमुख है। इसे यूँ समझें कि किसी ज़माने में ग्रंथ या किताब के आवरण यानी कवर को ही **पुस्तक** कहा जाता था मगर बाद में इसमें स्वतः ही ग्रंथ का भाव शामिल हो गया। इसी तरह फ़ारसी में **पोस्त** का अर्थ पशु की खाल से है जिसका अगला रूप **पोश** बना जिसमें ढँकने का अर्थ समा गया और मतलब निकला खाल अथवा आवरण। बोल व्यवहार में इसके व्यापक अर्थ भी निकलने लगे। आमतौर पर व्यवहारगत दुराव या छिपाव के लिए **पोशीदगी, पोशीदा** जैसे शब्द भी इस्तेमाल किए जाते हैं जो इसी मूल से जन्मे हैं। रोएँदार बालों वाली लोमड़ी, समूर आदि जंतुओं को पोस्तीन कहते हैं। फ़ारसी में शेर की खाल को भी **पोस्तीने शेर** कहते हैं। पोश से मिलकर बने कुछ और शब्द हैं–**सफ़ेदपोश, पापोश** आदि। यहाँ एक और मज़ेदार शब्द बनता है नक़ाबपोश। ग़ौर करें कि नक़ाब तो अपने आप में ही चेहरे को छुपाने का ज़रिया है। **पोश** का मतलब भी छुपाना ही है। अर्थ हुआ चेहरा छुपाना। मगर प्रयोग होता है ऐसे व्यक्ति के लिए जिसने चेहरा छुपा रखा हो।

पस् से ही बना संस्कृत का **पक्ष्मल** जिसके मायने हुए बड़े-बड़े बाल वाला। यहाँ इसका मतलब भी पशुओं की खाल से ही है जो रोएँ दार होती है। फ़ारसी में ही **पक्ष्मल** का रूप बना **पश्म** यानी ऊन अथवा बाल। **पश्मी** का मतलब हुआ ऊन से बना हुआ या ऊनी। पश्मीनः का मतलब हुआ बहुत ही नफ़ीस ऊनी कपड़ा जिसकी मुलायमियत और मज़बूती लाजवाब हो। दुनिया भर में मशहूर कश्मीरी शॉल को इसीलिए **पश्मीना** भी कहते हैं। गाँवों के मेलों-ठेलों में बिकने वाली एक ख़ास मिठाई है बुढ़िया के बाल या बुढ़िया का सूत। अंग्रेज़ी में इसे **कॉटन कैंडी** कहते हैं। नर्म, महीन चाशनी के लच्छों से इसे बनाया जाता है जिन्हें बाद में गुच्छे की शक्ल में बेचा जाता है। इन्हें कई रंगों से रँगा भी जाता है। फ़ारसी में इसे कहते हैं **पश्मक**। यह मिठाई मुग़लों के साथ भारत आई और बच्चे इसे ख़ूब चाव से खाते हैं। यह पश्मक इसी मूल से निकला हुआ शब्द है।

स्कर्ट की तक़दीर है मुसलसल छोटा होते जाना!

[शब्द संदर्भ : शर्ट, स्कर्ट, शॉर्ट्स, कुर्ता, बुशर्ट, टीशर्ट]

किसी चीज़ को काटने, छोटा करने, विभाजित करने के अर्थ में संस्कृत की **कृ** और इंडो-यूरोपीय भाषा-परिवार की KER या SKER धातुओं की महिमा निराली है। इनसे यूरोप और एशिया की कई भाषाओं में दर्जनों शब्द बने जिनमें एक **कतरनी** भी है। परिधानों के निर्माण में जितनी भूमिका सिलाई के धागे की है उससे कहीं कम नहीं है

कैंची यानी कतरनी की। **कतरनी** आख़िर करती क्या है? यही कि वह शरीर की ज़रूरत के मुताबिक़ कपड़े की काट-छाँट करती है, उसे छोटा करती है, विभाजित करती है। **स्कर्ट** के लगातार छोटे होते आकार पर कई लोगों की भवें तनती हैं पर वो जान लें कि इसकी तो तकदीर ही छोटा होते जाना है।

शर्ट, कुर्ता, स्कर्ट और **बुशर्ट** आज के दौर के सामान्य परिधान हैं और रोज़मर्रा में पहने जाते हैं। इनमें अब स्त्री और पुरुषों जैसा फ़र्क़ भी नहीं रह गया है। **स्कर्ट** अलबत्ता ज़रूर भारत में सिर्फ़ लड़कियाँ ही पहनती हैं मगर यूरोप में तो स्कर्ट पुरुषों की पोशाक भी रही है और आज भी इसे पारंपरिक तौर पर पहना जाता है। प्राचीन रोमन सैनिकों के गणवेश में स्कर्ट ही प्रमुख था जिसे **रोमनस्कर्ट** ही कहा जाने लगा। यूरोप के कई देशों में आज भी शाही अमलदार **रोमन स्कर्ट** ही पहनते हैं। स्कॉटलैंड, आयरलैंड के मशहूर **बैगपाइपर्स** को याद करें तो उनके मशहूर बैगपाइप के अलावा जो चीज़ सबसे पहले ध्यान आती है वह उनका स्कर्ट ही है। बहरहाल बात हो रही थी काट-छाँट की। कपड़े की सिलाई भी काट-छाँट का ही नमूना है। बल्कि यहाँ तो इसके बिना काम ही नहीं चलता।

शर्ट शब्द की व्युत्पत्ति अंग्रेज़ी के शॉर्ट (SHORT), से हुई है जिसका जन्म भारोपीय धातु SKER से ही हुआ है जिसमें काटने, कतरने, छोटा करने का भाव है। प्राचीन जर्मन में इसका रूप हुआ SKURTA जिसने प्राचीन अंग्रेज़ी में SCEORT का रूप लिया और शॉर्ट में ढल गया। आज की जर्मन में शॉर्ट के अर्थ में इसका रूप KURZ या KURT है। आज के दौर में भी छोटी पतलून को शॉर्ट्स कहा जाता है। किसी ज़माने में कोई ताज्जुब नहीं कि कपड़े को काटने, छोटा करने के भाव ने ही शॉर्ट का रूप लिया और वही कालांतर में एक वस्त्र के रूप में शर्ट में बदल गया। अंग्रेज़ी के SKIRT की व्युत्पत्ति और आकार की बात आसानी के साथ समझ में आ जाती है कि ये क्यों छोटा होता है। कुर्ता तुर्की शब्द है और यह भी इंडो-यूरोपीय परिवार की भाषा है। SKER धातु से जन्मे शॉर्ट के अर्थ वाले जर्मन शब्द SKURTA से तुर्की कुर्ता की KURTA, समानता देखें। कुर्ता कुल मिलाकर शर्ट की तरह पहना जाने वाला वस्त्र ही है। फ़र्क़ सिर्फ़ लंबाई का है।

आमतौर पर भारत में शर्ट के लिए **बुशर्ट, बुश्शर्ट** शब्द ज़्यादा चलता है, आख़िर इस बुशर्ट शब्द के मायने क्या हैं। बुशर्ट के अलावा इससे मिलते-जुलते **बुश्कोट** या **बुशजैकेट** जैसे शब्द भी मिलते हैं। **बुशर्ट** शब्द दरअसल प्रथम विश्वयुद्ध के दौरान एशिया में सर्वाधिक प्रचलित हुआ। बुशर्ट मोटे सूती कपड़े से बना एक ढीला-ढाला शर्ट होता है जिसमें कई जेबें होती हैं। अठारहवीं सदी में अफ़्रीका में कई ब्रिटिश उपनिवेश थे। अफ़्रीकी जंगलों में ब्रिटिश अफ़सर अक्सर शिकार के लिए बुश सफारी पर निकलते थे। इस बहाने उनका सर्वेक्षण भी चलता रहता और एडवेंचर भी। बुश शब्द का मतलब होता है एक ख़ास क़िस्म का वृक्ष जिसकी लकड़ी से कलाकृतियाँ भी बनाई जाती हैं और उसे जलाने के काम में भी लाया जाता है। आस्ट्रेलिया में **बुश** पेड़

भी होते हैं और झाड़ी भी। **बुश** शब्द पुरानी फ्रेंच में BUSCHE लैटिन में BUSCA और इतालवी में BOSCO के रूप में मौजूद है। अंग्रेज़ी में इसका रूप BUSH है।

बुश सफारी के लिए ख़ास क़िस्म के शर्ट को डिज़ाइन किया गया जो कि घने जंगलों, ऊँची घास के मैदानों में अभियानों के दौरान सुविधाजनक रहे। इसकी विशेषता थी आगे की तरफ़ दो जेबों का होना। उसके बाद प्रथम विश्वयुद्ध जब छिड़ा तो बड़े पैमाने पर इस क़िस्म की शर्ट फ़ौजी वर्दी का हिस्सा बन गई। बाद में थोक के भाव भारतीय बाज़ारों में न सिर्फ़ फौजियों की उतरन बिकने लगी बल्कि इसका विदेशी कपड़ों के भारत आने का सिलसिला सा चल पड़ा और बुशर्ट लोकप्रिय हो गई। शर्ट का एक प्रकार टी शर्ट भी होता है जिसे यह नाम उसके ज आकार के चलते मिला क्योंकि ये पहले सिर्फ़ आधी बाँह की ही होती थी।

पाँच हज़ार साल पुरानी साड़ी

[शब्द संदर्भ : साड़ी, शाटिका]

विशुद्ध भारतीय शैली के परिधान फिर से चलन में हैं। हालाँकि भारत की परिधान संस्कृति पर पश्चिमी असर का हौवा शुद्धतावादी अरसे से मचाते रहे हैं मगर देशी क़िस्म की पोशाकों का शुरू से बोलबाला बना रहा है। गाँवों में धोती-कुर्ता आज भी पहना जाता है। शहरों में भी कुर्ता-पायजामा पहना जाता रहा है। मगर अब तो फ़ैशन में है और डिजाइनर कुर्ते-पायजामे चलन में हैं।

महिलाओं के लिए किसी भी युग में परिधानों की विविधता में कमी नहीं रही। इसके बावज़ूद साड़ी एक ऐसा विशुद्ध भारतीय परिधान है जो बीते क़रीब पाँच हज़ार वर्षों से लगातार प्रचलन में है और पहनावे के मुख्य तौर-तरीक़ों में बहुत बड़े बदलाव न होने के बावज़ूद महिलाओं की पसंदीदा पोशाक बनी हुई है। ग्रामीण क्षेत्रों में **साड़ी** के लिए धोती शब्द प्रचलित है। **धोती** शब्द का उल्लेख अगर करें तो इसे पुरुष भी धारण करते हैं और स्त्रियाँ भी। इसे कमर के नीचे का हिस्सा ढकने के लिए पहना जाता है। इस रूप में इसकी व्युत्पत्ति का क्रम कुछ यूँ रहा होगा–अधोवस्त्रिका > अधोतिका > धोतिका > धोती। कुछ लोग इसकी व्युत्पत्ति **धौत्** शब्द से भी मानते हैं जिसका अर्थ होता है धवल, चमकाया हुआ। प्राचीनकाल से ही मानव धार्मिक अनुष्ठानों के लिए शुभ्र-धवल वस्त्रों का प्रयोग करता रहा है अतः **धौत** शब्द में निहित उज्ज्वलता के भाव से धौत में धोती के जन्म-सूत्र छिपे हो सकते हैं।

धोती चाहे पुरुष भी धारण करते रहे हों मगर साड़ी धोती का ही रूप होने के बावज़ूद स्त्रियों की ही पोशाक बनी रही। **साड़ी** शब्द की व्युत्पत्ति पर भी विद्वान एकमत नहीं हैं। इसकी व्युत्पत्ति प्राकृत शब्द **शाटिका** से मानी जाती है। संस्कृत में **शाटः** या **शाटी** का अर्थ होता है अधोवस्त्र, कपड़ा। वस्त्र या परिधान के अर्थ में **शाटकः, शाटकम्** शब्द भी है। हालाँकि इनसे यह कही ध्वनित नहीं होता कि ये सिर्फ़ स्त्रियों के लिए

ही हैं। संस्कृत धातु **शट्** से इसका जन्म माना जाता है। **शट्** धातु का अर्थ होता है बाँटना, अलग-अलग करना, दुर्बल होना या बीमार होना आदि। आमतौर पर किसी भी परिधान का निर्माण कपड़े को काटने-छाँटने के बाद ही होता है। **शट्** में किसी वस्तु को बाँटने या उसके अंश करने के भाव को वस्त्र की कटाई-छँटाई के अर्थ में ही ग्रहण करना चाहिए। हालाँकि **शट्** से बने **शाटिका** अथवा साड़ी में काटने-छाँटने की बात अन्य वस्त्रों की तुलना में नज़र नहीं आती क्योंकि यह अपने आप में कपड़े का एक ही टुकड़ा होता है। वैसे अक्सर अंगिका या ब्लाउज का निर्माण भी साड़ी के अंश से ही होता रहा है। शट् में निहित भाव पर ग़ौर करें तो किसी ज़माने में साड़ी या इससे मिलते-जुलते वस्त्र को कई कपड़ों से जोड़कर, सिलकर बनाया जाता रहा होगा। मूलतः यह मात्र एक अधोवस्त्र ही था।

साड़ी की व्युत्पत्ति **चीर** से भी मानी जाती है। **चीर, चीवर** आदि शब्दों का अर्थ भी कपड़ा, वस्त्र से ही है। चीर या चीवर को संन्यासियों अथवा भिक्षुकों की पोशाक के तौर पर प्राचीनकाल से ही मान्यता मिली हुई है। **चीर** या **चीवर** का निर्माण **चि** धातु से हुआ है जिसमें चुनना-बीनना, जोड़ना, विकसित करना आदि भाव है। कपास के सूत से वस्त्र निर्माण की प्रक्रिया के संदर्भ में ये सभी भाव सार्थक हो रहे हैं। भारत के सभी प्रान्तों में अलग-अलग तरीक़ों से साड़ी पहनी जाती है। यही नहीं इन सभी प्रान्तों के देहाती और नगरीय अंचलों में इसके पहनने के तरीक़ों में भिन्नता है। प्रायः साढ़े पाँच गज़ से लेकर नौ गज़ तक की साड़ियाँ प्रचलित हैं। दक्षिण भारत में अधिक लंबाई की साड़ियाँ बाँधी जाती हैं जबकि सामान्य तौर पर साढ़े पाँच गज़ की साड़ी प्रचलित है। नौ गज़ की मराठी शैली की साड़ी का ही कमाल था जिसे बाँधने की विशिष्ट शैली के चलते महारानी लक्ष्मीबाई घोड़े पर चढ़कर शौर्य प्रदर्शन भी करती थीं। साड़ी की ख़ूबी यही है कि इसे पहनने के अंदाज़ से ही इसे पहनने वाले के संस्कार-परिवेश का अंदाज़ा लगाया जा सकता है। नौगज़ी साड़ी को कुछ इस अंदाज़ में बाँधा जाता है कि यह दोनों पैरों की एड़ियों और पिंडलियों को अलग-अलग ढँकती है। साड़ी पाकिस्तान में भी हिन्दुस्तान जितनी ही लोकप्रिय है।

सुख भी भोगो, दुःख भी भोगो

[शब्द संदर्भ : उपभोग, भोग, उपभोक्ता, भज, भगवान, भाग्य, भोगना, भोज, भोजन, भोग्या]

अक्सर पढ़ते-सुनते हैं कि बाज़ारवाद के दौर में **उपभोक्ता** प्रमुख हो गया है। सवाल है उपभोक्ता कब प्रमुख नहीं था? लेन-देन, अदला-बदली तो मनुष्य के स्वभाव में है। सामान्य अर्थ में इस्तेमाल या प्रयोग करने में आनंद का अनुभव ही **उपभोग** कहलाता है। उपभोग करने वाला हुआ उपभोक्ता। इस अर्थ में मनुष्य अनादिकाल से ही उपभोक्ता रहा है। बस, कुछ नया जुड़ा है तो वह है बाज़ार। उपभोग और उपभोक्ता के इर्द-गिर्द ऐसे कई शब्द हैं जिन्हें हम रोज़ इस्तेमाल करते हैं। बारीक़ी से देखें तो इनमें अंतर्संबंध स्पष्ट दिखाई देता है।

उपभोग शब्द बना है **भोगः** शब्द से जिसका अर्थ है सुखानुभव, आनंद, खान-पान, आय, राजस्व, भोजन, दावत और उपभोग आदि। यह शब्द बना है संस्कृत धातु **भुज्** से। **भुज्** धातु का संबंध उसी **भज्** धातु से है जिससे **भग, भगवान** और **भाग्य** जैसे शब्द बने हैं। भज् का अर्थ होता है हिस्से करना, विभक्त करना, अंश करना आदि। पके हुए चावल के लिए **भात** शब्द भी इसी **भक्त** की देन है। क्योंकि पकने के बाद भी चावल का एक-एक अंश विभक्त नज़र आता है इसीलिए इसे **भक्त** कहा गया जिससे भात शब्द प्रचलित हुआ। भात आज दुनिया की आधी आबादी के भोजन का पर्याय है।

भुज् का अर्थ होता है खाना, निगलना, झुकाना, मोड़ना, अधिकार करना, आनंद लेना, मज़ा लेना आदि। ग़ौर करें कि किसी भी भोज्य पदार्थ को ग्रहण करने से पहले उसके अंश किए जाते हैं। पकाने से पहले सब्ज़ी काटी जाती है। मुँह में रखने से पहले उसके नि वाले बनाए जाते हैं। खाद्य पदार्थ के अंश करने के लिए उसे मोड़ना-तोड़ना पड़ता है। मुँह में रखने के बाद दाँतों से भोजन के और भी महीन अंश बनते हैं। इसी तरह राजकोष में जाने वाली राशि राजस्व कहलाती है वह क्या है? करदाताओं की ओर से दिया जाने वाला अंश। राजस्व से राजा के आमोद और प्रजा के कल्याण के कार्य होते हैं। दोनों ही प्रयोजन सुखकारी हैं। भोग में निहित भाव यहाँ स्पष्ट हो रहे हैं, साथ ही भज् और भुज् धातुओं में साम्यता भी। हाथों के लिए भुजा शब्द भी इसी **भुज्** की देन है। **भुज्** में निहित मोड़ने, झुकाने का भाव यहाँ उजागर है। भोग शब्द में आनंद या सुख अनुभव करने का भाव निहित है जो भुजाओं के ज़रिए ही होता है। सर्प के लिए भुजगः या भुजंग शब्द में वक्रता, टेढ़ापन जैसे गुण स्पष्ट हो रहे हैं। आहार के अर्थ में **भोजन** शब्द बना है **भोजनम्** से जो इसी धातु से जन्मा है। ज़ाहिर है यहाँ अंश, विभक्त, टुकड़े करना, मोड़ना, निगलना जैसे भाव प्रमुखता से स्पष्ट हो रहे हैं। **भोजनम्** का एक अर्थ संपत्ति, दौलत आदि भी होता है क्योंकि उसका उपभोग किया जाता है। एक मुहावरा है भुक्तभोगी जिसका अर्थ होता है स्वानुभूत या कटु अनुभव से गुज़र चुकना। **भुक्त** शब्द भी **भुज्** धातु से ही बना है जिसमें खाया हुआ, अनुभव किया हुआ, उपयोग किया हुआ जैसे भाव हैं। **भुक्तनीय** शब्द से बना हिन्दी का भुगतना जो आमतौर पर सज़ा, दुख, कष्ट से गुज़रने के अर्थ में प्रयोग होता है। सुखानुभव तक सीमित **भोग** शब्द का प्रयोग बाद में इतना व्यापक हुआ कि दुख भी **भोगा** जाने लगा। भोग के साथ सुख का रिश्ता कितना गहरा है इसका गवाह है आहार-व्यंजनों में छुपा सुखानुभव जो **राजभोग, छप्पनभोग** और **मोहनभोग** के रूप में सामने आया। धारा नगरी के प्रसिद्ध राजा **भोज** का नाम भी इसी मूल से जुड़ा हुआ है जिसका अर्थ है स्वामी, ऐश्वर्यशाली, प्रसिद्ध, अधिकारी आदि। **भोज** दसवीं सदी में हुए थे और संस्कृत विद्वान के तौर पर भी उनकी ख्याति थी। उनका लिखा 'सरस्वती कंठाभरण' ग्रंथ प्रसिद्ध है।

भोजन का अर्थ व्यापक रूप में आहार न होकर भोग्य सामग्री से है। ईश्वर की पूजा-अर्चना के बाद उन्हें भेंटस्वरूप जो अन्न समर्पित किया जाता है, वह भोग होता

है। भोग लगने के बाद वह अन्न प्रसाद कहलाता है। शब्दकोशों में इस शब्द-शृंखला के हर संदर्भ में हर बार स्त्री का **भोग्या**, प्रसाद, वारांगना आदि के रूप में उल्लेख मिलता है। इससे साफ़ है कि इस शब्द के साथ ये तमाम अर्थ तब जुड़े जब ईश्वर आराधना की परंपरा में कुरीतियों का प्रवेश हुआ और देवदासी प्रथा जैसी अपसंस्कृति समाज पर हावी हो गई। शासक स्वयं को भगवान का अवतार समझने लगे तब उसके उपभोग का दायरा आहार तक कहाँ सीमित रहता है? किसी वक़्त उपभोग में मूलतः भोजन सामग्री और उसका सुखोपयोग शामिल था और ऐसा करने वाला ही उपभोक्ता था।

सोने की रंगत, सोने का मोल

[शब्द संदर्भ : ज़ाफ़रान, सेफ्रॉन, केसर, कुसुम, कुसुम्भा, उस्फुर]

वो ज़ाफ़रानी पुलोवर, उसी का हिस्सा है
कोई जो दूसरा पहन ले तो दूसरा ही लगे

बशीर बद्र के इस शेर में जितनी भी रूमानियत है वो पूरी की पूरी ज़ाफ़रानी रंग की वजह से पुलोवर के खाते में जा रही है। **ज़ाफ़रानी** यानी केसरिया रंग, जिसमें लाल आभायुक्त पीला रंग शामिल है। इसमें पीत, गैरिक या स्वर्णिम वाले भाव भी हैं। इसे ही भगवा रंग भी कहते हैं। यह लफ़्ज़ बना है ज़ाफ़रान से।

ज़ाफ़रान यानी केसर। आयुर्वेद और यूनानी दवाओं में **ज़ाफ़रान** का बड़ा महत्त्व है। प्राचीनकाल से ही पश्चिमी देशों में मशहूर भारतीय मसालों में एक मसाला केसर भी है। यह स्थापित तथ्य है कि दुनिया भर के मसालों में यह सबसे महँगा है और एक से डेढ़ लाख रुपए क़िलो बिकता है। मोटे अनुमान के मुताबिक़ **ज़ाफ़रान** के क़रीब दो लाख फूलों से सिर्फ़ आधा क़िलो केसर प्राप्त होता है। ज़ाफ़रान दरअसल फूलों के सुनहरे–पीले तंतु होते हैं जिनके निराले रंग, अनोखी महक और अनमोल औषधीय गुणों की वजह से इस वनस्पति को बेशक़ीमती सोने का रुतबा मिला हुआ है। विश्व में मुख्य रूप से कश्मीर घाटी और ईरान में इसकी खेती होती है। इसके अलावा स्पेन में भी इसे उगाया जाता है। मगर गुणवत्ता में अव्वल नंबर पर हिन्दुस्तानी ज़ाफ़रान ही माना जाता है।

केसर को अंग्रेज़ी में **सैफ्रॉन** कहते हैं जो **ज़ाफ़रान** से ही बना है। हिन्दी में भी ज़ाफ़रान शब्द ख़ूब इस्तेमाल होता है। आमतौर पर ज़ाफ़रान को उर्दू-फ़ारसी का शब्द समझा जाता है मगर यह है अरबी ज़बान का। अरबी में इसका शुद्ध रूप है **अज़्-ज़ाफ़रान**। यह बना है सेमेटिक भाषा-परिवार की धातु **ज़्फर** से जिसका मतलब होता है पीतवर्ण या पीले रंग का। ग़ौरतलब है फ़ारसी में पीले रंग के लिए ज़ुफ़्रा शब्द है। अरबी ज़ाफ़रान ही लैटिन में सैफ्रेनम बनकर पहुँचा और फिर अलग-अलग यूरोपीय भाषाओं में छा गया मसलन ग्रीक में **ज़फोरा**, इतालवी में **जैफेरनो**, जॉर्जियाई में **जैप्रेनो**, रूसी में

शैफ्रॉन, फिनिश में **सहरामी** के रूप में मौजूद है। वैसे इसका वानस्पतिक नाम **क्रोकस सटाइवा** है।

एक प्रसिद्ध तिलहनी फ़सल है **करडी** या **करडई**। इसका अरबी नाम **उस्फुर** है जो **ज़ाफ़रान** से ही निकला है क्योंकि इस पौधे में गहरे पीले रंग के फूल होते हैं जो मूल रूप से सुनहरी आभा वाले तंतुओं का समुच्चय होते हैं। अंग्रेज़ी में इस फूल को **सैफ्लावर** कहते हैं। कुछ लोग इसे **उस्फुर** और **ज़ाफ़रान** से बना नाम ही मानते हैं। कुछ लोग **सेफ्रान + फ्लावर** का रूप कहते हैं। जो भी हो, सेफ्रॉन भी ज़ाफ़रान से ही बना है। भारत में करडी को **कुसुम** या **कुसुम्भ (कुसुंभा)** कहते हैं। इसका तेल हृदय और मधुमेह के रोगियों के लिए बेहतर समझा जाता है। हमारे यहाँ जो रिफाइंड ऑयल बिक रहे हैं उनमें बड़ी मात्रा **करडी** के तेल से बने रिफाइंड की भी होती है।

धन-व्यापार-व्यवसाय

उधार लो, उद्धार करो

[शब्द संदर्भ : उद्धार, उधार, उत्साह]

आज के दौर में अगर दुनिया चल रही है तो सिर्फ़ एक शब्द यानी **उधार** के दम पर उधार एक ऐसी व्यवस्था है जिसे पुराने ज़माने में चाहे बोझ माना जाता हो मगर आज तो विश्व की अर्थव्यवस्था सिर्फ़ और सिर्फ़ इसी **उधार** नाम के बंदोबस्त पर टिकी है। उधार में ही सबका **उद्धार** छुपा है। चार्वाक की ऋणं कृत्वा, घृतं पिवेत् जैसी प्रसिद्ध उक्ति में भी यही सिद्ध होता है कि उधार लो, उद्धार करो। ये अलग बात है कि उद्धार के रूप अलग-अलग होते हैं। समझदारी से चुकारा करते जाने पर उधार सचमुच लेने वाले का उद्धार कर देता है मगर उधार न चुकाया जाए तो कई बार लेने वाले के साथ-साथ देने वाले का भी 'उद्धार' हो जाता है। उधार की वसूली न होने से ही बैंक दिवालिया होते हैं। उधार न चुकाने से ही सरकारें कमज़ोर होती हैं, लोग ख़ुदकुशी करते हैं।

उधार के मूल में जितनी अधोगति छुपी है, उसके मूल उद्देश्य और अर्थ में दरअसल सचमुच सद्गति और उद्धार का भाव ही था। अंग्रेज़ी के लोन, संस्कृत के ऋण या उर्दू के क़र्ज़ जैसे शब्दों के हिन्दी पर्याय उधार का जन्म सचमुच संस्कृत के **उद्धार** शब्द से ही हुआ है। उद्धार का अर्थ होता है उठाना, ऊपर करना, मुक्ति, बचाव, छुटकारा। उद्धार बना है संस्कृत धातु उद् से। उद् धातु एक प्रसिद्ध उपसर्ग है जो नाम, पद या शक्ति की दृष्टि से श्रेष्ठता, उच्च या अतिशय ऊँचाई वाले भाव प्रकट करने के लिए शब्दों से पहले लगाया जाता है। जैसे **उद् + सह्** के मेल से बना **उत्साह** जिसका मतलब हुआ शक्ति, प्रयत्न, ऊर्जा आदि। उद्धार के धन-सम्पत्ति से जुड़े अर्थों में पैतृक सम्पत्ति का वह हिस्सा जो सबसे बड़े पुत्र को मिलता है। अथवा युद्ध या लूट का छठा हिस्सा भी उद्धार कहलाता था जिसका हक़दार राजा होता था। इसी तरह ऋण और खोई सम्पत्ति का फिर मिलना भी इसमें शामिल है। ग़ौर करें कि बड़े पुत्र का हिस्सा और राजा का अंश भी किसी-न-किसी रूप में उच्चता, वरिष्ठता या शक्ति की ओर ही इशारा कर रहे हैं। उद्धार **उद् + हृ** के मेल से बना है। **हृ** धातु में भी ऊपर उठाना, ले जाना, बचाना, मुक्त करना जैसे भाव शामिल हैं। स्पष्ट है कि धन की कमी से मनुष्य का जीवन स्तर गिरता है। सो ऋण ही इस अवस्था से उबारने का एक महत्त्वपूर्ण ज़रिया अनादि काल से रहा है। इसीलिए आर्थिक संकट से उबारने की व्यवस्था के रूप में **उद्धार** शब्द का चलन हुआ जो प्राकृत में **उधार** के रूप में ढल गया।

समाज के विकास के साथ शब्दों के अर्थ भी बदलते हैं जिनमें अर्थ की उन्नति भी होती है तो अवनति भी। **उद्धार** शब्द के साथ भी यही हुआ है। बोलचाल की हिन्दी में उद्धार शब्द की अवनति हुई है। आज कोई काम अगर बिगड़ जाए तो कहा जाता है–इसका उद्धार कर दिया। किसी नालायक़ के सिपुर्द अगर कोई महत्त्वपूर्ण कार्य सौंपा जाने वाला हो तो सावधान करने के लिए भी यही कहा जाता है कि वह तो उसका उद्धार कर देगा यानी बर्बाद कर देगा। कुल मिलाकर उद्धार शब्द की भी अवनति हो चुकी है। इस शब्द की अवनति के पीछे शायद एक बड़ी वजह यह भी रही है कि उद्धार करने वालों ने अक्सर अपनी ज़िम्मेदारी का निर्वहन सही ढंग से नहीं किया इसलिए उबारने के प्यारे से भाव वाले इस शब्द का **उद्धार** हो गया।

जवाहर, गौहर परखे जौहरी

[शब्द संदर्भ : जवाहर, गौहर, जौहरी, ज़ाहिर, रत्नपारखी]

हिन्दी का एक बड़ा आम शब्द है **जौहरी** जिसका मतलब होता है रत्न व्यवसायी। प्रकारांतर से इसका एक अर्थ पारखी भी होता है। जिसे क़ीमती पत्थरों (हीरा, माणिक, पन्ना, मोती वग़ैरह) की परख हो। यह एक व्यवसाय सूचक (जाति सूचक नहीं) शब्द भी है इसीलिए वणिकों का एक वर्ग जौहरी कहलाया। जौहरी को मराठी में रत्नपारखी कहते हैं और ये जाति से ब्राह्मण होते हैं। प्रायः हर शहर में जौहरी बाज़ार होता है जहाँ सोने-चाँदी और गहनों का कारोबार होता है।

मूल रूप से यह अरबी भाषा का शब्द है और फ़ारसी, उर्दू होते हुए हिन्दी में चला आया। समूचे एशिया में यह शब्द ख़ूब इस्तेमाल होता है। धुर पश्चिम में तुर्की से लेकर सुदूर पूर्व में मलेशिया तक। दिलचस्प बात यह कि घोर भौतिकवाद से जुड़ा यह शब्द अपने मूल अरबी रूप में दार्शनिक आधार से उठा है। अरबी का एक शब्द है **ज़ाहिर** जिसका अर्थ होता है प्रत्यक्ष। यह **ज़ाहिर** शब्द भी बोलचाल की हिन्दी में ख़ूब इस्तेमाल होता है। ज़ाहिर के लाक्षणिक अर्थ हैं चमकदार, उज्ज्वल, प्रकाशमान, बुलंद वग़ैरह। इससे ही बना है **जौहर** जिसमें कई दार्शनिक भाव समा गए। ज़ाहिर के प्रत्यक्ष, चमक, प्रकाशमान वाले अर्थों की व्याख्या जौहर में मिलती है। जौहर यानी जो कुछ भी प्रकृति में दृश्यमान है, जिन्हें भारतीय दर्शन में पंचतत्त्व या पंचमहाभूत कहा गया है–पृथ्वी, जल, वायु, आकाश और अग्नि। ये सब जौहर कुछ जौहर है। अणु-अणु, कण-कण में जो कुछ ज़ाहिर है, सब जौहर है। सीधी सी बात है ज़ाहिर वही वस्तु होगी जो प्रकाशमान है या यूँ कहें कि नज़र आ रही है।

इन अर्थों में अगर देखें तो प्रकृति के इन रूपों को जो भी देखता है, परखता है, वही सच्चा जौहरी है। मगर देखिए वक़्त का तकाज़ा कि बाद में प्रकाशमान या कांतिवान वस्तु के संदर्भ में **जौहर** शब्द रूढ़ हो गया और रत्नों, बेशक़ीमती पत्थरों के लिए जौहर शब्द का प्रयोग होने लगा। जौहर का ही एक रूप अरबी में **गौहर** भी है जिसका मतलब भी रत्न ही है। ध्यान दें कि अरबी का **ग** फ़ारसी, तुर्की, उर्दू में अक्सर **ज** ध्वनि

में तब्दील हो जाता है। ग़ौरतलब है **गौहर, जौहर** दोनों ही शब्द स्त्रीवाची हैं। जौहर शब्द में गुण, दक्षता, कला, हुनर, होशियारी जैसे भाव भी बाद में समा गए। जौहर में सिर्फ़ **ज** की जगह **ग** ध्वनि वर्ण के प्रयोग से बने गौहर का मतलब भी रत्न ही है। जौहर का बहुवचन हुआ **जवाहिर** हुआ। **जवाहिरात** को भी कई लोग बहुवचन की तरह इस्तेमाल करते हैं, मगर उर्दू शब्दकोश में यह शब्द नहीं है। हिन्दी में जवाहर रूप ही प्रचलित है और पुरुषों के नाम के तौर पर भी लोकप्रिय है।

क़ीमती पत्थर के ही संदर्भ में अरबी-फ़ारसी का एक शब्द है जो हिन्दी में ख़ूब प्रचलित है **नग** जिसका मतलब भी रत्न या जवाहर है। इससे बने हैं **नगीं, नगीन** या **नगीना**। इनमें नगीना स्त्रियों का नाम होता है और नगीन पुरुषों का। मतलब दोनों का एक ही है अर्थात रत्न, जवाहर।

कैसी-कैसी गाँठें (जेब-1)

[शब्द संदर्भ : गाँठ, ग्रन्थि, गूँथना, गठान, गुठली, गट्ठर, गट्ठड़, गठड़ी, या गट्ठी]

धन हमेशा सँभालकर ही रखा जाता है। जहाँ रखा जाता है आमतौर पर तो उसे ख़ज़ाना कहते हैं मगर इसके कुछ ठिकाने और भी हैं, जैसे–टकसाल या कोषालय। इसके अलावा अगर धन कहीं होता है तो वह जगह वस्त्रों में ही होती है जहाँ इसके रखने के स्थानों के अलग-अलग नाम हैं, मसलन–जेब, पर्स, अंटी, गाँठ, टेंट या बटुआ आदि।

कहावत है आँख का अंधा, गाँठ का पूरा। अर्थात धनी मगर मूर्ख, जिसे आसानी से ठगा जा सके। यहाँ गाँठ शब्द का प्रयोग जेब के अर्थ में ही किया जा रहा है। गाँठ खुलना, गाँठ ख़ाली होना जैसे मुहावरे भी माली हालत ठीक न होने या जेब ख़ाली होने के अर्थ में प्रयुक्त होते हैं। गाँठ शब्द बना है संस्कृत की **ग्रथ्** धातु से जिसमें एक जगह जमा होने, एकत्र होने, समेटने अथवा समुच्चय के भाव हैं। इससे ही बना है **ग्रन्थः** जिसमें यही सारे भाव समाए हैं जो पुस्तक में साकार हो रहे हैं इसीलिए पुस्तक को **ग्रन्थ** कहते हैं क्योंकि वह विभिन्न पृष्ठों का समुच्चय होती है। ज्ञान का आगार-भंडार होती है। ज़ाहिर है भंडार-आगार में ही चीज़ें एकत्र होती हैं। **ग्रन्थिः** भी इसी मूल का शब्द है जिसमें बन्धन, जोड़, जमाव आदि का भाव है। इसने ही हिन्दी में गठान या गाँठ शब्द का रूप लिया। ग्रन्थि का एक रूप गूँथना शब्द में भी नज़र आता है, जैसे–चोटी गूँथना। बालों को गूँथना दरअसल उनके एकत्रीकरण की ही प्रक्रिया है। पुराने ज़माने में स्त्री-पुरुष दोनों ही धोती पहनते थे। देहात में आज भी यह परिपाटी है। धन को आम्तौर पर इस धोती के ही एक पल्ले में अथवा कमर में गठान बाँधकर रखा जाता था। इसीलिए जेब के अर्थ में गाँठ शब्द प्रचलित हो गया। गाँठ शब्द का प्रयोग एक अन्य मुहावरे में भी होता है रोब गाँठना जिसका मतलब होता है अनावश्यक शान दिखाना, प्रभावित करने की चेष्टा करना। इसी तरह गाँठना का एक अर्थ पटाना भी होता है।

मनमुटाव, दुराव या द्वेष पालने के अर्थ में भी **गाँठ पड़ना** शब्द इस्तेमाल होता है। जैसे शरीर के किसी हिस्से का उभार या विकार गाँठ कहलाता है और कष्टदायी रहता है वैसे ही मन में किसी बात का घर कर जाना भी **गाँठ पड़ना** कहलाता है। इसे ही मनोग्रन्थि या **ग्रन्थि पालना** भी कहते हैं। जब मनमुटाव मिट जाता है तो कहा जाता है गाँठ खुल गई। मगर जब गाँठ न खुले तो यह मनोरोग का लक्षण है। **गठान** के साथ **गुठली** भी इसी मूल का शब्द है। मालवा में बेहद ठिंगने और अच्छे जोड़-उभार वाले व्यक्ति को गुठली भी कहा जाता है। यूँ कसरती बदन वाले व्यक्ति को गठीला कहने का प्रचलन हिन्दी क्षेत्रों में आम है। इसी तरह पोटली के अर्थ में गठरी शब्द भी हिन्दी में रोज़मर्रा में बोला जाता है जो इसी मूल से आया है। **गट्ठर, गट्ठड़, गठड़ी, गठड़िया, गट्ठी** आदि इसके अनेक रूप हैं जो अलग-अलग बोलियों में प्रचलित हैं।

अलमारी में ख़ज़ाने की तलाश (जेब-2)

[शब्द संदर्भ : ख़जाना, मैगज़ीन, आलमारी]

ख़ज़ाना अरबी भाषा का शब्द है जिसमें किसी बेशक़ीमती वस्तुओं के भंडार वाला भाव न होकर मूलतः सामान्य भंडार, आगार या डिपो का भाव है। ख़ज़ाना एक ऐसा शब्द है जो हमेशा आम आदमी को लुभाता है। बात सिर्फ़ शब्द की हो रही है वरना बहुत कम लोग हैं जिनके नसीब में ख़ज़ाना होता है। ख़ज़ाना दरअसल क्या है? बोलचाल में आज उर्दू, फ़ारसी, अरबी, मिस्री, तुर्की, अज़रबैजानी आदि भाषाओं में यह शब्द इस्तेमाल होता है और अभिप्राय धन-संपत्ति के ऐसे कोष से होता है जो बहुत सुरक्षित और संरक्षित है। मुहावरे के तौर पर भी ख़ज़ाना शब्द का इस्तेमाल होता है जिसमें कोष, ज़ख़ीरा, भंडार का अभिप्राय होता है, मसलन–किताबों का ख़ज़ाना, ज़ायके का ख़ज़ाना, ख़ूबसूरती का ख़ज़ाना, संगीत का ख़ज़ाना आदि। ख़ज़ाना सचमुच मिले तो हम ख़ुद को ख़ुशनसीब समझेंगे मगर अकेले इस लफ़्ज में नायाब शब्दों के कुछ ऐसे मोती निकले हैं जिन्होंने इंडो-यूरोपीय और सेमेटिक परिवार की कई भाषाओं को समृद्ध किया है बल्कि बोलचाल की ज़बान को रवानी भी दी है। हिन्दी-उर्दू भी उनमें से एक है।

ख़ज़ाना अरबी भाषा का शब्द है जिसमें किसी बेशक़ीमती वस्तुओं के भंडार वाला भाव न होकर मूलतः सामान्य भंडार, आगार या डिपो का भाव है। यह बना है सेमेटिक धातु **ख़ज्न** से जिसमें भंडारण या स्टोर का भाव है। अरबी भाषा का एक उपसर्ग है **म** या **मा** जिसमें सामूहिकता, वृद्धि या समग्रता का भाव है। जब यह किसी शब्द से पहले लगता है तो ज़्यादातर उस शब्द का बहुवचन हो जाता है। **ख़ज्न** से बने ख़ज़ाना में जब यह उपसर्ग लगा तो नए शब्द भी बने। एक शब्द बना **खाज़िनून** अर्थात स्टोर कीपर, कोषाधिपति या कोषाध्यक्ष। वैसे फ़ारसी-उर्दू और हिन्दी में इस अर्थ में **ख़ज़ानची** या **ख़जांची** शब्द ज़्यादा प्रचलित है। अरबी के **खाज़िनून** में यह परिवर्तन

फ़ारसी प्रभाव में हुआ। **ची** एक महत्त्वपूर्ण प्रत्यय है जो तुर्की और फ़ारसी शब्दों के पीछे वाला के अर्थ में लगाया जाता है। इसी तरह बना **माख़्ज़ुनून** अर्थात जिसका भंडारण किया गया हो और **माख़ज़ानुन** यानी **ख़ज़ाना** का बहुवचन। भंडारगृह अथवा कोषागार के अर्थ में। अरब सौदागरों के साथ माख़ज़ानुन अलग-अलग रूपों में यूरोपीय ज़बानों में दाख़िल हुआ। मिसाल के लिए फ्रेंच भाषा में यह **मैग़सीन** हुआ तो दक्षिण-पश्चिमी यूरोप की इतालवी में हुआ **मैग़ेज़िनो**।

पूरी दुनिया में पत्र-पत्रिकाओं के लिए भी **मैगज़ीन** शब्द प्रचलित है। बल्कि इसी अर्थ में आम आदमी इसे रोज़ इस्तेमाल करता है। दरअसल इस रूप में मैगज़ीन का इस्तेमाल बीती दो सदियों से शुरू हुआ है। सन 1731 में लंदन के एडवर्ड केव ने एक मासिक पत्र शुरू किया जिसमें बाज़ार भाव से लेकर कविताई तक सब कुछ था। आज से क़रीब तीन सदी पहले इस क़िस्म के पत्रकारिताकर्म की कल्पना करना भी मुश्किल है। डाइजेस्ट के अंदाज़ में शुरू हुए इस नियतकालीन पत्र का नाम रखा गया **द जैंटलमेंस मैगज़ीन**। चूँकि इसमें हर रंग, हर मसाला भरने का प्रयास किया गया था इसीलिए इसे भंडार या स्टोर हाउस की तर्ज़ पर मैगज़ीन नाम दिया गया।

स्पेनिश में इसका रूप हुआ **अल्मासेन** (अल-मैगसिनो) और पुर्तगाली में बना **आर्माज़ेम**। पुर्तगाली और स्पेनी रूपांतरों में अरबी के अल शब्द का प्रयोग साफ़ नज़र आ रहा है। इन तमाम शब्दों का अर्थ वही रहा भंडार, गोदाम या कैबिनेट। स्पेन के पड़ोसी देश मोरक्को में जहाँ की भाषा भी मोरक्कन अरबी है, वहाँ इसका रूप होता है **मख़्ज़ेन** जिसका मतलब होता है सरकार चलाने वाला कुलीन मंडल। इसे ही अंग्रेज़ी में कैबिनेट भी कहते हैं यानी चाहे **मैगज़ीन** कहें या कैबिनेट या ख़जाना भाव तो समुच्चय का ही है। अंग्रेज़ी भाषा में भी मैगज़ीन शब्द की व्याप्ति हुई। इन सभी भाषाओं में मूलतः भाव वही था संग्रह या भंडारगृह का। पंद्रहवीं सदी में मैगज़ीन एक ऐसे आरक्षित, घिरे हुए स्थान को कहा जाने लगा जहाँ राज्य की सेना के काम आने वाले हथियार रखे जाते थे। आज भी मैगज़ीन शस्त्रागार को ही कहते हैं। इसके अलावा बंदूक या पिस्तौल के उस चैम्बर को भी मैगज़ीन कहा जाता है जिसमें कारतूस भरे जाते हैं। 'चंद्रकांतासंतति' में देवकीनंदन खत्री ने भी गोलाबारूद के भंडार के लिए कई जगह **मैगज़ीन** शब्द का ही प्रयोग किया है।

पुर्तगाली में **आर्माजेम** का एक और रूप हुआ **आर्मोरियो** जिसका अर्थ हुआ कैबिनेट, स्टोर या ऐसे शैल्फ जहाँ वस्तुओ को क़रीने से रखा जा सके। ज़्यादातर लोगों को यह जानकर ताज्जुब हो सकता है कि हिन्दी के सर्वाधिक प्रयोग किए जाने वाले शब्दों में एक **आलमारी** भी इसी **आर्मोरियो** से बना है जिसकी ख़ज़ाने से गहरी रिश्तेदारी है। पुर्तगाली जब भारत आए तो उनके साथ यह शब्द बांग्ला में भी दाख़िल हुआ आलमारी बनकर। बांग्ला की अलमारी आज ज़्यादातर भारतीय भाषाओं की भी शोभा बढ़ा रही है। यही शब्द अंग्रेज़ी में भी अल्मीरा बनकर दाख़िल हुआ। हालाँकि

अंग्रेज़ी का **अलमीरा** हिन्दी के **आलमारी** के नज़दीक है। मगर हिन्दी **आलमारी** दरअसल बांग्ला की ही देन है और बांग्ला को यह पुर्तगालियों से मिला। दरअसल बंगाल में अंग्रेज़ों से भी पहले पुर्तगाली पहुँचे थे जहाँ उन्होंने अपनी कोठियाँ स्थापित की थी।

भाई माँगे पेटी, खोखा या तिजोरी (जेब-3)

[शब्द संदर्भ : तिजोरी, तिजारत, तिजारती, पेट, पेटकम्, पेटी, खोखा, खोली, खोखल, करोड़, कोटि, उच्चकोटि, निम्नकोटि]

धन-दौलत के कई ठिकाने हैं। सबसे बड़ा ठिकाना तो **ख़ज़ाना** कहलाता है। मगर रुपए को सबसे ज़्यादा सुहाती है जेब जहाँ माल रखा रहे तो भी सही और कोई दूसरा उसे पार कर ले तो भी ठीक। मालमत्ता ज़्यादा हो तो तिजोरी, पेटी या आलमारी की ज़रूरत पड़ती है वरना अंटी में पड़े माल से भी आसामी का अंदाज़ा लग जाता है। आख़िर धनी मालदार कहलाना ही चाहता है न! ख़ज़ाने की बात चली तो **तिजोरी** का ज़िक्र लाज़िमी है। तिजोरी भी छोटा-मोटा **ख़ज़ाना** ही होती है। गहने-बर्तन-रुपए सब इसमें आ जाते हैं। हिन्दी में **तिजोरी** शब्द ख़ूब प्रचलित है। तिजोरी आमतौर पर सेठ लोगों के यहाँ रहती है जिनका बड़ा कारोबार होता है। नगदी लेन-देन, गिरवी और सूद पर उधार देने वालों के यहाँ इसके दर्शन हो जाते हैं। यूँ छोटी-मोटी तिजोरियाँ दुकानदार भी रखते हैं। तिजोरी शब्द सिर्फ़ हिन्दी-उर्दू में चलता है क्योंकि इसका जन्म यहीं हुआ है। यूँ मूल रूप से यह सेमेटिक भाषा-परिवार का है और अरबी, हिब्रू, सीरियाई आदि कई भाषाओं में इसके कई रूप प्रचलित हैं। फ़ारसी, उर्दू, हिन्दी का **तिजोरी** शब्द बना है अरबी के **तजारा** से जिसका अर्थ होता है व्यापार। इसका हिब्रू रूप है **तगार**। तजारा का ही क्रिया रूप बना **तेजारत** (अरबी-फ़ारसी में यही रूप प्रचलित है) जो हिन्दी-उर्दू में **तिजारत** के रूप में प्रचलित है और जिसमें व्यापार अथवा कारोबार करने का भाव है। तुर्की ज़बान में इसका रूप हुआ तिकरेट।

ज़ाहिर है कारोबार से कमाई रक़म को रखने के लिए **तिजोरी** से बेहतर शब्द कोई और सूझ नहीं सकता था। व्यापार संबंधी अर्थ में हिन्दी में **तिजारत** से **तिजारती** जैसा शब्द बना लिया गया है। यह आश्चर्य की बात है कि जिस हिन्दी ने अरबी के **तजारा** से **तिजोरी** और **तिजारती** जैसे शब्द बेधड़क बना लिये उसने व्यापारी के लिए इसी कड़ी का **ताजिर** शब्द नहीं अपनाया। हिन्दी में व्यापारी के लिए अरबी-फ़ारसी मूल का सौदागर शब्द प्रचलित है मगर **ताजिर** को लोग नहीं पहचानते। कारोबार से भी कारोबारी जैसा शब्द बना लिया गया जिसका अर्थ भी व्यापारी ही है। गुजरात में **तिजोरी** उपनाम भी होता है। व्यवसाय आधारित उपनामों की परंपरा गुजरात में कुछ अधिक है। ख़ासतौर पर सदियों पहले वहाँ पहुँचे पारसी आप्रवासियों ने जो कारोबार अपनाए, उसे ही उन्होंने अपना उपनाम बना लिया जैसे फ़ारूख बाटली वाला या

रूसी स्क्रू वाला। ज़ाहिर है **तिजोरी** उपनामधारी समूह के पुरखों का तिजोरियाँ बनाने का काम रहा होगा।

तिजोरी दरअसल सामान्य से कुछ अधिक मज़बूत पेटी ही होती है। सामान्य दुकानदार तिजोरी के नाम पर पेटी ही रखते हैं। जिस तरह **ताजिर** यानी व्यापारी का तिजोरी से रिश्ता है वैसे ही पेटी का भी आम भारतीय सेठ से रिश्ता है। बात थोड़ी घुमाकर समझनी पड़ेगी। सेठ की कल्पना उसके फूले पेट के बिना संभव नहीं है और पेट से ही पेटी का रिश्ता है। **पेटी** शब्द संस्कृत मूल का है और यह बना है **पेटम्** या **पेटकम्** से जिसका अर्थ होता है थैली, संदूक़, बक्सा आदि। **पेटम्** शब्द बना है **पिट्** धातु से जिसमें भी थैली का ही भाव है। पेट उदर के अर्थ में सर्वाधिक जाना-पहचाना शब्द है। पेट अगर बाहर निकला हो तो तोंद कहलाता है। गले से नीचे की ओर जाती हुई शरीर के मध्यभाग की वह थैली, जिसमें भोजन जमा होता है, पेट कहलाता है। किसी वस्तु का भीतरी-खोखला हिस्से को **पेटा** कहते हैं।

नदी की तली या जहाज़ की तली भी **पेटा** ही कहलाती है। **पिटक, पेटिका** आदि भी इसी कड़ी के अन्य शब्द हैं। समूचे भारतीय उपमहाद्वीप में हारमोनियम बाजे के लिए **पेटी** शब्द आमतौर पर इस्तेमाल होता है। इस विदेशी वाद्य की बक्सानुमा आकृति के चलते इसे यह नाम मिला। मुंबइया बोलचाल में **पेटी** अपने आप में मुद्रा का पर्याय बन गई है। मुंबई के अंडरवर्ल्ड में **पेटी** शब्द का अर्थ **दस लाख** से **पच्चीस लाख** रुपए तक होता है। इसका मतलब हुआ इतनी रक़म से भरी पेटी। भाई लोग एक पेटी, दो पेटी बोलते हैं और समझने वाले समझ जाते हैं। इसी तरह एक और शब्द है **खोखा**। पेटी से अगर बात नहीं बनती है तो **खोखा** माँगा जाता है। खोखा यानी **एक करोड़** रुपए। आमतौर पर सड़क किनारे बक्सानुमा निवास और दुकानें जो लकड़ी अथवा टीन की बनी होती हैं **खोखा** कहलाती हैं। सामान भरने के छोटे डिब्बों को भी **खोखा** कहते हैं। **खोल** या **खोली** शब्द भी इसी कड़ी का हिस्सा है। महाराष्ट्र में खोल कहते हैं गहराई को। गहरा करने की क्रिया भी खोल ही कहलाती है। खोली से अभिप्राय छोटे कमरे से है। इन तमाम शब्दों का रिश्ता **खुड्** धातु से है जिसमें गहरा करने या खोदने का भाव है। कुछ विद्वान शुष्क शब्द से **खोखला** शब्द की व्युत्पत्ति बताते हैं, जैसे—सूखने के बाद वृक्ष में कोटर हो जाती है। मगर कोटर से ही खोखल का जन्म हुआ होगा ऐसा लगता है।

करोड़ शब्द बना है **कुट्** धातु से जिसमें मोड़, घुमाव, वक्रता का भाव है। इससे ही बना है **कोटि** शब्द जिसका अर्थ होता है एक करोड़। श्रेणी के लिए भी कोटि शब्द का चलन है मसलन इसका अर्थ होता है **निम्नकोटि, उच्चकोटि**। चरम सीमा या धार। ग़ौर करें कि किसी टहनी को जब मोड़ा जाता है तो वह चरमकोण पर वक्र होकर तीक्ष्ण और धारदार हो जाती है। **कुट्** धातु का वक्र भाव यहाँ साफ़-साफ़ नज़र आ रहा है। यही पराकाष्ठा का भाव संख्यावाची **कोटि** में नज़र आता है जिसे हिन्दी में **करोड़** भी कहते हैं।

टेंट भी ढीली और खीसा भी ख़ाली (जेब–4)

[शब्द संदर्भ : खीसा, टेंट]

जेब के अर्थ में हिन्दी में एक और शब्द प्रचलित है वह है **खीसा**। इस शब्द का प्रयोग हिन्दी के अलावा गुजराती और मराठी में भी होता है। मराठी में खीसा की जगह **खिसा** का प्रचलन है। मज़ेदार बात ये कि मराठी में कई बार **खिसा-पाकिट** एक साथ भी बोलने का प्रचलन है। ये ठीक वैसा ही है जैसे ढोर-डंगर या बाल-बच्चे का प्रयोग। बहरहाल, इस शब्द की पैदाइश भी सेमेटिक मूल की धातु **की-स** से ही हुई है। अरबी भाषा में इसका रूप है **कीसः** या **कीसा** जिसका मतलब होता है एक छोटी थैली या जेब। मज़ेदार बात ये है कि अरबी में इसका उच्चारण **किसा** की जगह **खीसा** ही बोला जाता है। अरब हमलावरों के इसी उच्चारण के चलते हिन्दी में भी खीसा शब्द बोला जाने लगा होगा। हिब्रू में इसका रूप है **क़िस्स**, सीरियाई में **केसा**, फ़ारसी में **किसे** और आरमेइक में किस है। ज़ाहिर है कि उर्दू हिन्दी में इसका उच्चारण **कीसा** या **खीसा** हुआ। जेब की तुलना में हालाँकि **खीसा** शब्द हिन्दी में कम बोला जाता है मगर मराठी या मुंबइया हिन्दी के ज़रिए यह चलन में है। इसे अप्रचलित शब्द नहीं कहा जा सकता है।

खीसे के ही अर्थ में एक और शब्द मशहूर है वह है **टेंट**। कहानी-क़िस्सों में और बोलचाल की भाषा में अक्सर एक मुहावरे के रूप में इस शब्द को सुना-बोला जाता रहा है टेंट खाली होना (करना), टेंट ढीली करना (कराना) या टेंट में कुछ न होना। ग़ौरतलब है कि ये सभी मुहावरे ठन-ठन गोपाल की ओर ही इशारा कर रहे हैं और जता रहे हैं कि भरी जेब हमेशा खाली होती जाती है। **टेंट** का मतलब भी वस्त्र के साथ बाँधकर रखी जाने वाली कपड़े की थैली से है। ग़ौरतलब है कि यह उस शब्द उस काल से संबंधित है जब पतलून का चलन नहीं था और आमतौर पर पुरुष धोती ही बाँधते थे। **टेंट** की व्युत्पत्ति हुई है संस्कृत के **तन्त्रकः** से जिसका अर्थ है सूत से बना कोरा कपड़ा, या सिला हुआ कपड़ा। तन्त्रकः की मूल धातु है तन् जिसमें ढकने, फैलाने, छुपाने के भाव निहित हैं। तन्तु या रेशा भी इससे ही बने हैं। ज़ाहिर है तन्तु से ही बनता है कपड़ा। ग़ौरतलब है कि **टेंट** में अर्थात जेब में रुपए छुपाए ही जाते हैं। जेब से **टेंट** का अंतर इतना ही है कि यह एक ऐसी थैली है जिसका मुँह एक धागे की सहायता से आसानी से बंद किया जा सके। प्राचीनकाल में इस थैली को वस्त्र के अंदर खोंस लिया जाता था या कमर से बाँधा जाता था। कालांतर में इसका प्रयोग जेब के अर्थ में आम हो गया।

पॉकेटमारी नहीं जेब गरम करवाना! (जेब-5)

[शब्द संदर्भ : जेबकट, जेबकतरा, जेबख़र्च, जेब, पॉकेटमार, पॉकेटमनी]

रोज़मर्रा की बोली में जिन शब्दों का इस्तेमाल ख़ूब होता है उनमें एक है जेब। जी हाँ, वही जेब जिसे हम सब भरी रखने के जतन में दिन रात खटते हैं मगर वो तब भी

ख़ाली ही रहती है। घर-गिरस्ती की ज़रूरतें कभी इसे भरी नहीं रहने देतीं, इसीलिए ग़ालिब साहब को भी कहना पड़ा था कि–हमारी जेब को अब हाजते रफ़ू क्या है?

जेब शब्द की आमद हिन्दी में उर्दू-फ़ारसी के ज़रिए हुई। यह मूलतः सेमिटिक भाषा-परिवार का शब्द है और इसकी व्युत्पत्ति **ज-ब** धातु से हुई है जिसका मतलब होता है बटुआ। अरबी ज़बान में इसके लिए अल-जेब और जिब जैसे शब्द हैं। हिब्रू में इसके लिए **जुबा** शब्द मिलता है जिसका मतलब है पैसा। ज़ाहिर है पैसे का ताल्लुक़ जेब से ही है। अरब में एक ख़ास पोशाक का नाम भी जुबाह है जो शेरवानीनुमा लम्बी होती है। **जेब** का रिश्ता **जुबाह** से साफ़-साफ़ जुड़ रहा है। जेब शब्द से जुड़े और भी कई शब्द रोज़मर्रा में आम बोले-सुने जाते हैं, जैसे–**जेबक़ट, जेबकतरा, जेबतराश, जेबी, जेबख़र्च** आदि। हिन्दी में जेब का इस्तेमाल इतना आम है कि कई मुहावरों में इसके प्रतीकार्थ इस्तेमाल होते हैं, मसलन–**जेब खाली होना, जेब ढीली करना, जेब काटना** वग़ैरह। सभी का रिश्ता धन की हानि या धन की प्राप्ति से ही है। **जेब गरम करना** जैसा मुहावरा रिश्वत के लेन-देन से जुड़ा है। ग़ौरतलब है कि रिश्वत भी समाज में अनादिकाल से जुड़ी है मगर अंग्रेज़ी शासनकाल में इसने सामाजिक संस्कृति के तौर पर पहचान बनाई और अब तो तनख़्वाह से नहीं बल्कि रिश्वत से जिसकी जेब भरी रहती है, उसका रुतबा ज़्यादा ऊँचा माना जाता है। सरकारी कारिंदे की जेब गरम करने में चाहे ग़रीब की जेब ढीली हो जाए मगर कारिंदे को जेबतराश हरगिज़ नहीं कहा जा सकता। एशिया यूरोप के कई मुल्कों में जेब शब्द प्रचलित है मगर इसके रूप अलग-अलग हैं। देखे हिब्रू में **गेव**, अल्बानी में **ज़ेप**, बुल्गारी में **झ़ेब**, सर्बियाई में **जेप**, अज़रबैजानी में सिब, हंगरी में **ज्सेब**, तुर्की में **सेप** और ग्रीक में **त्सेपी** जैसे शब्द हैं जो मूल रूप से अरबी **जेब** के ही रूप हैं।

जेब के लिए हिन्दी में एक और शब्द प्रचलित है **पॉकेट**। वैसे यह अंग्रेज़ी का शब्द है मगर बोलचाल में सभी भारतीय भाषाओं में धड़ल्ले से इस्तेमाल होता है। पॉकेट का एक और प्रचलित रूप **पाकिट** भी है। हिन्दी में जेबख़र्च के लिए **पॉकेटमनी** शब्द ख़ूब चलता है। इसी तरह किताबों के गुटका संस्करण के लिए **पॉकेट बुक, पॉकेट गाइड, पॉकेट डिक्शनरी** जैसे शब्द भी नई पीढ़ी में प्रचलित हैं। इसकी व्युत्पत्ति जर्मनिक की **पुक** धातु से हुई है जिसका मतलब है पोशाक के साथ सिली हुई छोटी जेब। इसके कई रूप यूरोपीय भाषाओं में अलग-अलग उच्चारण के साथ मिलते हैं। प्रथम विश्वयुद्ध के दौरान दुश्मन से छीने गए इलाक़ों के लिए ब्रिटिश फ़ौज में पॉकेट शब्द का इस्तेमाल शुरू हुआ क्योंकि युद्धकाल में एक फ़ौजी की वर्दी में इतना स्थान होना चाहिए कि उसमें विविध प्रकार का सामान एक साथ आ सके क्योंकि वह घर से दूर होता है। इसीलिए पारम्परिक तौर पर फ़ौजी वर्दी या सफारी ड्रेस हमेशा बहुत सारी जेबों वाली होती है। आबादी की बसाहट के संदर्भ में आधुनिक नगरनियोजन की शब्दावली में भी इसका प्रयोग किया जाने लगा है। पॉकेट शब्द ने भी ख़ालिस देशी अर्थ में मुहावरों में जगह बनाई, मसलन–पॉकेटमार, पॉकेटमारी वग़ैरह।

बटुए में हुआ बँटवारा (जेब–6)

[शब्द संदर्भ : बटुआ, बँटाई, बंटाधार, बँटवारा, बँटैया, आवंटन, मनीबैग]

धनसंपत्ति हमेशा पारिवारिक कलह की वजह बनती है और इसकी वजह से अक्सर घर टूटते हैं। अब चाहे अकूत सम्पदा की बात हो या बटुए में समाने लायक़ लक्ष्मी की, परिजनों में झगड़ा तभी शांत होता है जब बँटवारा होता है। अनादिकाल से विभाजन के ज़रिए ही सम्पत्ति विवाद सुलझाए जाते रहे हैं–न्यायिक तौर पर भी। पौराणिक आख्यानों में यही दर्ज है। दरअसल बँटवारा एक व्यवस्था का नाम है। देखते हैं बटुए और बँटवारे की रिश्तेदारी।

विभाजन के लिए संस्कृत में एक धातु है वण्ट् जिसका अर्थ है अंश, खंड, हिस्सा आदि। इससे बने **वण्टः** में भी यही भाव समाहित है। वण्ट से ही बने हैं विभाजन से संबंधित कई शब्द, मसलन–**बाँटना, बँटवाना, बँटवारा, बँटवार, बटनिया** आदि। भूमि बंदोबस्त की एक प्रणाली को बँटाई या बटाई कहते हैं और यह आज भी जारी है। इसके तहत उपज के एक हिस्से के बदले भूस्वामी किसी को भी अपनी ज़मीन पर काश्त करने देता है। बाँटने वाले को बँटैया भी कहते हैं। किसी योजना का सत्यानाश होना या चौपट होना बंटाधार कहलाता है। दो जनों को लड़ाकर अपना फ़ायदा देखना बंदरबाँट होती है। इसका राजनीतिक अर्थ फूट डालो और राज करो जैसे मुहावरे में साफ़ है। इन मुहावरों में भी विभाजन सूचक **वण्ट्** ही नज़र आ रहा है। आज़ादी के बाद जब हिन्दी का सरकारीकरण शुरू हुआ तो आवंटन जैसा शब्द सामने आया। इसमें भी अंश या खंड वाला अर्थ स्पष्ट है। किसी भूखंड, राशि अथवा अनाज के कोटे के संदर्भ में अक्सर आवंटन शब्द हम अख़बारों में पढ़ते हैं।

रुपए-पैसे रखने के लिए अक्सर हम मनीबैग का उपयोग करते हैं मगर बोलचाल की भाषा में इसके लिए बटुआ या पर्स शब्द का ही प्रयोग ज़्यादातर होता है। उसमें भी पर्स शब्द का इस्तेमाल बटुए की तुलना में कहीं ज़्यादा होता है। यह **बटुआ** भी इसी **वंट** की उपज है। पर्स या बटुए की क्या ख़ासियत होती है? इसमें अलग-अलग खंड या हिस्से होते हैं। वण्ट् धातु का अर्थ ही है विभाजन, खंड या हिस्से। इसी ख़ासियत की वजह से वण्ट् से बना वण्टकः जिसे हिन्दी में बटुआ नाम मिला। बटुए आज भी चलन में हैं और महिलाएँ शौक से इन्हें इस्तेमाल करती हैं। इसमें रुपए-पैसे अलग-अलग रखने की सुविधा के चलते ये कभी चलन से बाहर नहीं हुए। बटुआ मराठी में **बटवा**, गुजराती में **बटवो** के रूप में प्रचलित है।

अंटी में छुपाओ तो भी अंटी ख़ाली (जेब-7)

[शब्द संदर्भ : अंटी, आवृत्ति, पर्स, आँट डालना]

पैसे रखने के लिए जेब, खीसा, बटुआ, पाकिट जैसे शब्दों के अतिरिक्त कुछ और भी शब्द प्रचलित हैं। हिन्दी में **अंटी** शब्द का प्रयोग भी इसी अर्थ में होता है। **अंटी ढीली**

करना, अंटी गर्म करना, अंटी में छुपाना जैसे मुहावरों में इसका प्रयोग अक्सर बोला-सुना जाता है।

अंटी शब्द भी हिन्दुस्तान की ठेठ देशी पोशाक धोती से जुड़ा है। धोती की तह में रुपए छुपाकर रखने का चलन पुराने ज़माने में रहा है। इस तह को ही कहते हैं **अंटी**। ग़ौर करें कि धोती एक हिस्से में सिक्के या रुपए को रखकर कपड़े को मोड़कर, तहकर छुपा लिया जाता है और फिर कमरबंद में खोंस लिया जाता है। किसी कपड़े में तह डालने, या सिलवटें पड़ने को **आँट पड़ना** या **आँट डालना** कहते हैं। मराठी में माथे पर पड़े बल या सिलवट को भी आँठ कहते हैं और **ऐंठन** भी। किसी बात पर शान या अकड़ दिखाने के लिए भी ऐंठना शब्द का इस्तेमाल होता है। ये सभी शब्द मूल रूप से बने हैं संस्कृत की 'वृ' धातु से जिसमें बल देने, छुपाने, घुमाने आदि के भाव शामिल है। ग़ौर करें कि गोलाकार के लिए **वृत्त** शब्द है। तह करने की प्रक्रिया भी कपड़े को एक सिरे से घुमाकर ही सम्पन्न होती है। जब कोई वस्तु मोड़ी जाती है तो उसका भीतरी हिस्सा अनायास ही छुप जाता है। आवरण भी किसी वस्तु को छुपाने का ही काम करता है। इसमें भी **वृ** धातु है। आँट या अंटी बना है **आवृत्त** या आवृत्ति से। इस तरह देखें तो आवृत्त > आवरतअ > आवत्तअ > आट्टअ > आँट के क्रम में यह शब्द चलन में आया होगा। वैसे दो उँगलियों के बीच गाँठ की वजह से बनी ख़ाली जगह को भी अंटी कहते हैं। जादूगर, बाज़ीगर अक्सर कुछ छुपाने के लिए इस जगह का उपयोग ट्रिक्स में करते हैं।

छुपाने वाला भाव ही अंग्रेज़ी के **पर्स** शब्द की व्युत्पत्ति में भी प्रमुख है। पर्स शब्द हिन्दी में बटुए से ज़्यादा प्रचलित है। पर्स बना है ग्रीक भाषा के BYRSA शब्द से जिसका अर्थ था छुपाना, छुपाया हुआ। इसका लैटिन रूप भी यही रहा। फ्रेंच में इसका रूप है BOURSE मध्यकालीन लैटिन में इसका रूप हुआ BURSA जिसने ओल्ड इंग्लिश में चनतें होते हुए पर्स का रूप ले लिया। पर्स शब्द महिलाओं और पुरुषों दोनों के बटुए के तौर पर इस्तेमाल होता है। लैटिन शब्द **बर्सा** से एक वनस्पति कैपेला बुर्सा पेस्टोरिस का नाम भी जुड़ा है। इसके फल चरवाहों द्वारा उपयोग किए जाने वाले पर्स की तरह होते है इसलिए इसका नाम शेफड्र्स पर्स पड़ गया।

सरकारी खरीता या रेशमी थैली (जेब-8)

[शब्द संदर्भ : खरीता, चार्ट, कार्ट, चार्टर, पट्टकीलक, पाटीदार, पटवारी]

नक्शे, ताश, और लिफ़ाफ़े में कहीं कोई रिश्ता बनता नज़र आता है? जी हाँ, बिल्कुल है। नक्शे और ताश को लिफ़ाफ़े में रख सकते हैं। ये तीनों ही काग़ज़ से बनते हैं। बादशाहों-नवाबों के दौर में एक शब्द चलता था ख़रीता। इस ख़रीते का अर्थ भी था जेब। व्यापक अर्थ में ख़रीता एक ऐसे लिफ़ाफ़े, थैले या थैली को कहते थे जिसमें सरकारी आदेश या अन्य दस्तावेज़ों को बंद करके निर्दिष्ट स्थान पर पहुँचाए जाते थे। सरकारी आदेश आने को ख़रीता आना भी कहा जाता था। ख़रीते की ख़ासियत थी

कि आमतौर पर यह रेशमी कपड़े की थैली होती थी। ठीक बटुए जैसी पर आकार में उससे कुछ बड़ी। इसमें सोने-चाँदी की गिन्नियाँ भी भरी जाती थीं और इसका मुँह रेशमी धागे से बंद कर राजा की मुहर लगा दी जाती थी।

ख़रीता मूलतः अरबी भाषा का शब्द है और इसका देशी रूप **खलीता** हो गया। दस्तावेज़ के रूप में ख़रीता का एक अर्थ नक्शा या मानचित्र भी होता है। ग़ौरतलब है कि अरबी सौदागर समुद्री व्यापार में बड़े माहिर थे। अरब नाविकों द्वारा बनाए गए समुद्री नक्शे बरसों तक प्रामाणिक माने जाते रहे। अंग्रेज़ी का **चार्ट** शब्द प्राचीनकाल से ही सामुद्रिक नक्शों के लिए प्रयोग होता आया है। इस अरबी में नक्शे के लिए एक शब्द मिलता है। इस चार्ट का उद्गम ग्रीक शब्द khartes से माना जाता है जिसका लैटिन रूप हुआ **चार्टा/कार्टा** और अंग्रेज़ी में हुआ चार्ट। अंग्रेज़ी में नक्शानवीस को **कार्टोग्राफर** कहा जाता है। इन तमाम शब्दों का रिश्ता जुड़ता है काग़ज़ से, पत्तों से। ग़ौरतलब है कि प्राचीनकाल से ही दुनिया भर में लिखने की शुरुआत पत्तों पर ही हुई। मूलतः सेमेटिक भाषा-परिवार के चरीता से ही इसका रूप खरीता हुआ जिसका मतलब था नक्शा। खरीता और ग्रीक KHARTES की समानता ग़ौरतलब है।

ताश के लिए अंग्रेज़ी में **कार्ड** शब्द भी इसी मूल से जन्मा है और मोटे काग़ज़ के रूप में भी जाना जाता है। सेमेटिक मूल के इस शब्द की व्याप्ति लगभग समूचे एशिया और यूरोप की भाषाओं में हुई, मसलन—**अज़रबैजानी** में **खरीते**, हिन्दी में **खरीता**, तुर्की में **हरीता, हरता** आदि। खरीता शब्द अपने आप में राजपत्र भी है और राजपत्र ले जाने वाला लिफ़ाफ़ा भी। चार्टर शब्द का अंग्रेज़ी में अर्थ भी यही होता है राजपत्र या अधिकार पत्र। आजकल **चार्टरप्लेन** या **चार्टरशिप** जैसे शब्द भी चल पड़े हैं जिनका अर्थ साफ़ है। बादशाही ज़माने में **खरीतादार** जैसा पद भी होता था। प्राचीनकाल में ज़मीन के दस्तावेज़ **पट्टम्** कहलाते थे जिससे बना है हिन्दी का **पट्टा** जैसा शब्द अर्थात ज़मीनी दस्तावेज़। इन दस्तावेज़ों का रिकॉर्ड रखने वाले अधिकारी को ही पाटील, पाटिल कहते थे जिसकी व्युत्पत्ति संस्कृत के **पट्टकीलकः** से हुई है। **पाटीदार** और **पटवारी** भी इसी कड़ी के शब्द हैं। पटवारी भी खरीते रखता था और यही काम खरीतादार का भी होता था जो सरकारी दस्तावेज़ों की सार-सँभाल करता था।

टेबल का लेन-देन, चल पड़ी बैंक

[शब्द संदर्भ : बेंच, बैंक]

आज हिन्दी में रोज़ाना बोले जाने वाले शब्दों में **बैंक** शब्द का भी शुमार होता है। यह भी उन तमाम विदेशी शब्दों में एक है जिनके लिए कोई हिन्दी शब्द नहीं है और न ही कभी इसकी ज़रूरत महसूस की गई। बैंक शब्द का विकल्प भारत के पास नहीं था इसका यह मतलब नहीं कि प्राचीन भारत में लोग व्यापारपटु नहीं थे। प्राचीनकाल

में न सिर्फ़ दूरदराज़ के देशों के साथ भारत का व्यापार तरक्क़ी पर था बल्कि भारतीयों के वाणिज्यिक कौशल और हिसाब-किताब का लोहा माना जाता था। श्रीकृष्ण वेंकटेश पुणतांबेकर की पुस्तक–भारत की विकासोन्मुख एकता में अरब के प्रसिद्ध विद्वान जाहिज का कथन है–

'गणित और ज्योतिष में उन्होंने (भारतीयों ने) बडी तरक्क़ी की है। अरब के महाजन और पूँजीपति उन्हें छोड़कर किसी दूसरे का एतबार नहीं करते। इराक़ के सब कोठी वाले या महाजन सिंधियों (भारतीयों) को इसलिए नौकर रखते हैं कि वे हिसाब-किताब रखना और कोठी वाली (banking) जानते है और ईमानदार तथा स्वामिभक्त होते हैं।'

अब आते हैं **बैंक** पर। बैंक अंग्रेज़ी का शब्द है। भारत में बैंक शब्द अंग्रेज़ों के साथ आया मगर मूलतः यह लफ़्ज़ अंग्रेज़ी का भी नहीं है बल्कि इटालियन भाषा का है। भाषाविज्ञानियों का मानना है कि प्राचीन इटालियन के बैंका शब्द से यह निकला जबकि कुछ लोग मध्ययुगीन फ्रेंच के **बैंक्वे** से इसका जन्म मानते हैं। वैसे इटालियन में भी **बैंक्वे/बैंके** शब्द मौजूद है और दोनों ही जगह इसका अर्थ एक ही है–मेज़, टेबल या बेंच। ग़ौरतलब है कि यूरोप में यहूदी लोग साहूकारी के धंधे में शुरू से प्रवीण रहे हैं और बाद में पूरी दुनिया में इस तथ्य की सच्चाई प्रमाणित भी हुई। इटली के लोम्बार्डी इलाक़े के यहूदियों का रुपए-पैसे के लेन-देन का एक ख़ास ढंग था। ये लोम्बार्डी साहूकार बाज़ार में अपनी अपनी बेंच लेकर आते और उस पर विभिन्न तरह की मुद्राएँ और कारोबारी दस्तावेज़ (हुंडिया वग़ैरह) रखकर मुद्राओं का लेन-देन व अन्य ख़रीद-बिक्री का काम करते। जब कोई साहूकार आर्थिक रूप से कमज़ोर हो जाता तो उसकी बेंच तोड़ दी जाती। बाद में इसके लिए **बैंक्रप्ट** (दिवालिया) शब्द चल पड़ा। बाद में जब मुद्रा से संबंधित लेन-देन और उसे जमा करने का काम संगठित तौर पर होने लगा तो स्थान विशेष को ही बैंक कहा जाने लगा।

पंसारी की महिमा और पनवेल

[शब्द संदर्भ : पण्यशालिक, पण्य, शाला, पंसारी, पंसारहट्टा, पनवेल]

प्राचीनकाल से ही भारत की दुनिया भर में शोहरत मसालों की वजह से रही। मिस्र, अरब, ग्रीस और रोमन साम्राज्यों में भारतीय मसालों की धूम थी। मूलतः वृहत्तर भारत में जो जड़ी-बूटियाँ और वनोषधियाँ है उन सबको विदेशी लोग मसालों में ही गिनते थे। इन्हीं की वजह से पश्चिमी दुनिया के साथ भारत का व्यापार व्यवसाय ख़ूब फला-फूला था। आज के **पंसारी** और मुंबई महानगरी के **पनवेल** उपनगर के नामकरण के पीछे ये तमाम कारण है।

प्राचीनकाल में व्यापार व्यवसाय के लिए पण् शब्द का चलन था। **पण्** का मतलब था। लेन-देन, क्रय-विक्रय, मोल लेना, सौदा करना आदि। शर्त लगाना जैसे भाव भी

इसमें शामिल थे। इसी से बना एक अन्य शब्द **पणः** जिसका मतलब हुआ पासों से दाँव लगाकर या शर्त लगाकर जुआ खेलना। चूँकि व्यापार व्यवसाय में शर्त, संविदा अथवा वादा बहुत आम बात है इसलिए इस शब्द में ये तमाम अर्थ भी शामिल हो गए। पण् से ही पणः नाम की एक मुद्रा भी चली जो अस्सी कौड़ियों के मूल्य का सिक्का था। इसी वजह से धन-दौलत या संपत्ति के अर्थ में भी यह शब्द चल पड़ा। मकान, मंडी, दुकान या पैंठ जैसे अर्थ भी इसमें शामिल हो गए। **पण्यम्** शब्द का एक अर्थ वस्तु, सौदा या शर्त के बदले दी जाने वाली वस्तु भी हुआ। इससे बना **पण्य** जिसका मतलब हुआ बिकाऊ या बेचने योग्य। व्यापार-व्यवसाय के स्थान के लिए इससे ही बना एक अन्य शब्द **पण्यशाला** अर्थात जहाँ व्यापार किया जाए। ज़ाहिर है यह स्थान दुकान का पर्याय ही हुआ। कालांतर में **पण्यशाला** बनी **पण्यसार**। इसका स्वामी कहलाया **पण्यसारिन्**। हिन्दी में इसका रूप बना **पंसारी** या **पंसार**। मूलतः चूँकि प्राचीनकाल से ही इन स्थानों पर, जड़ी-बूटियाँ आदि बेची जाती रही इसलिए पंसारी की दुकान को उस अर्थ में भी लिया जाता था जिस अर्थ में आज केमिस्ट और ड्रगिस्ट को लिया जाता है।

पंसारी से ही बना **पंसारहट्टा** अर्थात जहाँ औषधियों-मसालों का व्यापार होता है। ग़ौरतलब है कि किसी ज़माने में भारत के मुख्य कारोबार से संबंध रखने वाला यह शब्द पंसारी आज गली-मुहल्ले के एक छोटे-से दुकानदार या परचून वाले से ज़्यादा महत्त्व नहीं रखता है। मुंबई के उपनगर **पनवेल** के पीछे भी यही **पण्य** छुपा है। पण्य अर्थात बिक्री योग्य और **वेल्** का अर्थ हुआ किनारा यानी बेचने योग्य किनारा। ज़ाहिर सी बात है यहाँ बंदरगाह से मतलब है। पश्चिमी तट के एक क़स्बे का किनारा अगर व्यापार के क़ाबिल है तो उसे पण्यवेला नाम दिया जा सकता है। यही घिसते-घिसते अब **पनवेल** हो गया है।

परचून की पैदाइश से उपेन्द्रनाथ अश्क तक

[शब्द संदर्भ : परचून, पीठी, चूर्ण, चूरा, चूर्णकार, चूना]

पंसारी का निकटतम चलताऊ विकल्प है परचूनी या **परचूनिया**। अर्थात वह आदमी जो नून, तेल, मिर्ची, आटा, चावल बेचे। यह शब्द बना है संस्कृत के **परचूर्णम्** से जिसका मतलब है विभिन्न प्रकार के द्रव्यों (पदार्थों) का साधारण अथवा भुना हुआ चूरा। ज़ाहिर है इन पदार्थों में भाँति-भाँति के अनाजों की पीठी, विभिन्न ज़ड़ी-बूटियों का चूर्ण, सुगंधित पदार्थों का चूरा अथवा आटा वग़ैरह इसमें आते हैं। आयुर्वैदिक दवाओं का चूरा जो प्रायः हाज़मा ठीक करने के काम आता है **चूरन** या **चूरण** कहलाता है, इसी चूर्ण का रूप है। **चूर्ण** में **पर** उपसर्ग लगने से बना **परचूर्णम्** जो हिन्दी में हो गया **परचून**। अब इस परचून में दैनंदिन खानपान की सारी सामग्री आ गई, मसलन—आटा, दाल, चावल, सत्तू, नमक, मसाले, सुगंधित शृंगार सामग्री, उबटन, दवाएँ यानी जिसका भी चूरा हो सके वह सब।

परचून से ही बन गया **परचूनी** अर्थात यह सब सामग्री बेचने वाला। **चूर्ण** से ही बना **चूर्णः** जिसमें भी यही सारे अर्थ समाहित है मगर एक नया अर्थ और जुड़ गया वह है **चूना** या खड़िया पत्थर। प्राचीन कर्म आधारित समाज में वर्गों के नामकरण की परंपरा थी। चूने को उपयोग में लाने के लिए पकाना पड़ता है। इस काम को करने वाले को **चूर्णकारः** कहा जाता था। प्राचीन साहित्यशास्त्र में सरल गद्य रचना की एक शैली का उल्लेख है जिसे **चूर्णिका** कहा गया है। जिस तरह से कठोर, ठोस पदार्थ पिस कर चूर्ण बन जाते हैं। प्रयोग में सरल, आसान हो जाते हैं उसी तरह के असर की वजह से साहित्य में भी सरल प्रयोग को **चूर्णिका** कहा गया होगा।

हिन्दी साहित्य के यादगार बातों में उपेन्द्रनाथ अश्क से जुड़ा हुआ परचून वाला उल्लेख भी मशहूर है। जहाँ तक मुझे याद है, क़रीब दो ढाई दशक पहले इलाहाबाद में अश्कजी ने परचून की दुकान खोली। मीडिया ने इसे उनके किसी क़िस्म के असंतोष या मोहभंग से जोड़ते हुए ख़बर प्रचारित की। ग़ौरतलब है कि तब का मीडिया राजनीतिक दाँव पेंच के साथ-साथ साहित्य की अखाड़ेबाज़ी को भी ख़बरों में ख़ूब तरजीह देता था। ख़ैर, परचून तक तो बात ठीक थी मगर धन्य है अनुवाद आधारित पत्रकारिता जिसने इसमें सिर्फ़ चूना देखा और बात चूने की दुकान तक गई। कुछ लोगों को यह चूना सचमुच लाइम नज़र आया और कुछ को नींबू। उर्वराबुद्धि वालों ने इसमें पानी और जोड़ दिया और प्रचारित हो गया कि अश्क जी इलाहाबाद में नींबू पानी बेच रहे हैं। मामला साहित्यकार की दुर्दशा से जुड़ गया। अश्क जी को ख़ुद सारी बातें साफ़ करनी पड़ी।

किराने की धूम–बाबू किरानी, उस्ताद किरानी

[शब्द संदर्भ : किरानी, किराना, किराना स्टोर, बिक्री, विक्रय, क्रय, कारसेवा, करसेवा]

पंसारी और परचून की कड़ी में अगर **किरानी** शब्द छूट जाए तो अधूरापन सा लगता है। हिन्दी उर्दू में एक शब्द है किरानी। दोनों ज़बानों में इनके दो अलग-अलग मायने हैं। ज़ाहिर सी बात है कि किरानी का एक अर्थ तो परचूनिया अथवा पंसारी ही हुआ। हिन्दी-उर्दू में इससे ही बना **किराना** शब्द भी है जिसके मायने हुए परचून की दुकान। दिलचस्प बात ये कि पंसारी और परचून दोनों ही लफ़्ज़ आज कारोबारी शब्दावली में अपना रुतबा खो चुके हैं मगर **किरानी** का रुतबा बना हुआ है। हर शहर में जनरल स्टोर्स के साथ **किराना स्टोर्स** ठाठ से लिखा मिल जाता है। किराना या किरानी शब्द बना है संस्कृत कि धातु **क्री** से। इसका मतलब होता है ख़रीदना, मोल लेना। किराए पर लेना या बेचना। विनिमय या अदला-बदली भी इसमें शामिल है। क्री से ही एक अन्य क्रियारूप बनता है **क्रयः** जिसका अर्थ भी ख़रीदना, मूल्य चुकाना है। इसमें वि उपसर्ग लगने से बना विक्रय जिसका मतलब हुआ बेचना। ज़ाहिर है क्रय से ही हिन्दी के ख़रीद, ख़रीदना जैसे शब्द बने और विक्रय से बिक्री बना। इससे ही बने **क्रयणम्** या **क्रयाणकः** जिसने हिन्दी उर्दू में किरानी और **किराना** का रूप लिया।

किरानी का एक दूसरा मतलब है क्लर्क, बाबू। खाताबही लिखने वाला। अब इन अर्थों में इस शब्द का प्रयोग हिन्दी में लगभग बंद हो गया है मगर अंग्रेज़ीराज से संबंधित संदर्भों में यह शब्द अनजाना नहीं है। यह बना है **करणम्** से जिसका मतलब है कार्यान्वित करना, धार्मिक कार्य, व्यापार-व्यवसाय, बही, दस्तावेज़, लिखित प्रमाण आदि। ग़ौरतलब है कि यह लफ़्ज़ भी बना है संस्कृत धातु **कृ** से जिसका मतलब है करना, बनाना, लिखना, रचना करना आदि। हाथ को संस्कृत में कर कहते हैं। यह इसीलिए बना क्योंकि हम जो भी करते हैं, हाथों से ही करते हैं सो **कृ** से ही बनाकर यानी हाथ। इसी से बना **करबद्ध** यानी हाथ जोड़ना। सिख पंथ का एक शब्द है कारसेवा। कई लोग इसे **कार्य-सेवा** के रूप में देखते हैं। दरअसल यहाँ भी कर यानी हाथ ही है। **कारसेवा** यानी जो हाथों से की जाए। मोरक्को का प्रसिद्ध यात्री अबु अब्दुल्ला मुहम्मद जिसे हम **इब्न बतूता** के नाम से जानते हैं, चौदहवीं सदी में भारत आया था और उसके यात्रा वर्णन में भी किरानी शब्द का उल्लेख है जो एकाउंटेंट के अर्थ में ही है।

संगीत में भी **किराना** शब्द चलता है। यह एक प्रसिद्ध घराना है। मगर उपरोक्त किराना से इसका कोई लेना-देना नहीं है। किराना दरअसल उत्तर प्रदेश के सहारनपुर ज़िले के एक क़स्बे **कैराना** से चला है। यह दरअसल गायकी का घराना है और उस्ताद अब्दुल करीम खाँ, उस्ताद अब्दुल वहीद खाँ जैसे नामवर गायक इसी घराने से ताल्लुक़ रखते हैं।

सफ़र में सर्राफ़ हो गया श्रॉफ

[शब्द संदर्भ : सर्राफ़, सर्राफ़ा बाज़ार, श्रॉफ़, सराफ़]

जौहरी बाज़ार की तरह ही सर्राफ़ा बाज़ार भी हर बड़े शहर में होता है जहाँ आमतौर पर गहने, ज़ेवरात और सोने-चाँदी का कारोबार होता है। **सर्राफ़** को हिन्दी में **सराफ़** भी बोला जाता है। मूलतः यह अरबी ज़बान का लफ़्ज़ है और इसकी धातु है **स्र-फ** जिसमें भुगतान और बिक्री का भाव शामिल है। इससे ही बना है सर्राफ़ शब्द जिसका मतलब होता है रुपए, गहने इत्यादि का लेन-देन करने वाला। नोटों के बदले में छोटे नोट बदलने वाला। अरबी में सर्राफ का एक रूप है सैराफ।

अरब मुल्कों से व्यापारिक ताल्लुक़ात के सिलसिले में इस शब्द की भारत में आमद सदियों पहले ही हो चुकी थी। अरबी से ही यह शब्द फ़ारसी में गया। क़रीब एक हज़ार साल पहले पारसियों ने फ़ारस (ईरान) से पलायन शुरू किया और हिन्दुस्तान के पश्चिमी तट गुजरात में बसेरा किया। उन्होंने कई तरह के धन्धों में ख़ुद को खपाना शुरू किया उनमे से एक रुपए-पैसे का लेन-देन भी था। व्यवसायगत उपनाम के तौर पर गुजरात में सराफ़ सरनेम ख़ूब मिलता है। यह पारसियों में भी मिलता है और हिन्दुओं में भी। अरबी के सर्राफ़ शब्द का उच्चारण अंग्रेज़ी में **श्रॉफ** होता है। दुनिया भर में **श्रॉफ** उपनाम वाले लोग मिल जाएँगे। गुजरात में भी श्रॉफ लिखने वाले हिन्दू

और पारसी। यहूदियों में भी **श्रॉफ** उपनाम मिलता है। हिब्रू में भी **स्र-फ** धातु से ही बना सोरेफ़ शब्द प्रचलित है जिसका मतलब होता है सोने का व्यापारी अथवा सुनार। ग़ौर करें कि यहूदी कौम यूरोप में वणिक की पहचान ही रखती है (मर्चेंट ऑफ वेनिस!)।

अंग्रेज़ों के अरब से भी सदियों पुराने रिश्ते रहे हैं। यह फिलहाल तय नहीं है कि सर्राफ़ का **श्रॉफ** उच्चारण अंग्रेज़ों ने भारत में आने के बाद किया है या पहले ही हो चुका था, मगर इतना तय है कि भारत के समानांतर चीन में भी अंग्रेज़ इस शब्द का प्रयोग करते थे और कैंटन में तो **श्राफिंग स्कूल** तक चलते थे जहाँ लेन-देन संबंधी बाते सिखाई जाती थीं। अरबी में एक शब्द है **मस्रिफ़** जिसका मतलब होता है वित्तीय लेन-देन की जगह। आज इसका अर्थ हो गया है बैंक। ज़्यादा ख़र्च या रक़म डूबने को सर्फ़ होना कहा जाता है। ये दोनों भी इसी कड़ी के शब्द हैं।

सिक्का-कहीं ढला, कहीं चला (रक़म-1)

[शब्द संदर्भ : सिक्का, सिक्विन]

फुटकर मुद्रा या छुट्टे पैसों के लिए **सिक्का** से बेहतर हिन्दी उर्दू में कोई शब्द नहीं है। दोनों ही भाषाओं में मुहावरे के तौर पर भी इसका प्रयोग होता है जिसका अर्थ हुआ धाक या प्रभाव पड़ना। मूल रूप से ये लफ़्ज़ अरबी का है मगर हिन्दी में सिक्के के अर्थ में अंग्रेज़ी से आया। हिन्दी में फ़क़त ढाई अक्षर के इस शब्द के आगे-पीछे कभी कई सारे अक्षर भी रहे हैं।

अरबी में मुद्रा की ढलाई के लिए इस्तेमाल होने वाले धातु के छापे या डाई को **सिक्कः (सिक्काह)** कहा जाता है जिसका मतलब होता है रुपया-पैसा, मुद्रा, मुहर आदि। इसके दीगर मायनों में छाप, रोब, तरीक़ा-तर्ज़ आदि भाव भी शामिल हैं इसीलिए हिन्दी-उर्दू में **सिक्का जमाना** या **सिक्का चलाना** जैसे मुहावरे इन्हीं अर्थों में इस्तेमाल होते रहे हैं। पुराने ज़माने में भी असली और नक़ली मुद्रा का चलन था। मुग़लकाल में **सिक्क-ए-कासिद** यानी खोटा सिक्का और **सिक्क-ए-राइज़** यानी असली सिक्का जैसे शब्द चलन में थे। अरबों ने जब भूमध्य सागरीय इलाक़े में अपना रोब जमाया और स्पेन को जीत लिया तो यह शब्द स्पेनिश भाषा में भी **जेक्का** के रूप में चला आया। जेक्का का ही एक अन्य रूप **सेक्का** भी यहाँ प्रचलित रहा है। मगर वहाँ इसका अर्थ हो गया टकसाल, जहाँ मुद्रा की ढलाई होती है। अब इस **जेक्का** यानी टकसाल में जब मुद्रा की ढलाई हुई तो उसे बजाय कोई और नाम मिलने के शोहरत मिली **जेचिनो** के नाम से। **जेचिनो** तेरहवीं सदी के आसपास **सिक्विन** शब्द के रूप में ब्रिटेन में स्वर्ण मुद्रा बनकर प्रकट हुआ। पंद्रहवीं सदी के आसपास अंग्रेज़ों के ही साथ ये चिकिन या चिक बनकर एक और नए रूप में हिन्दुस्तान आ गया जिसकी हैसियत तब चार रुपए के बराबर थी।

यही चिक तब **सिक्का** कहलाया जब इसे मुग़लों ने चाँदी में ढालना शुरू किया। आज ब्रिटेन में **सिक्विन** नाम की स्वर्णमुद्रा तो नहीं चलती मगर सिक्विन शब्द बदले हुए अर्थ में डटा हुआ है। महिलाओं के वस्त्रों में टाँके जाने वाले सलमे-सितारों जैसी चमकीली सजावटी सामग्री सिक्विन के दायरे में आती है। ज़ाहिर सी बात है कि सजाने से किसी भी चीज़ की क़ीमत बढ़ जाती है। यह भाव स्वर्णमुद्रा की क़ीमत और उसकी चमक दोनों से जुड़ रहा है। देखा जाए तो अरबी के इस छापे की छाप इतनी गहरी रही कि स्पेनी, अंग्रेज़ी सहित आधा दर्जन यूरोपीय भाषाओं के अलावा हिन्दी उर्दू में भी इसका **सिक्का** चल रहा है।

एक अन्य स्वर्णमुद्रा थी **गिन्नी** जिसका चलन मुग़लकाल और अंग्रेज़ीराज में था। दरअसल **गिन्नी** का सही उच्चारण है **गिनी** जो कि उर्दू-हिन्दी में बतौर गिन्नी कहीं ज़्यादा प्रचलित है। मध्यकाल में अर्थात क़रीब 1560 के आसपास ब्रिटेन में **गिनी** स्वर्णमुद्रा शुरू हुई। इसे यह नाम इसलिए मिला क्योंकि अफ्रीका के पश्चिमी तट पर स्थित **गिनी** नाम के एक प्रदेश से व्यापार के उद्देश्य से ब्रिटिश सरकार ने इसे शुरू किया था। ग़ौरतलब है कि सत्रहवीं सदी में पश्चिमी अफ्रीका के इस क्षेत्र पर यूरोपीय देशों की निगाह पड़ी। अरसे तक यह प्रदेश पुर्तगाल और फ्रांस का उपनिवेश बना रहा। गिनी को अब एक स्वतंत्र देश का दर्जा प्राप्त है। गिनी शब्द बना है इसका इस क्षेत्र की स्थानीय बोली में अर्थ होता है अश्वेत व्यक्ति। आस्ट्रेलिया के उत्तर में प्रशांत महासागर में एक द्वीप समूह है **न्यूगिनी** जिसके साथ लगा **गिनी** नाम भी अफ्रीकी गिनी की ही देन है। इस द्वीप का पुराना नाम था पापुआ। स्पेनियों ने इस द्वीप को ये नाम दिया। इस द्वीप का पश्चिमी हिस्सा इंडोनेशिया का हिस्सा है जबकि पूर्वी हिस्सा पापुआ न्यूगिनी कहलाता है और स्वतंत्र देश है।

चमड़ी जाए, दमड़ी न जाए (रक़म-2)

[शब्द संदर्भ : दमड़ी, द्रख्म, द्रम्म, दिरहम]

ईसा से क़रीब दो सदियों पहले तक भारत के उत्तर-पश्चिम में स्थित पंजाब, सिंध और अफ़गानिस्तान में यूनानियों ने राज किया। यूनानियों के आने से पहले तक भारत में सिक्कों की ढलाई की उन्नत तकनीक विकसित नहीं थी। इसीलए ज़्यादातर राज्यों में धातु के टुकड़ों को ठोक पीट कर, उन पर राज्यमुद्रा अंकित कर सिक्कों की शक्ल दी जाती थी। संग्रहालयों में ऐसे अनगढ़ सिक्कों के साथ-साथ टकसाली ढलाई के सिक्के भी देखने को मिलते हैं। इन्हीं में है **द्रख्म** नाम का एक सिक्का जो हिन्दी में **दमड़ी** के रूप में आज भी चल रहा है।

सिक्कों की ढलाई का चलन 200 से 175 ईसा पूर्व के बीच पश्चिमोत्तर भारत में यूनानियों ने ही शुरू किया जो क़रीब तीन सदी पहले से सिक्के ढालने की तकनीक जानते थे। यूनानियों का सिक्के ढालने की तकनीक सिखाई थी **क्रोशस** ने जो ईसा से 560 साल पहले **लीडिया** (आज का तुर्की) का शासक था और हिन्दुस्तान में कारूँ

(ख़ज़ाने वाला) के नाम से उसे जाना जाता है जो मुहावरा बन चुका है। भारत में सबसे पहले जिस यूनानी सिक्के की ढलाई शुरू हुई उसका नाम था **DRACHM** या द्रख्म जो मूल रूप से ग्रीक भाषा का शब्द था। प्राचीन ग्रीस में **द्रख्म** एक भार मापने की इकाई थी। बाद में इसे सिक्के का रूप मिल गया। **द्रख्म** लैटिन में **द्रग्म** और फिर अंग्रेज़ी में ड्रम (DRAM) के रूप में यह चलता रहा मगर अंग्रेज़ी में यह फिर भार की इकाई बन गया जिसका माप क़रीब चार ग्राम होता है।

ग्रीक द्रख्म का जन्म हुआ प्राचीन ग्रीक के **ड्रेकोन** शब्द से जिसका अर्थ होता है पकड़ना, चंगुल में लेना, हस्तगत करना आदि। ग़ौरतलब है कि अंग्रेज़ी का ड्रैगन शब्द भी इसी मूल का है जो एक विशाल सर्प है और दुनिया भर के पौराणिक आख्यानों में उसका उल्लेख है। संभवतः सर्प की ज़बर्दस्त पकड़ के चलते ही ड्रैगन नाम मिला हो। बहरहाल मुद्रा के रूप में **ड्रेकोन** से जन्मे **द्रख्म** का अर्थ एक ऐसे चाँदी के सिक्के से था जिसे बेहद सुविधा के साथ हथेली में थामा जा सकता हो। ग्रीस में ईसा पूर्व दसवीं सदी से **द्रख्म** का इतिहास मिलता है।

मौर्य और गुप्तकाल में यह सिक्का संस्कृत में **द्रम्मम्** के रूप में प्रचलित रहा और बरसों बरस इसी रूप में टिका रहा अलबत्ता देशी बोलियों में (अपभ्रंशों में) में इसका रूप **दम्म** हो गया। बाद के दौर में **दम्म** ने **दाम** का रूप ले लिया। यही नहीं दाम ने कुछ अर्थ-विस्तार करते हुए सिक्के की बजाय वस्तु के मूल्य के रूप में प्रतिष्ठा प्राप्त कर ली और अपनी मुद्रा वाली अर्थवत्ता दमड़ी को सौंप दी जो इसी मूल से निकला छोटी मुद्रा के अर्थ वाला शब्द था। कंजूस के चरित्र को समझाने वाली कहावत–**चमड़ी जाए पर दमड़ी न जाए** में यह आज भी ज़िंदा है। यूनानी प्रभाव का असर अरबी ज़बान पर भी पड़ा और **द्रख्म** ने यहाँ **दिरहम** का रूप ले लिया। **दिरहम** मुद्रा आज भी मोरक्को, यू.ए.ई., लीबिया और क़तर जैसे मुल्कों में प्रचलित है।

दिनार से अशर्फ़ीलाल तक (रक़म-3)

[शब्द संदर्भ : अशरफ़, अशरफ़ी, मुशरफ़, दिनार]

बादशाहों-सुल्तानों के क़िस्से-कहानियों में अक्सर अशरफ़ी का उल्लेख होता रहा है। यह सोने की एक मुद्रा थी जो सुदूर मिस्र से लेकर भारत तक मशहूर थी मगर भारत में **अशरफ़ी** का चलन शायद ही कभी रहा हो। पुराने ज़माने में बादशाह जब किसी पर कृपालु होते तो उसे अशरफ़ियों की थैली भेंट देते थे। कई क़िस्सों में सुना गया है कि दरबारी शायरों और कवियों को हर पंक्ति पर एक-एक अशरफ़ी इनाम में मिलती थी।

अशरफ़ी चाहे क़िस्सों में बेहद मशहूर रही हो, मगर अर्थव्यवस्था में यह मुद्रा कभी टिकाऊ नहीं रही और दिनार का ही सिक्का जमा रहा। अशरफ़ी के तौर पर अपनी पहचान बनाने वाली इस प्रसिद्ध स्वर्णमुद्रा का यह नाम दरअसल मिस्र के एक प्रसिद्ध

सुल्तान के नाम पर पड़ा। **अल अशरफ़ अद-दीन बर्सबी** (1422-1438) इतिहास में कई प्रशासनिक सुधारों के लिए जाना जाता है। मौद्रिक सुधार के तहत ही उसने तब प्रचलित स्वर्ण मुद्रा **दिनार** की जगह एक नई मुद्रा चलाई जो 3.3 ग्राम वज़न की थी। अशरफ़ी मूलतः दीनार ही थी मगर फ़र्क़ सिर्फ़ उसके आकार और वज़न का था। तब प्रचलित दीनार का वज़न 4.25 ग्राम होता था। **अशरफ़ी** का सही नाम दरअसल **अशरफ़ी दिनार** ही था।

अशरफ़ी के जन्म के पीछे अरबी ज़बान का **अशरफ़** शब्द है। अशरफ़ का अर्थ होता है भद्र, सज्जन, शिष्ट अथवा आदर्श। सेमेटिक भाषा-परिवार के इस शब्द के आगे-पीछे और भी कई शब्द हैं जो अरबी, फ़ारसी, उर्दू-हिन्दी में प्रचलित हैं। अशरफ़ दरअसल बना है **शरफ़** से जिसका अर्थ होता है श्रेष्ठता, उच्चता, कुलीनता आदि। सज्जन अथवा कुलीन के अर्थ में **शरीफ़** जैसा शब्द जो बोलचाल की हिन्दी में ख़ूब रचा-बसा है। इससे ही बना है **शराफ़त** शब्द जो सभ्यता, कुलीनता, भद्रता के अर्थ में प्रचलित है। अशरफ़ का शुद्ध रूप दरअसल **अश्रफ** है। इसी तरह अशरफ़ी हुआ **अश्रफी** मगर ये दोनों ही रूप हिन्दी को अमान्य हैं। इससे कुछ फ़र्क़ भी नहीं पड़ता। मुशर्रफ़ भी इसी कड़ी का शब्द है जिसका मतलब होता है सम्मानित, सरल, कुलीन। वैसे **अशरफ़** शब्द फ़ारसी मूल का भी बताया जाता है और अवेस्ता के **अशर** से भी इसकी व्युत्पत्ति बताई जाती है जिसका अर्थ होता है परम, शुद्ध या सात्विक। ग़ौरतलब है कि अशरफ़ी ने चाहे दिनार की जगह नई मुद्रा के रूप में जन्म लिया मगर वह ज़्यादा दिनों तक बाज़ार को गर्म नहीं रख पाई अलबत्ता कहानियों के ख़ज़ाने में आज भी अशरफ़ी की खनक मौजूद है। **शरफ़** से बने **अशरफ़** और **मुशर्रफ़** तो व्यक्तिनाम के तौर पर प्रचलित हैं ही, मजे की बात यह भी कि अशरफ़ से बनी अशरफ़ी भी भारत-पाकिस्तान में **अशरफ़ीलाल** जैसे व्यक्तिनाम में आज भी प्रचलन में है।

अब बात दिनार की। ईसापूर्व से लेकर ईसा के बाद चौथी-पाँचवीं सदी तक रोमन साम्राज्य से भी भारत के कारोबारी रिश्ते रहे। भारत के पश्चिमी समुद्र तट के ज़रिए ये कारोबार चलता रहा। भारतीय माल के बदले रोमन अपनी स्वर्ण मुद्रा **दिनारियस** में भुगतान करते थे। ये व्यापारिक रिश्ते इतने फले-फूले कि दिनारियस लेन-देन के माध्यम के रूप में बरसों तक दिनार के तौर पर डटी रही। कनिष्क के ज़माने का एक उल्लेख ग़ौरतलब है—भारतवर्ष हर साल रोम से साढ़े पाँच करोड़ का सोना खींच लेता है। ज़ाहिर है यह उल्लेख रोमन स्वर्णमुद्रा दिनारियस का ही है। रोम में तब भारतीय मसालों और मलमल की बेहद माँग थी। ग्रीको-रोमन **दिनार** यूँ तो स्वर्णमुद्रा थी मगर उसमें पच्चीस फीसदी चाँदी भी होती थी। भारत से ग़ायब होने के बावज़ूद यह आज भी हिन्दी के शब्दकोशों संस्कृत शब्द दिनार के रूप में स्वर्णमुद्रा के अर्थ में डटी हुई है। वामन शिवराम आप्टे के संस्कृत कोश में भी यह दीनार के रूप में है और इसका उल्लेख सिक्के के साथ-साथ आभूषण के तौर पर भी हुआ है। इसी

तरह उर्दू-फ़ारसी शब्दकोश में इसे फ़ारसी शब्द बताया गया है। दिलचस्प बात यह कि मुद्रित शब्दकोशों में इसके ग्रीको-रोमन संदर्भ का उल्लेख नहीं है। दिनार आज भी दुनिया के कई मुल्कों की प्रमुख मुद्रा है। ज़्यादातर अरबी मुल्कों में दिनार चलती है। अपने रोमन रूप में दीनार का मूल्य क़रीब साढ़े चार ग्राम स्वर्ण के बराबर था। आज दुनिया के तमाम मुल्कों में दीनार धातु की मुद्रा की बजाय काग़ज़ के नोट के रूप में डटी हुई है। हालाँकि दिनार सिक्के के तौर पर भी प्रतीक मुद्रा बनकर विराजमान है मगर इसका कारोबारी रूप तो नोट की शक्ल ले चुका है। यही नहीं अरब मुल्कों समेत दीनार सर्बिया, यूगोस्लांविया, बोस्निया-हर्जेगोविना, अल्जीरिया, यमन, ट्यूनीशिया, सूडान और मोंटेनेग्रो जैसे देशों की भी राजकीय मुद्रा है। आख़िर क्यों न हो, दिनार की जन्मभूमि तो यही है। ये अलग बात है कि इसका ग्रीक उच्चारण **दिनारियस** अब प्रचलित नहीं है और यहाँ भी दिनार का ही सिक्का चल रहा है।

रूप की चमक, रुपए की खनक (रक़म-4)

[शब्द संदर्भ : रूपा, रूपिणी, स्वरूप, रूपल, रूपन, रुपिन, रूपक, रूप, रुपया, रौप्य, रुपहला, रजत-पट, रूपाली, रौप्यमुद्रा]

रोज़मर्रा के जीवन में सोना-चाँदी को बेशक़ीमती धातुओं में गिना जाता है। इसके बावज़ूद दुनिया सोने के पीछे जितनी पागल है वैसी दीवानगी चाँदी के लिए नहीं है। मगर हमारा मानना है कि दुनिया सोने के पीछे नहीं, चाँदी के पीछे पागल है। कहावत है कि सूरत नहीं, सीरत देखिए। सार यही है कि बाहरी रूप को न देखते हुए आंतरिक गुणों पर ग़ौर करना चाहिए। बुज़ुर्गों को इस नसीहत की ज़रूरत ही इसलिए पड़ी होगी क्योंकि दुनिया रूप की दीवानी है।

कहावत है कि हर चमकदार चीज़ सोना नहीं होती इसके बावज़ूद लोग चमक-दमक के पीछे भागते हैं। चेहरा यानी रूप की चमक लोगों को लुभाती है। इस रूप में चाँदी की चमक जो छुपी हुई है। हिन्दी-उर्दू में चेहरा, मुखड़ा, शक्ल के लिए प्रचलित रूप शब्द संस्कृत की **रूप्** धातु से आया है जिसका मतलब होता है सुंदर, चमक, कांति आदि। चाँदी के लिए भी रूप्य या **रौप्य** शब्द प्रचलित है। अति शुद्ध स्वर्ण के लिए भी रूप्य शब्द है। रूप में निहित चमक या कांति का भाव किसी भी दृश्य पदार्थ या वस्तु को रूप बताता है। स्थिति या दशा भी रूप है और प्रतिबिंब या प्रतिच्छाया भी रूप ही है। तुलना के संदर्भ में 'के रूप में' जैसे प्रयोग वाला **रूप** भी यही है। **रूप** में निहित चमक और चाँदी-सोना जैसे अर्थ यही बताते हैं कि रूप का प्रयोग पहले सुंदर के अर्थ में ही सीमित था। बाद में शक्ल या चेहरे के अर्थ में सामान्यतः रूप शब्द प्रचलित हुआ। सौन्दर्य के प्रतीक चन्द्रमा से ही हमेशा सुंदर रूप की तुलना होती है। रूप में **सु** या **कु** उपसर्ग जोड़कर **कुरूप** और **सुरूप** शब्द बने। ख़ूबसूरत मनुष्य के लिए इस शब्द से बने कई नाम है जैसे रूपाली जो बना है **रूपावली** से। एक चेहरे में कई

चेहरों की चमक! **रूपा, रूपिणी, स्वरूप, रूपल, रूपन, रूपिन, रूपक** आदि। स्वाँग धरने वाले कलाकार के **बहुरूपिया** विशेषण में भी यही रूप झाँक रहा है। ग़ौरतलब है कि चाँदी नाम के पीछे भी चन्द्रमा की चमक ही छुपी है। सिनेमा के पर्दे के लिए अंग्रेज़ी में सिल्वर-स्क्रीन शब्द है। इसके दो हिन्दी अनुवाद ख़ूब चले थे एक था **रजत-पट** और दूसरा **रूपहला-पर्दा**। इनमें दूसरा भी इसी कड़ी का शब्द है। संस्कृत धातु **चंद्** से बना है **चन्द्रमा** जो निरंतर प्रकाशित रहता है। यही चंद् धातु चाँदी के नामकरण की वजह बनी है।

मुद्रा के अर्थ में **रुपया** शब्द कई एशियाई देशों में प्रचलित है। भारत, पाकिस्तान, बांग्लादेश, मालदीव, मलेशिया का इनमें नाम लिया जा सकता है। रुपए में भी चाँदी की चमक दिखाई दे रही है। संस्कृत शब्द **रौप्य** का अर्थ होता है चाँदी। प्राचीनकाल में चाँदी के सिक्के को **रौप्यमुद्रा** कहा जाता था। **रोप्य, रूप्य, रूपकः** अथवा **रूपकम्** भी इसके रूप बनते है। भारत के पश्चिमोत्तर सीमा प्रांतों में ईस्वी पूर्व से रौप्य मुद्राएँ मिली हैं। ग़ौरतलब है कि भारत में मुद्राओं को सिक्के की शक्ल में ढालने की तकनीक यूनानी लेकर आए थे। पश्चिमोत्तर भारत यूनानियों के द्वारा शासित था ज़ाहिर है कि चाँदी के सिक्कों के शुरुआती प्रमाण भी वहीं से मिले। यूँ देश के हर हिस्से से चाँदी के प्राचीन सिक्के मिलते रहे हैं। मौर्यकाल से लेकर इस्लामी शासन और फिर अंग्रेज़ी दौर में भी **रुपया** भारत की प्रमुख मुद्रा बना रहा। मुद्रा के बतौर रुपया शब्द शेर शाह सूरी 1540-1545, के वक़्त में शुरू होने का हवाला मिलता है जिसने इसी नाम से चाँदी का सिक्का चलाया था। अंग्रेज़ों ने ही इस चाँदी की खनखनाहट में काग़ज़ का करारापन पैदा किया। सत्रहवीं सदी के उत्तरार्ध में वारेन हेस्टिंग्ज के ज़माने में बंगाल के कुछ बैंकों ने काग़ज़ के नोट छापने शुरू कर दिए थे। इसके बावज़ूद चाँदी का सिक्का भी अंग्रेज़ चलाते रहे। जॉर्ज पंचम की तस्वीर वाला चाँदी का सिक्का आज भी कई घरों में लक्ष्मीपूजन के दिन बुज़ुर्गों के बक्से से बाहर आता है। चाँदी की शक्ल में रुपया 1946 तक बतौर मुद्रा डटा रहा फिर इसमें चाँदी की चमक सिर्फ़ नाम भर को रह गई और इसके निर्माण में निकिल का प्रयोग होने लगा जो चमक में चाँदी से कमतर नहीं है। स्वर्णमुद्रा को पीछे छोड़कर चाँदी की मुद्रा यानी रुपया आज दुनिया के कई देशों की प्रमुख मुद्रा के रूप में डटा हुआ है। रुपया यानी धन-सम्पत्ति। दुनिया चाँदी यानी रुपए के पीछे ही पागल है चाहे उसमें चाँदी की चमक और खनक बाक़ी न रही हो।

मलिका गुलाम और मुल्क (रक़्म-5)

[शब्द संदर्भ : माल, मालिक, मलिक, मलिका, माम्लूक, मालदार, मुल्क, ममालिक, मालख़ाना, अमलदारी, अमल, अमला, मल्लिका]

समाज के विकास के साथ ही भाषा का भी विकास जुड़ा हुआ है। प्राचीनकाल में मानव समुदायों के क्रियाकलापों ने विभिन्न भाषाओं के शब्दभंडारों को समृद्ध किया

है। आदिमकाल से ही मनुष्य सामाजिक प्राणी रहा है। सामाजिकता का विस्तार तब हुआ जब उसने स्थायी निवास के ठिकाने ढूँढ़ निकाले और इस तरह सजात कौटुम्बिक समाज की नींव पड़ी। हालाँकि अपनी दैनिक आवश्यकताओं की पूर्ति के लिए पशुपालन धर्म को अपनाकर वह इस सामाजिकता को एक विस्तार सदियों साल पहले भी दे चुका था। दरअसल मनुष्य स्वभाव से ही यायावर है और मन की गणि न्यारी है। प्रवासी मन अक्सर निवासी होना चाहता है और सतत निवास से उकताहट ही उसे प्रवासी बनाती है।

प्रवासी मनुष्य के साथ पालतू पशु भी यायावर बने रहे और जहाँ कहीं मानव ने स्थायी बसेरा किया तो पशुओं के खूँटे भी वहीं गड़ गए। ये पशु ही आदिम मानव की सम्पत्ति थे। पशु और मनुष्य का साहचर्य विविध रूपों में नज़र आता है। यह उपभोक्ता और उत्पाद के रूप में भी है और पारिवारिक-आध्यात्मिक धरातल पर भी है। सर्वप्रथम उसकी सत्ता पशुओं पर ही क़ायम हुई। उसने मानवेतर जीव-जगत का नियंता स्वयं को स्थापित किया। तात्पर्य यह कि अधिकार, स्वामित्व और सम्पत्ति का बहुआयामी बोध अगर किसी ने इनसान को कराया है तो वे पशु ही हैं। भाषा में भी यह रिश्ता साफ़ नज़र आता है।

उर्दू-हिन्दी का एक आम शब्द है **माल** जो मूल रूप से सेमेटिक भाषा-परिवार का है। माल का अर्थ होता है सम्पत्ति।,व्यापक तौर पर धन-दौलत, सामान, भंडार, क़ीमती सामग्री, वस्तुएँ आदि भी आती हैं। यह बना है **माल** अर्थात MAWL (MWL) से जिसका अर्थ होता है पशुओं का रेवड़। ख़ासतौर पर जो दुधारू पशु पालतू हों। सेमेटिक परिवार की हिब्रू, अरबी, सीरियक, आरमेइक आदि कई भाषाओं में इस धातु की व्याप्ति इसी अर्थ में हैं। ज़ाहिर सी बात है कि पशु ही प्राचीन मानव की सबसे बड़ी सम्पत्ति थे इसीलिए पशुधन जैसा शब्द हिन्दी में प्रचलित हुआ। ये अलग बात है कि **पशुधन** से मालदार का रुतबा हासिल करने वाले इनसान के सामने जब पूँजी के विविध रूपों का प्रकटीकरण हुआ तो उसे **धनपशु** बनते भी देर नहीं लगी। साफ़ है कि **माल** यानी पशु। प्रचलित अर्थ में यही पशुधन ऐश्वर्य-सामग्री, धन-सम्पत्ति और दौलत है। जिसके पास **माल** है वह **मालदार** है अर्थात ऐश्वर्यवान है, धनी है, श्रीमंत है। माल का रिश्ता इस तरह अर्थ यानी धन से स्थापित होता है। आर्थिक स्थिति के लिए हिन्दी में आमतौर पर **माली हालत** शब्द ख़ूब प्रचलित है। **मालमत्ता, मालामाल** जैसे शब्द युग्म भी **माल** की ही देन हैं। सम्पत्ति और ऐश्वर्य के रूप में **मालदार** यानी परमशक्तिशाली हुआ। वह स्वामी है। अर्थात सम्पत्ति का **मालिक** है। यह मालिक शब्द भी इसी कड़ी का हिस्सा है। **मालिक** अर्थात स्वामी, प्रभु, शक्तिशाली, पति आदि। ऐश्वर्य का स्वामी ही ईश्वर कहलाता है, उसी तरह **माल** का **स्वामी** मालिक हुआ। सम्पत्ति के लिए एक अन्य शब्द है **मिल्कियत** जो इसी कड़ी का शब्द है। माल का रिश्ता कर अथवा राजस्व से भी है, इसके लिए **मालियः** शब्द है। राजस्व वसूली करने वाले कारिंदे का मुग़लकाल में **मालगुज़ार** कहते थे। राजस्व को **मालगुज़ारी** भी

कहा जाता था। **मालखानः** या मालख़ाना सरकारी कोषागार होता था जिसमें सरकारी जब्ती के तहत सामान, बरामदगी, वसूली की राशि, लगान, अनाज आदि जमा किया जाता था। यह व्यवस्था आज भी क़ायम है। कलेक्ट्रेट में और पुलिस थानों में मालख़ाना ज़रूर होता है।

इस सिलसिले की सबसे की सबसे दिलचस्प कड़ी है **मुल्क**। सेमेटिक मूल का यह शब्द आज दुनिया भर में देश, या कंट्री के रूप में मशहूर है। **माल, मालिक** जैसे शब्दों से आगे **मुल्क** शब्द की अर्थवत्ता में सार्वभौम साम्राज्य का भाव समा गया। मुल्क का मालिक राजा होता है इसीलिए मालिक का एक अन्य राजा भी होता है। मालिक का ही दूसरा रूप **मलिक** भी है जो प्रायः रसूखदार लोगों की उपाधि भी रही है। रानी के लिए **मलिका** शब्द भी प्रचलित है। **मलिका-सुल्तान, मलिका-आलिया** जैसे शब्द इतिहास की किताबों में ख़ूब पढ़े जाते रहे हैं। पुरानी हिन्दी में **मल्लिक** और **मल्लिका** शब्द भी इन्हीं अर्थों में लिखने का चलन रहा है मगर अरबी मूल के मलिक-मलिका का इन शब्दों से रिश्ता नहीं है। संस्कृत के मल्लिः से ये दोनों शब्द बने हैं जिसका अर्थ होता है एक प्रकार की चमेली। **मल्लिः** बना है **मल्ल** से जिसमें शारीरिक क्रियाएँ, व्यायाम आदि का भाव है। मल्ल कृष्ण और शिव का नाम भी है। इसीलिए मल्लिकार्जुन भी शिव का एक नाम है। **मल्लिका** यानी चमेली का फूल। मल्लिक यानी एक ख़ास हँस।

माल शब्द में समुच्चय का, परिपूर्ण करने, भरने, एकीकृत करने, समोने का भाव भी है। जब कभी निर्माण कार्य चल रहा होता है तो निर्माण सामग्री को ख़ास-तौर पर कंक्रीट-गारा को **माल** ही कहते हैं, यह इसी अर्थ में है। इसके लिए **मम्लू** शब्द भी है। राष्ट्र या देश क्या है? नागरिकों का समुच्चय ही! किसी स्थान विशेष पर लोगों की तैनाती और उपस्थिति के संदर्भ में भी इस धातु से अलग शब्द का निर्माण होता है जैसे **अमला**। ख़ासतौर पर विशिष्ट कर्मचारियों के जत्थे के लिए अमला शब्द प्रयुक्त होता है। यह विशिष्टता ही उनके कर्तव्य को भी महत्त्वपूर्ण बनाती है जिसके क्रियान्वयन को **अमल करना** या **अमल होना** कहते हैं। यह अमल भी इसी कड़ी का हिस्सा है। जिस तरह अरबी माल में फ़ारसी का दार प्रत्यय जुड़ने से **मालदार** शब्द बनता है वैसे ही **अमल** में भी दार जुड़कर **अमलदार** शब्द बनता है अर्थात रसूख वाला व्यक्ति। मुल्क के लिए एक अन्य शब्द है **मम्लूक़त** जिसका अर्थ प्रभुसत्ता सम्पन्न राष्ट्र होता है। इसी का बहुवचन है **ममालिक** यानी बहुत से देश। प्राचीनकाल में अरब में ग़ुलामों के लिए **मम्लूक** शब्द प्रचलित था। बग़दाद के अब्बासी खानदान को सत्ताच्युत करने में ग़ुलामों की बग़ावत काफ़ी मददगार रही। ये विद्रोही ग़ुलाम बाद के शासकों द्वारा वफ़ादारी का इनाम पाने लगे और इन्हें फ़ौज में अच्छे ओहदे मिलने लगे। इन्हें भी **मम्लूक** या माम्लूक कहा जाने लगा। मध्यकाल में तुर्की और मिस्र में इनसे नया राजवंश बना **माम्लूक सुल्तानों** का। भारत में इन्हीं के संबंधियों ने एक तरह से मुस्लिम शासन की नींव डाली थी। महमूद ग़ज़नवी का रिश्ता **माम्लूकों** से ही था। भारत में भी ग़ुलाम वंश ने दिल्ली पर राज किया है। कुतुबुद्दीन, इल्तुतमिश, बलबन, रजिया ये सब माम्लूक ही थे।

साफ़ है कि **माल** शब्द की अमलदारी काफ़ी व्यापक है। इस शब्द की प्रभुसत्ता में सिर्फ़ और सिर्फ़ ऐश्वर्य है। यह शब्द मालदार को मालिक बनाता है तो ग़ुलाम को माम्लूक अर्थात राजवंशी भी बनाता है। ग़ौर करें कि हिन्दी में इन दिनों धन के फूहड़ प्रदर्शन करने वाले मालदार को धनपशु कहने का चलन बढ़ गया है। यह ग़लत नहीं है क्योंकि माल अपने मूल रूप में पशु से ही जुड़ा हुआ है इसलिए पशुधन और धनपशु का विपर्यय स्वाभाविक है।

दो कौड़ी का छदम्मीलाल! (रक़म-6)

[शब्द संदर्भ : कौड़ी, कपर्दिका]

मुद्रा का चलन शुरू होने से भी पहले मानव ने व्यापार-व्यवसाय की शुरुआत कर दी थी। पहले वस्तु विनिमय प्रणाली के ज़रिए लेन-देन की प्रक्रिया सम्पन्न होती थी। पशुओं के साथ सहजीवन ने इनसान में वह अनोखी सूझ पैदा कर दी जो मुद्रा का आधार बनी। प्राचीन मानव पशुपालक समाज का अंग था। पशु ही मानव जीवन का प्रमुख आधार थे लिहाज़ा लेन-देन का काम पशुओं के बदले सम्पन्न होने लगा। इसीलिए पशुओं को पशुधन भी कहा जाता है। इसी क्रम में आती है कौड़ी।

बतौर मुद्रा कौड़ी का सबसे पहले चीन ने प्रयोग शुरू किया। ईसा से क़रीब डेढ़ हज़ार वर्ष पूर्व चीन के हिन्द महासागरीय क्षेत्रों में कौड़ी का मुद्रा के तौर पर चलन शुरू होने के प्रमाण मिले हैं। कौड़ी शब्द बना है संस्कृत के कपर्दिका से जिसका क्रम कुछ यूँ रहा—कपर्दिका > कअडिका > कअडिआ > कौडिआ > कौड़ी। कौड़ी मुद्रा चीन के बाद भारत से होते हुए लगभग समूची दुनिया में प्रचलित हो गई और तब तक क़ायम रही जब तक संसार भर में उपनिवेशकाल का अंत नहीं हो गया। **कपर्दिका** शब्द यूँ संस्कृत का है मगर इसे द्रविड़ मूल का माना जाता है। आप्टे कोश में इसकी व्युत्पत्ति संस्कृत धातु पर्व् से बताई गई है जिसका अर्थ होता है पहाड़, गाँठ, जोड़ आदि। अंग्रेज़ी का काउरी COWRIE शब्द भी इसी मूल से निकला है। **कौड़ी** मुख्यत घोंघा, शंख प्रजाति का जलीय जीव होता है। यह पेट के बल रेंगता है और इसका पृष्ठभाग बेहद कठोर आवरण से मढ़ा रहता है। जलीय जीवों की मौत के बाद ये कठोर आवरण लहरों के साथ बहकर समुद्र तट पर आ जाते हैं। प्राचीनकाल से ही इनका प्रयोग आभुषणों और मुद्रा के तौर पर होता रहा है। मुद्रा के तौर पर एक ख़ास आकार वाली कौड़ियों का ही प्रयोग होता रहा है। एक अन्य जलीय जंतु के आवरण को सीप कहते हैं। यह भी सजावटी वस्तुओं और आभूषणों के काम आता है। ग़ौरतलब है कि सीप से ही बेशक़ीमती मोती बनते हैं। हिन्दी-उर्दू का सीप शब्द बना है संस्कृत के **शुक्ति** से।

मुहावरों-कहावतों के संसार में भी मुद्रा यानी रुपए का बोलबाला है। बाज़ार में प्रचलित हर तरह की मुद्रा ने हर दौर के सामाजिक जीवन में भी वहीं महत्त्व अर्जित किया जितना उसका मौद्रिक मूल्य था। कौड़ी प्राचीन मौद्रिक व्यवस्था की सबसे

छोटी इकाई थी। हालाँकि इसकी यह स्थिति तभी बनी जब मुद्रा के रूप में धातु के सिक्के प्रचलित हो गए। पूरी दुनिया में इसकी क्रय शक्ति अलग-अलग थी। प्राचीन उल्लेखों के अनुसार दस कौड़ी मिलाकर एक **दमड़ी** बनती थी। एक गाय ख़रीदने के लिए पच्चीस हज़ार कौड़ियों की ज़रूरत पड़ती थी। कौड़ी की अल्प क्रय शक्ति को देखते हुए ही मुहावरों की दुनिया में कौड़ी तुच्छता के भाव को उजागर करने वाला शब्द बन गया। **दो कौड़ी** का कहकर किसी भी मनुष्य अथवा पदार्थ को समाज ख़ारिज कर देता है।

कौड़ी की ही तरह **छदाम** शब्द भी सुनने को मिलता है। **छदाम** भी प्राचीनकालीन मुद्रा का ही नाम है। मौर्यकाल में यूनानी मुद्रा **द्रख्म** का भारत में भी चलन था। संस्कृत में इसे ही **द्रम्मम** कहा गया है जिसका अपभ्रंश हुआ **दम्म, दाम, दमड़ी** आदि। मुग़लकाल में एक रुपए का मूल्य चालीस दाम के बराबर होता था। ग़ौरतलब है कि रुपया चाँदी की मुद्रा थी जबकि दाम, दमड़ी आदि ताँबे के सिक्के थे। दाम के छठे हिस्से को छदाम कहा गया जो छः + द्रम्म के मेल से बना। दो दमड़ी मिलाकर एक **छदाम** बनता था। अर्थात **एक छदाम** यानी **बीस कौड़ी**। इसी **छदाम** से ही व्यक्ति नाम भी चल पड़े जैसे **छदामीलाल** या **छदम्मीलाल**। छदाम चाहे आज प्रचलन में नहीं है मगर विपन्नता, तुच्छता, अभाव आदि के अर्थ में मुहावरे की तरह भाषा को समृद्ध करती है जैसे **छदाम भी ख़र्च न होना** या **छदाम भी पास न होना**। यही नहीं, बीस कौड़ी की क़ीमत वाले छदम्मीलाल को भी तुच्छता के भाव से दो कौड़ी का कहा जा सकता है और ख़ानदानी रईस करोड़ीमल भी दो कौड़ी का आंदमी हो सकता है।

चवन्नीछाप और सोलह आना सच (रक़म-7)

[शब्द संदर्भ : आना, अणु, चवन्नी, अठन्नी, रेणु, रेणुका, परमाणु, अनी]

सच की क़ीमत क्या सोलह आने हो सकती है? ये हम नहीं कह रहे हैं बल्कि सोलह आने सच वाला मुहावरा कह रहा है। सच तो सच है, उसकी क़ीमत कैसे हो सकती है! लेकिन मुहावरा अपनी जगह सही है और इसका मतलब यही है कि सच, सिर्फ़ सच होता है, सौ फ़ीसद सच ही असली सच है। वैसे ज्ञानी अर्धसत्य का अस्तित्व भी बताते हैं। हमारे आस-पास आमतौर पर ज़्यादातर मामलों में आधा सच या आधा झूठ ही सामने आ पाता है। अर्धसत्य वाली बात महाभारत में धर्मराज युधिष्ठिर की प्रसिद्ध उक्तिशैली से प्रसिद्ध हुई जिसे उन्होंने द्रोणाचार्य के सम्मुख कहा–**'अश्वत्थामा हतः'** इसे अपने पुत्र के अवसान का समाचार समझकर द्रोणाचार्य ने भी प्राण त्याग दिए। धर्मराज ने अश्वत्थामा नाम के हाथी का उल्लेख किया था मगर सत्य को ऊँचे सुर में नहीं उच्चारा और पांडवों की रणनीति को इस तरह लाभ पहुँचाया। इस तरह अर्धसत्य की कूटनीति को धर्मनीति के रूप में मान्यता मिल गई।

जहाँ तक सोलह आना सच वाले मुहावरे का सवाल है, यह सौ फ़ीसद खरी सचाई की बात ही करता है। विभिन्न मुद्राओं के मूल्य के आधार पर भाषा मुहावरों से समृद्ध

होती रही है, यह मुहावरा भी उनमें से एक है। इसका रिश्ता भी **आना** नाम की एक प्राचीन मुद्रा से है जो मुग़ल काल और अंग्रेज़ी काल में भी जारी रही। **आना** शब्द बना है संस्कृत के **अणकः** या **आणव** से जिसका अर्थ होता है ताँबे का एक छोटा सिक्का। इसी का अपभ्रंश रूप है आना। अणकः का जन्म हुआ संस्कृत के **अण्** धातु से जिसका अर्थ होता है अत्यंत तुच्छ, सूक्ष्म, नगण्य छोटा इत्यादि। सृष्टि के सर्वाधिक सूक्ष्म पदार्थ के लिए **अणु** शब्द भी इसी मूल से जन्मा है जिसके मायने हैं सबसे छोटा अंश, विभाग, कालांश। अणु से भी छोटे कण के लिए **परम** उपसर्ग लगाकर **परमाणु** शब्द बनाया गया। सूई की नोक के लिए अनी शब्द भी संस्कृत के **अणिः** से बना है जो इसी कड़ी का हिस्सा है और सूक्ष्मता दर्शाता है। पृथ्वी पर अंतरिक्ष से निरंतर धूलकणों की वर्षा हो रही है। यह धूल एस्टीरॉयड्स अर्थात क्षुद्रग्रहों के वायुमंडल में प्रवेश के बाद घर्षण की वजह से जलने से उत्पन्न होती है। धूलकणों के लिए अत्यंत प्राचीन शब्द है **रेणु**। यह बना है **री + अणु** से। अर्थात निरंतर गिरते रहने वाले कण।

रेणु का एक अन्य अर्थ होता है पुष्पकण, परागकण, पुष्परज अथवा पुष्पधूलि। जमदग्नि ऋषि की पत्नी और परशुराम की माता का नाम **रेणुका** था जो इसी मूल का है। यह बना है **रेणुकः** से। विभिन्न स्रोत रेणुका के कई अर्थ बताते हैं जिसके मुताबिक़ इसका अर्थ है पृथ्वी, धूलिकण, एक जीवनरक्षक औषधि और मटर की फली। **अण्** से बने **आना** शब्द की रिश्तेदारियाँ काफ़ी महत्त्वपूर्ण हैं।

एक आना का मूल्य चार पैसों के बराबर होता था। इस तरह से मुग़लों और अंग्रेज़ी शासन में भी **इकन्नी, दुअन्नी** जैसी मुद्राएँ प्रचलित थीं। चार आने अर्थात पच्चीस पैसे का सिक्का हाल के वर्षों तक प्रचलित रहा है। इसे **चवन्नी** कहा जाता था। इस चवन्नी ने भी मुहावरे में अपनी पैठ बनाई और निकृष्टता, निम्नता, घटियापन के रूप में **चवन्नीछाप, चवन्ना, चवन्निया** जैसे शब्द बन गए जो मुहावरे की अर्थवत्ता रखते हैं। लोग लंपट, बदमाश आदि को भी इसी रुतबे से नवाज़ने लगे है। चवन्नीछाप को आजकल अंग्रेज़ी में बतौर चवन्नीचैप दाख़िला मिल चुका है। हिन्दी का छाप शब्द चवन्नी के साथ जुड़कर जो प्रभाव पैदा कर रहा है वही अंग्रेज़ी का चैप भी कर रहा है। यह मुहावरे में रचनात्मक बदलाव है मगर अर्थवत्ता वही है। अंग्रेज़ी का चैप शब्द बना है **चीप** से जिसे हिन्दी में सस्ता, निकृष्ट, घटिया, तुच्छ, साधारण या निकम्मा के अर्थ में समझा जाता है। यूँ इस शब्द में ग्राहक, मोल-भाव करना, तोल-मोल करना, ऊँच-नीच आदि भाव हैं। उचित मूल्य पर ख़रीदारी के अर्थ में प्रचलित हुए इस शब्द के साथ सौदेबाज़ी के रूप में साथ जुड़ा नकारात्मक भाव ही चीप शब्द को ले बैठा।

चवन्नी की तरह **अठन्नी** शब्द भी प्रचलित हुआ। यह बना आठ आना से। ग़ौरतलब है कि पुराने ज़माने में चौंसठ पैसे का रुपया होता था। इस तरह सोलह आने अर्थात एक रुपया यानी चाँदी का सिक्का बनता। सच के संदर्भ में **सोलह आने** का सौ फ़ीसद

सच का भाव यहाँ पूरी तरह स्पष्ट हो रहा है। अंग्रेज़ी राज में बाद जब मौद्रिक व्यवस्था में दाशमिक प्रणाली को अपनाया गया तो आना छह पैसे का हो गया और सोलह आना तब भी एक रुपया ही बना रहा और चवन्नी-अठन्नी का महत्त्व बना रहा। आज़ादी के बाद आना-पाई की व्यवस्था समाप्त हुई और आना का चलन भी ख़त्म हुआ मगर सच की चमक सोलह आना वाले मुहावरे में आज भी नज़र आ रही है।

मोहर की मुखमुद्रा (रक़म-8)

[शब्द संदर्भ : मोहर, मुहर, मुद्रा, मुद्रिका, मुद्रणालय, मुद्रांकन, मौद्रिक, मुद्रांकित, मुद्रक]

अशरफ़ी की ही तरह **मोहर/मुहर** भी किसी ज़माने में स्वर्ण मुद्रा ही थी। ये अलग बात है कि अशरफ़ी नाम की मुद्रा दरअसल दिनार का ही सुधरा हुआ रूप थी। शब्दकोशों में मुहर को भी स्वर्णमुद्रा के तौर पर **अशरफ़ी** ही बताया गया है। मुहर का रिश्ता दरअसल छाप, पहचान, प्रमाण से जुड़ा है।

हिन्दी-उर्दू के मोहर/मुहर शब्द का रिश्ता फ़ारसी के मुह्र शब्द से जोड़ा जाता है। इसकी उत्पत्ति हुई है प्राचीन ईरानी अर्थात अवेस्ता के मुध्र शब्द से जिसमें से **द** की ध्वनि का लोप होने से बचा रह गया **ह** और इस तरह बना **मुह्र** जिसका हिन्दी-उर्दू रूप होता है मोहर या मुहर। अवेस्ता के मुध्र की संस्कृत के मुद्र/मुद्रा से समानता ग़ौरतलब है। संस्कृत में सिक्के के लिए मुद्रा शब्द का ख़ूब इस्तेमाल होता है। आज भी आर्थिक शब्दावली में यह लोकप्रिय है और मुद्रास्फीति (मुद्रा-प्रसार या मनी इन्फ्लेशन) के रूप में आए दिन इसका प्रयोग सामने आता है। मुहर के पीछे यही मुद्रा शब्द छुपा है। **मुद्रा** का अर्थ है छापना, चिह्न अंकित करना आदि। ऐसी अँगूठी जिस पर चिह्न अंकित हो **मुद्रिका** कहलाती थी।

प्राचीनकाल में प्रभावशाली व्यक्ति अपने निर्देशों का पालन कराने के लिए आदेशपत्र के नीचे दस्तख़त की जगह पर अँगूठी अर्थात मुद्रिका का निशान लगाते थे। श्रीमान हुक्मरान अँगूठीछाप थे और श्रीहीन हुकुम बजाने वाले थे अँगूठाछाप!!

मुद्रा का जन्म **मुद्** धातु से बताया गया है जिसका अर्थ है भाव मगर मूलतः हर्ष, प्रसन्नता, संतोष आदि ही इसके दायरे में आते हैं। मुद्रा का एक अर्थ हाव-भाव का प्रकटीकरण भी है जो इसी कड़ी का हिस्सा है। इन्हीं हाव-भाव का पत्थरों पर मानवाकृतियों में उत्कीर्णन मुद्रा कहलाया। नाथपंथी-तांत्रिक शब्दावली में भी मुद्रा शब्द का महत्त्व है जिनका संबंध अँगुलियों के विशिष्ट आध्यात्मिक संकेतों से है। इसी वजह से मुद्रा का एक अर्थ रहस्य भी है। नृत्य में अँगुलियों और हाथों की मुद्राओं में इन्हें बख़ूबी समझा जा सकता है। ग़ौरतलब है कि नृत्य अपने प्राचीन रूप में ईश्वर आराधना की शैली ही रही है। बतौर मुहर, इन तमाम भावार्थों की व्याख्या यही है कि शासकीय या अन्य सांस्थानिक दस्तावेज़ों पर अंकित आधिकारिक-प्रामाणिक निशान या चिह्न को ही **मुद्रा** कहते हैं।

मुद्रा अथवा **मुहर** की एक अन्य व्युत्पत्ति भी बताई जाती है। पाश्चात्य पुरातत्वविदों और भाषाशास्त्रियों के मुताबिक़ पत्थरों पर अब तक जो सबसे प्राचीन अंकन मिला है, वह सुमेरी सभ्यता (प्राचीन इराक़ में दजला-फरात के दोआब में पनपी ईसा से भी आठ से दस सदी पूर्व की सभ्यता) का है। दरअसल अंकन विद्या का ज्ञान सुमेरियों ने ही विश्व को दिया। राजकीय चिह्न को उत्कीर्ण करने के लिए प्राचीन सुमेरी चित्रलिपि में मुसुरू शब्द पढ़ा गया है। सुमेरी चित्रलिपि कीलाक्षर लिपि कहलाती है जो पत्थरों पर उत्कीर्ण की जाती थी। **मुसुरू** शब्द दो शब्दों से मिलकर बना है **मु** अर्थात नाम, परिचय तथा सर यानी लिखना। ज़ाहिर है तात्पर्य पत्थरों पर विरुदावली के बखान से ही है जो प्राचीनकाल से लेकर अब तक सभी प्रभावशाली हस्तियों का प्रमुख शग़ल रहा है। इसी **मुसुरू** ने प्राचीन ईरानी में **मुध्र** का रूप लिया जो संस्कृत में **मुद्रा** के रूप में दाख़िल हुआ। रुपए-पैसे के लिए भी **मुद्रा** शब्द का प्रयोग इसी वजह से हुआ क्योंकि सिक्कों पर शासकीय चिह्न ही अंकित रहता है जो मुद्रा कहलाती है। चेहरे के हाव-भाव के लिए मुखमुद्रा जैसा शब्द ख़ूब चलता है। मुद्रा का परिचय चिह्न और अंकन के रूप व्यापक प्रयोग होता है। रुपए-पैसे, करंसी के तौर पर तो मुद्रा शब्द का प्रयोग होता ही है, छपाई के लिए इससे ही बना मुद्रण शब्द प्रचलित है। छापने वाले के लिए मुद्रक शब्द भी बना लिया गया। **मुद्रणालय, मुद्रांकन, मौद्रिक, मुद्रांकित** इसी कड़ी के अन्य शब्द हैं जो इस्तेमाल किए जा रहे हैं। मोहर का प्रयोग भी अब शासकीय या संस्थागत सील, ठप्पा, छापा, चिह्न, ही ज़्यादा प्रचलित है। चिह्न के तौर पर होता है। वस्तु या व्यक्ति पर किसी के प्रभाव या छाप का उल्लेख करने के लिए भी मोहर लगना जैसे वाक्य का मुहावरेदार प्रयोग किया जाता है। मोहर का ठप्पा इतना प्रभावकारी था कि लोगों ने पहचान चिह्न से भी ऊपर व्यक्तिनाम के तौर पर भी उसका इस्तेमाल शुरू कर दिया और मोहर बन गई **मोहरसिंह**।

कैश की कशिश, रूप का आकर्षण (रक़म-9)

[शब्द संदर्भ : कैश, कार्षापण, कैशपेमेंट, कृष, कृषि, खिंचाव]

अंग्रेज़ी के जो शब्द हिन्दी में धड़ल्ले से बोले-समझे जाते हैं उनमें कैश भी शुमार है। कैश यानी नक़दी रक़म। यह कैश अब रोज़मर्रा का हिस्सा ही नहीं हो गया है बल्कि मुहावरा भी बन गया है। इससे बने कई शब्दों जैसे **कैशबुक, कैशियर, कैश** काउंटर, **कैश पेमेंट** आदि का ख़ूब इस्तेमाल होता है।

यह जानना दिलचस्प होगा कि **कैश** शब्द चाहे अंग्रेज़ी का हो मगर यह हमें भारत के प्राचीन इतिहास तक ले जाता है, पुरानी परंपरा से जोड़ता है। दरअसल कैश का रिश्ता जुड़ता है भारत की प्राचीनतम मुद्रा **कार्षापणः** से। यह मुद्रा ईसवी पूर्व भारत में ख़ूब प्रचलित थी। इसकी लोकप्रियता इस तथ्य से सिद्ध होती है कि भारत के ज़्यादातर उतखनन स्थलों पर कार्षापण मिले हैं। जानकारों का मानना है कि **कार्षापणः** या **कार्षापण** की उत्पत्ति हुई है **कर्षः** से जो प्राचीनकाल में चाँदी या सोने की सोलह माशे

की माप होती थी। **कर्षः** शब्द के कुछ अन्य अर्थों पर ग़ौर करें। **कर्षः** यानी रेखा खींचना, घसीटना, खरोचना, उत्कीर्ण करना आदि। ये सभी क्रियाएँ धातु मुद्रा पर राज चिह्न के अंकन से जुड़ रही हैं। **कर्षः** का एक अन्य अर्थ है खेत को हल से जोतना। कर्षः के जन्म-सूत्र छिपे हैं **कृ** धातु में जिसमें खोदना, उत्कीर्ण करना, तितर-बितर करना, मूर्ति के नैन-नक्श बनाना आदि भाव शामिल हैं। इसी धातु से जन्मा है कृष् शब्द जिसमें भी यही सारे भाव शामिल हैं। ग़ौर करें कि खेती के लिए कृषि शब्द पर जिसमें मुख्य क्रिया हल जोतने की होती है। एक सरल रेखा में भूमि को खरोचा जाता है, उलट-पुलट किया जाता है। कृषि से बना **कृषाणः** अर्थात जो **कृषिकर्म** करे। इसका अपभ्रंश हुआ **किरषाण** और फिर बना **किसान**। कृषिकर्म प्रकृति के केनवास मानव श्रम से सौन्दर्य का उत्कीर्णन ही तो है! कार्षापण को भी सिक्के की अर्थवत्ता इसीलिए मिली क्योंकि उस पर मुद्रांकन होता था।

कृष धातु में निहित खींचने के भाव पर ग़ौर करें। यह खिंचाव एक तरह का बल है। यही बल **आकर्षण** कहलाता है जो रूप में, स्वभाव में, मन में, ग्रहों की गति में, द्युति में और सृष्टि के हर उस पदार्थ में है जो दृश्यमान है। बज़रिए अवेस्ता यही **कर्ष्** फ़ारसी में **कश** बनकर मौजूद है जिसका मतलब भी खिंचाव या खींचना है। **आकर्षण** के अर्थ में **कशिश** यहीं से आ रहा है। सिगरेट का धुआँ खींचा जाता है तभी **कश** कहलाता है। **मेहनतकश** शब्द का अर्थ स्पष्ट है जो किसान के अर्थ को और व्यापक बनाता है। खींचतान यानी **कशमकश** और **रस्साकशी** में भी यह झाँकता नज़र आता है। **कार्षापण** के लिए **कार्षिक** शब्द भी है। प्राचीन भारतीय व्यापारी रोम और ग्रीक तक कारोबार करते थें। इसी क्रम में ग्रीक व रोमन मुद्राओं का प्रसार-प्रचार भारत में बढ़ा और भारतीय मुद्राओं को भी अन्य देशों में स्वीकार्यता मिली हुई थी। कार्षापण का लैटिनीकरण हुआ CAPSA के रूप में। इतालवी ज़बान में यह हो गया CASSA और फिर पुर्तगाली में हुआ CAIXA। यही अंग्रेज़ी में कैश हुआ। तमिल में कासू और सिंहली में कासी के कार्षापण का पश्चिम में प्रसार शुरू हुआ और कई रूप बदलते हुए यह साढ़े चार अक्षरों का शब्द दुबला होकर **कैश** के रूप में आज भी अपना मौद्रिक रुतबा क़ायम रखे हुए है।

कार्षापण से तात्पर्य मूलतः ताँबे से बने सिक्के से ही था। मगर अलग-अलग कालखंडों में सोना, चाँदी, ताँबा और जस्ता आदि सभी धातुओं के कार्षापण मिले हैं। मौर्यकाल में एक कार्षापण का मूल्य बत्तीस रत्ती यानी क़रीब साढ़े तीन ग्राम शुद्ध चाँदी के वज़न के बराबर होता था। इस हिसाब से **अर्ध कार्षापण** सोलह और चतुर्थांश आठ रत्ती का होता था। आकार की दृष्टि से ये चौकोर, आयताकार या गोल होते थे। उस दौर में सिक्कों की ढलाई की बहुत उन्नत तकनीक नहीं थी। कई कार्षापण सिर्फ़ एक तरफ़ से ही मुद्रित मिले हैं। ज़ाहिर है ये किसी ग़लती की वजह से नहीं बल्कि उस समय की तकनीकी सुविधा के चलते हुआ होगा। कारोबारियों के ज़रिए अत्यंत प्राचीनकाल से ही मुद्राओं की अंतर्महाद्वीपीय यात्रा भी चलती रही। रोम और

ग्रीस से दिनारियस और **द्रख्म** भारत आकर दीनार और द्रम्म बने। यह क्रम क़रीब ईसा पूर्व छठी सदी से शुरू होकर मौर्यकाल तक स्थायी सिलसिले में बदल गया। उसी वक़्त में भारतीय सिक्के कार्षापण का पश्चिम में प्रसार शुरू हुआ और कई रूप बदलते हुए यह साढ़े चार अक्षरों का शब्द दुबला होकर **कैश** के रूप में आज भी अपना मौद्रिक रुतबा क़ायम रखे हुए है। संस्कृत की मुद्रा भी मोहर बनकर फ़ारसी, अरबी, तुर्की और भूमध्यसागर पार कर स्पेन और मोरक्को तक पहुँच गई। नक़दी सम्पत्ति के अर्थ में **कैश** की अर्थवत्ता **कार्षापण** से कहीं ज़्यादा व्यापक हो गई है। भुगतान, नक़दीकरण, मालमत्ता, तत्काल लाभ आदि अनेक अर्थों और मुहावरों में कैश शब्द का प्रयोग अंग्रेज़ी के अतिरिक्त हिन्दी-उर्दू में ठाठ से होता है। ज़माने को कैश में जितनी **कशिश** नज़र आ रही है वैसा आकर्षण शायद **कार्षापण** का भी नहीं रहा होगा।

दो टके का आदमी (रक़म-10)

[शब्द संदर्भ : टङ्कः (टंकः) टाँग, टखना, तेंगसे, टका, तंका, टंका, टकासेर, टंकार, टंकण]

टका सा जवाब, टाँग खींचना या टाँग अड़ाना जैसे मुहावरे आमतौर पर बोलचाल की हिन्दी में प्रचलित हैं। इन मुहावरों में टका और टाँग जैसे शब्द संस्कृत के मूल शब्द टङ्कः (टंकः) से बने हैं। संस्कृत में टङ्कः का अर्थ है बाँधना, छीलना, जोड़ना, कुरेदना या तराशना। हिन्दी के **टंकण** या **टाँकना** जैसे शब्द भी इससे ही निकले हैं। दरअसल टका या टंका शब्द का मतलब है चार माशे का एक तौल या इसी वज़न का चाँदी का सिक्का। अंग्रेज़ों के ज़माने में भारत में दो पैसे के सिक्के को **टका** कहते थे। आधा छटाँक की तौल भी टका ही कहलाती थी। पुराने ज़माने में मुद्रा को ढालने की तरकीब ईजाद नहीं हुई थी तब धातु के टुकड़ों पर सरकारी चिह्न की ख़ुदाई यानी **टंकण** किया जाता था।

ग़ौरतलब है कि दुनिया भर में ढलाई के ज़रिए सिक्के बनाने की ईजाद **लीडिया** के मशहूर शासक (ई.पू. क़रीब छह सदी) क्रोशस उर्फ़ कारूँ (ख़ज़ाने वाला) ने की थी। **टका** या टंका किसी ज़माने में भारत में प्रचलित था मगर अब मुद्रा के रूप में इसका प्रयोग नहीं होता। कहावतों-मुहावरों में यह ज़रूर इस्तेमाल किया जाता है। किसी बात के जवाब में **दोटूक** यानी सिर्फ़ दो लफ़्ज़ों में साफ़ इनकार करने के लिए यह कहावत चल पडी–**टका सा जवाब**। टके की दो पैसा की क़ीमत को लेकर और भी कई कहावतों ने जन्म लिया। मसलन–(1) टका सा मुँह लेकर रह जाना, (2) टके को न पूछना, (3) टके-टके को मोहताज होना, (4) टके-टके के लिए तरसना, (5) टका पास न होना, (6) दो कौड़ी का की तर्ज़ पर दो टके का वग़ैरह। भारत में चाहे टके को अब कोई टके सेर भी नहीं पूछता मगर बांग्लादेश की सरकारी मुद्रा के रूप में टका आज भी डटा हुआ है। बांग्लादेश के अलावा भी कई देशों में यह लफ़्ज़ तमगा, तंका, तेंगे या तंगा Tenga के नाम से चल रहा है, जैसे–ताजिकिस्तान, कजाकिस्तान, तुर्क़मेनिस्तान,

उज्बेकिस्तान, तिब्बत (**टङ्का**) और मंगोलिया। इन सभी देशों में यह मुद्रा के रूप में ही है। हालाँकि वहाँ इस शब्द की उत्पत्ति चीनी शब्द **तेंगसे** से मानी जाती है जिसका अर्थ होता है मुद्रित सिक्का और एक तरह की माप या संतुलन। अर्थ की समानता से ज़ाहिर है कि तेंगसे शब्द भी टङ्कः का ही रूप है। **टंका** से ही चला **टकसाल** शब्द अर्थात **टंकणशाला** यानी जहाँ सिक्कों की ढलाई होती है।

अब आते हैं **टङ्कः** के दूसरे अर्थों पर। इसका एक मतलब होता है लात या पैर। संस्कृत में इसके लिए टङ्गा शब्द भी हैं। हिन्दी का टाँग शब्द इसी से बना है। ग़ौर करें **टङ्कः** के जोड़ वाले अर्थ पर। चूँकि टाँग में घुटना और एड़ी जैसे जोड़ होते हैं इसलिए इसे कहा गया टाँग। इसी अर्थ से जुड़ता है इससे बना शब्द टखना। ज़ाहिर जोड़ या संधि की वजह से ही इसे ये अर्थ मिला होगा। इसी तरह देखें तो पता चलता है कि वस्त्र फट जाने पर, गहना टूट जाने पर, बर्तन में छेद हो जाने पर उसे टाँका लगाकर फिर कामचलाऊ बनाने का प्रचलन रहा है। यह जो टाँका है वह भी इस **टङ्कः** से आ रहा है अर्थात इसमें जोड़ का भाव निहित है। **टङ्कः** का एक और अर्थ है बाँधना। ग़ौर करें कि जोड़ने के लिए बाँधने की क्रिया भी सहायक होती है। धनुष की कमान से जो डोरी बँधी होती है उसे खींचने पर एक ख़ास ध्वनि होती है जिसे टंकार कहते हैं। यह **टंकार** बना है संस्कृत के **टङ्कारिन्** से जिसका मूल भी **टङ्कः** है यानी बाँधने के अर्थ में। तुर्की भाषा का एक शब्द है तमग़ा जो हिन्दी-उर्दू-फ़ारसी में ख़ूब प्रचलित है यानी इनाम में दिया जाने वाला पदक या शील्ड। प्राचीन समय में चूँकि यह राजा या सुल्तान की तरफ़ से दिया जाता था इसलिए इस पर शाही मुहर अंकित की जाती थी। इस तरह तमग़ा का अर्थ हुआ शाही मुहर या राजचिह्न। अब इस शब्द के असली अर्थ पर विचार करें तो साफ़ होता है कि यह शब्द भी **टंकण** से जुड़ा हुआ है।

लेबनान का पंसारी (रक़्म-11)

[शब्द संदर्भ : पणि, पण्य, फिनीशिया, कार्षापण, विपणन, पंसारी]

जिस तरह से वनस्पतियों के प्रसार के लिए परागण की विधियाँ सहायक होती हैं उसी तरह भाषा के विस्तार और विकास में भी कई कारक सहायक होते हैं जिनमें सबसे महत्त्वपूर्ण हैं व्यापार-व्यवसाय। ईसा से भी कई सदियों पहले से भारत के पश्चिमी दुनिया से ख़ासतौर पर दक्षिण-पूर्वी यूरोप से कारोबारी रिश्ते थे। इन्हीं रिश्तों की बदौलत विशाल क्षेत्र की भाषा संस्कृति भी समृद्ध होती चली गई। पश्चिमी एशिया में एक भूमध्यसागरीय इलाक़ा, जिसे आज लेबनान कहा जाता है, भी **फिनीशिया** कहलाता था। इस क्षेत्र के फिनीशिया नामकरण के पीछे भी वैदिक काल का एक शब्द **पणि** या **पण** झाँक रहा है और आज भी हिन्दी में यह **पणि** अपने बहुरूप में मौजूद है।

प्राचीन भारत (ईसापूर्व) में प्रचलित **कार्षापण** मुद्रा में भी पण ही झाँक रहा है। कर्ष शब्द का अर्थ होता है अंकन करना, उत्कीर्ण करना। पण का उल्लेख वैदिक साहित्य

में कारोबार, सामग्री, हिसाब-किताब, व्यापार, क्रय-विक्रय और मुद्रा के अर्थ में आता है। **कार्षापण** का इस तरह अर्थ हुआ उत्कीर्ण मुद्रा। इससे साफ़ है कि उत्तर वैदिक काल से लेकर कार्षापण का चलन होने तक पण ही लेन-देन के भुगतान का ज़रिया थी मगर **पण** नामक मुद्रा टंकित नहीं थी। धातु के अनगढ़ टुकड़ों को ही तब **पण** कहा जाता रहा होगा। पण से ही निकला **पण्य** शब्द जिसका अर्थ होता है व्यापारिक सामग्री। हिन्दी-उर्दू में प्रचलित छोटे व्यापारी या दुकानदार के लिए पंसारी शब्द के पीछे भी यही पण्य शब्द है जो बना है **पण्य + शाल > पन्नशाल > पंसार** के क्रम में। क्रय-विक्रय के अर्थ में **विपणन** शब्द ख़ूब प्रचलित है ग़ौर करें इसमें झाँक रहे **पण्** शब्द पर। मुंबई के पास **पनवेल** नामक जगह है जो समुद्र तट पर है। ज़ाहिर है किसी ज़माने में यह सामुद्रिक व्यापार का केन्द्र रहा होगा। **पण्य + वेला** अर्थात क्रय-विक्रय की जगह के तौर पर इसका नाम **पण्यवेला** रहा होगा जो घिसते-घिसते **पनवेल** हो गया। ईसा से पाँच-छह सदी पहले भारतीय उपमहाद्वीप में **पण** नाम की ताँबे की मुद्रा प्रचलित थी। पण का रिश्ता वैदिक पणि से जुड़ता है। पणि शब्द वैदिक ग्रंथों में कई बार इस्तेमाल हुआ है जिसका अर्थव्यापारी, कारोबारी के रूप में बताया गया है। किसी ज़माने में पणि समुदाय भारतवर्ष से लेकर पश्चिमी एशिया तक फैला हुआ था। **पणि** अर्थात व्यापारी, वाणिज्य व्यवसाय करने वाले लोगों का समूह किस काल में था इसका अनुमान भी वैदिक कालनिर्धारण से ही होता है क्योंकि इस शब्द का उल्लेख वेदों से ही शुरू हुआ है। जर्मन विद्वान विंटरनिट्ज ईसापूर्व 7000 से लेकर 2500 के बीच वैदिक काल मानते हैं मगर ज़्यादातर विद्वान इसे 2500-1500 ई.पू. के बीच ही रख़ते हैं।

विद्वानों का मानना है कि **पणियों** और आर्यों के बीच महासंग्राम हुआ था जिसके चलते वे भारत के उत्तर पश्चिमी क्षेत्रों से खदेड़े गए। परास्त **पणियों** के बड़े जत्थों ने पश्चिम की राह पकड़ी, कुछ बड़े जत्थे दक्षिणापथ की ओर कूच कर गए। शेष समूह इधर-उधर छितरा गए। पश्चिम की ओर बढ़ते जत्थों ने ईरान होते हुए अरब में प्रवेश किया और आज जहाँ लेबनान है वहाँ क़याम किया। अनेक भारतीय-पाश्चात्य विद्वानों ने **पणियों** की पहचान **फिनीशियों** के रूप में की है। ग्रीक-यूनानी संदर्भों में भी फिनीशियाई लोगों की ज़बर्दस्त व्यापारिक बुद्धि की ख़ूब चर्चा है। **पणि** या **फिनीशी** लोग समुद्रपारीय यात्राओं में पारंगत थे वे महान नाविक थे। गणित ज्योतिष आदि में भी उन्हें दक्षता हासिल थी। किसी ज़माने में भूमध्यसागरीय व्यापार क़रीब-क़रीब उन्हीं के कब्ज़े में था। कई सदियों बाद अरब के सौदागरों नें जहाज़रानी में अपना दबदबा क़ायम किया वह दरअसल फिनीशियों की परंपरा पर चलकर ही सीखा। लेबनान, फलस्तीन और इस्राइल का क्षेत्र नृतत्व शास्त्र की दृष्टि से कनान अथवा कैननाइट्स का था। यहूदियों के पुरखे भी कनान ही कहलाते हैं। सभूची दुनिया में यहूदी भी महान सौदागर क़ौम के तौर पर ही विख्यात हैं।

संभव है सिंधु घाटी की सभ्यता के नष्ट होने के पीछे जिस आर्य आक्रमण का उल्लेख किया जाता है वह आर्यों और पणियों के महासंग्राम की शक्ल में सामने आया हो।

सिंधु घाटी की सभ्यता व्यापार-व्यवसाय में ख़ूब उन्नत थी। सुदूर सुमेरी सभ्यता से भी उसके रिश्तों के प्रमाण मिले हैं। कई विद्वान उसे द्रविड़ सभ्यता भी मानते हैं। दक्षिण-पूर्वी अफ़गानिस्तान के एक हिस्से में ब्राहुई भाषा का द्रविड़ भाषाओं से साम्य यह साबित करता है कि कभी सुदूर उत्तर-पश्चिमी भारत में द्रविड़ बस्तियाँ फल-फूल रही थीं। पणि शब्द चाहे हिन्दी में विद्यमान नहीं है मगर द्रविड़ भाषाओं में मुद्रा, धन के अर्थ में फणम् (fanam), पणम् जैसे शब्दों की मौजूदगी से यह पता चलता है कि भारत के उत्तर-पश्चिम में पणियों का निवास था। मगर ये सारी अटकलबाज़ियाँ ही हैं। कुछ विद्वानों ने तो यादव समुदाय का रिश्ता भी फिनीशियों से जोड़ डाला है। ग़ौरतलब है द्वापर काल में गुजरात के पश्चिमी तट पर यादवों की कई सघन बस्तियाँ थीं और वे सामुद्रिक गतिविधियों में ख़ूब बढ़े-चढ़े थे। इसके बावज़ूद ख़ासतौर पर फिनीशियों के भारतीय रिश्तों के बारे में पश्चिमी विद्वान एकमत नहीं हैं।

बनियागीरी और बंजारापन (रक़म-12)

[शब्द संदर्भ : पणि, वाणिज्य, पणिकर, पणिक्कर, वाणिकर, बनिया, वाणिज्यकारक, बंजारा, वणिकवृत्ति]

उत्तर वैदिक काल में पणि (फिनीशियन) आर्यावर्त में व्यापार करते थे। उनके बड़े-बड़े पोत चलते थे। वे ब्याजभोजी थे। आज का **बनिया** शब्द वणिक का अपभ्रंश ज़रूर है मगर इसके जन्म-सूत्र **पणि** में ही छुपे हुए हैं। दास बनाने वाले ब्याजभोजियों के प्रति आर्यों की घृणा स्वाभाविक थी। आर्य कृषि करते थे, और पणियों का प्रधान व्यवसाय व्यापार व लेन-देन था। उत्तर वैदिक काल के उल्लेखों में **पण, पण्य, पणि** जैसे शब्द आए हैं। पण या पण्य का अर्थ हुआ वस्तु, सामग्री, सम्पत्ति। बाद में पण का प्रयोग मुद्रा के रूप में भी हुआ। **पणि** से तात्पर्य व्यापारी समाज के लिए भी था। पणि उस दौर के महान व्यापारिक बुद्धि वाले लोग थे। **पणियों** की रिश्तेदारी आज के **बनिया** शब्द से है। **पणिक** या **फणिक** शब्द से ही **वणिक** भी जन्मा है। आर्यों ने पणियों का उल्लेख अलग-अलग संदर्भों में किया है मगर हर बार उनके व्यापार पटु होने का संकेत ज़रूर मिलता है। वैदिक साहित्य में पणियों को पशु चोर बताया गया है।

ग़ौरतलब है कि आर्य पशुपालक समाज के थे जहाँ पशु ही सम्पत्ति थे। सामान्य व्यापारी जिस तरह तोलने में गड़बड़ी कर लाभ कमाना चाहता है, संभव है प्राचीनकाल में वस्तु-विनिमय के दौरान पणियों द्वारा आर्यजनों से पशुओं की ऐसी ही ठगी सामान्य बात रही हो। इसीलिए वैदिक संदर्भों में पणियों को पशु चोर बताया गया हो। कृषि-संस्कृति से जुड़े आर्यों को पणियों का **वाणिज्य-जीवी** होना, ब्याज की धनराशि लेना और लाभ कमाना निम्नकर्म लगता था और वे उन्हें अपने से हेय समझते थे।

हिन्दी में व्यापार के लिए **वाणिज्य** शब्द भी प्रचलित है। **वाणिज्य** की व्युत्पत्ति भी **पण्** से ही मानी जाती है। यह बना है **वणिज** से जिसका अर्थ है सौदागर, व्यापारी अथवा तुलाराशि। ग़ौरतलब है कि व्यापारी हर काम तौल कर ही करता है। **वणिज** शब्द की

व्युत्पत्ति आप्टे कोश के मुताबिक़ **पण + इजी** से हुई है। इससे ही बना है **वाणिज्य** और **वणिक** जो कारोबारी, व्यापारी अथवा वैश्य समुदाय के लिए ख़ूब इस्तेमाल होता है। **पणिक** की **वणिक** से साम्यता पर ग़ौर करें। बोलचाल की हिन्दी में व्यापारी के लिए **बनिया** शब्द कहीं ज़्यादा लोकप्रिय है जो वणिक का ही अपभ्रंश है। इसका क्रम कुछ यूँ रहा—वणिक > बणिक > बनिअ > बनिया। इससे हिन्दी में कुछ नए शब्द रूप भी सामने आए मसलन **वणिकवृत्ति** के लिए **बनियागीरी** या **बनियापन**। इन शब्दों में मुहावरों की अर्थवत्ता समाई है और सामान्य कारोबारी प्रवृत्ति का संकेत न होकर इसमें ज़रूरत से ज़्यादा हिसाब-किताब करना, नाप-तौल की वृत्ति अथवा कंजूसी भी शामिल है।

यायावरी, डगर-डगर घूमना, आवारगी आदि भावों को प्रकट करने के लिए हिन्दी-उर्दू में **बंजारा** शब्द है। इसकी रिश्तेदारी भी **पण्** से है। पण् से बना **वाणिज्य** अर्थात व्यापार। इस तरह व्यापार करने वाले के अर्थ में **वणिक** के अलावा एक नया शब्द और बना वाणिज्यकारक। इस शब्द के बंजारा में ढलने का क्रम कुछ यूँ रहा—वाणिज्यकारक > वाणिजारक > वाणिजार > बणिजार > बंजारा। प्राचीनकाल में इन वाणिज्यकारकों की भूमिका वणिकों से भिन्न थी। वणिक श्रेष्ठिवर्ग में आते थे और वाणिज्यकारक मूलतः फुटकर या खेरची कारोबारी थे। रिटेलर की तरह। वाणिज्यकारक भी घूम-घूमकर लोगों को उनकी ज़रूरतों का सामान उपलब्ध कराते थे। स्वभाव की भटकन को व्यक्त करने के लिए बंजारापन जैसा शब्द हिन्दी को इसी घुमक्कड़ी वृत्ति ने दिया है। यह परंपरा आज भी ग्रामीण क्षेत्रों में फेरी वालों के रूप में प्रचलित है। सामाजिक परिवर्तनों के तहत धीरे-धीरे **वाणिज्यकारकों** की हैसियत में बदलाव आया। क्रय-विक्रय से हटकर उन्होंने कुछ विशिष्ट कुटीर-कर्मों और कलाओं को अपनाया मगर शैली वही रही घुमक्कड़ी की। इस रूप में बंजारा शब्द को जातिसूचक दर्जा मिल गया। ये बंजारे घूम-घूमकर जादूगरी, नट-नटी के तमाशे (नट-बंजारा), जड़ी-बूटी, झाड-फूँक आदि के कामों लग गए। कहीं-कहीं रोज़गार की उपलब्धता में कमी के चलते बंजारों का नैतिक पतन भी हुआ। कुल मिलाकर किसी ज़माने में क्रय-विक्रय के काम में लगा एक आत्मनिर्भर समुदाय आज बंजारा कहलाता है और ख़ानाबदोश विमुक्त जाति का दर्जा पाकर सरकारी रहमोकरम की राह देख रहा है।

वियोगी हरि संपादित हमारी 'परंपरा पुस्तक' में शौरिराजन द्रविड़ इतिहास के संदर्भ में पणिज समुदाय की दक्षिण भारत में उपस्थिति का उल्लेख करते हैं और इस संबंध में क्रय-विक्रय, व्यापारिक वस्तु और एक मुद्रा के लिए **पणि, पणम, फणम** जैसे शब्दों का हवाला भी देते हैं। तमिल में बिक्री की वस्तु को **पण्णियम्** कहा जाता है। तमिल, मलयालम और मराठी में प्राचीनकाल में वैश्यों को **वाणिकर, वणिकर** या **वाणि** कहा जाता था। **पणिकर** भी इसी क्रम में आता है। इस उपनाम के लोग मराठी, तमिल और मलयालम-भाषी भी होते हैं। पणिकर को पणिक्कर भी लिखा जाता है। प्रख्यात विद्वान डॉ. सम्पूर्णानंद **पणियों (फिनीशी/प्यूनिक)** को पूर्वी भारत का एक जाति समूह बताते

हैं जो बाद में पश्चिम के सागर तट से होता हुआ ईरान तक फैल गया। हड़प्पा और सिन्धु घाटी की सभ्यता पर ग़ौर करें तो यह धारणा ज़्यादा सटीक लगती है क्योंकि इस सभ्यता का विस्तार सिन्ध के समुद्रतट से लेकर दक्षिण गुजरात के समुद्र तट तक होने के प्रमाण मिले हैं। डॉ. भगवतशरण उपाध्याय भी भारतीय संस्कृति के स्रोत पुस्तक में फिनीशियाई लोगों अर्थात **पणियों** के भारत भूमि पर बसे होने का उल्लेख करते हैं हालाँकि वे ये स्पष्ट संकेत नहीं करते कि ये लोग कहाँ के मूल निवासी थे। आर्य संस्कृति से पश्चिमी जगत को परिचित कराने का श्रेय फिनीशियों को ही दिया जाता है। ये लोग अपने लंबे-चौड़े व्यापारिक कारवाँ (सार्थवाह) एशियाई देशों से यूरोप तक ले जाते थे। वाणिज्यकर्म के साथ ही ये लोग विदेशी धरती पर भारतीय संस्कृति के बीज भी अनायास ही छोड़ आते थे।

जो भी हो, पश्चिमी एशिया में और यूरोप के भूमध्यसागरीय क्षेत्र में किसी ज़माने में **फिनीशियों** (पणियों) की अनेक बस्तियाँ थीं। कार्थेज उनका केंद्र बन चुका था। यहाँ के **फिनीशियों** के लिए **प्यूनिक** नाम भी प्रचलित रहा है। रोमन साम्राज्य के साथ सदियों तक इन प्यूनिकों का युद्ध चला और अंततः यह समुदाय इतिहास में अपने उद्गम की कई गुत्थियाँ और अस्तित्व के स्पष्ट संकेत छोड़ते हुए ईसा से एक सदी पहले तक विलीन हो चुका था। इसके बावज़ूद इन्हें खोजने का काम पुरातत्त्ववेत्ता आज भी जारी रखे हुए हैं। जीनोग्राफ़िक तकनीक के ज़रिए हाल ही में यह पता चला है कि भूमध्यसागरीय क्षेत्र में कई स्थानों पर पर प्राचीन फिनीशियों के कई वंशज विभिन्न समाजों में घुले-मिले हैं। मगर फिनीशियों का भारतीय **पणियों** से रिश्ता स्थापित करने के लिए इस शोध का दायरा बढ़ाने की ज़रूरत है। फिलहाल तो प्राचीन ग्रंथों के उल्लेख और ऐतिहासिक भाषाविज्ञान के आधार पर देशी-विदेशी विद्वान भारतीय पणियों, प्रकारांतर से फिनीशियों के रिश्ते स्थापित कर ही चुके हैं। इतिहास-पुरातत्त्व के साथ प्रामाणिकता का द्वन्द्व हमेशा रहा है और इस क्षेत्र में अंतिम सत्य कुछ नहीं होता।

हिन्दुस्तानी पैसा और अरबी रियाल (रक़म-13)

[शब्द संदर्भ : पैसा, बैसा, रियाल, रॉयल, राजा, वायसरॉय]

मुहावरों की दुनिया में मुद्रा का सिक्का ख़ूब चला है। ज़्यादातर कहावतें या मुहावरें वस्तु या व्यक्ति की निम्न या उच्चस्थिति को ही रेखांकित करते है। मुद्रा आख़िर होती किस लिए है? मूल्य तय करने का ज़रिया ही तो है न! **दो कौड़ी का आदमी, छदाम भर का काम, सिक्कों में तुलना, दमड़ी पास न होना, दाम लगाना, सिक्का चलना, मोहर लगाना, पैसा बोलता है, अशरफ़ियाँ लुटाना, रुपयों की बारिश, चवन्नी छाप, टका सा जवाब या दो टके की बात, कौड़ियों के मोल बिकना, पैसे-पैसे को मोहताज** जैसे दर्जनों मुहावरे गिनाए जा सकते हैं। इन सभी मुहावरों में कही गई गई बात के संदर्भ में उल्लेखित मुद्रा का वज़न स्पष्ट हो रहा है।

मुहावरों की इसी क़तार में है **धेले भर का काम** या **धेले भर का आदमी**। किसी व्यक्ति का क्षुद्रत्व या उसकी हैसियत उजागर करने के लिए टके का आदमी की तरह ही धेले भर का आदमी भी तौला जाता है। यहाँ धेला का उल्लेख भी मुद्रा के तौर पर हो रहा है। प्राचीन मुद्रा रही है। मुग़लकाल से लेकर अंग्रेज़ी राज में भी इसका चलन रहा। दरअसल **धेला** संक्षिप्त रूप है। सम्पूर्ण रूप में यह अधेला है। **अधेला** का अर्थ हुआ **आधा**। यह बना है **अर्ध में इल** प्रत्यय लगने से। एक पैसे का आधा मूल्य होने की वजह से अधेला को यह नाम मिला। दो अधेला मिलकर एक पैसा बनता था। मुग़लकाल में दाम दस ग्राम की ताँबे की मुद्रा थी। चालीस दाम से रुपया बनता था। पैसे के स्थान पर तब दाम का चलन था। अर्थात तब अधेला पैसे की जगह दाम के आधे मूल्य की मुद्रा को कहते थे। एलायड चैम्बर्स डिक्शनरी के मुग़ल ग्लॉसरी खंड में अधेला का अर्थ मोहर का आधा बताया गया है जबकि मोहर स्वर्ण मुद्रा थी। अब न आना बचा न पाई मगर कंजूस या टेंट ढीली न करने वाले व्यक्ति के संदर्भ में आना-पाई का हिसाब करना मुहावरा भी प्रचलित है। आना पाई का किसी ज़माने की सबसे छोटी मुद्राओं में शुमार था। भाव यही है कि तुच्छ धनराशि का भी हिसाब-किताब रखना। ज़ाहिर है कंजूसी इसी को कहते हैं।

पाई और **पैसा** शब्दों का मूल एक ही हैं। दोनों शब्द संस्कृत की **पद्** धातु से जन्मे हैं जिसमें चतुर्थांश, अध्याय, हिस्सा अथवा छोटी मुद्रा का भाव हैं। इससे बने **पद्म** में एक बहुत बड़ी संख्या का भाव है। आप्टे कोश के अनुसार एक के आगे पंद्रह शून्य जितनी। उसे **पद्म** कहते हैं। यह संख्या हज़ारों खरब होती है। भाषाविज्ञानी पैसा की दो व्युत्पत्तियाँ बताते हैं। पहली के मुताबिक़ यह **पद्म + अंश** बना है। दूसरी व्युत्पत्ति के अनुसार यह **पाद + इका + सदृशकः** से है। मेरी निगाह में पहली व्युत्पत्ति ज़्यादा सही है क्योंकि इसमें विराट संख्या के अंश की बात कही जा रही है जो पैसा है। पाई भी इससे ही बना है जिसे रुपए की सबसे छोटी इकाई माना जाता है और पैसे के समकक्ष रखा जाता है। भारत में रुपए का मूल्य किसी ज़माने में चालीस पैसे था, फिर चौंसठ पैसे हुआ। दाशमिक प्रणाली लागू होने के बाद सौ पैसों से एक रुपया बना। ऐसा नहीं कि अधेला ही सबसे छोटी मुद्रा थी। दाम का चौथाई हिस्सा पावला होता था। ग़ौर करें, तौल और मात्रा की इकाई आज भी पाव है। **पद** में समाया चौथाई भाव इसमें स्पष्ट है। पावला से भी छोटी मुद्रा थी दमड़ी जो पाव का भी आधा और दाम अथवा रुपए का 1/8 हिस्सा कहलाती थी।

पैसा भी ऐसी मुद्रा है जिसका प्रसार पश्चिमी देशों में हुआ। मुग़लकाल में अफ़गानिस्तान में भी पैसा चलता रहा। नेपाल और पाकिस्तान में आज भी चल रहा है। बांग्लादेश में भी इसे **पोइशा** कहा जाता है। ईरान के कुछ हिस्सों में ब्रिटिश काल में पैसा चलता रहा। कुछ अरब देशों में, मसलन–मस्कट, बहरीन, कतर और ओमांन में भी **पैसा** सरकारी मुद्रा के तौर पर डटा हुआ है अलबत्ता वहाँ इसका नाम **बैसा** या **बैजा** हो गया। भारतीय पैसा की तरह ही ओमान की सबसे छोटी मुद्रा भी **बैसा** ही है जिसका

मौद्रिक मूल्य दो भारतीय पैसों के बराबर होता है। ग़ौरतलब है कि एक ओमानी रियाल क़रीब बीस रुपए का होता है। एक रियाल एक हज़ार **बैसा** होते है। ओमान में सौ, दो सौ **बैसा** के नोट चलते हैं जिनकी हैसियत भारतीय मुद्रा में दो सौ पैसे अर्थात दो रुपए के बराबर होती है। ओमान में 1940 तक **रुपया** और **आना** भी चलता रहा।

अरब देशों में **रियाल** प्रमुख मुद्रा है। दिलचस्प बात यह कि यहाँ की सबसे बड़ी और सबसे छोटी दोनों ही मुद्राएँ विदेशी मूल की हैं। **बैसा** के भारतीय मूल की बात हो चुकी है। **रियाल** मूल रूप से स्पेन का है। पुर्तगालियों ने ज़ब पाँच सौ साल पहले खाड़ी देशों में अपना प्रभुत्व जमाया तब स्पेन की शाही मुद्रा रियल का वहाँ आगमन हुआ। रियल का अर्थ होता है खरा, सच्चा, सीधा, प्रामाणिक आदि। ये तमाम अर्थ इसे मिलते हैं इंडो-यूरोपीय धातु REI से। संस्कृत में इसके लिए **ऋ** धातु है जिसमें उचित, सच्चा, ईमानदार, प्रतिष्ठित जैसे भाव जुड़ते हैं जो शासक के प्रमुख गुण माने जाते हैं। अंग्रेज़ी का **रॉय, रॉयल, वायसरॉय** शब्द भी इसी मूल का है। संस्कृत के राजा > राया > राय > राई जैसे सभी शब्दों की इनसे समानता पर ग़ौर करें। भी। **रियाल** में राजसी मुद्रा की बात अंतर्निहित है। इसीलिए कहते हैं दुनिया गोल, पैसा गोल। गोल-गोल ताँबे के पैसे की रिश्तेदारी स्पेनी रियल और अरबी रियाल दोनों से जुड़ रही है।

नोट करें, नोट लें, नोट दें... (रक़म-14)

[शब्द संदर्भ : नोट, नोटिस, नोटबुक, ज्ञान]

काग़ज़ के आविष्कार का श्रेय अगर चीन को दिया जाता है तो काग़ज़ी मुद्रा की शुरुआत भी चीन में ही हुई। काग़ज़ का उत्पादन सीखने की नौ सदियों बाद ही चीन को धातु मुद्रा के इस्तेमाल में आ रही व्यावहारिक दिक्क़तों का निदान भी **काग़ज़** में ही सूझा। तांग वंश के शासनकाल में सरकार को यह महसूस होने लगा कि विशाल राज्य में धातु के सिक्कों को एक जगह से दूसरी जगह भेजना बहुत श्रमसाध्य और जोखिम का काम था। हो ये रहा था की विभिन्न टकसालों से सुदूर क्षेत्रों में कारोबारी गतिविधियों को जारी रखने के लिए भारी मात्रा में मुद्रा भेजने की व्यवस्था लगातार करना मुश्किल हो रहा था। यह कहना मुश्किल है कि काग़ज़ी मुद्रा के पीछे किसकी सूझ थी मगर तांग वंश (618-907) के शासनकाल में इसकी शुरुआत का उल्लेख है जिनका साम्राज्य चीन की पूर्वी सीमा से शुरू होकर सुदूर पश्चिमी सीमा तक पसरा था। काग़ज़ी नोट के विकास में सुंग वंश (907-1127) का युग भी महत्त्वपूर्ण माना जाता है।

काग़ज़ी मुद्रा की तत्कालीन व्यवस्था बहुत-कुछ आज की व्यवस्था जैसी ही थी। शासन की ओर से एक काग़ज़ का खरीता जारी किया जाता था जिस पर उसके बदले भुगतान की जाने वाली राशि दर्ज होती थी। इस राजकीय प्रमाण-पत्र को मुद्रा के

स्थान पर प्रयोग किया जा सकता था। आवश्यकता पड़ने पर राजधानी आकर इसके मूल्य के बराबर राशि का भुगतान भी प्राप्त किया जा सकता था। याद करें भारतीय नोट पर रिजर्व बैंक के गवर्नर का लिखा वह वचन–'मैं धारक को सौ रुपए अदा करने का वचन देता हूँ।' मुद्रा-भुगतान की यह प्रणाली चीन में बहुत कारगर साबित हुई। यूरोपीय यात्री मार्कोपोलो (1254-1324) ने भी अपने यात्रा वृत्तांत में चीन की आश्चर्यजनक काग़ज़ी मुद्रा का उल्लेख किया है। शुरुआती दौर में इसे वहाँ फ्लाइंग-करंसी या उड़न-मुद्रा कहा गया क्योंकि तेज़ हवाओं से यह अक्सर हाथ से उड़ जाती थी। संयोग नहीं कि बेहिसाब ख़र्च के लिए रुपए उड़ाना जैसा मुहावरा काग़ज़ी मुद्रा की वजह से पैदा हुआ हो। उड़ने के साथ मुद्रा में बहने का स्वभाव भी है। अर्थशास्त्र का विकास होने पर इसमें तरलता (लिक्विडिटी) के गुण का भी पता चला। इसे आसान भाषा में समझना चाहें तो मौद्रिक तरलता से अभिप्राय किसी भी व्यवस्था में नक़दी की उपलब्धता या उसके प्रसार में बने रहने से ही है।

आज हम जिस काग़ज़ी मुद्रा को नोट के रूप में जानते हैं उसका चलन यूरोप से शुरू हुआ है। चीन में काग़ज़ी मुद्रा का प्रचलन आम होने की कई सदियों बाद यूरोप ने काग़ज़ी मुद्रा को अपनाया। रोज़मर्रा के अन्य क्षेत्रों में धातु का बढ़ता प्रयोग, धातु की उपलब्धता में कमी, सिक्कों की ढलाई में बढ़ता लागत ख़र्च और इसे एक स्थान से दूसरे स्थान तक पहुँचाने की परेशानी के चलते आख़िरकार यूरोप ने भी काग़ज़ी मुद्रा को अपना लिया जिसकी शुरुआत 1660 में स्टाकहोम बैंक ने की। शुरुआती दौर में सीमित दायरे में इन बैंक नोट्स का प्रसार हुआ। ये बैंक नोट काफ़ी हद तक चीन में प्रचलित नोटों जैसे ही थे अलबत्ता इनमें इस्तेमाल होने वाली सामग्री में यूरोप की औद्योगिक क्रांति के दौरान लगातार बदलाव आता रहा और काग़ज़ी मुद्रा को लगातार टिकाऊ बनाए रखने पर आज भी निरंतर प्रयोग चल रहे हैं।

दुनिया भर में जिस पेपर करंसी को आज नोट के नाम से जाना जाता है, वह दरअसल अधूरा शब्द है। इसका पूरा नाम है बैंक-नोट जो एक तरह का हवाला-पत्र, वचन-पत्र था एक निर्धारित मूल्य के भुगतान हेतु। इसे ख़रीदा-बेचा भी जा सकता था। अपने कई गुणों की वजह से धीरे-धीरे पूरी दुनिया में बैंक-नोट अर्थात काग़ज़ी मुद्रा ही चलन में आ गई। हर देश में वहाँ का प्रमुख बैंक ही सरकार की तरफ़ से मुद्रा जारी करता है। सिक्कों का चलन अब सिर्फ़ फुटकर मुद्रा के तौर पर होता है। नोट शब्द मूलतः इंडो-यूरोपीय भाषा-परिवार का शब्द है। नोट का मतलब होता है परीक्षण, ग़ौर करना, ध्यान देना, चिह्न, जानकारी आदि। ग़ौरतलब है कि नोट उसी GNO धातु से बना है जिससे अंग्रेज़ी का KNOW और संस्कृत का ज्ञान शब्द बना है। इन दोनों में ही निरीक्षण, परीक्षण, अवगत होना, कराना, जानकारी रखना, देखना-समझना आदि भाव हैं। मूल रूप से प्राचीन लैटिन के GNOSCERE से GNATA का रूप लेते हुए अंग्रेज़ी का नोट अस्तित्व में आया। लैटिन के NOTARE से यह फ्रेंच में दाख़िल हुआ। जहाँ इसका रूप बना NOTER जिसका अर्थ है चिट्ठी,

ध्यानार्थ आदि। इसी धातु मूल से अंग्रेज़ी का **नोटिस** शब्द भी बना। ग़ौरतलब है कि नोट और नोटिस दोनों ही शब्द हिन्दी-उर्दू में बहुत ज़्यादा प्रचलित शब्दों में हैं। **नोट** और **नोटिस** दोनों ही वस्तुएँ ली और दी जा सकती है। नोट करना अर्थात लिखना तो ख़ैर एक महत्त्वपूर्ण क्रिया है ही। नोटशीट पर लिखा जाने वाला **नोट** ही सरकारी काम की रफ़्तार की कुंजी है। हर दृष्टि से यह तय सा है कि सरकारी दफ़्तरों में कोई काम बिना **नोट** के नहीं होता। करेंसी नोट के लिए हाल के वर्षों तक प्रयुक्त होने वाला शब्द रुक्क़ा भी शायद लिखकर दिए जाने वाले नोट को ही ध्वनित करता प्रतीत होता है।

रुक्क़ा, रोकड़, रोकडिया (रक़म-15)

[शब्द संदर्भ : रक़म, रुक्क़ा, रोकड़िया, रुक्म, रुक्मिणी]

हिन्दी-उर्दू में बड़ी धनराशि के लिए रक़म शब्द का प्रयोग किया जाता है। आमतौर पर नक़द या सोना-चाँदी के अर्थ में इस लफ़्ज़ का इस्तेमाल ज़्यादा होता है। हिन्दी का एक मुहावरा है–**रक़म खड़ी करना** जिसके मायने हैं माल का बिकना या नक़दी प्राप्त होना वग़ैरह। रक़म यूँ तो अरबी ज़बान का लफ़्ज़ है और फ़ारसी-उर्दू के ज़रिए हिन्दी में दाख़िल हुआ मगर इस शब्द की रिश्तेदारी संस्कृत के रुक्म जिसका अर्थ है चमकदार, उज्ज्वल-से भी मानी जाती है। इससे बने **रुक्मः** का मतलब होता है सोने के आभूषण या ज़ेवर। इसी तरह **रुक्मम्** का मतलब होता है सोना या लोहा। श्रीकृष्ण की पत्नी **रुक्मिणी** और उसके भाई **रुक्मिन्** का नामकरण भी इसी **रुक्म** से हुआ है।

यही **रुक्म** अरबी भाषा में **रक़म** के रूप में नज़र आता है। यहा इसके मायने हैं लिखना, चिह्नित करना या अंकन करना अथवा अंक। यह बना है **रक्म** से (संस्कृत **रुक्म** से समानता पर ग़ौर करें) जिसमें लिखने का भाव है। हिब्रू में रक़म का अर्थ होता है कशीदाकारी करना या एम्ब्रॉयडरी करना जबकि फिनीशी ज़बान में इसका मतलब निकलता है बुनाई करना। **फिनीशी** और हिब्रू में रक़म के अर्थों पर ग़ौर करें। कशीदाकारी और बुनाई मूल रूप से वस्त्र को और समृद्ध बनाने की कलाएँ हैं। कला यूँ भी समाज को समृद्ध ही करती है। बुनाई, सिलाई और कशीदाकारी से वैल्यू एडिशन हो रहा है। वस्तु क़ीमती हो रही है। वह **रक़म** बन रही है अर्थात मूल्यवान बन रही है। मालवी में तो गुणवान मनुष्य के लिए भी **रक़म** का प्रयोग होता है। हालाँकि अब इसका प्रयोग संदर्भित व्यक्ति के परले दर्जे के चालबाज़ या शातिर होने के अर्थ में ज़्यादा होता है कि फलाँ व्यक्ति **बहुत बड़ी रक़म** है अर्थात **चलता-पुर्ज़ा** है।

रक़म में शामिल लिखने और अंकन करने के अर्थ से साफ़ है कि ज़ेवरात पर सोने चाँदी की बारीक़ कारीगरी से लेकर धातु के टुकड़ों पर मूल्यांकन, हिसाब-किताब का लेखन आदि भाव भी इसमें शामिल हैं। रक्म से बने बने रक़मी शब्द का मतलब होता

है क़ीमती चीज़ या लिखा हुआ काग़ज़। ग़ौरतलब है कि पुराने ज़माने में दस्तावेज़ों की एक क़िस्म होती थी **रक़मी दस्तावेज़** अर्थात अंकित प्रपत्र। रक़म के लिखने संबंधी अर्थ से जुड़ता हुआ हिन्दी-उर्दू का एक और शब्द है **रुक़्क़ा**। यह भी अरबी भाषा का है और इसका सही रूप है रुक़अः यानी काग़ज़ की पर्ची, चिट्ठी-पत्री आदि। दरअसल यही रुक़्क़ा **रक़म** है। ज़ाहिर है कि इस **रुक़्क़ा** का मतलब मौद्रिक लेन-देन संबंधी काग़ज़ात से ही है, मसलन—हुंडी, प्रोनोट वग़ैरह। ये काग़ज़ात भी तो धन यानी रक़म ही हुए न? नवाबी दौर में ये रुक़्क़े ख़ूब चला करते थे। यूँ रुक़्क़े का सामान्य अर्थ काग़ज़ का टुकड़ा, चिट, पुर्ज़ा भी होता है। शायरों को भी रुक़्क़े दौड़ाने की ख़ूब आदत थी और आशिक़-माशूक़ के बीच भी रुक़्क़े दौड़ते थे।

रुक्म की रिश्तेदारी **रोकड़** से भी जुड़ती है। नक़दी, कैश, जमा, पूँजी, धन आदि के अर्थ में **रोकड़** शब्द हिन्दी की बोलियों सहित द्रविड़-परिवार की विभिन्न भाषाओं में भी प्रचलित है। जॉन प्लैट्स के हिन्दी-उर्दू-अंग्रेज़ी कोश के मुताबिक़ रोकड़ का जन्म संस्कृत धातु **रोकः** से हुआ है मगर वामन शिवराम आप्टे के प्रसिद्ध संस्कृत-हिन्दी कोश में **रोकः** शब्द का उल्लेख तक नहीं है। तो भी यह तय है कि रुक्म में निहित चमक और इससे बने रुक्मम् का अर्थ सोना रोकड़ के नक़दी वाले अर्थ को सिद्ध करता है। रोकड़ का रोकड़ा शब्दप्रयोग भी आम है। कैशियर के लिए इससे ही बना है **रोकड़िया**। वाणिज्यिक शब्दावली में अक्सर रोकड़ खाता या रोकड़ बही जैसे शब्द इस्तेमाल होते हैं जिसका मतलब उस रजिस्टर से है जिसमें नक़दी लेन-देन के विवरण दर्ज होते हैं। हिसाब-किताब करने को रोकड़ मिलाना भी कहा जाता है।

धीरज धर्म मित्र अरु नारी... (रक़म-16)

[शब्द संदर्भ : धन, धान्य, धनिक, धन्वन्तरि, धन्यवाद, धणी, धणीधोरी, धनवान, धनुष्कोटि]

संस्कारों से बड़ी पूँजी कुछ नहीं। संस्कार शब्द का प्रयोग कई अर्थों में होता है मगर सार रूप में समझें तो चिंतन और कर्म के दायरे में मानवीय व्यवहार ही संस्कार होते हैं। किसी का आभार मानना भी सुसंस्कार है। यूँ तो हम भारतीय किसी का शुक्रगुज़ार होना और प्रशंसा करना कम जानते हैं, तो भी इसके लिए शब्दकोशों में **धन्यवाद** शब्द मिलता है। कभी-कभी इसका प्रयोग भी कर लिया जाता है। निश्चित ही कृतज्ञता ज्ञापन पाने वाला सुखद् अनुभव से धनी हो जाता है। विपन्न हो जाने के भय से ही शायद इसे न देने का कुसंस्कार पनप रहा है। धन्यवाद में देवनागरी के **ध** वर्ण की महिमा व्याप रही है। **ध** वर्ण में रखने वाला, धारण करने वाला जैसे भाव समाहित हैं। ब्रह्मा, कुबेर, भलाई, नेकी, संस्कार, धन-दौलत जैसे भाव भी इस वर्ण से जुड़े हुए हैं। इसी कड़ी में धन् धातु से बना है धन्य जो बड़ा मांगलिक शब्द है। दौलतमंद, मालदार, भाग्यवान, ऐश्वर्यवान, उत्तम, श्रेष्ठ जैसे अर्थ इसमें निहित है। कृतज्ञता जताने, प्रशंसा-स्तुति के लिए **धन्यवाद** शब्द इसी मूल से जन्मा है।

धन की महिमा न्यारी है। धन अर्थात दौलत, सम्पत्ति, रुपया-पैसा आदि। **धन** की श्रेणी में वह सब कुछ आ जाता है जो मनुष्य को प्रिय है संस्कार, रिश्ते, धर्म, काल–जिसमें आयु शामिल है आदि। तरुणी अथवा युवा स्त्री के लिए संस्कृत में धनी शब्द है। युवावस्था में आयु-कलश भरा हुआ नज़र आता है। बढ़ती उम्र में यह घड़ा जब रीतता जाता है तब उम्र के बहीखाते पर नज़र पड़ती है और हम बौखला जाते हैं। अक्सर बढ़ापे में लोग ख़ुद को लुटा-पिटा महसूस करते हैं, चाहे वे **धनवान** हों। रिश्ते के महत्त्व के तौर पर स्त्री के लिए उसका पति **धणी** है तो पति के लिए उसकी स्त्री। राजस्थानी में सरपरस्त के लिए **धणीधोरी** जैसा समास ख़ूब लोकप्रिय है। धन की देवी लक्ष्मी हैं और इसीलिए गृहस्वामिनी को भी लक्ष्मी का दर्जा ही दिया जाता है। मनुष्य का स्वभाव है कि वह प्राप्ति में, अर्जन में सुख पाता है। जो प्राप्त होता है, अर्जित होता है वही उसका धन है। भक्ति के ज़रिए यदि प्रभु मिलें तो वह सर्वोच्च धन है। सांसारिक जीवन में स्त्रीधन, पुत्रधन, मानधन, पशुधन (गोधन), भूधन जैसी उपमाएँ **धन** को ही रेखांकित करती हैं। **धन्** से बने धनम् में ये तमाम अर्थ निहित हैं। अमीर, सम्पन्न व्यक्ति के लिए **धनिक, धनवान, धनिन, धनेश** जैसे शब्द बने हैं। सेठ के साथ धन्ना शब्द भी इसीलिए लगाया जाता है। आयुर्वेद के जन्मदाता का नाम धन्वन्तरि संभवतः आयु के महत्त्व को ही बताता है। समुद्रमंथन के अंत में आयु को निरपेक्ष बना देने वाले तत्त्व अर्थात अमृत से भरे कलश को लेकर उनका समुद्र से प्रकट होने वाला प्रसंग इस संदर्भ में महान प्रतीक है।

मृत्यु के लिए **निधन** शब्द के मूल में भी **धन** शब्द ही है। आप्टे कोश में वराहमिहिरकृत बृहत्संहिता के ह वाले से कहा गया है–**निवृतं धनं यस्मात्** यानी धन का न रहना। समझा जा सकता है निर्धनता को मृत्यु से भी बद्तर मानने के पीछे मनुष्य के पास प्राचीनकाल से ही कटु अनुभव रहे होंगे। ग़रीबी हो या अचानक पैदा हुआ अर्थाभाव, निर्धन होते ही मृत्यु का विकल्प चुनने की मनुष्य में सहज वृत्ति होती है। इसके मूल में है जीवन के अन्य विविध आयामों में धन की व्याख्या न करना या धन को सिर्फ़ भौतिक सम्पत्ति से ही तौलना। जीवन को भी धन की उपमा दी गई है। गोस्वामी तुलसीदास ने "धीरज धर्म मित्र अरु नारी। आपदकाल परखिये चारी।।" जैसी उक्ति में धन के इन चार प्रकारों की आज़माइश की सलाह दी है जिनमें धैर्य और धर्म सबसे सबसे बड़ा धन हैं। निर्धन से ही बना है मृत्यु का पर्याय निधन। शब्दकोश में निधन के उपसंहार, परिसमाप्ति, अंत जैसे अर्थ भी बताए गए हैं जो यही सिद्ध भी करते हैं। कर्म के नज़रिए से भी धन की व्याख्या है। शिक्षक के लिए उसके उसकी पोथियाँ, दौलतमंद के लिए उसकी बहियाँ, वीर के लिए उसका बल-आयुध और कार्मिकों के लिए सेवाधन ही सबसे बड़ी पूँजी है। दुनिया भर की संस्कृतियों में धनुष ही प्राचीनतम हथियार रहा है। **धनुष** भी **धन्** धातु से ही बना है। पुराने समय में प्रायः हर वर्ग के लोग धनुर्विद्या में पारंगत होना चाहते थे। रामेश्वरम् के पास धनुष्कोटि तीर्थ का नाम भी इससे ही जुड़ा है।

निष्क से बना तनिष्क (रक़्म-17)

[शब्द संदर्भ : निष्क, तनिष्क निष्कर्ष, कार्षापण, निष्कासन]

प्राचीन भारत में **निष्क** नाम की स्वर्णमुद्रा भी प्रचलित थी। वैदिक संदर्भों में इसका उल्लेख मुद्रा के रूप में भी है और स्वर्णाभूषण के तौर पर भी है। निष्क का प्रयोग नियमित मुद्रा के तौर पर होता था या नहीं, इस पर विद्वान एकमत नहीं हैं मगर यह मौद्रिक लेन-देन का सहज ज़रिया थी यह तय है। आज के दौर में निष्क शब्द चलन में नहीं है मगर भला हो बहुराष्ट्रीय स्वदेशी कंपनी **टाटासंस** का कि वह ज्वैलरी के कारोबार में उतरी और अपने आभूषणों के लिए **निष्क** शब्द को ब्रांडनेम बनाया। चौंकिए नहीं, अब कारोबारी अक़्ल तो टाटा को लगानी ही थी सो उन्होंने निष्क अर्थात NISHK से पूर्व टाटा का टा यानी TA भी लगा दिया और **निष्क** के अंग्रेज़ी हिज्जे में बदलाव कर दिया और बन गया **तनिष्क** जो महिलाओं का पसंदीदा ब्रांड है।

निष्क के बारे में प्रख्यात आलोचक, भाषाशास्त्री डॉ. रामविलास शर्मा ऋग्वेद-श्रम और संस्कृति में लिखते हैं कि निश्चित तौर पर वैदिककालीन भारत में **निष्क** संपत्ति का ऐसा रूप था जिसे लेकर मनुष्य आसानी से इधर-उधर चल सकता था। वैदिक इंडेक्स में भी कहा गया है कि **निष्क** स्त्रियों के आभूषण का नाम था मगर उसे विनिमय के तौर पर भी इस्तेमाल किया जाता था अर्थात उसका मुद्रा के रूप में प्रयोग समाज को स्वीकार्य था। सदियों बाद मौर्य और गुप्तकाल के संदर्भों में निष्क का उल्लेख सिक्के के रूप में ही मिलता है जिससे पता चलता है कि निष्क नाम के स्वर्ण आभूषण या धातु पिंड का बतौर मुद्रा चलन शुरू हो गया था।

डॉ. शर्मा निष्क के बारे में ऋग्वेद के ह वाले से तर्क देते हैं। वैदिक देव रुद्र गले में निष्क धारण करते हैं जिसे **विश्वरूप** की संज्ञा दी गई है। अब रुद्र ही **विश्वरूप** हों तब तो ठीक अन्यथा निष्क का विश्वरूप होना मुद्रा के तौर पर ही संभव है। क्योंकि मुद्रा की ख़ासियत है उसे किसी भी रूप में परिवर्तित किया जा सकता है। यानी वह सचमुच विश्वरूप है। निष्क की व्युत्पत्ति स्पष्ट नहीं है। इसका अर्थ वामन शिवराम आप्टे के संस्कृत कोश में सोना, मुद्रा, आभूषण आदि दिया हुआ है। यही नहीं निष्क को तौल और माप भी बताया गया है। आप्टे कोश में जानकारी मिलती है कि निष्क किसी एक तौल की मुद्रा नहीं थी बल्कि अलग-अलग तौल की मुद्रा थी। **निष्क** की व्युत्पत्ति के संदर्भ में मेरा मत धातु शोधन की प्रक्रिया से संबंधित है। स्वर्ण धातु के शोधन की तकनीक प्राचीन भारतीयों को ज्ञात थी। आज भी कच्चे अयस्क से धातु शोधन को निष्कर्षण कहते हैं। धातुएँ शुद्ध रूप में धरती में नहीं होतीं बल्कि खनिज रूप में होती हैं जिन्हें तपाकर-पिघलाकर प्राप्त किया जाता है। दरअसल ये खनिज का सार होती हैं, **निष्कर्ष** होती हैं। गोष्ठियों, बहस-मुबाहिसों के ज़रिए किसी नतीजे पर पहुँचा जाता है जो पूरी चर्चा का सार-तत्व होता है। दरअसल इसे चर्चा की माप या तौल कह सकते हैं। यही निष्कर्ष है। **निष्कर्षण** शब्द **निस् + कर्ष** से बना है। **कर्ष** बना है **कृ** धातु से जिसमें उकेरना, खींचना,

लकीर खींचना, निकालना आदि भाव शामिल हैं। **कार्षापण** नामक स्वर्णमुद्रा के नामकरण में भी **कर्ष** ही है।

वैदिक भारत में **पण** नामक मुद्रा का भी उल्लेख है जो अनगढ़ धातु पिंड होता था। **कर्ष** के साथ पण शब्द जुड़ने से बना **कार्षापण**। पण के कार्षापण में तब्दील होने के पीछे प्राचीन भारतीय समाज की तकनीकी प्रगति उजागर हो रही है। पण को कार्षापण नाम इसलिए मिला क्योंकि धातु के अनगढ़ पिंड पर राज्यमुद्रा उत्कीर्ण करने की तकनीक का उसमें इस्तेमाल किया गया था। यहाँ **कर्ष** के लकीर खींचने, खोदने के भाव पर ग़ौर करें। निस् उपसर्ग में अलग करने का भाव है। इस प्रकार शोधन के अर्थ में **निष्कर्षण** का मतलब हुआ खनिज अयस्क से मूल तत्त्व को खींचना। खनिज के मूल तत्त्व को ही धातु कहते हैं। अनुमान लगाया जा सकता है कि **निष्कर्षण** प्रक्रिया के परिणामस्वरूप प्राप्त स्वर्ण धातु को **निष्क** नाम दिया गया होगा। **निष्कासन** शब्द का जन्म भी इससे ही हुआ है जिसका अर्थ होता है देशनिकाला, या बाहर निकालना। **निष्क** के आभूषण वाले अर्थ से तो इस शब्द की कर्ष से व्युत्पत्ति स्पष्ट हो रही है। धातु पिंड आभूषण इसीलिए कहलाता है क्योंकि उस पर मनोहर रेखाएँ उत्कीर्ण की जाती हैं। उसे काट-छाँटकर आकर्षक रूप दिया जाता है। यही भाव तो कर्ष के मूल में है।

धर्म-दर्शन-ज्ञान

अवधू माया तजि न जाई...और दुत्कार

[शब्द संदर्भ : अवधू, वधू, अवधूत, धूत, धत्त, दुत्कार, धतकरम, धत्तेरे की]

कबीर बानी में कई बार एक शब्द आता है **अवधू**। कौन है यह **अवधू**? दरअसल **अवधूत** ही **अवधू** है। मोटेतौर पर संन्यासियों-साधुओं के एक वर्ग को अवधूत कहते है। कबीर बानी के निहितार्थ से अली सरदार ज़ाफ़री ने इस शब्द की व्युत्पत्ति बताई है **अ + वधू** यानी जिसकी वधू न हो अर्थात अकेला, सांसारिक बंधनों से मुक्त। भाव ग्रहण करने के स्तर पर तो यह व्युत्पत्ति आनंदित कर सकती है मगर यह सही नहीं है। अवधूत बना है संस्कृत के **धूत** शब्द में अव उपसर्ग लगने से। **अव + धूत = अवधूत**। अव उपसर्ग का मतलब होता है दूर, परे, फ़ासले पर, नीचे (अवतल) वग़ैरह। धूत शब्द भी मूलतः **धू** धातु से बना है जिसका अर्थ है झकझोरना, हिलाना, अपने ऊपर से उतार फेंकना, हटाना आदि। इससे बने **धूत** शब्द में हटाया हुआ, भड़काया हुआ, फटकारा हुआ, तिरस्कृत, परित्यक्त, पापमुक्त जैसे भाव उजागर होते हैं। इस तरह देखें तो अवधूत का मतलब निकलता है वह संन्यासी जिसने सांसारिक बंधनों तथा विषय-वासनाओं का त्याग कर दिया है। सभी प्रकार से मुक्त, धूत अर्थात परिष्कृत।

अवधूत संन्यासी वैष्णव और शैव दोनों ही सम्प्रदायों में होते हैं। शैव अवधूत वे हैं जो कठोर साधना में जीवन व्यतीत करते हैं। तपस्या धर्म के पालन में रत रहते हुए वे शरीर पर वस्त्र को भी बंधन मानते हुए उससे मुक्त रहते हैं। प्रतीकस्वरूप सिर्फ़ भस्म का आवरण शरीर पर धारण करते हैं। वाणी का तिरस्कार करते हैं अर्थात मौन रहते हैं। योगी सम्प्रदाय के प्रवर्तक गोरखनाथ को इसीलिए विचित्र अवधूत कहा जाता है। इसी तरह रामानन्दी वैष्णव साधुओं को भी अवधूत कहा जाता है। स्वामी रामानंद ने जब सामान्य जनों को वैष्णव बनाने का अभियान चलाया तो उन्होंने जातिभेद हटा दिया और जो दीक्षित हुए उन्हें अवधूत कहा। इससे उनका अभिप्राय यही था कि नवदीक्षितों ने अपने पुराने स्वरूप का त्याग कर दिया है।

बोलचाल की हिन्दी में आमतौर पर एक शब्द प्रचलित है **दुत्कार**। इसका क्रियारूप हुआ दुत्कारना। जब कभी किसी के साथ तिरस्कारपूर्ण शैली में बातचीत हो, या उसका बहिष्कार किया जाए अथवा उसे फटकारा जाए तो इन तमाम बातों को दुत्कारना के अर्थ में ही देखा जाता है। यह **दुत्कार** भी ग़ौर करें **धूत** में शामिल तिरस्कार के भाव से ही आ रही है। उलाहना के अर्थ में धत्तेरे की अक्सर बोला जाता

है जो इसी मूल से आ रहा है। बुरे कामों या निष्प्रयोजनीय कार्यों को अक्सर धतकरम की संज्ञा दी जाती है। यह भी इसी कड़ी का हिस्सा है।

क़ाफ़िर वह जो नाशुक्रा

[शब्द संदर्भ : क़ाफ़िर, कुफ़्र, क़ाफ़िरिस्तान]

भारत में आम धारणा रही है कि क़ाफ़िर हर वो इनसान है जो इस्लाम को नहीं मानता। या यूँ कहें कि मुसलमानों की निगाह में ग़ैर-इस्लामी व्यक्ति **क़ाफ़िर** है। जो भी हो, क़ाफ़िर लफ़्ज़ को ख़राब माना जाता है। हक़ीक़त ये है कि क़ाफ़िर शब्द के मायने हैं इनकार करने वाला, सत्य को छुपाने वाला। यह बना है अरबी लफ़्ज़ **कुफ़्र** से जिसके मायने होते हैं इनकार, अस्वीकृति वग़ैरह। कृतघ्नता दिखाना या नाशुक्रापन दिखाना भी इसमें शामिल है। बाद में इसे पाप से जोड़कर देखा जाने लगा। दरअसल ये शब्द किसी-न-किसी रूप में धर्म, ईश्वर या सर्वोच्च सत्ता के लिए स्वीकार या नकार के संदर्भ में ही सामने आए हैं। इसे हम हिन्दू दर्शन में समाहित अस्ति और नास्ति जैसे भावों से समझ सकते हैं। आस्तिक और नास्तिक शब्द इससे ही बने हैं। भारत में जब इस्लाम का प्रवेश हुआ तब ज़बर्दस्ती इस्लाम क़ुबूल करवाने की चेष्टाएँ भी शासक वर्ग की ओर से की गईं। जिन्होंने इनकार किया वे **क़ाफ़िर** कहलाए। ज़ाहिर है इस अर्थ में ग़ैर-मुस्लिमों को क़ाफ़िर कहना कुछ ग़लत नहीं था। और इसी नज़रिए से समझना चाहें तो हिन्दुओं की निगाह में सभी ग़ैर-हिन्दू क़ाफ़िर हो सकते हैं और ईसाइयों की निगाह में सभी ग़ैर-ईसाई भी क़ाफ़िर हो सकते हैं। कश्मीर के उत्तर-पश्चिमी क्षेत्र के एक इलाक़े का नाम **क़ाफ़िरिस्तान** है। इसे **कुफ़्रिस्तान** भी कहा जाता है। यह इलाक़ा अब पाकिस्तान और अफ़गानिस्तान के बीच का विवादित क्षेत्र है। इसके नाम से ज़ाहिर है कि इस्लाम के प्रभाव में न आने की वजह से किसी समय इस पूरे इलाक़े को ही हमलावरों ने यह नाम दे दिया होगा।

चरैवेति चरैवेति...सीखो सबक़

[शब्द संदर्भ : सबक़]

हन्दी में सबक SABAQ शब्द का ख़ूब इस्तेमाल किया जाता है। अरबी से फ़ारसी होते हुए हिन्दी में दाख़िल हुए इस शब्द के मायने हैं सीख, नसीहत, शिक्षा, पाठ आदि। मगर अक्सर इसका प्रयोग मुहावरे के तौर पर इन्हीं अर्थों में न होकर प्रतिक्रियास्वरूप होने वाले अनुभव के लिए होता है, मसलन--**सबक़ सिखाना** या **सबक़ देना**। यह ठीक उसी तरह है जैसे पाठ पढ़ाना। दोनों शब्द युग्मों से जो व्यंजनार्थ उभर रहा है वह क्रिया की प्रतिक्रियास्वरूप हुए अनुभव का बोध कराता है न कि सचमुच पाठ्यक्रम के किसी अंश को सीखने का। हालाँकि फ़ारसी में भी **सबक़ दादन** यानी सबक़ देना का अर्थ पढ़ाना, व्याख्यान देना या सीख देना ही है। मगर उर्दू में आकर इसने मुहावरे वाला प्रभाव ग्रहण किया। फ़ारसी में पाठ याद करने को **सबक़ गिरिफ्तन** कहते हैं।

सबक़ शब्द सेमेटिक भाषा-परिवार का है और आरमेइक, हिब्रू और अरबी में अलग-अलग रूपों में इस्तेमाल होता है। इसका धातु रूप है **स-ब-क़**। बक में गति, प्रगति, तरक्क़ी आदि का भाव है। ग़ौरतलब है कि काल यानी समय अपने आपमें गति का पर्याय है। दार्शनिक अर्थों में चाहे समय को स्थिर साबित किया जा सकता है पर लौकिक अर्थों में तो समय गतिशील है। हर गुज़रता पल हमें अनुभवों से भर रहा है। हर अनुभव हमें ज्ञान प्रदान कर रहा है, हर लम्हा हमें कुछ सिखा रहा है। आज के प्रतिस्पर्धा के युग में हम अनुभवों की तेज़ रफ़्तारी से गुज़र रहे हैं। तेज़ रफ़्तारी के साथ सबसे आगे रहना सबक़त कहलाता है। आज से ढाई हज़ार साल पहले भी इसी ज्ञान की ख़ातिर भगवान बुद्ध ने अपने शिष्यों को यही सबक़ दिया था—चरत्थ भिक्खवे! चारिक़म् बहुजन हिताय, बहुजन सुखाय। अर्थात हे भिक्षुओं, सबके सुख और हित के लिए चलते रहो।

भाषाविज्ञानियों ने सबक़ का रिश्ता बाइबल के ओल्ड टेस्टामेंट से जोड़ा है जिसमें हिब्रू ज़बान में ईसा के मुँह से निकले अंतिम शब्द इस प्रकार हैं—**"इलोई इलोई लामा शबख़्तानी"** अर्थात "हे प्रभु-हे प्रभु, तूने मुझे अकेला क्यों छोड़ दिया?" आरमेइक में इसका रूप है **"इलोही इलोही लाभा सबक़तानी"**। इस **सबक़तानी** को ही विद्वान सबक़ से जोड़ते हैं और इसका मूल मानते हैं। यहाँ अकेला छोड़ने से भाव है पीछे छोड़ना। ग़ौर करें, अरबी के **सबक़त** पर जिसमें सबको पीछे छोड़ देने की क्रिया **सबक़त** कहलाती है। आरमेइक सीरिया-इराक़ की प्राचीन-पारंपरिक ज़बान है जो अरबी के निकट है। आरमेइक में इसका रूप है सिबाक़ जिसका मतलब है...अनुभव के हर सोपान पर मनुष्य कुछ सीखता है अनुभवी बनता है, दरअसल इसे ही **सबक़** कहते हैं—दौड़ना, भागना, खेलना, प्रतिस्पर्धा करना या दौड़ में आगे बढ़ जाना। बेहतर से बेहतर करना आदि। मगर इन अर्थों में वही भाव छुपा है जिसकी व्याख्या ऊपर की गई है।

सभी धर्मों में, संस्कृतियों में काल की गति को सर्वोपरि माना गया है मगर इसके साथ जीवन को, मनुष्यता को लगातार उच्चतम स्तर पर ले जाने की अपेक्षा भी की गई है। उच्चता के स्तर पर मनुष्य लगातार अनुभवों से गुज़रते रहने पर ही पहुँचता है। **चरैवेति-चरैवेति** की सीख भी यही कह रही है कि निरंतर गतिमान रहो। ज्ञानमार्गी बनो। ज्ञान एक मार्ग है जिस पर निरंतर गतिमान रहना है। अनुभव के हर सोपान पर, हर अध्याय पर मनुष्य कुछ और शिक्षित होता है, गतिमान होता है, कुछ पाठ पढ़ता है। कुछ सबक़ लेता है। ज्ञान को पराकाष्ठा पर पहुँचाने के लिए प्रतिस्पर्धी होना ज़रूरी है। तभी शिक्षा के अलग-अलग स्तर समझ में आएँगे। अपने मूल सेमेटिक रूप में सबक़ का यही अर्थ है। हिब्रू **शबख़्तानी** या अरबी **सबक़त** का अर्थ हुआ आगे...और आगे...सबसे आगे...ईसा के अंतिम शब्दों का यही भाव था कि "प्रभु, मुझे पीछे छोड़कर आप क्यों आगे निकल गए?"

ज्ञानमार्ग का दर्शन

[शब्द संदर्भ : दर्शन, फ़िलॉसॉफ़ी, फ़ल्सफ़ा]

उर्दू का **फ़ल्सफ़ा** या अंग्रेज़ी का **फ़िलॉसॉफ़ी** शब्द हिन्दी में प्रचलित दर्शन का पर्यायवाची है। दर्शन यानी देखना क्रिया संस्कृत की दृश् धातु से निकली है। अर्थ इसका भी देखना ही है मगर थोड़ी गहरी नज़र से। फ़िलॉसॉफ़ी की उत्पत्ति ग्रीक PHILOSOPHIA से हुई है जिसका मतलब है ज्ञानमार्ग अथवा ज्ञान की लगन। ग्रीक से यह गया लैटिन में और फिर पुरानी फ्रेंच में FILOSOFIE बनकर नमूदार हुआ और फिर अंग्रेज़ी में इसका रूप फ़िलॉसॉफ़ी हुआ। यह दो लफ़्ज़ों के मेल से बना है–PHILO यानी प्रेमपूर्ण और SOPHIS यानी ज्ञान, प्रज्ञा आदि। उर्दू-फ़ारसी के ज़रिए हिन्दी में भी समझा जाने वाला **फ़ल्सफ़ा** शब्द मूलतः अरबी का है। यह माना जाता है कि अरबी में इस शब्द की आमद ग्रीक से ही हुई है। अरब में जब ग्रीक फ़िलॉसॉफ़िकल साहित्य की तर्जुमानी होने लगी तभी इस शब्द ने आकार लिया।

दर्शन में दृष्टिपात करने के साथ-साथ मन से **दृष्टिगोचर** करना, सीखना, जानना और समझना जैसे भाव हैं। इसमें किसी भी पार्थिव या अपार्थिव वस्तु अथवा विषय को अंतर्ज्ञान (अन्तर्दृष्टि) से देखना-परखना अथवा दिव्यानुभूति रखना आता है। लोगों को रास्ता दिखलाना, ज्ञानबोध कराना, सिद्ध करना-बतलाना, साक्षी बनना और साक्षात्कार कराना आदि सब बातें **दर्शन** के दायरे में आती हैं। कहने का तात्पर्य यह कि प्राचीनकाल से जो भी जगत में ज्ञान की परिधि में गूढ़ है, रहस्य है, उसे समझने का प्रयास दर्शन है। डॉ. इन्द्रचंद्र शास्त्री के शब्दों में कहें तो यह रहस्य का साक्षात्कार है। हमारे यहाँ आस्तिक और नास्तिक दोनों दर्शन हैं। जैन दर्शन, बौद्ध दर्शन और चार्वाक दर्शन नास्तिक दर्शन की श्रेणी में आते हैं क्योंकि ये वेदों को प्रमाण नहीं मानते। जबकि वेदों को प्रमाण मानने वाले दर्शन आस्तिक दर्शन कहलाते हैं।

वैदिक साहित्य संहिता, ब्राह्मण, आरण्यक और उपनिषदों में है और ये ही दर्शन के मूल स्रोत हैं। दर्शन छह प्रकार के बताए गए हैं–(1) न्याय दर्शन। इसमें तर्क प्रणाली का सहारा लिया जाता है। इसे सामने लाने वाले महर्षि गौतम हैं। (2) वैशेषिक दर्शन। इसमें पदार्थों और द्रव्यों की विवेचना है। इसके प्रणेता कणाद ऋषि हैं। (3) सांख्य दर्शन। इसमें निरीश्वरवाद प्रमुख है। प्रणेता हैं कपिल मुनि। (4) योग दर्शन। यह योगविद्या द्वारा मोक्ष की पैरवी करता है। इसके प्रवर्तक हैं पतंजलि। (5) पूर्व मीमांसा। कर्मकांड की व्याख्या करने वाला दर्शन। जैमिनी ने की विवेचना। (6) उत्तर मीमांसा। जीव और ब्रह्म की एकता को स्थापित करने वाला दर्शन। इसके प्रतिपादक थे महर्षि व्यास।

जड़ से बैर, पत्तों से यारी

[शब्द संदर्भ : जड़, जाड़ा, जूड़ी का बुख़ार, जाड्यम्, जड़बुद्धि, जड़भरत, जड़ी-बूटी, जड़ाऊ, जड़ित, जटित, जड़ना]

सतही सोच-समझ और मतलबपरस्ती के लिए एक कहावत है **जड़ से बैर, पत्तों से यारी**। इसी तरह ख़ुद को प्रतिष्ठित करने या दूसरे को नुक़सान पहुँचाने, पूरी तरह नष्ट

कर देने के अर्थ में हिन्दी में दो मुहावरे आमतौर पर इस्तेमाल होते हैं। **जड़ जमाना** और **जड़ उखाड़ना**। यहाँ चाहे जड़ का शाब्दिक अर्थ वृक्ष के मूल से है मगर भाव उस आधार से है जो किसी भी चीज़ को मज़बूती प्रदान करता है। हिन्दी में जड़ शब्द का तीन तरह से प्रयोग होता है। दिलचस्प बात यह कि तीनों ही प्रकारों में जड़ शब्द का अर्थ अलग-अलग है।

जड़-1

आमतौर पर इस **जड़** का प्रयोग विशेषण के रूप में होता है। निष्क्रिय, निश्चेष्ट या आलसी के लिए जड़ शब्द प्रचलित है। यह बना है संस्कृत के **जड** से जिसका मतलब होता है अत्यधिक शीत, ठंड, ठिठुरन या जमाव बिंदु तक सर्दी होना। दिलचस्प बात यह कि जड़ शब्द का निर्माण **जल्** धातु से हुआ है जिसका मतलब भी स्फूर्तिहीन, ठंडा या शीतल ही होता है। इसी से बना है पानी के लिए **जलम्** शब्द। ज़ाहिर सी बात है कि तरलता के बाद पानी का सबसे बड़ा गुण उसकी शीतलता ही है और अपने मूलस्रोत पर तो यह हिमशीतल रहता है। शीतलता के इन्हीं भावों से एक और नए शब्द का जन्म हुआ **जाड्यम्** जिसमे यही सारे अर्थ समाहित हैं। ग़ौर करें कि अत्यधिक सर्दी में मनुष्य का मन कुछ काम नहीं कर पाता इसीलिए जाड्यम् में अनासक्ति, आलस्य और निष्क्रियता जैसे अर्थ भी जुड़ गए। लगातार बर्फीले क्षेत्र में निवास अवसाद तक उत्पन्न कर देता है। जाड्यम् का ही अर्थ-विस्तार हिन्दी शब्द **जाड़ा** के रूप में हुआ। सर्दी के मौसम को जाड़े का मौसम भी कहा जाता है। ठिठुरन के साथ आने वाले बुख़ार को देहात में **जुड़ी का बुख़ार** कहते हैं जो इसी मूल से उपजा शब्द है। अत्यधिक शीत या बर्फ़ में निवास से शरीर निष्क्रिय होते-होते निश्चेत होने लगता है। इस अवस्था में मस्तिष्क बहुत ज़्यादा नहीं सोच पाता। इस अवस्था को उदासीन या चेतनाशून्य भी कहते हैं। इसी अवस्था के लिए **जड** शब्द का प्रयोग होता है जिसे हिन्दी में **जड़** कहा जाता है। कालांतर में निष्क्रिय या निश्चेत की बजाय मंदबुद्धि, मूर्ख, बुद्धू आदि के लिए जड़ शब्द का प्रयोग किया जाने लगा। ग़ौरतलब है कि अक़्लमंद की बुद्धि तीक्ष्ण होती है सो इसी के विपरीत मूर्खों को मोटी बुद्धि वाला कहा जाने लगा। जड़ यानी मोटी बुद्धि वाला। जड़बुद्धि वाले को पहले **जाड़ा** या **जाड्या** कहा गया। इसी मुकाम पर आकर लोकभाषा सक्रिय होती है और जड़ से जाड़ा यानी मोटा जैसा शब्द बना लेती है। मालवा, महाराष्ट्र और गुजरात के कुछ हिस्सों में मोटे या मोटी के लिए जाड़ा या जाड़ी जैसे शब्द भी हैं। मूर्ख के लिए हिन्दी में **जड़ भरत** विशेषण भी है। दरअसल ये पौराणिक पात्र हैं। ये ऋषभ के पुत्र थे और बहुत बड़े विद्वान थे। सांसारिक माया-मोह से उचाट के चलते ये अपने ज्ञान का परिचय किसी को नहीं देते थे और उदासीन, **जड़वत्** रहते थे। उनके व्यक्तित्व को सम्मान देते हुए तत्कालीन समाज ने उन्हें **जड़ भरत** कहना शुरू कर दिया। मगर कालांतर में समाज ने मंदबुद्धि और मूर्ख की उपमा के तौर पर इस शब्द को सीमित कर दिया। **बुद्ध** से **बुद्धू, पाषंड** से **पाखंडी** और **वज्रबटुक** से **बजरबट्टू** वाला क़िस्सा यहाँ भी दोहराया गया।

जड़-2

यह **जड़** दरअसल संज्ञा के रूप में हमेशा प्रयोग में आता है। जड़ यानी वृक्ष का वह अंग जो धरती के अंदर होता है और जिससे पेड़ को भरण-पोषण प्राप्त होता है। जड़ बना है संस्कृत धातु **जट्** से जिसमें पेचीदा, उलझाव, जुड़ाव, गुत्था और सम्मिलित होने का भाव है। पोषण के अतिरिक्त जड़ का प्रमुख काम वृक्ष को थामे रखने का भी है। जड़ की विशेषता होती है जितना वृक्ष सतह के ऊपर ऊँचा-फैला रहता है उतनी ही वह भी धरती के अंदर गहरी-फैली रहती है–अपने सभी लक्षणों यानी मिट्टी-पत्थर में उलझती, गुत्था बनाती, पेचीदा राह तलाशती और चट्टानों से जुड़कर मज़बूत पकड़ बनाती हुई। इस तरह जड़ पेड़ को सहारा देती है सो जड़ में एक और भाव समाहित हुआ आधार का। यही भाव **जड़ से उखाड़ना** या **जड़ जमाना** जैसे मुहावरों में प्रमुखता से उभर रहा है। जड़ें बड़ी गुणकारी होती हैं इसलिए छोटे पौधों की जड़ कहलाई जड़ी और उसमें बूटी जुड़कर औषधि के लिए **जड़ी-बूटी** जैसा शब्द भी बन गया।

जड़-3

किसी वस्तु में दूसरी वस्तु को समाहित करना, बैठाना या संयुक्त करने के लिए इस जड़ का प्रयोग किया जाता है। जड़ का यह तीसरा प्रकार क्रिया के रूप में ही प्रयुक्त होता है। इसका जन्म भी **जट्** धातु से हुआ है जिसमें जुड़ाव, सम्मिलन आदि का भाव प्रमुख है। जड़ना, जड़ाऊ, जड़ित जैसे शब्द इससे ही बने हैं। **जड़ देना** जैसा मुहावरा ख़ासतौर पर इस शब्द की देन है जिसमें झूठी बातें बनाना जैसा भाव है तो दूसरी ओर अचानक ज़ोर से मार देना अर्थात थप्पड़ जड़ देना भी शामिल है।

जालसाज़ी के उपहार का योगदान!

[शब्द संदर्भ : जोग, योग, वियोग, संजोग, योगदान, योगी, युक्त, युक्ति, युक्तियुक्त, यौगिक, हठयोग, सिद्धयोगी, वियोगी, योग्य, योग्यता, अयोग्य]

दुनियादारी निभा लेना बहुत कठिन है। इससे घबराकर कई लोगों ने गृहस्थी की राह छोड़ वैराग्य की राह पकड़ी और हो गए बैरागी। मगर क्या **बैराग** भी इतना आसान है?

तन को जोगी सब करे, मन को बिरला कोय।
सहजै सब बिधि पाइए, जो मन जोगी होय॥

कबीरदास जी ने इस दोहे में **योगी** को परिभाषित करते हुए बताया है कि योगियों का बाना और धज बना लेने से कोई योगी नहीं हो जाता। सच्चा योगी वही है जिसका मन ईश्वर में रमा रहे। **जोग-बैराग** का रंग मन पर कम और तन पर ज़्यादा चढ़ाया तो इस लोक से भी गए और परलोक से भी। प्राचीनकाल में योगदान का मतलब होता था जालसाज़ी से प्राप्त उपहार। पुराने अर्थ में आज योगदान करना या माँगना आफ़त में पड़ना होगा।

योगी शब्द बना है **युज्** धातु से। **योग** शब्द भी इससे ही बना है जिसमें **जोड़ना,** मिलाना, फल, परिणाम, चिन्तन-मनन आदि। युज् से ही बने हैं **युक्त, युक्ति** अथवा **युक्तियुक्त** जैसे शब्द जिसका अर्थ भी जोड़ना-मिलाना अथवा तरकीब, उपाय, निदान अथवा उपयुक्तता होता है। इस तरह उपचार, चिकित्सा आदि अर्थ भी इसमें शामिल हो गए क्योंकि रोग के निदान के लिए औषधि तैयार करने में किन्हीं पदार्थों को आपस में मिलाने **(योग)** की क्रिया शामिल है। औषधि को **यौगिक** भी इसी वजह से कहते हैं। बाद में मिलते-जुलते कुछ अन्य अर्थ भी इसमें समाहित हैं, जैसे–इंद्रजाल, जादू-टोना, छल-कपट आदि। ग़ौर करें कि जादूगर मुख्य रूप से अपने हाथ और मुख की चेष्टाओं से किन्हीं वस्तुओं को जोड़ता-मिलाता है **(योग)** और उससे चमत्कार दिखाता है।

हिन्दी का **योगी** दरअसल संस्कृत के **योगिन्** से बना है। **युज्** से बने **योगिन्** में योग से जुड़े तमाम अर्थों का ही कर्ता अर्थात करने वाले के रूप में ही विस्तार है। योगिन् यानी चिन्तन-मनन करने वाला, संन्यासी, महापुरुष, जादूगर, बाज़ीगर आदि। नाथ योगियों की तांत्रिक क्रियाओं की वजह से योगियों के साथ जादू-टोना आदि क्रियाएँ जुड़ गईं। हठयोग ने भी इस अर्थ को बढ़ावा दिया। योगिनी शब्द का अर्थ ही तंत्रविद्या है। इनकी संख्या चौंसठ मानी जाती है। जबलपुर में **चौंसठ योगिनियों** का प्रसिद्ध मंदिर भी है। गाँव-देहात में **सिद्धयोगी** बन गया जोगी। इसी वजह से कहावत चल पड़ी 'घर का जोगी जोगड़ा, आन गाँव का सिद्ध'। ये जोगी तंत्र-मंत्र के नाम पर चमत्कार दिखाते हुए ज़माने भर में बदनाम भी हुए। **योग** में उपसर्गों और प्रत्ययों के लगने से वियोग और **संयोग** जैसे शब्द भी बने जिनके देशज रूप **बिजोग** और **संजोग** भी प्रचलित हैं। **योग्य, योग्यता** जैसे शब्द भी इसी कड़ी में आते हैं। **सहयोग** भी इससे ही बना है। **योगदान** का अर्थ भी सहयोग होता है इसके अलावा मदद करना, सहायता करना, अंशदान करना आदि भाव भी इसमें समाहित हैं। ग़ौरतलब है किसी ज़माने में **योगदान** शब्द के मायने यह नहीं थे। योग के छल-कपट, जादू-टोना वाले भाव इसमें प्रबल थे और इस तरह प्राचीनकाल में योगदान का मतलब होता था जालसाज़ी से प्राप्त उपहार। पुराने अर्थ में आज योगदान करना या माँगना आफ़त में पड़ना होगा।

ज्ञ की महिमा : ज्ञान, जानकारी और नॉलेज

[शब्द संदर्भ : ज्ञान, ज्ञा, जानकारी, जानना, अज्ञान, ज्ञापन, विज्ञ, अनुज्ञा, प्रतिज्ञा]

देवनागरी के **ज्ञ** वर्ण ने अपने उच्चारण का महत्त्व खो दिया है। अपभ्रंशों से विकसित भारत की अलग-अलग भाषाओं में इस युग्म ध्वनियों वाले अक्षर का अलग-अलग उच्चारण होता है। मराठी में यह **ग + न + य** का योग हो कर **ग्न्य** सुनाई पड़ती है तो महाराष्ट्र के ही कई हिस्सों में इसका उच्चारण **द + न + य** अर्थात **द्न्य** भी है। गुजराती में **ग + न** यानी **ग्न** है तो संस्कृत में **ज् + ञ** के मेल से बनने वाली ध्वनि है। दरअसल इसी ध्वनि के लिए मनीषियों ने देवनागरी लिपि में **ज्ञ** संकेताक्षर बनाया मगर सही

उच्चारण बिना समूचे हिन्दी क्षेत्र में इसे **ग् + य** अर्थात ग्य के रूप में बोला जाता है। शुद्धता के पैरोकार **ग्न्य, ग्न, द्न्य** को अपने अपने स्तर पर चलाते रहे हैं।

अब तो **ज्ञ** के ग्य उच्चारण को ही लगभग मान्यता मिल गई है इसीलिए इस पर अक्सर बहस चलती है कि क्यों न **ज्ञ** से पीछा छुड़ा लिया जाए। विभिन्न समितियों के पास विशेषज्ञों की ऐसी अनुशंसाएँ ज़रूर मिल जाएँगी। ग़ौरतलब है **ज्ञ** वर्ण संस्कृत के अलावा प्राचीन भारोपीय भाषा-परिवार से भी संबंधित है। भाषा विज्ञानियों ने प्राचीन भारोपीय भाषा-परिवार में इसके लिए जो धातु ढूँढ़ी है वह है हदव यानी ग्नो। अब ज़रा ग़ौर करें इस **ग्नो** से **ग्न्य** की समानता पर। ये दोनों एक ही हैं। अब बात इसके अर्थ की। संस्कृत में **ज्ञ** अपने आप में स्वतंत्र अर्थ रखता है जिसका मतलब हुआ जानने वाला, बुद्धिमान, बुध नक्षत्र और विद्वान। ज्ञा क्रिया का मतलब होता है सीखना, परिचित होना, विज्ञ होना, अनुभव करना आदि। ज्ञा से बने ज्ञान का भी यही मतलब होता है। ज् + ञ् के उच्चार के आधार पर ज्ञान शब्द से जान अर्थात जानकारी, जानना जैसे शब्दों की व्युत्पत्ति हुई। अनजान शब्द उर्दू का जान पड़ता है मगर वहाँ भी यह हिन्दी के प्रभाव में चलने लगा है। मूलतः यह हिन्दी के **जान** यानी **ज्ञान** से ही बना है जिसमें संस्कृत का **अन्** उपसर्ग लगा है।

ज्ञा धातु में ठानना, खोज करना, निश्चय करना, घोषणा करना, सूचना देना, सहमत होना, आज्ञा देना आदि अर्थ भी इसमें समाहित हैं। यानी आज के इन्फॉरमेशन टेक्नोलॉजी से जुड़ी महत्त्वपूर्ण बातें अकेले इस वर्ण में समाई हैं। इन तमाम अर्थों में हिन्दी में आज अनुज्ञा, विज्ञ, प्रतिज्ञा और विज्ञान जैसे शब्द प्रचलित हैं। ज्ञा से बने कुछ अन्य महत्त्वपूर्ण शब्द **ज्ञानी, ज्ञान, ज्ञापन** ख़ूब चलते हैं। ग़ौर करें जिस तरह संस्कृत-हिन्दी में **ग** वर्ण **क** में बदल जाता है वैसे ही यूरोपीय भाषा-परिवार में भी होता है। प्राचीन भारोपीय भाषा-परिवार की धातु gno का ग्रीक रूप भी ग्नो ही रहा मगर लैटिन में बना gnoscere और फिर अंग्रेज़ी में **'ग'** की जगह **'क'** ने ले और gno का रूप हो गया know हो गया। बाद में नॉलेज जैसे कई अन्य शब्द भी बने। रूसी का **ज्नान** (जानना), अंग्रेज़ी का **नोन** (ज्ञात) और ग्रीक भाषा के **गिग्नोस्को** (जानना), **ग्नोतॉस** (ज्ञान) और **ग्नोसिस** (ज्ञान) एक ही समूह के सदस्य हैं। ग़ौर करें हिन्दी-संस्कृत के **ज्ञान** शब्द से इन विजातीय शब्दों के अर्थ और ध्वनि साम्य पर।

थप्पड़ जड़ने की जटिलता

[शब्द संदर्भ : जुड़ना, जोड़ना, जुड़वाना, जुड़ाव, जटाजूट, जटिल, जटा, जूड़ा]

शब्द जब अपनी मूल धातु से उपजते हैं तब उनका अर्थ कुछ और होता है मगर जैसे जैसे समाज उन्हें इस्तेमाल करता है, भिन्न-भिन्न परिवेश और स्थितियों में व्यवहृत होते हैं, उनका अर्थ-विस्तार होता चला जाता है। यह अर्थ कभी-कभी इतना भिन्न होता है कि उसे मूल शब्द से पृथक् देखने पर दोनों अर्थ अजनबी नज़र आते हैं। ऐसा ही एक शब्द है जटिल जिसका सीधा-सादा अर्थ है पेचीदा, उलझा हुआ या कठिन।

मुश्किल सवाल भी **जटिल** हो सकता है और समस्या भी **जटिल**। अगर समस्या का निराकरण आसान नहीं हो तो समाधान को भी **जटिल** कह दिया जाता है। अशिक्षा तो जीवन को **जटिल** बनाती ही है मगर शिक्षा भी अक्सर जटिल ही होती है। दिलचस्प बात यंह कि किसी ज़माने में साधु-संन्यासियों और परिव्राजकों को ही **जटिल** कहा जाता था। वजह सांसारिक बंधनों से मुक्त रहने की वजह से ये अपने बाल नहीं काटते थे और वे **जटा** का रूप ले लेते थे इसीलिए उन्हें **जटिल** कहा जाता था। शिव के औघड़ रूप को भी **जटिल** का विशेषण दिया जाता है।

जटा शब्द बना है संस्कृत की **जट्** धातु से जिसमें आपस में मिलना, संयुक्त होना, घनत्व, गुत्था होने के भाव हैं। जट् से ही बने जोड़े के अर्थ वाले जुट, एकजुट जैसे शब्द। एकत्रित करना, इकट्‌ठा करना, सम्मिलित होना, पहुँचना आदि के अर्थ में **जुटना जुटाना** जैसे शब्द भी बने। आपस में जुड़े होने से ही लंबे, घने, ख़ासतौर पर पुरुषों के केश जटा कहलाए। इसीलिए संन्यासियों के लिए **जटा-जूटधारी** शब्द भी प्रचलित हुआ। ज़ाहिर सी बात है कि जटिल के अर्थ में उलझाव या पेचीदापन यूँ ही नहीं समा गया। अपने विशिष्ट रेशे के लिए पहचानी जाने वाली एक ख़ास वनस्पति के लिए **जूट** नाम भी इसी वजह से चलन में आया। **जूट** के रेशों का रंग और बनावट जंटाओं जैसी ही होती है। वटवृक्ष की अधोमुखी शाखाओं या तन्तुओं को भी जटा ही कहा जाता है। जट् धातु ने स्त्री-पुरुषों के साथ समान न्याय किया है। अगर पुरुषों के केश के लिए इससे जटा शब्द बना तो महिलाओं का एक ख़ास केशविन्यास **जूड़ा** भी कहलाया। जूड़े की ख़ासियत पर अगर ग़ौर करें तो इसकी **जट्** से रिश्तेदारी समझ में आ जाएगी।

स्पष्ट है कि बोलचाल की हिन्दी में सर्वाधिक प्रयुक्त **जुड़ना, जोड़ना, जुड़वाना, जुड़ाव** जैसे शब्दों के पीछे **जट्** ही है। क़ीमती नगों को आभूषणों से जोड़ने या युक्त करने के लिए **जड़ना** शब्द इसी से बना है। रत्नयुक्त के लिए **रत्नजड़ित** या **रत्नजटित** शब्द इसके लिए इस्तेमाल होते हैं। ऐसे गहनों के लिए समाज ने एक नया शब्द रच लिया जड़ाऊ। जड़वाना या जड़ना जैसी क्रियाएँ भी इससे ही निकली हैं। सुनारों की एक उपशाखा को जड़िया भी इसीलिए कहते हैं क्योंकि उनके यहाँ गहने बनाने का नहीं बल्कि नग जड़ने का काम प्रमुख होता है। जड़ने का काम यूँ तो काफ़ी महीन और बारीक़ी का होता है मगर ग़ुस्से में काम बिगड़ जाता है और फिर जड़ाई कहीं भी हो सकती है मसलन गाल पर थप्पड़ भी **जड़ा** जा सकता है। हालाँकि उसके बाद जड़ने वाले के लिए परिस्थिति जटिल हो सकती है।

धरती का दुर्ग बचाएँ...नवरात्र का संकल्प हो

[शब्द संदर्भ : दुर्ग, दुर्गा, दुर्गम]

सभ्यता के विकासक्रम में मनुष्य के भीतर पारलौकिक शक्ति में आस्था भी बलवती होती चली गई। प्रकृति की समस्त गतिविधियों का कोई ऊर्जा केंद्र अवश्य है, यह

विश्वास मनुष्य के उस बोध का नतीजा था जो सूर्य, वायु, अग्नि, जल आदि प्राकृतिक शक्तियों के अनुभव से हुआ। मनुष्य ने इन्हें देव कहा जो शक्ति के प्रतीक थे। कालांतर में मनीषियों ने शक्ति के दिव्य नारीरूप का भी चिंतन किया जो विभिन्न देवियों के रूप में अभिव्यक्त हुआ।

यूँ तो पुराणों में देवियों के हज़ारों नाम हैं मगर मूल रूप से सभी शक्ति की प्रतीक हैं और इनमें भी दुर्गा का रूप सर्वाधिक प्रिय है। दरअसल मातृस्वरूपा प्रकृति ही दुर्गा है जिसमें अजस्त्र ऊर्जा और अमोघ शक्तियाँ निहित हैं। पृथ्वी का एक नाम भद्रा है और दुर्गा को भी भद्रा कहते हैं। जो सबकी भाग्यविधाता और संकटमोचक तो हैं मगर दुर्लभ भी हैं। उन्हें आसानी से नहीं पाया जा सकता।

यहाँ शक्ति के प्रतीक रूप से अभिप्राय है। दुर्गा संस्कृत का शब्द है जिसकी व्युत्पत्ति हुई है **दुर + गः** या **दुर + गम्** से। **दुर्** एक प्रसिद्ध उपसर्ग है जिससे संस्कृत-हिन्दी के दर्जनों शब्द बने हैं। इसमें मुख्यतः कठिनाई, कष्ट और अलभ्य या अप्राप्ति का भाव है। **गम्** का अर्थ होता है जाना या पाना। अर्थात जिसे आसानी से न पाया जा सके। या जहाँ जाने में कठिनाई हो। ग़ौर करें कि समतल सतह की तुलना में पहाड़ों पर चलना हमेशा कठिन होता है। इसीलिए उन्हें **दुर्गम** कहा जाता है। प्राचीनकाल से ही पहाड़ शक्तिकेंद्र माने जाते रहे हैं। मानव ने भी पहाड़ो में शरण लेकर ख़ुद को सुरक्षित समझा। पर्वतों में ही पवन वेग को थामने वाली और सूर्य के ताप को ओट देने वाली शक्ति स्थापित हुई है। इनसान ने क़िलों के रूप में अपने शक्तिकेंद्र भी पहाड़ों पर ही स्थापित किए। इसीलिए क़िलों को दुर्ग कहा जाता है अर्थात जहाँ जाना अथवा जिन्हें पाना कठिन हो। देवी इसीलिए शिखरवासिनी हैं और **दुर्गा** कहलाती हैं क्योंकि वह सर्वोच्च है। शक्ति हमेशा शिखर में केन्द्रित रहती है।

प्रायः सभी दुर्गों की एक अधिष्ठात्री देवी होती हैं जो दुर्गा का ही रूप होती है। प्रकृति, पर्यावरण, ही पृथ्वी का **दुर्ग** है। देवी स्वयं पृथ्वी का प्रतीक हैं इसीलिए उन्हें **भद्रा** भी कहते हैं। इस दुर्ग की अधिष्ठात्री होने से ही उन्हें **दुर्गा** कहा गया है। वे दुर्गवासिनी हैं, दुर्गम हैं इसीलिए दुर्गा हैं। अपने विविध रूपों में दुर्गा कहीं शिव की पत्नी हैं तो कहीं कृष्ण की बहन। ग़ौर करें शिव की पत्नी उमा को पार्वती या शैलपुत्री जैसे नाम पर्वत में निहित शक्तियों के प्रतीकस्वरूप ही मिले हैं। यूँ भी **दुर्गा** को **अगम, दुर्गम** कहा ही इसलिए गया है कि उसकी शक्तियों की थाह कोई न पा सके मगर जो सबको सुरक्षा दे, सबको दुर्भाग्य और दुर्गति से बचाए। प्रकृति का सर्वोत्तम रूप हैं पहाड़ क्योंकि वहाँ जल, वायु, भूमि, वन और प्राणी सभी कुछ है। इसीलिए वहाँ देवी का निवास होता है। इसीलिए देवी को पहाड़ाँ वाली भी कहा जाता है। दुर्गा का एक नाम विन्ध्यवासिनी भी विन्ध्य पर्वत की वजह से ही पड़ा है। दुर्गा अपने अनिष्टनाशक रूप में ही सबको प्रिय हैं मगर विडंबना यह है कि मनुष्य ने देवी के दुर्ग यानी प्रकृति से छेड़छाड़ कर उन्हें रुष्ट कर दिया है। मानव अनजाने में कहीं महिषासुर तो नहीं बन गया है?

वैसे शिव की शक्ति के रूप में देवी के दो रूप हैं कोमल और भयंकर मगर दूसरे रूप में ही देवी अधिक पूजित है जो दुर्गा रूप है। कोमल रूप में दुर्गा के हेमवती, उमा, ग़ौरी, पार्वती, जगन्माता, भवानी आदि नाम हैं तो भयंकर रूप में काली, दुर्गा, भैरवी, चंडिका, श्यामा आदि नाम भी पूजित हैं। दुर्गा से जुड़ी अनेक कथाएँ पुराणों में वर्णित हैं जिनके आधार पर उन्हें महिषासुरमर्दिनी कहा जाता है। **चंड** और **मुंड** जैसे दानवों का नाश करने की वजह से उन्हें **चामुंडा** का संबोधन मिला। देवी दुर्गा मातृरूपिणी शक्तिस्वरूपा हैं इसीलिए उनकी आठ, दस, बारह या अठारह भुजाएँ होती हैं जिनमें विभिन्न शस्त्रास्त्र है। महामाया उनकी शक्ति का अलग रूप है। वे सिंहवाहिनी हैं। देवी उपासकों का एक अलग सम्प्रदाय है जो देवी को ही ब्रह्म मानता है। उनका मानना है कि जब ईश्वर कर्म के नियमों से बाधित नहीं है तो स्वाभाविक है कि उनकी अर्धांगिनी में ही सारी शक्ति केंद्रित होगी इसलिए शक्ति के रूप में वे अधिक पूज्य हैं। दुर्गा के कुछ अप्रचलित नाम इस प्रकार हैं—मुक्तकेशी, तारा, अवरा, अनंता, नित्या, आर्या, राजसी, सती, दक्षिणा, कोटरी, सिंहस्था, शर्वाणी, रुद्राणी, कौशिकी, ईशानी, अपर्णा और कात्यायनी आदि।

कृपया ध्यान दीजिए

[शब्द संदर्भ : ध्यान, ध्येय, बेध्यानी, ज़ेन]

कभी इस पर **ध्यान** दिया है कि दिन भर में हम ध्यान शब्द कितनी बार उच्चारते हैं? ध्यान दीजिए, ध्यान लगाइए, ध्यान दें, ध्यान से देखें, ध्यान दिलाएँ...! क्या-क्या ध्यान रखें! ध्यान रखने में ही सारा दिन चला जाता है और अगले दिन फिर उन्हीं सारी चीज़ों का ध्यान रखना पड़ता है।

क्या है **ध्यान**? ध्यान शब्द बना है **ध्यै** धातु से जिसमें सोच-विचार, चिंतन-मनन जैसे भाव हैं। ध्यै से बने ध्यान में उपरोक्त तमाम भावों के अतिरिक्त ख़ासतौर पर सूक्ष्म चिंतन शामिल है। किसी विशिष्ट का स्मरण, प्रभु के सुमिरन का ही अभिप्राय है। धार्मिक ग्रंथों में लिखा मिलता है—**इति ध्यानम्** जिसमें इसी स्मरण-चिन्तन का भाव है। ध्यान से बना है **ध्यानस्थ, ध्याननिष्ठ** वग़ैरह। एक और शब्द है **ध्यानार्थ**। यह हिन्दी का आविष्कृत शब्द है जिसका प्रयोग बोलने में कम, लिखने में अधिक होता है। असावधानी के अर्थ में अक्सर चालू हिन्दी में एक वाक्य बोला जाता है—बेध्यानी में...इस बेध्यानी का आविष्कार भी हिन्दी वालों ने ध्यान के विलोम रूप में फ़ारसी का बे उपसर्ग लगाकर किया है। यह चमत्कार भी **बेध्यानी** में ही हुआ है। **ध्यान** के व्यापक अर्थों में ध्यान लगाना, सोचना, इच्छा करना, कल्पना, चिंतन, एकटक देखना, दृष्टि केन्द्रित करना आदि भी शामिल हैं। ध्यान शब्द को बौद्ध धर्म ने व्यापक स्वरूप प्रदान किया है। भगवान बुद्ध ने ध्यान या **झान** रूप को ग्रहण किया। संभवतः ये पालि भाषा के रूप थे। ग़ौरतलब है कि अधिकांश बौद्ध साहित्य पालि भाषा में ही है और उनमें ध्यान के लिए **झान** रूप ही मिलता है। राजेशचंद्रा लिखित 'बुद्ध का चक्रवर्ती साम्राज्य'

पुस्तक के अनुसार बुद्ध ने जिस **ज्ञान** का प्रयोग किया, कालांतर में पंडितों ने उसका परिष्कार कर उससे **ध्यान** बना लिया। बुद्ध के समय बोली के रूप में पालि का ही प्रचलन था। चीन, तिब्बत, कोरिया, वियतनाम और जापान में इस ध्यान के विविध रूप मौजूद हैं।

डॉ. भगवत शरण उपाध्याय 'वृहत्तर भारत' पुस्तक में लिखते हैं कि भारत से पूर्व दिशा में सबसे पहले बौद्ध धर्म चीन पहुँचा जहाँ **ज्ञान** का रूप **चियान, चान** अथवा **चा'आन** हुआ जिसने एक पंथ का रूप लिया। पाँचवीं सदी में **आचार्य बोधिधर्म** बौद्ध धर्म के प्रचार के लिए चीन गए। उन्हें ही वहाँ **ध्यान** को नए पंथ **चा'आन** के रूप में प्रसारित करने और मार्शल आर्ट के रूप में जूडो, कराटे, कुंग-फू जैसी कलाओं को विकसित करने का श्रेय दिया जाता है। बोधिधर्म ने अपना वक़्त शाओलिन गुफाओं में स्थित विहारों में गुज़ारा जो इन कलाओं की जन्मस्थली के तौर पर जानी जाती हैं। चीन में बोधिधर्म के चित्र और मूर्तियाँ बनाई जाती हैं। ग़ौरतलब है, इन कलाओं को युद्धकला तकनीक कहा जाता है मगर बिना किसी हथियार के युद्ध होता नहीं। अहिंसक धर्म के आचार्य ने मूलतः ध्यान केन्द्रित करने की तकनीक के तौर पर इस कला को जन्म दिया जिसे बाद में आत्मरक्षा की कला के तौर पर मान्यता दे दी गई। चीन में ईसा की पहली सदी में ही बौद्धधर्म की महायान शाखा का प्रवेश होने के प्रमाण हैं। बौद्धधर्म से पहले चीन में ताओवाद का बोलबाला था।

ज्ञान के कोरियाई भाषा में भी सिओन, सोन अथवा सॉनजान जैसे रूप बने। सम्प्रदाय के रूप में यहाँ भी इसका फैलाव हुआ। वियतनामी में **ज्ञान** का रूप हुआ **थियेन** और जापानी में यह ज़ेन zen हो गया। बौद्ध धर्म के उपपंथ के रूप में आज दुनिया भर में ज़ेन को ही सर्वाधिक जाना जाता है। जापान में बौद्ध धर्म 522 ईसवी के आसपास पहुँचने का उल्लेख है। जापान में भी बौद्ध धर्म से पहले शिन्तोधर्म था। मगर वहाँ इन दोनों धर्मों में समझौता हो गया। शिन्तो मंदिरों में बुद्ध भी विराजे और बौद्ध मंदिरों में शिन्तो उपासना कक्ष भी बने। जापान में भी चीन की ही तरह बौद्ध धर्म की महायान शाखा का ही प्रवेश हुआ।

पुलिस और ग्राहक!

[शब्द संदर्भ : ग्राहक, ग्रह, घर, सत्याग्रह, संग्रहणी]

गुन के गाहक सहस नर, बिन गुन लहै न कोय।
जैसे कागा कोक़िला, शब्द सुनै सब कोय॥
शब्द सुनै सब कोय, कोक़िला सबै सुहावन।
दोऊ को इक रंग, काग सब गुनै अपावन॥
कह गिरधर कविराय, सुनो हो ठाकुर मन के।
बिन गुन लहै न कोय, सहस नर गाहक गुन के॥

महाकवि गिरधर की इस कुंडली में गुणों का बखान करते हुए कहा गया है कि सबको गुण प्यारे हैं, अवगुण नहीं। इसमें जो **गाहक** शब्द आया है, वह निराला है। **गाहक** यानी **ग्राहक**। इस ग्राहक की महिमा सचमुच निराली है। कहीं यह ख़रीदार के अर्थ में आता है तो कहीं यह पारखी और क़द्रदाँ के अर्थ में। मगर भाव एक ही है और वह है पाने का, ले जाने का, पकड़ने का, ग्रहण करने का।

ग्राहक बना है संस्कृत के **ग्रहः** शब्द से जिसके मूल में है **ग्रह्** धातु जिसमें पकड़ना, थामना, लपकना, प्राप्त करना आदि भाव समाए हैं। इसीलिए **ग्राहक** शब्द का अर्थ हुआ पाने वाला, लेने वाला, ख़रीदार आदि। इससे ही बना है हिन्दी का ग्राहकी या गाहकी जैसा शब्द जिसमें दुकानदार, बिक्री जैसी बातें भी आ जाती है। दिलचस्प बात ये कि पकड़ने आदि जैसे अर्थों में संस्कृत के ग्राहक का मतलब पुलिस अधिकारी भी होता है क्योंकि वह भी तो अपराधी को धर दबोचता है। ये अलग बात है कि आज के दौर में भी यह अर्थ सही बैठ रहा है। पुलिस थाने ख़रीदे-बेचे जाते हैं। पुलिस वाले कभी बेचते हैं तो कभी ख़ुद बिकते हैं। इन हालात में गांधीजी का सत्याग्रह शब्द हमेशा याद आता है। **सत्याग्रह** शब्द गांधी जी ने चलाया था जिसका अर्थ था अन्याय के प्रतिकार के लिए विरोधी को कष्ट पहुँचाए बिना स्वयं कष्ट उठाकर न्यायमार्ग पर चलकर विजय हासिल करना। यह बना है **सत्य + आग्रह** से अर्थात न्याय के लिए सत्य और अहिंसा पर टिके रहना। गांधीजी ने इस शब्द का सबसे पहले प्रयोग दक्षिण अफ्रीका में गोरों के ख़िलाफ़ अपने संघर्ष के लिए किया था।

आग्रह शब्द का आमतौर पर हिन्दी में इस्तेमाल अनुरोध, ज़ोर देना, हठ आदि के अर्थ में होता है। आग्रह की अधिकता ही ज़िद कहलाती है। साफ़ है कि आग्रह में एक क़िस्म का दबाव या बल तो काम कर रहा है। यह बना है संस्कृत के आग्रहः से जिसका मतलब है संकल्प, ग्रहण करना, अथवा पकड़ना आदि। **आग्रहः** यानी **आ + ग्रह्**। संस्कृत धातु **ग्रह्** से बने हैं ये सभी शब्द। ग़ौरतलब है कि इन तमाम अर्थों के लिए मूलतः वेदों की भाषा अर्थात वैदिकी या छांदस् (संस्कृत नहीं) में ग्रह् नहीं बल्कि ग्रभ् शब्द है (आप्टे कोश)। भाषाविज्ञानियों ने अंग्रेज़ी के ग्रास्प या **ग्रैब** जैसे शब्दों के लिए इसी **ग्रभ्** को आधार माना है। बस, उन्होंने किया यह कि प्राचीन भारोपीय भाषा-परिवार से एक काल्पनिक धातु GHREBH खोज निकाली है जो इसी **ग्रभ्** पर आधारित है और जिसमें पकड़ना, छीनना, झपटना, लपकना आदि भाव छुपे हैं। ग्रह् से ही ग्रहण यानी स्वीकार करना जैसा शब्द भी बना है। अंतरिक्ष के पिंडों के लिए ग्रह शब्द के भी मूल में भी यही है। **आग्रह** स्वीकार हो जाए तो उसे अनुग्रह कहा जाता है। इकट्ठा करना, नियंत्रित करना, संकलन करना अथवा जोड़ना या कोश बनाने को संग्रहण कहते हैं। इससे ही संग्रह बना है। जब पेट में मरोड़ उठे और पेचिश लगे तो उसे ग्रहणी या संग्रहणी कहते।

प्रकृति से सीखी प्रदक्षिणा

[शब्द संदर्भ : प्रदक्षिणा]

आमतौर पर **प्रदक्षिणा** का अर्थ होता है किसी मंदिर या प्रतिमा के चारों ओर घूमना या परिक्रमा करना। मूलतः यह शब्द बना है संस्कृत के दक्षिण शब्द से जिसका अर्थ होता है योग्य, कुशल, निपुण, दायाँ या दक्षिणी। इसमें **प्र** उपसर्ग लगने से बना **प्रदक्षिणा** जिसका मतलब हुआ दाहिनी ओर स्थित या दाईं ओर घूमना। दिलचस्प बात यह कि **प्रदक्षिणा** की धार्मिक-दार्शनिक व्याख्या ज़रूर हिन्दू धर्म शास्त्र में मिलती है मगर प्रदक्षिणा की परिपाटी कमोबेश हर धर्म में है। बौद्ध स्तूपों, चैत्यालयों, पगोडाओं में प्रदक्षिणापथ होते हैं। जैन मंदिरों में भी ये होते हैं। हज के दौरान काबा के पत्थर के चारों ओर संभवत दुनिया का सबसे बड़ा हुजूम जो परिक्रमा कर रहा होता है उसे क्या कहेंगे?

भारत में **प्रदक्षिणा** की परिपाटी वैदिककाल से चली आ रही है। आर्यों में यज्ञ की परम्परा थी। यज्ञोपरांत **दक्षिणास्वरूप** दुधारू गायों को दान करने की परम्परा थी। ऐसा माना जाता है कि ये गायें यज्ञस्थल पर वेदी के **दक्षिण** से उत्तर की ओर लाई जाती थीं–इस तरह क़रीब क़रीब वेदी की परिक्रमा हो जाती थी जिसके लिए प्रदक्षिणा शब्द प्रचलित हो गया। यह भी माना जाता है कि प्राचीन भारतीयों ने सूर्य के निरंतर उदित और अस्त होने के क्रम के प्रति सम्मान प्रदर्शित करने के लिए अग्निवेदी की परिक्रमा शुरू की होगी। डॉ. राजबंली पांडेय 'हिन्दू धर्मकोश' में 'शतपथ ब्राह्मण' का हवाला देते हुए एक प्रदक्षिणा मंत्र का उल्लेख करते हैं जिसमें कहा गया है–'सूर्य के समान यह हमारा पवित्र कार्य पूर्ण हो।' मूलतः भाव यही था कि जिस तरह सूर्यनारायण पूर्व में उदित होकर अपने नित्यक्रम पर चल पड़ते हैं और दक्षिणमार्ग से होते हुए पश्चिम दिशा में निर्विघ्न अस्ताचलगामी होते हैं उसी तरह मांगलिक विधान के तौर पर आसानी से धार्मिक कार्यों के संपादन हेतु प्रदक्षिणाकर्म का विधान रचा गया। प्रदक्षिणा बाद में हिन्दू समाज में धार्मिक क्रिया बन गई। धर्मग्रन्थों में इसे षोडषोपचार पूजन की अनिवार्य विधि माना गया है। यज्ञ-हवन आदि के अलावा प्रतिमाओं के प्रति सम्मान दर्शाने के लिए भी **बाईं** ओर से **दाईं** ओर (इसे दक्षिण से उत्तर भी कह सकते हैं) परिक्रमा शुरू हो गई। बाद में तो मंदिरों में इस क्रिया के लिए विशेष तौर पर प्रदक्षिणापथ बनने लगे।

प्रेमगली से ख़ाला के घर तक

[शब्द संदर्भ : लव, लुभ, लुभावना, लुब्ध, लुभाना, लुभाया, दुलार, दुलारना, लालसा, लालच, लाल, ललना]

संसार भर के संत और धर्मग्रन्थ एक बात ख़ासतौर पर कहते आए हैं कि **प्रेम** से बड़ी कोई नीति नहीं मगर लोभ-लालसा छोड़कर ही प्रेममार्गी हुआ जा सकता है। यानी लालच और प्रेम साथ-साथ नहीं चल सकते। कबीरदास भी एक साखी में कहते हैं–प्रेमगली अति साँकरी, या में दुई न समाय। एक अन्य दोहे में वे कहते हैं–

कबीर यहु घर **प्रेम** का ख़ाला का घर नाहिं। इसी तरह हिन्दी के मशहूर कवि गीतकार कुँवर बेचैन भी अपने एक दोहे में यही कहते नज़र आते हैं कि प्रेम लोभ का साथ नहीं–

जहाँ काम है, लोभ है, और मोह की मार।
वहाँ भला कैसे रहे, निर्मल पावन प्यार॥

धर्म और नीतिशास्त्र चाहे **प्रेम** की राह में लोभ-लालच की रंचमात्र भी जगह नहीं देखते हैं। मगर भाषाशास्त्र के चौड़े रास्ते पर जब शब्दों का सफ़र शुरू होता है तो प्रेम यानी अंग्रेज़ी के LOVE और संस्कृत-हिन्दी के लोभ, लालच, लालसा और लोलुपता जैसे विपरीतार्थी लफ़्ज़ हेल-मेल करते नज़र आते है। भाषाविज्ञानियों के मुताबिक़ संस्कृत मूल के लुभ् में ही अंग्रेज़ी के **लव** के जन्म का आधार छुपा है। **लुभ्** यानी रिझाना, बहलाना, आकृष्ट करना, ललचाना, लालायित होना आदि। ज़ाहिर है कि प्रेम में ये तमाम क्रियाएँ शामिल हैं। मगर साथ ही इससे बने लोभ शब्द में लोलुपता, लालसा, लालच, तृष्णा, इच्छा जैसे अर्थ नज़र आते है। लुभावना, लुब्ध, लुभाना, लुभाया जैसे शब्द इसी लुभ् से बने हैं।

लुभ् का ही एक रूप नज़र आता है इंडो-यूरोपीय शब्द लुभ् यानी LEUBH में जिसका मतलब भी ललचाना, रिझाना, चाहना था। प्राचीन जर्मन भाषा ने इससे जो शब्द बनाया वह था LIEB, प्राचीन अंग्रेज़ी में इससे बना LUFU, बाद में इसने LUBE का रूप ले लिया। लैटिन में भी यह LIBERE बनकर विराजमान है। बाद में आधुनिक अंग्रेज़ी में इसने LOVE के रूप में अपनी जगह बनाई और प्रेम, स्नेह लगाव और मैत्रीभाव जैसे व्यापक अर्थ ग्रहण किए। यही नहीं, अंग्रेज़ी में **बिलीफ** और **बिलीव** जैसे शब्द भी इसी **लुभ्** की देन हैं जिनका लगातार अर्थ-विस्तार होता चला गया। ज़ाहिर है भाषाविज्ञान के आईने में कबीर की सँकरी सी प्रेमगली ऐसा हाईवे नज़र आता है जो सीधा खाला के घर तक जाता है।

इसी कड़ी में संस्कृत की एक अन्य धातु **लल्** भी है जिसमें अभिलाषी, इच्छुक, क्रीड़ा-विनोद का भाव आता है। जीभ **लपलपाना** भी इसमें ही शामिल है। लालायित शब्द इससे ही बना है जिसका मतलब होता है इच्छुक, उत्साहित आदि। हिन्दी का लार शब्द बना है संस्कृत के **लाला** से। प्यार और प्रेम की भावना का आर्द्रता से रिश्ता होता है। आकर्षण हो या अन्य खिंचाव, परिणति आर्द्रता ही है। दुलार, दुलारना जैसे शब्द इसी कड़ी से बँधे हैं। दुलारा या दुलारी वही है जो स्नेहसिक्त है, जिसे प्यार किया गया है। पालन के साथ जो **लालन** शब्द जुड़ा है उसमें भी यही लाड़-प्यार का भाव है। जिसे प्यार किया जाता है वही है लाल। प्रिय, सुंदर, मनोहर, मधुर, आकर्षक, वैविध्यपूर्ण और क्रीड़ाप्रिय ही ललित है। देवी दुर्गा का भी एक नाम ललिता इन्हीं भावों की वजह से है। **लालित्य** भी इससे ही बना है। आर्द्रता वाले भाव को और भी स्पष्ट करने वाला एक शब्द है **लालस**। यह बना है **लस्** धातु से जिसमें चमक, उद्दीपन, जगमग, शोभायित होना, क़िलोल आदि भाव शामिल हैं। हिन्दी का **लालच**

इसी का रूप है। **लालसा** में एक क़िस्म की प्यास है। प्यास के साथ तरलता का रिश्ता है। लालसा के साथ इसीलिए तृप्त होने का संबंध है। ग़ौर करें कि लोभी के चेहरे पर लालच की चमक होती है। लालच के मारे लार टपकने जैसा मुहावरा भी इन्हीं भावों के अंतर्संबंध को स्पष्ट कर रहा है।

कमबख़्त को बख़्श दो! (भगवान-1)

[शब्द संदर्भ : वक़्त, भक्त, बख़्त, बख़्श, कमबख़्त, बख़्तावर, बदबख़्त, बख़्शी, बख़्शिश, बख़त]

कहते हैं कि समय बड़ा बलवान है यानी दुनिया में वक़्त से बढ़कर कुछ नहीं। इस बात की सत्यता एक दूसरे मुहावरे में नज़र आ जाती है कि वक़्त किसी के लिए नहीं ठहरता। इसीलिए यह नसीहत भी दी जाती है कि समय के साथ चलना सीखो। समय और काल के अर्थ में हिन्दी में वक़्त शब्द का इस्तेमाल ख़ूब होता है। मूल रूप से यह शब्द फ़ारसी का है और हिन्दी वाले इसे उर्दू का समझते हैं। फ़ारसी में इसका उच्चारण कुछ इस तरह होता है कि यह **बख़्त** बन जाता है मगर लिखते समय **वक़्त** ही लिखा जाता है। वक़्त इंडो-यूरोपीय भाषा-परिवार की भारत-ईरानी शाखा का शब्द है। फ़ारसी में **वक़्त** का मतलब होता है हिस्सा यानी अंश। मूल रूप से इस अंश का अभिप्राय समय का एक हिस्सा, कालांश, ज़माना, ऋतु, मौसम आदि से है। उर्दू के अलावा हिन्दी में भी इससे बने कई शब्द प्रचलित हैं, जैसे–**वक्तन फ वक्तन** यानी कभी-कभी, यदा-कदा या समय-समय पर। इसका ही एक रूप होता है **वक़्त-ब-वक़्त**। आम इस्तेमाल होने वाला एक शब्दयुग्म वक़्त-बे-वक़्त भी है।

वक़्त के कुछ अन्य रूप भी हैं जो फ़ारसी के अलावा उर्दू-हिन्दी में भी प्रचलित हैं, जैसे–बख़्श और बख़्त। **व** वर्ण के **ब** में तब्दील होने की जो प्रवृत्ति हिन्दी में है वही फ़ारसी में भी है। वक़्त का अगला रूप बख़्त हुआ मगर यहाँ उसका अर्थ बदलकर हो गया भाग्य। समझा जा सकता है कि समय की महिमा में जो भी बातें कही जाती हैं वे उसे सबसे प्रबल और ताक़तवर साबित करती हैं, ज़ाहिर है ये बातें प्रभावी होकर **बख़्त** के अर्थ को भाग्य में बदल रही है। बख़्त यानी भाग्य, क़िस्मत, प्रारब्ध आदि। मुस्लिम नामों के साथ इसका प्रयोग प्रायः भाग्य के अर्थ में ही किया जाता है जैसे सिकंदरबख़्त यानी अलेक्जेंडर दी ग्रेट जैसी क़िस्मत वाला। यहाँ यानी मुकद्दर का सिकंदर मुहावरे को याद कर सकते हैं।

इस **बख़्त** से बना एक शब्द ऐसा है जो आमतौर पर लेखन या बातचीत में नाटकीयता लाने के लिए प्रयोग किया जाता है वह है **कमबख़्त**। बहुत कम हिन्दी वाले इसका सही समय पर सही प्रयोग करते हैं। अक्सर नासमझ, बेवकूफ़, मूर्ख या हद से हद हलकी-फुल्की गाली की तर्ज़ पर इसका प्रयोग कर लिया जाता है जबकि इसका सही अर्थ हुआ बदक़िस्मत, हतभाग्य, अभागा। **बदबख़्त** भी इससे ही बना है। कमबख़्त यानी अभागा तो भाग्यवान कौन? ज़ाहिर है **बख़्तावर** यानी क़िस्मत वाला। यह शब्द पुरानी हिन्दी फ़िल्मों में सुनाई पड़ता था। दिलचस्प यह कि उर्दू-फ़ारसी में **बख़्तावर**

पुरुष का नाम भी हो सकता है और स्त्री का भी। वैसे वक़्त का एक रूप राजस्थानी, मालवी समेत अन्य कई बोलियों में बखत भी बनता है।

अब बात **बख़्श** की। ग़ौर करें कि वक़्त में निहित अंश या हिस्सा भी **बख़्श** में प्रभावी हो रहा है और भाग्य वाला भी। बख़्श के मायने होते हैं अंश, खंड, भाग्य, हिस्सा, देने वाला आदि। दान, अनुदान, ख़ैरात आदि को **बख़्शीश** इसीलिए कहते हैं। उत्तर पंजाब, कश्मीर और सरहदी इलाक़ों में आमतौर पर एक उपनाम होता है **बख़्शी**। दरअसल यह बादशाही ज़माने में यह एक रुतबेदार पद होता था जिसका काम था फ़ौज में तनख़्वाह बाँटना और टैक्स वसूलना। यह उसी तरह उपनाम बन गया जैसे क़ानूनगो, चौधरी और पटेल-पाटील उपनाम बने। बख़्त जहाँ मुस्लिम नामों के साथ जुड़ता है वहीं बख़्श हिन्दू नामों के साथ भी जुड़ता है जैसे रामबख़्श, शिवबख़्श। इनका मतलब हुआ राम और शिव की कृपा से जन्मे। अल्लाहबख़्श, ख़ुदाबख़्श, **नूरबख़्श** ऐसे ही नाम हैं जो मुस्लिमों में होते हैं।

सबका भाग्यविधाता कौन (भगवान-2)

[शब्द संदर्भ : भक्त, भक्ति, भज, भगतिन, भगत, भात, विभक्त, बेग, बाग़, बगवान, भगवान, उज़्बेकिस्तान, बग़दाद, बग़ीचा]

ब्रह्मांड के निर्माण की एक थ्योरी बिगबैंग यानी महाविस्फोट की भी है। विस्फोट के बाद वह पिंड अनंत पिंडों में विभक्त हुआ। भग यदि योनि है तो भी गर्भाशय में जीवन के निर्माण की प्रक्रिया कोशिकाओं के विभक्त होने से जुड़ी हैं। सृष्टि में लगातार विस्तार हो रहा है। सूक्ष्म एक कोशिकीय जीव लगातार विभाजन से अस्तित्व की समृद्धि पाते हैं। विभाजन ही जीवन-सृजन का आधार है। सृजन की इस शक्ति के भग नाम में परम सार्थकता है।

इंडो-ईरानी भाषा-परिवार के **वक्त, बख़्त** और **बख़्श** शब्दों का दूसरे से गहरा संबंध है। वक़्त यानी हिस्सों में बँटा समय। सेकंड, मिनट, घंटा, पहर, दिन, महीना, साल...गिनते जाइए। ये सब समय के हिस्से हैं, अंश है। मनुष्य के हिस्से में प्रभु की तरफ़ से जो समय आया है, जो अंश मिला है, ऐश्वर्य रूपी जो आयु कलश मिला है, वही उसका भाग्य है यानी बख़्त है। इसीलिए कहते हैं जान है, तो जहान है। बख़्श का अर्थ भी अंश, खंड, भाग्य, हिस्सा, देने वाला होता है। वैसे **वक्त** की व्युत्पत्ति संदिग्ध है। संकेत यही कहते हैं कि यह इंडो-ईरानी परिवार का है। शब्दकोशों में इसे अरबी मूल का भी बताया जाता है। इसके बावज़ूद सेमेटिक भाषा-परिवार से इसकी व्युत्पत्ति अभी तक सिद्ध नहीं हो पाई है।

इन तीनों ही शब्दों का रिश्ता जुड़ता है संस्कृत धातु **भज्** से जिसका अर्थ है हिस्से करना, अंश करना, वितरित करना, बाँटना, लाभ प्राप्ति, पूजा-आराधना आदि। भज् से बने हैं भक्त, भगत, भगतिन जैसे शब्द। भक्त यानी जो ईश्वर से विभक्त है (विभक्त की वक़्त से तुलना कर लें)। संस्कृत में **भक्त** का एक अर्थ होता है उबाला

हुआ चावल अर्थात आहार अंश। ग़ौरतलब है कि पके हुए चावल के लिए **भात** शब्द **भक्त** का ही रूप है। वैदिक काल में चावल का बड़ा महत्त्व था और विभिन्न अनुष्ठानों में इसका प्रयोग होता था। आज भी जन्म से मृत्यु तक के सभी संस्कारों में भात का प्रयोग अनिवार्य रूप से होता है। वैदिक देवता को इस भक्त की आहुति दी जाती थी। बाद में यह उबला हुआ चावल भोजन का पर्याय भी हो गया। उपासक, सेवक, पुजारी, दास आदि के अर्थ में भक्त की व्याख्या यही है कि जो अपने प्रभु से, आराध्य से विभक्त है और भज् यानी आराधना के ज़रिए उसमें लीन होने का अभिलाषी है। **भज्** से ही निकला है **भजन** अर्थात भक्तिगान। पुरानी फ़ारसी में यह बाज या **बाजी** हुआ जिसका मतलब होत था कर, टैक्स। ग़ौर करें यहाँ अंश का भाव आ रहा है।

भज् धातु से बना है संस्कृत का **भगः** शब्द जिससे बना है ईश्वर, सर्वशक्तिमान, दाता, प्रभु, सबको सबका हिस्सा देने वाला, सबका हिस्सा यानी **भाग**, अंश, आयु और प्रकारांतर से सबका भाग्यविधाता आदि के अर्थों वाला शब्द **भगवान**। **भग** शब्द के कई अर्थ हैं जिनमें एक वैदिक देवता, सूर्य, चंद्र और शिव भी हैं। भग का अर्थ होता है ऐश्वर्य, सम्पन्नता, सम्पत्ति, भाग्य आदि। ऐश्वर्य सौन्दर्य और लावण्य का भी हो सकता है। इसी तरह भग का अर्थ विभूतियों से भी है–1. सम्यक् ऐश्वर्य, 2. सम्यक् ज्ञान, 3. सम्यक् वीर्य, 4. सम्यक् यश, 5. सम्यक् श्रव। भग की एक व्याख्या है प्रदान करने वाला अर्थात वह अपने उपासक को इन छह विभूतियों से विभूषित करता है अर्थात उन्हें भगवान बनाता है। चूँकि ईश्वर के पास तो ये विभूतियाँ हैं ही इसलिए वह स्वयं भगवान हुआ। यही भाग्य है। **भज्** धातु में निहित अंश, हिस्से करना, बाँटना आदि अर्थ भगवान में समाहित हैं। ग़ौरतलब है कि ये सभी गुण सूर्य में ही थे अतः वैदिक काल में **भगः** का अभिप्राय सूर्य से ही है जो पृथ्वी पर जीवन-समृद्धि के लिए उत्तरदायी है। सूर्य ही वह वैदिक देवता है जिसे **भग** कहा गया है।

भग का एक अर्थ स्त्री की योनि भी होता है। इसकी दार्शनिक व्याख्या भी अद्‌भुत है। योनि अर्थात जन्मस्थान। ग़ौर करें विश्व की सभी सभ्यताओं में सृष्टि का जन्म एक विशाल पिंड से माना जाता रहा है। जिस योनि अर्थात **भग** से समूची सृष्टि का निर्माण हुआ है उसे धारण करने वाला परब्रह्म ही भगवान है। एक अन्य व्याख्या यह भी हो सकती है, जो अध्यात्म दर्शन के साथ विज्ञानसम्मत भी है। **भज्** धातु में बाँटने, विभक्त करने का भाव है। ब्रह्मांड के निर्माण की एक थ्योरी बिगबैंग यानी महाविस्फोट की भी है। विस्फोट के बाद वह पिंड अनंत पिंडों में विभक्त हुआ। भग यदि योनि है तो भी गर्भाशय में जीवन के निर्माण की प्रक्रिया कोशिकाओं के विभक्त होने से जुड़ी है। सृष्टि में लगातार विस्तार हो रहा है। सूक्ष्म एक कोशिकीय जीव लगातार विभाजन से अस्तित्व की समृद्धि पाते हैं। विभाजन ही जीवन-सृजन का आधार है। सृजन की इस शक्ति के भग नाम में परम सार्थकता है। पौराणिक काल के एक राजा का नाम **भगदत्त** था जिसका अर्थ हुआ भग, देवता से प्राप्त। कोई भी माता-पिता अपने पुत्र के नाम की व्यंजना **योनि से उत्पन्न** के रूप में नहीं करना चाहेंगे। ज़ाहिर है भग का स्त्री

अंग के रूप में वह अर्थ नहीं है जैसा अज्ञानी समझते हैं। **भगदत्त** नाम भी **अल्लाबख़्श** या **रामबख़्श** जैसा ही है।

पुरानी फ़ारसी, ईरानी और अवेस्ता में यह भग लफ़्ज़ **बग** या **बेग** के रूप में मौजूद है। अर्थ वही है–ईश्वर, सर्वशक्तिमान। ग़ौर करें कि **भग** में निहित देने वाला, बाँटने वाला, अन्नदाता वाला अर्थ ही यहाँ भी प्रभावी हो रहा है। बाद के दौर में राजाओं के लिए यह शब्द प्रचलित हुआ। शक्तिशाली और ताक़तवर के लिए भी इसका प्रयोग होने लगा। **बग** या **बेग** बाद में रसूखदार लोगों की उपाधि भी हो गई। मध्य एशिया के शक्तिशाली क़बीलों की जातीय पहचान यह **बेग़** शब्द बना जिसका एक रूप **बेक** भी हुआ। मध्य एशिया के एक देश का नाम उज़्बेकिस्तान इसी जाति की प्रधानता की वजह से पड़ा। यही लोग भारत में उज़बक कहलाए। कुछ विद्वान इस BAK में उद्यान के अर्थ वाला **बाग़** भी देखते हैं जिसकी व्याख्या समृद्ध भूमि, ऐश्वर्य भूमि के रूप में है। **बग़ीचा** इसका ही रूप है। **बगराम, बग़दाद, बाग़वान** जैसे शहरों के नामों के पीछे शायद यही अर्थ छुपा है।

ऐश्वर्य, ईश्वर और ऐश... (भगवान-3)

[शब्द संदर्भ : ईसर, ईसुरी, ईश्वरीय, ईशा, ईशिता, ईशान, ईश, ईश्वर, ऐश्वर्य, ऐश्वर्या]

परमशक्तिवान सूर्य ही आदिदेव थे यह व्याख्या सही साबित होती है ईश से बने ईशान शब्द से जिसका अर्थ होता है सूर्य।

विश्व की सभी संस्कृतियों में इस ब्रह्मांड को संचालित करने वाली परमशक्ति की कल्पना की गई है और उसे कई नामों से पुकारा जाता है। हिन्दी में **भगवान** के अलावा भी कई शब्द प्रचलित हैं। अकेले विष्णु के ही सहस्रनाम हैं। परमसत्ता के अर्थ में प्रचलित एक शब्द **ईश्वर** भी है। वह सृष्टि का निर्माता है और सर्वोच्च नियंता भी है। वह सुखदाता और दुखहर्ता है।

मनुष्य ने जब सृष्टि को अनुभव किया तभी से उसे प्रकृति की शक्तियों का बोध होने लगा। सर्वाधिक प्रभावित वह सूर्य से हुआ जिसकी प्रखरता, ताप और प्रकाश से वह चकित रहता था। प्रायः सभी संस्कृतियों में सूर्योपासना की परंपरा यही सिद्ध करती है कि मनुष्य का आदिदेव सूर्य ही है। देवनागरी का **ई** वर्ण बड़ा अनोखा है। इस एक वर्ण में चमकना और व्याप्त होना जैसे भाव समाहित हैं। ग़ौर करें प्रखरता और प्रकाश में ये दोनों गुण होते हैं। प्रखरता से चमक उत्पन्न होती है और प्रकाश का गुण है व्याप्ति। ये दोनों ही संकेत परमशक्तिमान सूर्य की और संकेत कर रहे हैं। **ई** में निहित यही भाव संस्कृत के **ईश्** में व्यापक होकर योग्य, शक्तिवान, स्वामी, अपनाने वाला जैसे अर्थों में व्यक्त होते हैं। ईश से हिन्दी में कई शब्द बने हैं, जैसे–**ईसर, ईसुरी, ईश्वरीय** आदि। हिन्दी में प्रचलित कई नामों का जन्म भी इससे ही हुआ है, जैसे–नरेश, सुरेश, रमेश, महेश, हरीश, मुनीश, ब्रिजेश आदि।

परमशक्तिवान सूर्य ही आदिदेव थे यह व्याख्या सही साबित होती है ईश से बने **ईशान** शब्द से जिसका अर्थ होता है सूर्य, शासक, स्वामी, शिव और विष्णु आदि। ज्योतिष में ईशान कोण पूर्व दिशा को कहते हैं। ज़ाहिर है पूर्व से ही सूर्योदय होता है इसीलिए यह शब्द बना। इससे ही बने हैं **ईशा** और **ईशिता** जिनका अर्थ होता है दुर्गा, देवी। शक्तिशालिनी, सम्पन्न महिला। **ईश** से बने **ईश्वर** में शक्ति सम्पन्न, योग्य, समर्थ जैसे अर्थ भी समाहित हुए। कालांतर में राजा, मालिक, शासक भी ईश्वर शब्द के दायरे में आ गए। हिन्दू दर्शन में ईश्वर के मुख्यतः दो रूप दिखाई पड़ते हैं—सगुण साकार और निर्गुण निराकार। सगुण ईश्वर के कई रूप हैं, जैसे—विष्णु, शिव आदि। सगुण ब्रह्म ही सृष्टि के निर्माणकर्ता के रूप में पूजित हैं। इसके बावजूद ईश्वर की अवधारणा अंततः निर्गुण ब्रह्म पर ही जाकर टिकती है। सगुण भक्ति, निर्गुण ब्रह्म में विलीन होती है।

धन-समृद्धि के लिए **ऐश्वर्य** शब्द भी हिन्दी में ख़ूब प्रचलित है जो कि ईश्वर से ही बना है। ऐश्वर्य का अर्थ होता है प्रभुता, ताक़त, शक्ति, बल जो ईश्वर में निहित है। ग़ौर करें कि धन-सम्पत्ति अपने आपमें सत्ता शक्ति प्रदान करती हैं इसलिए समृद्धि जैसे अर्थों में ऐश्वर्य शब्द सीमित हो गया किन्तु इसके व्यापक अर्थ आज भी प्रभावी हैं। ऐश का अर्थ होता है सर्वोपरि, शिव से संबंध रखने वाला।

ईंट की आराधना (भगवान-4)

[शब्द संदर्भ : इष्ट, इष्टिका, ईंट, इच्छा, इषणा]

तंत्र शास्त्र की नाद साधना में देवनागरी का ह्रस्व **इ** स्वर वर्ण हरि, ब्रह्ममय माना जाता है। हिन्दी-संस्कृत में ईश्वर के अर्थ में **इष्ट** या **इष्टदेव** शब्द भी प्रचलित है। यूँ **इष्ट** का अर्थ होता है इच्छित, प्रिय, अभिलषित, पूज्य, आदरणीय आदि। इच्छा, **इषणा** यानी अभिलाषा, कामना जैसे शब्द भी **इष्** से ही बने हैं। देवनागरी के दीर्घ स्वरवर्ण ई में निहित सूर्य का संकेत ईश में परमसत्ता के अर्थ में व्याप्त हो गया।

ईशान में सूर्य का अर्थ फिर प्रकट हुआ। यहाँ **इ** वर्ण ह्रस्व **इ** की व्याख्या ज़रूरी है। **इ** यानी कामना करना, अभिलाषा करना। ग़ौरतलब है कि **इ** और **ई** दोनों वर्णों का एक अर्थ कामदेव भी है। **इषः** शब्द का अर्थ भी शक्तिशाली और बलवान होता है। मनुष्य की वृत्ति रही है कामना या अभिलाषा करना, चाहना। ईश्वर की कल्पना के बाद मनुष्य ने अपने इष्ट को पाना भी चाहा। इच्छा शब्द इष् से ही बना है। इष्ट का अर्थ है जिसकी कामना की जाए। ईश दर्शन की इच्छा से ही मानव ने मिट्टी की सिल्लियाँ बनाईं और उसके घेरे में सुरक्षापूर्वक अग्नि को प्रज्ज्वलित किया, उसे ससम्मान सुरक्षित रखा। अग्नि का यह आह्वान और प्रतिष्ठान सूर्योपासक समाज के विकास का अत्यंत महत्त्वपूर्ण पड़ाव था।

अत्यंत प्राचीनकाल में यही पहली यज्ञवेदिका रही होगी। कालांतर में मनुष्य ने प्रकृति की अन्य शक्तियों में विभिन्न देवों की कल्पना की। अग्नि प्रमुख देव रहा मगर अब वह परमशक्ति नहीं बल्कि परम के अंग रूप में स्वीकार्य था, परम की प्राप्ति में माध्यम

हो गया। मनुष्य ने अभीष्ट की पूर्ति अर्थात देवताओं को प्रसन्न करने के लिए अपनी प्रिय वस्तुएँ सर्वप्रथम आहार सामग्री यज्ञवेदी में होम करनी शुरू कीं। इष्ट की कामना से यज्ञ ने अनुष्ठान का रूप ऐसे ही लिया। चूँकि यज्ञ **इष्ट** प्राप्ति का साधन बना इसलिए यज्ञ का एक नाम इष्ट भी हो गया। अग्नि को प्रतिष्ठित करने के लिए मिट्टी की जिन चौकोर आधार वाली शिलाओं का निर्माण हुआ उन्हें **इष्टिका या इष्टका** कहा गया। इस शब्द का संस्कृत से प्राकृत होते हुए हिन्दी तक रूप परिवर्तन कुछ यूँ रहा इष्टिका > इष्टका > इट्टिगा > इट्टी > ईंट यानी आजकल भवन निर्माण के काम आने वाली प्रमुख आधार सामग्री। स्पष्ट है कि प्रारंभ में मिट्टी से निर्मित शिलाएँ सिर्फ़ यज्ञवेदी के निमित्त ही बनाई जाती थीं। तब इन्हें अग्नि में भी नहीं पकाया जाता था। विकासक्रम में मनुष्य ने देखा कि यज्ञोपरांत अग्निवेदी के ताप से मिट्टी की शिलाएँ अर्थात **ईंटें** बेहद मज़बूत हो गई हैं सो उसने इनसे भवन निर्माण शुरू किया और ऐसे भवनों को **इष्टालयम** या **इष्टगृहम्** कहा गया। कहने की ज़रूरत नहीं कि यहाँ आस्था और विश्वास के बाद विज्ञान प्रभावी हो रहा है, यानी तपाने से **ईंटें** मज़बूत होती हैं यह विज्ञानसम्मत तथ्य मनुष्य ने नैसर्गिक शक्तियों में आस्था और विश्वास की प्रक्रिया के दौरान ही परखा और जाना। ईंटों को अत्यंत पवित्र दर्जा प्राप्त था। वैदिक संस्कृति में तो ईंटों की स्तुति की जाती थी। यजुर्वेद में यज्ञ सम्पन्न कराने वाला पुरोहित ईंट की स्तुति में कहता है–

"हे इष्टिका! तुम माँ, प्रमा (मातामही), और प्रतिमा (देवी सदृश) हो। तुम उष्णिका (ताप को सोख लेने वाली) हो, पृथ्वी हो, तुम ही द्यू (आकाश), नक्षत्र, वाणी हो। मन हो तुम, कृषि, हिरण्य, गौ, अश्व, विश्वेदेवा भी तुम हो। तुम सूर्य, तुम सोम हो। रुद्र हो तुम आदित्य हो, तुम ही मरुत भी हो। बृहस्पति, इन्द्र, वरुण और दीप्ति भी तुम हो।"

यूँ दुनिया में सबसे पुरानी ईंटों के प्रमाण साढ़े सात हज़ार साल पहले दजला-फरात के दोआब में बसी सुमेरी सभ्यता से मिले हैं। मिस्र और सिन्धु घाटी की सभ्यता में भी आग में तपी मज़बूत और धूप में तपी कच्ची **ईंटें** काम में लाई जाती थीं। कुल मिलाकर यज्ञवेदी में अग्नि पूजा का अनुष्ठान **इष्ट** प्राप्ति का निमित्त बना। यज्ञवेदी ही **इष्ट** कहलाई। निर्माण की शिलाएँ बनीं **इष्टका** जो बनी **ईंटें**। आज के दौर में भी निर्माण से पहले नींव के जिस पत्थर या आधारशिला की पूजा का अनुष्ठान होता है वह यही **इष्टिका** है। ये अलग बात है कि इसके बावज़ूद इनसान के मन में जब आया है उसने समाज की पुण्यकृतियों, संस्कृतियों की **ईंट-से-ईंट** बजाई है।

प्रभु की लीला न्यारी (भगवान-5)

[शब्द संदर्भ : भू, प्रभु, महाप्रभु, भूमि, भा, आभा, भास, भास्कर, आभामंडल, प्रभा, प्रभात, ब्राइट, भृगु, भर्ग, बर्क़, वर्क़]

मूलतः प्रभु के अर्थ में जो ईश्वरीय भाव है वे उजागर होने, दृश्यमान होने से जुड़े हैं। जिसमें जगत को प्रकाशित कर उसे उजागर करने की शक्ति है जो प्रभात लाता है,

जो **प्रभाकर** है, **भास्कर** है, जिसके प्रभाव से भूलोक **आभासित** है वही प्रभु है। ईश्वर के अनगिन नामों में एक नाम प्रभु है जो रोज़मर्रा में हम ख़ूब इस्तेमाल करते हैं। **प्रभु** के **परभू** और **पिरभू** जैसे रूप भी गाँव देहात में बोलने-सुनने को मिलते है और इससे बने कई नाम भी हिन्दी में प्रचलित हैं, जैसे–**प्रभुलाल, प्रभुदयाल, प्रभुनाथ, प्रभुसिंह, प्रभुदास** और **प्रभुशरण** आदि।

प्रभु शब्द में **भ** वर्ण महत्त्वपूर्ण है क्योंकि **प्र** तो उपसर्ग है। **भ** वर्ण या धातु में इंडो-यूरोपीय भाषाओं के दर्जनों शब्दों के जन्म-सूत्र मिलते हैं। प्रभु शब्द में भी सूर्य, प्रकाश, कांति अथवा अग्नि की महिमा ही नज़र आती है। यह शब्द भी इस बात का प्रमाण है कि मनुष्य के आदिदेव सूर्य ही हैं। संस्कृत की **भू** धातु का अर्थ होता है जो पहले नहीं था अर्थात घटित होना। जो कुछ अब सामने है, उसके होने से यहाँ तात्पर्य है। **भू** यानी उगना, उदित होना, उदय होना, फूटना आदि। यहाँ स्पष्ट संकेत सूर्य से है। सूर्य यानी प्रकाशपुंज जिसके उदित होने से जग के होने का बोध होता है। अंधकार में जगत का बोध नहीं होता।

भू में **प्र** उपसर्ग लगने से बना **प्रभु** जिसका मतलब होता है सर्वशक्तिमान। जिसके न होने से सृष्टि का आभास न हो, जिसके उदित होने से विश्व जाग्रत् लगता है वही प्रभु है। प्रभु शब्द का प्रयोग यूँ व्यवहार में बलवान, शक्तिशाली, अधिपति, स्वामी, शासक के तौर पर भी किया जाता है। महर्षि के लिए भी **महाप्रभु** शब्द प्रचलित है। भू से बने **भूः** का अर्थ होता है भूमि, धरती। ग़ौर करें कि भूमि के पृथ्वी, वसुधा, वसुंधरा, अचला आदि कई नाम हैं। मगर भूः या भूमि में वही है जो उदित है, प्रकाशमान है, सूर्य के सम्मुख है, दृश्यमान है।

भू के बाद एक अन्य धातु है **भा** जिसका अर्थ प्रकाश, कांति, चमक, दीप्ति आदि है। सूर्य के लिए **भास्कर** शब्द इसी से बना है। **भास्** यानी प्रकाश, रोशनी, किरण आदि। भास्कर का अन्य अर्थ नयक, अग्नि अथवा प्रतिबिंब भी होता है। **आ** उपसर्ग लगने से बना **आभा** जिसका अर्थ भी कांति ही है। प्रकाश की उपस्थिति से ही जगत् की प्रतीति होती है जिसे **आभास** कहते हैं। बुद्धि की चमक ही **प्रतिभा** है। सूर्य की किरण को **प्रभा** कहते हैं। **प्रभामंडल** ही दरअसल ईश्वरीय संकेत है। **प्रभा** यानी एक अप्सरा जिसका सौन्दर्य सूर्य किरणों की तरह अतुलनीय था। **प्रभा** यानी देवी दुर्गा जिनका तेजोमय रूप वर्णनातीत है। सुबह के लिए **प्रभात** का जन्म-सूत्र भी इसी भा से जुड़ा है। प्रभात यानी जो होने लगा है, स्पष्ट है, व्यक्त है–अर्थात सुबह।

संस्कृत में **भर्ग** और **भर्ज** का अर्थ होता है चमकदार, प्रकाश, सूर्य का तेज आदि। **भृगु** शुक्र तारे को कहते हैं जो अपनी चमक के लिए ही प्रसिद्ध है। विद्वानों ने इससे मिलती-जुलती धातु प्राचीन इंडो-यूरोपीय भाषा-परिवार में खोजी है BHEREG जिससे भारतीय, ईरानी और यूरोपीय भाषाओं में कई शब्द बने हैं। अरबी में आसमानी बिजली के लिए एक शब्द है बर्क़। यह हिब्रू में बराक़ के रूप में मौजूद है मगर भाषाविज्ञानी इन्हें सेमेटिक मूल का न मानते हुए भारोपीय मूल से गया शब्द ही मानते

हैं। बर्क़ फ़ारसी का शब्द है और इसके बल्क, बर्ख़, वर्क़ जैसे रूप भी ईरान में प्रचलित हैं। **वर्क** को हिन्दी में **वरक़** भी कहते हैं जो एक चमकीली झिल्ली होती है जिसे चाँदी या सोने को कूट-पीट कर तैयार किया जाता है। यह झिल्ली किन्हीं मिठाइयों और उपहारों को सजाने के काम आती है। कहने की ज़रूरत नहीं की सज-धज के साथ चमक-दमक अनिवार्य गुण है। सोना-चाँदी का वर्क चमक ही प्रदान करता है। अंग्रेज़ी का **ब्राइट** और जर्मन का **ब्रेनॉन** इसी कड़ी में आते हैं।

खुदाबंद-रहमान-करुणानिधान (भगवान-6)

[शब्द संदर्भ : रहम, रहीम, रहमान, रहमत]

सभी धर्मग्रंथों में दया को धर्म का मूल बताया गया है। सबसे बड़ा धर्म इनसानियत का धर्म होता है। दया के बिना मनुष्य को पशु समान मानने की बात भी कही जाती है। दया के लिए हिन्दी में एक और शब्द भी प्रचलित है **रहम**। जो व्यक्ति दया करता है उसे दयालु कहा जाता है। अरबी, फ़ारसी, उर्दू में इसका रूप होता है **रहमदिल**। मध्यकाल के प्रसिद्ध कवि **रहीम** ने कहा है–

वे रहीम नर धन्य हैं, पर उपकारी अंग।
बाँटनवारे को लगै, ज्यौं मेहँदी को रंग॥

तो ऐसा ही है दया, करुणा और रहम का रंग। रहम मूलतः अरबी ज़बान का शब्द है और सेमेटिक धातु **रह्म** से बना है जिसमें दया का भाव है। **रहम** शब्द उर्दू, अरबी, फ़ारसी, हिन्दी में ख़ूब प्रचलित है। सेमेटिक मूल का शब्द होने के नाते इसके रूपांतर हिब्रू भाषा में भी नज़र आते हैं। हिब्रू का रश्म या **रशम** शब्द भी इसी कड़ी में आता है जिसका मतलब भी करुणा, दया, प्रेम, ममता आदि है। अरबी के **रहम** का सर्वोत्तम रूप है **रहमान**। इसका हिन्दी अनुवाद दयावान अथवा करुणानिधान हो सकता है। आस्था के संसार में ये दोनों ही शब्द ईश्वर का बोध कराते हैं। ठीक यही बात रहम से बने रहमान के साथ है जिसमें ईश्वर कों रहमान बताया गया है। जो संसार में सर्वाधिक कृपानिधान, दयावान हैं।

इस्लाम में सिफ़ाते ख़ुदाबंदी अर्थात ईश्वरीय गुणों में रहम को सर्वोपरि बताया गया है। इसकी एक व्याख्या यह भी है कि रहम, दयालुता, करुणा, कृपा, परोपकार आदि सद्गुण ईश्वर के समान बनाते हैं क्योंकि ईश्वर ऐसा ही है। इसीलिए उसे रहमान यानी परम कृपालु, दयानीधान कहा जाता है। **रहमान** की तरह ही **रहीम** शब्द भी दया, करुणा की अर्थवत्ता रखता है और जिसके मायने भी दयालु या कृपालु ही होते हैं। ईश्वर के कई नामों में रहमान की तरह ही रहीम का भी शुमार है। ईश्वरीय के लिए उर्दू में **रहमानी** शब्द है।

क़ुरान की प्रसिद्ध पंक्ति **बिस्मिल्लाह अर रहमान, अर रहीम** या 'बिस्मिल्लाहिर्रहमानिर्रहीम– शुरू करता हूँ उस अल्लाह के नाम से जो अत्यंत दयावान और करुणामय है', में प्रभु

के इसी गुण को उजागर करते हुए उनकी स्तुति की गई है। इसी तरह हिब्रू में भी कहा गया है **बशेम इलोहीम, हा रश्मन वा रशम** ये पंक्तियाँ भी क़रीब क़रीब क़ुरान की तरह ही हैं। रहम से रहमत भी बना है जिसमें मेहरबानी, कृपालुता आती है। सभी धर्मग्रंथों में मनुष्य के लिए नसीहत है कि उसके मन में करुणा, दया, परोपकार की भावना होनी ही चाहिए। मगर अक्सर ऐसा नहीं होता। स्वार्थ, दुष्टता, लोभ-लिप्साओं का वहाँ पहले से डेरा रहता है और रहम जैसी कोमल सी भावना वहाँ दबी-कुचली रहती है। मगर जिस हृदय में दया, करुणा और कृपा के अलावा और कुछ नहीं हैं वह परमात्मा ही हो सकता है और कोई नहीं। इसीलिए रहमान यानी परमकृपालु अर्थात परमात्मा।

भूखे भजन न होय गोपाला

[शब्द संदर्भ : अनशन, अनाशक, उपवास, निवास, आवास, बासा, बसना , बसाहट, बसेरा, बजाज, वसंत, बसंत]

भूखे भजन न होय गोपाला।
ले ला आपन कंठी माला॥

कहते हैं कि **भजन** करने से **भक्ति** बढ़ती है और भक्ति से ही ईश्वर प्राप्त होते हैं। इस तरह उपरोक्त कहावत का सीधा सा अर्थ निकाला जा सकता है कि भूखे रहकर भक्ति संभव नहीं। मगर अतीत बताता है कि ईश्वर प्राप्ति के लिए सभी महान लोगों को उपवास करना पड़ा चाहे वे महात्मा बुद्ध हों, हज़रत मोहम्मद हों, ईसा मसीह हों या महावीर स्वामी हों। उपवास का मतलब होता है अन्न-जल का पूर्ण त्याग मगर सामान्य तौर पर इसका मतलब होता है हलका भोजन करना। उपवास को अनाशक भी कहा जाता है। यह भी **अनशन** की कड़ी का ही शब्द है। **अनाशक** भी **अश्** से ही बना है–**अन् + अश + क**। यानी **अनशन** का पर्याय हुआ यह शब्द। प्राचीन ग्रंथों में उपवास को तप में शामिल किया गया है। ये अलग बात है कि आजकल उपवास में शुद्ध घी में निर्मित इतनी क़िस्म के खाद्य पदार्थों का सेवन किया जाता है कि उसे उपवास की बजाय दावत कहना ज़्यादा सही होगा।

उपवास का मराठी रूप **उपास** भी है। भूखे रहने को मराठी में **उपाशी** कहा जाता है। बिना वजह भूखे रह जाने के लिए उपवास का मुहावरे के रूप में हिन्दी में भी प्रयोग होता है। उपवास के लिए फलाहार शब्द भी चलता है। हिन्दी-मराठी-मालवी में वर्ण विपर्यय की वजह से इसके रूप फरियाल-फराळ-फरयाल होते हैं। फलाहार के अर्थ में ही सिर्फ़ फलों के सेवन की बात निहित है मगर इसमें भी लोग सामान्य उपवास वाले पदार्थों का डटकर सेवन करते हैं। उपवास के भोजन भट्टों के लिए अब तो दुकानों पर फरियाली नमकीन जैसे पदार्थ भी मिलते हैं। कहाँ फलाहार और कहाँ नमकीन! उपवास शब्द बना है **उप + वास** से। उप संस्कृत–हिन्दी का प्रसिद्ध उपसर्ग है जिसका मतलब आगे, सान्निध्य में, निकट आदि होता है। वास शब्द **वस्** धातु से बना है

जिसका अर्थ होता है रहना, ठहरना आदि। इस तरह उपवास का अर्थ हुआ निकट रहना, साथ रहना आदि। **वस्** धातु से **निवास, आवास, बासा, बसना, बसाहट, बसेरा, बजाज, वसंत, बसंत** आदि कई शब्द बने हैं।

उपवास के आध्यात्मिक उद्देश्य आत्मशुद्धि पर ग़ौर करें तो स्पष्ट है कि **उपवास** का अर्थ हुआ ईश्वर के निकट रहना। आत्मशुद्धि तभी संभव है जब मनुष्य विषय-वासनाओं से दूर रहे। इस भाँति शुद्ध अंतःकरण के साथ ही ईश्वर को अनुभव किया जा सकता है। चूँकि घर पर रहते हुए इन चीज़ों से बचना मुश्किल है इसलिए उपवास में तप के निमित्त प्रव्रज्या यानी घर का त्याग भी शामिल है। घर से दूर एक निर्धारित अवधि तक आहार नियमों के साथ वास करना ही उपवास हुआ।

एक अन्य शब्द से भी इसकी व्युत्पत्ति बताई जाती है। **उपवसथः** का अर्थ होता है ग्राम या गाँव। निराहार, फलाहार या अनशन के अर्थ में उपवास शब्द की व्युत्पत्ति ग्राम के अर्थ वाले उपवसथः से लगाना थोड़ी कठिन है। मगर प्राचीनकाल की जीवन पद्धति को देखते हुए यह सही है। दरअसल उपवास को एक तप माना गया है जो आत्मशुद्धि या पापमुक्ति का साधन है। ज़ाहिर है कि उपवास का संकल्प लेने वाला व्यक्ति अपने घर से दूर किसी वनग्राम में जाकर दिनचर्या व्यतीत करता था। **उपवास** की तीन विधियों को देखें तो बात और साफ़ हो जाती है–1. ग्राम में प्राप्त भोजन पर ही निर्भर रहना, 2. वन से प्राप्त सामग्री से आहार करना, 3. निराहार रहना। स्पष्ट है कि घर से दूर विशेष आहार नियमों के तहत वास करना ही उपवास हुआ।

संसार के लगभग सभी धर्मों में उपवास को जीवन शैली के अनिवार्य अंग की तरह शामिल किया गया है। इस्लाम धर्म में ईद से पूर्व रमज़ान में रोज़ा भी उपवास अवधि ही है और यही है और ईसाइयों के क्रिसमस पर्व से पहले भी उपवास का प्रावधान है। जैन धर्म में तो उपवास प्रमुख सिद्धांतों में एक है। उपवास का चरमोत्कर्ष जैन धर्म के **संथारा** में नज़र आता है जिसके तहत निराहार रहते हुए शरीर को क्षीण कर मोक्ष प्राप्ति की व्यवस्था बनाई गई है। इसी तरह बौद्ध धर्म में भी उपवास का महत्त्व है और इसे आत्मशुद्धि की राह में पहली सीढ़ी माना गया है। आठ दिन लगातार निराहार समाधि-चिंतन [उपवास] से ही सिद्धार्थ को बोधि प्राप्त हुई थी और वे बुद्ध कहलाए। बौद्धों में उपवास को यौगिक क्रियाओं का अंग भी माना जाता है। ग़ौरतलब है कि हिन्दुओं में आए दिन जितने व्रत-उपवास रहते हैं उतने शायद ही दुनिया के किसी अन्य समाज में होंगे।

महिमा अवतारों की

[शब्द संदर्भ : तर, तरण, तैरना, अवतरण, दशावतार, अवतार, अवतरित, उतरना, तरल, तीर्थ, अवतीर्ण, औतार, औतारी]

दुनिया भर के विभिन्न धर्मों में यह मान्यता है कि ईश्वर समय-समय सृष्टि के पुनर्निर्माण के लिए किसी-न-किसी रूप में पृथ्वी पर उत्पन्न होते हैं। यह उनका

मानवीकृत रूप होता है जिसे हिन्दुओं में **अवतार** कहा जाता है। धर्मशास्त्र में अक्सर मुख्यतौर पर दशावतार अर्थात दस अवतारों का उल्लेख आता है जो परमात्मा (विष्णु) के रूप हैं—मत्स्य, कूर्म, वराह, नृसिंह, वामन, परशुराम, राम, कृष्ण, बुद्ध एवं कल्कि। धर्मशास्त्र के विभिन्न ग्रंथों में इसके अलावा भी अवतार बताए गए हैं। कहीं दस, कहीं सोलह तो कहीं चौबीस। दरअसल अवतारवाद में विभिन्न कालों में मानवस्मृतियों में जो भी महान पुरुष हुए हैं, उन्हें समेट लिया गया है। अवतार यानी विशिष्ट शक्ति का पृथ्वी पर अवतरण। ग़ौर करें कि अवतारवाद पुनर्जन्म के सिद्धांत पर ही खड़ा है और इसकी पुष्टि करता है कि प्रायः ज़्यादातर प्राचीन संस्कृतियों में पुनर्जन्म मानव समुदायों की प्रिय कल्पना रही है। हिन्दुओं में जहाँ कई पुनर्जन्मों का विश्वास है वहीं ईसाइयों में एक पुनर्जन्म की बात कही जाती है।

अवतरण बना है **तृ** धातु में **अव** उपसर्ग लगने से। **तृ** धातु का अर्थ है पार जाना, बहना, तैरना आदि। इसमें **अव** उपसर्ग लगने से बनते हैं अवतरित होना, उतरना आदि। **तृ** धातु से ही बने हैं **तरल** यानी द्रव, तरंग यानी लहर, **तरला** यानी नदी, तीर यानी किनारा, **तीर्थ** यानी घाट, मार्ग, सड़क रास्ता वग़ैरह। **तीर्थ** के मायने आदरणीय व्यक्ति या पुण्यात्मा भी होते हैं। ग़ौर करें कि महान पुरुषों का **अवतरण** भी तीर्थों पर ही हुआ है अर्थात नदी किनारे। अवतरण जिनका होता है वे होते हैं **अवतार**। मानवता को मुक्ति दिलाने, भवसागर पार कराने हेतु ईश्वर को पृथ्वी पर अवतीर्ण होना पड़ता है। जैन, बौद्ध आदि धर्मों की अलग-अलग मान्यताओं के मुताबिक़ महावीर स्वामी एवं बोधिसत्व के जन्म से पूर्व भी अनेक अवतारों के जन्म का उल्लेख है जो यही साबित करता है कि विशिष्ट निमित्त के चलते परमशक्ति मनुष्य लोक में प्रकट होती है। अवतार शब्द का उच्चारण कहीं-कहीं औतार या औतारी भी किया जाता है।

चौबीस अवतार—पुराणों में चौबीस अवतारों का भी उल्लेख है—नारायण (विराट अवतार), ब्रह्मा, सनत्कुमार, ववटनारायण, कपिल, दत्तात्रेय, सुयज्ञ, हयग्रीव, ऋषभ, पृथु, मत्स्य, कूर्म, हंस, धन्वंतरि, वामन परशुराम, महोहिनी, नृसिंह, वेदव्यास।

मियाँ, ऐश हो रही है!

[शब्द संदर्भ : ऐश, आयशा, आएशा, अय्याश]

सुख-समृद्धि की ज़िंदगी के लिए **ऐश** शब्द का प्रयोग किया जाता है। अक्सर ही इसका इस्तेमाल मुहावरे की तरह भी होता है। **ऐश** शब्द में बेफ़िक्री के साथ गुज़र-बसर करने का भाव होता प्रमुख है इसीलिए जेल में बंद सज़ायाफ़्ता मुजरिमों के लिए भी ऐश करना मुहावरा प्रयोग किया जाता है क्योंकि जेल उनके लिए किसी ऐशगाह से कम नहीं होती।

इनसान को जीने के लिए क्या चाहिए? हवा, पानी और रोटी। और ज़्यादा की बात करें तो सिर और बदन पर साया (कपड़ा-मकान) भी इसमें जोड़ लीजिए। ज़्यादातर लोगों के लिए ये तमाम चीज़ें तो जीवन का आधार हैं। इनके ज़रिए सिर्फ़ ज़िंदा रहा

जा सकता है, **ऐश** नहीं की जा सकती। दिलचस्प बात यह कि किसी ज़माने में ऐश का वह मतलब नहीं था जो आज प्रचलित हो चुका है।

ऐश अरबी भाषा का शब्द है जिसका मतलब होता है रोटी, ब्रेड। अरबी में ही इसका एक अन्य अर्थ भी होता है जीवन। दार्शनिक अर्थ में विचार करें तो यह सच भी है। इनसान को हवा-पानी तो ईश्वर ने मुफ़्त में दिया। मगर इसके बूते उसकी ज़िंदगी चलनी मुश्किल थी। उसने तरकीब लगाई। मेहनत की और रोटी बना ली। बस, उसकी ऐश हो गई। हर तरह से वंचित व्यक्ति के लिए सिर्फ़ रोटी ही जीवन है। रोटी जो अन्न का पर्याय है, अन्न से बनती है। लेकिन बदलते वक़्त में ऐश में वे तमाम वस्तुएँ भी शामिल हो गईं जिनमें से सिर्फ़ रोटी को ग़ायब कर दिया जाए तो उस तथाकथित ऐश से हर कोई तौबा करने लग जाएँ। कबीरदास के शब्दों में भी ऐश का अर्थ वही है–

साईं इतना दीजिए, जामे कुटुम समाय।
मैं भी भूखा ना रहूँ, साधु न भूखा जाय॥

ऐश से ही बना है फ़ारसी, उर्दू, हिन्दी का **अय्याश** शब्द। अय्याश का ज़िक्र होते ही एक नकारात्मक भाव उभरता है। सुख-विलास के सभी साधनों का अनैतिक प्रयोग करने वाले को आमतौर पर अय्याश कहा जाता है। मद्दाह साहब के शब्दकोश में तो लोभी, भोगी के साथ व्यभिचारी को भी अय्याश की श्रेणी में रखा गया है। यह अय्याश शब्द भी **ऐश** की ही क़तार में खड़ा है और उसी धातु से निकला है जिसका मूलार्थ जीवन का आधार रोटी थी मगर जिसका अर्थ समृद्धिशाली जीवन हो गया। उर्दू-फ़ारसी-अरबी में लड़कियों का एक नाम होता है **आएशा/आयशा** जो इसी कड़ी का शब्द है मगर इसमें सकारात्मक भावों का समावेश है। **आयशा** का मतलब होता है समृद्धिशाली, सुखी, जीवन से भरपूर। पैग़म्बर साहब की छोटी पत्नी का नाम भी हज़रत आय़शा था और उन्हें इस्लाम के अनुयायियों की माँ का दर्जा मिला हुआ है। अरबी के **आएशा/आयशा** से कुछ संगति हिन्दी के **ऐश्वर्या** से जुड़ती हुई लगती है। ऐश्वर्या का वही अर्थ है जो आएशा का है, मगर इन दोनों शब्दों का मूल अलग है। ऐश्वर्य या ऐश्वर्या बना है संस्कृत के **ईश्वर** से। जो परमसत्ता है, जो स्वयंप्रभु है, सर्वशक्तिमान है और इसलिए ईश्वर है। ज़ाहिर है सुख और समृद्धि जैसे भाव तो ईश्वर में निहित हैं इसीलिए ऐश्वर्य का अर्थ ही सुख, संपत्ति, प्रभुता और शक्ति है। ऐश्वर्या अर्थात देवी। जिस (स्त्री) के पास **ऐश्वर्य** है, वह **ऐश्वर्या** है।

यूँ ही नहीं आखर अनमोल

[शब्द संदर्भ : अक्षर, क्षर, आखर, ख़ाला, खल्ला, भूस्खलन, स्खलन, हिमस्खलन]

हिन्दी में अक्षर को प्रचलित अर्थ में बारहखड़ी के हर्फ़ या वर्ण के रूप में जाना-पहचाना जाता है। मगर अक्षर का सबसे प्रमुख अर्थ हैं अविनाशी अर्थात जो नष्ट न हो सके। ग़ौरतलब है कि संस्कृत का मूल शब्द है–जिसका मतलब है बहना, गिरना, टपकना,

कम होना, नष्ट होना, घुलना, पिघलना आदि। इसमें **अ** उपसर्ग लगने से बना अक्षर अर्थात जो नष्ट न हो सके। इसे यह भाव क्यों मिला इसके पीछे भी गहरी सोच है। हर अक्षर या वर्ण अपने आपमें एक ध्वनि है इसलिए इसे नाद भी कहते हैं। न सिर्फ़ भारतीय दर्शन बल्कि आधुनिक विज्ञान भी मानता है कि ध्वनि नष्ट नहीं होती इसलिए नादब्रह्म है इसलिए अक्षर को भी ब्रह्म कहा जाता है। चूँकि ब्रह्म नित्य, चिरंतन और अक्षय है इसलिए अक्षर रूपी ब्रह्म को अविनाशी यानी नष्ट न होने वाला भी कहा जाता है। अक्षर का ही देशज रूप **अक्खर** या **आखर** बनता है जिसमें **क्ष** वर्ण **ख** में बदल रहा है। इस ख में अरबी का ख़ला भी झाँक रहा है जिसमें अंतरिक्ष से लेकर ख़ालीपन जैसे भाव समाहित हैं।

ग़ौरतलब है कि **क** वर्णक्रम में ही **ख** भी आता है। स्वतंत्र रूप में **खः** वर्ण अपने आप में धातु भी है जिसका मतलब होता है आकाश, अंतरिक्ष, स्वर्ग, ब्रह्म आदि। **खः** का अर्थ है ज्ञान। चूँकि ज्ञान का आभास इंद्रियों के ज़रिए ही होता है इसलिए **खः** में शरीर के दशद्वार भी शामिल हैं। ब्रह्म की अनुभूति बिना ज्ञान संभव नहीं इसलिए **खः** में इंद्रियों का समावेश तार्किक है। ब्रह्म में आनंद की अनुभूति ही प्रमुख है इसीलिए खः का अर्थ आनंद, प्रसन्नता भी है। ख़ुशी में भी **ख** ही झाँक रहा है। पक्षी को संस्कृत में **खगः** कहते हैं। 'रामचरितमानस' के अरण्यकांड में तुलसी कहते हैं–

हे खग मृग हे मधुकर श्रेनी। तुम्ह देखी सीता मृगनैनी ॥

खः अर्थात आकाश और **ग** अर्थात गमन यानी जो आकाश में गति करता है। ज़ाहिर है पक्षी के अर्थ में खगः की यह व्युत्पत्ति सटीक है। **खः** में निहित अंतरिक्ष, ब्रह्म, आकाश जैसे भावों से अरबी के **ख़ला** की तुलना की जा सकती है। ज़ाहिर है ये एक ही मूल से जन्मे हैं। डॉ. रामविलास शर्मा के मुताबिक़ क्षर् का अगला रूप **झर** बनता है जिसमें बहने-टपकने के भाव के साथ नष्ट होने या मिटने का अर्थ भी निहित है। मसलन पत्ते **झर** (या झड़) गए। जल प्रवाह के लिए **झरना** या **निर्झर** जैसे शब्दों में यही झाँक रहा है। इसी तरह संस्कृत की एक अन्य क्रिया **स्खल्** है जो क्षर् पर आधारित है। इसका अर्थ भी गिरना, टपकना, फिसलना आदि है। मालवी में टपकने के लिए क्षर् का ही देशज रूप **खिर (खिरना)** प्रचलित है। हिन्दी के **हिमस्खलन** या **भूस्खलन** और पहाड़ी नाले के लिए मालवी-राजस्थानी में ख़ाला, खल्ला जैसे जैसे शब्द इससे ही बने हैं। कुल मिलाकर इसमें एक ओर ख़त्म होने का भाव है तो दूसरी तरफ़ निरन्तरता, सातत्य और शाश्वत प्रवाह वाली बात भी है।

योग के 'अर्थ' में मगन

[शब्द संदर्भ : योग, योगा, योगमग्न, युज, योगदर्शन]

दुनिया भर में हिन्दी के सर्वाधिक प्रचलित शब्दों में गुरु के बाद अगर कोई है तो मेरे विचार में वह **योग** ही है। गुरु से तो गुरुडम जैसा समास भी अंग्रेज़ी में बन गया मगर योग ने सिर्फ़ एक मात्रा की बढ़त ली और अंग्रेज़ी में **योगा** हो गया। अब विदेशियों

की बात छोड़ दें, तो योग की जन्मस्थली भारत में भी लोग **योग** को उसके सही अर्थ में न पहचानते हुए सिर्फ़ शारीरिक व्यायाम में ही 'योगमग्न' है और ऐसा इसलिए हुआ क्योंकि योग के आठ साधनों में से एक **योगासन** को ही **योग** मान लिया गया और बाक़ी सात साधनों को भुलाते हुए योग को योगा कर दिया गया। अब जब एक साधन से ही अर्थ यानी मुद्रा कमाई जा सकती है तो बाक़ी सात को याद रख योग के विशिष्ट अर्थ को जानने की आवश्यकता भी क्या है?

योग का मूल हिन्दी का **योग** शब्द अपने आप में सिर्फ़ एक शब्द भर नहीं बल्कि एक दर्शन है। सबसे पहले बात संस्कृत के **योगः** की जिससे योग बना। इसकी उत्पत्ति हुई संस्कृत के युज् से जिसमें सम्मिलित होना, जुड़ना, प्रयुक्त होना, काम में लगना आदि शामिल हैं। युज् बना है यु धातु से जिसके भी यही सारे अर्थ हैं। युज् से बने योगः में इन सारे अर्थों के अलावा जो भाव महत्त्वपूर्ण है वह है संपर्क, युक्ति, प्राप्ति, भावचिंतन, मन का संकेन्द्रीकरण, परमात्म चिंतन आदि।

योग क्या है?

मूल रूप से मन-मानस का परमात्मा से जुड़ाव या मिलन। यही पतंजलि योगदर्शन कहता है। आज योग का स्थूल अर्थ शारीरिक व्यायाम तक सीमित हो गया है तो भी मन और शरीर की क्रियाओं के मेल से स्वास्थ्य लाभ करने की प्रणाली इसे सामान्य व्यायामों से अलग करती है। कहावत है कि स्वस्थ शरीर में ही ईश्वर निवास करते हैं, सो ज़ाहिर है योग ईश्वर से जुड़ाव का ही साधन हुआ। महर्षि पतंजलि ही योगदर्शन के प्रतिपादक माने जाते हैं। योगदर्शन का उद्देश्य उन उपायों की शिक्षा देना है जिनके ज़रिए मानव मन परमात्मा में लीन हो जाए या प्रकारांतर से मनुष्य को मोक्ष प्राप्त हो जाए।

योग के मार्ग और साधन

योग के आठ अंग हैं और इसके लिए योग अपने आपमें अष्टांगयोग कहलाता है। डॉ. राजबली पांडेय के 'हिन्दू धर्म कोश' के मुताबिक़ आठों अंग इस प्रकार हैं– 1. यम, 2. नियम, 3. आसन, 4. प्राणायाम, 5. प्रत्याहार, 6. धारणा, 7. ध्यान और 8. समाधि। स्पष्ट है कि इन आठ अंगों में से सिर्फ़ आसन, जिसमें अनेक प्रकार की शारीरिक क्रियाएँ हैं, को ही योग मान लिया गया है। इसमें प्राणायाम को भी शामिल कर लिया जाता है। योग के तीन मार्ग भी बताए जाते हैं। पर्वतीयजी के 'भारतीय संस्कृति कोश' के मुताबिक़ ज्ञान, भक्ति और कर्म प्रमुख योगमार्ग हैं। तार्किक व्यक्ति के लिए ज्ञानयोग, भावुक के लिए भक्तियोग और कर्मठ के लिए कर्मयोग बताया गया है। योग के दो प्रकार भी बताए जाते हैं। हठयोग जिसका मूल तन्त्रशास्त्र में है और राजयोग जिसका मूल वेदांत में है।

योगपंथ

हिन्दू धर्म में योग विद्या से संबंध रखने वाले कई पंथ, सम्प्रदाय या वाद हैं। एक है शब्दाद्वैतवाद। छठी सदी में सिद्ध योगी भर्तृहरि ने इसका प्रवर्तन किया था। इसे प्रणववाद या स्फोटवाद भी कहते हैं। इसमें शब्द अथवा नाद को ही ब्रह्म मानकर उसकी उपासना की जाती है। नाथ सम्प्रदाय भी योगसाधकों का पंथ है। चरनदासी पंथ और राधास्वामी सम्प्रदाय भी इसमें शामिल हैं।

रेखा लेखक और राइटर की

[शब्द संदर्भ : रेखा, राइटर, राइट, ऋषि, रिख, लिख, लेखक]

हिन्दी के लेखक और अंग्रेज़ी के **राइटर** शब्दों के अर्थ न सिर्फ़ एक हैं बल्कि दोनों शब्दों का उद्‌गम भी एक ही है। लेखक शब्द लेख् से बना है वहीं **राइटर** शब्द **राइट** से बना है। इन दोनों शब्दों के मूल में संस्कृत की धातु रिष् है जिसका मतलब होता है क्षति पहुँचाना, ठेस पहुँचाना, चोट पहुँचाना। **ऋष्** शब्द का अर्थ भी चोट पहुँचाना ही होता है। इसीलिए तलवार या भाला जैसी वस्तु के लिए **ऋष्टि** शब्द भी है। **रिष्** का अगला रूप बना **रिख्** जिसमें आघात करना, खरोचना, खींचना जैसी क्रियाएँ शामिल हैं। खुरचने-खरोचने की क्रिया से ही लकीर बनाने की क्रिया के लिए लिख शब्द चल पड़ा जिसके तहत आलेखन, उत्कीर्णन और चित्रण की क्रियाएँ भी शामिल हो गईं। लिख से ही निर्माण हुआ **रेखा** का जिसका अर्थ हुआ लकीर, धारी, पंक्ति, आलेखन आदि। भाषाविज्ञानी डॉ. रामविलास शर्मा का मानना है कि द्रविड़ भाषा-परिवार की तमिल में लेखन के लिए **वरि** शब्द मिलता है जिसका अर्थ है लिखना, चित्र बनाना। थोड़े बदलाव के साथ तेलुगू में व्रायु, रायु जैसे रूप मौजूद हैं। **व्रात** का मतलब भी लेखन होता है। **व्रात** की तुलना अंग्रेज़ी के WRITE से करें तो समानता साफ़ नज़र आती है। अंग्रेज़ी में इस शब्द के विकास क्रम में भी खुरचना जैसे अर्थ शामिल रहे हैं।

विद्वान, वीडियो, विदुर

[शब्द संदर्भ : विदुर, वीडियो, विद्, विद्या, विद्वान, विज़न, टेलीविज़न]

महाभारत के प्रसिद्ध पात्र, पांडु के छोटे भाई और दासीपुत्र **विदुर** को मनीषी और बुद्धिमान मनुष्य के तौर पर दर्शाया गया है। उनकी कार्यशैली पांडवों के लिए फ़ायदेमंद रहती थी। **विदुरनीति** शब्द से भी बुद्धिमानीपूर्ण बात ही स्पष्ट होती है। यह शब्द बना है संस्कृत की **विद् धातु** से। संस्कृत के **विद्** का मतलब होता है जानना, समझना, सीखना और खोजना। महसूस करना, प्रदर्शन करना, दिखाना आदि भाव भी इसमें समाहित हैं। ग़ौर करें कि अत्यधिक ज्ञान भी घातक होता है। इसलिए संस्कृत में धूर्त और षड्यंत्रकारी को भी **विदुर** कहा गया है।

ग़ौर करें **विद्** शब्द के उपसर्ग के रूप में प्रयोग पर। विद् का यहाँ अर्थ होता है जानकार, समझदार। **विद्वान** शब्द की उत्पत्ति इसी **विद्** से हुई है। विद्या में यही **विद्** समाया हुआ है ज़ाहिर है। कि **विद्यार्थी** भी इसी कड़ी का शब्द है। किसी शब्द के साथ विद् लगा दिए जाने पर मतलब निकलता है जानने वाला, मसलन–**भाषाविद्** यानी भाषा का जानकार। इसी तरह जानने वाले के अर्थ में उर्दू-फ़ारसी में **दाँ** लगाया जाता है, जैसे–क़ानूनदाँ। यह दाँ भी इसी **विद्** का रूप है।

यह जानना दिलचस्प होगा अंग्रेज़ी के **विज़न** शब्द के पीछे भी यही विद् है। बोल-चाल की हिंदी में **टेलीविजन** और **वीडियो** के लिए कोई आमफ़हम हिंदी शब्द नहीं है (दूरदर्शन शब्द गढ़ा तो गया था टेलीविज़न के लिए ही मगर अब सिर्फ़ सरकारी चैनल के लिए प्रयोग होता है) चूँकि इन उपकरणों की खोज पश्चिमी दुनिया में हुई इसलिए इनका नामकरण अंग्रेज़ी-लैटिन मूल के शब्दों से हो गया। ख़ास बात यह कि टेलीविज़न को पश्चिमी जगत ने ही सबसे पहले इडियट बॉक्स कहा। मगर इसके असली नामकरण के पीछे अगर **विज़न** जैसा शब्द है तो ज़ाहिर है मूर्खता नहीं बल्कि बुद्धिमानी का भाव ही छुपा है। इसी तरह किसी अनोखी सूझ, विचार, तरकीब के अर्थ में हिंदीभाषी बड़ी सहजता से अंग्रेज़ी के **आइडिया, आइडियल** या शब्दों का इस्तेमाल कर लेते हैं। ये तमाम शब्द प्राचीन भारोपीय भाषा-परिवार से ही जन्मे हैं और भाषाशास्त्री इनके पीछे WEID जैसी किसी धातु की कल्पना करते हैं जिसका मतलब भी बुद्धिमानी, जानना और समझना ही है। इसकी संस्कृत **विद्** से समानता ग़ौरतलब है। ज़ाहिर है संस्कृत इनकी जन्मदात्री नहीं मगर बहन तो अवश्य ही है।

केवल अंग्रेज़ी में ही क़रीब दो दर्जन से ज़्यादा शब्दों की इसी **विद्** से रिश्तेदारी हैं। अन्य यूरोपीय भाषाओं में भी इसका योगदान है। इसी से बना है **वेद** जो भारतीय जीवनदर्शन, धर्म-परंपरा के ज्ञान का भंडार है। यही वेद अवेस्ता (फ़ारसी का प्राचीनतम रूप) में वैद, प्राचीन स्लाव में वेडे, लैटिन में **वीडियो** या **वीडेयर**, अंग्रेज़ी में **वाइड** या **वाइस, विज़न**, (टेलीविज़न में यही विज़न समाया है), जर्मन में **वेस्सेन** के रूप में भी अपनी ख़ास पहचान बनाए हुए है। ये तमाम शब्द अपनी इन भाषाओं में भी देखना, जानना, ज्ञान या परखना जैसे अर्थ बतलाते हैं। **विद्** ने ही ग्रीक में **आइडेन** का रूप लिया जिसका मतलब था देखना। वहाँ से यह अंग्रेज़ी के **आइडिया, आइडियल** जैसे अनेक शब्दों में ढल गया।

शून्य हमारा धाम

[शब्द संदर्भ : सिफ़र, शून्य, ज़ीरो, सूना, सुनसान, शून्यवाद]

दुनिया को **दाशमिक प्रणाली** की अनोखी सौगात भारत से ही मिली, इस बात को सभी जानते हैं। क़रीब डेढ़ हज़ार साल पहले इस प्रणाली का जन्म हुआ **शून्य** के आविष्कार से। इसके बावज़ूद आज बोलचाल की हिंदी में शून्य से ज़्यादा इस्तेमाल अंग्रेज़ी के **ज़ीरो** या **सिफ़र** का होता है। मज़े की बात यह कि दोनों शब्दों के पीछे संस्कृत का

शून्यम् है। आज इस शून्य को **ज़ीरो अंडा** कह दिया जाता है। मूर्ख व्यक्ति के दिमाग़ को सिफ़र की उपमा दी जाती है। तंत्रिका तंत्र जब काम नहीं करता तो उसे **सुन्न** होना कहते हैं। जहाँ निविड़ एकांत होता है उसे **सुनसान** कहते हैं। सूना शब्द भी इसी अर्थ में प्रयोग होता है। ये सभी शब्द **शून्य** से ही जन्मे हैं।

शून्य शब्द का दार्शनिक महत्त्व है। प्रसिद्ध बौद्ध दार्शनिक नागार्जुन ने **शून्यवादी दर्शन** की स्थापना की थी जिसके मुताबिक़ सृष्टि में किसी पदार्थ की सत्ता नहीं है बल्कि शून्य की सत्ता है। जीव, ईश्वर आदि की सत्ता को स्वीकार नहीं करने की वजह से इस मत को शून्यवाद नाम मिला। वैसे इसे वैनाशिक मत भी कहते थे। उनका मानना था कि पदार्थ के अस्तित्व को लेकर चार तरह के मत हो सकते हैं। **अस्ति या नास्ति।** अर्थात है अथवा नहीं। इसके बाद आता है **तदुभयम्** अर्थात हो भी सकता है और नहीं भी। चौथा है **नोभयम्** अर्थात तदुभयम् का विलोम। नागार्जुन के मुताबिक़ परम सत्य इन चारों से हटकर है। सो इस विचार को शून्यवाद कहा गया। यह विचार इतना प्रसिद्ध हुआ कि बौद्धों या नास्तिकों को ही शून्यवादी कहा जाने लगा। यूँ ईश्वर की कल्पना को अगर छोड़ दिया जाए तो आधुनिक विज्ञान की खगोल विज्ञान संबंधी ख़ोजों से शून्य से सृष्टि के जन्म की बात को बल मिलता है। सब कुछ शून्य से प्रकट हुआ है और शून्य में विलीन हो जाना है। कबीर कहते हैं–निरशून्य सो आए बाबा, शून्य हमारा धाम। संस्कृत के **शून्यम्** का अर्थ होता है ख़ाली या रिक्त स्थान, निर्वात यानी वैक्यूम अथवा आकाश, अंतरिक्ष। शून्य के अन्य अर्थों में एकांत निर्जन, वीरान स्थान भी हैं। खिन्नमन, तटस्थता, उदासी भी शून्य की श्रेणी में आती है। आकाश, अंतरिक्ष, बिंदु आदि भी शून्य हैं। कुत्ता जिस जगह जाकर सोता है उसे भी शून्य कहते हैं।

भारतीयों की ही तरह गणित और खगोलशास्त्र में अरब के विद्वानों की भी गहन रुचि थी। भारतीय विद्वानों की शून्य खोज का जब अरबों को पता चला तो उन्होंने अरबी भाषा में इसके मायने तलाशे। उन्हें मिला **सिफ्र** जिसका मतलब भी रिक्त ही होता है। बारहवीं-तेरहवीं सदी के आसपास यूरोप को जब दाशमिक प्रणाली का पता चला तो अरबी के **सिफ्र** ने यहाँ दो रूप ले लिये। पुरानी फ्रेंच में इसे **सिफ्रे** के रूप में जगह मिली जबकि अंग्रेज़ी में आने से पहले इसका लैटिनीकरण हुआ। पुरानी लैटिन में **सिफ्र** ने **ज़ेफिरम** का रूप लिया। बाद में व्यापारियों की ज़बान पर चढ़ जाने के बाद यही ZEPHYRUM > ZEUERO > ZEPIRO > ZERO छोटा होकर ज़ीरो बन गया। बाद में फ्रेंच के रास्ते से अरबी के CIFRA को CIFRE के रूप में एक नए लफ़्ज़ सिफ़र के रूप में जगह मिल गई। ग़ौरतलब है कि हिंदी में हम अंग्रेज़ी के सिफ़र CIPHER का उच्चारण करते हैं न कि अरबी, उर्दू के सिफ्र का। वैसे सिफ्र की व्युत्पत्ति सेमिटिक धातु SFR से भी मानी जाती है जिसका मतलब होता है उत्कीर्ण करना, लिखना, अंकन करना, गणितीय गणना आदि। प्राचीन अक्कादी और हिब्रू में इसके सप्रा, सिप्रा जैसे रूप भी मिलते हैं। देखा जाए तो शून्य से जन्मे ज़ीरो की

तरक्की का ये हाल है कि इसकी मदद से अंग्रेज़ी में कई शब्द बना लिये गए हैं, मसलन–ज़ीरो टॉलरेस, ग्राऊंड ज़ीरो आदि।

सूई चुभाने वाली सूचनाएँ

[शब्द संदर्भ : सूचना, सूचि, सूई, सूजा, सूआ, सूची, सूचक, सूचित]

आज का वक़्त इन्फ़ॉरमेशन का है अर्थात सूचनाओं के माहात्म्य का दौर। हमारे चारों तरफ़ सूचनाएँ दौड़ रही हैं, सूचनाएँ बन रही हैं, सूचनाओं का विस्तार हो रहा है। सूचना ही समाचार है, सूचना ही ख़बर है। सूचना ही ख़ुशी है, सूचना ही ग़म है। एक सूचना से वारे-न्यारे होते हैं और दूसरी सूचना से हाहाकार मच जाता है। दिन की शुरुआत किसी-न-किसी सूचना से होती है और शाम होते होते सूचनाओं की सूची तैयार हो जाती है। सूचनाओं के सूत्र कहाँ-से-कहाँ तक पहुँचते हैं मगर देखते हैं सूचना शब्द के जन्म-सूत्र हमें कहाँ तक पहुँचाते हैं।

संस्कृत की धातु है **सूच्** जिसमें चुभोना, बींधना जैसे भाव तो हैं ही, साथ ही निर्देशित करना, बतलाना, प्रकट करना जैसे अर्थ भी इसमें निहित हैं। दरअसल इसमें सम्प्रेषण का तत्त्व प्रमुख है इसीलिए संकेत करना, जतलाना, हाव-भाव से व्यक्त करना, अभिनय करना भी इसमें शामिल हैं। इन तमाम भावों का विस्तार है पता लगाना, भेद खोलना और भाँडाफोड़ करना आदि। पत्रकारिता विभिन्न सूचनाओं के ज़रिए यह काम बख़ूबी कर रही है व रास्तों में हमें कई जगह तीर के निशान लगे मिलते हैं जो हमें किसी निर्दिष्ट स्थान आदि का पता बतलाते हैं। इसे सूचक कहते हैं। **सूच्** धातु से बने सूचक में उपरोक्त तमाम भाव एक साथ नज़र आ रहे हैं। यही नहीं, बींधना, चुभोना जैसे तत्त्व भी इसमें मौजूद हैं।

ग़ौर करें सूचक की आकृति पर। यह प्रायः तीर का निशान होता है। तीर आगे से नुकीला होता है। सबसे तेज़ चुभने वाली कोई वस्तु अगर है तो वह है सूई। यह सूई इसी सूच् धातु की नोक से निकली है। संस्कृत में सूई को **सूचिः** कहते हैं। **सूचिः > सूचिका > सूइया > सूई** यह क्रम रहा है हिन्दी की सूई बनने में। **सूचि** और **सूची** दोनों ही रूप संस्कृत-हिन्दी में प्रचलित हैं। बड़ी **सूई** को सूआ कहते हैं। कोई दुखी करने वाली या दिल को ठेस पहुँचाने वाली बात के लिए **सूई चुभोना मुहावरा** ख़ूब बोला जाता है। कई सूचनाएँ भी सूई चुभाने वाली साबित होती हैं।

आज जिसे हम लिस्ट के अर्थ में जानते हैं वह **सूची** दरअसल अधूरा शब्द है। मूल रूप में यह है **सूचीपत्रकम्**। हिन्दी में इसकी जगह सूचीपत्र शब्द भी चलता है मगर अक्सर सूची से काम चला लिया जाता है। प्राचीनकाल में यह **सूचिपत्रकम्** मार्कर जैसा पत्र होता था जो ग्रंथों के अलग-अलग अध्यायों वाले पृष्ठों को निर्देशित करता था। एक ग्रंथ में ऐसे कई मार्कर होते थे जो **सूचिपत्रकम्** कहलाते होंगे। स्पष्ट है कि तब तक पृष्ठों पर क्रम संख्या लिखने की तरकीब ईज़ाद नहीं हुई होगी। बाद में जब पृष्ठसंख्या

लिखी जाने लगी तो विषयक्रम या अध्याय को इंगित करने वाले **सूचिपत्रकम्** को ही ग्रंथ की शुरुआत में **सूचिपत्र** के रूप में स्थान मिल गया क्योंकि पृष्ठ संख्या के आधार पर अब सीधे ही निर्दिष्ट अध्याय तक पहुँचा जा सकता था। **सूचिपत्र** के लिए बाद में विषय सूची, अनुक्रमणिका, विषयानुक्रम जैसे शब्द भी चल पड़े। सूचि एक नाट्यमुद्रा भी है जिसमें अंगचेष्टाओं के संकेतों द्वारा मनोभाव व्यक्त किए जाते हैं। प्राचीनकाल में युद्ध की एक ख़ास व्यूहरचना भी **सूचिः** कहलाती थी। समझा जा सकता है की तीर की तरह शत्रु को भेदने की इसमें तरकीब लगाई गई होगी। संस्कृत में दर्जी के लिए **सूचिक** शब्द है क्योंकि वह वस्त्र तैयार करने के लिए कपड़े को सूई से सिलता है। पुराने ज़माने हाथी की सूँड़, एक ख़ास क़िस्म की घास जिसे कुशा भी कहते हैं, उसका अग्रभाग **सूचः** कहलाता है। सूचना शब्द आता है **सूचः** से बने **सूचनम्** शब्द से जिसमें संकेत करना, जतलाना, बतलाना, इशारा करना, समाचार देना आदि निहित है। इसमें पढ़ाना और अवगत कराना भी शामिल है। जिसे हम ज्ञान कहते हैं दरअसल वे सूचनाएँ ही तो हैं जो पढ़ने-पढ़ाने की क्रिया से हमें मिलती हैं। ये अलग बात है कि प्रचीनकाल के गुरु-ज्ञानी प्रकृति के संकेतों पर मनन-चिन्तन करते थे, उसके इशारों को समझते थे इसीलिए सूचना भी ज्ञान के दायरे में आती थी। इसीलिए आजकल महत्त्वपूर्ण सूचना के साथ बारह 'भलीभाँति' या 'अच्छी तरह से' जैसे विशेषण लगाने की ज़रूरत पड़ती है ताकि वे ज्ञान के दायरे में आ सकें। **सूचना** के दायरे में अब सिर्फ़ ख़बर, रिपोर्ट, समाचार, न्यूज़ आदि बातें शामिल हो गई हैं। सूचना देने की क्रिया सूचित करना कहलाती है। **सूचित** शब्द में बींधा हुआ, सूराख़ किया हुआ, छिद्रित किया हुआ, इंगित किया हुआ आदि भाव शामिल हैं। हमें ज़्यादातर वाणी के ज़रिए अवगत होने को ही सूचित करना या सूचित होना मानते हैं। मगर इसके मूलार्थ में हाव-भाव अथवा संकेत से निर्देशित करना ही महत्त्वपूर्ण है। संस्कृत में सूअर के लिए एक मज़ेदार शब्द है **सूचरोत**। साफ़ है कि सूई जैसे नुकीले रोम अर्थात बालों की वजह से ही उसे यह अद्भुत नाम मिला होगा।

निर्माण-उपकरण-पदार्थ

हैया रे, हैया हो...

[शब्द संदर्भ : नाव, नौका, नेवीगेशन, नौकायन, नौचालन, नॉटिकल]

दुनिया भर में समुद्री मार्ग से होने वाले यातायात, व्यापार या सैन्य गतिविधियों के संदर्भ में **नेवी** शब्द का प्रयोग होता है। जलसेना के लिए आमतौर पर नेवी शब्द ही इस्तेमाल होता है जबकि व्यापारिक अर्थों में सामुद्रिक गतिविधियों के लिए अंग्रेज़ी में मर्चेंट नेवी जैसा शब्द है। संस्कृत में जहाज़ या पोत को **नौः** कहते हैं जबकि **किश्ती** या बोट के लिए **नौका** शब्द है। हिन्दी का नाव इस नौका से बना है। इसी तरह जहाज़ी परिवहन के लिए हिन्दी में **नौचालन** शब्द चलता है जबकि अंग्रेज़ी में **नेवीगेशन**। **नौकायन** भी इसी कड़ी में आता है। ये शब्द एक ही मूल से जन्मे हैं। इसके लिए संस्कृत और इंडो-यूरोपीय भाषा-परिवार में जो शब्द मिलता है वह नौः या दंन है।

संस्कृत में **नौः** शब्द में **नौका**, जहाज़, बेडा, नक्षत्रपुंज जैसे अर्थ शामिल हैं। **नौ** बना है नुद् धातु से जिसमें धकेलना, ठेलना, हाँकना जैसे भाव शामिल हैं। **नुद्** में प्रोत्साहित करना, उकसाना, आगे बढ़ाना, ढकेलना आदि भाव भी शामिल हैं। पुराने ज़माने के जो पोत थे, वे सभी मानव श्रम से ही चलते थे और यह काम बेहद कठिन था। जहाज़ के तल में मल्लाह बैठते थे और वे लगातार डाँड़ या चप्पू चलाते थे। पोत नायक की तरफ़ से उन्हें उत्साहित करने के लिए लगातार समवेत ध्वनियों का उच्चार होता था। नाविक स्वयं भी–**हैया रे, हैया हो...**जैसी आवाज़ें निकालते थे। बाद के दौर में बड़े जहाज़ों को खेने के लिए गुलामों या बंदियों का इस्तेमाल आम हो गया। इन खिवैयों की बड़ी दुर्दशा होती थी और कई तो अत्यधिक श्रम करते हुए दम तोड़ देते थे।

बहरहाल नौः या NAU शब्द ने ग्रीक भाषा में NAUS, NAUTES होते हुए NAUTIKOS का रूप लिया जिसका मतलब होता है मल्लाह या नाविक। बाद में NAUTICAL शब्द भी इससे ही बना जो समुद्र संबंधी या समुद्री जैसे अर्थों में काम आने लगा। इसी से बना NAVIS जिससे बाद में NAVIGATION जैसे कई अन्य शब्द भी बने। नौः से न सिर्फ़ अंग्रेज़ी में बल्कि ज़्यादातर यूरोपीय भाषाओं में नाव या जहाज़ के अर्थ में ही अनेक शब्द निकले हैं, जैसे–ग्रीक NAU, लैटिन NAVI, आइरिश NAU, आर्मीनियाई NAV और जर्मन में NUOSCH जैसे शब्द वग़ैरह। इसी तरह प्राचीन ईरानी यानी अवेस्ता में भी यह NAVAZA के रूप में और फ़ारसी में **नाव** के रूप में मौजूद है।

साबुन ज़रूरी नहीं, निंदक नियरे राखिए

[शब्द संदर्भ : साबुन, साबू, साबन, सेबॉन, सेवन, सोप, साबौन, सैबुन, सबुनी]

निन्दक नियरे राखिए, आँगन कुटी छबाय।
बिन पानी साबुन बिना, निरमल करै सुभाय॥

मनुष्य को परिष्कार और आत्मोन्नति के प्रयास निरंतर करते रहना चाहिए। निंदा करने वाले के ज़रिए ही हमें अपने परिष्कार का अवसर मिलता है। इस दोहे में साबुन शब्द पर ग़ौर करें। **साबुन** शरीर की सफ़ाई करता है। मैल साफ़ करता है। कबीर वाणी का महत्त्व ही इसलिए है क्योंकि उन्होंने गहन दार्शनिक अर्थवत्ता वाली बातें लोगों को आमफ़हम शब्दावली में समझाई हैं। आज से पाँच सौ वर्ष पहले अगर कबीर साबुन शब्द का प्रयोग आध्यात्मिक व्यंजना के लिए करते हैं तो स्पष्ट है कि उस दौर का समाज भी शरीर का मैल साफ़ करने के लिए साबुन का इस्तेमाल आमतौर पर कर रहा होगा। यहाँ हम साबुन नाम के पदार्थ की व्युत्पत्ति की बात नहीं कर रहे हैं बल्कि मैल साफ़ करने के साधन के बतौर साबुन शब्द की बात कर रहे हैं। व्यापक तौर पर दुनिया भर में साबुन जैसे पदार्थों का इस्तेमाल तो हज़ारों वर्षों से हो रहा है। रीठा या शिकाकाई भारत में प्राचीनकाल से ही **साबुन** का पर्याय रहे हैं।

साबुन शब्द का मूल किस भाषा में छुपा है? भारत-ईरानी, भारत-यूरोपीय, द्रविड़ अथवा सेमेटिक? दुनिया भर में शरीर अथवा वस्त्र को साफ़ करने वाली एक गोल-चौकोर बट्टी के लिए साबुन अथवा इससे मिलते-जुलते शब्द प्रचलित हैं। शब्दों का आवागमन लगातार एक संस्कृति से दूसरी संस्कृति में होता रहता है। **साबुन** के साथ भी यही हुआ। मूलतः यह यूरोपीय भाषाओं में इस्तेमाल होने वाला शब्द है। अफ्रीका, यूरोप, पश्चिमी एशिया और पूर्वी एशिया की तमाम भाषाओं में साबुन शब्द आम है और मैलापन साफ़ करने वाले कारक के लिए इसका कोई अन्य विकल्प विभिन्न भाषाओं में दुर्लभ है। आमतौर पर यह माना जाता है कि दक्षिण-पूर्वी एशियाई देशों में साबुन शब्द पुर्तगालियों की देन है। एशिया-अफ्रीका-यूरोप में इसके **साबू, साबन, साबुन, सेबॉन, सेवन, सोप, साबौन, सैबुन, सबुनी** आदि रूप मिलते हैं जो भारत की तमाम भाषाओं सहित अरब, इराक़, ईरान, मलेशिया, श्रीलंका, सिंगापुर, कम्बोडिया, जावा और जापान आदि क्षेत्रों की विभिन्न बोलियों में प्रचलित हैं। दक्षिण-पूर्वी एशिया में चाहे **साबुन** शब्द पुर्तगालियों के ज़रिए पहुँचा होगा परंतु भारत में इसके पीछे पुर्तगाली नहीं रहे होंगे। उसकी वजह है भारत में वास्को डी गामा पहला पुर्तगाली माना जाता है जो 1498 में कालीकट के तट पर उतरा था। जबकि कबीरदास का जन्म इससे भी सौ बरस पहले 1398 का माना जाता है। कुछ विद्वान उन्हें 1440 की पैदाइश भी मानते हैं तो भी साफ़ है कि पुर्तगालियों के आने से पहले कबीरदास अपनी सधुक्कड़ी शैली में **साबुन** शब्द का प्रयोग कर चुके थे। मलिनता निवारण के प्रतीक के तौर पर साबुन शब्द उन्हें इस कदर प्रिय था कि उसका प्रयोग अपनी कई शिक्षाओं में वे करते नज़र आते हैं—

मूरख को समुझावते, ज्ञान गाँठि का जाय।
कोयला होय न ऊजला, सौ मन साबुन लाय ॥

कबीर के वक़्त तक हिन्दी में अरबी-फ़ारसी शब्द घुल-मिल चुके थे। यूँ कहें कि हिन्दुस्तानी जन्म ले चुकी थी। ज़ाहिर है **साबुन** शब्द की आमद हिन्दी में बरास्ता अरबी-फ़ारसी हुई है, न कि पुर्तगाली की। साबुन के मुख्य रूपों में एक रूप सोप (sop, soap) भी है जो अंग्रेज़ी शब्द है। यह मूलतः प्राचीन जर्मनिक लोकबोली का है जिसमें इसका रूप था **saipion**–इसमें धुलाई, धार, टपकना आदि भाव समाए थे। प्राचीन रोमन लोग ऑलिव ऑयल का प्रयोग भी शरीर को साफ़ रखने में करते थे। इसके अलावा भी वे कई सुगंधित तेल लगाया करते थे। आज भी आधुनिक साबुन निर्माण में तेल एक प्रमुख घटक है। फ्रेंच में इसका रूप है सेवन **savon**, लैटिन में इसका रूप हुआ सैपो-सैपोनिस **sapo, saponis** अर्थ वही रहा हेयर डाई का। लैटिन से यह शब्द ग्रीक भाषा में गया सैपोन **sapon** बनकर। इतालवी में यह सैपोन और स्पेनिश में **जबॉन** बनकर दाख़िल हुआ।

हताश हत्यारा और गन

[शब्द संदर्भ : हत्यारा, आहत, हताहत, हतभाग, गन, गनर, हताशा, हतक, हत्या, हत्क]

आपाधापी वाले समाज में आमतौर पर समाचारों के ज़रिए अपने दिन की शुरुआत करते हुए अक्सर जिस एक शब्द से हमारा साबका पड़ता है वह है **हत्या**। यह शब्द जन्मा है संस्कृत के मूल शब्द यानी धातु **हन्** से जिसका अर्थ है मार डालना, नष्ट कर देना, चोट पहुँचाना अथवा जीतने न देना, पछाड़ना या पराजित करना आदि।

प्रोटो इंडो-यूरोपियन भाषा का एक मूल शब्द है **ग्वेन**। इससे ही भाषाविज्ञानी संस्कृत के **हन्** या **हत्** का रिश्ता जोड़ते हैं। इस **हन्** की व्यापकता इतनी हुई कि अरबी समेत यह यूरोप की कई भाषाओं में जा पहुँचा और चोट पहुँचाने या मार डालना जैसे अर्थों में तो अपनी मौजूदगी दर्ज करवाई ही, साथ ही इसके विपरीत अर्थ वाले शब्द जैसे **डिफेन्स** (रक्षा या बचाव) के जन्म में भी अपना योगदान दिया। यही नहीं, हत्या के प्रमुख उपकरण–अंग्रेज़ी भाषा के **गन** शब्द की उत्पत्ति भी इसी **हन्** से हुई है। **गनर** यानी बंदूक़ चलाने वाला शब्द इसी कड़ी का है। हन् न सिर्फ़ **हत्या, हनन** आदि शब्दों से बल्कि **आहत, हताहत, हतभाग** जैसे शब्दों से भी झाँक रहा है। यही नहीं, निराशा को उजागर करने वाले **हताशा** और **हतोत्साह** जैसे शब्दों का जन्म भी इससे ही हुआ है।

कहावत है कि बेइज़्ज़ती मौत से भी बढ़कर है। **हन्** जब अरबी में पहुँचा तब तक संस्कृत में ही इसका **हत्** रूप विकसित हो चुका था। अरबी में इसका रूप हुआ **हत्क** जिसका मतलब है बेइज़्ज़ती, अपमान या तिरस्कार। इसी तरह **हत्फ़** यानी मृत्यु। यही **हत्क** जब हिन्दी में आया तो **हतक** बन गया जिसका अर्थ भी मानहानि है। बात चाहे मौत की हो, हताशा की हो या बेइज़्ज़ती की हो भाव तो एक ही है–कुछ नष्ट होने का, चले जाने का।

शोशाबाज़ कहो या शीशाबाज़

[शब्द संदर्भ : शीशा, शोशा, शीशाबाज़, शोशेबाज़, साक्षी, साक्ष्य, साखी, अक्ष, समक्ष, शीशी]

मनुष्य में बनने-सँवरने की चाहत बहुत पुरानी है। शृंगार से जुड़ी तमाम प्राचीन परम्पराएँ हर समाज-संस्कृति में रही हैं और लोकजीवन में इनकी छाप क़ायम है। शृंगार की भावना उद्दीप्त होने के पीछे अन्य कारक का होना आवश्यक है, चाहे वह प्रकृति हो, कोई मनुष्य हो या स्वयं की छवि। यह सच है कि दूसरे को देखकर भी शृंगार की इच्छा जागती है पर सजने की भावना सर्वप्रथम तो मनुष्य में तभी जागी होगी जब उसने ख़ुद का प्रतिबिम्ब निहारा होगा।

मनुष्य के पास जैसे भोजन के विविध विकल्प हैं वैसे ख़ुद की छवि निरखने के लिए हज़ारों वर्षों के विकास क्रम के बावजूद बहुत ज़्यादा विकल्प कभी नहीं रहे। आज से क़रीब आठ हज़ार साल पहले से मनुष्य ने **शीशे** में अपनी छवि देखनी शुरू की। उससे पहले तक वह स्थिर जल में ही अपनी छवि देख पाता था। लाखों सालों से उसके पास यही ज़रिया था। आज जिसे हम **शीशा** (shisha) कहते हैं उसका आविष्कार आज से क़रीब चार हज़ार साल पहले मिस्र में अनायास हुआ। ईसा से क़रीब छह हज़ार साल पहले से इनसान चमकीले ज्वालामुखी पत्थरों में अपनी छवि देखा करता था। **शीशा** शब्द बना है संस्कृत के **सिक्ष्य** से जिसका मतलब है देखा हुआ, दर्शित। संस्कृत में एक शब्द है **साक्षिन्** जिसका अर्थ होता है द्रष्टा अर्थात जो देख रहा हो। हिन्दी में आमतौर पर इसका रूप **साक्षी** (sakhshi) है जिसका अभिप्राय गवाह, चश्मदीद से है। यह बना है **सह + अक्षि** से। **सह** में सहित का भाव है और **अक्षि** अर्थात आँख, नेत्र, नयन। इसी तरह बना है साक्षात् शब्द। साक्षात् अर्थात सम्मुख। आईने में प्रतिबिम्ब ही हमारे सामने होता है। अक्ष या अक्षि से ही बना है **समक्ष (सम + अक्ष)** जिसका अर्थ है आँखों के सामने। कबीर के पदों में साखियाँ बहुत प्रसिद्ध हैं। साखी शब्द भी साक्षी का ही अपभ्रंश है। परम आत्मज्ञान की शिक्षा देने वाले **कबीर** के पदों को **साखी** (sakhi) इसलिए कहा जाता है क्योंकि कबीर स्वयं जिन अनुभवों के **साक्षी** हुए, उसे ही उन्होंने लोगों को बतलाया है। स्वानुभूत ज्ञान, साक्षात् दर्शन ही **साखी** है। साक्षी से ही बना है संस्कृत का **सिक्ष्य** शब्द जिसका अर्थ है देखा हुआ। हिन्दी, उर्दू का **शीशा** शब्द इसी का अपभ्रंश है। यहाँ भी अक्ष् शब्द ही झाँक रहा है। ग़ौरतलब है कि अक्ष शब्द की मूल धातु है अश् जिसमें पहुँचने, संचित होने, व्याप्त होने का भाव है। समस्त दृश्यजगत नेत्रों में व्याप्त हो जाता है, **अश्** से बने **अक्ष** में यही भाव है। देखें कि सिक्ष्य से बने **शीशा** में अश् वाला **श** ही झाँक रहा है।

मज़े की बात यह की हिन्दी शब्दकोशों में **शीशा** फ़ारसी मूल का शब्द है, न कि संस्कृत का। यह इसलिए क्योंकि अवेस्ता में भी **सिक्ष्य** के मिलते-जुलते रूप से फ़ारसी ने **शीशः** रूप ग्रहण किया जो बरास्ता उर्दू हिन्दी में **शीशा** बना। भारत में अरबी-फ़ारसी के प्रभाव से पहले दर्पण के लिए शीशा की जगह काँच शब्द का ही प्रचलन था। शीशा शब्द बने जितने भी शब्द हिन्दी में प्रचलित हैं उनमें से ज़्यादातर फ़ारसी मिज़ाज से

बने हैं और मुहावरों का असर रखते हैं, जैसे—**शीशाबाज़** या **शीशाबाज़ी**। अर्थात धूर्त, छली, मक्कार या मक्कारी। बात यह कि **शीशा** शब्द में मूल भाव तो था दर्पण का, मगर कालांतर में **शीशा** दर्पण का पर्याय भी बना और काँच का भी। इसीलिए शीशा से शीशी शब्द बना जिसका अर्थ होता है छोटी बोतल। ग़ौरतलब है कि अनोखी बात करने या दिखावा करने, झगड़ा-फ़साद करने वाले को **शोशाबाज़** या **शोशाबाज़ी** कहा जाता है। शीशाबाज़ या शोशाबाज़, दोनों के अर्थ में काफ़ी समानता है। यह बना है फ़ारसी के **शोशः** से जिसका अर्थ होता है रेज़ा, ज़र्रा, खंड, पिंड अथवा सोने-चाँदी की डली। फ़ारसी-अरबी अक्षरों के नीचे लगने वाला विशिष्ट चिह्न। आशय यही है कि छोटी-छोटी और अनोखी बातों से ध्यानाकर्षण कराने वाला। मगर शोशा की रिश्तेदारी इस अर्थ में ज़रूर **शीशः** से मिलती है कि इसमें भी चमक का भाव है और शीशा भी चमकदार होता है। **शीशमहल** यानी काँच के टुकड़ों से सजाया गया कक्ष, **शीशादिल** यानी जिसका हृदय बहुत नाज़ुक हो, **शीशागर** यानी काँच का निर्माण करने वाला, जैसे शब्दों का उल्लेख भी इसी कड़ी में किया जा सकता है।

एक प्रसिद्ध मुहावरा है—**शीशे में उतारना**। जिसका मतलब होता है किसी पर ज़बर्दस्त प्रभाव डालना या अपना प्रभाव ज़माना। आजकल इसका एक सरलीकृत अर्थ भी चल पड़ा है—उल्लू बनाना। पुराने ज़माने में फ़ारस में काँच पर चित्रकारी की कला बड़ी मशहूर हुई थी। फाइन आर्ट के इन नायाब नमूनों में अस्ल और नक़्ल का फ़र्क़ कर पाना ख़ासा मुश्किल काम था। कलाकारों की ख़ासियत यह थी कि नोक-पलक, भंगिमा, यहाँ तक कि नायिका को विशिष्ट समय में हुई हरारत का असर तक वे अपने चित्र में दिखाते थे। इस कलात्मक जादूगरी के लिए ही शीशे में उतारना मुहावरा चला। संभव है कि यह अरबी-संस्कृति की देन हो। मिस्र में जब काँच का आविष्कार हो गया तो उसमें प्रतिबिम्ब दिखने की खासियत से तांत्रिक-नजूमी बहुत प्रभावित हुए। भविष्यवाणियाँ करने के लिए वे शीशे की एक गेंद—जिसे यूरोप में मैजिक बॉल, क्रिस्टल बॉल या ग्लासआई कहा गया—के ज़रिए पारलौकिक आत्माओं से बातचीत का ढोंग रचते थे। लोगों को यह भ्रम होता था की शीशे में वे आत्माओं को उतारते हैं, जो भविष्यवाणी करती हैं। एक अन्य व्याख्या के मुताबिक़ 'अरेबियन नाइट्स' के प्रसिद्ध चरित्र इच्छापूर्ति करने वाले जिन्न को बोतल में बंद करने वाला कारनामा ही प्रभाव ज़माने के अर्थ में शीशे में उतारना की वजह है।

सोने की चमक और जलन

[शब्द संदर्भ : ग्लौ, गॉलब्लैडर, यलो, ग्लैड, ग्लास, ज्वल, ज्वलनशील, ज्वलन, ज्वाला, प्रज्वलन, जलन]

चन्द्रमा के कई नामों में संस्कृत का **ग्लौ** भी शामिल है। **ग्लौ** का अर्थ इसके अलावा कपूर भी है। समझा जा सकता है कि चन्द्रमा के दोनों ही गुण इसमें हैं—चमकीलापन और शीतल होना। ज़ाहिर है इसी वजह से कपूर को भी ग्लौ कहा गया। यह शब्द प्राचीन इंडो-यूरोपीय भाषा-परिवार के **गेल** या **येल** से संबंधित है जिसका अर्थ चमक,

कांति, दमक वग़ैरह। इसके अलावा कई तरह के रंग और उनकी चमक शामिल है। मसलन **गेल** से ही बना **गोल्ड** जिसमें चमकीलेपन के साथ पीला रंग भी प्रमुख है। शरीर के एक हिस्से को पित्ताशय कहते हैं। अंग्रेज़ी में इसे **गॉलब्लैडर** कहते हैं। यह गॉल शब्द ज़ाहिर है इसी गेल से ही बना है। इसी तरह जर्मन भाषा में आग की लपट को **ग्लूट** कहते हैं। इसमें भी लपट के चमकीलेपन के साथ पीला रंग महत्त्वपूर्ण है। जर्मन में ही पीले रंग के लिए गल्प शब्द का इस्तेमाल होता है। रूसी भाषा में एक लफ़्ज़ है गारेत जिसका मतलब जलना और चमकना है। पुरानी अंग्रेज़ी में पीले रंग के लिए GEOLU शब्द था जिसने आधुनिक अंग्रेज़ी में YELLOW का रूप ले लिया। कुछ भाषा शास्त्री गोल्ड और यलो के पीछे प्राचीन भारोपीय भाषा-परिवार की GELWA जैसी धातु भी देखते हैं जिसके मायने हैं प्रदीप्त होना, जलना, दहकना आदि। ग़ौर करें कि इन सभी शब्दों में पीलेपन का भाव है। संस्कृत की ज्वल धातु से GELWA की समानता क़ाबिलेग़ौर है। इसी से **ज्वलन, ज्वाला, प्रज्वलन, जलन** जैसे शब्द बने हैं। एक देवी का नाम **जालपा** भी इसी कड़ी से जुड़ता है। मूलरूप में यह ज्वालप्रभा है। यानी 'आग में तपकर ही सोना निखरता है' वाली बात सौ फ़ीसद सही है। स्वर्ण को अग्नि से ही मिली है पीली चमक। **ज्वल्** से बने **जलन** शब्द में ही ईर्ष्या और कुढ़न जैसे भाव भी बाद में शामिल हो गए।

अंग्रेज़ी के दो अन्य शब्दों **ग्लिंप्स** और **ग्लैड** पर पर ग़ौर करें। **ग्लिंप्स** यानी झलक और **ग्लैड** यानी ख़ुशी-प्रसन्नता। झलक अपने आपमें एक तरह की चमक है और जब कोई ख़ुश होता है तो उसके चेहरे पर चमक भी झलकने लगती है। इसी तरह चमकने या दमकने से जुड़े ग्लेयर, ग्लेज़, ग्लीम और ग्लिटर जैसे शब्द भी हैं जो प्राचीन भारतीय-यूरोपीय मूल से ही निकले हैं। अंग्रेज़ी का **ग्लास** यानी काँच या **शीशा** शब्द भी इसी से निकला है। यहाँ भी चमकदार होना ही महत्त्वपूर्ण है।

शोरग़ुल के साथ खारापन

[शब्द संदर्भ : क्षार, शोर, शोरग़ुल, शोरा, गल्ल, कलकल, शोरग़र, खारा]

फ़ारसी के **शोर-ग़ुल** शब्द का आमतौर पर कोलाहल के अर्थ में हिन्दी में भी ख़ूब इस्तेमाल होता है। यह बड़ा अनोखा शब्द है। यह **शोर + ग़ुल** से मिलकर बना है। इन दोनों ही शब्दों का अर्थ समान है यानी कोलाहल, चीख़-पुकार वग़ैरह।

शोर शब्द बना है संस्कृत के **क्षार** से। क्षार रासायनिक पदार्थ होते हैं और आयुर्वेद में इनका उपयोग है। कुछ क्षार जड़ी-बूटियों को जलाकर बनाए जाते हैं। इसी तरह कुछ क्षार खनिज के तौर पर प्राकृतिक रूप में भी मिलते हैं, जैसे—बारूद बनाने के काम आने वाला श्वेतक्षार या सफ़ेद क्षार। फ़ारसी में इसे कहा गया शोरः। इसका यह रूप बना क्षार से ही मगर अर्थ हो गया तेज आवाज़ करने वाला। ज़ाहिर सी बात है कि बारूद की भीषण आवाज़ की वजह से ही शोरे को यह अर्थ मिला। बाद में शोरः का मतलब ही हो गया चिल्लाहट या तेज़ आवाज़। नमक के लिए भी क्षार शब्द है

इसीलिए नमकीन के अर्थ में **खारा** शब्द ज़्यादा चलता है। राख शब्द भी क्षार से ही बना है। इस तरह क्षार से शोरः और फिर **शोर** शब्द बन गए। इससे ही **शोरग़र** यानी पटाखे बनाने वाला और **शोर-शराबा** जैसे शब्द बने। अब आते हैं **ग़ुल** पर। फ़ारसी में **ग़ुल** का अर्थ भी कोलाहल, शोर या चीख़-पुकार ही है। फ़ारसी का **ग़ुल** शब्द भी संस्कृत के कल से ही बना है जिसका अर्थ होता है शब्द करना, आवाज़ करना। पंजाबी के **की गल्ल ऐ** वाली गल में भी यही **कल** गूँज रहा है। इससे हिन्दी में कई शब्द बने हैं, जैसे–**कोलाहल, कलरव** या **कलकल** यानी मन्द गति से पानी बहना। ग़ौरतलब है कि फ़ारसी में भी **कलकल** शब्द का पर्याय है ग़ुलूल।

मिठास में छिपे कई मुल्कों के भी नाम

[शब्द संदर्भ : शक्कर, शुगर, चीनी, मोरस, शर्करा, खाँडसारी, मिस्री, मिसरी, मॉरिशस, साखर]

गुड़ के परिशोधित रूप शक्कर का जन्मस्थान भारत है। हिन्दी में इसके चार रूप मिलते हैं–**शक्कर, शुगर, चीनी और मोरस**। शक्कर शब्द संस्कृत के शर्करा से निकला है जिसके मायने हैं–चीनी, कंकड़ी-बजरी, बालू-रेत या कोई भी बड़ा कण। इसी वजह से संस्कृत में ओले के लिए **जलशर्करा** जैसा शब्द भी मिलता है। ज़ाहिर सी बात है शक्कर के क्रिस्टल या रवेदार गुण की वजह से ही इसे **शर्करा** कहा गया होगा। ग़ौरतलब है बेईमान कारोबारी अगर शक्कर में सफ़ेद बजरी की मिलावट करते हैं तो क्या गुनाह करते हैं। आख़िर शर्करा में शर्करा ही तो मिला रहे हैं! अब आपके दाँत अगर इससे करकराने लगें तो अलग बात है।

शर्करा ने अरबी ज़बान में **सुक्कर** का रूप लिया वहीं फ़ारसी में जाकर यह शकर हो गई। समूचे यूरोप में अरबी के ज़रिए ही इसका प्रवेश हुआ। यह लैटिन में SUCCHARUM कहलाई। अंग्रेज़ी में **शुगर** और **सैक्रीन** जैसे रूप भी बने। यही नहीं, रूसी में **साख़ार,** जर्मन में **जुकर** और फ्रेंच में **सकर** जैसे शब्द बनें। अरबी-फ़ारसी के **शकरकंद** के पीछे भी यही **शर्करा** मौजूद है। यही नहीं, भारत के अलग-अलग इलाक़ों में भी इसके कई रूप हैं, जैसे–कश्मीरी में **शकर**, गुजराती में **साकर**, मराठी में **साखर** और सिन्धी में **हकुरू** आदि। बाद में **शुगर क्यूब, ब्राउन शुगर** जैसे अन्य नाम भी सामने आए। भारत में शकर के असंशोधित रूप को **खाँडसारी** भी कहते हैं।

अब बात **चीनी** की। जैसा कि नाम से ही ज़ाहिर है शक्कर का यह रूप चीन की देन है। एकदम सफ़ेद झक दानों वाली शकर से परिचित हुए तो उन्होंने जाना कि अंग्रेज़ इसे चीन में बनाते हैं, बस तभी से इसका एक नाम चीनी भी हो गया। पूरब में शकर को एक नाम **मोरस** भी मिला हुआ है। ग़ौरतलब है कि **मॉरीशस** में जब क़रीब ढाई सौ साल पहले अंग्रेज़ों ने गन्ने की खेती शुरू की तो पूर्वी भारत से हज़ारों किसानों को गन्ना श्रमिक बनाकर **मॉरीशस** भेजा गया। मॉरीशस ही नहीं, फिजी, गुयाना, वेस्ट इंडीज़, केन्या आदि कई देशों में गन्ना उगाने भारतीय मज़दूर गए। चूँकि ये एक ख़ास **एग्रीमेंट** पर वहाँ भेजे गए थे जिसे देशी ज़बान में **गिरमिट** कहा जाने लगा और इन

श्रमिकों को **गिरमिटिया** मज़दूर का नाम मिल गया। बहरहाल बात **मोरस** की चल रही थी। शक्कर के मोरस नामकरण के पीछे भी एक देश यानी मॉरीशस का नाम छुपा हुआ है। शकर की सफ़ेद डली को **मिस्री** कहा जाता है। इसके **मिसरी** और **मिश्री** रूप भी प्रचलित हैं। इसके पीछे भी इजिप्ट यानी मिस्र का नाम छुपा है। वहाँ से बनकर आने वाली शक्कर को चीनी की तरह ही देशी नाम दे दिया गया।

बालटी किसकी? हिन्दी या पुर्तगाली की

[शब्द संदर्भ : बालटी, बाटी, बटलोई]

आज जिस आकार की बालटियाँ भारत में प्रचलित हैं उस आकार के बरतनों का अतीत में संदर्भ नहीं मिलता जबकि **बटलोई** या घड़ेनुमा बरतन ही भारत में जल संग्रहण के लिए प्रचलित रहे हैं। पुर्तगाली **बाल्डे** का आकार वैसा ही होता है जैसी आमतौर पर **बालटी** होती है।

रोज़मर्रा के कामकाज में कई तरह के उपकरणों का हम प्रयोग करते हैं जिनके नामों के बारे में हम कभी इस नज़रिए से नहीं सोचते कि कौन सा शब्द देशी है या कौन सा विदेशी। यहाँ तक कि विदेशी मूल के शब्द की ध्वनि और उच्चारण से यह तक आभास नहीं होता कि वह कितनी दूर का सफ़र तय करके हिन्दी भवन में दाख़िल हुआ है। सीधी सीं बात है, जो एक बार हिन्दी का हो गया, हमेशा के लिए हो गया।

बालटी भी एक ऐसा ही शब्द है। **बाल्टी या बालटी** का मतलब होता है पीतल, लोहे या अन्य किसी धातु की बनी डोलची या डोल जिसमें पानी भरा जाता है। बालटी रसोईघर और स्नानगृह दोनों ही स्थानों पर ज़रूरी है। रसोई की बालटी आमतौर पर स्टील की होती है। पुराने ज़माने में ताँबे और पीतल की बालटियों का चलन था। नहाने का पानी रखने के लिए आमतौर पर लोहे की बालटियाँ काम में ली जाती हैं। यूँ साफ़-सुथरी लोहे की बालटियों में भी पीने का पानी रखा जाता है। **बालटी** शब्द मूलतः हिन्दी का नहीं बल्कि पुर्तगाली ज़बान का है। इसकी आमद भारत में तब हुई जब सोलहवीं सदी के उत्तरार्ध में बंगाल के तटवर्ती इलाक़ों में पुर्तगालियों ने कोठियाँ बनाईं। पुर्तगाली भाषा में **बकेट** के लिए **बाल्डे**, शब्द है। बांग्ला में इसका उच्चारण **बालटी** हुआ। वहीं से यह हिन्दी में भी चला आया।

कुछ संदर्भों में इसे **बाटी** अर्थात **कटोरी** से उत्पन्न भी बताया जाता है। ग़ौरतलब है कि मालवा, राजस्थान और उत्तर प्रदेश के कुछ हिस्सों में देगची या घड़े के लिए बटलोई शब्द भी बोला जाता है। बटलोई का विकासक्रम यूँ रहा है–वर्त + लोहिका > वट्टलोईआ > बटलोई। वर्त यानी गोल और लोहिका यानी लोहे का पात्र। पंजाब में भी कटोरी या देग के लिए **बट्टी** या **बाटी** शब्द का प्रयोग किया जाता है। इन बरतनों के पेंदे भारी होते हैं ताकि पकाते समय पदार्थ जल न जाए। संभव है कि बालटी शब्द का जन्म इससे ही हुआ हो। मगर पानी भरने वाली **बालटी** के अर्थ में तो पुर्तगाली

बाल्डे से ही व्युत्पत्ति ज़्यादा सही लग रही है। मराठी में भी कटोरी के लिए **वाटी** शब्द का प्रचलन है। दूसरी बात यह कि आज जिस आकार की बालटियाँ भारत में प्रचलित हैं उस आकार के बरतनों का अतीत में संदर्भ नहीं मिलता जबकि **बटलोई** या घड़ेनुमा बरतन ही भारत में जल संग्रहण या खाना बनाने के लिए प्रचलित रहे हैं। पुर्तगाली **बाल्डे** का आकार वैसा ही होता है जैसी आमतौर पर बालटी होती है।

सरहदी इलाक़ों, जम्मू-कश्मीर, पंजाब और पाकिस्तान में **बाल्टी चिकन** और **बाल्टी मीट** भी ख़ास क़िस्म के ज़ायके हैं जिनका रिश्ता **बाल्टिस्तान** से है। बाल्टिस्तान अब पाक अधिकृत कश्मीर का हिस्सा है। किसी ज़माने में यह जम्मू-कश्मीर के तहत आता था। मीट पकाने की यहाँ की जो तरकीबें हैं वे चीन और तिब्बती रसोई से मिलती-जुलती हैं और इनका ज़ायका भी कुछ अलग है। अंग्रेज़ों ने इसे बाल्टी मीट, बाल्टी गोश्त, बाल्टी मुर्ग़ जैसे नाम दिए। पंजाब में यही चीज़ें कड़ाही मीट के नाम से जानी जाती हैं जबकि बाल्टिस्तान में कुछ मिलते-जुलते अंदाज़ वाली भारी पेंदे वाली कड़ाही में यह मीट पकाया जाता है। अंग्रेज़ों ने इसे **बाल्टीपैन** नाम दिया जिसे गोश्त पकाने वाली बाल्टी के तौर पर लिया जाने लगा। यूँ बाल्टिस्तान का पुर्तगालियों के लाए इस शब्द से कोई लेना-देना नहीं है। संभव है तवे या कड़ाही के लिए प्रचलित बाल्टी शब्द की व्युत्पत्ति वर्तलोहिका वाली **बटलोई, बाटी, बट्टी** शब्द-शृंखला से हुई हो।

छकड़े की अधोगति दुर्गति गाथा

[शब्द संदर्भ : शकट, छकड़ा, मृच्छकटिकम्, शक्ति]

शब्दों के रूप वक़्त के साथ कितनी तेज़ी से बदलते हैं, भाषा में इसकी ढेरों मिसालें मिलती हैं। ऐसा ही एक शब्द है **छकड़ा**। आज आमतौर पर ख़स्ता, खटारा गाड़ी के लिए ही **छकड़ा** शब्द का प्रयोग होता है। अगर आपने किसी से सलाह-मशवरा किए बिना कोई चार पहिया वाहन ख़रीद लिया तो मुमकिन है आपको सुनने को मिल सकता है कि अरे, ये छकड़ा कहाँ से उठा लाए!

छकड़ा के मूल में है संस्कृत की धातु **शक्,** जिसका अर्थ है–समर्थ होना, बर्दाश्त करना, योग्य होना आदि। ये छकड़ा किसी ज़माने में इतनी हीन अवस्था में नहीं था और **शकटः** के रूप में संस्कृत में वाहन के अर्थ में सम्मान के साथ प्रयुक्त होता था। इस अर्थ में **शकटः** के मायने यान से सहज ही जुड़ते हैं। **शकट** यानी गाड़ी, वाहन अथवा यान जो एक स्थान से दूसरे स्थान तक ले जाए। शकट का एक अन्य अर्थ सचमुच भारवाही यान भी है। कहने की ज़रूरत नहीं कि प्राचीनकाल में सभी तरह के वाहन ज़्यादातर पशुओं को जोतकर ही चलाए जाते थे इसलिए **शकट** ने जब हिन्दी के छकड़े का रूप लिया तो इसके मूल में भी बैलगाड़ी या घोड़ागाड़ी का ही भाव था। छोटी गाड़ी के लिए शकटिका शब्द बना। छकड़ा की ही तरह इसके लिए **सगड़ा** शब्द भी चलता था। ज़्यादा नज़ाकत और आकार के चलते **छकड़ी** जैसे शब्द भी चल पड़े। ग़ौरतलब है कि शकट का निकटतम रूप **सगड़** है और फिर **छकड़ा**। प्रसंगवश यह भी

जान लें कि **शूद्रक** के विश्वप्रसिद्ध नाटक **'मृच्छकटिकम्'** अर्थात मिट्टी की गाड़ी या खिलौना गाड़ी में भी यही **शकट** शामिल है। मिट्टी के संस्कृत पर्याय मृद् के साथ शकटम् की संधि से बना **मृच्छकटिकम्**। इस पर शशिकपूर ने बेहद ख़ूबसूरत फ़िल्म भी 'उत्सव' नाम से बनाई थी।

मोटरकारों का दौर आया तब से इस शब्द की बेक़द्री शुरू हो गई। फर्राटे भरती, चमकीली कारों के आगे चूँ-चर्र की आवाज़ के साथ चलती बैलगाड़ी या घोड़ागाड़ी की कल्पना करें जिसकी ख़ुद की चूलें चलते समय हिलती हैं और सवारी की चूलें भी। ज़ाहिर सी बात है कि इन्हीं सब लक्षणों के आधार पर उसके बाद से ही किसी भी जर्जर, शिथिल, ढीले-ढाले, मरियल-सी अवस्था वाले वाहन के लिए **छकड़ा** शब्द आम हो गया। प्राचीनकाल में **शकटः** का मतलब एक विशेष सैनिक व्यूह रचना भी होती थी। एक समूची गाड़ी भर वज़न की माप को भी उस काल में **शकटः** कहा जाता था।

शकट से बने **छकड़े** में चाहे मरियल, कमज़ोर, खटारा, जर्जर और जीर्ण जैसे भाव हों फिर भी उसमें शक्ति, बल, ताक़त छुपी है। चूँकि **शकट** वाहन है इसलिए उसमें ढोने की क्षमता होना आवश्यक है। इसकी मूल धातु है **शक्** जिसमें सामर्थ्य अथवा क्षमता का भाव निहित है। सूक्ष्मता से देखें तो ये दोनों भाव शक्ति में भी शामिल हैं। इसकी वजह यही है कि शक्ति शब्द का जन्म भी **शक्** धातु से ही हुआ है। ग़ौर करें कि हमारे यहाँ विजयादशमी को **शक्तिपर्व** भी कहा जाता है और उस दिन शक्तिपूजा होती है जिसके तहत सभी तरह के औज़ार, कलपुर्ज़े, मशीनें यहाँ तक कि वाहन और पशुओं की भी पूजा होती है। ये सभी किसी-न-किसी रूप में सामर्थ्य, क्षमता और शक्ति के प्रतीक हैं। शक्ति सीधे-सीधे समृद्धि से भी जुड़ती है। कार की शक्ति अगर इंजन है तो शकट अर्थात बैलगाड़ी की शक्ति बैल हैं। हम सबने विजयादशमी पर सजे-धजे तिलकधारी वाहन और बैल देखे ही हैं।

शक् में निहित योग्यता और सामर्थ्य जैसे भावों पर ग़ौर करें तो समझ में आता है कि हिन्दी का **सकना** शब्द इसी शक् धातु की देन है। संस्कृत में इससे एक एक शब्द बना है **शक्य** जिसका अर्थ होता है सम्भव, अमल में लाए जाने योग्य, कार्यान्वयन के लायक़। शक्य का ही हिन्दी रूप हुआ सकना। मराठी में तो इसे जस-का-तस **शक्य** रूप में ही इस्तेमाल किया जाता है। मसलन संभव नहीं कहना होगा तो मराठी में कहेंगे–शक्य नाहीं।

पलंगतोड़ के बहाने पालकी का सफ़र

[शब्द संदर्भ : पालकी, पैलनकीन, पलंगतोड़, पलंग, पल्यंक]

आमतौर पर आलसी और काहिल आदमी को **पलंगतोड़** कहते हैं। जानते हैं **पलंग** के बारे में जिसने हिन्दी को पलंग तोड़ना जैसा शानदार मुहावरा दिया। पलंग शब्द भी

उन कई शब्दों में शामिल है जो भारत में पैदा होकर कई मुल्कों-भाषाओं के चक्कर लगाकर एक अलग ही रूप में फिर देश लौट आए। अंग्रेज़ी का एक शब्द है **पैलनकीन** जिसका मतलब है एक ऐसा खटोला जिसे चार या उससे अधिक लोग कंधों पर उठाएँ। हिन्दी में इसके लिए पालकी या डोली शब्द है। **पालकी** या **डोली** आमतौर पर चार लोग मिलकर उठाते हैं जिन्हें कहार कहते हैं। आज के दौर में न पालकी रही, न डोली मगर गीत-संगीत के ज़रिए ये शब्द आज भी ज़िंदा हैं। ये पंक्तियाँ बहुतों ने अपने बचपन में सुनी होंगी और इससे संबंधित खेल भी खेला होगा–

हाथी, घोड़ा, पालकी।
जय कन्हैयालाल की॥

ग़ौरतलब है कि पालकी और **पैलनकीन** का न सिर्फ़ अर्थ एक है बल्कि ये जन्मे भी एक ही उद्‌गम से हैं और वह है संस्कृत शब्द **पर्यंकः** जिसका मतलब होता है **शायिका**। इसके अलावा इसका अर्थ समाधि मुद्रा या एक यौगिक क्रिया भी है जिसे वीरासन कहते हैं। संस्कृत में **पर्यंकः** का ही एक और रूप मिलता है **पल्यंकः**। ख़ास बात ये कि हिन्दी का पलंग शब्द इसी पर्यंकः से निकला है और संस्कृत में भी इसका अर्थ चारपाई, शायिका या खाट ही है। संस्कृत से पालि भाषा में आकर **पर्यंकः** ने जो रूप धारण किया वह था **पल्लको**। यही शब्द **पलंगड़ी** के रूप में भी बोला जाता है। पलंग चूँकि शरीर को आराम देने के काम आता है और आराम का आधिक्य मनुष्य को आलसी बना देता है लिहाज़ा हिन्दी में आलस से संबंधित कुछ मुहावरों के जन्म में भी इस शब्द का योगदान रहा, जैसे–**पलंग तोड़ना** यानी किसी व्यक्ति का काहिलों की तरह पड़े रहना, कामधाम न करना, निष्क्रिय रहना आदि। ऐसे लोगों को पलंगतोड़ भी कहते हैं। ख़ास बात ये कि पूर्वी एशिया में बौद्धधर्म का प्रचार-प्रसार हुआ तो वहाँ पालि भाषा के शब्दो का चलन भी शुरू हुआ। इंडोनेशिया के जावा, सुमात्रा द्वीपों में आज भी पालकी के लिए **पलंगकी** शब्द चलता है, जो पालि भाषा की देन है। जावा-सुमात्रा पर पुर्तगाली शासन के दौरान यह शब्द पुर्तगाली ज़बान में भी **पैलनकीन** (palangquin) बनकर शामिल हुआ और इसके ज़रिए यूरोप जा पहुँचा। अंग्रेज़ी में इसने जो रूप लिया वह था पैलनकीन। उर्दू-फ़ारसी में पलंग शब्द तो है मगर इसका अर्थ चारपाई न होकर तेंदुआ है।

द्रोण, दोना और डोंगी

[शब्द संदर्भ : द्रोण, दोना, डोंगी, द्रु, द्रुम, दारु, शिप, फ़्लैगशिप]

आमतौर पर पौराणिक ग्रंथों, ऐतिहासिक-पुरातात्त्विक स्मारकों से मिलने वाले प्रमाणों और संकेतों को ही लोग अतीत की सभ्यता-संस्कृति को समझने का जरिया मानते हैं। मगर बीती डेढ़ सदी में दुनिया भर की प्राचीन सभ्यताओं-संस्कृतियों को समझने में भाषाविज्ञान का योगदान अभूतपूर्व रहा है। अतीत के साक्ष्य मिट जाते हैं मगर

पुरा-सभ्यता के पुख़्ता प्रमाण विभिन्न लोकभाषाओं में हैं, जिनके ज़रिए मिलते निष्कर्षों को नकारा नहीं जा सकता। भाषाओं के विकासक्रम पर अगर नज़र डालें तो यह तथ्य भी पता चलता है कि विभिन्न भौगोलिक क्षेत्रों में भी मनुष्य की चिंतन प्रणाली एक जैसी थी।

प्रारम्भिक मनुष्य ने स्थल मार्ग पर ही यात्राएँ कीं। तटवर्ती क्षेत्रों के लोगों ने ही यात्रा के लिए जलमार्गों और जलपरिवहन की शुरुआत की। प्राचीनकाल में प्रायः सभी सभ्यताओं में मनुष्य ने पानी में सुरक्षित आवागमन के लिए वनस्पति का सहारा लिया। प्रारम्भिक तौर पर टहनियों, पत्तों को जोड़कर अनगढ़ से बेड़े बनाए गए। लकड़ी के शहतीरों को जोड़कर नौका निर्माण की तकनीक मनुष्य ने बाद में सीखी, उससे पहले समूचे वृक्ष के खोखले तने का नाव के तौर पर उपयोग करना उसे सूझा। वृक्ष के खोखल का यह अनूठा प्रयोग किसी एक स्थान से पूरी दुनिया में प्रसारित नहीं हुआ होगा बल्कि यह तरकीब सहज बुद्धि से अलग-अलग कालखंडों में विभिन्न मानव-समूहों को सूझी।

नाव के लिए प्रचलित अंग्रेज़ी, स्वाहिली, संस्कृत और हिन्दी में प्रचलित कुछ शब्दों पर ग़ौर करने से यही बात सामने आती है। पानी पर तैरती छोटी-सी नाव को **डोंगी** कहा जाता है। चाहे कश्मीर की झीलें हों, मैदानी नदियाँ हों या शांत समंदर, **डोंगी** शब्द हर भाषा में प्रचलित है और ख़ूब बोला-समझा जाता है। भारतीय मूल अर्थात संस्कृत से निकला यह शब्द अफ्रीकी तट पर भी जाना जाता है तो ब्रिटेन समेत यूरोप की भाषाओं में भी **डोंगी** शब्द कुछ बदले हुए रूप में मौजूद है। संस्कृत में एक धातु है **द्रु** जिसके वृक्ष का भाव है। इससे ही बना है **द्रुमः** शब्द जिसका अर्थ भी पेड़ ही होता है और **द्रुम** के रूप में यह परिनिष्ठित हिन्दी में भी प्रचलित है। **द्रु** शब्द से ही बना है संस्कृत का **द्रोणः** शब्द जिसका अर्थ होता है काठ का बना हुआ शंक्वाकार पात्र। हिन्दी का **दोना-पत्तल** वाला दोना इसी **द्रोण** से बना है। सामूहिक भोज में पत्तों से बने ऐसे ही द्रोण में दाल या तरीदार सब्ज़ी परोसी जाती है।

दिलचस्प बात यह कि मनुष्य जब चुल्लू भर-भर पानी पीकर थक गया तो उसने पत्ते को मोड़कर **द्रोण** या **दोना** बनाने की तरकीब ईजाद की ताकि उसमें पानी भर सके। बाद में इस द्रोण को ही पानी पर तैरा दिया! तीर्थस्थलों पर पत्तों से बने ऐसे ही द्रोण पावन नदियों में श्रद्धास्वरूप तैराकर शाम के समय दीपदान करने की परिपाटी रही है। माली समुदाय के लोग **द्रोण** बनाने का काम करते हैं। गोल आकार के दोनों के अलावा दीपदान वाले **द्रोण** की नौका जैसी आकृति पर ध्यान दें तो साफ़ होता है कि इसी आकार के चलते **द्रोणिका** से **डोंगी** शब्द बना है। संस्कृत और परिनिष्ठित हिन्दी में **द्रोणिः** या **द्रोणि** दो पहाड़ों के बीच की घाटी को कहते हैं। द्रोण या द्रोणिका पहाड़ी सरोवर के लिए भी प्रयुक्त होता है। द्रु से ही बना है **दारुकः** शब्द जो एक प्रसिद्ध पहाड़ी वृक्ष है जिसका नाम **देवदारु** है। **द्रुः** अर्थात वृक्ष के खोखल को जब मनुष्य ने पानी में बहते देखा तो उसने इसे भी **द्रोणिः** ही कहा जिसका अपभ्रंश रूप ही **डोंगी**

है। बाद में विशाल मगर पोले तनों वाले वृक्षों को आग से जलाकर खोखला किया जाने लगा और इस तरह बड़े पैमाने पर डोंगियाँ बनाई जाने लगीं। यह क्रम तब तक जारी रहा जब तक मनुष्य ने रस्सी, कील और आरी जैसे उपकरण नहीं बना लिये। उसके बाद ही लकड़ी के तख़्तों को काटकर, उन्हें जोड़कर सुविधाजनक आकार में **पोत** बनने शुरू हुए।

चौडे मुँह वाला डोंगा नाम का एक बड़ा-सा पात्र भी होता है जिसमें सालन रखा जाता है। अंग्रेज़ी में इसका **डिंघी** रूप प्रचलित है जो संभवतः फ्रेंच भाषा से शामिल हुआ। मूलतः डोंगी का यह रूप स्वाहिली भाषा का है। अफ्रीका के पूर्वी तटवर्ती प्रदेशों में यह भाषा बोली जाती है जहाँ से प्राचीन भारतीयों के सदियों पुराने कारोबारी रिश्ते रहे हैं। अफ्रीकियों ने भारतीयों से नौपरिवहन की बारीकियाँ सीखीं। डोंगी शब्द उन्होंने भारतीय नाविकों से ही सीखा। इनमें से कई क्षेत्र फ्रांस के उपनिवेश थे इस तरह डिंघी शब्द यूरोप भी पहुँचा। जलपोत के अर्थ में अंग्रेज़ी के शिप शब्द का निर्माण भी **द्रु** से बनी डोंगी जैसा रहा। भारोपीय भाषाओं में काटने, तोड़ने, विभक्त करने के लिए एक धातु है **स्कै** (skei) जिसका संस्कृत रूप है **छिद्** जिसमें भी काटना, विभक्त करना, टुकड़े करना जैसे भाव है। शिप का पुराना रूप था स्किप जो प्रोटो जर्मनिक के **स्किपन** से आया। जर्मन में इसका रूप है शिफ़ मूल रूप से इस **स्कै** धातु में वृक्ष को खोखला करने या विभक्त करने का ही भाव है। मोटे वृक्षों को काटकर मनुष्य लंबाई में उसे दो भागों में विभक्त करता था। इस तरह दोनों टुकड़ों को बीच से खोखला कर एक वृक्ष से दो नौकाओं का निर्माण हो जाता था। बाद में मस्तूल वाली नौकाओं के लिए **शिप** शब्द का प्रयोग होने लगा। मस्तूल वाले पोत की शान ही कुछ और थी। जहाज़ों के बेड़े में ख़ास पोत पर ध्वज लगाया जाता था। उसे **फ़्लैगशिप** कहते थे। आगे चलकर प्रमुख या ख़ास के अर्थ में **फ़्लैगशिप** मुहावरा चल पड़ा।

धागा, तनाव और टेंशन

[शब्द संदर्भ : तनाव, टेंशन, तान, तन, तनय, धागा, तागा, तन्तु]

बोलचाल की हिन्दी में सर्वाधिक इस्तेमालशुदा शब्दों में तनाव शब्द भी शुमार है। राजनीतिक तनाव, जातीय तनाव, वैचारिक तनाव, मानसिक तनाव न जाने कितने तनाव। यही नहीं, इसके पर्याय रूप में अंग्रेज़ी के **टेंशन** शब्द का प्रयोग भी हिन्दी जितनी ही सुविधा के साथ पढ़े-लिखे और अनपढ़ दोनों ही कर लेते हैं। माहौल में खिंचाव को हिन्दी में तनाव कहा जाता है। अंग्रेज़ी में यही **टेंशन** है। ये दोनों लफ़्ज़ न सिर्फ़ एक दूसरे के भाषायी विकल्प हैं बल्कि एक ही उद्गम से निकले भी हैं। प्रोटो इंडो-यूरोपीय मूल के TEN से इनकी उत्पत्ति मानी गई है। संस्कृत में एक धातु है **तन्** जो इसी कड़ी की है।

संस्कृत शब्द **तन्** या प्राचीन भारोपीय भाषा-परिवार के TEN का मतलब होता है खींचना, फैलाना, विस्तारित करना या तानना। किसी चीज़ को ओढ़ना या बिछाना। सृजन करना, उत्पन्न करना जैसे अर्थ भी इसमें समाहित हैं। **तन्** से हिन्दी में भी कई शब्द बने हैं मसलन तन यानी शरीर, **तनु** यानी सुकुमार, नाज़ुक, **तान** यानी स्वरों का उतार चढ़ाव या खिंचाव। भाव-भंगिमा के संदर्भ में भी तनना का प्रयोग होता है। **तनातनी** शब्द भी इससे ही बना है। ग़ौर करें कि **तन** यानी शरीर का खासियत क्या है ज़ाहिर है एक अवस्था तक यह बढ़ता है, फैलता है। इसीलिए यह तन है। शरीर, विस्तार या फैलाव के अर्थ में **तनय, तनुल** जैसे शब्द भी है। कालावधि के लिए **टैन्योर** शब्द भी इसी कड़ी का है। रेशम या कपास के रेशे के लिए **तन्तु** शब्द भी इसीलिए बना है क्यों कि इसमें भी फैलाने या **तानने** का भाव है। जुलाहों को करघे पर काम करते हुए जिन्होंने देखा है वे **तानाबाना** शब्द के खींचने, फैलाने जैसे संदर्भों को आसानी से समझ सकते हैं। ग़ौर करें कि यही **तन्तु** फ़ारसी में **तार** में भी मौजूद है और **सितार** के तार में भी। तन्तु को हिन्दी की देसी बोलियों में कह-कहीं **ताँत** भी कहा जाता है। हिन्दी में तन्तु का लोकप्रिय पर्याय है धागा। कहीं कहीं इसे **तागा** भी कहा जाता है। दरअसल **धागा** शब्द तागा का बिगड़ा हुआ रूप है। तन्तु से **तागा** बनने का सफ़र दिलचस्प है और इसमें सुई का बड़ा योगदान है। ग़ौर करें कि सुई में पिरोने से पहले धागे के अग्र भाग को ही छेद में डाला जाता है। तागा शब्द इसी आधार पर बना है **तन्तु+अग्र** के मेल से पहले यह **ताग्गअ** हुआ, फिर **तागा** और अगले क्रम में **धागा** बन गया।

तू-तड़ाक के बहाने कुछ शब्द

[शब्द संदर्भ : टैंक, टाँका, टंकी, तड़ागम्, प्रताड़ना, तू-तड़ाक, प्रताड़ना, तड़ित, तड़ातड़, तालाब, तल, तलकम्]

अंग्रेज़ी में **टैंक** शब्द के दो मायने हैं। पहला, पानी का प्राकृतिक या कृत्रिम भंडारण। दूसरा तोप लगा युद्ध वाहन। इसी तरह हिंदी में भी इससे मिलते-जुलते शब्द, हैं– मसलन टाँका, टाँकी या टंकी। गुजराती, मराठी और राजस्थानी में भी क़रीब-क़रीब ऐसे ही शब्द हैं। इनके मायने भी जलाशय, झील या पानी के भंडारण के अर्थ में हैं। ये तमाम शब्द बने हैं संस्कृत के **तड़ागम्** से जिसका मतलब होता है–झील, जलाशय, तालाब, गहरा जोहड़ आदि। इन तमाम शब्दों की रिश्तेदारी **तू-तड़ाक** और **प्रताड़ना** से भी है जिसके बाद आँसुओं की धार लग जाया करती है।

जलाशय प्राकृतिक भी होते हैं और मानव-निर्मित भी। पानी की कमी वाले स्थानों पर कृत्रिम जलाशयों का निर्माण पुराने ज़माने से होता रहा है। संस्कृत की एक धातु है **तड्** जिसका मतलब होता है आघात करना। ग़ौर करें, जलाशय का निर्माण धरती की ख़ुदाई से ही सम्पन्न होता है। ख़ुदाई करने की क्रिया धरती की सतह पर आघात करने से ही सम्पन्न होती है। **तड्** में मारना, पीटना आदि भाव भी शामिल हैं। गाल पर चाँटा

मारने के अर्थ में **तड़** शब्द में इसी पिटाई का भाव है। शरीर पर आघात किया जाता है तब भी वेदनास्वरूप अश्रुजल ही निकलता है। धरती के सीने पर जब आघात किया जाता है तब भी जल निकलता है। प्राकृतिक लक्षणों पर ग़ौर करें, शायद हमें किसी निष्कर्ष पर पहुँचने में मदद मिले।

जब बोली ही किसी आघात से कम न हो तो उसे मुहावरे वाली भाषा में **तू-तड़ाक** कहा जाता है। यह **तड़ाक** भी इसी **तड़्** से आ रहा है। बंदूक़ से निकलती गोलियों के लिए भी **तड़ातड़** जैसा शब्द प्रचलित है, जो इसी मूल से निकला है। आकाशीय विद्युत के लिए संस्कृत का **तड़ित** शब्द हिन्दी में भी प्रचलित है। आसमान से गिरने वाली गाज एक तरह का आघात ही है, इसीलिए उसे गाज गिरना भी कहा जाता है। यहाँ तड़ित नाम सार्थक है। शारीरिक **प्रताड़ना** और मानसिक **प्रताड़ना** शब्दों पर ग़ौर करें। पिटाई शारीरिक प्रताड़ना कहलाती है जबकि दबाव डालना, बहलाना, फुसलाना मानसिक प्रताड़ना। ये दोनों ही बातें एक क़िस्म का आघात है। इसीलिए **तड़्** से ही ताड़ना शब्द बना जिसमें **प्र** उपसर्ग लगने से बना है **प्रताड़ना** जिसका मतलब भी आघात ही होता है।

वाटर स्टोरेज के अर्थ में अंग्रेज़ी का **टैंक** शब्द दरअसल पुर्तगालियों की देन है। पुर्तगालियों ने जब पंद्रहवीं-सोलहवीं सदी में भारत के पश्चिमी तट पर स्थित दियू-दमण पर कब्ज़ा किया तो वे गुजराती संस्कृति के संपर्क में आए। जल भंडार के अर्थ में तब उन्हें नए शब्द जानने को मिले **टाँख** या **टाँका** जिनका विकास संस्कृत के **तड़ागम्** से हुआ था। तड़ागम् की व्युत्पत्ति तड़् धातु से ही हुई है जिसमें आघात करने का भाव है। पुर्तगाली भाषा में इसका रूप TANQUE हुआ। यहीं से यह अंग्रेज़ी में गया और **टैंक** के रूप में ढल गया जहाँ इसका मतलब हुआ पानी की बड़ी-सी टंकी, नाँद या हौद। आज जिसे हम हिन्दी में टंकी कहते हैं दरअसल अंग्रेज़ी का टैंक इसी पर खड़ा है। मिलिटरी में इस टैंक शब्द के प्रयोग का क़िस्सा दिलचस्प है। 1915 में जब प्रथम विश्वयुद्ध का दौर था, ब्रिटिश फ़ौज में एक बहु-उपयोगी युद्ध वाहन विकसित करने के गुप्त मिशन को अंजाम दिया जा रहा था। जिस स्थान पर प्रयोग चल रहे थे वहाँ ये बात फैला दी गई थी कि यहाँ एक बड़ी पानी की टंकी बनाई जा रही है अर्थात **टैंक** बनाया जा रहा है। उस समय फ़ौजी हलकों में टैंक इस संभावित मशीन का कोडनेम बन गया। ग़ौरतलब है कि यह कूटनाम भी इसलिए बना क्योंकि इस नए यद्ध वाहन का जो मुख्य ढाँचा तब तक बना था वह काफ़ी कुछ वाहन पर ले जाए जाने वाले पानी के टैंक से मिलता-जुलता था। बस, इसके बाद जब मिशन पूरा हो गया तो उस अनोखे युद्ध वाहन को बजाय कोई नया नाम मिलने के जो नाम मिला वह था **टैंक**। टैंक से निकलने वाले गोले भी बडे-बड़े निर्माणों को आघात ही पहुँचाते हैं, सो **तड़्** धातु के निहितार्थ का इससे भी सीधा रिश्ता जुड़ रहा है। यूँ तालाब लफ़्ज़ भी आमतौर पर पूरे भारत में झील, जोहड़ आदि अर्थों में बोला-समझा जाता है। इसका जन्म हुआ है

संस्कृत की **तल्** धातु से जिसमें गड्ढा, पोखर, सरोवर, निचली सतह अथवा झील जैसे अर्थ समाहित हैं। तल् से ही बने **तलकम्** और **तलम्** जैसे शब्दों से बना तालाब शब्द। इसे संयोग ही मानना चाहिए कि तालाब से निकलने वाली अन्त्य ध्वनि **आब** का अर्थ भी पानी ही होता है।

तंदूर में है अल्लाह का नूर

[शब्द संदर्भ : तंदूर, नूर, नूरी, मीनार]

इनसान के मन में जब अनाज को सीधे ही आग पर भूनकर खाने की जगह उसे पीसकर, भिगोकर खाने की सूझ आई तो उसने इसे पकाने की भी शैली विकसित की। इसके लिए ज़रूरी था आग को नियंत्रित किया जाए। उसने सबसे आदिम उपकरण पत्थर से ही इसकी तरकीब ईज़ाद की। पहले अग्नि को तीन ओर से पत्थर से घेरकर चूल्हा बनाया और भूनने की विधि सुगम हो गई। नतीजे में भूनी हुई चीज़ लज़्ज़तदार हो गई। बाद में कई तरह की ईजाद सामने आईं। इनमें ही एक था **तंदूर**। यह बात क़रीब साढ़े तीन हज़ार साल से भी ज़्यादा साल पुरानी है।

तंदूर एक गहरी भट्टी को कहते हैं जिसकी भीतरी दीवार मिट्टी की बनी होती है। इस मिट्टी को आग में तपाया जाता है और फिर इसकी दीवारों पर रोटी थापी जाती है जो पकने पर अनोखा सोंधा-सोंधा स्वाद देती है जिसे तंदूरी रोटी कहते हैं। तंदूर के भीतर क़रीब चार सौ डिग्री सेंटीग्रेड तापमान होता है जिसके ज़रिए यह घंटों तक गर्म रह सकता है। ईरानी, पाकिस्तानी और हिन्दुस्तानी ये तीन ख़ास ज़ायके हैं तंदूर पर पकने वाले लज़ीज़ खाने के। दुनिया का सबसे पुराना तंदूर हड़प्पा-मोहनजोदड़ो सभ्यता के दौर में पनपा था। उर्दू-फ़ारसी के ज़रिए हिन्दी समेत दुनिया भर में मशहूर तंदूर मूलतः सेमिटिक भाषा-परिवार (अरबी, हिब्रू आदि) का शब्द है। इसका अरबी रूप है **तनूर** या तन्नूर। फ़ारसी में यह तंदूर हुआ। तनूर बना है मूल सेमेटिक धातु **न्रू** (NRU) से जिसमें चमक, रोशनी, उजाले का भाव उजागर होता है। इससे ही बना हिब्रू का नार शब्द जिसका मतलब हुआ अग्नि। यही न्रू NRU अरबी में नूर बनकर प्रकट हुआ। **नूर** शब्द हिन्दी के लिए अपरिचित नहीं है। **नूर** यानी प्रकाश, चमक, रोशनी। इसी **नूर** में त उपसर्ग लगने से बना तनूर जिसका मतलब हुआ रोटी पकाने का चूल्हा या भट्टी। इराक़ के कुछ हिस्सों में यह **तिन्नुरू** है तो अज़रबैजान में **तंदिर**, आर्मीनिया में इसका रूप है **तोनीर** वहीं जॉर्जिया में है **तोन**।

न्रू (NRU) धातु में समाहित प्रकाश वाले भाव से ही बना हिब्रू में **मनोरा** अर्थात चिराग़, लैम्प। अरबी में इसका रूप हुआ **मनारा**। बाद में **मनारा** शब्द ने **मीनार** का रूप भी लिया यानी प्रकाश स्तंभ। मस्जिदों के स्तंभ भी मीनार कहलाने लगे क्योंकि यहाँ से लोगों को जगाने का काम किया जाता था, सद्वचनों का प्रकाश यहीं से प्रसारित होता था। दिलचस्प ये कि अगर ग़ौर करें तो पता चलता है **तंदूर** जहाँ रोशनी

(आग) का कुआँ है वहीं मीनार रोशनी का स्तंभ है। पुराने ज़माने के लाइट हाउस में सबसे ऊपरी मंज़िल पर आग ही जलाई जाती थी।

ख़ुदरा बेचो, ख़ुदरा खरीदो (क्षुद्र-1)

[शब्द संदर्भ : ख़ुदरा, क्षुद्र, ख़ुर्दबीन, ख़ुर्द, रिटेल, रिटेलर]

बाज़ारवाद के इस दौर में एक शब्द आजकल ज़्यादा सुनाई पड़ता है वह है **ख़ुदरा व्यापार** अर्थात **रिटेल** बिज़नेस। ख़ुदरा व्यापार का यूँ हिन्दी अर्थ है फुटकर व्यापार यानी ख़ुली दुकानदारी। दरअसल फुटकर रिटेल या ख़ुदरा बाज़ार का तब तक कोई महत्त्व नहीं है जब तक थोक बाज़ार की बात न की जाए।

सबसे पहले करते हैं **ख़ुदरा** की बात। सामान्य तौर पर बाज़ार शब्द से हमारे सामने जो तस्वीर उभरती है वह फुटकर बाज़ार ही होता है। आम आदमी जहाँ से रोज़मर्रा की ख़रीदारी करता है वह सामान्य बाज़ार ही कहलाता है फुटकर बाज़ार। **ख़ुदरा** शब्द दरअसल भाषा के थोक बाज़ार से आया ऐसा शब्द है जिसने आम आदमी की पसंद के अनुरूप रूप बदल लिया वरना फ़ारसी भाषा में इसका असली रूप था **ख़ुर्दः** जिसका मतलब है खंड, टुकड़ा, रेज़गारी, चिल्लर आदि। ख़ुर्दः शब्द इंडो-ईरानी परिवार का शब्द है। फ़ारसी में **खुर्दाःफ़रोश** का मतलब होता है फुटकर माल बेचने वाला, पंसारी या छोटा दुकानदार जो थोक व्यापारी से बड़ी मात्रा में सामान ख़रीदता है और उसे छोटी इकाइयों में बाँटकर, खंड-खंड कर बेचता है। फुटकर व्यापार के तौर पर **ख़ुर्दःफ़रोशी** शब्द बना।

हिन्दुस्तान की सरज़मी पर आकर इसका अगला रूप हुआ **ख़ुर्दा**। मुस्लिम शासन के दौरान यह शब्द हिन्दुस्तानी ज़बानों में भी शामिल होने लगा। वर्ण विपर्यय के चलते हिन्दी में पहले यह **खुरदा** हुआ और फिर बना **ख़ुदरा** जिसमें खुला, बिखरा, छुट्टा जैसे भाव शामिल हुए। इससे बना ख़ुदरा व्यापार जिसका मतलब हुआ दैनंदिन प्रयोग की वस्तुओं की सीधे आम आदमी को बिक्री करना। ख़ुदरा के लिए हिन्दी में फुटकर शब्द मिलता है। यह बना है संस्कृत के स्फुट शब्द से जिसमें प्रदर्शित, स्पष्ट किया हुआ, खिला हुआ, बिखरा हुआ, अलग-अलग, दृश्यमान जैसे भाव शामिल हैं। ज़ाहिर है कि फुटकर व्यापारी आम आदमी के लिए मंडी या वाणिज्य केंद्र में अपना सामान बिक्री के लिए विभिन्न तरह से प्रदर्शित करता है क्योंकि उसके पास कई तरह की सामग्री होती है। वह सभी कुछ एक साथ मगर अलग-अलग दिखाना चाहता है। यही है फुटकर व्यापार। ऐसा करने वाला हुआ फुटकर व्यापारी।

अंग्रेज़ी में फुटकर व्यापार के लिए **रिटेल** शब्द है। यह बना है **टेलर** से अर्थात काटने वाला। फिर बना रिटेलर जिसका मतलब हुआ दोबारा से काट-छाँट करने वाला। व्यापार के संबंध में इसका भाव हुआ छोटे-छोटे हिस्सों में व्यापार करना। यूँ टेलर अंग्रेज़ी में दर्जी को कहते हैं जिसे ग्राहक कपड़ा ख़रीदकर देता है। उसे काटकर वह

वस्त्र सिलता है और दाम पाता है। रेडीमेड कपड़ों के व्यवसाय में **रिटेल** व्यापार को बेहतर समझा जा सकता है जहाँ पहले कपड़ों को बड़े पैमाने पर ख़रीदा जाता है। फिर उनकी अलग-अलग आकारों में काट-छाँट की जाती है। बाद में उन्हें सिलकर परिधान तैयार किए जाते हैं और उन्हें दोबारा बेचा जाता है। यानी पहले थोक में ख़रीद, फिर अलग नाम और पैकिंग में बिक्री। इसे कहते हैं फुटकर व्यापार या ख़ुदरा व्यापार। यही है रिटेल।

छुटकू की ख़ुर्दबीन और खुदाई (क्षुद्र-2)

[शब्द संदर्भ : छुटपन, छोटाई, छोटू, छुट्टा, छोटन, ख़ुदाई, खोदना, ख़ुदवाना, खुरदरा]

रोज़मर्रा के जीवन में अपने परिवेश को लेकर अक्सर हम रूप-गुण-स्वभाव-आकार और परिमाण को स्पष्ट करने के लिए विभिन्न विशेषणों का प्रयोग करते हैं। ऐसा ही एक शब्द है **छोटा**। बहुत आम और सामान्य सा शब्द। यह ग़ौरतलब है कि भाषा के क्षेत्र में आम और सामान्य की ही सबसे ज़्यादा पूछ-परख है। ख़ास और विशिष्ट शब्दों के बूते भाषा नहीं चलती। शब्द तो जितने सीधे-सरल होंगे, भाषा की राह उतनी ही आसान और टिकाऊ होगी। हिन्दी का छोटा शब्द सीधा-सरल है और इसके वैकल्पिक अन्य शब्द होने के बावज़ूद लोग इसीलिए इसका इस्तेमाल ही अधिक करते हैं।

छोटा शब्द संस्कृत के **क्षुद्रकः** का रूप है जो **क्षुद्र** शब्द से बना। इसमें सूक्ष्मता, तुच्छता, निम्नता, हलकेपन आदि भाव हैं। इन्ही का अर्थ-विस्तार होता है ग़रीब, कृपण, कंजूस, कमीना, नीच, दुष्ट आदि के रूप में। अवधी-भोजपुरी में क्षुद्र को छुद्र भी कहा जाता है। दरअसल यह बना है संस्कृत धातु क्षुद् से जिसमें दबाने, कुचलने, रगड़ने, पीसने आदि के भाव हैं। ज़ाहिर है ये सभी क्रियाएँ क्षीण, हीन और सूक्ष्म ही बना रही हैं। छोटा बनने का सफ़र कुछ यूँ रहा होगा क्षुद्रकः > छुद्दकअ > छोटआ > छोटा। निम्न, नीच, निकृष्ट के अर्थ में ही कभी-कभी छोटा शब्द भी इस्तेमाल होता है। छोटे लोग, छोटी बातें जैसे प्रयोग यही अर्थबोध कराते हैं। लंबाई-चौड़ाई और ऊँचाई में कम आकार की वस्तु के लिए छोटा विशेषण लगाया जाता है तो पद-प्रतिष्ठा-आयु में कम होने पर भी **छोटा** ही कहा जाता है। किसी भी क़िस्म की लघुता, ओछापन, कमी, तुच्छता या छिछोरापन को प्रदर्शित करने के लिए भी छोटा शब्द इस्तेमाल होता है। इससे छोटा-मोटा या छोटा मुँह बड़ी बात जैसे मुहावरे भी बने हैं। छोटा का स्त्रीवाची छोटी है। **पन, पना** या **अई** जैसे प्रत्ययों से **छुटपन, छोटपन, छोटपना, छोटाई** जैसे शब्द भी बने हैं। अंतिम संतान के लिए भी छोटा शब्द उनके नाम का पर्याय बन जाता है, जैसे—**छोटी, छुटकू, छोटेलाल, छोटूसिंह, छोटूमल, छोटन, छुट्टन** आदि।

क्षुद् धातु में निहित पीसने, दबाने, कुरेदने जैसे भाव इस धातु से हिन्दी के अन्य महत्त्वपूर्ण शब्द के जन्म-सूत्र बता रहे हैं। सूराख़ करने, गड्ढ़ा बनाने या समतल सतह को गहरा करने की क्रिया को खोदना कहते हैं जो इसी मूल से जन्मा शब्द है। इस शब्द का प्रयोग रोज़मर्रा में ख़ूब होता है। कुछ उगलवाने के लिए या किसी का मन टटोलने के

अर्थ में **खोद-खोद** कर पूछना या अपेक्षित परिणाम से निराशा की अभिव्यक्ति वाली कहावत खोदा पहाड़, निकली चुहिया इससे ही बनी है। **खुदाई, खोद, खोदवाना,** ख़ुदवाना आदि कई शब्द इसी शृंखला में आते हैं। इसी कड़ी में आता है असमान, कटी-फटी, ऊबड़-खाबड़ सतह के लिए खुरदरा या ख़ुर्दुरा शब्द। **क्षुद्** में निहित घिसने, रगड़ने के भाव सबसे ज़्यादा इसी शब्द में प्रकट हो रहे हैं। खुरदरा शब्द इतना आम है कि इसे स्पष्ट करने के लिए किसी और विशेषण या व्याख्या की ज़रूरत नहीं है।

क्षुद्र शब्द की उपस्थिति ईरानी परिवार की भाषाओं में भी नज़र आती है। फ़ारसी में एक शब्द है **ख़ुर्दः** जो क्षुद्र का ही रूपांतर है। फ़ारसी में **ख़ुर्दः** के अलावा **ख़ुर्द** शब्द भी है। दोनों के मायने हैं छोटा, तुच्छ, सूक्ष्म आदि। माइक्रोस्कोप के लिए हिन्दी-उर्दू में प्रयोग किया जाने वाला **ख़ुर्दबीन** शब्द मूलतः फ़ारसी का है जिसका मतलब हुआ सूक्ष्मदर्शी अर्थात छोटी वस्तुओं को देखने का उपकरण। ख़ुर्द शब्द के पीछे भी **क्षुद्** धातु की मौजूदगी है जिसमें पीसने, रगड़ने, घिसने जैसी क्रियाओं के परिणाम नज़र आ रहे हैं। ज़ाहिर है कि छोटे से लेकर सूक्ष्मतम के लिए भी **ख़ुर्द** शब्द काम दे रहा है। फ़ारसी में ख़ुर्द यानी सूक्ष्म और बीना यानी देखने वाला और बीं अथवा बीनाई यानी देखना होता है। इस तरह ख़ुर्दबीन अर्थात सूक्ष्मदर्शी शब्द बना। दूरबीन का अर्थ होता है दूरदर्शी। समूचे उत्तर पूर्वी भारत की बोलियों में घर की झाड़-बुहार के संदर्भ में **कोना-खुदरा** शब्द प्रचलित है जिसमें चप्पे-चप्पे या छोटी-से-छोटी जगह का भाव निहित है।

बेईमानी-साज़िश की बू है ख़ुर्दबुर्द में (क्षुद्र-3)

[शब्द संदर्भ : क्षुद्र, ख़ुर्दबुर्द, बुरादा, ख़राद, भरना]

किसी दूसरे की सम्पत्ति पर कब्ज़ा ज़माने के अर्थ में फ़ारसी का एक शब्द उर्दू-हिन्दी में राजा-महाराजा-नवाबों के दौर से चला आ रहा है। अख़बारों, अदालत, पुलिस, प्रशासन और अख़बारों की शब्दावली में अक्सर **ख़ुर्दबुर्द** शब्द का प्रयोग इसी अर्थ में होता है। फ़ारसी ख़ुर्द के जन्म-सूत्र संस्कृत धातु **क्षुद्** में छुपे है जिसका अर्थ पीसना, घिसना, रगड़ना होता है और ये तमाम क्रियाएँ पदार्थ के सूक्ष्म रूप से जुड़ी हैं। **क्षुद्र** इसी धातु से बना है जिसका अर्थ तुच्छ, छोटा, सूक्ष्म, बारीक़, महीन आदि। एक ख़ास बात यह कि सूक्ष्म और छोटे का अर्थ-विस्तार होते हुए संस्कृत का क्षुद्र हिन्दी में नकारात्मक चरित्र के अर्थ में नीच, घटिया, कंजूस, खोटा या ओछा के रूप में भी इस्तेमाल होता है जबकि फ़ारसी ख़ुर्द का जन्म-सूत्र चाहे क्षुद्र से जुड़ा हो मगर इसमें महीन, सूक्ष्म या आकार और परिमाण में कमी संबंधी भाव ही आते हैं।

ख़ुर्दबुर्द जैसा शब्द युग्म फ़ारसी के दो शब्दों से मिलकर बना है **ख़ुर्द + बुर्द** जिसका अर्थ है किसी सार्वजनिक, व्यक्तिगत, शासकीय सम्पत्ति में ग़बन करना, हेरफेर करना, जालसाज़ी से अपने नाम करा लेना। ख़ुर्दबुर्द में नष्ट करना, बरबाद करने के भाव भी हैं। सम्पत्ति पर दूसरे का कब्ज़ा होना किसी अन्य के लिए वैसे भी बरबादी ही है। यहाँ ख़ुर्द का अर्थ तो स्पष्ट हो रहा है कि बेहद सूक्ष्मता से, बारीक़ी से, पैनेपन के साथ,

चतुराई के साथ चालबाज़ी कर जाना (ख़ुर्दबुर्द के अर्थ में)। **ख़ुर्द** और **बुर्द** से दो अन्य शब्दों की रिश्तेदारी भी जुड़ती है। **खराद** शब्द यूँ तो उर्दू-फ़ारसी का है मगर हिन्दी में भी चलता है। ख़ुर्द के मूल स्रोत **क्षुद्** में निहित रगड़ने, पीसने, घिसने जैसे भाव **खराद** में एकदम साफ़ हो रहे हैं। लकड़ी के इमारती काम के दौरान उसे चिकना बनाने के लिए उसे **रंदे** से घिसा जाता है जिसे **खरादना** कहते हैं। इसी तरह **बुरादा** शब्द का चलन हिन्दी में ख़ासतौर पर काष्ठचूर्ण अर्थात लकड़ी की छीलन के लिए प्रयोग होता है मगर इसमें हर तरह के पदार्थ यानी लकड़ी या धातु की छीलन, चूर्ण आदि शामिल हैं।

फ़ारसी में **ख़ुर्द** का अर्थ है छोटा, क्षुद्र, बारीक़, कण इत्यादि. कहावत भी है–**'सग बाश बिरादरि-ख़ुर्द न बाश'** अर्थात कुत्ता हो जाना अच्छा है, छोटा भाई होने से। भोजन या किसी चीज़ को खाने के लिए भी 'ख़ुर्द' शब्द का प्रयोग होता है। कारण यह है कि किसी भोज्य पदार्थ को छोटे-छोटे टुकडों में ही विभाजित करके खाया जाता है। मसल मशहूर है–हर रोज़ ईद नीस्त कि हलवा खुरद कसे अर्थात हर दिन ईद नहीं है कि हलवा खाने को मिले। ख़ुर्दबीन शब्द किसी छोटी वस्तु के देखने के लिए प्रयोग में आता है और इस दृष्टि से यंत्र का नाम ही 'दूरबीन' या 'ख़ुर्द-बीन' पड़ गया। ख़ुर्द-बुर्द शब्द अभी भी नष्ट और बरबाद करने के अर्थ में प्रयोग किया जाता है। यह बुर्द शब्द जो ख़ुर्द के साथ जुड़ा हुआ है 'बुरादा' अर्थात लकड़ी, लोहे इत्यादि का बारीक़ पाउडर। वैसे **ख़ुर्द** के साथ जुड़ा **बुर्द** शब्द 'रोटी-वोटी' की तरह भी हो सकता है। मूल रूप से **बुर्द** शब्द शतरंज की बाज़ी में आधी मात की स्थिति को कहते हैं जहाँ बादशाह अकेला पड़ जाता है। यह भी सम्भव है कि **ख़ुर्द-बुर्द** में **बुर्द** शब्द इसी स्थिति को रेखांकित करने के लिए आया हो जिसकी वजह से ख़ुर्द-बुर्द का अर्थ **विनष्ट** हुआ हो।

बुर्द का जहाँ तक सवाल है कुछ लोग इसे ख़ुर्द के साथ अनुकरणात्मक शब्द (जैसे **काम-वाम**) भी मानते हैं, मगर यह सही नहीं है। बुर्द शब्द की अपनी अलग अर्थवत्ता है। ध्वनिसाम्य, अनुकरण के आधार पर ख़ुर्द से बुर्द के मेल ने इस नए शब्द में मुहावरे का असर पैदा किया। इसके जन्म-सूत्र छुपे हैं इंडो-यूरोपीय भाषा-परिवार की **भर** या संस्कृत की **भृ** धातु में जिसमें भार, बोझा, रखना, लाना, ले जाना आदि भाव छुपे हैं। इसी धातु से जन्मे फ़ारसी **बुर्द** का अर्थ होता है कब्ज़ा, अधिग्रहण या पुरस्कार, ले जाना, नष्ट करना आदि। ख़ुर्दबुर्द में निहित अवैध कब्ज़ा, ग़बन या नष्ट करने के अर्थ में बुर्द शब्द को समझना कठिन नहीं है जिसमें चतुराई, साज़िश और बेईमानी की बू भी आ रही है।

अरब की रद्दी, चीन का काग़ज़ (पर्चा-1)

[शब्द संदर्भ : कागद, काग़ज़, कागदी, रद्द, रद्दोबदल, रद्दी, रद्देअमल]

कबीरदास की प्रसिद्ध उक्ति 'मसि कागद छूयो नहीं, कलम गहि नहीं हाथ' में काग़ज़, कलम और स्याही की महिमा उभर रही है। इसमें भी स्याही और कलम तब तक बेमानी हैं जब तक काग़ज़ न हो। ये काग़ज़ क्या है और कहाँ से आया?

संवाद-संकेतों और तथ्यों को दस्तावेज़ी स्वरूप प्रदान करने के लिए प्राचीनकाल से ही मनुष्य विभिन्न माध्यमों को तलाशता रहा है। पाषाणकालीन शैलाश्रयों (रॉक शैल्टर्स) में आदिमानव द्वारा उत्कीर्ण पशु-पक्षियों के रेखाचित्र, सुमेरी सभ्यता में मिट्टी की ईंटों पर मिले संकेत चिह्न, सिन्धु घाटी की सभ्यता में पकी हुई मिट्टी पर उत्कीर्ण चिह्न इन्हीं प्रयासों को साबित करते हैं। सभ्यता के विकास के साथ मानव ने वृक्षों की छाल को लिखने का माध्यम बनाया। पूर्वी देशों में यह ख़ूब प्रचलित हुआ। अरब देशों में जानवरों की पतली सूखी खाल पर लिखने के प्रयोग चलते रहे। हिन्दी-उर्दू-फ़ारसी में प्रचलित काग़ज़ शब्द इन भाषाओं में अरबी से आया है मगर यह शब्द मूलतः अरबी का भी नहीं है बल्कि चीनी भाषा से आया है।

यह स्थापित तथ्य है कि काग़ज़ का आविष्कार पश्चिम में नहीं बल्कि पूर्व में हुआ था। ईसा से क़रीब एक सदी पहले चीन के उत्तर-पश्चिमी गांसू प्रांत में त्साई लिन नामक एक उद्यमशील राजकीय कर्मचारी ने किया था। चीन में इस पदार्थ को नाम मिला गू-झी। चीनी भाषा में इसका अर्थ हुआ लेखन सामग्री। कई सदियों तक चीनियों की काग़ज़ बनाने की तकनीक गुप्त रही मगर आख़िरकार सातवीं-आठवीं सदी के आसपास किसी तरह यह तरकीब उज्बेकिस्तान के प्राचीन शहर समरकंद तक पहुँच गई जहाँ इसका तुर्की नाम हुआ **काघिद**। बरसों तक फ़ारस, अरब और तुर्किस्तान में यह समरकंदी काघिद के तौर पर विख्यात रहा। अरब में इसका उच्चारण हुआ काग़ज़ जिसे फ़ारसी के साथ उर्दू ने भी अपनाया। भारत की उत्तर से दक्षिण तक कई भाषाओं में इसके विभिन्न प्रतिरूप देखने को मिलते हैं, जैसे—मराठी, राजस्थानी, पूर्वी में **कागद**, तमिल में **कागिदम्**, मलयालम में **कायितम्** और कन्नड़ में **कायिता**। चीनी में गू-झी के अलावा इसकी एक अन्य व्युत्पत्ति कोग-द्ज के रूप में भी मिलती है जिसका अर्थ होता है एक ख़ास क़िस्म के शहतूत के रेशे से बना पत्र। राजस्थान में काग़ज़ का कारोबार करने वालों को **कागदी** भी कहा जाता है। सागानेर समेत देश में कई स्थानों पर कुटीर उद्योग के तौर पर हस्तनिर्मित काग़ज़ बनाया जाता है।

काग़ज़ के संदर्भ में ही अक्सर रद्दी का भी ज़िक्र आता है। हिन्दी में आमतौर पर इस्तेमालशुदा काग़ज़ को **रद्दी** या **रद्दी काग़ज़** कहते हैं। रद्दी शब्द मूलतः अरबी का है और इसके दायरे में सिर्फ़ काग़ज़ ही नहीं 'वे सब पदार्थ आते हैं' जो अनुपयोगी हैं, फेंकने लायक़ हैं अथवा त्याज्य हैं। रद्दी बना है अरबी के **रद्द** शब्द से जिसका मूल अर्थ है ख़ारिज़ करना, अस्वीकार करना अथवा नापसंद करना। **रद्द** शब्द **रद्द** का ही रूपांतर है जिसका मूलार्थ है उलटी अथवा वोमिट करना। ग़ौर करें कि शरीर ने जिसे अस्वीकार कर दिया वही है मितली अथवा उलटी। अस्वीकार का यही भाव रद्द से बने तमाम शब्दों में प्रमुखता से उभरा है। रद्द से इस्लामी शब्दावली का एक प्रमुख शब्द **रिद्दाह** भी जन्मा है जिसका अर्थ होता है इस्लाम से इनकार करना। ज़ाहिर है ऐसा व्यक्ति इस्लाम की निगाह में क़ाफ़िर होगा। रद्द से ही बने **रद्दे-अमल** अर्थात किसी बात अथवा कार्य की प्रतिक्रिया और **रद्दो-बदल**

यानी परिवर्तन अथवा बदलाव आदि शब्द भी हिन्दी में आमतौर पर इस्तेमाल होते हैं। बहरहाल यह तो निर्विवाद है कि **काग़ज़** का आविष्कार चीन में हुआ और यह शब्द भी मूल चीनी शब्द का ही रूपांतर है। शुरुआती दौर में **काग़ज़** हस्तनिर्मित होता था। यूरोप वालों ने मध्यकाल में इसे मशीनों से उत्पादित करने की तरकीबें ईज़ाद कीं। पर्यावरण और स्वास्थ्य के मद्देनज़र हस्तनिर्मित काग़ज़ का इस्तेमाल अब बढ़ रहा है। दिलचस्प यह कि इसके निर्माण की प्रमुख सामग्री कपड़े और काग़ज़ की रद्दी ही है।

मिस्री पेपर और बाइबल (पर्चा-2)

[शब्द संदर्भ : पेपर, बाइबल, पैपियर, पर्चा, पर, पताका, परचम]

दुनिया भर में **पेपर** शब्द इस्तेमाल होता है। इसका मूल अर्थ **काग़ज़** है मगर हिन्दी में पेपर paper शब्द दो ख़ास अर्थों में इस्तेमाल होता है। ज़्यादातर लोग पेपर का इस्तेमाल अख़बार (न्यूज़पेपर) के लिए करते हैं। पेपर का दूसरा सबसे ज़्यादा प्रयोग प्रश्न-पत्र के अर्थ में होता है। इसके अलावा औसत हिन्दुस्तानी सामान्य अर्थ में पेपर के लिए काग़ज़ लिखना या बोलना पसंद करता है। पेपर के विकल्प के रूप में पर्चा, पत्र (समाचार-पत्र, चिट्ठी-पत्री) जैसे शब्द भी ख़ूब बोले जाते हैं। पेपर शब्द का अख़बार के रूप में इस्तेमाल तो बीती कुछ सदियों से होने लगा है मगर ईसाइयों के प्रमुख धर्मग्रंथ 'बाइबल' के मूल में भी यही पेपर शब्द झाँक रहा है।

पेपर शब्द हिन्दी में अंग्रेज़ी से आया है। अंग्रेज़ी में इसकी व्युत्पत्ति फ्रेंच भाषा के शब्द **पैपियर** से मानी जाती है जो मूल रूप से लैटिन के पपायरस से जन्मा माना जाता है जो ग्रीक भाषा के **पपायरोस** से पैदा हुआ है। भाषाविज्ञानियों का मानना है कि मूल रूप से पपायरोस इजिप्शियन अर्थात मिस्री भाषा का शब्द है और सेमेटिक भाषा-परिवार से ताल्लुक़ रखता है न कि यूरोपीय भाषा-परिवार से। ग्रीक पपायरोस का मतलब ऐसी वनस्पति से है जिससे काग़ज़ बनता है। नील नदी के कछारों में उगने वाली यह वनस्पति बहु-उपयोगी मानी जाती है। काग़ज़ बनाने के अलावा इसका औषधीय प्रयोग भी होता था।

पपायरोस के जन्म-सूत्र भाषाविज्ञानियों ने सेमेटिक भाषा-परिवार की मिस्री भाषा में तलाशे है। ज़्यादातर लोग समझते हैं कि इजिप्ट यानी मिस्र में अरबी बोली जाती है। सुविधा के लिए इसे इजिप्शियन-अरेबिक ज़रूर कहा जाता है मगर यह सेमेटिक परिवार की एक अलग भाषा है। यहूदी भाषाविज्ञानी अब्राहम स्थैल और अर्नेस्ट क्लैन पपायरस शब्द को मिस्री मूल का ही मानते हैं। उनके मुताबिक़ इसकी व्युत्पत्ति **पै-प-इयर** अर्थात नील नदी से संबंधित या नील नदी का। ग़ौरतलब है कि मिस्री और हिब्रू में नील नदी के लिए इयर नाम है। पा का अभिप्राय वनस्पति से भी है। ज़ाहिर है **पै-प-इयर** यानी **पैपियर** ही ग्रीक भाषा का **पपायरोस** हुआ जिसका अर्थ भी एक क़िस्म की मिस्री वनस्पति से बना काग़ज़ था।

इतिहास प्रसिद्ध फिनीशियाई व्यापारियों द्वार ईसा से पाँच हज़ार वर्ष पूर्व स्थापित प्रसिद्ध बंदरगाह शहर **बिब्लस** (अरबी नाम **जबेल** जो मूल फिनीशी **गभेल** का रूपांतर हो सकता है) को यह नाम इसी वजह से मिला था क्योंकि इसी बंदरगाह पर भारी मात्रा में मिस्र से पपायरोस लाया जाता था और उसका अन्य स्थानों को लदान होता था। बिब्लस को यहीं पर एक और भी अर्थ मिला **पपायरोस** अर्थात काग़ज़ बनाने वाली वनस्पति की भीतरी परत। **बिब्लस** का एक अन्य अर्थ हुआ पुस्तक। ग़ौरतलब है कि कुछ लोगों का मानना है कि बिब्लस ग्रीक उच्चारण है और मूल फिनीशी शब्द **गभेल** का बिगड़ा रूप भी हो सकता है। ग्रीक में **बाइबल** की व्युत्पत्ति का आधार यही **बिब्लस** है जिसका मतलब होता है पुस्तक। बरसों बाद ईसा मसीह के पवित्र संदेशों को जब ग्रंथ की शक्ल मिलने लगी तो उसे ग्रीक भीषा के बिब्लस के आधार पर बिब्लिआ, और फिर बिब्लिका कहा गया जिसने बाद में बाइबल का रूप लिया। ग़ौरतलब है कि ग्रंथ सूची या संदर्भ सूची के लिए **बिब्लियोग्राफी** शब्द भी इसी मूल से जन्मा है।

पेपर के अर्थ में हिन्दी-उर्दू में **पर्चा** शब्द प्रचलित है। पेपर की ही तरह पर्चा भी अख़बार और प्रश्न पत्र के अर्थ में प्रयोग होता है। अख़बार के लिए पर्चा शब्द हिन्दी में किसी ब्रिटिश राज के दौरान ज़्यादा प्रचलित था। अब पर्चा का प्रयोग इश्तेहारी पर्चे के तौर पर ही होता है जिसे पैम्फलेट कहते हैं। पर्चा parcha का छोटा रूप पर्ची होता है। पर्चा शब्द बना है फ़ारसी के **पर्चः** से जिसका मतलब हुआ काग़ज़ का छोटा पुर्ज़ा, किसी के हाथ भेजी जाने वाली चिट्ठी (दस्ती ख़त), अख़बार, प्रश्न पत्र या रपट आदि। इस पर्चे में फ़ारसी का **'पर'** झाँक रहा है। पर यानी पंख। यह इंडो-ईरानी भाषा-परिवार का शब्द है। संस्कृत में प वर्ण अपने में उच्चता का भाव समेटे है। उड़ान का ऊँचाई से ही रिश्ता है। परम, परमात्मा जैसे शब्दों से यह ज़ाहिर हो रहा है। पर में भी यही उच्चता लक्षित हो रही है। संस्कृत की **पत्** धातु का अभिप्राय है उड़ना, फहराना, उड़ान आदि। द्रविड़ परिवार की कोत भाषा में **पर्न** या **पर्नद** का मतलब भी उड़ना ही है। द्रविड़ और फ़ारसी में एक जैसा रूपांतर यह भी स्थापित करता है कि किसी ज़माने में द्रविड़ भाषाओं का प्रसार सुदूर उत्तर-पश्चिम तक था। इस **पर्चः** का रिश्ता **पर्चम** (परचम) से भी जुड़ रहा है जिसका अर्थ है झंडा, झंडे का कपड़ा। **पर्चम** किसी भी राष्ट्र, समाज या संगठन का सर्वोच्च प्रतीक होता है। पताका का अर्थ भी ध्वज ही होता है। पर्चम और पताका एक ही मूल के हैं और दोनों का संबंध उड़ान से, लहराने से, फहराने से है। ग़ौरतलब है कि फ़ारसी में **पार्चः** का अर्थ भी कपड़ा ही होता है। पत्ते के लिए संस्कृत में **पत्रम्** शब्द है। पत्र में उड़ने का भाव भी है और गिरने का भी। डाल से टूटने के बाद पत्ता पहले उड़ता है फिर गिरता है। प्राचीन भारत में वृक्षों की छाल पर लिखा जाता था, जैसे–भोजपत्र और ताड़पत्र। मूलतः इनकी छाल इतनी महीन होती है कि यह पत्र की श्रेणी में ही गिनी जाती है इसीलिए यह लिखावट के लिए भी अनुकूल होती है। यह भी दिलचस्प है

कि भारत में वृक्षों की बाहरी छाल पर लिखने के सफल प्रयोग हुए वहीं धुर पश्चिम स्थित मिस्र में पपायरस की भीतरी परतों को जोड़कर कागज़ के टुकड़े बनाए जाते रहे।

क़िस्सा-ए-बेवकूफ़ी यानी एटलस

[शब्द संदर्भ : एटलस, हरक्यूलिस]

हिन्दी समेत दुनिया की ज़्यादातर भाषाओं में विश्व के मानचित्र या नक्शों की किताब के लिए **'एटलस'** शब्द चलन में है। भारत में भी कई एटलस प्रकाशित होते हैं। अक्सर एटलस के कवर पर एक विशाल आकार का आदमी अपने कंधों पर पृथ्वी को उठाए नज़र आता है। बताया जाता है कि ग्रीक पुराणों में 'एटलस' का ज़िक्र एक दानव के तौर पर हुआ है। यह उन खंभों की रक्षा करता है जिन पर स्वर्ग टिका हुआ है। अफ्रीका के उत्तर-पश्चिमी मुल्क मोरक्को में एक पर्वत श्रृंखला का नाम भी एटलस है। वहाँ के लोगों की धारणा भी यही है की स्वर्ग इसी पर्वत पर टिका है।

दरअसल बेल्जियम निवासी प्रसिद्ध भूगोलशास्त्री जेराड्र्स मर्केटर (1512-1596) ने नक़्शों के एक संग्रह का प्रकाशन कराया था जिसके शुरू में पृथ्वी को कंधों पर उठाए एक दैत्य की तस्वीर थी और नीचे 'एटलस' लिखा था। तभी से स्वर्ग के खंभों का रख वाला यह यूनानी राक्षस नक़्शों की किताबों में अमर हो चुका है। मर्केटर पहले गणितीय उपकरण बनाते थे मगर बाद में धातु पर नक्काशी का काम सीखने के बाद उनकी दिलचस्पी मानचित्रों में जागी। मानचित्रों की दुनिया में मर्केटर का असल काम जर्मनी के ड्यूसबर्ग शहर आने के बाद हुआ।

ग्रीक पुराणों में दानवों **(टाइटन्स)** का उल्लेख है। एटलस भी एक दानव था। भारतीय पुराणों की तरह ही ग्रीक कथाओं में भी देव-दानवों के युद्ध प्रसंग हैं। तो एटलस एक बार देवताओं से हार गया और बतौर सज़ा उसे आकाश अपने कंधों पर उठाना पड़ा। क़िस्सा आगे तब बढ़ता है जब एक पुराणकालीन हीरो–**हरक्यूलिस**, जिसमें हर तरह के नायकोचित गुण थे–को अचानक सुनहरे सेब प्राप्त करने की इच्छा जागती है। उसे बताया जाता है कि सुनहरे सेबों की पैदावार जहाँ है वहाँ का पता तो सिर्फ़ एटलस ही जानता है। हरक्यूलिस एटलस के पास जाता है जहाँ वह कंधे पर आकाश उठाए सज़ा भुगत रहा होता है।

एटलस सेब लाने को तैयार हो जाता है मगर उसकी परेशानी है कि आकाश को उठाए वह यहाँ-वहाँ कैसे जाए? उसकी बात को वाजिब मानकर हरक्यूलिस उसका बोझ अपने कंधे पर ले लेता है। एटलस जब सेब लेकर आता है तो दूर से ही हरक्यूलिस को देखता है, जिसकी इतनी सी देर में ही आसमान के बोझ से हालत पतली हो गई है। पसीने के धारे बह रहे हैं, हाँफनी चल रही है (अपने हिन्दुस्तान में तो बच्चे ही आसमान सर पर उठा लेते हैं और उन्हें नहीं, दुनिया को पसीने छूटते हैं)। वह सोचता

है कि अब फिर ये बोझ उठाना होगा, सो क्यों न सुनहरे सेब हरक्यूलिस को थमाकर पतली गली से निकल लिया जाए!

उधर हरक्यूलिस उसके दिल की बात भाँप लेता है सो एटलस से कहता है कि भैया, एक मिनट के लिए इसे पकड़ना, ज़रा कंधे के नीचे कुछ गद्दा-चुमली लगा लूँ। एटलस फिर से अपने कंधे पर आसमान थाम लेता है। अपनी बेवकूफ़ी से ख़ुद बुलाई बला के टलते ही हरक्यूलिस ने तो वहाँ से दौड़ लगाने में ही भलाई समझी और एटलस को मूर्खता दिखाने यानी दोबारा बोझ उठाने का फल यह मिला कि वक़्त के साथ वह पहाड़ में बदल गया जिसे आज मोरक्को के एटलस पर्वत के नाम से जाना जाता है।

अर्जुन और जरीना...फिर अर्जेंटीना!

[शब्द संदर्भ : अर्जुन, रजत, जरीना, अर्जेंटीना, ज़री, ज़रदोज़ी, ज़र, ज़रख़रीद, ज़र्दी, ज़र्द, ज़र्दा]

महाभारत के प्रसिद्ध पात्र **अर्जुन** और दक्षिण अमेरिकी देश **अर्जेंटीना** में भला क्या संबंध हो सकता है? कहाँ अर्जुन पाँच हज़ार साल पहले के द्वापर युग का महान योद्धा और कहाँ अर्जेंटीना जिसकी खोज सिर्फ़ पाँच सौ वर्ष पहले कोलंबस ने की। दोनों में कोई रिश्ता या समानता नज़र नहीं आती। पर ऐसा नहीं है। दोनों में बड़ा गहरा रिश्ता है जिसमें **रजत** यानी चाँदी की चमक नज़र आती है। भारतीय-यूरोपीय भाषा-परिवार का रजत शब्द से गहरा नाता है। इस परिवार की सबसे महत्त्वपूर्ण भाषा संस्कृत में चाँदी के लिए **रजत** शब्द है। प्राचीन ईरानी यानी अवेस्ता में इसे **अर्जत** कहा गया है।

ग़ौरतलब है कि चाँदी एक सफ़ेद, धवल चमकदार धातु है। इस परिवार की यूरोपीय भाषाओं में जो शब्द हैं उनका मतलब भी सफ़ेद और चमकीला ही है। यूरोपीय भाषाओं में इसके लिए जो मूल शब्द है वह है **अर्ज**। ग्रीक में इसके लिए **अर्जोस**, **अर्जुरोस** और **अर्जुरोन** जैसे शब्द हैं जिनका मतलब सफ़ेद या चाँदी होता है। संस्कृत में अर्जुन का अर्थ भी यही है—सफ़ेद, चमकीला, उज्ज्वल। **अर्जुन** को महाभारत में यह नाम अपने पवित्र और उज्ज्वल कर्मों के लिए दिया गया। इसी तरह लैटिन में **अर्जेंटम** लफ़्ज़ है जिसका सीधा मतलब चाँदी या रजत ही होता है। इसी से अंग्रेज़ी में बना **अर्जेंट** जिसका अर्थ होता है **रजत**। पंद्रहवीं सदी के आसपास दक्षिण अमेरिका में जब चाँदी की खोज शुरू हुई तो एक विशाल क्षेत्र को नए राष्ट्र के रूप में पहचान मिली। नामकरण हुआ **अर्जेंटीना**।

अब बात **ज़री** की। हिन्दी-उर्दू में प्रचलित लफ़्ज़ ज़री के मायने होते हैं सोना अथवा सोने का मुलम्मा चढ़ा हुआ धागा या तार। इसीलिए पुराने ज़माने में रईसों के लिए जरी से कपड़े बुने जाते थे। इससे सिले हुए वस्त्र उत्सवों-आयोजनों की पहचान थे क्योंकि ये क़ीमती होते थे। **ज़री** शब्द बना है फ़ारसी के **ज़र** से जिसका अर्थ है धन-दौलत-सम्पत्ति अथवा स्वर्ण, कांचन या सोना। **ज़रख़रीद** इसी कड़ी में आता है जिसका अर्थ होता है धन देकर ख़रीदा हुआ। प्राचीन इंडो-यूरोपीय भाषा-परिवार का

एक शब्द है **अर्ज** यानी चमक और सफ़ेदी। इसी तरह संस्कृत में भी एक धातु है **अर्ज्** जिसका मतलब भी चमकीला, श्वेत आदि है। इसी से बना है **अर्जुन**। ग़ौरतलब है कि श्वेत और चमकीलापन, पवित्रता का प्रतीक भी हैं इसीलिए अर्जुन को यह नाम मिला। इससे मिलते-जुलते मायनों वाले कई शब्द न सिर्फ़ हिन्दी समेत अन्य भारतीय भाषाओं में बल्कि यूरोपीय भाषाओं में भी प्रचलित हैं। ये सभी शब्द अर्ज् से ही बने हैं। संस्कृत हिन्दी में चाँदी को **रजत** ही कहते हैं। अवेस्ता में यह **अर्जता** के रूप में है तो फ़ारसी में ज़र बनकर विद्यमान है। ग्रीक में यह **अर्जुरोस** के रूप में प्रचलित है। चाँदी के लिए रासायनिक नाम AG इसी से बना है।

ज़र यानी फ़ारसी में धन-सम्पत्ति। ख़ास बात ये कि अर्ज में निहित चमक और कांति वाले भावों ने इसे जहाँ संस्कृत में चाँदी का अर्थ प्रदान किया वहीं फ़ारसी में सोने के मायने दिए। बाद में इसे सर्वाधिक मूल्यवान धातु के तौर पर धन का पर्याय ही मान लिया गया। ज़र से बने कई शब्दों से हम बख़ूबी परिचित हैं, मसलन–**ज़रीना** यानी सुनहरी, **ज़रख़रीद** यानी जिसे मूल्य देकर ख़रीदा गया हो, (ज़ाहिर है यहाँ ज़र का मतलब मुद्रा से ही है) **ज़रदोज़ी** यानी ज़री का काम। यही नहीं, पीले रंग के लिए फ़ारसी-उर्दू में **ज़र्द** शब्द है। ज़ाहिर है यह भी सोने के पीले रंग की बदौलत ही बना है। इससे ही अंडे के भीतर के पीले पदार्थ के लिए **ज़र्दी** शब्द चला। तम्बाकू के लिए **ज़र्दा** शब्द भी इसी ज़र की देन है। मज़ेदार बात यह कि फ़ारसी में चाहे अर्ज् से बने **ज़र** के मायने सोना है मगर चाँदी के लिए वहाँ भी इसी का सहारा लेकर एक शब्द बनाया गया है–**ज़रे-सफ़ेद** यानी सफ़ेद सोना। इसे श्वेत-सम्पदा के रूप में भी देखा जा सकता है।

संस्कृति-पर्व-रीति

अनशन का पराक्रम

[शब्द संदर्भ : अनशन, अनशनकारी]

आपाधापी के इस दौर में समाज का एक अनिवार्य चेहरा धरना, हड़ताल और प्रदर्शनों में भी नज़र आता है। शायद ही कोई दिन ऐसा जाता हो जब हमें अपने आसपास इन शब्दों की मौजूदगी नज़र न आती हो। व्यवस्था के ख़िलाफ़ विरोध प्रकट करने के ये आम तरीक़े हैं। इन्हीं गतिविधियो के बीच एक और शब्द ख़ूब सुनने को मिलता है वह है अनशन या आमरण अनशन। ज़्यादातर लोग इसे भूख हड़ताल के रूप में भी जानते हैं। **अनशन** शब्द का मूल अर्थ है उपवास अर्थात अन्न-जल का त्याग। प्राचीनकाल में पापफलों को कम करने के विभिन्न साधनों, जैसे–पश्चात्ताप, तप, जप, होम, दान, तीर्थयात्रा में से ही एक साधन अनशन या उपवास (उपावास) भी था। कालांतर में **अनशन** शब्द का धार्मिक महत्त्व लुप्त हो गया और इस शब्द ने राजनीतिक चोला पहन लिया।

अनशन शब्द बना है **अन + अशनम्** से। अन् उपसर्ग का प्रयोग रहित के अर्थ में होता है। संस्कृत धातु **अश्** से बना है **अशनम्** शब्द जिसका मतलब होता है खाना, स्वाद लेना, उपभोग करना, खिलाना आदि। इसका एक अन्य अर्थ है व्याप्ति, पूरी तरह भरना, प्रविष्ट होना आदि। देखें तो दूसरे अर्थ में भी उदरपूर्ति का भाव ही है। ज़ाहिर है उदरपूर्ति भोजन ग्रहण करने से ही होती है। तो इस तरह **अश्** धातु से बने **अशनम्** का अर्थ भी हुआ भोजन करना। इसमें **अन्** उपसर्ग लगने से बना **अनशनम्** जिसका मतलब सीधे-सीधे अन्न-जल का त्याग हुआ। पुराने ज़माने में अनशन शरीर को व्याधियों से मुक्त रखने और अंतःकरण की शुद्धि की विधि थी अनशन। डॉ. पांडुरंग वामन काणे के मुताबिक़ प्राचीनकाल में पापफलों को कम करने के विभिन्न साधनों, जैसे–पश्चात्ताप, तप, जप, होम, दान, तीर्थयात्रा में से ही एक साधन **अनशन** या उपवास भी था। कालांतर में **अनशन** शब्द का धार्मिक महत्त्व लुप्त हो गया और इस शब्द ने राजनीतिक चोला पहन लिया। अनशन का सर्वाधिक प्रयोग महात्मा गांधी ने किया और उसके बाद तो अनशन के रूप में आंदोलनकारियों को एक ऐसा हथियार मिल गया जिसके ज़रिए वे व्यवस्था को झुकाकर अक्सर अपनी माँगें मनवाने लगे। इसी के चलते अनशन से एक और नया शब्द चल पड़ा अनशनकारी। आंदोलनकारियों को भी भूख हड़ताल की बजाय अनशन करना ज़्यादा सुहाता है क्योंकि निराहार रहने के लिए इसके साथ आमरण शब्द जोड़ना पड़ता है जबकि भूख हड़ताल की घोषणा

की नहीं कि आफ़त गले पड़ी नहीं। सिर्फ़ अनशन में कोई दिक्क़त नहीं। यह धारावाहिक की तरह इसके एक दिवसीय एपिसोड चलते रहते हैं।

आख़िर ये नौबत तो आनी ही थी!

[शब्द संदर्भ : नौबत, नौबतख़ाना, नक्क़ारख़ाना]

उर्दू-फ़ारसी का **नौबत** शब्द हिन्दी में भी सर्वाधिक इस्तेमाल होने वाले शब्दों में शामिल है। **नौबत आना, नौबत पहुँचना,** या **नौबत बजना** जैसे मुहावरे ख़ूब प्रचलित हैं। **नौबत** का सीधा-सीधा मतलब है घड़ी, अवसर, बारी, दशा इत्यादि।

नौबत वैसे अरबी ज़बान का शब्द है जिसका मूल रूप है **नौबा** या **नौबः** (नौबाह)। इसका मतलब होता है ईश्वर की आराधना (बारंबार), धार्मिक कर्तव्यों का पालन करना आदि। इस रूप में समय का बोध कराने के नियत समय पर **नक्क़ारा** बजाया जाता था जिसे **नौबत** कहा जाने लगा। आमतौर पर यह परंपरा ईश्वरआराधना के लिए सावधान करने के लिए थी मगर ऐसा लगता है कि राज्यसत्ता ने बाद में इसे अपना लिया। फिर समाज के प्रभावशाली व्यक्ति अपने घर के दरवाज़े पर किसी भी क़िस्म की सूचना करने के लिए नौबत बजवाने लगे और बजाने वाला **नौबती** या **नौबतची** कहलाने लगा। नौबतची का एक मतलब पहरेदार भी हो गया। इस क़िस्म के उल्लेख इतिहास, साहित्य में ख़ूब मिलते हैं।

इन भावों का अर्थ-विस्तार हुआ और भक्ति संगीत के अर्थ में भी **नौबः** शब्द प्रचलित हो गया। इस्लामी दौर में **नौबः** विशुद्ध शास्त्रीय संगीत के अर्थ में ढल गया और दरबारी मनोरंजन के तौर पर इसे लिया जाने लगा। बादशाहों के दौर में नक्क़ारख़ाना जहाँ मुनादी करने की जगह थी वहीं नौबतख़ाना संगीतशाला थी। यूँ **नक्क़ारख़ाना** और **नौबतख़ाना** एक ही जगह होते थे और प्रायः यह जगह राजभवन या महल के मुख्यद्वार के पास ही होती थी ताकि यहाँ की आवाज़ें महल और आम जनता दोनों को सुनाई पड़ें। नक्क़ारख़ाने में जहाँ सिर्फ़ नगाड़ा बजाया जाता वहीं नौबतखाने में नौ तरह के वाद्य बजाए जाते जिनमें शहनाई सबसे प्रमुख था। इसके अलावा नक्क़ारा, ताश, रबाब, सितार, सारंगी, दिलरुबा, तानपूरा, संतूर आदि भी थे।

नौबतख़ाना को आमतौर पर संगीतशाला कहना सही होगा जहाँ लोकरंजन वाले वाद्य यंत्र तो होते ही थे मगर युद्ध के मौक़े पर बजाए जाने वाले वाद्यों को भी रखा जाता था। भारत के रजवाड़ों में भी इस्लामी दौर में नौबतख़ानों की परंपरा शुरू हो गई और प्रायः सभी राजघरानों के भव्य प्रासादों में नौबतख़ाने बनने लगे जहाँ प्रतिदिन शहनाई की मंगलध्वनि होती थी जिसके साथ नगाड़े का घोष लोगों को दैनंदिन के कामकाज की याद दिलाने के लिए काफ़ी था। ईश्वरभक्ति से जुड़ी **नौबः** या **नौबत** की परंपरा को मनुष्य ने अपने प्रभामंडल को बढ़ाने तक सीमित कर दिया। मगर भारत में अरबी मूल की यह परंपरा फिर चल पड़ी। देश भर में राजाओं-महाराजाओं द्वारा बनवाए

जितने भी प्रसिद्ध मंदिर हैं उनके परिसर में नौबतख़ाना ज़रूर मिलेगा जहाँ पूजा-अर्चना के समय शहनाई और नगाड़ा बजाने की परंपरा आज भी है। जयपुर के पास डिग्गी क़स्बे में कल्याणजी का प्राचीन मंदिर बहुत प्रसिद्ध है। यहाँ के वार्षिक मेले में श्रद्धालु गाते हुए चलते हैं–'बाजै छे नौबत-बाजा म्हारा डिग्गीपुरी का राजा' यहाँ **नौबत** शब्द का मतलब नगाड़े और शहनाई की ध्वनि से ही है।

चटाई से सोफ़े पर बिराजी क़तार

[शब्द संदर्भ : सफ़्फ़ा, सोफ़ा]

हर घर की बैठक में सबसे ज़रूरी समझी जाने वाली चीज़ अगर कोई है तो शायद **सोफ़ा**। हिन्दी में बोला-समझा जाने वाला एक बेहद आम अंग्रेज़ी शब्द। इतना आम कि अंग्रेज़ी-हिन्दी के सबसे मशहूर शब्दकोश के रचनाकार फ़ादर कामिल बुल्के ने इसमें **सोफ़ा (sofa)** शब्द को जगह तो दी है मगर इसके अर्थ के स्थान पर देवनागरी में सिर्फ़ सोफ़ा लिखकर काम चला लिया है। ज़ाहिर है किसी वैकल्पिक शब्द को लिखने की आवश्यकता उन्होंने नहीं समझी। जबकि ज्ञानमंडल हिन्दी शब्दकोश में इसका अर्थ बताया गया है–गद्‌देदार पुश्त और बिस्तरे वाला आसन जिस पर बैठा या लेटा जा सके। हिन्दी में बेशक सोफ़ा लफ़्ज़ अंग्रेज़ी से आया मगर अंग्रेज़ी में भी ये विदेशी ज़बान से गया। स्पेनिश भाषा से अंग्रेज़ी में गए सोफा लफ़्ज़ की स्पेन में आमद अरबी से हुई। मोटे अंदाज़ के मुताबिक़ क़रीब डेढ़ हज़ार साल पहले जब अरब आक्रमणकारियों ने भूमध्यसागरीय इलाक़े में धावे मारने शुरू किए और सन् 700 से 1200 ईसवी के दरम्यान स्पेन पर कब्ज़ा जमा लिया तब अरबों के साथ ही यूरोप में एक नए एशियाई मूल के शब्द ने प्रवेश किया।

सोफ़ा शब्द अरबी ज़बान के **सूफ़ा** (suffa) या **सफ़्फ़ा** (saffa) लफ़्ज़ से बना है जिसका मतलब होता है पंक्ति या मनुष्यों की क़तार। इसका एक और मतलब भी है जिसके मायने होते हैं लंबी चटाई। मगर इसे ये अर्थ मिला हिब्रू भाषा के **सिप्पा** (sippa) से। मूल रूप से ये शब्द आया आरमेइक ज़बान (सीरिया, इराक़ आदि क्षेत्रों की पुरानी भाषा) के **सिप्पेटा** से। ज़ाहिर है पुराने ज़माने से ही मेहमाननवाज़ी का महत्त्वपूर्ण तरीक़ा आगंतुक को चटाई या दरी पर बैठाना होता था। धीरे धीरे मेज़बान की हैसियत और मेहमान के ओहदे के मुताबिक़ आतिथ्य के तौर-तरीक़े, बैठक की व्यवस्थाओं में बदलाव आया और सिप्पेटा नाम की लंबी चटाई ने डेढ़ फीट ऊँचे एक ऐसे आरामदेह आसन ने ले ली जिसे सारी दुनिया अब सोफ़ा कहती है।

चारों खाने चित्त

[शब्द संदर्भ : चित्त, चित, क्षिप्त, संक्षिप्त, प्रक्षिप्त, संक्षेपीकरण, संक्षेप, आक्षेप]

पूरी तरह परास्त करने या होने के अर्थ में हिन्दी में एक कहावत बड़ी मशहूर है–**चारों खाने चित्त**। यहाँ जो चित्त शब्द आ रहा है उसका संबंध **चित भी मेरी पट भी मेरी** के

चित या **चित्त** से क़तई नहीं है। हालाँकि **चित-पट** में भी सिक्के के गिरने का ही भाव है और चारों खाने चित्त में भी यही भाव है। चारों खाने चित्त मूलतः अखाड़ेबाज़ी का शब्द है जिसमें एक पहलवान दूसरे को परास्त करने के लिए ऐसा दाँव लगाता है कि दूसरा ज़मीन पर पेट या पीठ के बल बिछ जाता है। लगभग साष्टांग मुद्रा में या उसके उलट। बस, यही है चित्त होना। अब जो चित्त हो गया सो उसकी तो हेठी हो ही जाती है सो, जो चित्त हुआ वह छोटा यानी कमज़ोर और जिसने चित्त किया वो बड़ा यानी ताक़तवर।

चित्त बना है संस्कृत के **क्षिप्त** से जिसका मतलब होता है फेंका हुआ, बिखेरा हुआ, उछाला हुआ या लेटा हुआ। **क्षिप्त से चित्त** की यात्रा कुछ यूँ रही है–क्षिप्त > खिप्त > छिप्त > छित्त > चित्त। यह **क्षिप्त** बना है संस्कृत धातु **क्षिप्** से जिसमें फेंकना, डालना, अपमान करना, प्रहार करना, दूर करना आदि हैं। ग़ौर करें इसके फेंकने के अर्थ पर। किसी वस्तु या जीव को उठाकर फेंकने पर उसकी अवस्था क्या होगी? उसे धराशायी ही कहेंगे न! अब ग़ौर करें कि कई वस्तुओं या अधिक मात्रा में कुछ फेंका जाने पर क्या होता है? ज़ाहिर है वह वस्तु फैल जाती है, बिखर जाती है। इसके लिए हिन्दी में एक आमफ़हम शब्द है **छितरना** या **छितराना** यानी **स्कैटर्ड**। यह शब्द भी इसी धातु मूल यानी **क्षिप्** से उपजा है। अब छितराई हुई, फैली हुई चीज़ों को समेटने की क्रिया के लिए हिन्दी में एक शब्द है **संक्षिप्त**। यह इसी मूल से बना शब्द है। **सम + क्षिप्त = संक्षिप्त**, अर्थात जिसे समेटा गया हो। एक अन्य शब्द है संक्षेप यानी छोटा। यह भी इसका ही संबंधी है। **संक्षिप्तीकरण, संक्षेपीकरण** और **संक्षेपण** भी इससे ही बने अन्य शब्द हैं जिनमें छोटा करने का भाव है। किसी व्यक्ति के बारे में कई तरह की बातें फैलाना जिसमें दुष्प्रचार शामिल है, आक्षेप कहलाता है। इसे अक्सर आरोप की तरह ही इस्तेमाल किया जाता है। यह इसी शब्द-शृंखला से ताल्लुक़ रखता है। अब साफ़ है कि क्षिप् में निहित फेंकने के भाव का अर्थ-विस्तार पटखनी खाकर चित्त होते हुए छोटा होने तक जा पहुँचा है।

चित भी मेरी, पट भी मेरी

[शब्द संदर्भ : चित-पट, चित, पट, चित्र, सपाट, पट्ट, पटखनी, धोबीपाट, पत्ता, पटकी, पटकना]

हिन्दी में आमतौर पर मनमानी करने, अपनी ही चलाते रहने या हर तरफ़ से लाभ उठाने की सोचने वाले के लिए एक कहावत है–**चित भी मेरी पट भी मेरी**। यह कहावत बनी है **चित-पट** से। अंग्रेज़ी में इसे **हेड्स टेल्स** भी कहते हैं। जब कभी कोई बात तय करनी होती है तो आमतौर पर सिक्के को उछालकर देखा जाता है कि वह किस तरफ़ गिरता है। इसमे एक तरफ़ का हिस्सा **चित** कहलाता है और दूसरी ओर का **पट**। आज भी दो समूहों में खेले जाने वाले खेल में पहले पारी की शुरुआत इसी ढंग से होती है। इसे टॉस करना भी कहा जाता है। अब अगर कोई व्यक्ति सिक्के के दोनों पहलुओं पर अपनी ही बात पर अड़े तो उसे मनमानी ही कहेंगे न? इसीलिए

चित भी मेरी, पट भी मेरी जैसी कहावत का जन्म हुआ। लेकिन कभी-कभी सिक्का किसी भी पहलू पर गिरने की बजाय खड़ा ही रह जाता है! इस स्थिति में अनुभवी लोगों ने लगभग तानाशाह क़िस्म के लोगों के लिए कहावत में कुछ जोड़ दिया है चित भी मेरी, पट भी मेरी, खड़ा मेरे बाप का! है न मज़ेदार!

बहरहाल, देखते हैं कि क्या है चित-पट के मायने। चित या चित्त (मन या अन्तःकरण वाला चित्त नहीं) बना है संस्कृत के चित्र से जिसका अर्थ होता है उज्ज्वल, स्पष्ट, धब्बेदार, तस्वीर, छवि आदि। चित्र का अर्थ आकाश भी होता है क्योंकि इसमें भी बादलों के धब्बे या आकृतियाँ नज़र आती हैं। इस चित्र का चित-पट कहावत में अर्थ स्पष्ट है। चित-पट सिक्के से ही किया जाता है। ग़ौर करें कि प्राचीनकाल से ही सिक्के राज्यसत्ता द्वारा ही चलाए जाते रहे हैं और हर सत्ताधीश सिक्कों पर अपनी तस्वीर ढालने के मोह से बच नहीं पाया है। सिक्के के जिस पहलू में शासक का चित्र अंकित रहता है उसके लिए ही चित शब्द प्रचलित हुआ और दूसरा हिस्सा पट कहलाया।

पट यानी सिक्के का वह पहलू जो सपाट हो या चित्रविहीन हो। यह पट बना है संस्कृत की **पत्** धातु से। पत् यानी गिरना, नीचे आना, फेंकना आदि। इससे ही बना है हिन्दी का पड़ना अर्थात गिरना शब्द। **पत्** का अपभ्रंश रूप ही हुआ पट। ग़ौर करें कि इस पट का संस्कृत के ही पट्ट यानी वस्त्र से कोई लेना-देना नहीं है। पत् से ही हिन्दी का पत्ता (जो वृक्ष से गिरता है) **पतित, पतन-अधोपतन** जैसे शब्द बने हैं। कुश्ती में काम आने वाले **पटखनी** या **धोबीपाट** जैसे शब्द भी इस **पत्** या **पट** की देन हैं। मगर पटखनी वाले अर्थ में जो चित्त शब्द है उसका इस चित (चित्र) से कोई लेना-देना नहीं है। **सपाट, पटकी, पटकना** आदि शब्द भी इसी मूल से जन्मे हैं। कुल मिलाकर पट सिक्के का वह पहलू है जो पूरी तरह से **सपाट** होता है। तो इस तरह सामने आए सिक्के के दोनों पहलू **चित** और **पट** और उससे बनी अर्थगर्भित कहावत चित भी मेरी, पट भी मेरी!

चौमासे में चौकन्ना चौकीदार (चौक-1)

[शब्द संदर्भ : चौमासा, चौकीदार, चौकी, चौका, चातुर्मास, चौगान, चतुर, चातुर्वर्ण्य, चौका-बासन]

इस शीर्षक में प्रयुक्त तीनों शब्दों में अर्थसाम्य चाहे न हो मगर वर्णसाम्य है। तीनों शब्दों में **चौ** वर्ण समान रूप से आया है। ज़ाहिर है इनका उद्गम एक है और इनमें रिश्तेदारी भी है। इन सभी शब्दों के मूल में संस्कृत शब्द चतुर् है। चतुर् का अर्थ है चार की संख्या। इसी से बना है चतुष्क, जिसका मतलब है चार कोनों वाला, चार का समूह या चौकोर वस्तु। **चतुष्क** से चौकी का विकासक्रम यूँ रहा चतुष्क > चऊक्खअं > चउक्कअं > चउक्का > चउका या चौकी। हिन्दी के **चौकी, चौक, चौकोर** या **चौकोन** जैसे शब्द इसी शृंखला से बँधे हैं।

लकड़ी या पत्थर के चार पायों या कोनों वाले तख़्त या आसन को **चौकी** कहा जाता है। चार पायों वाली शय्या के लिए **चारपाई** शब्द भी प्रचलित है। पुराने ज़माने में पहरेदारी के लिए लकड़ी का एक **चौकोर** तख़्त होता था जिसे आमतौर पर **चौराहे** के बीचोबीच इसलिए रखा जाता था ताकि चारों दिशाओं में निगरानी रखी जा सके। इस तख़्त को **चौकी** की संज्ञा मिली। जो प्रहरी इन चौकियों पर खड़े होकर निगरानी का काम सँभालते उन्हें **चौकीदार** के नाम से नई पहचान मिल गई। चौकी पर कर्तव्यपालन यूँ तो निगरानी ही था मगर इसे एक नया नाम और मिल गया–**चौकसी**। अब चौकीदार का काम अगर चौकसी बरतना है तो उसमें **चौकन्नापन** तो बेहद ज़रूरी है सो **चौकन्ना** जैसा शब्द भी इसी शृंखला से जन्मा है। आमतौर पर सावधानी, निगरानी, सजग और होशियार रहने के भावार्थ वाले इन शब्दों को यह अर्थ भी इनमें निहित चार के अंक की वजह से मिला। **चौकन्ना** यानी जो चारों ओर से सावधान हो। जिसे अपने आस-पास की चीज़ों का भान हो। यही बात चौकस या चौकसी से भी जुड़ती है। चतुर् नाम की मूल धातु यहाँ अपने शब्दार्थ का स्थायी आधार प्राप्त करती है। **चतुराई** भी इसी मूल से निकला है जो चालाकी का पर्याय है।

वर्षाकाल के चार महीनों के लिए **चौमासा** शब्द का प्रयोग होता रहा है। यूँ यह शब्द बना है **चातुर्मास** से। ग्रीष्म, वर्षा और शीत ऋतुओं की अवधि चार-चार मास की होती है। इस तरह चातुर्मास शब्द दरअसल प्राचीनकाल में प्रत्येक ऋतु के आरंभ में होने वाले वैदिक यज्ञों, अनुष्ठानों और व्रत-उत्सवों के लिए प्रयोग होता था मगर बाद में सिर्फ़ वर्षाकाल के चार महीनों के लिए रूढ़ हो गया। चातुर्मास का अर्थ हुआ वर्षाकाल में होने वाले विशिष्ट धार्मिक कृत्य। साधु-संत भी आमतौर पर वर्षा-ऋतु में यात्राएँ स्थगित रखते हैं और एक ही स्थान पर विश्राम करते हैं। उनकी यह अवकाश अवधि भी चातुर्मास कहलाती है। चौमासा का एक अर्थ वर्षा ऋतु से जुड़ा काव्य भी है। **चातुर्वर्ण्य** भी इसी कड़ी में आता है।

हिन्दू परिवारों में रसोई बनाने के स्थान को भी **चौका** कहा जाता है। यह भी **चतुष्क** से ही बना है। ग़ौरतलब है कि प्राचीनकाल से ही भारतीय संस्कृति में पाक कर्म एक बेहद पवित्र कार्य माना जाता रहा है और इसी के चलते भोजन बनाने के स्थान को बहुत ज़्यादा महत्त्व दिया गया है। चूँकि भारतीय समाज में ईश्वर को भोग लगाए बिना भोजन ग्रहण न करने की प्रथा रही है इसलिए स्वाभाविक है कि पाकशाला में भोजन दरअसल बनता ही ईश्वर के लिए है, मनुष्य तो सिर्फ़ उसका प्रसाद पाता है। ऐसे उच्च चिंतन वाले समाज में स्वच्छता और पवित्रता के भाव चलते भोज्य सामग्री को पकाने का काम सतह से कुछ ऊँचे आसन या चबूतरे पर किया जाता था, इसीलिए इस स्थान के लिए चौका शब्द प्रचलित हो गया। पाक-कर्म के लिए चौका-बासन एक आम शब्द है अर्थात भोजन निर्माण की सम्पूर्ण तैयारी। बासन शब्द बना है वास् से जिसमें गंध और बसने का भाव शामिल है। यूँ बासन शब्द का अर्थ बर्तन होता है।

चौथवसूली और करवाचौथ (चौक-2)

[शब्द संदर्भ : चौथ, चतुर्थ, चौथवसूली, चौथाई]

हिन्दी के चार शब्द के मूल में है **चत्** धातु जिससे बने चर्तु अथवा चत्वारः जैसे शब्दों से बना है चार। इसी तरह चौथ शब्द के मूल में है चतुर्थ या चतुर्थी। क्रम कुछ यूँ रहा– चतुर्थ > चउत्थो > चउथ > चौथ। चतुर्थी पूर्णिमा से चौथे दिन की तिथि होती है। साल भर में क़रीब पच्चीस ऐसे व्रत होते हैं जो चतुर्थी यानी चौथ के दिन पड़ते हैं। गणेश चतुर्थी और करक चतुर्थी ऐसे ही प्रमुख पर्व हैं। करक चतुर्थी को करवाचौथ के नाम से ज़्यादा पहचाना जाता है। इस व्रत-पर्व का विधान सिर्फ़ महिलाओं के लिए है।

चतुर्थ या **चतुर्थी** से बने हुए और भी रूप प्रचलित हैं, जैसे–**चौथवसूली, चौथाई** और **चौथा** जैसे शब्द। भारत में **चौथवसूली** एक बहुत आम मुहावरा है जिसका मतलब मौजूदा दौर में रंगदारी, जबरिया वसूली आदि है। **चौथ** शब्द से अभिप्राय चौथे हिस्से से है। दरअसल **चौथ** एक विशेष कर या टैक्स का नाम था जो मराठा साम्राज्य में वसूला जाता था। सत्रहवीं सदी में छत्रपति शिवाजी ने अपने अधीन और पड़ोसी राज्यों से इस कर की वसूली शुरू की थी जिसके तहत कुल लगान का चौथा हिस्सा मराठा साम्राज्य के ख़ज़ाने में जाता था। इसे ही **चौथ** कहा जाता था। सत्रहवीं-अठारहवीं सदी में जब मराठों का सूर्य समूचे भारत में चमक रहा था, मराठों ने राजस्व बढ़ाने के लिए कुछ नए कर लगाए और व्यवस्थित रूप से उस पर अमल कराया। शिवाजी इस वसूली के ज़रिए पड़ोसी राज्यों को सुरक्षा का भरोसा दिलाते थे। मुस्लिम साम्राज्य के ख़िलाफ़ स्वराज्य के संघर्ष में होने वाले ख़र्च की पूर्ति के लिए वे इस चौथ वसूली को जायज़ मानते थे। स्वाधीनता के संघर्ष से जुड़े **चौथवसूली** जैसे शब्द की आज इतनी अवनति हो गई है कि व्यवहारतः इस क़िस्म के किसी टैक्स का कोई अस्तित्व चाहे अब न हो मगर जबरिया वसूली जैसे मुहावरे में **चौथवसूली** का अस्तित्व अब भी है।

चत् या चतुर् शब्द की महिमा अरबी-फ़ारसी में भी नज़र आती है। पोलो एक प्रसिद्ध खेल है जिसे घोड़ों पर बैठकर खेला जाता है, इसे फ़ारसी में **चौगान** कहते हैं। इसे यह नाम चौकोर आकृति के मैदान में खेले जाने की वजह से ही मिला। फ़ारसी का **चबूतरा** भी रूप बदलकर **चौतरा** हो जाता है और बरास्ता उर्दू के साथ-साथ हिन्दी में भी अपनी जड़ें जमा लेता है।

छुपाए नहीं छुपते, इश्क़ और मुश्क

[शब्द संदर्भ : मश्क, मस्क]

कहावत है कि इश्क़ और मुश्क छुपाए नहीं छुपते। इश्क़ का मतलब सभी जानते हैं और मुश्क यानी एक ख़ास तेज़ लुभावनी सुगंध जो दुर्लभ प्रजाति के हिमालयी हिरण

के शरीर की एक ग्रंथि में होती है। संस्कृत में इसे **कस्तूरी** कहते हैं। इसी से इसका नाम भी **कस्तूरी मृग** पड़ा। यह ग्रंथि इसकी नाभि के अंदर छुपी होती है और जहाँ जहाँ से मृग गुजरता है इस गंध को पीछे छोड़ता जाता है। संस्कृत में **कस्तूरी** के लिए **मुष्कः** शब्द भी है। यह बना है मूल धातु **मुष्** से जिसका मतलब है चुराना, मुग्ध करना, लुभाना, पीछे छोड़ देना, आगे बढ़ जाना। इस गंध की अनुभूति इतनी तीव्र होती है कि ख़ुद मृग इस बात से अनजान है कि इसका स्रोत वह स्वयं है, जंगल भर में इसकी तलाश करता फिरता है। जीव और ब्रह्म के दार्शनिक रिश्ते को स्पष्ट करने के लिए सूफ़ी सोच वाले कवियों ने इस दृष्टांत का ख़ूब उपयोग किया है। एक जगह कबीर कहते हैं–

कस्तूरी कुंडल बसै, मृग ढूँढ़ै वन माहिं।
ऐसे घटि-घटि राम है, दुनियाँ देखे नाहिं॥

ज़ाहिर है ये तमाम अर्थ मुष्कः के यानी कस्तूरी गंध की विशेषताओं की ओर इंगित करते हैं। ग़ौरतलब है कि हिरण की ग्रंथि का स्राव होने से **मुष्कः** चिपचिपे और काले रंग के पदार्थ के रूप में मिलता है। कस्तूरी केवल नर मृग में ही होती है और इसे पाने के लिए ही उसका शिकार होता रहा है और यह सुंदर प्राणी दुर्लभ श्रेणी में आ गया है। अब यह कश्मीर, हिमाचल प्रदेश, उत्तरांचल एवं सिक्किम के कुछ क्षेत्रों तक ही सीमित रह गया है। इन क्षेत्रों में यह क़रीब चार हज़ार मीटर की ऊँचाई पर पाया जाता है। इसकी नाभि में कस्तूरी नामक एक ग्रन्थि होती है जिसमें भरा हुआ गाढ़ा तरल पदार्थ अत्यन्त सुगन्धित होता है। यही पदार्थ **मुश्क** है।

ख़ास बात ये कि संस्कृत से ही यह शब्द फ़ारसी और फिर अरबी में गया। फ़ारसी ने इसके संस्कृत रूप को ज्यों-का-त्यों **मुश्क** के रूप में अपना लिया। इसी तरह अरबी में भी इससे मिलता-जुलता रूप **मिश्क** मिलता है। फ़ारसी में मुश्क से ढेर सारे शब्द बन गए, जैसे–**मुश्कीं** यानी मुश्क जैसा स्याह और सुगंधित, **मुश्करंग** माने काले रंग का और **मुश्कअफ्शाँ** यानी सुगंध बिखेरने वाला। संस्कृत से फ़ारसी और अरबी में होते हुए मुश्क सबसे पहले ग्रीक में **मस्खस** बनकर दाख़िल हुआ। ग्रीक से इसने मस्क के रूप में फ्रेंच भाषा में प्रवेश किया और फिर लैटिन में **मस्कस** का रूप लेते हुए अंग्रेज़ी में भी **मस्क** के रूप में दाख़िल हुआ।

यजमान तो डूबा है जश्न में... (जश्न-1)

[शब्द संदर्भ : जश्न, यश्न, यजमान, जिज़मान, जज़मान, जज़मानी]

एक ही मूल से उत्पन्न होते हुए भी कई बार दो शब्दों का अर्थ ठीक उसी तरह अलग-अलग होता है जैसे दो जुड़वाँ इनसानों का रूप-रंग एक होते हुए भी स्वभाव एकदम अलग हो। हिन्दी-उर्दू में एक शब्द है **जश्न या जशन**। इसका अर्थ है–उत्सव, समारोह या जलसा। अपने मूल रूप में तो यह शब्द फ़ारसी का है। पुरानी फ़ारसी

यानी अवेस्ता में यह यश्न रूप में मौजूद है। संस्कृत का यज्ञ ही फ़ारसी का **यश्न** है। दरअसल भारतीय आर्यों और ईरानियों का उद्‌गम आर्यों के एक ही कुटुम्ब से हुआ जिसकी बाद में दो शाखाएँ हो गईं। ग़ौरतलब है कि प्राचीन ईरानी या फ़ारसवासी अग्निपूजक थे। पारसी आज भी अग्निपूजा करते हैं।

पारसी शब्द भी अग्निपूजकों के एक समूह के फ़ारस से पलायन कर भारत आ जाने के कारण चलन में आया। यज्ञ की परंपरा भारतीय और ईरानी दोनों ही आर्य शाखाओं में थी। फ़ारसी और हिन्दी भी एक ही भाषा-परिवार से संबंधित हैं। फ़ारसी का प्राचीन रूप अवेस्ता में जिसे **यश्न** कहा गया है और हिन्दी के प्राचीन रूप संस्कृत में जो यज्ञ के रूप में विद्यमान है। उत्तर-पश्चिमी भारत में कई लोग इसे **यजन** भी कहते हैं। यह माना जा सकता है कि ईरान में इस्लाम के आगमन के बाद यज्ञ ने अपने असली मायने खो दिए और यह केवल जलसे और उत्सव के अर्थ में प्रचलित हो गया। जबकि भारत में न सिर्फ़ यज्ञ की पवित्रता बरकरार रही बल्कि यज्ञ न करने वालों के लिए एक मौक़ा जश्न का भी आ गया।

संस्कृत और फ़ारसी के **यज्ञ/यश्न** शब्द की मूल धातु है **यज्** जिसका मतलब होता है अनुष्ठान, पूजा अथवा आहुति देना। ये सभी शब्द कहीं-न-कहीं समूह की उपस्थिति, उत्सव-परंपरा के पालन अथवा सामूहिक कर्म का बोध भी कराते हैं। ज़ाहिर है ये सारे भाव जश्न में शामिल हैं, जो अंततः यज्ञ के फ़ारसी अर्थ में रूढ़ हो गए। इससे ही बन गया **यजमानः** जिसके हिन्दी में **जजमान, जिजमान, जजमानी** वग़ैरह जैसे कई रूप प्रचलित हैं। यजमान के सही मायने हैं जो नियमित यज्ञ करे। वह व्यक्ति जो **यज्ञ** के निमित्त पुरोहितों को चुनता है और व्यय वहन करता है। दानकर्म आदि करता है। इसी तरह यज्ञकर्मी ब्राह्मण के शिष्य को भी **यजमान** कहा जाता है। समाज के धनी, कुलीन, आतिथेयी अथवा प्रमुख पुरुष को भी यजमान कहने का चलन उत्तर भारत में रहा है। चार वेदों में प्रमुख **यजुर्वेद** को यह नाम भी **यज्** धातु के चलते ही मिला है क्योंकि ज्ञान का यह भंडार यज्ञ संबंधी पवित्र पाठों का संग्रह है। इसकी दो प्रमुख शाखाएँ हैं कृष्णयजुर्वेद और शुक्लयजुर्वेद।

जनेऊ में जश्न का आनंद-उल्लास (जश्न-2)

[शब्द संदर्भ : उपनयन, उपवीत, जनेऊ, यज्ञोपवीत]

जनेऊ एक संस्कार है जो हिन्दुओं में होता है। आमतौर पर माना जाता रहा है कि सिर्फ़ ब्राह्मण ही जनेऊ के अधिकारी हैं। धर्मग्रंथों में उल्लेख है कि वर्णव्यवस्था के तहत प्रथम तीन वर्ण जनेऊ धारण कर सकते हैं। आर्यसमाज ने इसके ख़िलाफ़ आंदोलन चलाया था। उनका मानना था कि चारों वर्ण इस संस्कार के अधिकारी हैं।

जनेऊ शब्द बना है **यज्ञोपवीत** से। एक मान्यता के मुताबिक़ इस शब्द के मायने हुए यज्ञ के दौरान शरीर पर धारण किया हुआ वस्त्र। यह वस्त्र मृगचर्म अथवा कपास का

हो सकता था। माना जाना चाहिए कि यज्ञ की अग्नि के ताप से बचने के लिए यह व्यवस्था रही होगी मगर बाद में इस वस्त्र का रिश्ता यज्ञ करने के अधिकार और रुतबे से जुड़ गया।

यज्ञोपवीत की व्युत्पत्ति को अगर देखें तो इसके उपरोक्त भाव में आंशिक फ़र्क़ नज़र आता है। यह बना है **यज्ञ + उपवीत** से। इसका प्राकृत रूप हुआ **जण्णोवअं** जिसने हिन्दी में **जनेऊ** रूप धारण किया। संस्कृत के **उपवीत** का शब्दार्थ है उपनयन संस्कार जो हिन्दुओं के प्रथम तीन वर्णों के लिए मान्य है। यह शब्द बना है **वे** धातु से जिसमें बुनना, गूँथना, बनाना जैसे भाव शामिल हैं। ज़ाहिर है कि ये सीधे-सीधे वस्त्र से न जुड़ते हुए **सूत्र** यानी धागे से ज़्यादा जुड़ते हैं और **जनेऊ** इसे ही कहते हैं। हिन्दू धर्मकोश के मुताबिक़ ब्राह्मण के लिए कपास, क्षत्रिय के लिए अलसी और वैश्य के लिए ऊन का जनेऊ होना चाहिए। यज्ञ के अर्थ में देखें तो प्रायः हिन्दुओं के सभी धार्मिक संस्कारों में अग्निपूजा जुड़ी हुई है जिसमें हवन अनिवार्य है। इस रूप में ग़ौर करें कि यज्ञोपवीत जब अपने प्राचीन रूप से आगे बढ़कर द्विजों के प्रमुख उपनयन संस्कार का पर्याय बन गया तो इसकी महत्ता लगातार बढ़ती चली गई। कालांतर में अन्य वर्णों में भी यह होने लगा। मूलतः जनेऊ भी सामूहिक उपस्थिति वाला प्रमुख हिन्दू संस्कार बन गया। आज के दौर में चाहे जनेऊ पहनना कोई पसंद न करे मगर इसके ज़रिए होने वाले उत्सवी आनंद यानी जश्न से कोई वंचित नहीं रहना चाहता इसलिए ज़्यादातर हिन्दू परिवारों में विवाह योग्य पुरुषों का इस रस्म से गुज़रना अनिवार्य माना जाता है। ब्राह्मणों में तो ख़ासतौर पर।

गुरु के पास जाना ही उपनयन (जश्न-3)

[शब्द संदर्भ : उपनयन]

जनेऊ या **यज्ञोपवीत** संस्कार के लिए ही एक अन्य प्रचलित शब्द है **उपनयन** संस्कार। वास्तव में यह हिन्दुओं के सभी संस्कारों में सबसे महत्त्वपूर्ण माना जाता है। **उपनयन** का अर्थ है ले जाना, निकट लाना, खोजना, काम पर लगाना वग़ैरह। उपनयन बना है **नी** धातु में **उप** उपसर्ग के प्रयोग से। इस तरह जो शब्द बना वह था **उपनयः** जिसका मतलब हुआ उपलब्धि, खोज, काम पर लगाना, वेदाध्ययन करना, दीक्षा देना आदि। यह **नी** धातु वही है जिससे **नेता, नेतृत्व, नेत्री, नयन, न्याय, अभिनय** आदि अनेक शब्द बने हैं जिनमें ले जाना अथवा नेतृत्व के भाव शामिल हैं।

ग़ौर करें कि **उपनयन** के संदर्भ में जो बार-बार ले जाना, जाना, काम पर लगाना जैसे भाव सामने आ रहे हैं तो उसका वास्तविक अभिप्राय क्या है? धर्मग्रंथों में इस शब्द का संदर्भ मूलतः विद्यारंभ से जोड़ा गया है। डॉ. पांडुरंग वामन काणे के 'धर्मशास्त्र का इतिहास' के मुताबिक़ इसे दो प्रकार से समझाया जा सकता है–(1) बच्चे को आचार्य के सन्निकट ले जाना, (2) वह संस्कार या कृत्य जिसके ज़रिए बच्चा आचार्य

के पास ले जाया जाए। इस संदर्भ में ग़ौरतलब है कि पहला अर्थ आरंभिक अवस्था का है मगर जब इसे विस्तारपूर्वक किया जाने लगा तो दूसरा अर्थ ही प्रमुख हो गया। इस संस्कार के बाद ही बालक या बटुक **द्विज** अर्थात जिसका दो बार जन्म हुआ हो, कहलाता है। प्राचीनकाल में इसके पीछे भाव यह था कि बच्चे का भौतिक जन्म तो उसके माता-पिता से होता है परंतु सामाजिक रूप से प्रतिष्ठा हासिल करने के लिए आवश्यक बौद्धिक क्षमताओं और नैतिक बल उसे विद्याध्ययन से मिलता है जो गुरुकुल में आचार्य प्रदान करते हैं। अतः यह माना गया कि बच्चे को दूसरा जन्म उसके गुरु प्रदान करते हैं। इसलिए **द्विज** शब्द चलन में आया। उपनयन के लिए आदर्श उम्र पाँच वर्ष व अधिकतम आयु पच्चीस वर्ष निर्धारित है। यह संस्कार अब भी समाज में प्रमुखता से होता है मगर अब इसका संबंध विद्यारंभ से बिल्कुल नहीं जोड़ा जाता। यह सिर्फ़ एक पारिवारिक, धार्मिक संस्कार भर रह गया है जो उत्सव यानी जश्न का निमित्त बनता है।

प्रत्यंचा से छूटे तीर-सा हो लक्ष्यवेध (जश्न-4)

[शब्द संदर्भ : मुंज, नवजोत]

यज्ञ अर्थात अग्निपूजा संस्कार से उद्‌भूत **यज्ञोपवीत** और उपनयन संस्कारों के बारे में सफ़र के पिछले अध्यायों में चर्चा हुई। इस कड़ी में जानते हैं इसी संस्कार के एक अन्य नाम **मुंज** और **नवजोत** के बारे में। हिन्दू संस्कारों में उपनयन, मुंज या यज्ञोपवीत विद्यारंभ संस्कार से जुड़ा है। इसके तहत पुराने ज़माने से ही बटुक को गायत्री उपदेश दिया जाता है। मराठीभाषी समाज में उपनयन या यज्ञोपवीत संस्कार इन नामों से भी जाना जाता है मगर इसका सर्वाधिक प्रचलित नाम है **मुंज**। मुंज यानी एक ख़ास तरह की घास की करधनी जिसे मेखला की तरह बटुक की कमर में बाँधा जाता है। मुंज बना है संस्कृत के **मौंज** से जिससे ही हिन्दी में बना मुंज शब्द जिससे रस्सी बुनी जाती है। जनेऊ, उपनयन या यज्ञोपवीत के वक़्त इसे पहनना सबके लिए अनिवार्य कहा गया है चाहे वह ब्राह्मण हो या वैश्य। मुंज का वैज्ञानिक नाम SACCHARUM MUNJA है और यह गन्ने का दूर का वैज्ञानिक रिश्तेदार है। **मुंज** के अलावा **मूर्वा** नामक एक वृक्षलता का भी उल्लेख है जिससे मेखला बनाई जाती थी। ग़ौरतलब है इस लता का सर्वाधिक व्यावहारिक उपयोग प्राचीनकाल में धनुष की प्रत्यंचा बनाने में किया जाता था। धनुष की प्रत्यंचा से तानकर छोड़ा गया तीर जिस तरह सीधे लक्ष्य को वेधता है वैसे ही गुरु की दीक्षा रूपी कमान से निकलकर शिष्य भी जीवन लक्ष्यों को प्राप्त कर ही लेता है। शायद यही प्रतीक रहा होगा मूंज या मुर्वा की मेखला या करधनी बनाने के पीछे।

दिलचस्प बात यह कि अग्निपूजा से जुड़े इस प्रमुख संस्कार का संबंध प्राचीन ईरानियों अर्थात जोरास्ट्रियन (जरदुश्तवादियों) से भी है। उनके यहाँ भी ऐसी ही

क्रिया होती थी जिसे अब **नवजोत** कहा जाता है। नवजोत पारसियों अथवा जरदुश्तवादियों की एक परम पवित्र रस्म होती है जिसे अग्नि की उपस्थिति में किया जाता है। दरअसल यह जनेऊ क्रिया ही है। इस रस्म के बिना **पारसी** कुल में जन्मा कोई भी व्यक्ति **पारसी** नहीं कहला सकता। **नवजोत** का मतलब भी यही है **नव** यानी नया और **जोत** यानी पूजा, भक्ति। इस तरह **नवजोत** का अर्थ हुआ नया भक्त। अर्थात पंथ का नया सेवक। इसके बिना पारसी धर्म में प्रवेश नहीं माना जाता। इसके अंतर्गत **सदरः** नाम का एक विशेष अंगवस्त्रम् और **कश्ती** नाम का एक धागा जो जनेऊ जैसा ही होता है, आजीवन धारण करना अनिवार्य होता है। ब्राह्मणों में भी जब तक बच्चे का जनेऊ नहीं हो जाता, उसे ब्राह्मण नहीं समझा जाता है। भारतीय पारसियों के अलावा नवजोत रस्म **नौजूद** के नाम से आज भी ईरानी जरदुश्तवादियों में प्रचलित है। नौजूद और नवजोत की समानता ग़ौरतलब है। इनका मूल अवेस्ता ही है जो संस्कृत की बहन है।

जादू वो जो सर चढ़कर बोले

[शब्द संदर्भ : यातुधान, यात्री, जादू, जातुधान]

कहावत है कि जादू वो जो सिर चढ़कर बोले। सफ़र की पिछली किसी कड़ी में मग (या मगध) गण के मग पुरोहितों का उल्लेख हो चुका है। ये पुरोहित शताब्दियों पहले भारत के पूर्वी क्षेत्रों से फ़ारस जाते रहे। फ़ारस में तब मुस्लिम नहीं बल्कि अग्निपूजक जरदुश्तवादी रहते थे। मग पुरोहित अग्नि आराधना में पारंगत थे। ईरान गए इन पुरोहितों का उल्लेख ग्रीक लेखकों ने पश्चिम में तंत्र-मंत्र के ज्ञाता के तौर पर किया और इन्हें **मागिकोस** कहा जिससे बाद में जादू से संबंधित **मैजिक** शब्द भी बन गया। संस्कृत के **माया** अथवा **मायावी** शब्द की उत्पत्ति भी **मग** से ही मानी जाती है।

बहरहाल ज़रा देखा जाए कि हिन्दी में प्रचलित **जादू** शब्द का आधार क्या है। **जादू** यूँ तो फ़ारसी का है और उर्दू-हिन्दी में एक समान प्रचलित है। मूलरूप से यहाँ संस्कृत के यातु शब्द से बना है जिसका मतलब होता है यात्री, बटोही, हवा या भूत-प्रेत, पिशाच अथवा राक्षस। इसके लिए **यातुधान** शब्द भी कहा जाता है। पूर्वी भारत में कहीं-कहीं **जातुधान** शब्द भी चलन में है। दरअसल तंत्र-मंत्र करने वालों के लिए ही ये शब्द चलन में आए और चमत्कार के अर्थ में समाज में लोकप्रिय हो गए। अवेस्ता में यह शब्द यातु के रूप में ही है मगर फ़ारसी में इसने **जादू** का रूप ले लिया और **जादू करदन** जैसा मुहावरा भी बन गया जो हिन्दी में **जादू करना** के रूप में विद्यमान है। संस्कृत में जहाँ यातु का अर्थ व्यापक है वहीं फ़ारसी में **यातु, जादू** बनकर चमत्कार के अर्थ में सीमित हो गया। फ़ारसी में जादू का मतलब है जादू-टोना, धोखा, छल, मनभावन या मनमोहक। इंद्रजाल फैलाना, वशीभूत करना, बस में करना वग़ैरह के लिए फ़ारसी में जादू करदन जैसा शब्द मिलता है। जादू के अन्य प्रयोगों में

जादू सुख़न जैसा शब्द भी बना जो ऐसे कवि या लेखक के लिए कहा जाता है जिसके पास अद्भुत कला-कौशल हो।

जुए का अड्डा या कुश्ती का अखाड़ा!

[शब्द संदर्भ : अक्षवाट, वाटः, बाट, वाटिका, अखाड़ा, बाड़ा, बागड़]

अखाड़ा शब्द का हिन्दी में व्यापक अर्थों में प्रयोग होता है और मुहावरे के तौर पर भी इसकी अलग पहचान बन चुकी है। अखाड़ा यूँ तो कुश्ती से जुड़ा हुआ शब्द है मगर जहाँ भी दाँव-पेच की गुंजाइश होती है वहाँ इसका प्रयोग भी होता है। अखाड़ा चाहे कुश्ती से जुड़ा हो मगर इसके जन्म के साथ एक अन्य खेल का रिश्ता जुड़ा है जिसे जुआ कहा जाता है। प्राचीनकाल में भी आज के दौर की भाँति ही जुए को सामाजिक तौर पर बुरा तो माना जाता था मगर उस पर पूरी तरह रोक नहीं थी। तब भी इसे राजस्व प्राप्ति का बड़ा ज़रिया माना जाता था।

आज की ही तरह प्राचीनकाल में भी शासन की तरफ़ से एक निर्धारित स्थान पर जुआ खिलाने का प्रबंध रहता था जिसे अक्षवाटः कहते थे। अक्षवाटः बना है दो शब्दों **अक्ष + वाटः** से मिलकर। **अक्षः** के कई अर्थ हैं जिनमें एक अर्थ है चौसर या चौपड़, अथवा उसके पासे। वाटः का अर्थ होता है घिरा हुआ स्थान। यह बना है संस्कृत धातु **वट्** से जिसके तहत घेरना, गोलाकार करना आदि भाव आते हैं। इससे ही बना है उद्यान के अर्थ में वाटिका जैसा शब्द। चौपड़ या चौरस जगह के लिए बने वाड़ा जैसे शब्द के पीछे भी यही वट् धातु झाँक रही है। **वाड़ा** या **बाड़ा** शब्दों से स्थानवाची कई शब्द बने हैं, जैसे—**महाराजवाड़ा, राजवाड़ा, विजयवाड़ा, देलवाड़ा, शनिवार वाड़ा, सय्यदवाड़ा** आदि। इसी तरह **वाटः** का एक रूप **बाड़ा** भी हुआ जिसका अर्थ भी घिरा हुआ स्थान है। आमतौर पर मवेशियों को बाँधकर रखने की जगह को भी **बाड़ा** कहा जाता है। रेलिंग से बनाई गई चौहद्दी को भी बाड़ कहते हैं। वर्ण-विस्तार से कही-कहीं इसे बागड़ भी बोला जाता है। इस तरह देखा जाए तो **अक्षवाटः** का अर्थ हुआ जहाँ पर पासों का खेल खेला जाए। ज़ाहिर है कि पासों से खेला जाने वाला खेल जुआ ही है सो अक्षवाटः का अर्थ हुआ द्यूतगृह अर्थात जुआघर।

प्राचीनकाल में जुआ मनोरंजन की चौंसठ कलाओं में एक था और इसे देखने के लिए भी लोग इकट्ठा होते थे। अखाड़ा शब्द कुछ यूँ बना—अक्षवाटः > अक्खाडअ > अक्खाडा > अखाड़ा। द्यूतगृह जब अखाड़ा कहलाने लगा और खेल के दाँव-पेच से ज़्यादा महत्त्व हार-जीत का हो गया तो नियम भी बदलने लगे। अब दाँव पर रक़म ही नहीं, कुछ भी लगाया जाने लगा। महाभारत का द्यूत-प्रसंग सबको पता है। इसी तरह अखाड़े में वे सब शारीरिक क्रियाएँ भी आ गईं जिन्हें क्रीड़ा की संज्ञा दी जा सकती थी और जिन पर दाँव लगाया जा सकता था। ज़ाहिर है प्रभावशाली लोगों

के बीच आन-बान की नक़ली लड़ाई के लिए कुश्ती इनमें सबसे ख़ास शगल था, सो धीरे-धीरे कुश्ती का बाड़ा अखाड़ा कहलाने लगा और जुआघर को अखाड़ा कहने का चलन ख़त्म हो गया। अब तो व्यायामशाला को भी अखाड़ा कहते हैं और साधु-संन्यासियों के मठ या रुकने के स्थान को भी अखाड़ा कहा जाता है। कहाँ जुआ खेलने की जगह और कहाँ साधु-संन्यासियों की संगत!

वैसे **अक्षः** का एक अर्थ क़ानूनी कार्यवाही भी होता है। ज़ाहिर सी बात है जहाँ क़ानूनी दाँव-पेच होंगे वह जगह अखाड़ा तो बन ही जाएगा। यूँ भी अदालत को अंग्रेज़ी में **कोर्ट** ही कहते हैं जिसका मतलब घिरा हुआ स्थान ही है। खेलों के संदर्भ में भी कोर्ट शब्द का प्रयोग होता है, जैसे--**टेनिस कोर्ट**। आज के दौर में हर उस जगह को भी अखाड़ा कहा जाता है जहाँ लोगों का जमघट हो, दाँव-पेच लड़ाए जाते हों। अड्डे के अर्थ में भी अखाड़ा शब्द का इस्तेमाल होता है। राजनीतिक शब्दावली में भी **अखाड़ा** शब्द की ख़ासी पैठ हो चुकी है और नेताओं की पैतरेबाजियाँ, चुनावी लड़ाई के संदर्भ में इस शब्द का ख़ूब प्रयोग होता है। अखाड़ा शब्द के साथ फ़ारसी का **बाज़ी** या **बाज़** प्रत्यय लगने से **अखाड़ेबाज़ी, अखाड़ेबाज़** सा शब्द भी बन गया।

डाकिए की पुकार और डाक की रफ़्तार

[शब्द संदर्भ : डाक, डाकिया, डाकख़ाना, डाकबँगला, डाकघर, पायक, डाकगाड़ी]

डाक आमफ़हम हिन्दोस्तानी ज़बान का एक ऐसा लफ़्ज़ है जिसके साथ समाज के हर वर्ग की भावनाएँ जुड़ी हुई हैं। डाक एक संवाद है अपनों से जो दूर बसे हैं। सुख-दुख के संवाद का ज़रिया। डाक यानी चिट्ठी-पत्री, पोस्ट। कहाँ से आया ये लफ़्ज़? दरअसल यह शब्द संचार माध्यम की अत्यंत प्राचीन सरकारी व्यवस्था से भी जुड़ा हुआ है। चिट्ठी-पत्री यानी **डाक** शब्द के साथ जो बात सबसे महत्त्वपूर्ण है वह है इसे पाने की भी जल्दी रहती है और भेजने की भी। एक शायर लिखते हैं--आती है बात मुझे याद बार-बार / कहता हूँ दौड़-दौड़ के क़ासिद से राह में। और दूसरी तरफ़--दे भी जवाबे-ख़त कि न दे, क्या ख़बर मुझे / क्यों अपने साथ ले न गया, नामाबर मुझे। मतलब यही कि शीघ्रता का जो भाव डाक के साथ जुड़ा है उसी में है इसके जन्म का मूल भी।

संस्कृत का एक शब्द है **द्रा** जिसके मायने हैं दौड़ना, शीघ्रता करना, उड़ना आदि। इसी से बना है द्राक् जिसका मतलब होता है जल्दी से, शीघ्रता से, तुरन्त, तत्काल, उसी समय वग़ैरह-वग़ैरह। इसे ही **डाक** का उद्गम माना गया है। ग़ौर करें कि प्राचीनकाल की संचार प्रणाली में तो अच्छे धावकों को ही संदेशवाहक का काम सौंपा जाता था। ये रिले धावकों की तरह निरंतर एक स्थान से दूसरे स्थान तक संदेश पहुँचाने तक भागते रहते थे। थोड़ी-थोड़ी दूरी पर इन्हें बदल दिया जाता था। ये

प्रणाली बड़ी कारगर थी और दुनिया के हर हिस्से में यही तरीक़ा था संदेश पहुँचाने का। अंग्रेज़ी शासन व्यवस्था में यह शब्द ख़ूब इस्तेमाल हुआ है। इसका रिश्ता जहाज़ के ठहरने के स्थान से भी जोड़ा जाता है जिसे **डाक** कहते हैं। लंदन से राजशाही के कामकाज की चिट्ठियाँ भारतीय गवर्नर के नाम जहाज़ों से ही आती थीं। **डाक** शब्द बना है पोस्ट जर्मनिक के डोको से जिसका मतलब बंडल भी होता है। भारत के लंबे-चौडे शासनतंत्र को सुचारु रूप से चलाने में अंग्रेज़ों की चाक-चौबंद डाक प्रणाली का बड़ा योगदान रहा। **डाकखाना, डाकबँगला, डाकिया, डाकघर** जैसे शब्द यही ज़ाहिर करते हैं। पुराने ज़माने के धावकों की जगह कालांतर में घुड़सवार संदेशवाहकों ने ले ली। अंग्रेज़ों ने बाक़ायदा इसके लिए घोड़ागाड़ियाँ चलवाईं जिन्हें **डाकगाड़ी** कहा जाता था। आज इन्हीं डाकगाड़ियों की जगह लालरंग की मोटरों ने ले ली है जिन्हें डाक विभाग चलाता है।

कुछ लोगों का ख़याल है कि पोस्ट ऑफिस का अनुवाद डाकघर गुरुदेव रवींद्रनाथ ठाकुर का किया हुआ है। इस संदर्भ में उनकी प्रसिद्ध कविता का उद्धरण दिया जाता है–'जोदि तोमार डाक शुने केऊ ना आशे तोबे एकला चालो, एकला चालो, एकला चालो रे...।' यहाँ डाक का सपाट अर्थ 'पुकार' है और **डाकघर, डाकिया** आदि शब्द इसी से व्युत्पन्न हैं। डाकिए या संदेशवाहक के लिए संस्कृत और पुरानी हिंदी का शब्द **पायक** है, जिसका **द्रा** धातु से कोई संबंध नहीं। बेशक, गुरुदेव वाला बांग्ला वाला संदर्भ सही हो सकता है। डाक के 'पुकार' अर्थ में अगर डाकिए को देखें तो यह बात नज़र भी आती है। संदेश-संवाद लाने के बाद उसे हाँक लगाकर सुनाने या संदेश पाने वाले का नाम पुकारने वाले के तौर पर **डाक** से **डाकिया** शब्द चल पड़ा होगा। मगर बांग्ला डाक की व्युत्पत्ति क्या हो सकती है? पोस्ट ऑफिस के अर्थ में डाकघर अनुवाद गुरुदेव रवीन्द्रनाथ ठाकुर का किया हुआ माना जा सकता है मगर **डाक** में खाना लगाकर उर्दू का जो **डाकखाना** बना वह चलन कब का है? गुरूदेव द्वारा पोस्ट आफिस को डाकघर नाम देने से दशकों पहले से **डाक** शब्द अंग्रेज़ी राज में दाख़िल हो चुका था। ज़ाहिर है कि डाकख़ाना भी डाकघर से पहले बन चुका होगा। एक और बात है। बांग्ला के **डाक** (पुकार) शब्द में कहीं भी संवाद या संदेश जैसा अर्थ ध्वनित नहीं हो रहा है।

ख़ासतौर पर चिट्ठी-पत्री या दस्तावेज़ी संदेश जैसी बात तो क़तई नहीं। यही बात **द्राक्** के बारे में भी कही जा सकती है। मगर संदेश पहुँचाने की प्रणाली के संदर्भ में **द्राक** का रिश्ता जुड़ता हुआ लग रहा है। रही बात **पायक** की सो संस्कृत में इसका रूप **पायिकः** है जो हिन्दी में **पायक** हो गया। संस्कृत में संदेशवाहक नहीं बल्कि पैदल सिपाही के तौर पर इसका अर्थ बताया गया है (आप्टे कोश) और ज्ञानमंडल हिन्दी कोश में भी इसका अर्थ पैदल सिपाही, सेवक या दूत बताया गया है। संदेशवाहक की प्रकृति पर अगर ध्यान दें तो पायक की व्युत्पत्ति चाहे **द्रा** से न जुड़ती हो मगर प्रकृति एक ही है। पायक पैदल चलने वाला है और **द्रा** या **द्राक्** में

शीघ्रता है। दोनों में ही गति तो है। दस्तावेज़ी संदेश के अर्थ में पुकार वाले भाव का डाक से रिश्ता थोड़ा पीछे जुड़ता हुआ लगता है बनिस्बत **द्राक्** या पायक में निहित गति या शीघ्रता वाले भाव के। आप्टे कोश में एक और भी शब्द है–**ढौक्** जिसका अर्थ है जाना, पहुँचाना, निकट लाना या प्रस्तुत करना। ये तमाम भाव भी डाक में निहित संदेश वाले अर्थ से जुड़ते हैं, न कि पुकार वाले अर्थ से। अर्थसाम्य और ध्वनिसाम्य व्युत्पत्ति तलाशने वालों के प्रिय उपकरण रहे हैं और यहाँ ये दोनों ही काम दे रहे हैं।

ढोल की पोल, नगाड़े की क्यों नहीं?

[शब्द संदर्भ : ढोल, नगाड़ा, नक्क़ारा, नक्क़ारख़ाना, धौंसा, दमामा]

एक कहावत है **ढोल की पोल** खुलना जिसका मतलब है खोखलापन या कमज़ोरी उजागर होना। यह कहावत इसलिए बनी क्योंकि ढोल दिखता तो ख़ूब बड़ा है मगर अंदर कुछ नहीं होता, सिर्फ़ पोल होती है। **ढोल** का ही एक प्रकार **नगाड़ा** भी है। नगाड़ा भी उतना ही खोखला होता है जितना कि ढोल मगर कहावत में कभी नगाड़े की पोल नहीं खुली, उलटे नगाड़े ने ही कई लोगों की सरेआम पोल खोली है। जानते हैं कैसे!

नगाड़ा शब्द दरअसल फ़ारसी-उर्दू के रास्ते हिन्दी में दाख़िल हुआ। हिन्दी में इसका एक रूप **नगारा** भी है। इस शब्द का शुद्ध रूप है **नक्कारः** जिसका उर्दू में उच्चारण नक्क़ारा हुआ और हिन्दी रूप हो गया नगाड़ा या नगारा। नक्क़ारः मूल रूप से अरबी भाषा का शब्द है जिसका मतलब है धौसा, भेरी, दुंदुभि आदि। भारतीय भाषाओं में यह शब्द इस्लामी दौर में दाख़िल हुआ। अरबी में एक धातु है **नक्र** जिसके मायने है किसी चीज़ को पीटना, ठोकना आदि। नगाड़ा या ढोल एक ऐसा वाद्य है जो चमड़े के पर्दे से ढका रहता है और इस चमड़े के पर्दे पर लकड़ी की दो छोटी छड़ों से प्रहार किया जाता है जिससे भीषण ध्वनि पैदा होती है। इस तरह नक्र से बने **नक्कारः** का नाम सार्थक हो रहा है।

नक्क़ारा दरअसल संदेश प्रणाली से जुड़ा हुआ शब्द है। दरअसल शासन की महत्त्वपूर्ण घोषणाएँ आम जनता तक पहुँच सकें। इसके लिए **नक्क़ारची** जैसा एक कारिंदा होता था जो सरे बाज़ार नगाड़ा पीटते हुए किसी सरकारी फ़रमान की मुनादी करता था। इसी तरह सेनाएँ जब कूच करतीं तो भी नगाड़े बजाए जाते थे ताकि सबको ख़बर हो सके। मुग़लों के दरबार में एक **नक्क़ारख़ाना** होता था जिसमें अहम सरकारी फ़ैसले सुनाए जाते थे। फ़ैसलों की तरफ़ ध्यान आकर्षित करने के लिए ज़ोर-ज़ोर से नक्क़ारे बजाए जाते ताकि सबका ध्यान उस ओर लग जाए। ऐसी मुनादियों में लोगों को सजाएँ देने से लेकर घर की कुर्की कराने जैसी बातें भी आम होती थीं।

नगाड़े का एक अन्य नाम है **दमामः**। दरअसल विशाल नक्क़ारा या धौंसा को ही दमामः कहते हैं जिसे उर्दू-हिन्दी में दमामा कहा जाता है। यह बना है फ़ारसी के **दमाँ** से जिसका मतलब होता है क्रोध में चिंघाड़ना, दहाड़ना, तेज़ आवाज़ करना आदि। बाढ़ और तीव्र प्रवाह वाली ध्वनियों के लिए भी यह शब्द प्रयोग में लाया जाता है। संस्कृत की **डम्** धातु से दमाँ की समानता ग़ौरतलब है जिसका मतलब भी ध्वनि करना ही है। दमादम भी इसी मूल का शब्द है जिसका मतलब लगातार, मुसलसल है। 'दमादम मस्त क़लंदर' से तो सभी परिचित हैं। सिखों का पवित्रतम स्थान दमदमी टकसाल भी इससे ही जुड़ा है। कबीर ने भी कई जगह ब्रह्मनाद के लिए अनहद बाजा या गगन दमामा शब्द का प्रयोग किया है। शिवजी का प्रिय वाद्य **डमरू** इससे ही बना है। डमरू के आकार को अगर देखें तो इसमें दो बेहद छोटे नक्क़ारे एक-दूसरे की पीठ से जुडे नज़र आते हैं और लकड़ी की शलाकाओं की जगह चमड़े पर आघात का काम सूत की गठान लगी दो लड़ियाँ करती हैं। **डमरू** की आवाज़ को **डमडम** और इस क्रिया को **डुगडुगी** कहते हैं।

तूती तो बोलेगी, नक्क़ारख़ाने में नहीं

[शब्द संदर्भ : तूत, तूती, शहतूत, तोता, तोताचश्मी]

बादशाहों के दौर में हर क़िले महल में नक्क़ारख़ाना होता था जहाँ महत्त्वपूर्ण शाही मुनादियाँ की जाती थीं। मुनादी से पहले ज़ोर-ज़ोर से नक्क़ारा बजता था उसके बाद एक कारिंदा मुनादी पढ़ देता था। उसके बाद अगली घोषणा का नंबर आता था। अगर नक्क़ारख़ाने की कार्यप्रणाली पर ग़ौर करें तो अपने आप **नक्क़ारख़ाने में तूती** जैसी कहावत का अर्थ भी समझ में आ जाएगा। पहले देखें कि इस कहावत का क्या मतलब है। ताक़तवर के आगे किसी कमज़ोर की न सुनी जाना ही इस कहावत का भाव है। सवाल है। नक्क़ारख़ाने के बड़े-बड़े कर्कश नगाड़े तो ताक़त का प्रतीक समझे जा सकते हैं, मगर ये तूती क्या है?

तूती एक छोटी-सी चिड़िया को कहते हैं जो बेहद मीठी, महीन आवाज़ में कूकती है और बहुत बुद्धिमान समझी जाती है। तूती की आवाज़ में जो मिठास और माधुर्य है इसी वजह से अमीर खुसरो को **तूती-ए-हिन्द** कहा जाता था। जलालुद्दीन खिलजी के दरबार में ही अमीर खुसरो को यह उपाधि मिली थी। नक्क़ारख़ाने में तूती की आवाज़ के मायने हुए जहाँ कमज़ोर की न सुनी जाए, या साधारण व्यक्ति की महत्त्वपूर्ण बात को जानकारों के द्वारा नज़रअंदाज़ कर देना। ज़ाहिर है **तूती** एक प्रतीक है। एक अन्य कहावत है तूती बोलना यानी प्रभावशाली होना। नक्क़ारख़ाने वाले मुहावरे में जहाँ तूती कमज़ोर मगर अक़्लमंद की उपेक्षा के अर्थ में नज़र आ रही है वहीं **तूती बोलना** वाले मुहावरे में तूती ताक़त और प्रभाव का प्रतीक दिख रही है। दरअसल तूती को अक़्लमंद इसलिए कहा जाता है क्योंकि इसे जो भी सिखाया

जाए, यह सीख जाती है। मनुष्य की आवाज़ की नक़ल भी यह कर सकती है। पुराने ज़माने में लोग तूती पालते थे, उन्हें बहुत सी बातें सिखाते थे। दरबारों में तूती बुलवाने के शगल होते थे। जिसकी तूती जितनी समझदार उतनी होशियारी से सिखाई बातें बोलतीं। अब तूती बोलेगी तो बुलवाने वाले का ही तो नाम होगा न! बस, यही बात मुहावरे में ढल गई।

इस समझदार चिड़िया के **तूती** नामकरण के पीछे एक ख़ास वृक्ष है। फ़ारसी में इस वृक्ष का नाम है **शहतूत**। हिन्दी में भी यह इसी नाम से जाना जाता है। मूलतः यह तूत होता है मगर इसकी एक क़िस्म को विशिष्ट मानते हुए उसे **'शाह'तूत** नाम मिला। तूत भी अरबी से ही आया है। शाहतूत हिन्दी में भी शहतूत के नाम से जाना जाता है। शहतूत का फल बड़ा रसीला और मीठा होता है। इसी वृक्ष पर पलने वाली चिड़िया का नाम तूती हो गया। ग़ौर करें की जो जो ख़ासियत तूती में है वही सारी **तोते** में भी है। **तोता** भी इसी तूत की उपज है। तोता भी बुद्धिमान और चालाक समझा जाता है। इसी ख़ूबी के चलते **तोता रटंत** और हाथों से तोते उड़ना या **तोताचश्मी** जैसे मुहावरे भी प्रचलित हुए।

दादरा पर दाद ज़रूरी है हुज़ूर!

[शब्द संदर्भ : दाद, दादरा, ददरिया, दान, देना, लेन-देन, देनदारी]

हिन्दुस्तानी संगीत के तीन मुख्य स्वरूप हैं लोक संगीत, शास्त्रीय संगीत और उपशास्त्रीय संगीत। उपशास्त्रीय संगीत की ही ठुमरी, टप्पा के अलावा एक ख़ास शैली है **दादरा**। संगीत की दुनिया में **दादरा** एक ताल भी है और गायन शैली भी। अन्य शैलियों के गायन की तरह दादरा को भी ख़ूब दाद मिलती है। सवाल है ये दादरा शब्द आया कहाँ से? क्या है इसके मायने?

पहले बात **दादरा ताल** की। यह छह मात्राओं की ताल है जिसके बोल हैं—**धा-धी-ना, धा-ती-ना** जो लोग संगीत के शौकीन हैं वे जानते हैं कि ताल में घोड़े की दुलकी चाल का आनंद अगर मिलता है तो इसी **धा-धी-ना, धा-ती-ना** की बदौलत मिलता है। अब बात दादरा शैली के गायन की। दादरा गायन उत्तर भारत की प्रायः सभी संस्कृतियों में लोक शैली के रूप में भी गिना जाता है। इसे मध्य प्रदेश, छत्तीसगढ़ और झारखंड के कुछ इलाक़ों में **ददरिया** भी कहा जाता है और पहाड़ी शैली का गायन माना जाता है। उपशास्त्रीय संगीत शैली के तौर पर **दादरा** की पहचान लालित्यपूर्ण गायनशैली के तौर पर होती है। दादरा को ठुमरी जैसा ही माना जाता है और अकसर ठुमरी के साथ दादरा गाया ही जाता है। प्रसंगवश बता दें कि बुज़ुर्गों ने ठुमरी और दादरा के बारे में बड़ी दिलचस्प बात कही है। ठुमरी यानी नदी किनारे गीले वस्त्रों में खड़ी सद्यःस्नाता और दादरा यानी दर्द। सो, ठुमरी जब चलती है तो दादरा बन जाती है...! बहरहाल ये तो हुई महफ़िल की बात। अब देखें

उत्पत्ति। संस्कृत में एक शब्द है **ददः** जिसका अर्थ होता है पर्वत, पहाड़, उपत्यका आदि। इसी तरह इसका एक अन्य अर्थ भी है उपहार, दान वग़ैरह। **ददः** से ही बना **दादर** जिसका मतलब हिन्दी की कुछ लोकबोलियों में पहाड़ होता है। मूलतः इसे बटोहियों का संगीत कहना ज़्यादा आसान होगा। पहाड़ी दुर्गम रास्तों पर चलते हुए सफ़र को आसान बनाने के लिए बटोही संगीत का आश्रय लेते रहे हैं, इसी से ये शब्द चल पड़े होंगे जिन्होंने बाद में शैली का रूप ले लिया। **ददरिया** या **दादरा** जैसे शब्दों में पहाड़ी संगीत की बात यहाँ आकर साफ़ होती है। दरअसल इस गायन शैली को शास्त्रीयता के कट्टर लोगों द्वारा किसी ज़माने में चलताऊ कहा जाता था जो कहने में ग़लत था मगर यूँ चलते-चलते संगीत के अर्थ में समझें तो सही है!

संस्कृत के **ददः** से ही बना **दादः** जिसका मतलब हुआ देने वाला या **दानी**। हिन्दी की क्रिया देना रोज़ बोलचाल में इस्तेमाल होती है जिसका प्रयोग लेन-देन, देनदारी आदि शब्दों में भी नज़र आता है, इसी मूल से बनी है। ग़ौर करें कि प्रशंसा करने के अर्थ में हिन्दी-उर्दू में अक्सर एक शब्द बोला जाता है **दाद देना**। देने का भाव तो दाद में ख़ुद ही शामिल है। यह शब्द फ़ारसी का है और इसका अर्थ भी दान करना, प्रशंसा करना, बख़्शिश देना या कुछ भी देना है। यह इसी **दादः** से बना है। तो ज़ाहिर है कि दाद और दादरा में तारीफ़ और पीठ थपथपाने की रिश्तेदारी कुछ यूँ ही नहीं है। एक ही कोख से जन्मे हैं दोनों!

दीद के बहाने दिठौने का दर्शन!

[शब्द संदर्भ : दीठ, दीद, दिठौना, दृष्टि, दीदार, दीदाबाज़, दीदावर]

ज़माने की नज़र से बचाने के लिए अक्सर बच्चों को दिठौना लगाया जाता है। शृंगार रस के कवियों ने तो अच्छी-ख़ासी उम्रों वाली नायिकाओं तक को बुरी नज़र से बचाने के लिए **दिठौने** लगाए हैं। **दिठौना** एक काला टीका होता है जो चेहरे पर लगा दिया जाता है। इसी तरह मालवी, अवधी, राजस्थानी, ब्रज आदि हिन्दी की ज़्यादातर बोलियों में दीठ या दीठि शब्द भी नज़र के अर्थ में प्रचलित हैं।

अधर धरत हरि के परत, ओठ, दीठ, पट जोति।
हरित बाँस की बाँसुरी, इंद्र धनुष दुति होति॥

यह शब्द बना है संस्कृत शब्द दृष्टिः से जिसका मतलब है आँख की देखने की शक्ति अर्थात देखना, नज़र डालना, चितवन और विचार आदि। इसी शृंखला में आते हैं दृष्टिगोचर, दृष्टिपात, दृष्टिगत, दृष्टिमान और दृष्टिहीन आदि शब्द भी। ये तमाम शब्द बने हैं–संस्कृत धातु **दृश** से। दीठ या दृष्टि से संबंधित कई मुहावरे भी बने हैं जैसे नज़र लगने के लिए **दीठ लगना** भी प्रचलित है। इसी तरह **दीठ चुराना** यानी

किसी का सामना करने से बचना, दीठ गड़ाना या दीठ ज़माना यानी टकटकी लगाए ताकना वग़ैरह। दृशः से ही फ़ारसी का दीदः शब्द बना है जिसका मतलब भी आँख ही होता है। इससे ही बना दीद जो हिन्दी में दृष्टि का पर्यायवाची है। किसी श्वेत श्याम फ़िल्म का बड़ा प्यारा सा ग़ीत है–मुझे मिल गया बहाना तेरी दीद का, कैसी ख़ुशी लेके आया चाँद ईद का। **दीदः** से उपजे कई शब्द हिन्दी-उर्दू में भी आमतौर पर इस्तेमाल हो रहे हैं, मसलन–**दीदादिलेरी** अर्थात दुस्साहस या बेशर्मी, **दीदार, दीदाबाज़ी, दीदावर** (पारखी), **दीदावरी** यानी भले-बुरे की पहचान आदि। **दीदे मटकाना, दीदे नचाना, दीदे फूटना** या फोड़ना जैसे मुहावरे भी प्रचलित हैं जो प्रायः उपालम्भ के तौर पर इस्तेमाल होते हैं।

नागा यानी जुझारू और दिगंबर भी

[शब्द संदर्भ : नग्न, नागा, नंगा]

तीर्थस्थानों और विशिष्ट धार्मिक समागमों, जैसे–कुंभ आदि अवसरों पर नागा साधुओं का जमघट होता है। **नागा** दरअसल साधुओं का वह सम्प्रदाय है जो वैराग्य के उस चरम बिंदु पर पहुँच चुका है कि वस्त्र तक उसे बोझ लगते हैं, प्रपंच लगते हैं। छोड़ना, जाना आदि भावों को समेटे **व्रज्** धातु से ही संन्यासी के लिए **परिव्राजक** शब्द बना जिसमें भी सांसारिक बंधनों को त्यागने का भाव शामिल है। मगर यह संकेत सिर्फ़ गृह, संबंध और माया के त्याग तक हैं। परिव्राजक के त्याग की पराकाष्ठा नागा सम्प्रदाय में नज़र आती है जहाँ वस्त्रों तक का त्याग कर दिया जाता है। जैन पंथ का भी एक सम्प्रदाय है **दिगंबर** जैन। इस पंथ के साधु भी वस्त्र धारण नहीं करते। वे दिगंबर इसलिए कहलाते हैं क्योंकि वस्त्र के नाम पर उनके चारों ओर सिर्फ़ दिशाएँ होती हैं अर्थात दिशाएँ ही जिसका अंबर (वस्त्र) हों वही दिगंबर। ग़ौर करें कि निर्वसन अवस्था के लिए भी **दिगंबर** शब्द में अंबर यानी आवरण का संस्कार झलक रहा है। मगर नागा सम्प्रदाय इससे भी मुक्त है। नागा साधु आज गुसाँई, वैरागी, दादूपंथी आदि विशेषणों के साथ कुंभ व अन्य धार्मिक समागमों में अपने लवाज़में के साथ राजसी वैभव का प्रदर्शन करते हुए इकट्ठा होते हैं और शाही सवारियाँ निकालने की इनमें होड़ लगती है।

नागा शब्द बना है संस्कृत के **नग्न** से। नग्न यानी विवस्त्र, नंगा, वस्त्रहीन। नंगा भिक्षु। इसका एक अर्थ पाखंडी भी होता है। ज़ाहिर है कि साधुओं की पूजा-अभ्यर्थना करने वाले समाज में कुछ लोग यही सम्मान पाने के लिए ढोंग करने लगे होंगे और झूठ-मूठ के वैराग्य का प्रदर्शन करने के लिए वस्त्र त्याग कर भिक्षावृत्ति करने लगे होंगे इसीलिए नग्न का एक अर्थ पाखंडी भी हुआ। **नग्न** से बना **नग्नक** यानी दिगंबर अथवा विवस्त्र साधु। इसका प्राकृत रूप हुआ **नग्गओ** और फिर हिन्दी रूप बना नागा। नागा सम्प्रदाय के साधु स्वयं को आदि अवधूत कपिलमुनि, ऋषभदेव और दत्तात्रेय की परंपरा और आदर्शों पर चलने वाला मानते हैं। इस्लाम के आगमन के बाद

नागा साधुओं की जमात में बदलाव आया। इन्होंने ख़ुद को हथियारबंद जत्थों में संगठित किया। इनके मठ अखाड़ों में तब्दील हो गए। समय-समय पर राज्यसत्ता के साथ मिलकर और ख़िलाफ़ भी युद्ध लड़े। मराठों, निज़ाम, अवध के नवाब आदि की ओर से इन्होने लड़ाइयाँ लड़ीं।

बिनती, नमस्कार और नमाज़

[शब्द संदर्भ : नमस्कार, नमाज़, बिनती, नमामि, नमनीय नमस्कारना, विनत]

इस्लामी दुनिया में अभिवादन या विनय प्रदर्शन करने के दूसरे शिष्टाचार हैं। मगर शब्दों के सफ़र पर नज़र डालें तो इस्लामी परम्परा में भी यह नमस्कार एक दूसरे रूप में दिखाई पड़ता है। उसकी वजह है इस शब्द की इंडो-ईरानी परिवार से रिश्तेदारी।

नमस्कार बना है संस्कृत की **नम्** धातु से जिसका मतलब है झुकना, सम्मान दिखाना आदि। इससे ही बने हैं नम्र, विनम्र जैसे शब्द जिनमें विनय के साथ-साथ झुकने का भाव निहित है। झुकने आदि के लिए हिन्दी में प्रचलित **नमना** या **नवाना** (शीश नवाना) जैसे शब्द भी **नम्** धातु से ही बने हैं। **नमस्कार, नमन्, नमामि** आदि प्रार्थनामूलक, अभिवादनसूचक शब्दों का निर्माण भी **नम्** धातु से ही हुआ है। झुकने के अर्थ में ही नत् या नत शब्द भी है जो इसी मूल से निकला है। इस शृंखला में आगे आते हैं **विनत, विनती** और **बिनती** जैसे देसी शब्द जो प्रार्थना के अर्थ में ख़ूब प्रचलित हैं। प्रणत, प्रणति, प्रणिपात आदि शब्द भी इसी कड़ी में आते हैं। **नमनि, नमनीय** और यहाँ तक की **नमस्कारना** जैसे शब्द भी विभिन्न बोलियों में चलते हैं।

इस्लाम में ईश्वर प्रार्थना की प्रक्रिया **नमाज़** कहलाती है। यह पाँच बार संपन्न होती है। ग़ौर करें **नम्** में निहित झुकने के भाव पर। **नमाज़** में सिजदे के तहत झुकने या शीश नवाने की क्रिया संपन्न हो रही है। संस्कृत और पुरानी फ़ारसी यानी अवेस्ता सगी बहनें थीं। इस रूप में जिस **नम्** से संस्कृत में **नमस्** जन्मा उसी का फ़ारसी रूप हुआ **नमास** जो बाद में **नमाज़** के रूप में ढल गया। अरबी में भी यह **लफ़्ज़** फ़ारसी से ही गया है। अरबी, फ़ारसी, उर्दू और हिन्दी में आज इससे बने कई शब्द प्रचलित हैं, जैसे–नमाज़ी, निमाज़, नमाज़े-ईद, नमाज़े जनाज़ा, नमाज़गुज़ार वग़ैरह वग़ैरह।

मगध की माया और अग्निपूजा

[शब्द संदर्भ :माया, मैजिक, मगध, मग, मागी, मैजिशियन, मशीन, मायावी, मघवन]

क़रीब डेढ़ सदी पहले जब मशीनी क्रान्ति हो चुकी थी और हैरतअंगेज कामों को अंजाम दे रही थीं तब उन कामों को **माया** अथवा जादू से कम नहीं समझा जाता था। और तो और आज के दौर में भी जादूगर मायावी प्रभावों के लिए मशीनों का ही सहारा लेते हैं। इस तरह देखें तो काम के नतीजों के आधार पर **माया-मैजिक** और मशीन में

तो समानता है ही, इन तीनों शब्दों का जन्म भी पूर्ववैदिक समाज के शब्द **मघ** से हुआ है। इसका अर्थ शक्ति, बल, सामर्थ्य, किशोर अथवा युवा है। प्रोटो इंडो-यूरोपीय भाषा में इसके लिए **मघन** शब्द है जिसका अर्थ हुआ कार्यसाधक अथवा उपाय। इसी से यूनानी में मेकोस और इतालवी में **मैशिना** शब्द बने। संस्कृत में **मघवन** शब्द का अर्थ है इन्द्र। ज़ाहिर है **मघ** में निहित बल और सामर्थ्य जैसे अर्थों के चलते ही वैदिक काल में इन्द्र के लिए यह नाम भी सामने आया होगा। प्राचीन भारतीय समाज में **मग** एक प्रमुख और शक्तिशाली गण था। इस गण के लोग **मग** कहलाते थे और इसी से मगध नाम भी प्रचलित हुआ। ग़ौरतलब है कि वैदिक समाज में सूर्योपासना प्रचलित थी। प्राचीन ईरानी समाज भी अग्निपूजक ही था। ईरान में कई वर्षों तक मगध से पुरोहित अग्नि उपासना मन्त्रों और ज्योतिष ज्ञान के लिए बुलाए जाते रहे। इनकी पीढ़ियाँ वहीं बसती भी रहीं। बाद में (क़रीब नौवीं सदी में) इन्हीं लोगों से निकला एक समूह भारत लौटा और पारसी कहलाया। ग्रीक लोगों ने ईरान के इन **मग पुरोहितों** का उल्लेख **मगास** के रूप में किया है। अपनी विद्वत्ता और ज्योतिषीय भविष्यवाणियों के चलते यूरोप में इन मागियों को जादूगर के तौर पर प्रस्तुत किया गया। इसी से अंग्रेज़ी के मैजिक और मैजिशियन शब्द चलन में आए। **मघ** का ही एक रूप **मय** होता है। इसी से **माया, मायावी** जैसे कई शब्द बने। पुराणों में भी अलौकिक शक्तियों के स्वामी मय दानव का उल्लेख मिलता है। **मघवन** यानी इन्द्र के मायाजाल का भी पुराणों में ख़ूब उल्लेख है।

मसख़रे की मसख़री सिर-माथे!

[शब्द संदर्भ : मसख़रा, मस्कारा, मास्क, मुखौटा, मस्तक]

आमतौर पर हँसोड़ और परिहासप्रिय व्यक्ति को समाज में पसंद किया जाता है। ये लोग चूँकि सामान्यतः हर बात में हँसी-ठट्ठे का मौक़ा तलाश लेते हैं इसलिए ऐसे लोगों को अक्सर विदूषक या **मसख़रा** की उपाधि भी मिल जाती है। हालाँकि ये दोनों ही शब्द कलाजगत से संबंधित हैं और नाटक आदि में ठिठोलीबाज़ी और अनोखी वेशभूषा, बातचीत, हावभाव, मुखमुद्रा आदि से परिहास उत्पन्न कर दर्शकों के उल्लास में वृद्धि करने वाले कलाकार को ही मसख़रा या विदूषक कहा जाता है।

हिन्दी में मसख़रा शब्द अरबी के मस्खरः से बरास्ता फ़ारसी-उर्दू होते हुए आया। अरबी में भी मस्खरः शब्द का निर्माण मूल अरबी लफ़्ज़ **मस्ख़** से हुआ जिसका मतलब है एक क़िस्म की ख़राबी जिससे अच्छी-भली सूरत का बिगड़ जाना या विकृत हो जाना। यह तो हुई मूल अर्थ की बात। मगर यदि इससे बने **मसख़रा** शब्द की शख़्सियत पर जाएँ तो अजीबोग़रीब अंदाज़ में रंगों से पुते चेहरे और निराले नैन-नक़्शों वाले विदूषक की याद आ जाती है। हिन्दी के **मसख़रा** शब्द का अरबी रूप है **मस्खरः** जिसके मायने हैं हँसोड़, हँसी-ठट्ठे वाला, भाँड़, विदूषक या नक्क़ाल वग़ैरह। ज़ाहिर

है लोगों को हँसाने के लिए **मसख़रा** अपनी अच्छी-भली शक्ल को बिगाड़ लेता है। **मस्ख़** का यही मतलब मसख़रा शब्द को नया अर्थ देता है।

इसी नए अर्थ के साथ अरब के सौदागरों के साथ यह शब्द स्पेन और इटली में **मैस्ख़ेरा** बनकर पहुँचता है जहाँ इसका मतलब हो जाता है मुखौटा या नक़ाब। अरब से ही यह यूरोप की दीगर ज़बानों में भी शामिल हो गया और इटालियन में **मैस्ख़** और लैटिन में **मैस्का** बना। फ्रेंच में **मास्करैर** कहलाया जहाँ इसका मतलब था चेहरे को काला रँगना। अंग्रेज़ी में इसका रूप हुआ मास्क यानी मुखौटा। हिन्दी का मुखौटा बना है **मुखम + ओट = मुखौटा** से अर्थात मुख जिसकी ओट में रहे वही **मुखौटा**। मध्यकाल में मसख़रा शब्द ने मेकअप और कॉस्मेटिक की दुनिया में प्रवेश पाया और इसका रूपांतर **मस्कारा** में हो गया जिसके तहत मेकअप करते समय महिलाएँ काले रंग के आईलाईनर से अपनी भौंहों और पलकों को नुकीला और गहरा बनाती हैं।

हालाँकि सेमेटिक भाषा-परिवार की होने के बावज़ूद अरबी ज़बान में **मस्ख़** की मौजूदगी मूलभूत नहीं जान पड़ती। संस्कृत में एक धातु है **मस्** जिसका मतलब है रूप बदलना, पैमाइश करना। इससे बना है **मसनम्** जिसका मतलब है एक प्रकार की बूटी (चेहरे पर लेपन के लिए?। हिन्दी-संस्कृत के **मस्तक** या **मस्तकः** या **मस्तम्** (सिर, खोपड़ी) शब्द के मूल में भी यही **मस्** धातु है। ग़ौर करें कि मस्ख से बने मास्क को **मस्तक** पर ही लगाया जाता है। **मस्तिष्क** यानी दिमाग़ का **मस्तक** से क्या रिश्ता है, बताने की ज़रूरत नहीं। ज़ाहिर है इसके मूल में भी यही धातु है। **माथा, मत्था** जैसे देशज शब्द भी इसी की उपज हैं। आवारगी, बेचारगी, दीवानगी की तर्ज़ पर **मस्ख़रः** में **'अगी'** प्रत्यय लगने से अरबी, फ़ारसी में बनता है **मस्ख़रगी** यानी **मस्ख़रापन** या ठिठोलेबाज़ी। मगर इसके विपरीत इसमें **'शुदा'** प्रत्यय लगने से बन जाता है विकृत, रूपांतरित आदि।

मुसाफ़िर जाएगा कहाँ?

[शब्द संदर्भ : सिफ़्र, सफ़री, मुसाफ़िर सफ़र, सफ़ारी, सिफ़र, सूफ़ी]

यात्रा के लिए **सफ़र** शब्द हिन्दी में ख़ूब इस्तेमाल होता है। उर्दू-फ़ारसी के ज़रिए हिन्दी में आए सफ़र का घर तो अरबी ज़बान है मगर इसकी पैदाइश अनिश्चित है। भाषाशास्त्रियों की राय में इस शब्द का जन्म सेमिटिक मूल की धातु **सपर** से माना जाता है जिसका मतलब होता है यात्रा, प्रयाण, जाना, संदेश भेजना आदि। इसी धातु से बना अरबी भाषा का सफ़र जिसमें सिर्फ़ यात्रा, पर्यटन, देशाटन जैसे अर्थ रह गए। इसी से बना यात्री के लिए मुसाफ़िर जैसा शब्द। इसमें **हम** उपसर्ग लगने से बन गया **हमसफ़र** ठीक वैसे ही जैसे यात्री में **सह** उपसर्ग लगने से बन जाता है सहयात्री। 'यात्रा के लिए' वाले अर्थ में **ई** प्रत्यय लगने से बना **सफ़री** जैसा शब्द जैसे सफ़री झोला।

परिधानों की अगर बात करें तो एक ख़ास पोशाक याद आती है **सफ़ारी सूट**। अब यात्रा के लिए भी परिधान तो ज़रूरी होते ही हैं मगर ख़ासतौर पर एक पोशाक के साथ ही सफ़र शब्द जुड़ जाने के क्या मायने हुए? दरअसल सफ़ारी सूट बना है **सफ़ारी** शब्द से। इथोपिया जैसे देश में जब सफ़र पहुँचा तो उसका रूप हुआ **सफ़ारा** और स्वाहिली ज़बान में भी यह पहुँचा जहाँ इसका मतलब थोड़ा सिकुड़कर सिर्फ़ शिकार यात्रा तक सीमित हो गया। अफ्रीका में जब अंग्रेज़ों का उपनिवेशन हुआ तब इसी **सफ़ारा** का थोड़ा अर्थ-विस्तार हुआ और यह रोमांचक मुहिम, पर्यटन, खोज-यात्रा अथवा अभियान के अर्थ में प्रचलित हो गया और इसका रूप बदलकर अंग्रेज़ी में हो गया **सफ़ारी**। बाद में तो अभयारण्य के लिए या संरक्षित वन्यप्राणी क्षेत्र के लिए भी **सफ़ारी** शब्द सीमित हो गया। अब अंग्रेज़ लोग ठहरे साहब बहादुर! सो जब सफ़ारी पर निकलेंगे तो ख़ास पोशाक होनी भी ज़रूरी है जो हर तरह से मुफ़ीद हो। यानी उसमें ख़ूब सारी जेबें हों, ढीली-ढाली हो, जंगल की थकाने वाली यात्रा के अनुकूल हो वग़ैरह-वग़ैरह। सो ऐसी पोशाक जब ईज़ाद कर ली गई तो उसे नाम दिया गया सफ़ारी सूट। भारत में पहले तो इसे आभिजात्य वर्ग के लोगों की पोशाक माना गया और अब तो सिर्फ़ मोटे तुंदियल लोगों के लिए काफ़ी मुफ़ीद साबित हो रही है।

अब आते हैं **सफ़र** की दूसरी व्युत्पत्तियों पर। अरबी में एक शब्द है **सफ़्फा** जिसका मतलब है क़तार, पंक्ति। इसका एक अर्थ पैग़ंबर साहब के घर का आँगन या बरामदा भी है जहाँ उनसे ज्ञानचर्चा करने के लिए विद्वान जुटते थे। इसी तरह सलाह लेने आने वाले भी वहाँ क़तार लगाकर बैठते थे। इन लोगों को ही **सूफ़ी** कहा गया। क़तार या पंक्ति पर ग़ौर करें तो न सिर्फ़ लंबाई का बोध होता है बल्कि एक सीध या सरलता का भी बोध होता है। हिन्दी, उर्दू और फ़ारसी का प्रचलित शब्द **सफ़र** भी इसी कड़ी में आता है। सामान्य अर्थ में सफ़र यात्रा है मगर यूँ देखें तो सफ़र भी एक क़तार है। पहले यात्रा अथवा पर्यटन समूह में हुआ करती थी जिन्हें क़ाफ़िला कहते थे। ये क़ाफ़िले दरअसल क़तार ही होते थे। दरअसल सफ़र शुरू से ज्ञान का ज़रिया रहा है। **सूफ़ी** भी कहाँ एक जगह बैठते हैं? और अगर बैठे भी हों तो भी तो निरंतर ज्ञान की अंतर्यात्रा जारी रहती है! मुसाफ़िर जाएगा कहाँ? देशी बोलियों में भटकन के लिए मुसाफ़िरी शब्द भी प्रचलित है।

कुछ लोगों का मानना है कि सफ़र अरबी धातु **सिफ्र** से बना है जिसका मतलब होता है शून्य। अंग्रेज़ी का **सिफ़र** इससे ही बना है। दरअसल इस्लामी परंपरा में एक महीने का नाम ही होता है सफ़र। कहा जाता है कि इस्लाम से भी प्राचीनकाल में अरब लोग इस महीने में रोज़गार के लिए अपनी बस्तियों, घरों को सूना यानी ख़ाली छोड़कर यात्रा पर निकलते थे इसीलिए सिफ्र से बने सफ़र में यात्रा का अर्थ समाहित हो गया।

मनमौजी जो ठहरा यायावर! (यायावरी-1)

[शब्द संदर्भ : यायावर, यात्रिकः, यात्रा, यातायात]

हिन्दी का **यायावर** बड़ा ख़ूबसूरत शब्द है। घुमक्कड़ के लिए सबसे प्रिय पर्यायवाची शब्द यही लगता रहा है मुझे। एक अन्य वैकल्पिक शब्द ख़ानाबदोश भी है। मगर भाव के स्तर पर अक्सर महसूस किया है कि खानाबदोश में जहाँ दर-दर की भटकन का बोध होता है वहीं यायावर अथवा घुमक्कड़ में भटकन के साथ मनमौजी वाला भाव भी शामिल है।

यायावर की व्युत्पत्ति पर अगर ग़ौर करें तो भी यही बात सही साबित होती है। इस शब्द का संस्कृत में जो अर्थ है वह है परिव्राजक, साधु-संत, संन्यासी आदि। साधु-संतों के व्यक्तित्व में नदियों के से गुणों की बात इसीलिए कही जाती है क्योंकि उनमें जो सदैव बहने की, गमन करने की वृत्ति होती है वही साधु में भी होनी चाहिए। इसी भ्रमणवृत्ति से वे अनुवभवजनित ज्ञान से समृद्ध होते हैं और तीर्थस्वरूप कहलाते हैं अब मनमौजी हुए बिना भला भ्रमणवृत्ति भी आती है कहीं? ग़ौर करें कि नदी तट के पवित्र स्थानों को ही तीर्थ कहा जाता है।

यायावर बना है संस्कृत की **या** धातु से। इसमें जाना, प्रयाण करना, कूच करना, ओझल हो जाना, गुज़र जाना (यानी चले जाना—मृत्यु के अर्थ वाला गुज़र जाना मुहावरा नहीं) आदि भाव शामिल हैं। अब इन तमाम भावार्थों पर जब ग़ौर करेंगे तो आज ट्रांसपोर्ट के अर्थ में ख़ूब प्रचलित यातायात शब्द की व्युत्पत्ति सहज में ही समझ में आ जाती है। **या** धातु से ही बना है **यात्रा** शब्द जिसका मतलब है गति, सेना का प्रयाण, आक्रमण, सफ़र, जुलूस, तीर्थाटन-देशाटन आदि। इससे ही बना संस्कृत में **यात्रिकः** जिससे ही **यात्री** शब्द बना। बंगाल की एक लोक नाट्य विधा है जत्रा या जात्रा जो इसी यात्रा का रूप है। यातायात, यान जैसे शब्द भी इसी मूल के हैं और अभियान भी। दोनों में ही गति और विचरण का भाव है। घुमक्कड़ वृत्ति के चलते ही साधु से उसकी ज़ात और ठिकाना न पूछे जाने की सलाह कहावतों में मिलती है।

रमता जोगी, बहता पानी... (यायावरी-2)

[शब्द संदर्भ : तीर्थ, तर, तरंगिणी, तीर, दरिया, नीर, तरल, धार, धारा]

शब्दकोशों में तीर्थ शब्द का अर्थ है घाट, नदी पार करने का स्थल। बाद में इसमें मंदिर, धार्मिक-पवित्र कर्म करने के स्थल वाला भाव भी जुड़ता चला गया। इस संदर्भ में ग़ौरतलब है कि प्रायः सभी प्राचीन सभ्यताएँ नदियों के किनारे ही विकसित हुई हैं यही वजह है कि नदी पार करने के स्थान ही मनुष्यों के समागम, विश्राम का केन्द्र बने। दूर-दूर से देशाटन करने निकले यायावरों का जमाव ऐसे ही घाटों पर होता जहाँ

वे विश्राम करते। ये स्थान महत्ता प्राप्त करते चले गए। पौराणिक कथाओं में देवी-देवताओं के उल्लेख इन्हें प्रामाणिकता भले ही न देते हों मगर जनमानस में तीर्थ के रूप में विश्वसनीय ज़रूर बनाते हैं।

तीर्थ शब्द की उत्पत्ति संस्कृत की **तृ** धातु से हुई है जिसका मतलब हुआ बहना, तैरना, पार जाना, बढ़ना, आगे जाना आदि। **तृ** से तरलता के अर्थ वाले कई शब्द बने हैं, जैसे–**तरल, तरंग, तर** (गीला), **तरंगिणी** (नदी)। तीर्थ बना है **तीरम्** से जिसमें नदी या सागर के तट या किनारे का भाव शामिल है। **त** वर्णक्रम में ही आता है **ध** सो **तृ** की तरह **धृ** धातु का मतलब भी चलते रहना, थामना आदि हैं। **धृ** से ही बना है **धारा** जिसका अर्थ होता है नदी, जलरेखा, सरिता, बौछार आदि।

त वर्णक्रम में ही आता है **न** वर्ण। **तीर** की तर्ज़ पर ही **नीर** का मतलब भी होता है पानी, जलधारा। यह बना है **नी** धातु से जिसमें ले जाना, संचालन करना आदि भाव शामिल हैं। नेतृत्व, निर्देश, नयन आदि शब्द इनसे ही बने हैं क्योंकि इनमें सभी में ले जाने का भाव है। **त** वर्णक्रम की अगली कड़ी में द आता है। इससे बने **दीर** में भी बहाव, किनारा, धारा का ही भाव है। फ़ारसी में नदी के लिए एक शब्द है **दर्या** (हिन्दी रूप दरिया) जो इसी **दीर** से बना है।

गति, बहाव और आगे बढ़ने की वृत्ति का बोध कराने वाले इन तमाम शब्दों की रिश्तेदारी अंततः तीर्थ से स्थापित होती है जिसका संबंध **तीर** यानी किनारा और नीर यानी पानी से है। ज़ाहिर सी बात है कि कहावतें यूँ ही नहीं बन जातीं। 'रमता जोगी बहता पानी' जैसी कहावत में यही बात कही गई है कि संन्यासी की चलते-फिरते नदी के बहाव जैसी है जिसे रोका नहीं जा सकता। पानी रुका तो निर्मल, पावन और शुद्ध नहीं रहेगा। इसी तरह जोगी के पैर थमे तो ज्ञानगंगा का स्रोत भी अवरुद्ध हो जाएगा।

तीर्थ (यायावरी-3)

[शब्द संदर्भ : तीर्थ]

तीर्थों नें हमेशा ही दुनिया भर के सभी धार्मिक समाजों में सदाचार, दान-पुण्य, पाप मुक्ति के लिए ललक पैदा की है। सचमुच के भटकैये यानी साधु-संन्यासी तो स्वयं तीर्थ हो जाते हैं मगर आम आदमी के मन की भटकन को सहारा तीर्थयात्रा से ही मिलता है। हिन्दू परंपरा में तीन तरह के तीर्थ माने गए हैं। 1. जंगम, 2. स्थावर, 3. मानस।

1. जंगम–जंगम का मतलब होता है जीवधारी, चलने-फिरने वाला, हिलने-डुलने वाला। जंगम बना है संस्कृत की **गम्** धातु से जिसमें जाना, प्रयाण करना वाले भाव हैं। ग़ौरतलब है कि जनमानस में भारतभूमि की पावनतम नदी गंगा की व्युत्पत्ति इसी **गम्** धातु से मानी जाती है (ये अलग बात है कि कुछ भाषाविज्ञानी इसका जन्म

आस्ट्रो-एशियाई भाषा-परिवार से मानते हैं)। जंगम श्रेणी के अंतर्गत जो तीर्थ कहलाते हैं वे साधु, संन्यासी, परिव्राजक, श्रमण, भिक्षु आदि होते हैं।

2. स्थावर–दूसरी श्रेणी है स्थावर तीर्थ की। इसमें सप्तपुरियाँ, चारधाम और देश भर में बिखरे अन्य तीर्थ हैं।

3. मानस–तीर्थों का तीसरा वर्ग है मानस तीर्थ। धर्मजगत में भारतीय मनीषा की सबसे सुंदर कल्पना है मानस तीर्थ। कहा गया है कि दुष्ट, कपटी, लोभी, लालची, विषयासक्त मनुष्य उपरोक्त जंगम और स्थावर तीर्थों का कितना ही दर्शन-लाभ क्यों न पा ले, मगर यदि उसमे सत्य, क्षमा, दया और इन्द्रिय संयम, दान और अन्य सदाचार नहीं हैं तो कितने ही तीर्थों का फेरा लगा ले, उसे पावनता नहीं मिल सकती। सार यही है कि ये तमाम सद्गुण ही तीर्थ हैं और सर्वोच्च तीर्थ मनःशुद्धि है।

मानस तीर्थ की अवधारणा ही हमें सत्कर्मों के लिए प्रेरित करती है और किसी भी क़िस्म की कट्टरता, पाखंड और प्रकारांतर से प्रचार-प्रमाद से दूर रखती है। इसीलिए यही तीर्थ मुझे प्रिय है। सदाचारों की सूची में आप आज के युग के अनुरूप फेरबदल कर सकते हैं। बावज़ूद इसके आप ख़ुद को हलका ही महसूस करेंगे। पाकिस्तान जा बसे शायर जॉन एलिया की बुद्ध पर लिखी कविता की आख़िरी पंक्तियाँ पर ध्यान दें–

घर-बार हैं बीवी-बच्चे हैं
आदर्श यही तो सच्चे हैं
जीवन की तपती धूप में हूँ
मैं ख़ुद भगवान के रूप में हूँ।

जीवनकर्म को छोड़कर, सत्य की तलाश में पत्नी-बच्चों को त्याग यायावरी कर बुद्ध का दर्जा तो हासिल किया जा सकता है, मगर दुनियादारी में रच-बसकर तीर्थ का पुण्य प्राप्त कर लेना बड़ी बात है। हम और क्या कर रहे हैं? फिर कैसी मायूसी, कैसी फ़िक्र?

बदचलन भी होते हैं घुमक्कड़ (यायावरी 4)

[शब्द संदर्भ : घुमक्कड़, आवारागर्द, ग़र्दिश, ग़र्दिशेदौराँ, सैलाब, सैलानी, सैर, सैर-सपाटा, गर्द]

यायावर पर चर्चा के दौर पर सबसे ज़्यादा जो बात उभरकर सामने आई वह है इस शब्द के साथ जुड़ा अस्थिरता और पानी के गुणों से समानता का भाव। यायावरी के इस पड़ाव में जानते हैं सैलानी, घुमक्कड़ और आवारागर्द के बारे में। हिन्दी-उर्दू में यायावर के अर्थ में ही सैलानी शब्द भी प्रचलित है और भाषा में लालित्य लाने के लिए अक्सर इसे भी प्रयोग में लाया जाता है। **सैलानी** वह जो सैर-सपाटा लगाए। **सैलानी** अरबी मूल का शब्द है और बरास्ता फ़ारसी, हिन्दी उर्दू में दाख़िल हुआ। इस शब्द की व्युत्पत्ति भी देखें तो वहाँ भी बहाव, पानी, गति ही नज़र आएँगे।

अरबी में एक लफ़्ज़ है सैल जिसके मायने हुए पानी का बहाव, बाढ़ या जल-प्लावन। ग़ौर करें कि किसी क़िस्म के प्रवाह चाहे भावनाओं का हो या लोगों का हिन्दी-उर्दू में **सैलाब** शब्द का इस्तेमाल ख़ूब होता है। अलबत्ता सैलाब का मूल अर्थ तो बाढ़ ही है मगर प्रवाह वाला भाव प्रमुख होने से इसके विविध प्रयोग भी हो जाते हैं, जैसे–आँसुओं का सैलाब। **सैल** से ही बन गया **सैलानी** अर्थात जो गतिशील रहे। **सैर-सपाटा** पंसद करने वाला। इसी कड़ी में आता है सैर लफ़्ज़ जिसका मतलब भी है तफ़रीह, पर्यटन, घूमना-फिरना आदि। इससे बने **सैरगाह, सैर-तफ़रीह** जैसे लफ़्ज़ हिन्दी में चलते हैं।

अब बात **घुमक्कड़** की। यायावर के लिए घुमक्कड़ भी एकदम सही पर्याय है। घुमक्कड़ वो जो घूमता-फिरता रहे। यह बना है संस्कृत की मूल धातु **घूर्ण्** से जिसका अर्थ भी चक्कर लगाना, घूमना, फिरना, मुड़ना आदि है। घूमना, घुमाव, घुंडी आदि शब्द इसी मूल से उपजे हैं। हिन्दी-उर्दू के **घुमक्कड़** और **गर्दिश** जैसे शब्द इसी से निकले हैं उर्दू-फ़ारसी का बड़ा आम शब्द है **आवारागर्द**। इसमें जो **गर्द** है वह उर्दू का काफ़ी प्रचलित प्रत्यय है। आवारा से मिलकर मतलब निकला व्यर्थ घूमने वाला। इसका अर्थ-विस्तार बदचलन तक पहुँचता है। जबकि **घूर्णः** से ही बने घुमक्कड़ के मायने होते हैं सैलानी, पर्यटक या घर से बाहर फिरने वाला। यूँ उर्दू-हिन्दी में गर्द का मतलब है धूल, ख़ाक। यह **गर्द** भी घूर्ण् से ही संबंधित है अर्थात घूमना-फिरना। धूल या या ख़ाक भी एक जगह स्थिर नहीं रहती। इस **गर्द** की मौजूदगी भी कई जगह नज़र आती है, जैसे–**ग़र्दिश** जिसका आमतौर पर अर्थ होता है संघर्ष। मगर भावार्थ यहाँ भी भटकाव या मारा-मारा फिरना ही है। इसी तरह **ग़र्दिशज़दा, ग़र्दिशे-दौराँ, ग़र्दिशे-रोज़गार** आदि लफ़्ज़ भी हैं।

यायावर की यायावरी (यायावरी-5)

[शब्द संदर्भ : यान, हीनयान, महायान, यायावर, पर्यटन, देशाटन, सहजयान, अभियान, वज्रयान]

संस्कृत धातु **'या'** का मतलब होता है जाना, कूच करना, आगे बढ़ना आदि। **यायावर** में इस **या** की दो बार आवृत्ति का यही आभिप्राय है कि फिर-फिर जाने वाला। एक जगह टिककर न बैठने वाला अर्थात घुमक्कड़। यायावरी शब्द जुड़ता है देशाटन और पर्यटन से। यायावरी में जहाँ मन की मौज प्रमुख है वहीं देशाटन या पर्यटन में एक क़िस्म की व्यवस्था का बोध होता है। **देशाटन** का मतलब हुआ देश में भ्रमण करना और **पर्यटन** का भी अर्थ घूमना-फिरना है। ये शब्द बने हैं **अट्** धातु से जिसमें इधर-उधर घूमने का भाव है। इससे बने अटनम् का मतलब भी यही हुआ। प्राचीन समाज में साधु-संतों के लिए भिक्षा के ज़रिए ही पेट भरना उचित माना जाता था। उसके लिए वे निश्चित समय और निश्चित मात्रा में अन्न जुटाते थे जिसे **भिक्षाटन** कहा जाता था। आज भी सामान्य गृहस्थ जब नर्मदा परिक्रमा के लिए निकलते हैं तो सच्ची परिक्रमा का सुख पाने के लिए पूरी परिक्रमा अवधि में भिक्षा पर ही गुज़ारा

करते हैं। प्रसिद्ध चित्रकार और लेखक अमृतलाल वेगड़ ने अपने अद्भुत यात्रा वृत्तांत 'सौंदर्य की नदी नर्मदा' में इसका बहुत सुंदर वर्णन किया है। पर्यटन से ही बना **पर्यटक** जिसका मतलब हुआ सैलानी।

पर्यटन, देशाटन अथवा यायावरी ज़रूरी नहीं कि पैदल ही की जाए। किसी वाहन के ज़रिए भी इसे सम्पन्न किया जा सकता है। **या** धातु से ही बना है **यानम्** जिसका मतलब हुआ समुद्री यात्रा, जाना, चलना, सवारी करना, वाहन, गाड़ी वग़ैरह। जलयान, **शयनयान, वायुयान, अंतरिक्षयान** आदि हिन्दी के जाने-पहचाने शब्द इसी मूल से उपजे हैं।

यान शब्द का दार्शनिक अर्थों में भी प्रयोग हुआ है। बौद्ध एवं वैष्णव परंपरा में यान शब्द का अर्थ वे मार्ग अथवा प्रणालियाँ हैं (प्रणाली शब्द का एक अर्थ मार्ग भी होता है।) जो मनुष्य को मोक्ष की ओर ले जाएँ। इसी क्रम में देखें तो बौद्धधर्म के दो प्रमुख मार्ग **हीनयान** और **महायान** से यह भाव स्पष्ट है। राष्ट्रकवि रामधारीसिंह दिनकर ने 'संस्कृति के चार अध्याय' में इसका सुंदर विवेचन किया है। बुद्ध के परिनिर्वाण के पाँच सौ वर्ष बाद **महायान** सम्प्रदाय उठ खड़ा। बुद्ध ने मूर्तिपूजा की मनाही की थी, महायान ने बौद्धधर्म के भीतर ही देवी-देवताओं की पूरी सेना खड़ी कर दी। बुद्ध ने कहा कि मोक्ष के अधिकारी केवल भिक्षु हो सकते थे, महायान ने मोक्ष की आशा उनके सामने भी रख दी जो गृहस्थ थे। तत्कालीन समाज में बौद्धधर्म के लिए एक आलोचना सी चलती थी कि यह कैसा धर्म है जिसमे गृहस्थों के लिए मुक्ति का मार्ग ही नहीं है। **महायान** ने इसे आसान कर दिया। बुद्ध को भगवान बना दिया। बुद्ध के मानवीय रहते तो उनके सिद्धांतों का अनुकरण बाध्यकारी हो सकता था पर जब वे भगवान बना दिए गए, लोकोत्तर बना दिए गए तो आसानी हो गई क्योंकि ईश्वर का अनुकरण नहीं किया जा सकता क्योंकि लौकिक मनुष्य लोकोत्तर चरित्र का अनुकरण असंभव मानता है। इसीलिए जब गृहस्थों के लिए भी बौद्ध धर्म में मुक्ति की राह प्रशस्त हो गई तो **महायान** नाम सार्थक हो गया। महायान यानी बड़ी नौका जिस पर बैठकर सभी भवसागर के पार जा सकते हैं। और हीनयान अर्थात छोटी नौका जिस पर वे ही बैठ सकते हैं जिन्होंने संन्यास लिया है। इसी क्रम में महायान के भीतर से कई तरह विकृतियाँ जन्मीं जिन्होंने **वज्रयान** जैसा पंथ भी उगला जिसने बौद्धधर्म की बहुत बदनामी करवाई। वैष्णवों का **सहजिया** सम्प्रदाय भी **सहजयान** से ही जन्मा है। और हाँ, मुहिम के अर्थ में **अभियान** भी इसी मूल से जन्मा है।

प्यून का पदयात्रा अभियान (यायावरी-6)

[शब्द संदर्भ : पद, पॉड, पायोनियर, प्यून, पायिक, पायक, पदयात्रा, एक्सपिडिशन, फुट, पैड]

हिन्दी के अभियान शब्द का मतलब होता है खोज-यात्रा, मुहिम आदि। संस्कृत की या धातु से बने **यानम्** में **अभि** उपसर्ग लगने से बना है यह शब्द। **यानम्** का मतलब

आगे बढ़ना, आक्रमण करना भी होता है। **अभि** का मतलब होता है–की दिशा में। मतलब हुआ युद्ध के लिए आगे बढ़ना। प्राचीन संदर्भों में **अभियान** शब्द का अर्थ युद्ध से संबंधित ही था, बाद में इसमें मुहिम, खोज-यात्रा जैसे अर्थ जुड़ते चले गए। आज रोमांचक खोज-यात्राओं के लिए ही यह शब्द अक्सर प्रयुक्त होता है। जो भी हो, मनुष्य ने इसी अर्थ में अत्यंत प्राचीनकाल से ही अपने अभियान अर्थात खोज-यात्राएँ की हैं। यायावरी का इसमें विशेष योग रहा। उस दौर में ऐसे सभी अभियान पदयात्रा के ज़रिए ही सम्पन्न होते थे। **अभियान** का निकटतम अंग्रेज़ी पर्याय है **एक्सपिडिशन** जिसका मतलब है निकल पड़ने को तैयार या तेज़ी से आगे बढ़ना। अपने प्राचीन रूप में यह भी फ़ौजी कार्रवाई से जुड़ा हुआ शब्द ही था जैसा कि अभियान। दिलचस्प बात यह है कि यह प्रोटो इंडो-यूरोपीय मूल का शब्द है जिसकी व्युत्पत्ति प्राचीन भारोपीय मूल की धातु **पॉड** या **पेड** से मानी गई जिसका मतलब है पैर। संस्कृत की धातु **पद** से इसकी समानता ग़ौरतलब है जिसका मतलब भी पैर ही होता है। ज़ाहिर सी बात है कोई भी अभियान प्राचीनकाल में पैदल ही सम्पन्न होता था इसीलिए ये शब्द बने। पद, पैड या पॉड से ही ज़्यादातर यूरोपीय भाषाओं में, मसलन–लैटिन में पेस, ग्रीक में पोस, लिथुआनी में पदास और अंग्रेज़ी में **फुट** जैसे शब्द जन्में हैं।

इस पद की **पदचाप** हिन्दी में घुले-मिले अंग्रेज़ी के कई अन्य शब्दों में भी सुनाई पड़ती है, मसलन–शतरंज का **प्यादा** और अंग्रेज़ी में इसका पर्याय **पॉन**, साइकल का **पैडल** और **प्यून** अर्थात चपरासी। **प्यून** की बात भी दिलचस्प है। इसका मतलब होता है पैदल चलने वाला अनुचर, सैनिक या संदेशवाहक। बाद में यह नौकर के अर्थ में रूढ़ हो गया। ग़ौर करें हिन्दी संस्कृत के **पदातिन** पर जिसका मतलब भी ठीक यही होता है। इसके लिए **पायिकः** शब्द भी है जो हिन्दी में **पायक** हो गया है जिसका अभिप्राय भी पैदल संदेशवाहक से ही है। अंग्रेज़ी के **पायोनियर** शब्द का मतलब है आगे चलने वाला, अग्रणी, मार्गदर्शक। ये सभी भाव यायावर से भी जुड़ रहे हैं, **अभियान** से भी जुड़ रहे हैं, **एक्सपिडिशन** से भी जुड़ रहे हैं और सबसे पहले जुड़ रहे हैं **पद** यानी पैरों से।

ये भी पाखंडी और वो भी पाखंडी

[शब्द संदर्भ : पाखंड, पाखंडी, पाषंड]

सामान्य तौर पर अपने बर्ताव में दिखावा या ढोंग करने वाले को **पाखंडी** कहा जाता है। पाखंड शब्द के सही मायने हैं भक्ति या उपासना का आडम्बर करना या ऐसा व्यक्ति जो दूसरों को धोखा देने के लिए पूजा-पाठ, कर्मकांड करे। यह शब्द ढाई हज़ार साल पुराना है। अपने असली रूप में यह शब्द है **पाषंड**। आप्टे के कोश में इसका अर्थ है नास्तिक, धर्मभ्रष्ट, धर्म के नाम पर झूठा आडंबर रचने वाला धूर्त व्यक्ति। संस्कृत में **पाषंड** और **पाखंड** दोनों शब्द हैं।

ईसा से क़रीब पाँच सदी पहले जब भारत में बौद्धधर्म ने अपने पैर पसारने शुरू कर दिए थे, परिव्राजकों के एक संप्रदाय का नाम था **पाषंड** और इसी से बना **पाखंड**। संस्कृत की **'पाः'** धातु से इस शब्द का जन्म हुआ है जिसका मतलब होता है पालना, निर्देशित करना, चिंतन-मनन करना आदि। ये सभी भाव साबित करते हैं कि किसी ज़माने में यह एक पंथ अथवा सम्प्रदाय था। **पाषंड** साधुओं के लिए समाज में बड़ी आदर-श्रद्धा थी। मौर्यकाल तक यह दौर चला। ख़ुद सम्राट अशोक इस संप्रदाय के साधुओं को खुले हाथों दान देता था। मगर बाद में इस संप्रदाय का अस्तित्व समाप्त हो गया। इसकी दो वजह रहीं। पहली ये कि बौद्ध धर्म की तेज आँधी में पूजा-पाठ करने वाला यह संप्रदाय अपने को बचा नहीं पाया। दूसरी वजह, जैसा कि होता आया है, उचित नेतृत्व के अभाव में इस समुदाय में मठाधीशों का बोलबाला हो गया। लोगों पर अपनी पकड़ बनाए रखने के लिए साधु-संन्यासी ढोंग-आडम्बर आदि करने लगे। ज़ाहिर है समाज में इनके प्रति श्रद्धा का भाव घटना ही था। बाद में ये **पाषंड** संन्यासी धर्म के नाम पर आडम्बर करने वालों के तौर पर पहचाने जाने लगे। और जब इन साधुओं की न जमात रही, न संप्रदाय तो ठगी, धूर्तता और ढोंग जैसे अर्थों से विभूषित होकर **पाखंडी** के रूप में सारे हिन्दी समाज में कुख्यात हो गया। कुछ संदर्भों के अनुसार शिवोपासना की कुछ विचित्र विधियों के ज़रिए ये पाखंडी साधु (महंत) लोगों को उल्लू बनाया करते थे। डॉ. राजबली पांडेय के हिन्दू धर्मकोश के मुताबिक़ 'पद्मपुराण' में **पाषंडोत्पत्ति** अध्याय है जिसके मुताबिक़ इस मत को पाखंडी मत कहा गया है वहीं तन्त्र शास्त्र में इसी को शिवोक्त आदेश भी कहा गया है। एक दिलचस्प बात यह है कि बौद्ध ग्रंथों में बौद्ध धर्म के अलावा अन्य सभी पंथों को **पाखंड** कहा गया है वहीं प्राचीन धर्मशास्त्र में जैन व बौद्ध सम्प्रदायों का मतलब पाखंड बतलाया गया है।

लोक क्या है?

[शब्द संदर्भ : लोक, लोग, लुक, लुगाई, त्रिलोक, लोकाचार, लोकतंत्र, लोककथा, लोकगाथा, लोकानुराग, लोकोदय, लोकपाल, लोकमत, लोकप्रिय, लोकनाथ]

लोककला, लोक संस्कृति, लोकाचार जैसे तमाम प्रचलित शब्दों में शामिल **लोक** शब्द वस्तुतः क्या है? इसकी अर्थवत्ता व्यापक है। विभिन्न समुदायों के संदर्भ में जब संस्कृति शब्द का प्रयोग होता है तो उसके साथ काल का उल्लेख महत्त्वपूर्ण हो जाता है। संस्कृति के साथ पुरातनता अनिवार्य तत्त्व नहीं है। यह प्राचीन भी हो सकती है आधुनिक भी हो सकती है। संस्कृति निरंतर परिवर्तनशील है। मगर इसके साथ जब लोक शब्द जुड़ता है तो स्वतः ही परंपरा का स्मरण होता है। लोक संस्कृति में पुरातनता और परंपरा दोनों का होना ज़रूरी है।

लोक शब्द संस्कृत धातु **लोक्** से जन्मा है जिसका मतलब होता है नज़र डालना, देखना अथवा प्रत्यक्ष ज्ञान प्राप्त करना। इससे बने संस्कृत के **लोकः** का अर्थ हुआ दुनिया, संसार। मूल धातु **लोक्** में समाहित अर्थों पर ग़ौर करें तो साफ़ है कि नज़र डालने, देखने अथवा प्रत्यक्ष ज्ञान करने पर क्या हासिल होता है? ज़ाहिर है सामने दुनिया ही नज़र आती है। यही है लोक् का मूल भाव। लोक् से जुड़े भावों का अर्थ-विस्तार लोकः में अद्‌भुत रहा। पृथ्वी पर निवास करने वाले सभी प्राणियों में सिर्फ़ मनुष्यों के समूह को ही **लोग** कहा गया जिसकी व्युत्पत्ति लोकः से ही हुई है। **लोकः** का अर्थ मानव समूह, मनुष्य जाति, समुदाय, समूह, समिति, प्रजा, राष्ट्र के व्यक्ति आदि हैं। **लोग** का स्त्रीलिंग **लुगाई** भी इसी मूल से बना है। ग़ौरतलब है कि लोग शब्द अपने आप में समूहवाची शब्द है।

चौदह लोक

संसार के अर्थ में लोक ने स्थूल भाव ग्रहण किया। लेकिन जब इसके प्रत्यक्ष ज्ञान प्राप्त करने वाले अर्थ पर मानव ने अमल किया तो कई परिकल्पनाएँ भी होने लगीं। तीन लोकों की कल्पना हुई स्वर्गलोक, पृथ्वीलोक और पाताललोक। धर्मग्रंथ इससे भी आगे की बातें कहते हैं। विस्तृत वर्गीकरण के मुताबिक़ तो चौदह लोक हैं। सात तो पृथ्वी से शुरू करते हुए ऊपर और सात नीचे। ये हैं **भूर्लोक, भुवर्लोक, स्वर्लोक, महर्लोक, जनलोक, तपोलोक और ब्रह्मलोक**। इसी तरह नीचे वाले लोक हैं—**अतल, वितल, सतल, रसातल, तलातल, महातल** और **पाताल**। भाषा वैज्ञानिक दृष्टि से ग़ौर करें तो लोक् का रिश्ता अंग्रेज़ी के लुक से भी जुड़ता है। **लोक्** धातु का मूलार्थ ही देखना है और अंग्रेज़ी के **लुक** का मतलब भी देखना है। अंग्रेज़ी का **लुक** प्राचीन जर्मन से आया है। यही बात **लोचन** में भी है। **लोच्** से बना है **लोचन** जिसका मतलब होता है आँखें जो देखने का काम करती हैं। लोकः से बने कई शब्द हिन्दी में प्रचलित हैं, जैसे—**लोकतंत्र, लोककथा, लोकगाथा, लोकानुराग, लोकोदय, लोकपाल, लोकमत, लोकप्रिय, लोकनाथ** आदि। यह सूची काफ़ी लंबी हो सकती है।

श्रम संस्कृति में लोक

अब अगर **लोक्** में समाहित देखने, ज्ञानार्जन जैसे अर्थों पर ग़ौर करें तो सबसे पहले मनुष्य के सामने प्रकृति के जो रूप आए वह थे अग्नि, वायु, पृथ्वी, वर्षा, सूर्य, पानी, प्रकाश, आकाश, मेघ, बिजली, वनस्पति, पशु आदि। इसके अतिरिक्त मनुष्य के प्रत्यक्ष ज्ञान के दायरे में जो कुछ आया, मसलन—श्रम की विवशता, श्रम से जुड़े उत्पादन का महत्त्व और उत्पाद की प्राप्ति, श्रम से जुड़े कला तत्त्व का ज्ञान, कला का कुशलता से मेल, कला का उत्पादन से मेल, कला से उत्पन्न रंजकता। इन तत्त्वों का

मेल जब मनुष्य के जीवन में रच-बस गया तो जो जीवन शैली थी उसने संस्कृति का रूप लिया। दैनंदिन की कार्यप्रणाली अलग संस्कृति बनी और किन्हीं विशिष्ट अवसरों पर अपनाई जाने वाली शैली और तौर-तरीक़े अलग संस्कृति बनीं। ये विशिष्ट अवसर ही पर्व कहलाए और शैली लोकाचार में ढल गई। लोक संस्कृति के मूल में यही सारी चीज़ें समाई हैं।

कैसे-कैसे वंशज–बाँस, बाँसुरी और बंबू!

[शब्द संदर्भ : वंशावली, वंशबेल, वंशिका, वंशी, बंसीधर, बाँस, बंसौर, बैम्बू, हरबंस, बंसी, हरिवंश]

बाँसों का झुरमुट
सन्ध्या का झुटपुट
है चहक रही चिड़िया
ट्वी ट्वी टुट टुट

बाँस का जब कभी भी सन्दर्भ आता है तो कविवर सुमित्रानंदन पंत की ये पंक्तियाँ अक्सर याद आ जाती हैं। बाँस बना है संस्कृत के **वंश** से। आमतौर पर कुटुम्ब, कुल, और ख़ानदान के अर्थ में वंश शब्द इस्तेमाल में लाया जाता है। ये तमाम अर्थ जुड़ते हैं घनत्व, संग्रह या समुच्चय से। अब बाँस की प्रकृति पर ग़ौर करें तो पाएँगे कि इसे जहाँ भी लगाया जाए, इकाई से दहाई और सैकड़े की प्रगति नज़र आती है। **वंशावली** शब्द पर ध्यान देना चाहिए। प्राचीन अर्थों में तो इसका अर्थ बाँसों की पंक्ति ही होगा मगर आज इसका रूढ़ अर्थ कुल-परंपरा या एनसेस्ट्री ही है। पूर्ववैदिक युग में **वंश** शब्द का अर्थ बाँस ही रहा होगा। प्राचीन समाज में लक्षणों के आधार पर ही भाषा में अर्थवत्ता विकसित होती चली गई। स्वतः फलने-फूलने के बाँस के नैसर्गिक गुणों ने वंश शब्द को और भी प्रभावी बना दिया और एक वनस्पति की वंश परंपरा ने मनुष्यों के कुल, कुटुंब से रिश्तेदारी स्थापित कर ली। इस नाते **वंशज** शब्द का मतलब सिर्फ़ संतान या रिश्तेदार ही नहीं मान लेना चाहिए बल्कि इसका मतलब बाँस का बीज भी हुआ। बाँस की यह रिश्तेदारी यहीं ख़त्म नहीं हो जाती। बाँसुरी के रूप में भी यह नज़र आती है। संस्कृत के **वंशिका** से बनी बाँसुरी ने भगवान श्रीकृष्ण से संबंध जोड़ा इसीलिए वे **बंसीधर** भी कहलाए। यही नहीं **वेणु** का मतलब भी बाँस ही होता है और प्रकारांतर से इसका एक अन्य अर्थ मुरली हो जाता है इसीलिए श्रीकृष्ण का एक नाम वेणुगोपाल भी है। वंश से जुड़े कुछ अन्य शब्द हैं **बंसकार, बंसोड़** या **बंसौर** जो बाँस से जुड़ी अर्थव्यवस्था वाले समुदाय हैं। बाँस की टोकरियाँ, चटाई या सूप बनाने वाले लोग।

अंग्रेज़ी में बाँस के लिए बैम्बू शब्द प्रचलित है। देसी बोलियों और फ़िल्मी गीतों-संवादों में बम्बू का प्रयोग साबित करता है कि बाँस का यह अंग्रेज़ी विकल्प भी हिन्दी का घरबारी बन चुका है। दरअसल कुछ लोग बैम्बू का रिश्ता वंश से ही जोड़ते हैं। यह शब्द अंग्रेज़ी में आया डच भाषा के BAMBOE से जहाँ इसकी

आमद पुर्तगाली ज़बान के MAMBU से हुई। पुर्तगाली ज़बान में यह मलय या दक्षिण भारत की किसी बोली से शामिल हुआ होगा। **बंश** की मूल धातु पर ग़ौर करें तो यह पहेली कुछ सुलझती नज़र आती है। **वंश** का धातु मूल है **वम्** जिसके मायने हैं बाहर निकालना, वमन करना, बाहर भेजना, उड़ेलना, उत्सर्जन करना आदि। इससे ही बना है वंश जिसके कुलवृद्धि के भावार्थ में उक्त तमाम अर्थों की व्याख्या सहज ही खोजी जा सकती है। इस **वम्** की मलय भाषा के **मैम्बू** से समानता क़ाबिलेग़ौर है।

वंशवृक्ष शब्द का मतलब यूँ तो आज कुलपुरुषों, कुटुम्बियों के नामों की उस तालिका से लगाया जाता है जो वृक्ष की शाखाओं-प्रशाखाओं की तरह-तरह अलग-अलग कालखंडों में विभाजित कर बनाई गई हो। मगर प्राचीनकाल में तो वंशवृक्ष का मतलब सिर्फ़ बाँस का पेड़ ही था। एक और शब्द है **वंशवृद्धि** यानी परिवार का बढ़ना या कुटुम्ब में इज़ाफ़ा होना। अब कृष्ण हमेशा हाथ में बाँसुरी लिये रहते थे सो बंशीधर कहलाए। इसका ही तत्सम रूप वंशीधर भी प्रचलित है। जिस पेड़ के नीचे उनका वंशीरव गूँजा करता था वह कहलाया वंशीवट। यानी बरगद का पेड़।

नाम-शृंखला में एक नाम ख़ूब चलता है वह है हरबंस। इस नाम में भी बाँस या वंश की महिमा छुपी है। **हरबंस** यानी **हरिवंश** अर्थात श्रीकृष्ण का वंश। इस नाम से एक पुराण भी है जिसे महाभारत का उपांश कहा जा सकता है। कुछ लोग इसे उपपुराण भी मानते हैं मगर अठारह पुराणों और उपपुराणों में इसका शुमार नहीं है। महाभारत में मुख्यतः युद्ध का पूरा वृत्तांत है मगर कृष्ण व यादवों के बारे में विस्तार से सब कुछ नहीं है। इसी के लिए महाभारत के परिशिष्ट के तौर पर सौति ने हरिवंश की रचना की। सौति ने ही नैमिषारण्य में ऋषियों को महाभारत कथा सुनाई थी।

वैजयन्तीमाला, झंडाबरदार और जयसियाराम!

[शब्द संदर्भ : जै जै, जय, विजय, अजय, अजित, जीत, अविजित, जयश्री, अपराजिता, झंडा, जयंत, जयंती, झंडी, वैजयन्ती, बैजंती, झंडाबरदार]

पताका या ध्वज आदि के लिए आमतौर पर हिन्दी का प्रचलित शब्द है **झंडा** (झंडा)। किसी भी देश, संस्था या संगठन की आन-बान-शान और समूची पहचान का प्रतीक होता है झंडा। झंडा गाड़ा जाता है, झंडा फहराया जाता है, झंडे तले आया जाता है और झंडे पर न्योछावर हुआ जाता है और ध्वज का महत्त्व इसी बात से समझा जा सकता है कि ये सभी वाक्य मुहावरे के तौर पर इस्तेमाल होते हैं।

झंडा किसी भी देश की प्रभुसत्ता का प्रतीक है, आज़ादी का प्रतीक है। यूँ झंडे का अर्थ होता है किसी बाँस या डंडे के सिरे पर तिकोने या चौकोर कपड़े का टुकड़ा जिसे

विशेष अवसर पर हवा में फहराया जाए। आज जिस ध्वज में किसी देश या संस्था की पहचान छुपी है, मूल रूप से प्राचीनकाल में जीत का प्रतीक ही था। झंडा हाथ में आते ही होंठों पर अपने आप जय-**जयकार** भी आने लगती है। झंडे के जन्म के साथ यही जयकार जुड़ी है। **जयकार** शब्द अब तो किन्हीं दो लोगों में अभिवादन के तौर पर जयश्रीराम, जयजय राम, जय सियाराम बनकर इस्तेमाल होता है। भाव यहाँ भी विजय, कल्याण और मंगल का ही होता है। **जय जय** का सबसे नन्हा अभिवादन रूप जै जै सर्वाधिक प्रचलित है। हिन्दी में **जीत** के लिए **जय, विजय** जैसे शब्द प्रचलित हैं जो मूल रूप से संस्कृत के हैं, जिनका अर्थ जीत, विजयोत्सव अथवा कामयाबी है। यह बना है संस्कृत की **जि** धातु से जिसमें जीतना, हराना, दमन करना, नियंत्रण करना, क़ाबू करना जैसे भाव हैं। **जि** धातु में उपसर्गों और प्रत्ययों के लगने से काफ़ी शब्द बने हैं जिनसे हिन्दी समृद्ध हुई है। हिन्दी के कई पुरुषवाची और स्त्रीवाची नामों का मूल भी यह धातु रही है, जैसे–**अजय** या **अजित** (जिसे कोई न जीत सके) **जीत, अविजित, विजय, जयश्री, अपराजिता, जय** आदि। इसी तरह का एक नाम है **जयन्त** जिसमें विजयी भाव है। **जयन्त** इन्द्र के पुत्र का नाम है और शिव का भी। चन्द्रमा को भी जयन्त कहते हैं क्योंकि यह अंधेर पर विजय का प्रतीक है। **जयन्त + कः** से ही बना है। क्रम कुछ यूँ रहा होगा–जयन्तक > झअन्डक > झंडअ > झंडा। इसी तरह झंडी शब्द बना है **जयन्ती + का** से। विजय पर जो पुष्पहार गले में डाला जाता है उसे **जयमाला** या **वैजयन्तीमाला** कहते हैं। वैजयन्ती का ही एक देशी रूप **बैजन्ती** भी देहात में प्रचलित है।

भारत के प्रमुख धर्मों में जैन धर्म के नाम में भी यही विजयसूचक धातु **जि** है। इस धातु से बना है **जिन्** जिसका मतलब होता है **विजयी, विजेता,** प्रमुख। जैन मत में **जिन्** वह है जिसने अपनी इन्द्रियों, विषय-विकारों पर **विजय** प्राप्त कर ली है। इस अर्थ में संत, मुनि, महात्मा, अर्हत या तीर्थंकर **जिन्** कहलाए। **जैन** वह है जो **जिन्** का अनुयायी है। इस तरह जैन मत शुरू हुआ। झंडे के लिए परिनिष्ठित हिन्दी में **ध्वज** शब्द का इस्तेमाल किया जाता है। ध्वज का एक अर्थ कुटुंब या परिवार का सर्वाधिक सम्मानित, वयोवृद्ध व्यक्ति या मुखिया भी होता है। इसी तरह पताका शब्द भी है। संस्कृत में उड़ने के भाव को दर्शाने वाली एक मूल क्रिया है **पत्**। इसी से बना है **पत्र** जिसका अर्थ है पौधे या वृक्ष की पत्ती या पक्षी के पंख। उड़ने की क्रिया से जुड़े कुछ और भी शब्द हैं, जैसे–फहराना, लहराना। ये क्रियाएँ आमतौर पर झंडे या ध्वजदंड के लिए इस्तेमाल की जाती हैं। झंडे के लिए **पताका** भी एक आम शब्द है और यह भी **पत्** शब्द से ही बना है। **पताका** यानी ध्वजदंड, कपड़े का टुकड़ा जो हवा में फहराए अथवा संकेत, प्रतीक चिह्न आदि है। संस्कृत मूल से निकले जय का झंडा उर्दू में भी गड़ा हुआ है जहाँ फ़ारसी के **बरदार** से जुड़कर यह हो गया है **झंडाबरदार**। देहात में झंडासिंह जैसे नाम भीं कहीं-कहीं सुनने को मिलते हैं। ध्वजारोहण की तर्ज़ पर **झंडारोहण** शब्द भी चल पड़ा है।

शकुनि का अपशकुन और शकुंतला

[शब्द संदर्भ : सगुन, शगुन, शकुन्त, अपशकुन, शकुन्तला, शकुनि]

दुनिया भर के समाजों में हर अच्छी शुरुआत के लिए **शगुन-विचार** करने का रिवाज़ है। बोलचाल की हिन्दी में इसे सगुन बिचारना या सगुन बाँचना भी कहते हैं। नया काम मंगल वेला में हो जाए, ऐसे कार्य जो पुण्य प्राप्ति की आकांक्षा रखकर किए जाने हैं, उन्हें शुभ-मुहूर्त में संपन्न करा लिया जाए, यही सारी बातें आदिकाल से शगुन-विचार के तहत आती रही हैं।

शगुन का एक अन्य रूप **शकुन** भी हिन्दी में ख़ूब प्रचलित है। इसके **सगुन, शगुन, सुगन** जैसे देसी रूपों के अलावा **शकुन** जैसा शुद्ध तत्सम रूप व्यवहार में हैं। ये तमाम रूप बने हैं संस्कृत के **शकुनः** से जिसका मतलब है शुभ लक्षण, अवसर आदि। शुभ चिह्न, एक पक्षी विशेष वग़ैरह। **शकुनः** के आधार में है संस्कृत धातु **शक्** जिसमें समर्थ होने की इच्छा रखना, कर सकने की इच्छा रखना शामिल है। महाभारत के ख्यात चरित्र, कौरवों के मामा शकुनि का नाम भी इसी धातु से बना है। इसका मतलब हुआ जो स्वयं अपनी आत्मा का उद्धार कर सके। **शकुनि** में इसका विरोधाभास ही नज़र आता है। गांधारी के इस भाई के पांडव-द्वेषी चरित्र की काली छाया समाज पर इतनी गहरी रही कि आज मुहावरे के तौर पर मामा शकुनि का उल्लेख ऐसे निकट संबंधी के लिए होता है जिसका परामर्श अनिष्टकारी हो। ज़ाहिर है अपनी मूल भावना के अनुरूप शकुनि नाम तो मंगलकारी है मगर शकुनि के कुसंस्कार इस मंगलकारी शब्द की अर्थवत्ता पर हावी हो गए और यह नाम कुख्यात हो गया। **शकुनः** का एक अर्थ मांगलिक लक्षणों वाला एक पक्षी भी होता है जिस पालना अच्छा समझा जाता है। इसके लिए **शकुन्तः** शब्द भी है। नीलकंठ को भी शकुन्तः कहा गया है। पुराणों की प्रसिद्ध नायिका **शकुन्तला** के नामकरण के पीछे यही मांगलिक भाव है। ऋषि विश्वामित्र से उत्पन्न कन्या को उसकी माँ मेनका जन्म के बाद ही वन में छोड़ गई थी जहाँ शकुन्त पक्षियों ने उसकी देखभाल की इसलिए उसका नाम शकुन्तला पड़ा। बाद में कण्व ऋषि ने उसे पाला। पुराणों के अनुसार दुश्यंत से उसका गांधर्व विवाह हुआ और पुत्र भरत उत्पन्न हुआ जिसके नाम पर इस देश का नामकरण भारत हुआ।

शहनाई के मीठे सुर

[शब्द संदर्भ : नाई, शहनाई]

शहनाई के सुरों से ही किसी भी शुभकार्य का श्रीगणेश करने की परंपरा भारतीय समाज में रही है। पहले मंदिरों में और अन्य मांगलिक अवसरों पर बजाए जाने वाले साज़ ने पिछली सदी में इतनी ख्याति अर्जित की कि इसे संगीत की महफ़िलों में एक ख़ास मुकाम हासिल हो गया। सागवान की लकड़ी से बना यह एक सुषिर वाद्य है। सुषिर यानी फूँक से बजाया जाने वाला वाद्ययंत्र। हिन्दुस्तान में यूँ तो कई आला

दर्जे के शहनाई बजाने वाले हुए हैं मगर बिस्मिल्लाखाँ तो जैसे शहनाई का पर्याय बन गए हैं।

शहनाई से मिलते-जुलते कई वाद्ययंत्रों का प्रचलन हिन्दुस्तान में रहा है, जैसे–बाँसुरी-वंशी, सुंदरी, नादस्वरम् आदि। नादस्वरम् को शहनाई के काफ़ी नज़दीक माना जा सकता है। सुंदरी भी क़रीब-क़रीब शहनाई जैसा ही होता है मगर आकार में शहनाई से काफ़ी छोटा होता है। शहनाई दरअसल अरबी-फ़ारसी के मेल से बना शब्द है। अरबी में **नाई** दरअसल फूँक मारकर बजाए जाने वाले वाद्य के लिए प्रयोग में आने वाला शब्द है। फ़ारसी में शहनाई के लिए **सुरना** शब्द है। इसमें शुरुआती सुर का वही मतलब है जो हिन्दी में होता है। **स्वर** से ही **सुर** बना है जो फ़ारसी में भी क़ायम है। संस्कृत धातु **स्वृ** का अर्थ होता है शब्द करना, प्रशंसा करना। इससे बने **स्वरः** का अर्थ होता है संगीत ध्वनि, लय, श्वास वायु और सात की संख्या आदि। ग़ौरतलब है कि संगीत में भी सात सुर ही होते हैं और ज़्यादातर सुषिर वाद्यों में सात छिद्र होते हैं। मगर यह बहुत स्थायी नियम नहीं है। कई वाद्यों में इससे कम या ज़्यादा भी होते है। **सुरना** या **सुरनाई** में भी सुर और नाई का मेल है जो फ़ारसी और अरबी शब्द हैं। अरबी में भी सुर शब्द है जिसका मतलब भी सुषिर वाद्य ही होता है। शहनाई शब्द भी **शाह + नाई** के मेल से बना है अर्थात हवा से, फूँक से बजाए जाने वाले सभी वाद्यों का सरताज, सबसे श्रेष्ठ। शहनाई के लगभग समूचे एशिया में इससे मिलते-जुलते नाम हैं, जैसे–उज्बेकिस्तान, किरगिजिस्तान, ताजिकिस्तान में **सुरनाई**, ईरान और अफ़गानिस्तान में **सोरना**, कश्मीर, पाकिस्तान आदि में कई जगह पर **सुरनाई** मगर साथ ही **शहनाई** भी प्रचलित, आर्मीनिया, दागिस्तान, अज़रबैजान, तुर्की, सीरिया, इराक़ आदि में **ज़ुरना** या **ज़ोरना**, ग्रीस, बुल्गारिया में **ज़ोरनस**, मेसिडोनिया में **ज़ुरला** और रोमानिया में **सुरला** आदि।

मुंबइया श्याने की डेढ़ अक़्ल (सयाना-1)

[शब्द संदर्भ : ज्ञान, संज्ञान, सयाना, विज्ञ, बैगा, सयानपंथी, स्यानपत, श्याना, डेढ़ अक़्ल, डेढ़ सयाना]

सयाना एक ऐसा लफ़्ज़ है जिसे बचपन से जवानी तक हम अपने लिए सुनना ज़रूर चाहते हैं मगर सयानेपन की सिफ़त पैदा करते-करते बुढ़ापा आ जाता है। दुनिया सिर्फ़ इस बुढ़ापे पर तरस खाकर हमें सयाना मान लेती है और हम दुनिया के इस सयानेपन को कभी नहीं समझ पाते और हमेशा उसे कोसते रहते हैं। बहरहाल, सयाना शब्द कहाँ से आया?

सयाना हिन्दी में भी है और उर्दू में भी। यह शब्द उपजा है संस्कृत के **ज्ञान** में **सं** उपसर्ग के मेल से। **संज्ञान** का अर्थ हुआ अच्छी तरह जाना हुआ, समझा हुआ। जिसे दुनिया का सम्यक् बोध हो, जिसकी अनुभूतियाँ सचेत हों वह। इससे बना हिन्दी का सयान शब्द जिसका मतलब भी समझदारी, बुद्धिमानी और चतुराई है और फिर

बुद्धिमान और चतुर के अर्थ में बना **सयाना**। आमतौर पर वयस्क अवस्था होने पर भी मनुष्य को सयाना कहा जाता है। ज़ाहिर है समाज ने अनुभव से यह जाना है कि वयस्क होने पर बुद्धि आ ही जाती है। शादी के संदर्भ में आमतौर पर कहा जाता है–बेटी सयानी हो गई है...अभिप्राय उसके विवाह योग्य होने से ही होता है। इसी तरह गाँवों में आमतौर पर प्रौढ़ अथवा बुज़ुर्गों को सयाना कहा जाता है। वजह वही है–एक ख़ास उम्र के बाद यह मान लिया जाता है कि इसकी बुद्धि विकसित हो चुकी है और व्यावहारिक अनुभवों से भी उसने काफ़ी ज्ञान जुटा लिया होगा। बदलते वक़्त में ये पुरोहित ही तंत्र-मंत्र के ज़रिए समाज के अंधविश्वास का फ़ायदा उठाने के लिए टोना-टोटका करने लगे।

गाँव-देहात में झाड़-फूँक करने वाले के लिए भी **सयाना** शब्द ख़ूब प्रचलित है। गोंडी समेत कई जनजातीय भाषाएँ आर्य भाषा-परिवार की नहीं हैं, इसके बावज़ूद यह शब्द इन भाषाओं में है। साफ़ है कि सदियों पूर्व आर्यों और जनजातियों के बीच भाषायी संपर्क ज़रूर होगा। गोंडी में ही सयाने अर्थात झाड़-फूँक करने वाले के लिए एक और शब्द है **बैगा**। मेरे विचार में यह शब्द भी आर्य भाषा-परिवार से गोंडी बोली में गया होगा। मूल रूप में यह शब्द है **विज्ञ** अर्थात विद्वान, बुद्धिमान, चतुर, चालाक आदि। आदिवासी गोंड समाज में **बैगा** का बहुत मान-सम्मान है। बैगा शब्द झाड़-फूँक करने वाले के अर्थ में रूढ़ हो गया मगर मूल रूप में समाज के सर्वाधिक अक़्लमंद, बुद्धिमान और विचारवान व्यक्ति के लिए प्रयुक्त होता रहा होगा। कालांतर में आदिवासी समाज के कर्मकांड कराने वाले के लिए बैगा शब्द प्रयोग हुआ क्योंकि साधारण व्यक्ति को रीति-संस्कारों की जानकारी नहीं होती इसीलिए पुरोहित का सम्मान होता है। बदलते वक़्त में ये पुरोहित ही तंत्र-मंत्र के ज़रिए समाज के अंधविश्वास का फ़ायदा उठाने के लिए टोना-टोटका करने लगे। इस क़िस्म के चतुराईपूर्ण कर्म के लिए भी **विज्ञ** से बना **बैगा** शब्द बहुत सटीक था। आदिवासियों में एक जाति का नाम ही बैगा है जो मूलतः पुरोहित ही होते हैं।

एक विरोधाभास देखिए, जिस **ज्ञा** धातु में निहित जानकारी, समझ, बोध आदि अर्थ विज्ञान जैसे शब्द में एकाकार हो रहे हैं, इसी **ज्ञा** से जन्मा है। उसी धातुमूल से बने विज्ञ से बना है **बैगा** जिसके एक छोर पर चाहे समझदारी जुड़ी हो मगर दूसरा छोर अंधविश्वास की गर्त में जाता नज़र आता है। यह **विज्ञ** की अवनति है। विज्ञान और अंधविश्वास एक ही मूल से जन्मे हैं। तर्क से ही दोनों में फ़र्क़ होता है। शब्दों की अवनति के संदर्भ में इस सयाना शब्द पर ग़ौर करें। हिन्दी में आजकल ज़्यादा अक़्लमंदी या चालाकी दिखाने के संदर्भ में **स्यानपंथी** शब्द चलता है। बुंदेली-मालवी के बिगड़े उच्चारणों में इसे अब **स्यानपत, सयानपंथी** या **स्यानपती** भी कहा जाता है यानी ज़्यादा चालाकी दिखाने की राह पर चलना। नेपाली उच्चारण की तर्ज़ पर मुंबइया ज़बान में **श्याना, श्याणा, श्याने** शब्द है। इसका मतलब भी चालाक व्यक्ति से ही है। मराठी में **सयाना** शब्द का रूप है **शहाणा**। एक उपनाम भी है **शहाणे**।

ज़रूरत से ज़्यादा समझदारी दिखाने वाले के लिए हिन्दी उर्दू में **डेढ़ अक़्ल** शब्द चलता है, उसी तर्ज़ पर मराठी में भी **दीड़शहाणा** शब्द प्रचलित है। हिन्दी में भी **डेढ़ सयाना** जैसा मुहावरा प्रचलित है जिसका अर्थ है बहुत चालाक बनना।

मिलिए ओझाजी और पाधाजी से... (सयाना-2)

[शब्द संदर्भ : ओझा, उपाध्याय, झा, मुखर्जी, बैनर्जी, चटर्जी, मुखोपाध्याय, चट्टोपाध्याय, बंदोपाध्याय, पाध्ये, पाधाजी, अध्याय]

सयाना-बैगा की तरह ही हिन्दी में एक अन्य शब्द है **ओझा** जो झाड़-फूँक करने वाले के अर्थ में प्रयुक्त होता है। आदिवासी समाज में ओझा की भूमिका बड़ी महत्त्वपूर्ण है। यहाँ ओझा, पंडित पुरोहित भी हैं और तांत्रिक-मांत्रिक भी। शारीरिक रोग से लेकर मानसिक रोग का इलाज करने वाले चिकित्सक की भूमिका में भी वही हैं। पारिवारिक-सामाजिक समस्याओं का निराकरण करने वाला परम ज्ञानी भी वही है। आमतौर पर इनका समाधान वह जादू-टोना और तंत्र-मंत्र के ज़रिए करता है। ओझा की महिमा आश्चर्यचकित करने वाली है। आदिवासी समाज से हटकर सामान्य तौर पर ओझा ब्राह्मण समुदाय का एक उपनाम है। ओझा शब्द बना है **उपाध्याय** से। संस्कृत **ध्य** प्राकृतों में **ज** या **झ** में बदलता है। उपाध्याय के ओझा में तब्दील होने का क्रम कुछ यूँ रहा–उपाध्याय > उवज्झाय > उअज्झाय > उअज्झा > ओझा। दिलचस्प यह कि उपाध्याय से ओझा के अलावा भी ब्राह्मण समाज के अनेक उपनाम निकले हैं। अपने आपमें **उपाध्याय** भी एक उपनाम है। प्रायः सभी भाषाओं में स्वरलोप की प्रकृति होती है और इसी वजह से नए-नए शब्द बनते हैं और शब्द-संपदा समृद्ध होती है। उपाध्याय के उदाहरण में आप देख सकते हैं कि वर्णलोप के साथ-साथ स्वरलोप होते-होते नया शब्द बना **ओझा**। इस ओझा से ओ का भी जब लोप हुआ तो रह गया **झा** और यह भी प्रतिष्ठित मैथिल ब्राह्मणों का उपनाम है। महाराष्ट्रीय ब्राह्मणों में उपाध्याय उपनाम के साथ एक और रूप देखने को मिलता है **पाध्ये**। यहाँ भी वर्ण और स्वर का लोप हुआ है। बंगाल के **मुखर्जी, बैनर्जी, चटर्जी** जैसे उपनामों में भी उपाध्याय शब्द छुपा है। दरअसल ये नाम क्रमशः **मुखोपाध्याय, बंदोपाध्याय** और **चट्टोपाध्याय** के संक्षेप रूप हैं।

अवध क्षेत्र में जा बसे खत्रियों ख़ासतौर पर शाहजहाँपुर के खत्रियों में अपने कुलगुरु या पुरोहित को **पाधा** या **पाधाजी** कहने की परिपाटी रही है। लखनऊ-कानपुर-बरेली-शाहजहाँपुर में यह शब्द इसी अर्थ में ख़ूब चलता है। ये **पाधाजी** भी दरअसल उपाध्यायजी ही हैं। कहने को ये सब एक हुए मगर किसी झा उपनामधारी मैथिल ब्राह्मण को पाधा कहलाना गवारा नहीं होगा और कोई पाधा ख़ुद को पाध्ये कहलाना नहीं चाहेगा। और ये सब मिलकर कभी झाड़-फूँक वाले **ओझा** के रूप में अपनी शिनाख़्त नहीं कराना चाहेंगे। ओझा, झा, उपाध्याय और पाध्ये उपनामधारी कितने ही विद्वानों के नाम हमें सहज ही याद आते हैं जिनका विभिन्न क्षेत्रों में

महत्त्वपूर्ण योगदान रहा। **उपाध्याय** का अर्थ होता है गुरु, धार्मिक शिक्षक, अध्यात्म समझाने वाला। मूलतः यह शब्द बना है **उप + अध्याय** से। अध्याय का अर्थ होता है पढ़ना, किसी ग्रंथ का पाठ या खंड। व्याख्यान को भी अध्याय ही कहते हैं। संस्कृत के **अधि** उपसर्ग में उच्चता, उठना, ऊर्ध्व, ऊपर जैसे भाव होते हैं। इसमें **इ + च्** प्रत्यय लगने से बना **अध्ययः** शब्द जिसमें ज्ञान, स्मरण, पाठ जैसे अर्थ निहित हैं। अधि में विभिन्न प्रत्ययों के योग से अध्याय अर्थात पाठ या खंड, अध्ययन यानी सीखना, पढ़ना, जानना, **अध्यापक** यानी गुरु, शिक्षक आदि। इसी तरह बना है **अध्यापन** अर्थात पढ़ाना या पारिश्रमिक के बदले शिक्षाज्ञान कराना। अर्थात **ओझा** ख़ुद तो सयाने थे ही, शिष्यों को भी सयाना बनाते थे। ग़ौर करें सयाना शब्द संस्कृत के **संज्ञान** से बना है। अर्थात सम्यक् ज्ञान कराना।

स्पष्ट है कि **उप + अध्याय** शब्द में भी ज्ञान-बोध-शिक्षा जैसे भाव जुड़े हैं। यह शब्द प्राचीनकाल की गुरुकुल संस्कृति से पनपा है। गुरुकुलों के अधिष्ठाता प्रसिद्ध ऋषि-मुनि थे। प्रायः वे स्वयं अथवा अन्य विद्वान ब्राह्मण जो वेदोपनिषदों की दार्शनिक मीमांसा करते थे, आचार्य कहलाते थे। विद्यार्थी को वेदों के विशिष्ट अंश पढ़ाने के लिए नियमित वृत्ति अर्थात वेतन पर जो शिक्षक होते थे, वे **उपाध्याय** कहलाते थे। कालांतर में शिक्षावृत्ति अर्थात पारिश्रमिक के बदले पढ़ाने वाले ब्राह्मणों का पदनाम ही उनकी पहचान बन गया। इस तरह उपाध्याय सरनेम बना। वेदपाठी होने की वजह ये शिक्षक समाज में कर्मकांड भी करने लगे। पुरोहित वर्ग की उत्पत्ति हुई। **उपाध्याय/ओझा** [ojha] शब्द का ध्वन्यार्थ ब्राह्मण तक सीमित न रहकर ब्राह्मणेतर समाजों के पुरोहित के लिए भी होने लगा। इसकी पहुँच आदिवासी समाज में भी हुई। वहाँ भी ज्ञानी, सयाने के तौर पर इस शब्द को स्वीकार्यता मिली। ओझा, व्यापक रूप से वहाँ उन सभी अर्थों में प्रतिष्ठित हुआ जिसका उल्लेख ऊपर किया जा चुका है। कहाँ तो उपाध्याय में निहित अध्यापन और पौरोहित्य जैसा भाव और कहाँ **ओझा** और **ओझाई** जिसका अर्थ होता है झाड़-फूँक करने वाला या जादू-टोना करना। इस शब्द की भी अवनति हुई। ओझाओं की जमात ने अध्यात्म से लेकर पराविद्या तक सब कुछ अपने कार्यक्षेत्र में समो लिया। विद्या जब अर्थ-लिप्सा की राह पर चल पड़ती है तो फिर नीति-अनीति का ख़याल कहाँ रहता है। यही बात ओझा शब्द की अवनति के मूल में रही वरना तो आदिवासी समाज ने भी इस **ओझा** की महत्ता को मान देते हुए ही अपनाया था।

गुनिया की गुनियाई... (सयाना-3)

[शब्द संदर्भ : गुनिया, गुण, गुणीजन, गुणन, गुणा, अवगुण, दुर्गुण, सद्गुण]

आदिवासी ग्रामीण क्षेत्रों में झाड़-फूँक, तंत्र-मंत्र और इलाज करने वालों को **ओझा, सयाना** आदि कहा जाता है। **बैगा** एक जाति भी होती है जो गोंड समाज का अंग है। ये सभी शब्द मूल रूप से ज्ञान, बुद्धि, कौशल से जुड़े हैं। ओझा शब्द की व्युत्पत्ति

उपाध्याय > उवज्झाय > उअज्झाय > उअज्झा > ओझा के क्रम से हुई है जिसमें अध्ययन-अध्यापन का भाव है। **बैगा** की व्युत्पत्ति विज्ञ > बिग्य > बिग्ग > बैगा के क्रम में हुई है। इसी तरह सयाना शब्द संज्ञान > संयान > सयान > सयाना के क्रम में समझी जा सकती है। इस कड़ी का अगला शब्द है **गुनिया**।

गुनिया शब्द बना है संस्कृत की **गुण्** धातु से जिसमें धर्म, उपदेश, निमंत्रण आदि भाव हैं। हिन्दी संस्कृत का गुण इससे ही बना है जिसका अर्थ है स्वभाव, विशेषता, भलाई, लाभ, प्रभाव, परिणाम, फल, आवृत्ति यानी गुणा, सूत, रस्सी आदि। धर्म किसी भी पदार्थ के विशिष्ट लक्षण को कहते हैं। यही दरअसल उसका स्वभाव है इसीलिए गुण में स्वभाव या विशेषता का भाव प्रमुख हो जाता है। गुण में यूँ तो उदासीन भाव है मगर दुर् या सत् जैसे उपसर्गों के ज़रिए **दुर्गुण** और **सद्गुण** जैसे शब्द भी बने हैं। मनुष्य की स्वभावगत ख़ूबियाँ ही सकारात्मक अर्थों में समाज में व्यक्तित्व के विशिष्ट लक्षणों के तौर पर मानक बनीं जिसे गुण कहा गया। बाद में कला, शिक्षा, वीरता आदि भी इसमें माने गए। ऐसे लक्षणों वाले व्यक्ति **गुणी** और समूह के रूप में **गुणीजन** कहलाए। आवृत्ति के अर्थ में **गुणन, गुणा** जैसे शब्दों में भी अध्ययन और अभ्यास का भाव है। धर्मग्रंथों में छह प्रकार के गुण बताए गए हैं–ज्ञान, शक्ति, प्रतिभा, बल, पौरुष एवं तेज़। अवगुण, दुर्गुण, सद्गुण जैसे शब्द भी इसी मूल के हैं जो गुण के प्रकार बताते हैं।

गुण दरअसल प्रकृति का हिस्सा है और इसके तीन वर्ग हैं–सत्व अर्थात प्रकाश, रजस् अर्थात गति अथवा क्रिया और तमस् अर्थात अंधकार। इन्द्रियजन्य विषयों को भी **गुण** ही कहा जाता है, जैसे–रूप, रस, गंध, स्पर्श और शब्द। दरअसल तंत्र-मंत्र अथवा जादू-टोना जैसी क्रियाएँ सभ्य समाज में चाहे आज नकारात्मक दृष्टि से देखी जाती हो मगर मूलतः ये सभी विद्याएँ रही हैं। इनकी उत्पत्ति और प्रयोजन का उद्देश्य प्रारम्भ में मंगलकारी, हितकारी था। मनुष्य जब ज्ञानमार्ग पर चलता है तो कुछ अनुष्ठानों का प्रपंच भी रच लेता है जिसकी तात्कालिक तार्किक व्याख्या उसके पास रहती है मगर आने वाली पीढ़ियों तक यह सम्प्रेषित नहीं हो पाती है। कहीं-न-कहीं बीच की कड़ियाँ ग़ायब हो जाती हैं। बीच की ये ग़ायब कड़ियाँ ही ज्ञान-विज्ञान के प्रदूषण-संक्रमण की वजह बनती हैं। अक्सर लोगों को राह दिखाने वाले ही उन्हें भटकाते भी हैं। आस्था जब चमत्कार की अभिलाषा करती है तब तंत्र-मंत्र प्रमुख होने लगते हैं। अन्यथा मंत्र तो आस्था के सूक्त हैं और तंत्र महज़ विधियाँ हैं। जादू जैसी मनोरंजन कला झाड़-फूँक में बदलती है। ये सारे कर्म बेहद बुद्धिमान मगर चालाक-धूर्त वृत्ति वालों के द्वारा किए जाते रहे। समाज में इन व्यक्तियों की छवि **ओझा, बैगा, सयाना** अथवा **गुनिया** के तौर पर प्रतिष्ठित होती चली गई जबकि शुरुआत में ये सभी शब्द सकारात्मक अर्थवत्ता लिये थे और आज भी ग्रामीण संस्कृति की पहचान इनसे है। गोंडी भाषा में **गुनिया** से **गुनियाई** शब्द बनता है, ठीक उसी तरह जैसे **ओझा** से **ओझाई**। गुनियाई यानी झाड़-फूँक, जादू-टोना करना। आदिवासी समाज में **गुनिया** चिकित्सक होता है

और इलाज करता है। **गुनिया** को जड़ी-बूटियों का ख़ूब ज्ञान होता है और वही उससे दवाएँ भी बनाता है। यही नहीं, गुनिया पोथी-पत्रा भी पढ़ता है, जंत्री देखकर शकुन-विचार भी बताता है। इसके अलावा गुनिया में और भी अनोखे गुण होते हैं, मसलन–वह खेती-किसानी के मामलों में भी सलाहकार है। फ़सलों के मुहूर्त बताता है और मौसम की भविष्यवाणी करता है। गुनिया अपने कान धरती से लगाकर पातालपानी की आवाज़ सुन लेता है। उसकी बताई जगह पर ही कुआँ खोदा जाता है।

सिर्फ़ नाटक में नहीं सूत्रधार!

[शब्द संदर्भ : सूत्र, सूत, सूत्रधार, सूत्रपात]

सूत यानी रूई से बना हुआ धागा। इस धागे से बुने हुए कपड़े को सूती कपड़ा कहा जाता है। **सूत** शब्द बना है संस्कृत के **सूत्र** से जिसका मतलब होता है बाँधना, कसना, लपेटना वग़ैरह। ज़ाहिर है रूई अथवा रेशम को बटने की क्रिया में ये शामिल हैं। इससे बने **सूत्रम्** शब्द का अर्थ हुआ धागा, डोरा, रेशा, तंतु, यज्ञोपवीत अथवा जनेऊ आदि। जनेऊ को **ब्रह्मसूत्र** भी कहते हैं। ग़ौरतलब है कि संस्कृत के सूत्रम् का अर्थ केवल कपास से बना रेशा नहीं है बल्कि रेशमी धागे को भी **सूत** ही कहा जाता है। हालाँकि संस्कृत में कपास के लिए **सूत्रपुष्पः** शब्द भी है। सूत्र का एक अर्थ गुर, संक्षिप्त विधि अथवा तरीक़ा भी है।

सूत्र से ही बना है **सूत्रधार**। सामान्य तौर पर किसी घटना या कार्य का श्रीगणेश करने वाले को **सूत्रधार** कहते हैं। यूँ **सूत्रधार** रंगमंच का वह प्रमुख व्यक्ति होता है जिसके हाथ में पर्दे की डोरी यानी सूत्र होता है और जब वह डोरी खींचता है तभी नाटक का श्रीगणेश होता है। यह सूत्रधार नाटक की प्रस्तावना में भी प्रमुख भूमिका अदा करता है। पुराणों में रंगमंच प्रबंधक के लिए भी इस शब्द का प्रयोग किया गया है। इसके अलावा बढ़ई व दस्तकार को भी **सूत्रधार** कहते हैं। आज अपराध, राजनीति, कला या अन्य किसी भी क्षेत्र में शुरुआत करने वाले या अगुआ रहने वाले के लिए इस शब्द का प्रयोग हो जाता है। सूत्रधार यानी गुरुघंटाल।

इसी तरह किसी कार्य के आरम्भ के लिए **सूत्रपात** शब्द भी है। **सूत्र** यानी डोरा और **पात्** यानी गिरना या गिराना। यानी डोरी गिराना। वैसे यह कर्म संस्कृति से जुड़ा शब्द है और निर्माण यानी भवन निर्माणकार्य में प्रयुक्त होता है। ग़ौरतलब है कि पुराने ज़माने से आज तक भवन निर्माण अथवा भूमि की नाप-जोख के लिए एक क़िस्म के धागे या डोरी का प्रयोग ही होता रहा है। प्राचीनकाल में एक डोरी या धागा जिसके सिरे पर लकड़ी का गुटका बँधा होता था, ज़मीन की पैमाइश के काम आता था। निर्माण कार्य शुरू करने से पहले की नाप-जोख के लिए इस गुटके को हाथ से नीचे गिराया जाता था जिसके साथ डोरी भी ज़मीन पर गिरती थी, इस पैमाइश की इस क्रिया को ही **सूत्रपात** कहते थे। बाद में किसी भी बड़े काम की शुरुआत के लिए **सूत्रपात** शब्द चल पड़ा।

भद्र बनें, शिष्ट बनें, शालीन बनें

[शब्द संदर्भ : भद्र, भंते, भद्‌दा, बलभद्र, बलभद्‌दर, स्वर्णभद्रा, सोनभद्र, भदर, भद्रा, भादरा, चौल-चूड़ाकर्म, चूड़ामणि, जूड़ा]

हिन्दू समाज में आमतौर पर जन्म से मृत्यु तक के संस्कारों में मुंडन भी गिना जाता है। जन्म के पहले, दूसरे अथवा पाँचवें वर्ष में बच्चे के केश साफ़ किए जाते हैं। उपनयन संस्कार अर्थात जनेऊ के वक़्त भी यही क्रिया होती है। इसके उपरांत परिवार में मृत्यु हो जाने पर भी केश कटवाए जाते हैं। हर अवसर पर इसके अलग-अलग नाम हैं। राजस्थान में इसे **भदर** कहा जाता है।

भदर शब्द मेरे विचार से **भद्र** से ही बना है जिसकी व्युत्पत्ति **भंद्** धातु से हुई है। संस्कृत में हजामत या मुंडन के लिए भी **भद्राकरणम्** शब्द ही है। **भंद** से बने **भद्र** के सभ्य, शिष्ट, शालीन, श्रेष्ठ, मंगलकारी, समृद्धशाली, अनुकूल, प्रशंसनीय जैसे अर्थ उजागर हैं। बौद्ध श्रमणों व भिक्षुओं के लिए आदरसूचक **भदंत** शब्द की व्युत्पत्ति का आधार भी यही है। इसी का अपभ्रंश रूप **भंते** होता है। ये अलग बात है कि **भोंदू, भद्‌दा** जैसे शब्दों का जन्म भी इसी **भद्र** से हुआ है जो **भद्र** शब्द की अवनति है। भद्र से कुछ और शब्द भी बने हैं। राजस्थान के श्रीगंगानगर में एक क़स्बा है **भादरा**। दरअसल प्राचीनकाल में यह **भद्रा** था जिसका नाम **स्वर्णभद्रा** नदी के नाम पर पड़ा। उत्तर प्रदेश के एक ज़िले का नाम **सोनभद्र** भी इसी मूल का है। **भद्रा** ज्योतिषीय शब्दावली में एक करण का नाम है। पृथ्वी का एक नाम **सुभद्रा** भी है। पूर्वी क्षेत्रों में **भद्र** का उच्चारण **भद्‌दर** किया जाता है। वहाँ **बलभद्र** हो जाएगा **बलभद्‌दर**! इसी तरह राजस्थानी में **भद्र** का **भदर** रूप बना। मुंडन दरअसल उपनयन जैसे मांगलिक संस्कार पर हो या मृत्यु संस्कार पर, भद्र अथवा भदर का उद्‌देश्य अनुकूलन, मंगलकारी ही है। शिशु का मुंडन उसके जन्म के समय के बाल हटाना होता है ताकि नए घने बाल आ सकें। इसके पीछे बालों की स्वच्छता का दृष्टिकोण ज़्यादा है। ग्रंथों में इसकी कई दार्शनिक व्याख्याएँ हैं जिनका संबंध बुद्धि-मेधा की प्रखरता से है। उपनयन अर्थात विद्यारम्भ संस्कार के वक़्त मुंडन के पीछे भी यही भाव रहता है कि बालक के व्यक्तित्व में एक विद्यार्थी को शोभा देने वाला गाम्भीर्य, शालीनता, शिष्टता और गरिमा दिखाई पड़े। शैशव की चंचल छवि के विपरीत वह शिक्षार्थी जैसा भद्र दिखे इसीलिए विद्यारम्भ के वक़्त बटुक का मुंडन संस्कार किया जाता है।

द्विजों में मृत्यु-संस्कार के तहत भी दसवें दिन सबसे अंत में मुंडन का प्रावधान है। उद्‌देश्य वही है–मृत्यु के दुख से उबरने और समाज के साथ अनुकूल होने की प्रक्रिया का शुभारंभ हो सके। यह सब पिंडदान की रस्म के बाद होता है। पिंडदान की रस्म को भात की रस्म भी कहा जाता है। तर्पण के लिए जो पिंड बनाए जाते हैं, वे चावल से बने होते हैं। चावल के लिए संस्कृत में **भक्त** शब्द है जिससे **भात** बना है। दारुण अवस्था में स्वजन की देखभाल व अन्ततः उसके न रहने के वियोग से अस्त-व्यस्त

व्यक्ति सिर के बाल कटवाकर व्यवस्थित, शिष्ट और गंभीर नज़र आए, **भद्र** नज़र आए। शोकाकुल व्यक्ति को फिर से **भद्र** बनाने की प्रक्रिया ही **भदर** कहलाती थी ताकि वह समाज में समरस हो सके। भद्र का अपभ्रंश ही **भदर** हुआ। इसके तहत मृतक के ज्येष्ट पुत्र के सिर के बाल उतारे जाते हैं। बाद के दौर में हिन्दुओं के प्रायः सभी समुदायों में मुंडन अनिवार्य हो गया और इसे रूढ़ि की तरह किया जाने लगा। हिन्दी क्षेत्रों में पुराने ज़माने में और आज भी **भदर/मृत्युभोज** की परंपरा ग्रामीण क्षेत्रों में किसी भी ग़रीब परिवार पर बहुत भारी पड़ती है। राजस्थान में किसी ज़माने में राजा के निधन पर पूरी रियासत द्वारा **भदर** कराने का उल्लेख है।

महामहोपाध्याय डॉ. पाडुरंग वामन काणे लिखित धर्मशास्त्र का इतिहास पुस्तक के अनुसार मुंडन संस्कार के प्राचीन नाम चौल, चूड़ाकरण, चूड़ाकर्म आदि हैं। संस्कृत में **चूड़ा** का अर्थ होता है सिर पर बँधा केश-गुच्छ, शिखा, आभूषण, शिखर, चोटी आदि। चंद्रचूड़ का अर्थ हुआ जिसके सिर पर चंद्र विराजमान हैं अर्थात शिव। सिर पर धारण किए जाने वाले एक आभूषण को **चूड़ामणि** कहते हैं। भारतीय महिलाओं द्वार कलाई में पहने जाने वाले दुनिया भर में मशहूर आभूषण चूड़ी का जन्म भी इसी मूल से हुआ है। पहले यह चूड़ा ही था, बाद में इसका **चूड़ी** रूप भी प्रचलित हो गया। केश-गुच्छ के लिए **जूड़ा** शब्द की व्युत्पत्ति कुछ लोग इस **चूड़ा** शब्द से भी मानते हैं। वैसे **जूड़ा** शब्द **जुट्** धातु से बना है जिससे **जटा** शब्द का निर्माण हुआ है। **जुट्** शब्द की रिश्तेदारी भी **यु** धातु से है जिससे सम्मिलित होने, एक साथ होने का भाव है, जैसे—युक्त-संयुक्त आदि।

हजामत का दिन यानी बालदिवस

[शब्द संदर्भ : हजामत, शेव]

एक साल में कितनी बार बालदिवस मनाया जा सकता है? जवाब है कम-से-कम महीने में एक बार तो ज़रूर। बात दरअसल **चिल्ड्रेन्स डे** की नहीं हो रही है बल्कि **हजामत** की हो रही है। बाल कटवाने को हिन्दी-उर्दू में **हजामत** कहते हैं और यह ख़ूब प्रचलित शब्द है। वैसे चलताऊ हिन्दी में तो इसके लिए कटिंग शब्द ही लोकप्रिय है जो अंग्रेज़ी के हेयर-कटिंग से बना संक्षिप्त रूप है। कटिंग बहुत सी चीज़ों की होती है मगर उसके लिए हमारे यहाँ कटाई, कटाना जैसे हिन्दी शब्दों से काम चला लिया जाता है मगर **हजामत** के लिए तो तीन अक्षरों के कटिंग से काम चल जाता है। अंग्रेज़ी के cut का रिश्ता पुरानी जर्मनिक के kut, मध्यकालीन अंग्रेज़ी के kitten से है जिसका अर्थ चाकू या चाकू से काटना होता है।

इस सिलसिले में **हजामत** बड़ा दिलचस्प शब्द है। यह बना है अरबी के **हजामाह**, **हजामा** या **हिजामा** से जिनका रिश्ता **हज्म** धातु से है। **हज्म** का मतलब होता है काटना, चीरा लगाना, आकार देना या सुधारना। दरअसल यह शब्द प्राचीन अरबी चिकित्साशास्त्र से आया है जिसके तहत शरीर के ख़ास-ख़ास स्थानों पर चीरा लगाकर

अशुद्ध रक्त को निकाला जाता था ताकि विभिन्न व्याधियों से मुक्ति मिले और शरीर स्वस्थ रह सके। दरअसल यह एक्यूपंक्चर की तरह हज़ारों साल पुरानी चीनी चिकित्सा पद्धति (कपिंग) है जिसे ताओवादियों ने ईजाद किया था। यूँ प्राचीन भारत और यूरोप में भी इस विधि का प्रचलन रहा है। प्राचीन अरब में यूँ तो बाल कटवाना अधार्मिक कृत्य समझा जाता था मगर जब भी ऐसी परिपाटी आम हुई होगी, बाल काटने के लिए भी **हजामा** शब्द चल पड़ा। इसका फ़ारसी रूप हुआ **हजामत** और इसे करने वाले के लिए शब्द बना **हज्जाम**। इसके यही रूप हिन्दी-उर्दू में भी प्रचलित हो गए। हिन्दी में तो **हजामत बनाना** मुहावरा भी चल पड़ा जिसका अर्थ है जेब ख़ाली कराना, ख़ूब पैसा ख़र्च कराना। ज़ाहिर सी बात है कि **हज्म** धातु में शामिल आकार देने का भाव बाल काटने में उजागर हो रहा है और रक्त शोधन संबंधी, चिकित्सा संबंधी भाव चीरा लगाने जैसे अर्थ से स्पष्ट है। यह पद्धति भारत में आज भी प्रचलित है और नीम-हकीमों के द्वारा अपनाई जाती है। इस पद्धति में शंकु के आकार के कप लेकर सुई से ख़ासतौर पर पीठ पर दोनों कंधों के बीच में चीरा लगाया जाता है। इस कप में एक छिद्र होता है जिसके ज़रिए इसमें से हवा खींचकर निर्वात (वैक्यूम) पैदा किया जाता है ताकि ऊपरी रक्तवाहिनियों से ख़ुद-ब-ख़ुद अशुद्ध रक्त बाहर आने लगता है।

कटिंग के लिए अंग्रेज़ी में **शेव** शब्द भी है। मगर हिन्दी समाज की अद्‌भुत माया है कि **शेव** शब्द का इस्तेमाल सिर्फ़ दाढ़ी के बाल काटने के लिए होता है। शब्द प्राचीन इंडो-यूरोपीय भाषा-परिवार की धातु KER बड़ी महत्त्वपूर्ण है। संस्कृत की **कृ** धातु इसी शृंखला की कड़ी है। अंग्रेज़ी में कैंची को कहते हैं सीज़र। हिन्दी की कतरनी और अंग्रेज़ी की सीज़र आपस में मौसेरी बहनें हैं। SHAVE का रिश्ता भी लैटिन के SCABERE से है जिसमें काटने, खुरचने का भाव समाया है। प्राचीन भारोपीय धातु KER का ओल्ड जर्मनिक में रूप हुआ SKER जिसका मतलब होता है काटना, बाँटना। अंग्रेज़ी के **शेअर** यानी अंश, टुकड़े, हिस्से आदि और **शीअर** यानी काटना इससे ही बने हैं।

हम सब भ्रष्ट हैं!

[शब्द संदर्भ : भ्रंश, भ्रष्ट, भ्रष्टाचार, भटकन, पथभ्रष्ट, अपभ्रंश, भटकैया, भटकल, भ्रष्टाचारी]

घुमक्कड़ी का **भ्रष्टाचार** से भला कोई रिश्ता हो सकता है? दूर की कौड़ी लाई जाए तो कहा जा सकता है कि भ्रष्टाचारी व्यक्ति पुलिस से बचने के लिए इधर-उधर मारा-मारा फिरता है। जानते हैं **भ्रष्ट** और **भटकन** की रिश्तेदारी। घूमने-फिरने से संबंधित शब्दावली में यूँ तो सैलानीपन, सैर-सपाटा, घुमक्कड़ी, यायावरी, पर्यटन, बंजारापन और तो और आवारगी जैसे शब्द ख़ूब इस्तेमाल होते हैं। घूमने-फिरने की शब्दावली का ही एक शब्द है **भटकन** या **भटकना**। घुमक्कड़ी या सैर-सपाटा यूँ तो सौद्‌देश्य ही होता है और अंत में ज्ञानार्जन ही होता है। मगर निरुद्‌देश्य सी घुमक्कड़ी भी कई बार होती है जिसे आवारगी भी कह सकते हैं। मगर **भटकन** का अर्थ इन तमाम व्याख्याओं से भी हटकर

है। **भटकन** में व्यर्थ का घूमना-फिरना तो शामिल है मगर ख़ास बात यह कि निरुद्देश्य तो मनुष्य अपनी मर्ज़ी से भी घूम सकता है मगर भटकने में सिर्फ़ उसका ही दोष नहीं होता।

भटकन शब्द का सही भाव है गुमराह होना, रास्ता भूल जाना। इसी तौर पर भटकों को रास्ता दिखाने वाला मुहावरा भी कहा जाता है। यानी भटका वही है जो रास्ता भूल चुका है। यह शब्द बना है संस्कृत के **भ्रष्ट** से। संस्कृत का यह शब्द बोलचाल की हिन्दी में रोज़ाना इस्तेमाल होने वाले सर्वाधिक शब्दों में एक है। भ्रष्ट शब्द बना है संस्कृत धातु **भ्रंश** से जिसका मतलब होता है गिरना, टपकना, विचलित होना आदि। इससे बने भ्रष्ट में भी इन तमाम अर्थों समेत गुमराह, विचलित, गिरा हुआ, दुश्चरित्र, पतित, बर्बाद जैसे अर्थ भी शामिल हो गए। कुल मिलाकर **भ्रष्ट** वह है जो अपने मार्ग, स्थान, पद, गरिमा व चरित्र के मद्देनज़र उचित व्यवहार न करे। जो अपने इन गुणों से वंचित हो जाए वही भ्रष्ट है। इसीलिए भटके हुए व्यक्ति को **पथभ्रष्ट** कहा जाता है। **भ्रष्ट** यानी बिगड़ा हुआ। **भ्रष्टाचारी, भ्रष्टाचरण** जैसे शब्द अख़बारों में रोज़ पढ़ने को मिलते हैं। ये अलग बात है कि भटका हुआ व्यक्ति आज मासूम और वक़्त का मारा माना जाता है मगर उसे भ्रष्ट तो क़तई नहीं कहा जाता। यूँ भी जान-बूझकर कोई ग़लत रास्ते पर चलना नहीं चाहेगा, ख़ासतौर पर भटकन के अर्थ में। मगर विडम्बना है कि **भ्रष्ट** या **भ्रष्टाचार** शब्द का अर्थ आज सभी जानते हैं मगर सामाजिक जीवन में हममें से ज़्यादातर लोग भ्रष्ट हो चुके हैं, या होने को उतारू बैठे हैं। हाल ये है कि छात्र जीवन से तय कर लिया जाता है कि किस व्यवसाय में भ्रष्टाचार की गुंजाइश है, वहीं हाथ आज़माया जाए!

संस्कृत से पैदा हुई भाषाओं में एक भाषा **अपभ्रंश** भी कही जाती है। यूँ **अपभ्रंश** का मतलब होता है पतित, गिरा हुआ, ऐसे शब्द जो व्याकरण की दृष्टि से सही न हों, भ्रष्ट भाषा या संस्कृत से भिन्न कोई भी भाषा। ग़ौर करें कि जब संस्कृत को देवभाषा कहा जाता है तो हर भाषा **अपभ्रंश** ही हुई न! इस तरह **भ्रष्ट** का **अपभ्रंश** रूप हुआ भट जिसमें कई तरह के प्रत्यय लगने से **भटकना, भटकाना, भटका, भटकल, भटकैया** जैसे कई शब्द बन गए। साफ़ है कि जिसे अपने रास्ते से, उद्देश्य से विचलित कर दिया गया हो वही **भटकैया** या **भटकल** है। ऐसा करना ही **भटकाना** है और यूँ फिरते रहना ही **भटकन** है।

दिल में बिराजेगा राग जब खेलेंगे होरी

[शब्द संदर्भ : रंगीन, रंगत, रंगदार, रंगबिरंग, रंगरेज़, रंगसाज़, रंगारंग, रंगीनमिज़ाज़, रंगों बू, रंगरोगन, रंगबाज़ी, रंगदारी, रंग दिखाना, रंग उड़ना, रंग ज़माना, रंग बदलना, रंग में आना, रँगा सियार, रंजन, मनोरंजन, रंजना, रंजिनी, अनुरंजिनी, रंगनाथ, रागेश, रागश्री, रागिनी]

रंग-पर्व होली पर शब्दों के सफ़र में कुछ **राग-रंग** की बात हो जाए। होली से रंगों का जो नाता है उससे कहीं कमतर नहीं है राग का रिश्ता। बल्कि होली मूलतः **राग** यानी

लगाव का ही त्योहार है। मन में जब तक **राग** यानी संगीत और राग यानी लगाव नहीं बिराजेगा कोई रंग इस पर्व की मूल भावना को अभिव्यक्त नहीं कर सकता। यानी मन के राग के बिना होली पर सातों रंग फीके। इसीलिए ब्रिज में होली के मौक़े पर चाहे बनवारी की बरजोरी गोपियों पर चल जाती थी मगर आज के दौर में रंगों की बरजोरी तब तक किसी से न करें जब तक दिल में इसका राग न पैदा हो जाए।

बहरहाल बात राग-रंग की हो रही थी। होली के ये दोनों यार **राग** और **रंग** दरअसल सगे भाई हैं। दोनों की उत्पत्ति एक ही मूल से हुई है। दोनों का अर्थ भी समान है। बस, ख़ासियत अलग-अलग है। कोई किसी भाव में धनी है तो कोई किसी में। दोनों शब्दों का जन्म हुआ है संस्कृत धातु **रंज्** से। मूलतः **रंज्** का मतलब होता है लाल रंग या रँगे जाने योग्य। लाल होना, चमकना, प्रसन्न होना, संतुष्ट होना। अब ग़ौर करें कि चेहरे की चमक आमतौर पर उसके रक्ताभ होने से ही झलकती है और चेहरा तभी चमकेगा जब मन में प्रसन्नता होगी, सो प्राचीनकाल में मुख्य रंग के तौर पर लाल की ही प्रधानता मानी गई। उगते और डूबते सूर्य के रंग भी यही हैं जिनसे प्रकृति की चमक उजागर होती है। **रंज्** का अर्थ भक्तिभाव भी होता है। **अनुरंजन** शब्द के यही मायने हैं। **मनोरंजन** का अर्थ भी स्पष्ट है। नील के पौधे को संस्कृत में **रंजनी** कहा जाता है। **रंगरेज़** को हिन्दी में **रजक** भी कहते हैं जो इसी कड़ी का शब्द है। **रंज्** से बने **रंगः** में रँगने का मसाला, वर्ण, मनोरंजन स्थल, रंगशाला, नाट्यशाला, महावर आदि कई अर्थ शामिल हो गए है। यही **रंग** फ़ारसी में भी जस-का-तस मौजूद है और फ़ारसी के प्रत्ययों, उपसर्गों के ज़रिए कई नए शब्द बन गए हैं जितने हिन्दी में भी नहीं बने। इनमें से ज़्यादातर आम बोलचाल में प्रचलित हैं, मसलन—रंगीन, रंगत, रंगदार, रंगबरंग, रंगरेज, रंगसाज़, रंगारंग, रंगीनमिज़ाज़, रंगो-बू, रंगरोगन वग़ैरह।

जहाँ तक **रागः** का सवाल है राग का मतलब भी वर्ण, रंग, लालिमा, अबीर-गुलाल, महावर आदि होता है मगर इसका अर्थ ख़ुशी, आनंद, उल्लास के साथ-साथ एकदम विपरीत क्रोध और रोष भी होता है। मराठी में ग़ुस्से के लिए बहुप्रचलित शब्द **राग** ही है। भारतीय शास्त्रीय संगीत की विभिन्न स्वरसंगतियों को भी राग ही कहा जाता है और हर तीज-त्योहार व मांगलिक अवसरों पर राग-रागिनियों को गाने की परंपरा आज भी है। होली पर भी ध्रुपद, धमार, ठुमरी गाई जाती है। राग की रिश्तेदारी इस रंगपर्व से इतनी गहरी है कि एक गायन शैली का नाम ही होरी या होली हो गया है। क़व्वाली भी इस अवसर पर गाई जाती है। राग यानी लगाव के विपरीत अर्थ वाला शब्द है **विराग** जिसका मतलब होता है विरक्त। विराग से ही बना है **बैराग** या

बैरागी। दिलचस्प बात ये कि **बैराग्य** का जहाँ पर्व-त्योहार से कोई रिश्ता नहीं वहीं बैरागियों की जमात में न सिर्फ़ धूमधाम से रासलीला होती है बल्कि रंग भी खेले जाते हैं।

रंज् शब्द की महिमा से हिन्दी को कई नाम भी मिले है, जैसे–**रंजन, मनोरंजन, रंजना, रंजिनी, अनुरंजिनी, रंगनाथ, रागेश, रागश्री, रागिनी** आदि। रंग शब्द ने कई मुहावरे भी बनाए हैं, जैसे–**रंगबाजी, रंगदारी, रंग दिखाना, रंग उड़ना, रंग जमाना, रंग बदलना, रंग में आना, रँगा सियार** और रँगे हाथों पकड़ना आदि। ज़ाहिर है कि समाज में जिस शब्द की अर्थवत्ता जितनी प्रभावी होगी उसके प्रयोग भी उस भाषा में उतने ही बहुरंगी होते जाएँगे। **राग-रंग** के साथ यही हो रहा है। अब **राग** और **रंग** दोनों मिलकर जब **राग-रंग** के तौर पर इस्तेमाल होते हैं तो भाव विलासिता का ही उभरता है।

प्रकृति-जीव-काया

चंदू, चंदन और चाँदनी (चन्द्रमा-1)

[शब्द संदर्भ : चंदन, चंदा, चाँदनी, संदल, फर्श संदली, चन्द्र, चन्द्रिका]

चाँदनी हिन्दी का बड़ा ख़ूबसूरत लफ़्ज़ है जो उर्दू में भी इस्तेमाल होता है। चाँदनी यानी शुक्लपक्ष की रातें जब आसमान में चाँद अपनी बढ़ती कलाओं के साथ धरती पर रोशनी बिखेरता है। ज़ाहिर सी बात है कि **चाँद** से ही **चाँदनी** शब्द बना है। ख़ुशबुओं की बात करें तो चंदन की महक किसे नापसंद होगी। भारतीय मूल के इस वृक्ष की सुगंध का दीवाना पूरा संसार है। चंदन का वृक्ष दक्षिण भारत में बहुतायत से होता है और इसकी लकड़ी बेशक़ीमती होती है।

चाँदनी और चंदन में बेहद क़रीबी रिश्ता है। **चंदन** शब्द बना है संस्कृत के **चन्दनः** से जिसकी व्युत्पत्ति हुई है संस्कृत धातु चंद् से जिसमें चमक, प्रसन्नता और ख़ुशी का भाव है। हिन्दी का चाँद यानी चन्द्रमा शब्द इसी **चन्द** धातु की उपज है। दरअसल **चन्द** धातु से पहले **चन्द्रः** शब्द बना जिसका अर्थ है आकाश में स्थित चन्द्र ग्रह जो हम सबका लाड़ला चंदा मामा भी है। चन्द्रः के अन्य अर्थ भी हैं, मसलन—पानी, सोना, कपूर और मोरपंख में स्थित आँख जैसा विशिष्ट चिह्न। दरअसल इन सारे पदार्थों में चमक और शीतलता का गुण प्रमुख है। दिन में सूर्य की रोशनी के साथ उसके ताप का एहसास भी रहता है। चन्द्रमा रात में उदित होता है। इसलिए इसकी रोशनी के साथ शीतलता का भाव भी जुड़ गया। चंदन के साथ यही शीतलता जुड़ी है।

प्राचीनकाल में मनुष्य को जब चंदन की लकड़ी के आयुर्वैदिक गुणों का पता चला और उसने सर्वप्रथम उसे घिसकर उसके लेप का प्रयोग त्वचा पर किया। शीतलता के गुण की वजह से ही इसे **चन्दनः/चन्दनम्** नाम मिला जो हिन्दी में **चंदन** कहलाता है। दक्षिण भारत का मलयाचल पर्वत चंदन के वृक्षों के लिए प्रसिद्ध है। चंदन की अधिकता की वजह से इसे **चन्दनाचल, चन्दनाद्रि** या **चन्दनगिरि** भी कहा जाता है। दिलचस्प बात यह कि फ़ारसी का संदल मूल रूप से संस्कृत की **चन्द** धातु से ही उपजा है। संस्कृत का चंदन ही पर्शियन में चंदल होते हुए फ़ारसी के **संदल** में ढल गया। चन्द्रः से अनेक शब्द बने हैं, जैसे—चन्दा, चन्द्रिका अर्थात चाँदनी, चंदू वग़ैरह। चाँदनी शब्द का प्रयोग रोज़मर्रा के जीवन में एक अन्य अर्थ में भी होता है। फ़र्श पर बिछाई जाने वाली सफ़ेद चादर या छत से सटाकर बाँधा गया गया कपड़ा भी **चाँदनी** कहलाता है। ज़्यादातर लोग इस शब्द का रिश्ता भी चंदा मामा की चाँदनी से जोड़ते हैं जिसमें स्निग्धता, शीतलता और चमक, सब कुछ एक साथ है। प्रख्यात कोशकार

रामचंद्र वर्मा के अनुसार यह शब्द मूलतः **फ़र्श-संदली** से बना है अर्थात चंदन जैसी रंगत वाली ज़मीन, सतह। दरअसल मुग़लकाल में नूरजहाँ ने सबसे पहले अपने एक महल में चंदन के रंग वाला फ़र्श बनवाया था और उसे **फ़र्श-संदली** कहा गया। बाद में उसे सिर्फ़ **संदली** और फिर **चाँदनी** कहा जाने लगा। चंद्रमा की चाँदनी से इसका कोई रिश्ता हो या न हो, मगर चन्द से बने चंदन से इसका संबंध ज़रूर है और चन्द से ही चन्द्रमा बना है सो ये एक ही कुनबे के ज़रूर कहलाए। यानी रिश्तेदारी तो ठहरी!

चाँदी का जूता, चंदन की चप्पल (चन्द्रमा-2)

[शब्द संदर्भ : सैंडल, संदल, चंदा मामा, चंदा, चाँदनी, चन्द्रिमा, चन्द्रिका, चंदर, जूता, खड़ाऊँ, चप्पल]

चंदा मामा की रिश्तेदारी **चंदन** से भी है और उसके फ़ारसी रूप **संदल** से भी। चंदा, चाँदनी, चन्द्रिमा, चन्द्रिका, चंदर जैसे शब्दों के मूल है संस्कृत की **चंद** धातु जिसमें निहित शीतलता और चमक के भावों से चन्द्रमा से लेकर चंदन तक अनेक शब्द बने। यह क्रम संस्कृत के अलावा फ़ारसी, अरबी, ग्रीक, लैटिन, फ्रेंच और अंग्रेज़ी में भी नज़र आता है। चंदन को अंग्रेज़ी में **सैंडल** भी कहते हैं जो मूलतः फ़ारसी के **संदल** से बना है। पुराने ज़माने में भारतीय चंदन की यूनान में बड़ी माँग थी। कारोबारियों के ज़रिए यह शब्द ग्रीक भाषा में **सैंडेलियन/सेंटेलोन** में बदला। ग्रीक से यह लैटिन में **सैडेलियम** हुआ जहाँ से पुरानी फ्रेंच में **सैडेल** और फिर अंग्रेज़ी में **सैंडल** बन गया। अंग्रेज़ी में इसे **सैंडलवुड** कहा जाता है। दिलचस्प है कि अंग्रेज़ी के सैंडल का एक अन्य अर्थ होता है एक क़िस्म की चप्पल जो फीते के ज़रिए पैर से बंधी होती है। यह **सैंडल** शब्द भी इसी संदल/चंदल/चंदन/सैंटेलोन/सैंडेलियन शृंखला का ही शब्द है। स्पेनिश में चंदन को **सान्दलो** और **सेंडिल** को **सन्दालिया** कहते हैं। चन्दन को गुजराती में 'सुक्खड' कहा जाता है जिसे अंग्रेज़ी में **SUKHAD** लिखा जाता है जिसे **सुखद** पढ़ा और उच्चारित किया जाता है। ग़ौरतलब है कि शीतल अनुभव होने की वजह से चंदन **सुखद** होता है।

दरअसल सभी प्राचीन सभ्यताओं में सैंडलनुमा पादुकाओं की ही परंपरा रही है। यूँ कहें की चप्पल का सबसे पुराना रूप **खड़ाऊँ** ही है और इसी क़िस्म की चरण पादुकाओं के प्रमाण दुनिया भर की प्राचीन सभ्यताओं में मिले हैं जिनमें प्राचीन मनुष्यों ने वृक्षों की छाल और लकड़ी से ही चरण पादुकाएँ बनाईं। भारत में भी लकड़ी से बने **खड़ाऊँ** ही पुराने ज़माने में चलते थे और चंदन के **खड़ाऊँ** सर्वोत्तम माने जाते थे। आज भी बाज़ार में चंदन के खडाऊँ मिलते हैं। माना जा सकता है कि प्राचीन भारत में प्रचलित चंदन के खड़ाउओं की चर्चा कारोबारियों के ज़रिए पश्चिमी देशों तक पहुँची हो और इसीलिए विशेष प्रकार की पादुकाओं के लिए सैंडलवुड से ही सैंडल शब्द चल पड़ा। बदलाव या चिकित्सा की दृष्टि से लकड़ी की चप्पलों यानी सैंडल का प्रयोग आज भी होता है।

बहरहाल आज भी **सैंडल** सबसे आरामदेह चरण पादुकाओं में शुमार हैं। हिन्दी का खड़ाऊँ शब्द ही अपने आपमें लकड़ी की पादुकाओं का पर्याय है। यह बना है संस्कृत के **काष्ठपादुका** से जिसके **खड़ाऊँ** में तब्दील होने का क्रम कुछ यूँ रहा काष्टपादुका > कट्ठपाउआँ > खड़ाऊआँ > खड़ाऊँ। लकड़ी की पादुकाओं यानी खड़ाऊँ के प्रयोग की शुरुआत इसीलिए हुई क्योंकि यह पुराने ज़माने में सबसे सहजता से उपलब्ध पदार्थ था। हालाँकि लकड़ी से भी पहले मनुष्य ने चमड़े की चप्पल बना ली थी जो मूलतः तलवे के बराबर का चमड़े का टुकड़ा भर होती थी। खड़ाऊँ का उल्लेख होते ही ऋषि-मुनियों का ध्यान आता है जो अक्सर इन्हें ही धारण करते थे। इसकी वजह थी अन्य प्रकार की चरण पादुकाओं में चमड़े का प्रयोग होना जिसे वे अपवित्र मानते थे। खड़ाऊँ शब्द की महत्ता त्रेतायुग में इतनी ज़बर्दस्त थी कि राम के वनगमन से खिन्न और अयोध्या पर शासन के अनिच्छुक भरत ने ज्येष्ठ भ्राता की खड़ाऊँ को राज-सिंहासन पर शासन के अधिकारी का प्रतीक माना और चौदह वर्षों तक अयोध्या का राज-काज सँभाला। तभी से **खड़ाऊँ-राज** एक मुहावरा भी बन गया जिसका मतलब है सत्तासीन व्यक्ति का असली हक़दार न होना।

चमड़े से बनी पादुकाओं के दो प्रमुख प्रकार हैं—**चप्पल** और **जूता**। दुनिया भर में प्रचलित सर्वाधिक लोकप्रिय शैली की चरण पादुका है जो एड़ी की तरफ़ से खुली रहती है और पैर के अगले हिस्से की ओर से फीते या बंद से बँधी होती है जिसे पहनने वाले की उँगलियाँ जकड़े रहती हैं। **चप्पल** की व्युत्पत्ति संदिग्ध है। संभव है यह ध्वनि अनुकरण प्रभाव से बना शब्द हो। एड़ी की तरफ़ से खुली होने की वजह से **चप्पल** शब्द **चप् चप्** ध्वनि करती है इसीलिए इसे चप्पल नाम मिला। वैसे जॉन प्लैट्स इसकी व्युत्पत्ति चर्प-ला से बताते हैं मगर इसकी व्याख्या नहीं करते और न ही **चर्प्** धातु का अर्थ बताते हैं। आप्टे कोश में भी चर्प् या इससे मिलते-जुलते शब्द नहीं हैं। हवाई चप्पल hawai slippers दुनिया में सर्वाधिक लोकप्रिय है। हवाई द्वीप पर इसका प्रचलन था और वहीं से चप्पल का यह प्रकार लोकप्रिय हुआ जो अपनी तिकोनी बद्‌दी या ग्रिप की वजह से बहुत सुविधाजनक भी है। ग़ौरतलब है कि हवाई चप्पल की ग्रिप के लिए **बद्‌दी** संस्कृत के **बंध्** शब्द से बना है।

इस्तेमाल में जूता चाहे चप्पल के पीछे हो मगर बोलचाल और मुहावरों में यह कही उससे पीछे नहीं है। पैरों को पूरी तरह ढँके रहने के गुण के चलते जूते के भीतर पैर डालना पड़ता है जिसमें थोड़ा वक़्त लगता है इसीलिए यह तत्काल इस्तेमाल में चप्पल जितना सुविधाजनक नहीं है। जूते का नामकरण इसके आकार या ध्वनि-अनुकरण के आधार पर नहीं हुआ है बल्कि यह समुच्चयवाची शब्द है। दरअसल दो पैरों की जोड़ी के चलते पादुकाओं की जोड़ी को संस्कृत में **युक्तम्** या **युक्तकम्** कहा गया जिससे प्राकृत में **जुत्तअम** होते हुए **जूता** शब्द बन गया। यह उसी **युज्** धातु से बना है जिससे **जुआ, युग्म, युगल** और **युक्ति** जैसे शब्द बने हैं। वैसे देखे जाए तो पैरों की रक्षा के लिए चमड़े से ढकने की युक्ति से ही जूता बना है।

चार दिन की चाँदनी (चन्द्रमा-3)

[शब्द संदर्भ : माहवारी, महीना, मासिक, चन्द्रमा, अमावस्या, अमा, अमावस, चन्द्रमस, माह, मास, चन्द्रमुख, माहरुख, माहताब]

चाँद शब्द का प्रसार संस्कृत से लेकर यूरोपीय भाषाओं में भी देखने को मिलता है उसी तरह चाँद के कुछ अन्य नाम भी हैं जिनका प्रसार संसार की कई भाषाओं में हुआ है। प्राचीन मनीषियों ने कालगणना के लिए ऋतुओं को आधार बनाया मगर ऋतुओं की आवृत्ति का बोध कराने वाले काल की गणना उन्होंने सौर-व्यवस्था का अध्ययन कर धीरे-धीरे सीखी होगी। चाँद ने इसमें महत्त्वपूर्ण भूमिका निभाई। चाँद की ज़िद इनसान को शुरू से ही रही है और इससे बहुत-कुछ सीखा भी है।

प्राचीन मानव चाँद की घटती-बढ़ती कलाओं में आकर्षित हुआ तो उसने इनमें दिलचस्पी लेनी शुरू की। स्पष्ट तो नहीं, मगर अनुमान लगाया जा सकता है कि पूर्ववैदिक काल में कभी चन्द्रमा के लिए मा शब्द रहा होगा।

संस्कृत में **मा** धातु का अर्थ होता है प्रदीप्त, किरण, रश्मि, सौन्दर्य, कांति आदि। ज़ाहिर सी बात है ये तमाम गुण चाँद में हैं। इस **मा** की छाया **चन्द्रमा** में भी नज़र आती है। **चन्द** धातु से बने **चन्द्र** में चमक का भाव है। चन्द्र से पूर्व इसे **मा** कहते थे अर्थात **चन्द्रमा** पूर्णचन्द्र का पर्याय हुआ। इसीलिए बिना चाँद की रात के लिए संस्कृत में **अमा** शब्द है। इसे **अ + मा** अर्थात जब चाँद न हो से भी समझ सकते हैं। संस्कृत-हिन्दी के **अमावस्या, अमावसी, अमावस** जैसे शब्द इससे ही बने हैं। ऐसा लगता है मापने के अर्थ में संस्कृत की मा धातु का जन्म भी चाँद के अर्थ वाले **मा** से हुआ है। चंद्रकलाओं के घटते-बढ़ते क्रम से मनुष्य ने कालगणना शुरू की। यह उसका माप था। पूर्णचन्द्र के घटते जाने को कृष्णपक्ष और फिर अंतर्धान हो जाने को अमावस्या कहा गया। इसी तरह चन्द्रमा के बढ़ते क्रम को शुक्लपक्ष कहा गया। एक पूर्णचन्द्र से दूसरे पूर्णचन्द्र की अवधि को इस तरह मास कहा गया। मा यानी **चन्द्रमा**। इसीलिए पूर्णचन्द्र की रात्रि को **पूर्णिमा** कहा गया। **चन्द्रमा** के लिए संस्कृत में एक नाम चंन्द्रमस मिलता है। डॉ. रामविलास शर्मा के अनुसार संस्कृत में मस कोई स्वतंत्र शब्द नहीं है। **चन्द्रमस** में आया **मस** मूल रूप से चन्द्र का ही प्रतीक है यानी **मा** का रूप जिससे **मास** शब्द बना अर्थात चन्द्रकलाओं के दो पखवाड़ों के बराबर की अवधि।

इसी तरह अंग्रेज़ी का **मोनो** शब्द इकलौते, एकाकी और लघु का पर्याय है। इसकी व्युत्पत्ति ग्रीक मैनोस से मानी जाती है जिसमें दुर्लभ, बिरल का भाव है। आकाश में चाँद की स्थिति भी दुर्लभ और एकाकी ग्रह जैसी ही जान पड़ती है। हालाँकि ऐसा कोई रिश्ता नहीं है। पूर्ववैदिक भाषा के **मा** अर्थात **चन्द्रमा** से बने **मासः** की तरह ही यूरोप में भी **मून** ही महीने का जन्मदाता है। अंग्रेज़ी में **माह** को मंथ कहा जाता है। उर्दू-फ़ारसी में **मास, माह** है जो हिन्दी में भी चला आया। **माह** चाँद को कहते हैं। **माहताब** यानी

चाँद जैसे चमकदार ललाट वाला चेहरा। **मेहताब** एक क़िस्म की फुलझड़ी को कहते हैं। **माहरुख** यानी चाँद-सा मुखड़ा। फ़ारसी में **माहनामा** कहते हैं मासिक पत्रिका को। प्रति दो पखवाड़ों के लिए **माहवारी, माहवार, मासिक** जैसे शब्द प्रचलित हैं और तीस दिन की नियत अवधि के लिए अन्य कई अर्थों में भी इनका प्रयोग होता है। चाँद ने भाषा को भी समृद्ध किया है। कवियों का प्रिय विषय चाँद रहा है। इब्नेइंशा की शायरी में सारी रूमानियत चाँद की बदौलत ही है। मुहावरों में चाँद है ईद का चाँद, चाँद-सा मुखड़ा, चार दिन की चाँदनी, चाँद-सितारे तोड़ लाना वग़ैरह-वग़ैरह।

दिलचस्प बात यह कि संस्कृत में **मास** यानी महीने से चन्द्रमा का रिश्ता स्थापित करने में थोड़ी मशक्कत करनी पड़ती है मगर यही मास अवेस्ता में **मा** है और मास फ़ारसी में **माह** है। फ़ारसी में चन्द्रमा को भी **माह** कहते हैं और तभी **मा, चन्द्रमा** और **मास** की पहेली सुलझती नज़र आती है। हिन्दी-उर्दू का **महीना** इसी मास की देन है। ग़ौरतलब है कि संस्कृत का **स** फ़ारसी के **ह** में बदलता है। चन्द्रमा के लिए **मा** धातु का विस्तार यूरोपीय भाषाओं में भी दिखाई पड़ता है। प्राचीन भारोपीय भाषा-परिवार में ME (N) SES में धातु है जिसमें चन्द्रमा, महीना जैसे भाव शामिल हैं। अब इस शब्द की समानता अन्य भारतीय-यूरोपीय भाषाओं के इन्हीं अर्थों वाले शब्दों से देखिए। अंग्रेज़ी में मून, moon प्राचीन इंग्लिश में **मोना**, पुरानी जर्मन में **मेनॉन**, जर्मन में **मॉन**, ग्रीक में **मेने**, संस्कृत में **मा, मासः**, स्लोवानी में **मेसेसि**, लैटिन में **मैनेसिस**, पुरानी आयरिश में **मी** आदि शब्द एक ही मूल के हैं और अर्थसाम्य और ध्वनिसाम्य महत्त्वपूर्ण है।

शशि और राकेश की रूमानियत (चन्द्रमा-4)

[शब्द संदर्भ : शशि, शशधर, शशिशेखर, शशांक, शशिन, खरगोश, शशिकला, शशिप्रभा, शशिभूषण, राकेश, मृगांक]

चन्द्रमा के अनेक नाम हैं। इनसान की एक सामान्य सी फ़ितरत है कि वह जिससे सबसे ज़्यादा प्यार करता है, उसे कई नामों से बुलाता है क्योंकि उसे वह अपने जीवन के प्रायः सभी आयामों में ख़ुद से जुड़ा महसूस करना चाहता है। मनुष्य का यही गुण सामूहिकता में भी लागू होता है। समाज में भी जो कुछ लोकप्रिय है उसके अनेक नाम, उपमाएँ देखने को मिलती हैं। मनुष्य का चाँद के साथ भी कुछ ऐसा ही रिश्ता है जिसके चलते उसे अनेक नाम मिले हैं।

चाँद के सर्वाधिक प्रचलित नामों में शशि, शशधर, शशांक आदि हैं और इन नामों के व्यक्ति भी समाज में हैं जो इसी बात का प्रमाण है कि चाँद को सब चाहते हैं। इन सभी नामों के पीछे मनुष्य की गहन अन्वेषण क्षमता, कल्पनाशक्ति और जिज्ञासावृत्ति का पता चलता है। प्राचीनकाल से मानव चाँद को शौक से निहारता रहा है। पूर्णचंद्र में नज़र आते धब्बों में उसने विभिन्न आकृतियाँ खोजीं। यह शग़ल बादलों में बनती-बिगड़ती आकृतियाँ तलाशने जैसा ही था। चाँद के धब्बों को कलंक भी कहा जाता है। ऐसा इसलिए क्योंकि इतने दीप्तिमान, स्निग्ध आभा वाले ज्योति पुंज में ये

धब्बे मनीषियों को अशोभनीय प्रतीत हुए सो उन्होंने इन्हें कलंक कहा। मगर कल्पनाशील लोगों को ये धब्बे कभी बैठे हुए खरगोश की तरह नज़र आए तो कभी हिरण की तरह।

संस्कृत में खरगोश को **शशः** कहते हैं। शशांक शब्द बना है **शशः + अंक** से अर्थात जिसकी गोद में खरगोश बैठा हो। **शशधर** का अर्थ भी यही हुआ। कालांतर में **शशः** का अर्थ ही चन्द्रमा का कलंक हो गया और चाँद का एक नया नाम हो गया **शशि**। चाँद में शीतलता का भाव भी समाया हुआ है इसलिए इसके अनेक नामों का एक अर्थ कपूर भी होता है जो शुभ्र तो होता ही है साथ ही जिसकी तासीर भी ठंडी होती है। सफ़ेद होने की वजह से चाँद का एक नाम **शुभ्रांशु** भी है। शुभ्र अर्थात सफ़ेद और अंशु यानी किरणें, ज्योति। इसी तरह **शीतांशु** शब्द का अर्थ भी स्पष्ट है। शशि से जुड़े भी अन्य कई नाम हैं, जैसे—**शशिप्रभा, शशिकला** आदि। पुराणों में शिव के माथे पर चाँद की स्थिति बताई गई है इसलिए शिव के कुछ विशेषण भी **शशि** से जुड़े हैं, जैसे—**शशिधर, शशिन, शशिशेखर** या **शशिभूषण** आदि। जिन लोगों को चन्द्रमा की गोद में हिरण नज़र आया उन्होंने इसे मृगांक नाम दिया। संस्कृत में इसका एक नाम **एणांक** भी है। **एणः** यानी एक क़िस्म का बारहसिंघा अर्थात हिरण की प्रजाति। चाँद को अज भी कहा जाता है अर्थात जो **अजन्मा** है, सनातन है। वैसे **अज** यानी अजन्मा में सर्वशक्तिमान ईश्वर का भाव निहित है अर्थात जो सर्वव्यापी है यानी परमात्मा। ब्रह्मा, विष्णु, महेश के लिए भी यह शब्द प्रयुक्त होता है।

भारत में पुरुषों के लिए प्रचलित नामों में **राकेश** का भी शुमार होता है। **राकेश** यानी चन्द्रमा। यह बना है **राका + ईश** से। संस्कृत में **राका** कहते हैं पूनम की रात को। इस तरह राकेश का अर्थ हुआ पूर्णिमा का स्वामी। राकेश नाम में चाँद की रूमानियत भी तलाशी जा सकती है। प्राचीनकाल से ही पूर्णचंद्र मिलनयामिनी, मधुयामिनी जिसे हनीमून भी कहते हैं का पर्याय रहा है। पूर्णिमा मिलन की पर्याय है क्योंकि यह उस रात चाँद पूरी सज-धज के साथ उससे मिलने आता है। राका यानी पूनो की रात बना है **रा + क** से। संस्कृत की **रा** धातु में समर्पण का, प्रदान करने का भाव है और **कः** में कमनीयता का, काम भावना का। इस तरह राका से बने **राकेश** में रूमानियत स्पष्ट हो रही है।

चाँद और चूहे में रिश्तेदारी... (चन्द्रमा-5)

[शब्द संदर्भ : इन्दु, इन्द्र, योगेन्द्र, नरेन्द्र, नगेन्द्र, रवीन्द्र, कपीन्द्र, मून, सिन्धुज, पूर्णिमा, इन्दुमति, इन्दुशेखर, उन्दीर, ऊन्दरा]

चन्द्रमा का सबसे महत्त्वपूर्ण गुण उसका सौम्य, सुंदर और शीतल होना ही है। सभ्यता के शुरुआती दौर में ही मनुष्य ने अंतरिक्ष के दो सर्वाधिक प्रकाशमान पिंडों और उनकी विशेषताओं को जान लिया था। सूर्य के प्रखर ताप के आगे चाँद की रोशनी चंदन के शीतल लेप की तरह ही है क्योंकि वह सूर्य की दग्धता को स्वयं सोखकर पृथ्वी की ओर स्निग्धता प्रेषित करता है। हालाँकि पृथ्वी पर ठंडी या गर्म जलवायु के पीछे पृथ्वी

की गतियाँ ही हैं पर स्थूल रूप में मनुष्य ने इन्हें सीधे-सीधे चाँद और सूरज से जोड़कर देखा।

जल का गुण भी शीतलता ही है इसीलिए चन्द्रमा को जल तत्त्व प्रधान कहते हैं। चन्द्रमा के लोकप्रिय नामों में एक नाम है **इन्दुः** अथवा **इन्दु**। संस्कृत में इन्दु का मतलब होता है चाँद, कपूर अथवा एक की संख्या। चन्द्रमा के इन्दु नाम के पीछे शीतलता का भाव ही प्रमुख है। इन्दु बना है संस्कृत धातु **उन्द्** से जिसका मतलब है आर्द्र करना, गीला करना, तर करना, नहलाना, स्नान करना इत्यादि। ज़ाहिर है ये सभी क्रियाएँ जल के अस्तित्व का बोध कराती हैं। इन्दु शब्द से ही बना है देवाधिदेव **इन्द्र** का नाम। ग़ौरतलब है कि **इन्द्र** को वर्षा का देवता भी इसीलिए कहा जाता है क्योंकि इसका मूल भी **उन्द्** धातु ही है जिससे जलतत्त्व का बोध होता है। जिस तरह इन्दु शब्द में एक की संख्या शामिल है जिसमें प्रथम का भाव शामिल है। इन्द्र में यह एकदम स्पष्ट हो रहा है क्योंकि इन्द्र को सर्वश्रेष्ठ, स्वामी और पृथ्वी का शासक कहा गया है। किसी भी वर्ग में जो सर्वश्रेष्ठ है उसका विशेषण भी इन्द्र ही है क्योंकि सर्वश्रेष्ठ कोई एक यानी अकेला ही होता है, जैसे–**योगेन्द्र, नरेन्द्र, नगेन्द्र, रवीन्द्र, कपीन्द्र** आदि। **इन्दु** शब्द का अर्थ इकाई की संख्या होना यही साबित करता है कि मनुष्य ने चन्द्रमा को अकेला समझा। यहाँ अंग्रेज़ी में चन्द्रमा के लिए **मून** शब्द की रिश्तेदारी भी स्पष्ट हो रही है।

चन्द्रमा का एक नाम सिन्धुज भी है। **सिन्धु + ज** अर्थात समुद्र से जन्मा। पौराणिक सन्दर्भों के मुताबिक़ अमृत की खोज में हुए समुद्रमंथन से प्राप्त तत्त्वों में चन्द्रमा भी था। इस तरह अमृत और चन्द्रमा भी सहोदर हुए। इसी रिश्ते से समुद्र का एक नाम इन्दुजनक भी बनता है। चन्द्रमायुक्त होने से पूर्णिमा की रात को **इन्दुमती** भी कहा जाता है। चाँद को अपने शिखर पर धारण करने की वजह से शिव का एक नाम **इन्दुशेखर** भी है। दिलचस्प तथ्य यह भी है कि चाँद का रिश्ता शिवजी से तो है ही, उनके पुत्र गणेश से भी उनके वाहन यानी मूषक के ज़रिए है। लगातार गीला और आर्द्र करने की विशेषता की वजह से ही **उन्द्** धातु से ही संभवतः चूहे का नाम **उन्दरुः** पड़ा। वैसे नम और ठंडी जगह पर रहना भी चूहे की फ़ितरत में शामिल है। मराठी में चूहे को **उन्दीर** कहते हैं। मालवी, राजस्थानी में भी चूहे का **ऊन्दरा** या **ऊन्द्रा** कहा जाता है। इन्दु से भी **इन्दूरः** शब्द बना है जिसका मतलब भी चूहा या मूषक ही होता है। चाँद के शशांक नाम पर अगर ग़ौर करें तो पाएँगे कि चूहे का आकार भी काफ़ी कुछ शशः यानी खरगोश से मिलता-जुलता है। हालाँकि यह दूर की कौड़ी है।

सोम यानी अमृत और चाँद... (चन्द्रमा-6)

[शब्द संदर्भ : सोम, सौम्य]

चंद्रमा का एक नाम **सोम** भी है। इसी के नाम से सप्ताह के शुरुआती दिन को **सोमवार** भी कहा जाता है। अंग्रेज़ी में भी इसे मंडे चंद्र की वजह से ही कहा जाता है।

वैदिक साहित्य में **सोम** का दर्जा बहुत महत्त्वपूर्ण है। मूलतः **सोम** को वैदिक विज्ञान एक तत्त्व मानता है। सोम के तीन रूप माने गए हैं। सूक्ष्म, स्थूल और दैवत। सोम को अमृत कहा जाता है क्योंकि वह कभी नष्ट नहीं होता अर्थात सोम ऊर्जा है। वैदिक आख्यानों में सोम के विविध रूप बताए गए हैं जिनकी दार्शनिक व्याख्या प्रकांड पंडितों ने की है। इतना तो स्पष्ट है कि सोम से अभिप्राय एक क़िस्म की ऊर्जा से है जिससे सूर्य, चंद्र दोनों आलोकित होते हैं। आर्द्रता और चिकनाई सोम के प्रमुख गुण हैं जिसकी वजह से सूर्य अंतरिक्ष की इस ऊर्जा को ग्रहण करता है और उसे अग्नि और प्रकाश के रूप में बाहर निकालता है। ऊर्जा रूप ही सोम का सूक्ष्म तत्त्व है। गाय के दूध को भी अमृत कहते हैं क्योंकि यह जल व चिकनाईयुक्त है अर्थात **सोमतत्त्व** से युक्त है। दूध से बने घी से यज्ञ में हवि दी जाती है जिसे **सोम** कहा जाता है। ये दोनों ही पदार्थ बलवर्धक भी हैं, शरीर के लिए ऊर्जा प्रदान करते हैं। अर्थात सोम स्थूल रूप से सूक्ष्म में बदलता रहता है। सोम का स्थूल रूप जल माना गया है।

सोम की व्युत्पत्ति **सू** धातु से हुई है जिसमें जीवन, प्राण, जन्म देने या उत्पन्न करने का भाव है। सू में माता का भाव भी है क्योंकि वह जननी है। सोम को स्थल संजीवनी भी कहा गया है अर्थात यह सब वनस्पतियों का मूल है। सोम नाम की अनेक औषधियाँ हैं जिनके जीवनधारक परमौषधीय गुण देवताओं को ज्ञात थे। **सोमवल्ली** का उल्लेख भी मिलता है। सोम के औषधीय गुणों की वजह से ही **सोमरस** का अस्तित्व भी सामने आया जिसके बारे में विद्वान आज भी एकमत नहीं हैं। मगर इतना तय है कि सोमरस में निश्चित ही स्वास्थ्यवर्धक गुण रहे होंगे।

सोम का तीसरा रूप दैवत है और चन्द्रमा के रूप में है। चन्द्रमा की शीतलता के साथ आर्द्रता और जलतत्त्व का रिश्ता स्पष्ट है। इसीलिए चन्द्रमा को भी सोम की तरह अमृत बरसाने वाला कहा जाता है। औषधीय वनस्पति के रूप में सोम हमेशा से एक पहेली रहा है। यूँ सोमतत्त्व के आर्द्र और जल रूप पर ग़ौर करें तो साफ़ है कि पृथ्वी पर सभी प्रकार का स्पंदन, चाहे वानस्पतिक हो या जैविक, जल से ही हुआ है। इसीलिए जल ही सोम है। जल ही ऊर्जा है। चन्द्रमा को इसीलिए **जैवातृक** भी कहा जाता है जिसका मतलब होता है दीर्घायु। इसके अन्य अर्थों में कपूर, दवा आदि भी हैं। ऐसा माना जाता है कि पृथ्वी पर समस्त वनस्पतियाँ चन्द्रमा से ऊर्जा ग्रहण करती हैं इसीलिए चन्द्रमा का एक नाम **औषधीश** भी है अर्थात सभी ओषधियों का स्वामी। आज भी भारत में आयुर्वैदिक पद्धति से उपचार करने वाले वैद्य पूर्ण चन्द्र के समक्ष, ख़ासतौर पर शरद पूर्णिमा की रात को सरोवर किनारे या जल के भीतर खड़ा कर रोगी को औषधिपान कराते हैं। ऐसा करने से सोम अर्थात चन्द्रमा का ओषधीय प्रभाव और जल का जीवनदायी प्रभाव महत्त्वपूर्ण हो जाता है।

सुशील और भद्र स्वभाव के संदर्भ में हिन्दी का **सौम्य** शब्द शांत, स्निग्ध, मृदु और सुंदर के अर्थ में प्रयुक्त होता है जो **सोम** से ही बना है जिसका मतलब होता है सोम संबंधी। सोम में व्याप्त बल, ऊर्जा, शीतलता, चिकनाई अर्थात मृदुलता सभी **सौम्य**

शब्द में परिलक्षित हो रहे हैं। यही चंद्र का स्वभाव है। चन्द्रमा का उग्र रूप किसी ने नहीं देखा होगा। चन्द्रमा स्वयं सोम है इसीलिए चन्द्रमा की तरह जो है वह सौम्य है, सुंदर है। प्राचीनकाल में ब्राह्मणों के लिए भी **सौम्य** संबोधन या उपाधि का प्रयोग किया जाता था। उपरोक्त सभी लक्षण उनके व्यक्तित्व के लिए आवश्यक होते थे क्योंकि समाज में उनकी गुरुतर भूमिका थी। चन्द्र को शिखर पर धारण करने की वजह से शिव का एक नाम **सोमनाथ** भी है, जो अक्सर सौम्य रहते हैं। मगर उनका एक नाम रुद्र भी है जिसकी वजह से उनका रौद्र रूप भी है जो चन्द्रमा की सौम्यता के विपरीत है।

चाँद की कुल-परम्परा (चन्द्रमा-7)

[शब्द संदर्भ : चंद्रवंशी, सोमवंशी, आत्रेय, अत्रिज, अत्रिनेत्रज, सुधा, सुधाकर, सुधांशु, निशापति, सुधानिधि]

चन्द्रमा से मनुष्य इस क़दर प्रभावित रहा है कि जीवन के हर पहलू में चाँद को उसने ख़ुद से जोड़कर रखा। मनुष्य ने विभिन्न लक्षणों के आधार पर चाँद के बहुत सारे वैकल्पिक नाम तो रखे ही, साथ ही विशिष्ट कुल-परंपरा से भी चाँद का रिश्ता जोड़ा। ब्राह्मणों-क्षत्रियों के कई गोत्र होते हैं उनमें चंद्र से जुड़े कुछ गोत्रनाम हैं, जैसे–**चंद्रवंशी**। पौराणिक संदर्भों के अनुसार चंद्रमा को तपस्वी अत्रि और अनसूया की संतान बताया गया है जिसका नाम सोम है। दक्ष प्रजापति की सत्ताईस पुत्रियाँ थीं जिनके नाम पर सत्ताईस नक्षत्रों के नाम पड़े हैं। ये सब चन्द्रमा को ब्याही गईं। चन्द्रमा का रोहिणी के प्रति विशेष अनुराग था। इस व्यवहार से अन्य पत्नियाँ दुखी हुईं तो दक्ष ने उसे शाप दिया कि वह क्षयग्रस्त हो जाए जिसकी वजह से पृथ्वी की वनस्पतियाँ भी क्षीण हो गईं। विष्णु के बीच में पड़ने पर समुद्रमंथन से चन्द्रमा का उद्धार हुआ और क्षय की अवधि पाक्षिक हो गई। एक अन्य कथा के अनुसार चन्द्रमा ने वृहस्पति की पत्नी तारा का अपहरण किया था जिससे उसे बुध नाम का पुत्र उत्पन्न हुआ जो बाद में क्षत्रियों के चंद्रवंश का प्रवर्तक हुआ। इस वंश के राजा ख़ुद को चंद्रवंशी कहते थे।

इसी तरह चंद्र से जुड़ा एक अन्य नाम **सोमवंशी** भी है। चंद्रवंश के प्रथम राजा का नाम भी सोम माना जाता है जिसका प्रयाग पर शासन था। ब्राह्मणों में एक उपनाम होता है आत्रेय अर्थात अत्रि से संबंधित या अत्रि की संतान। चूँकि चंद्र अत्रि ऋषि की संतान थे इसलिए **आत्रेय** भी चंद्रवंशी ही हुए। चंद्रवंशियों का एक अन्य उपनाम **अत्रिज** भी होता है जिसका अर्थ हुआ अत्रि से जन्मा यानी चंद्र। एक अन्य गोत्र होता है चाँद्रात अर्थात चंद्र से संबंधित। अत्रि को ब्रह्मा के नेत्रों से उत्पन्न बताया गया है। इसी तरह अत्रि पुत्र सोम या चन्द्रमा को भी अत्रि के नेत्रों से जन्मा बताया गया है इसलिए उसे **अत्रिनेत्रज** भी कहा जाता है।

चन्द्रमा का एक अन्य नाम है **सुधाकर** या **सुधांशु**। इस नाम में भी जलतत्त्व की उपस्थिति नज़र आ रही है जो चन्द्रमा की पहचान है। **सुधा** का अर्थ भी अमृत, मधुर

तरल ही होता है। इसका अर्थ जल भी है। पृथ्वी पर सचमुच अगर अमृत है तो वह जल ही है। वैसे **सुधा** को देवताओं का पेय कहा गया है जो अमृत ही होता है। सोम का दूसरा नाम भी अमृत और जल ही है। **सुधांशु** का अर्थ हुआ जिसकी किरणें अमृत समान हैं। सुधाकर यानी अमृतमय करने वाला। **सुधा** का एक अर्थ श्वेत-धवल-उज्ज्वल भी होता है। चाँदनी ऐसी ही होती है। **सुधा** चूने की सफ़ेदी या ईंट को भी कहते हैं। सुधा यानी जल, आर्द्रता, शीतलता का भंडार होने की वजह से इसका एक नाम **सुधानिधि** भी है। रात्रि को प्रकाशित करने की वजह से इसका एक नाम **निशापति** भी है।

अँगुली में अँगूठी, एकमुश्त मुक्का

[शब्द संदर्भ : अङ्गुलः, अङ्गुलिः, शेषांग, चतुरंग, नवरंग, अष्टांग, अङ्गुलीः, अङ्गुलिका, मुक्का, मुष्टिका, एकमुश्त]

अँगूठी एक ऐसा गहना है जो महिलाओं और पुरुषों में समान रूप से प्रचलित है और सभी पारंपरिक गहनों में सर्वाधिक प्रयोग में आने वाला आभूषण है। अँगूठी शब्द भले ही हिन्दी का हो मगर आया यह फ़ारसी से है। फ़ारसी में अँगूठी को **अंगुश्तरी** कहते हैं और इसी ने संकुचित होकर हिन्दी में अँगूठी का रूप लिया। ग़ौरतलब है कि फ़ारसी के अंगुश्तरी लफ़्ज़ के पीछे संस्कृत का **अङ्ग** शब्द छुपा हुआ है। संस्कृत के इसी **अङ्ग** को हिन्दी में अंग लिखा जाता है जिसका अर्थ है शरीर, देह या अवयव। अंग माने किसी संपूर्ण वस्तु का खंड, प्रभाग या अंश, जैसे–शेषांग, चतुरंग, नवरंग या अष्टांग आदि। पुराणकालीन एक जनपद, प्रदेश जिसे वर्तमान में बिहार के भागलपुर मंडल के आसपास समझा जा सकता है। इसी प्रदेश का अधिपति था महाभारत का प्रसिद्ध पात्र कर्ण जिसे **अंगराज**, इसी कारण कहा जाता था।

देह के एक अवयव के रूप में ही **अङ्ग** (या अंगु) शब्द बना जिसका मतलब हुआ हाथ। हाथ के उपांग के रूप में अङ्गुरीः शब्द सामने आया जिसके संस्कृत में अङ्गुलः, अङ्गुलिः, अङ्गुलीः, अङ्गुलिका जैसे रूप भी बने। हिन्दी में भी इसके अँगुलि, अँगुली या उँगली जैसे रूप प्रचलित हैं। इसी तरह संस्कृत के **अङ्गुष्ठः** शब्द से अँगूठा शब्द बना। यही अङ्गुष्ठ जब फ़ारसी में पहुँचा तो बना **अंगुश्त** अर्थात अँगुलि या उँगली। संस्कृत-हिन्दी में अँगुलियों के बड़े ही ख़ूबसूरत नाम भी हैं–अंगुष्ठ, तर्जनी, मध्यमा, अनामिका और कनिष्ठा। ग़ौरतलब है कि संस्कृत का अङ्गुरीः वाला रूप ही फ़ारसी में पहुँचकर **अंगुश्तरी** के रूप में ढल गया और हिन्दी में अँगूठी बना। मज़ेदार बात यह कि 'उ' की मात्रा में सिर्फ़ ह्रस्व और दीर्घ के फ़र्क़ के साथ हिन्दी में अँगूठी अँगुली में पहना जाने वाला गहना है और अंगुठी अँगूठे में पहना जाने वाला। हथेली की सारी अँगुलियाँ जब मोड़ ली जाती हैं तो घूँसा बनता है जिसे मुक्का भी कहते हैं। संस्कृत में यही मुक्का मुष्टिः है अर्थात अँगुलियों की विशिष्ट स्थिति। इसी से बना **मुष्टिका** और फिर हिन्दी में मुट्ठी। फ़ारसी में यही मुष्टि बन गई मुश्त जिसका मतलब भी मुट्ठी, घूँसा या एक साथ कई चीज़ें। इसी से बना **एकमुश्त** शब्द

जो एक साथ के भाव के साथ हिन्दी में भी प्रयोग किया जाता है, जिसने हिन्दी में **मुक्का** का रूप धरा।

अपने नरक का बंदोबस्त

[शब्द संदर्भ : रूँख, रूँखड़ा, रुक्ष]

भारतीय संस्कृति में वनस्पति की महिमा अनुपम है। प्रकृति के इस अद्‌भुत सुंदर पक्ष पर हमारे मनीषियों ने बहुत चिन्तन किया और वनस्पति को ईश्वरीय दर्जा दिया। मगर मनुष्य ने सहजीवन का महत्त्व कभी नहीं समझा। लगातार नष्ट हो रहे वनस्पति जगत की रक्षा के लिए सालाना वृक्षारोपण पर्व जैसे दिखावटी अनुष्ठान किए जाते हैं, मगर सोचने वाली बात यह है कि अत्यंत प्राचीनकाल में जब समूची पृथ्वी वृक्षाच्छादित थी तब भी वृक्षोत्सव मनाए जाते थे।

ये जानना दिलचस्प है कि **वृक्ष** शब्द की व्युत्पत्ति से ज़ाहिर होता है कि उस पर कुल्हाड़ी चलना तो उसके जन्म के साथ ही तय हो गया था। **वृक्ष** शब्द का मूल अर्थ है पेड़ या वृक्ष ख़ासतौर पर वटवृक्ष के लिए भी सिर्फ़ वृक्ष शब्द चलता है। इसके अलावा काटने वाली छोटी रेती। वृक्ष से ही हिन्दी-राजस्थानी का **रूँख, रूँखड़ा** या **रूक्ष** जैसे शब्द भी बने हैं। वृक्ष बना है **व्रश्च** धातु से जिसका अर्थ होता है काटना, छाँटना, विभाजित करना, ज़ख़्मी करना आदि। वृक्ष में **व + ऋ + क्ष** शामिल हैं। ग़ौर करें कि व वर्ण में आवास, निवास का भाव शामिल है। वृक्ष आदिकाल से प्राणियों के आवास रहे हैं। पेड़ों की शाखाओं पर, लताओं पर, कोटरों में हज़ारों तरह के प्राणी निवास करते आए हैं। मनुष्य तक सदियों से आवास के तौर पर पेड़ों का आश्रित रहा है। बाद में पेड़ों की लकड़ी पर वह पूरी तरह आश्रित हो गया। **ऋ** में जाने, बढ़ने, चुनने के साथ-साथ घेरने, फैलने, ढकने और छुपाने का भाव भी शामिल है। राह, रास्ता, रीति जैसे शब्द यही ज़ाहिर करते हैं। वृत्त में जो घेर या गोलाई वाला भाव है वही **वट्** में भी है। इसीलिए **वटवृक्ष** सर्वाधिक गोलाई वाला पेड़ कहलाता है। **क्ष** वर्ण में निहित विस्तार का भाव वृक्ष में सहज ही समझ में आता है मगर **क्ष** में ही **क्षति** का अर्थ भी समाया है।

सवाल उठता है वृक्ष के अर्थ में कुल्हाड़ी या आरी का क्या भाव हो सकता है? मुझे लगता है कि पेड़ों की भरपूर बढ़वार के लिए उसकी कटाई-छँटाई करने जैसा ज्ञान तो वनस्पतियों के साथ सहजीवन के शुरुआती दौर में ही मानव ने अर्जित कर लिया था। प्राचीनकाल में जितने सघन वनक्षेत्र थे उनकी कटाई-छँटाई किए बिना उनसे होकर गुज़रना निश्चित ही असंभव था। संभवतः इसीलिए वृक्ष के अर्थ के साथ कटाई-छँटाई जैसे भाव भी जुड़ते चले गए। अर्थात सघन वन भी मानव के मार्ग और बसाहट में प्राकृतिक बाधा थे। पहाड़ को तो काटा नहीं जा सकता था, पर वृक्ष समूहों को काटकर राह बनाई जा सकती थी सो जो काटा जा सके वह वृक्ष है—यह भाव इसके साथ जुड़ गया। निश्चित ही वनस्पति के सफाए का नहीं बल्कि वृक्ष की अनियंत्रित

बढ़वार को नियंत्रित करने का भाव भी शामिल है। अब ये काल की लीला है कि वृक्षों की बढ़वार के लिए काम आने वाली छोटी रेती शासनतंत्र के भारी-भरकम मशीनी कुल्हाड़ों में तब्दील हो गई। सिर्फ़ मार्गों के लिए, रास्ता बनाने के लिए सघन वनों में वृक्षों की कटाई करने वाले समाज का इतना पतन हुआ कि अब वृक्षविहीन स्थानों पर मार्ग बनाए जाते हैं और उसके दोनों ओर दिखावे के लिए पेड़ लगाए जाते हैं। वृक्षों का महत्त्व पुराणों के इस उल्लेख से समझा जा सकता है कि एक पुत्र दस जलाशयों के समान है तथा एक वृक्ष का रोपण दस पुत्रों के समान है। एक फलदायी वृक्ष अपने स्वामी को नरक में जाने से बचाता है। वृक्षों के बूते अपने वसुओं अर्थात संतानों को पालने वाली हमारी पृथ्वी का **वसुधा** कहलाने का गौरव हमने उसे वृक्षविहीन करके छीन लिया है। क्या हमने ख़ुद अपने लिए नरक का बंदोबस्त नहीं कर लिया?

गधा, घोड़ा, सिपाही

[शब्द संदर्भ : अश्व, सिपाही, सिपाह, खच्चर, अश्वक, सिपॉय, आस]

बात ज़रा अटपटी सी है मगर है बिल्कुल सही। अंग्रेज़ी ASS यानी गधा और हिन्दी-उर्दू के सिपाही दोनों लफ़्ज़ों का संबंध अश्व (घोड़ा) से है। हिन्दी, संस्कृत, अंग्रेज़ी और उर्दू-फ़ारसी ज़बानों के ये शब्द भारोपीय भाषा-परिवार के है। जानते हैं कैसा है ये रिश्ता। संस्कृत में अश्व का जो रूप है वह है **अश्वः** जिसके तीन अर्थ हैं–1. घोड़ा, 2. सात की संख्या प्रकट करने वाला प्रतीक, 3. मनुष्यों की दौड (घोड़े जैसा बल रखने वाले)। इसी तरह संस्कृत शब्द अश्वः का अर्थ भाड़े का टट्टू या छोटा घोड़ा भी होता है जबकि **अश्वतरः** का मतलब होता है **खच्चर**। संस्कृत शब्द अश्व का जो रूप प्राचीन इरानी यानी अवेस्ता में मिलता है वह **अस्पः** है। लगभग यही रूप **अस्प** बनकर फ़ारसी में भी चला आया। प्राचीनकाल से ही अश्व यानी घोड़ा अपने बल, फुर्ती और रफ़्तार के लिए मशहूर रहा है और पूर्वी यूरोप, मध्य एशिया से लेकर मंगोलिया तक फ़ौजी अमले का अहम हिस्सा रहा। यही वजह रही कि अश्व के फ़ारसी रूप **अस्प** पर आधारित एक नया शब्द भी चलन में आया सिपाह जिसका अर्थ है सेना, बल या फ़ौज। ग़ौरतलब है कि संस्कृत **अश्वः** और अवेस्ता के **अस्प** से यहाँ अ का लोप हो गया मगर बाक़ी तीनों ध्वनियाँ यानी **स-प-ह** बनी रहीं। इसी सिपाह आधार से उठकर बना **सिपाही** शब्द जिसका मतलब फ़ौजी, यौद्धा या सैनिक होता है आज फ़ारसी के साथ-साथ अरबी और अंग्रेज़ी में भी चलता है हालाँकि वहाँ ये SEPOY है जो पुर्तगाली के SEPAI से बना और उर्दू से आया। अब बात गधे यानी **ASS** की। जिस तरह अश्वः का फ़ारसी रूप बना अस्प उसी तरह अपने मूल से उठकर सुमेरियाई भाषा में यह **आन्सू** (ANSU) बनकर उभरा और फिर वहाँ से लैटिन में यह **आसिनस** बनकर पहुँचा जहाँ इसने एक मूर्ख पशु वाला भाव ग्रहण किया। बाद में ओल्ड जर्मेनिक से होते हुए यह अंग्रेज़ी के वर्तमान गधे के अर्थ वाले रूप ASS में ढल गया। इसी तरह इसका पश्तो रूप बना **आस**।

आबनूसी रंगत तेंदू की!

[शब्द संदर्भ : आबनूस, एबोनी, तेंदुक]

बचपन में देवकीनंदन खत्री और प्रेमचंद के उपन्यासों के ज़रिए हिन्दी के जिन अनोखे शब्दों से परिचय हुआ उनमें एक **आबनूस** भी था जो अपने वर्णक्रम और ध्वनियों की वजह से बहुत आकर्षित करता था। आबनूस जैसा या आबनूसी रंग जैसे शब्द-प्रयोग किताबों में पढ़ते थे, अलबत्ता बोलचाल में कभी ये शब्द नहीं सुना।

आबनूस की लकड़ी काफ़ी महँगी होती है। यह बेहद महँगी इमारती लकड़ी की श्रेणी में आती है और इसका उपयोग ज़्यादातर कलात्मक वस्तुएँ, आलीशान अलमारियों, शेल्फ, कुर्सी-मेज़ आदि बनाने में होता है। पुराने ज़माने में तो इससे दरवाज़े भी बनाए जाते थे। आबनूस शब्द हिन्दी में बरास्ता फ़ारसी आया है और अरबी ज़बान का शब्द है। अंग्रेज़ी में इसे **एबोनी** कहते हैं जिसका रिश्ता आबनूस से ही जुड़ता है। अंग्रेज़ी का एबोनी लैटिन के **एबेनस** से बना है। लैटिन ऐबेनस की आमद ग्रीक भाषा के **एबेनोज़** से हुई है। भाषाशास्त्रियों के मुताबिक़ एबोनी मूल रूप से सेमेटिक भाषा-परिवार का शब्द है और ग्रीक एबेनोज़ की व्युत्पत्ति भी मिस्र के **हब्नी** से हुई है जिसका मतलब होता है काली लकड़ी। **हब्नी** से ही बना है **आबनूस** शब्द। आबनूस का पेड़ गर्म प्रदेशों यानी ऊष्णकटिबंधीय जलवायु वाले क्षेत्रों में पाया जाता है। भारत, श्रीलंका, बांग्लादेश से लेकर यह अफ्रीका में भी होता है। भारत में दरअसल **तेंदू** का पेड़ ही **आबनूस** है। यह वही तेंदू है जिससे हम बीड़ी पत्ती के रूप में परिचित हैं। मध्य भारत में तेंदू के जंगल होते हैं और इसे सरकारी संरक्षण में उगाया जाता है। लाखों बीड़ी श्रमिकों की रोज़ी-रोटी इसके भरोसे चलती है। तेंदू के पेड़ों से हर साल पत्ते तोड़े जाते हैं। सरकार बीड़ी व्यवसाइयों को इनकी नीलामी करती है। तेंदू के वृक्ष पर पीले रंग का एक फल भी लगता है जिसके गूदे में मिठास होती है। इसे खाया भी जाता है और आयुर्वेदिक औषधि के काम भी यह आता है। **तिम्** धातु से बना है संस्कृत का **तेन्दुक** शब्द जिसने हिन्दी में तेंदू का रूप लिया। इसीलिए कहीं-कहीं इसे **तिमरू** भी कहते हैं। मराठी में तेंदू को टेंबुर या **टेंबुरणी** कहते हैं। मध्य प्रदेश में **तेंदू** की इतनी बहुतायत है कि एक नहीं कम-से-कम आधा दर्जन ऐसे गाँव हैं जिनके नाम **तेंदूखेड़ा** है।

तनबदन और तुनकमिज़ाजी!

[शब्द संदर्भ : वदन, वदनम्, तन, बदन, अल्बदेना, कमलवदन, तुनकमिज़ाज]

शरीर या देह के लिए हिन्दी में एक शब्द आमतौर पर बोला जाता है **तन-बदन**। इन दोनों ही शब्दों का अर्थ एक ही है मगर यह शब्द-युग्म मुहावरे का असर पैदा करता है। वैसे इस शब्द का हिन्दी में प्रयोग उर्दू की देन माना जाता है। ये शब्द फ़ारसी अरबी में भी मौजूद है और माना यही जाता है कि इनकी आमद इन्हीं भाषाओं से हुई

है मगर ऐसा है नहीं। ये शब्द आर्य भाषा-परिवार के हैं और बरास्ता संस्कृत होते हुए फ़ारसी से अरबी में पहुँचे हैं।

संस्कृत में एक धातु है **वद्** जिसका मतलब होता है कहना, बोलना आदि। इस धातु से हिन्दी में अनेक शब्द बने हैं। ग़ौरतलब है कि वद् यानी कहने-बोलने की क्रियाएँ मुख से ही संपन्न होती हैं इसलिए इससे बने **वदनम्** का अर्थ हुआ मुख, चेहरा, मुखड़ा आदि। इससे ही श्रीगणेश के लिए **गजवदन** (हाथी के मुख वाले), **चंद्रवदन** (चाँद-सा चेहरा), **कमलवदन** (कमलमुख) जैसे नाम प्रचलित हुए हैं। **वदनम्** से ही प्राचीन फ़ारसी में **बदन** शब्द प्रचलित हुआ जिसका अर्थ भी देह, शरीर, मुख आदि है। फ़ारसी के प्रभाव में कई मुहावरे भी इससे बने, जैसे–(तन) बदन में आग लगना, बदन हरा होना, बदन टूटना, बदन सूखना (या सूखकर काँटा होना) आदि। यही शब्द अरबी में देह/जिस्म के अर्थ में बदन बनकर ढल गया। बदन से अरबी-फ़ारसी में **बदनसाज़ी** जैसा शब्द भी चला है जिसका मतलब होता है शरीर-सौष्ठव, बॉडी बिल्डिंग आदि। बदन शब्द इंडोनेशिया की भाषाओं में भी जस-का-तस है। स्पेनिश में एक पोशाक का नाम है **अल्बदेना** जो कि शरीर पर चिपकी (स्किनटाइट) रहती है, ज़ाहिर है इसी बदन से आ रही है और बदन पर छा रही है।

अब आते हैं **तन** पर। इसका जन्म भी संस्कृत धातु **तन्** से हुआ है जिसका मतलब होता है खींचना, लंबा करना, पतलापन आदि। शरीर का गुण है वृद्धि। समय के साथ शरीर खिंचकर ही युवा होता है। इससे बने हैं तनु अर्थात सुकुमार यानी दुबला, कुमार। तन् के खिंचाव वाले भाव बख़ूबी उजागर हो रहे हैं प्राचीन भारोपीय धातु TEN में जिसका मतलब भी होता है खिंचाव। **तम्बू** यानी **टेंट** इससे ही बना है। ग़ौर करें की तंबू को खींचकर ही ताना जाता है। साफ़ है कि **तानना** भी **तन्** से ही आ रहा है। इसी तरह ऊँचे सुरों में लयकारी को संगीत की भाषा में **तान** कहते हैं जो इसी से उपजी है। पतले सूत्र, तार या धागे को **तन्तु** कहते है जिसका मूल यही है। यही तन् फ़ारसी में कुछ अर्थ-विस्तार के साथ पहुँचता है **तुनक** बनकर। बात-बात पर तन जाने वाला यानी स्वभाव का खिच्चड़ हुआ **तुनकमिज़ाज**। तो साफ़ है कि तन चाहे देह की परिभाषा में सही साबित हो रहा हो मगर बदन तो चेहरा ही है।

एंकर पर अंकुश नहीं

[शब्द संदर्भ : एंकर, एंकल, अंकुश, अंक, अंग, अंकेक्षक, अंकेक्षण, क्रमांक, दिनांक, पूर्णांक, एंगल, इंग्लैंड, अंकुर]

दबाव, क़ाबू या नियंत्रण के लिए हिन्दी में **अंकुश** शब्द प्रचलित है। मूलतः अंकुश एक उपकरण होता है जिसके ज़रिए हाथी को क़ाबू में रखा जाता है। यह लोहे का एक काँटा होता है जो सिरे पर नुकीला और मुड़ा हुआ होता है। फ़ारसी में अंकुश को अंगुज़ या अंकुज कहते हैं। अंकुश शब्द का प्रयोग अक्सर मुहावरे के तौर पर ही किया जाता है। इसकी रिश्तेदारी काफ़ी बड़ी है। अगर इसकी थाह लेने निकलें तो इनमें एक

राष्ट्र, एक अंतरराष्ट्रीय भाषा, शरीर के अवयव, गणित का आधार, आभूषण और वनस्पति से संबंधित शब्द नज़र आते हैं। मूलतः यह प्राचीन भारोपीय भाषा-परिवार का शब्द है।

अंकुश बना है संस्कृत के **अंकः** (या अङ्क) से जो बना है **अंक्** धातु से। अंक में मूलतः टेढ़ापन, उकेरना, कोण, शरीर के अवयवों में घुमाव आदि है। शरीर के अवयवों के लिए **अंग** शब्द प्रचलित है जो **अंक** का ही अगला रूप है। **अंग** किसी वस्तु का प्रभाग या अवयव, अंश, खंड। कोण या मोड़ के उदाहरण यूँ तो शरीर के घुटना, कोहनी, एड़ी आदि अवयव हो सकते हैं मगर **अंगुलि** या **अँगुली** और **अंगुष्ठ** में **अंग** शब्द का भाव ज़्यादा स्पष्ट होता है। शरीर का सबसे तीक्ष्ण अवयव भी अँगुली ही है। अँगुली की कोणीय मुद्राएँ भी उल्लेखनीय हैं। फ़ारसी में अँगुली को अंगुश्त और अँगूठी को **अंगुश्तरी** कहते हैं। बाँहों में भरना, गोद में लेना जैसी क्रियाओं के लिए अंक भरना, अंक लेना या अंग लगाना जैसे मुहावरे भी है। भाषाविज्ञानियों ने इन तमाम शब्दों के मूल रूप में अंक या अंग को देखते हुए इनकी प्राचीन भारोपीय धातु ANK-ANG की कल्पना की है जिसका मतलब है मुड़ना या मोड़ना। **अंक/अंग** के कोणीय भाव का सादृश्य अंग्रेज़ी के एंगल में साफ़ नज़र आता है। यह बना है लैटिन के **एंगुलम** से जिसका मतलब होता है कोना, कोण। ग्रीक में कोहनी को **एंग्कोन**, लंगर को **एंकर**, लिथुआनी में फंदे के लिए **एंका**, अंग्रेज़ी ऐड़ी या टखने के लिए **एंकल**, पाज़ेब के लिए **एंकलिट** जैसे शब्द इसके जोड़ और मोड़ वाली विशेताओं को ही बता रहे हैं। वैसे **एंकर** टी.वी. के प्रस्तोता को भी कहते हैं और अख़बार के आधार पर छपने वाली ख़बर को भी कहते हैं। इन दोनों ही शब्दों का भाव थामने से है। टी.वी. प्रस्तोता कार्यक्रम को वैसे ही थामता है जैसे जहाज़ को लंगर। ये अलग बात है कि अब तो टी.वी. का एंकर ही बेलगाम हैं। **अंक** या **अंग** शब्द की सबसे ज़बर्दस्त रिश्तेदारी है अंग्रेज़ी के साथ। इसलिए नहीं क्योंकि अंग्रेज़ी में भी इसी मूल के शब्द हैं बल्कि ख़ुद **इंगलिश, अंग्रेज़ी, अंग्रेज़** और **इंग्लैंड** जैसे शब्दों से भी इनका सीधा नाता है। बताया जाता है कि **इंग्लैंड** का नाम उसकी कोणीय स्थिति, हुक जैसी आकृति की वजह से पड़ा। उसे वहाँ बसने वाली शुरुआती जनसमूहों ने इसी वजह से **एंग्लालैंड** कहा। वैसे यह मान्यता भी है कि पाँचवी सदी के आसपास जर्मन जनजातियों ने इंग्लैंड में बसना शुरू किया। वे ख़ुद को उत्तरी जर्मनी के ऐंगेल्न से आया बताते थे। इसी आधार पर नई भूमि का नाम इंग्लैंड हुआ। जो भी हो, इस शब्द के बहुकोणीय अर्थ पर कोई विवाद नहीं है।

अंक का एक अर्थ होता है चिह्न, संकेत आदि। गणित की संख्या के लिए ही अंक शब्द प्रचलित है। ग़ौर करें अंक में शामिल नुकीले और कोणीय भाव पर प्राचीनकाल में जब मनुष्य ने किसी आधार पर आकृतियाँ उकेरना और चिह्न बनाने शुरू किए। **अंकन, आँकना** जैसे शब्दों का यही अर्थ है। **अंकेक्षक, क्रमांक, दिनांक, पूर्णांक** जैसे शब्दों में अंक ही समाया है। बीज से फूटते अँखुए को अंकुर कहा जाता है। **अंकुर** शब्द में कोमलता समाई हुई है। किसलय, अँखुआ, कोंपल जैसे शब्द इसके लिए कहे जाते हैं।

अंकुर भी अंक से ही बना है। बीजावरण को भेदकर अंकुर का जो तीक्ष्ण हिस्सा बाहर निकलता है, उसी लक्षण से अंकुर शब्द बना। नाटक के खंड या रूपक के एक प्रकार के तौर पर अंक शब्द प्रचलित है जिसे **एकांकी** कहते हैं। अंक या अंग शब्द का अंश, हिस्सा या प्रभाग वाला भाव ही यहाँ प्रभावी हो रहा है। अंग ग़ौर करें कबीर बानी का वर्गीकरण विद्वानों ने विभिन्न अंगों में बाँटकर ही किया है। जिस तरह से शरीर का वर्गीकरण भी अंगों में विभाजित कर ही होता है। पौराणिक काल में वृहत्तर भारत के एक हिस्से के तौर पर **अंग देश** का नाम भी आता है। यह भारत के पूर्वी हिस्से में था। बिहार और बंगाल के बीच।

और यूँ जन्मी कविता

[शब्द संदर्भ : कवि, कव, कुहुक, काव्य, महाकाव्य]

कवि और कविता की महिमा में बहुत सी बातें कही जाती हैं। सभ्यता के विकासक्रम में कलाओं के रूप बदलते रहे हैं। कविता ने भी कई रूप बदले। एक बात तो तय है कि इनसान के भीतर से कविता पहले जन्मी है गद्य बाद में। उससे भी बाद में उसने लिखना सीखा। प्रकृति की, निसर्ग की मूल ध्वनियों का अनुकरण ही बना होगा शब्दों का आधार, बोली का आधार और कविता का आधार। ध्वनि का बोध कराने वाली संस्कृत धातु **कै** जिससे कौवा बना, और **कु** जिससे **कोयल** बनी, से ही संबंध है संस्कृत के **कव्** शब्द का जिससे जन्मा कवि। संस्कृत धातु **कव्** का अर्थ है स्तुति करना। इसके अन्य अर्थ हुए वर्णन करना, रचना करना, चित्रण करना, चित्र बनाना आदि। ख़ास बात यह कि **कव्** का मूल भी **कु** (कु + ई) ही है जिसका मूलार्थ है ध्वनि करना। अब कव् शब्द के भावों पर ग़ौर करें तो विशुद्ध ध्वनि से कविता का सफ़र अपने आप नज़र आ रहा है। **कु** में निहित ध्वनि ही बनी **कोयल** की **कुहुक**। सभी पशु-पक्षियों की चहचहाहट प्रकृति के संधिकाल अर्थात सुबह और शाम को ही सर्वाधिक होती है। मनुष्य ने इसे प्रकृति का गान समझा।

ख़ुद मनुष्य ने जब विकासक्रम में निसर्ग की शक्तियों को पहचाना और उन्हें देवत्व से जोड़ा, उनकी आराधना शुरू की जिसमें सबसे पहले सूर्य ही थे तब उसे भी **कव्** अर्थात स्तुति ही माना। इस तरह **कव्** धातु से बना कवि यानी स्तुतिकर्ता। कवि के गुणों से जो युक्त हो उसे कहा गया **काव्य** अथवा **कविता**। ग़ौर करें कि वैदिक ऋचाओं में प्रकृति का स्तुतिगान ही है। कवि शब्द के संस्कृत में व्यापक अर्थ हैं। कवि को सर्वज्ञ, बुद्धिमान, विचारवान, प्रशंसनीय, ऋषि और सबसे अंत में काव्यकार माना गया है। ज़ाहिर सी बात है कि उस दौर में मनीषियों ने जो कुछ अपने आसपास के संसार के बारे में जाना उसे बहुत ही काव्यात्मक संस्कारों के साथ प्रकट किया। सम्पूर्ण अध्ययन, मनन और चिंतन के साथ जो वर्णन अथवा छंदोबद्ध रचना सामने आई उसे **काव्य** अथवा **महाकाव्य** कहा गया। चिंतन भी अपने आपमें काव्य ही है। जो लोग यह मानते हैं कि कविता सोच-विचारकर नहीं लिखी जाती वे भी सही हैं क्योंकि **कु** यानी

ध्वनि। कुछ कहना भी ध्वनि है। काव्य का चिंतनवाला रूप तो तब बना जब मनुष्य को कविता का महत्त्व समझ में आया। तब कविता को चिंतन का माध्यम बनाया गया और चिंतन से फिर उपजा काव्य।

कप्तान की खोपड़ी जो ठहरी!

[शब्द संदर्भ : खोपड़ी, खप्पर, खुपड़िया, खोपड़ा, खोपरा, कापालिक, कपाल, कपालिनी, हेड, कप्तान, कैप्टन, कैप]

आमतौर पर खोपड़ी फिरना, खोपड़ी घूमना, उलटी खोपड़ी या खोपड़ी चटकना आदि मुहावरे ऐसे शख़्स के बारे में कहे जाते हैं जो सही ढंग से काम न करे या जिसके तौर-तरीक़ों में बेतुकापन हो। सीधी सी बात है कि **खोपड़ी** का रिश्ता अक़्ल, बुद्धि से है इसीलिए जब बुद्धि उलटे-सीधे काम करवाने लगे तो समझो उसकी उलटी खोपड़ी! अब अगर हम कहें कि **खोपड़ी** की **कप्तान** से रिश्तेदारी है तो आप कहेंगे इसमें ताज्जुब क्या? कप्तान के पास खोपड़ी यानी दिमाग़ तो होता ही है। दरअसल खोपड़ी और कप्तान दोनों लफ़्ज़ों का मूल एक ही है। इसके लिए भाषाविज्ञानियों ने प्रोटो इंडो-यूरोपीय भाषा समूह का एक शब्द ढूँढ़ा है–KAUPUT जिसका मतलब होता है सिर। लैटिन में इसका रूप हुआ CAPUT, प्राचीन जर्मन में हुआ KHAUBUTHAN, जर्मन में हुआ HAUPT और पुरानी अंग्रेज़ी में HEAFOD होते हुए यह आज की अंग्रेज़ी के HEAD में ढल गया। इन सभी शब्दों का अर्थ है सिर, सर्वोच्च शिखर अथवा मुखिया। ग़ौरतलब है कि संस्कृत में भी इसके दो रूप प्रचलित हैं **कपाल** और **खर्परः** जिनका अभिप्राय भी मस्तक, भाल आदि है। इसी का अपभ्रंश रूप है **खोपड़ी, खप्पर, खुपड़िया, खोपड़ा** आदि। दिलचस्प बात यह कि नारियल के लिए हिन्दी में **खोपरा** शब्द चलता है जिसे मराठी में **खोबरं** कहकर उच्चारित किया जाता है और ये दोनों भी **कपाल, खर्परः** या **हेड** वाली शब्द शृंखला से निकले हैं। संस्कृत के कपाल से ही यौगिक क्रिया **कपालभाति**, तांत्रिक के लिए **कापालिक** और दुर्गा के लिए **कपालिनी** जैसे शब्द भी बने।

अब बात कप्तान की। कप्तान भी इसी शब्द समूह का हिस्सा है। आमतौर पर हिन्दी में इसकी आमद पुर्तगाली से मानी जाती है जहाँ ये पुरानी फ्रेंच के CAPITAINE से गया। फ्रेंच में इसकी आमद लैटिन के CAPITANEUS से मानी जाती है और इसका मतलब होता है नेता या प्रमुख और अंग्रेज़ी में यह हो गया कैप्टन। यह शब्द लैटिन के ही CAPUT से बना जिसका मतलब होता है सिर। सिर के अर्थ में कैप्टन में प्रमुख, मुखिया, प्रधान का जो भाव समाया उसके मूल में सिर का सबसे ऊपर अर्थात शीर्ष पर होना ही ख़ास बात है। शरीर का सबसे ख़ास अंग सिर है सो प्रमुख या प्रधान के लिए सिर के प्रतीक से बेहतर कुछ नहीं हो सकता था। हिन्दी, उर्दू, फ़ारसी का **सर** इसी **सिर** से बना है, जिसके मूल में संस्कृत का **शीर्ष** शब्द है। सरदार का अर्थ ठीक उसी तरह प्रधान है जिस तरह कैपुट से बने कैप्टन का अर्थ भी मुखिया या प्रधान होता है। कैप्टन ने पूरे यूरोप में कई रूप बदले मगर ध्वनि और अर्थसाम्य बना रहा। यूरोप

के धुर दक्षिण-पश्चिम में इसका रूप हुआ कप्तान और वाया तुर्की होता हुआ यह अंग्रेज़ी के **कैप्टन** से भी पहले आ पहुँचा हिन्दुस्तान। अंग्रेज़ी का **कैप** शब्द भी हिन्दी में इस्तेमाल होता है, यह भी इसी शब्द शृंखला का हिस्सा है। कहने की ज़रूरत नहीं की **कैप** और **कैप्टन** की रिश्तेदारी क्या है।

कहनी है कुछ कथा-कहानी

[शब्द संदर्भ : कहना, कहानी, कथन, कथोपकथन, कहन, कथक, कथकलि, कथित, कथनी, कहासुनी, कथानक, कथावस्तु]

कथा या **कहानी** एक ही मूल से उपजे दो अलग-अलग शब्द हैं। मगर इनका भाव एक ही है काल्पनिक वृत्तांत, घटना, उल्लेख, चर्चा करना। **कथा** शब्द बना है संस्कृत धातु **कथ्** से। इस धातु से हिन्दी में कई शब्दों की रचना हुई है जिनमें से ज़्यादातर का इस्तेमाल बोलचाल में ख़ूब होता है। **कथ्** का अर्थ है बताना, समाचार देना, वार्तालाप करना, वर्णन करना आदि। हिन्दी में सर्वाधिक व्यवहृत कहा या कहना जैसे शब्द इसी कथ् धातु की देन हैं। ग़ौर करें कि देवनागरी का थ वर्ण **त + ह** से मिलकर बना है। **कथ्** से त का लोप होने से **कह्** बचा रह गया जिससे **कह, कहा, कहना** जैसी क्रियाएँ बनीं। **कथ्** से बना **कथनम्** जिससे हिन्दी में **कथन, कथोपकथन** शब्द बने। उक्ति, वचन, सूक्ति, आदेश आदि के अर्थ में इस शब्द का प्रयोग होता है। कथनी और करनी जैसे मुहावरे से यह स्पष्ट है। इसका देशज रूप **कहन** भी इन्हीं अर्थों में प्रयोग किया जाता है। इसी तरह कहाना, कहलाना, कहलवाना जैसे रूप भी बने हैं जो बोलचाल में प्रचलित हैं। यूँ **कथनम्** का अर्थ कथा कहना भी है। यहाँ भी **त + ह** अर्थात **थ** में से **त** का लोप करें तो **कहानी** की उत्पत्ति समझ में आ जाएगी।

ग़ौरतलब है कि **कथ्, कथा, कहन, कहानी, कथन** आदि शब्द भी मूल रूप से **क** वर्ण से ही जुड़ रहे हैं जिसमें प्रकृति की आदिम ध्वनियों अर्थात झरनों की कलकल, कौवे की काँव-काँव और कोयल की कुहुक प्रकट होती है। इसी **क** से बने **कव्** में स्तुति का भाव समाया और कवि, कविता, काव्य जैसे शब्द बने। इसी **क** से **कथ्** भी बना जिसने कविता के गद्य रूप कथा का सृजन किया। कहने वाले के लिए **कथक** रूप बना अर्थात वह व्यक्ति, जो कथा कहे। इसने ही नृत्य-संगीत की दो विशिष्ट शैलियों कत्थक और कथकलि के नामकरण में भूमिका निभाई। ग़ौरतलब है कि क्रमशः उत्तर और दक्षिण की इन नृत्यशैलियों में आख्यान अथवा प्रसंग ही प्रमुख होते हैं इसीलिए इनके नामकरण में कथा प्रमुख है। इससे बने अन्य शब्दों में **कथोपकथन, कथाकार, कथित, कथनी, कहासुनी, कथानक, कथावस्तु, कथावाचन** और **कथावाचक** आदि अनेक शब्द बने हैं। इस संदर्भ में भजन, नाटक और एकांकियों के ज़रिए किसी ज़माने में देश भर में धूम मचा देने वाले पंडित राधेश्याम कथावाचक का ज़िक्र किए बिना बात अधूरी रह जाएगी। बरेली में क़रीब एक सदी से भी ज़्यादा पहले जन्मे कथावाचक जी ने पारसी और नौटंकी शैली के रंगमंच में ख़ूब अपना हुनर दिखाया।

इनके पिता भी कथावाचक थे। बाद में राधेश्यामजी ने अपनी ख़ुद की रामकथा शैली विकसित की। उन्होंने राधेश्याम रामायण भी लिखी। उनकी रामकथा के निरालेपन की वजह वह छंद था जिसे लोगों ने राधेश्याम छंद नाम ही दे दिया था।

कुत्ता खाँस रहा है

[शब्द संदर्भ : श्वान, श्वानवृत्ति, श्वाननिद्रा, कूरकूर, खाँसी, खाँसना, खखारना, कुक्कुट, काँव-काँव, काक, कागा]

दिलचस्प बात है कि पशु-पक्षियों की आवाज़ों में मनुष्य ने **क** ध्वनि की शिनाख़्त की और फिर उसी आधार पर उनका नामकरण भी कर दिया। लगातार चुगते हुए **कुटकुट** करते रहने की वजह से मुर्ग़े को **कुक्कुटः** कहा गया तो मधुर **कूक** का उच्चार करने वाली चिड़िया को **कोकिला** या कोयल नाम मिला। इसी तरह काँव-काँव करने वाले पक्षी को **काक** या **कागा** कहा गया। **कु** धातु का जन्म ध्वनि अनुकरण से हुआ है। दरअसल विकासक्रम में मानव का जिन नैसर्गिक ध्वनियों से परिचय हुआ वे सब **क** से संबद्ध थीं। पहाड़ों से गिरते पानी की, पत्थरों से टकराकर बहते पानी की ध्वनि में **कलकल** निनाद उसने सुना। स्वाभाविक था कि इन स्वरों में उसे **क** ध्वनि सुनाई पड़ी इसीलिए देवनागरी के **क** वर्ण में ही ध्वनि शब्द निहित है। इस **क** की महिमा कुत्ते के नाम में भी नज़र आती है। कुत्ते की पहचान के लिए चाहे भौं-भौं की आवाज़ सर्वाधिक स्वीकार्य हो मगर इस **भौंक** के अंत में जो ध्वनि शेष रहती है वह **क** का उच्चार ही है। मूलतः कुत्ता शब्द भी संस्कृत के **कुक्कुरः** से बना है जिसका मतलब **कूँकूँ** या **कूरकूर** ध्वनि करना ही है। कुत्ते को रोटी देने के लिए बुलाते समय भी इसी ध्वनि का उच्चार अक्सर किया जाता है। दरअसल इसके मूल में कुत्ते के खाँसने की आवाज़ है। खाँसी के एक प्रकार को भी **कुकुर खाँसी** ही कहते हैं। ग़ौरतलब है कि कुत्ते के **कुक्कुरः** नामकरण में मनुष्य ने उसके गुर्राने या भौंकने वाले गुण की बजाय उसके खाँसने वाले गुण को लिया है। खाँसी शब्द के पीछे भी यही ध्वनि अनुकरण काम कर रहा है। खाँसी बना है संस्कृत के कास् जिसका मतलब होता है रुग्णता प्रदर्शित करने वाली आवाज़, खाँसी, सर्दी-जुकाम आदि। कास् कासिका > खासिआ > खाँसी, इस तरह विकासक्रम रहा इसका। **कलकल** और फिर **कोलाहल** जैसे शब्दों का रिश्ता भी इसमें साफ़ हो रहा है और **क** या **कु** की महिमा भी। खाँसना, खखारना जैसे शब्द इसी शृंखला से जुड़े हैं।

यूँ कुत्ते के लिए संस्कृत में श्वान शब्द है। भाषा संस्कार के नज़रिए से इनसान के इस आदिम साथी का **कुत्ता** नाम हिन्दी में गाली समझा जाता है। कुत्ते के लिए भी सभ्य शब्द श्वान ही समझा जाता है। गाँव-देहात में कुकुर महाराज, टेगड़ा आदि भी कहते हैं। वैसे **श्वान** शब्द का जन्म **शुन्** या **श्वि** से माना जाता है। इनमें साथ-साथ चलने, फलने-फूलने, बढ़ने, विकसित होने का भाव है। कुत्ता आदिकाल से ही मनुष्य का सहचर रहा है। महाभारत में पांडवों के स्वर्गगमन के प्रसंग में उनके साथ कुत्ते के होने का भी उल्लेख मिलता है। शुरू से ही मानव बस्तियों में कुत्तों का भी आवास रहा है

और उनकी वंशवृद्धि होती रही है सो इसी वृत्ति के चलते **कुक्कुर** को मिला एक सभ्य नाम श्वान। कुत्ता शब्द का स्त्रीवाची शब्द तो हिन्दी में **कुत्ती** या **कुतिया** है मगर श्वान का नहीं मिलता। दरअसल संस्कृत में श्वान के अलावा **शुनकः** शब्द भी है। इसी से बना है **शुनी** जिसका मतलब है **कुतिया** (बुरा नहीं है यह नाम भी!)। डॉ. रामविलास शर्मा के अनुसार संस्कृत **श्वान** का यूरोपीय प्रतिरूप **हाउंड** है। उनका तर्क है कि इंडो-यूरोपीय भाषाओं में संस्कृत का **श** या **स** अक्सर ग्रीक, अरबी, फ़ारसी के **ह** में बदलता है। **सिन्धु** का **हिन्दू, सप्ताह** का **हफ़्ता** आदि मिसालें भी देखी जा सकती हैं। यह क्रम आप सौ के अर्थ में संस्कृत के **शतम्** और अंग्रेज़ी के **हंड्रेड** में देख सकते हैं। संस्कृत का **श्वान** ही कुत्ता के अर्थ में कश्मीरी में **हून** बनता है। अलबत्ता अंग्रेज़ी के डॉग की व्युत्पत्ति अज्ञात है। कुत्ता और श्वान शब्द मुहावरों, कहावतों में भी लोकप्रिय हैं। कच्ची नींद या सिर्फ़ झपकी यानी हलकी नींद लेने को **श्वान निद्रा** कहते हैं। कुत्ते में चौकसी की वृत्ति होती है और इसीलिए वह बहुत कम सोता है। एक और मुहावरा है **श्वानवृत्ति** जिसका मतलब होता है नौकरी-चाकरी करना, हुकुम बजाना आदि। इसी तरह बुरी अवस्था में मृत्यु को कुत्ते की मौत मरना कहा जाता है। हरदम चापलूसी-ख़ुशामद में लगे रहने को दुम हिलाना (कुत्ते की तरह) कहते हैं।

कौवे और कोयल की रिश्तेदारी

[शब्द संदर्भ : कुहुक, कोयल, कुक्कुट, कनकव्वा, काक, कागा, कौवा, काकभुसुंडि]

कागा काको धन हरै, कोयल काको देत।
मीठा सबद सुनाय के, जग अपनी कर लेत।।

कबीरदास के इस दोहे का संदेश साफ़ है कि मधुरवाणी सबको प्रिय है अन्यथा बेचारे कौवे ने किसी का कुछ नहीं बिगाड़ा और न ही कोयल ने किसी का भला किया है। बस फ़र्क़ सिर्फ़ वाणी का है। कोयल और कौवे (कौए) का ज़िक्र अनादिकाल से हमेशा एक साथ ही आता है। कोयल का उल्लेख जहाँ मीठी मधुर ध्वनि के लिए होता है वहीं कौवे की आवाज़ को हमेशा से ही कर्कशता का प्रतीक माना जाता है और बेचारे को इसीलिए हर मुँडेर से उड़ाया जाता है। इसके विपरीत कोयल की आवाज़ सुनना मंगलकारी माना जाता है। मधुर आवाज़ वालों को कोयल की संज्ञा दी जाती है। यही नहीं, आम के पेड़ को **कोकिलः आवासः** इसीलिए कहा जाता है कि उस पर कोयल निवास करती है। दरअसल कोयल और कौवे की रिश्तेदारी यूँ ही नहीं है। दोनों का जन्म एक ही मूल से हुआ है और इसके पीछे है उनकी आवाज़।

देवनागरी के **क** वर्ण में ही ध्वनि का भाव छिपा है। संस्कृत की एक धातु है **कु** जिसका अर्थ है ध्वनि करना, बड़बड़ाना, कराहना, क्रंदन करना, भिनभिनाना आदि। कलकल शब्द इससे ही बना है जिसमें पत्थरों से टकराकर बहते पानी की ध्वनि छुपी है। इसी कल से बना शोर के अर्थ में कोलाहल। मधुर आवाज़ के लिए प्रसिद्ध कोयल का नामकरण भी इसी सिलसिले की कड़ी है। इसे कोकिला के नाम से भी जाना जाता

है जिसका जन्म संस्कृत की **कुक्** धातु से हुआ है जिसमें ध्वनि करना या कूकने की ध्वनि का भाव है। संस्कृत कोकिलः से कोयल बनने में कोइल > कोइलो > कोएल > कोयल जैसा क्रम रहा होगा। कोयल की आवाज़ के लिए **कुहुक** या कुहू कुहू जैसी ध्वनियों का इस्तेमाल होता है। कोयल के लिए अंग्रेज़ी का **कुकू** शब्द भी ध्वनि अनुकरण के आधार पर ही बना है और संस्कृत की **कुक्** धातु से इसकी समानता ग़ौरतलब है। इससे ही एक शब्द और बना है काकली अर्थात मधुर-मधुर ध्वनि। यह कोयल की स्वर लहरियों के लिए भी कहा जाता है। निराला जी की एक कविता भी है सान्ध्य काकली। निरंतर कुछ-न-कुछ चुगते हुए **कुटकुट** ध्वनि करने वाले मुर्ग़े के लिए **कुक्कुटः** शब्द भी इसी क्रम में आता है।

कौवे के लिए संस्कृत में **काकः** कहा जाता है। यह बना **कै** धातु से जिसका मतलब है ध्वनि करना या शोर मचाना इसीलिए हिन्दी में काँव-काँव करना मुहावरा है जिसका मतलब ही है शोर मचाना। कै से बने **काकः** से कौवा बनने का क्रम कुछ यूँ रहा काकः > कागओ > कागो > कागु > कागा > काआ > कौवा या कौआ। हिन्दी की देशी बोलियों में इसके लिए **कागा** शब्द भी प्रचलित है। **कौवा** या **कौआ** जैसे रूप भी प्रचलित हैं। माना जाता है कि कौवे की एक आँख ही होती है इसीलिए **एकाक्ष** या काणा कौवा जैसे शब्द भी बने। मनहूस के लिए आमतौर पर इसे इस्तेमाल किया जाता है। पतंग के लिए **कनकव्वा** जैसा देशी शब्द भी इसी तरह बना। **कर्ण + काक = कनकव्वा**। काग़ज़ के चारों कर्ण (कोने) पर बाँस की खपच्ची लगाने की वजह से ही इसका यह नामकरण हुआ होगा। फ़िज़ूल घूमना, निठल्लेपन के लिए कव्वे उड़ाना जैसे मुहावरे में भी इसकी महत्ता साफ़ है। अब बेकार आदमी से मुँडेर से अपशकुनी कौवे ही उड़वाए जाएँगे या फिर वह कनकव्वे उड़ाएगा। अंग्रेज़ी में कौए के लिए **क्रो** शब्द है और इसकी कौवे से साम्यता ग़ौरतलब है। वहाँ भी **क** ध्वनि ही काम कर रही है। आर्तनाद, मदद के लिए आवाज़ लगाने, शोर मचाने, पुकारने के अर्थ में अंग्रेज़ी में **क्राई** शब्द है। हिन्दी में **क्रंदन** है। ज़ाहिर है कि ध्वनि अनुकरण के आधार पर ही ये शब्द बने होंगे। पुराणों में **काकभुसुंडि** का भी उल्लेख है जिसके मुताबिक़ भगवान शिव ने हंस का रूप धारण कर **काकभुसुंडि** नामक कौवे से रामकथा सुनी थी। दरअसल वे पहले एक ब्राह्मण थे और शापग्रस्त होकर काकयोनि में पहुँच गए थे।

खल्लास हो जाएगा एक दिन सब कुछ

[शब्द संदर्भ : ख़ला, खल्लास, खल्लासी, ख़ाली, खोलना]

हिन्दी में रेलवे स्टेशनों, बस अड्डों और मंडियों में एक शब्द अक्सर सुनाई पड़ता है वह है **ख़लासी** या **खल्लासी**। आमतौर पर ये कामगारों के लिए प्रयोग किया जाने वाला शब्द है जिसका मतलब होता है सामान उतारने वाला श्रमिक। **ख़लासी** पूरे भारत में प्रचलित शब्द है। ख़लासी शब्द से जुड़े शब्द आज हिन्दी-उर्दू में प्रचलित हैं जिनके दार्शनिक अर्थ और व्याख्याएँ भी हैं। अरबी ज़बान में एक शब्द है **ख़ला** जिसके

मायने होते हैं अंतरिक्ष, आसमान, रिक्त स्थान, शून्य आदि। इसके अलावा एकाकीपन, एकान्त आदि भाव भी इसमें समाहित हैं। ख़ला से ही बना है ख़ालीपन। ख़ला में व्याप्त आसमान और अंतरिक्ष के भाव का विस्तार भी शामिल है अर्थात यह संसार या सभी कुछ जड़-जंगम दृष्टिगोचर इसमें आ जाते हैं। इससे ही बना है ख़ल्क़, यानी सृष्टि, विश्व, संसार। पुराने दौर की कहावत ख़ल्क़ ख़ुदा का, मुल्क बादशाह का जैसी कहावतों में यह ज़िंदा है। अब ग़ौर करें **ख़ला** में निहित अंतरिक्ष वाले अर्थ पर। मूलतः यही अर्थ व्यापक है। अंतरिक्ष क्या है? अंग्रेज़ी में इसे स्पेस कहते हैं यानी ख़ाली जगह। ख़ला से ही बना है अरबी, फ़ारसी और उर्दू का **ख़ाली** शब्द जिसका अर्थ होता है रिक्त करना। अंतरिक्ष भी रिक्त स्थान ही है। दार्शनिक अर्थों में इसे शून्य भी कहा जाता है। **ख़ाली** से ही बना है **ख़लास** अर्थात रिक्त करना, मुक्त करना, छुटकारा, रिहाई वग़ैरह।

प्राचीनकाल से ही अरब लोग सौदागरी में माहिर थे और सामुद्रिक व्यापार में ख़ूब बढ़े-चढ़े थे। देश-विदेश के माल से लदे उनके जहाज़ बंदरगाहों पर आ टिकते और मज़दूरों का ख़ास तबका इन्हें **ख़ाली** करने के काम में जुटता। जहाज़ को ख़ाली कराने वाले ही **ख़लासी** कहलाए। भारत में खलासी सामान्य मज़दूर भी कहलाता है और ट्रक को अनलोड कराने वाला श्रमिक भी। गोदी (बंदरगाह) पर काम करने वाला श्रमिक भी **ख़लासी** कहलाता है और रेलवे के एक निम्न वर्ग में इसी पदनाम से चतुर्थ श्रेणी कर्मचारियों की भर्ती भी होती है। अब रिक्त कराने या ख़ाली कराने के अर्थ में तो **ख़लास** का अर्थ स्पष्ट हुआ मगर मुंबइया ज़बान में किसी को मारने, क़त्ल करने जैसे अर्थ में भी **खल्लास** जैसा शब्द चलता है। ग़ौर करें ख़लास में शामिल मुक्ति या छुटकारा दिलाने जैसे भाव पर। खल्लास यहाँ आकर क़त्ल का अर्थ लेता है। अरबी शब्द खला का एक रूप **खुलू** भी है जिसका मतलब भी ख़ाली होना, रिक्त होना है। **खुलूद** में निहित रिक्तता या शून्यता का भाव इसे ब्रह्मत्व से भी जोड़ता है। ब्रह्म यानी सर्वोच्च, अनित्य, चिरंतन। इसी तरह स्वर्ग के अर्थ में अरबी में **ख़ुल्द** शब्द है। ग़ालिब ने कहा है–

निकलना ख़ुल्द से आदम का सुनते आए हैं लेकिन
बहुत बेआबरू होकर तेरे कूचे से हम निकले।

कुल मिलाकर यह सृष्टि शून्य है। शून्य ही ब्रह्म है और सबको एक दिन ब्रह्मलीन हो जाना है। आप चाहें तो कह सकते हैं कि खल्लास हो जाना है। क़यामत या महाप्रलय का सिद्धांत तो यही कहता है। मगर ख़ला तब भी बनी रहेगी। ख़ालीपन तब भी रहेगा जिसे भरने फिर सृजन होगा।

गीता और गीत-संगीत की गाथा

[शब्द संदर्भ : गाथा, गीत, गेय, गायक, गाना, गीता, संगीत]

कविता जन्मी प्रकृति के संगीत से, पंछियों के कलरव से, धाराओं की **कलकल** से। यह अनायास नहीं कि जिस तरह **क** वर्ण में ध्वनि करने का भाव अन्तर्निहित है उसी तरह

इस वर्णक्रम में **क-ख-ग-घ**, आने वाले **ग** में **गायन** का भाव पैठा हुआ है। जिस तरह **कै** धातु से बने **कव** में स्तुति, वर्णन अथवा काव्य-रचना का भाव है उसी तरह **गै** धातु का अर्थ भी वर्णन करना है मगर इसका निर्वाह सस्वर करने का भाव प्रमुख है। **गै** अर्थात गाना, पाठ करना, वर्णन करना, आदि।

कथा-कहानी के पर्याय के रूप में हिन्दी में **गाथा** शब्द भी प्रचलित है। गाथा यानी कहानी से बड़े आकार की कथा। आमतौर पर प्राचीनकाल में धार्मिक पात्रों पर आधारित कथा-विन्यास को गाथा कहा जाता था। कालांतर में समसामयिक चरित्रों और ऐतिहासिक पात्रों के इतिवृत्त गाथा कहलाने लगे। गाथा बना है **गै** धातु से बने **गाथ्** शब्द से। ग़ौरतलब है कि **गै** का मतलब है सस्वर वर्णन करना, पाठ करना आदि। **गाथ्** का अर्थ हुआ गीत, भजन आदि। संस्कृत में गीत शब्द क्रिया है जिसका मतलब है गाया हुआ जबकि हिन्दी का गीत बना **गीतम्** या **गीतकम्** से जिसके मायने हैं स्तोत्र, भजन आदि। हिन्दी का गाना शब्द भी इसी कड़ी में आता है और संस्कृत के **गानम्** से बना है। गाथा शब्द के अन्य पर्याय हैं उपन्यास, कथा, कहानी, विरुदावली, जीवनी, महाःकाव्य, प्रबंधकाव्य आदि। हिन्दी साहित्य के एक पूरे कालखंड का नाम ही **वीरगाथा काल** है।

महाभारत के निष्काम कर्मयोग के सिद्धांत की स्थापना वाले अंश को दुनिया भर में **गीता** कहा जाता है। गीता भी **गै** धातु से बना है जिसमें गुरु-शिष्य संवाद का भाव है। ग़ौरतलब है कि भीष्मपर्व के उक्त अंश में श्रीकृष्ण अर्जुन को उपदेश ही दे रहे हैं। आप्टे कोश के मुताबिक़ **गीता** का अर्थ है पद्य विधा में लिखे गए संस्कृत के ग्रंथ जिसमें धार्मिक-आध्यात्मिक सिद्धांतों का प्रतिपादन हुआ हो। इस आधार पर कई **गीताएँ** हैं। निष्काम कर्मयोग वाले भीष्मपर्व उक्त अंश का भी पूरा नाम श्रीमद्भगवद्गीता है। हिन्दी-संस्कृत में छोटे गीत को गीतिका कहते हैं। इस नाम का एक छंद भी है। **गै** से बने **गायः** शब्द से हुई गायक की उत्पत्ति। **गायक** यानी गाने वाला। हिन्दी का **गवैया** इससे ही बना है। प्रसिद्ध **गायत्री मंत्र** के मूल में भी यही **गै** धातु है। **गै** से बने **गायः** से जन्मा है गायत्रम् जिसका मतलब होता है सूक्त, गीत। हिन्दी में सर्वाधिक बोले जाने वाले शब्दों में **संगीत** भी एक शब्द है। यह एक ऐसा शब्द है जिसका पर्याय हिन्दी में मिलना मुश्किल है। यह बना है **सम + गीत** के मेल से अर्थात साथ-साथ गाना।

घास चरने से ही कुशाग्र बुद्धि

[शब्द संदर्भ : कुश, कुशल, कुशाग्र, दर्भ, दूर्वा, दूब]

घास की महिमा अपरम्पार है। इनके बिना मानव जीवन सम्भवतः इतना विकास ही न कर पाता। सबसे पौष्टिक खाद्य पदार्थ गेहूँ भी एक प्रकार की **घास** ही है। किसी कार्य को बहुत ही चतुराई और उत्तम प्रणाली से करने के लिए हिन्दी में आम प्रचलित शब्द है कुशल। ख़ैरियत, मंगल और प्रसन्नता के अर्थ में भी **कुशल** शब्द का प्रयोग होता है। **कुशल-क्षेम, कुशल-मंगल** से यह साफ़ ज़ाहिर है। यह बना है संस्कृत के **कुशः** से। हिन्दी में यह भी काफ़ी आम है और इससे बने शब्द ख़ूब प्रचलित हैं।

संस्कृत के **कुशः** का मतलब होता है एक प्रकार की वनस्पति, तृण, पत्ती, घास जो पवित्र-मांगलिक कर्मों की आवश्यक सामग्री मानी जाती है। प्रायः सभी हिन्दू मांगलिक संस्कारों में इस दूब या कुशा का प्रयोग पुरोहितों द्वारा किया ही जाता है।

कुशः से ही बना है **कुशाग्र**। हिन्दी के इस शब्द का मतलब होता है अत्यधिक बुद्धिमान, अक़्लमंद, चतुर आदि। ग़ौर करें **कुशः** के घास या दूब वाले अर्थ पर। यह घास अत्यंत पतली होती है जो अपने किनारों पर बेहद पैनी हो जाती है। चूँकि इसका आगे का हिस्सा नुकीला होता है इसलिए इस हिस्से को **कुशाग्र** कहा गया अर्थात **कुश** का अगला हिस्सा (जो नुकीला है)। ज़ाहिर सी बात है कि कालांतर में बुद्धिमान व्यक्ति की तीक्ष्णता आँकने के लिए **कुशाग्र** बुद्धि शब्द चल पड़ा। तुलसीदास जी ने रामचरितमानस में जो लिखा वो एक प्रसिद्ध उक्ति बन गई—पर उपदेस कुसल बहुतेरे, जे अचरहिं ते नर न घनेरे। कुशा का तना बीच में से चीरे हुए बाँस जैसा होता है इस कारण से उस पर उँगलियाँ भी नहीं फेरी जा सकती हैं। इसका अग्र भाग नुकीला और तनिक कठोर होता है। मान्यता है कि ग्रहण के सूतक के आरम्भ के पूर्व इसके तिनके खाद्य पदार्थों में रख देने से उन पर ग्रहण का प्रभाव नहीं होता है। इसके आसन बनाए जाते हैं जिनका उपयोग पूजा के समय किया जाता है। इसके बिना तर्पण, श्राद्ध पूरा नहीं किया जा सकता है।

कुशः या **कुश** का एक अन्य नाम है दुर्वा या दूब। मांगलिक कार्यों के लिए इसके उपयोग से सभी परिचित हैं और इसीलिए कुश की तुलना में **दूब** नाम ज़्यादा प्रचलित है। दूब नरम घास होती है। उसके बिना कोई पूजा पूर्ण नहीं होती, इसे सब जानते हैं। इसका अग्र भाग अत्यन्त कोमल होता है। आयुर्वेद में दूब को महौषधि भी कहा गया है क्योंकि रोज़मर्रा की आम व्याधियों में इसके ज़रिए किए उपचार को रामबाण माना गया है। पौराणिक ग्रंथों में इसका उल्लेख दूर्वा, अनंता, ग़ौरी, भार्गवी और शतपर्वा जैसे नामों से भी है। यह बना है **दर्भः** से। संस्कृत में इसका अर्थ है एक प्रकार की घास जो यज्ञानुष्ठानों में काम आती है। दर्भः ने ही हिन्दी में दूब का रूप लिया। मराठी में इसे **दूर्वा** कहते हैं। यह वही घास है जो प्रायः भारत के मैदानों में उगती है और जिस पर जमी ओस पर चलना नेत्रज्योति बढ़ाने के लिए काफ़ी फ़ायदेमंद माना जाता है। ज़ाहिर है कि नेत्र ज्योति बढ़ने से दुनियादारी की समझ तो ज़्यादा ही होगी सो अक़्ल के घास चरने वाले मुहावरे में ज़्यादा अर्थ नज़र नहीं आता क्योंकि घास चरने से नही, मगर घास पर चलने से तो अक़्ल तेज़ हो ही रही है न...।

चम्पा, नीलोफ़र और नीलकमल

[शब्द संदर्भ : नील, नीलकमल, नीलांजना, नीलाभ्र, निलहे साहब, चम्पारन, नीलोत्पल, नीलोफ़र, नीलाथोथा, नीलगिरि]

रंगों का संसार यूँ तो सतरंगी होता है और सात रंग मिलकर हज़ारों क़िस्म के रंगों का निर्माण करते हैं। ऐसे में किसी एक को चुनना बेहद मुश्किल बात है। इसके बावजूद

सर्वाधिक लोकप्रिय किन्हीं तीन रंगों की बात की जाए तो यक़ीनन नीला रंग भी उनमें से एक होगा। प्रकृति में भी हरे रंग की छटा के बाद अगर किसी अन्य रंग का प्राधान्य है तो वह नीला रंग ही है। यह बना है संस्कृत के **नील** से जिसका जन्म हुआ है **नील्** धातु से। भारतीय ध्वज में चाहे नीला रंग न हो मगर स्वतंत्रता संग्राम का नील से बहुत गहरा रिश्ता है। नीला रंग चाहे जितना ख़ुशनुमा हो मगर संस्कृत में नील का अर्थ नीले के साथ-साथ काला, सुरमई भी होता है इसीलिए संस्कृत में सुरमा के लिए **नीलांजनम्** या **नीलांजना** नाम हैं। संस्कृत में बादल को **अभ्र** कहा जाता है। यही अभ्र फ़ारसी में अब्र हो जाता है। स्याह काले बादल को संस्कृत-हिन्दी में **नीलाभ्र** कहते हैं। यहाँ नीला का अर्थ काला ही है। काले नमक के लिए भी **नीलकम्** शब्द है। नीले रंग से तात्पर्य गहरे नीले रंग से ही है।

नील दरअसल एक पौधे से निकाली जाती है। प्राचीनकाल से ही नीले रंग के लिए नील के पौधे का इस्तेमाल होता रहा। संस्कृत में नील का पौधा **नीलिका** अथवा **नीली** कहलाता है। भारत में नील पूर्वी प्रदेशों में होती है ख़ासतौर पर बिहार, बंगाल, उड़ीसा आदि राज्यों में। अरबी व्यापारी भारतीय नील ख़रीदते थे और यूरोपीय मुल्कों में बेचते थे। भारतीय मलमल और मसालों की तरह नील भी पश्चिमी देशों में मशहूर थी। अंग्रेज़ों ने जब कोलकाता में कोठियाँ बनवाईं तब ईस्ट इंडिया कंपनी मुख्य रूप से नील का व्यापार ही करती थी। अंग्रेज़ों को इसीलिए **निलहे साहब** कहा जाता था। भारतीय स्वतंत्रता संग्राम नील का बड़ा महत्त्व है। बिहार के नेपाल से सटे चम्पारन ज़िले में नील की भरपूर खेती होती थी। इस स्थान का नाम चम्पक वृक्षों की बहुतायत की वजह से **चम्पक + अरण्य = चम्पकारण्य** पड़ा जो घिसते-घिसते चम्पारन हो गया। चम्पक या चम्पा के वृक्ष में पीले रंग के सुगंधित फूल होते हैं जो केश शृंगार के काम आते हैं। दिलचस्प बात यह कि प्राचीनकाल में चम्पा के पीले फूलों की वजह से प्रसिद्ध चम्पारन आधुनिक युग में नील के नीले फूलों की वजह से दुनिया भर में मशहूर हुआ। गांधीजी ने दक्षिण अफ्रीका से लौटने पर जब नील किसानों पर निलहे साहबों के अत्याचार की ख़बर सुनी तो उन्होंने चम्पारन की यात्रा की और अंग्रेज़ों के शोषण के ख़िलाफ़ आवाज़ उठाई। यह मुहिम ही दरअसल गांधी के स्वतंत्रता संघर्ष के लिए मील का पत्थर बनी। नील को अंग्रेज़ी में इंडिगो कहते हैं। इसका संबंध सहज रूप से इंडिया यानी भारत से ही है। इंडिगो बना है ग्रीक भाषा के **इंडिकोन** और **इंडिकोस** से जिसका अर्थ था नील का पौधा। यह इंडिया से ही बना। इंडिया ग्रीक भाषा के **इंडस** से बना है। दरअसल सिन्धु नद का ग्रीक उच्चारण ही **इंडस** है। स्पेनी और डच ज़बानों में **इंडिकोन** हुआ **इंडिगो**। चूँकि अंग्रेज़ों से भी पहले कोलकाता में पुर्तगाली अपनी कोठियाँ बना चुके थे। डच भाषा से ही पुर्तगाली में **इंडिगो** शब्द गया और फिर अंग्रेज़ी में समा गया। संस्कृत **नील** ही फ़ारसी-उर्दू में भी प्रचलित है।

बहुमूल्य रत्नों में **नीलम** भी मशहूर है। उसे यह नाम **नीली** आभा की वजह से ही मिला है। नीलम को नीलमणि, नीलकांत या नीलरत्न भी कहते हैं। हरित आभा वाले

नीलमणि के लिए फ़ारसी में फ़ीरोज़ी शब्द है। बोलचाल में फ़ीरोज़ी रंग यानी नीला रंग ही समझा जाता है। नीलमणि को उर्दू में फीरोज़ा ही कहते हैं। उर्दू-फ़ारसी में श्वेतकमल या कुमुदिनी के लिए **नीलोफ़र** शब्द है। यूँ तो कुमुदिनी सफ़ेद रंग की होती है मगर नीलोफ़र का अर्थ हुआ **नीलकमल**। संस्कृत में नीलोफ़र यानी नीलकमल के लिए **नीलोत्पल** शब्द है। यह बना है **नील + उत्पल** से। हालाँकि संस्कृत के उत्पलम् शब्द में कमल के साथ-साथ नीलकमल का भी भाव है। मगर **नीलोत्पल** शब्द से यह और स्पष्ट हो जाता है। फ़ारसी के **नीलोफ़र** और संस्कृत के **नीलोत्पल** की समानता पर ग़ौर करें।

एक क़िस्म के रसायन को **नीलाथोथा** या **नीला तूतिया** कहा जाता है। रसायन विज्ञान में इसे कॉपर सल्फेट कहते हैं। नीलाथोथा दरअसल एक प्रकार का विष होता है। यह बना है **नील + तुत्थः** से। संस्कृत में **तुत्थः** का मतलब होता है पत्थर, खनिज, आँख का सुरमा, दवा आदि। ग़ौर करें कि विष के सेवन से शरीर पहले नीला पड़ना शुरू होता है फिर काला होता है। नील शब्द में गहरा नीला और काला रंग समाहित हैं। शिव ने समुद्रमंथन के दौरान अपने कंठ से गरलपान अर्थात विषपान किया था इसी वजह से उन्हें **नीलकंठ** भी कहा जाता है। नील शब्द में समाहित गहरा नीला या काला का भाव नीलकंठ शब्द से एकदम साफ़ हो रहा है। शिव का एक नाम है **नीलग्रीव**। दक्षिण भारत में पश्चिमी घाट की शांत चोटियों पर ख़ूबसूरत हिल स्टेशन स्थित है। वनाच्छादित श्रेणियाँ, अपनी नीली आभा के कारण कुछ क्षेत्रों में ब्लू-माउंटेन के रूप में जानी जाती हैं। इन दक्षिणी श्रेणियों पर स्थित उदगमंडलम (ऊटी), कोडाइकनाल और येरकाड ख़ूबसूरत झीलों, पेड़-पौधों से युक्त रास्तों, जलप्रपातों, चट्टानी एवं शानदार दृश्यों से भरे हुए हैं। इन्हें **नीलगिरि** पर्वत भी कहा जाता है।

चितकबरी चितवन और चाँटे!

[शब्द संदर्भ : चितकबरा, चितवन, चित्र, चिंत, चित्त, चिट्टा, गोराचिट्टा, तिरछी चितवन]

धूसर, धब्बेदार या रंग-बिरंगे के अर्थ में हिन्दी में आमतौर पर **चितकबरा** शब्द प्रयोग किया जाता है। पालतू प्राणियों की पहचान के लिए भी आमतौर पर चितकबरा शब्द चलता है, जैसे–चितकबरी बिल्ली, चितकबरा कुत्ता या गाय आदि। चितकबरा का मतलब सामान्यतः रंगीन ही होता है मगर कुछ लक्षणों के आधार पर धूसर या काला-सफ़ेद-धूसर के तौर पर ही लोग इसे याद करते हैं। रंगीन के लिए ज़्यादातर तो बहुरंगी या रंग-बिरंगा जैसे शब्द ही बोले-समझे जाते हैं। वैसे **चितकबरा** का एक आम लक्षण तो है धब्बेदार होना। ग़ौर करें **चित्र** शब्द पर। यह बना है संस्कृत के **चित्र्** से, जिसका मतलब होता है उज्ज्वल, धवल, रुचिकर, रंग-बिरंगा, तसवीर, छवि आदि। धब्बे से इसका अर्थ-विस्तार हुआ और व्हाइट स्पॉट (सफ़ेद कोढ़) के लिए भी **चित्रः** शब्द संस्कृत में मिलता है। आसमान को भी चित्र कहा जाता है क्योंकि इसमें या तो धब्बेदार बादल नज़र आते हैं या बादलों से बनी आकृतियाँ दिखती हैं। धब्बे के लिए हिन्दी में **चित्ता** शब्द है और धब्बे वाली वस्तुओं को **चित्तीदार** कहा जाता है। संस्कृत

में एक शब्द है **चित्रकः** अर्थात एक ऐसा चौपाया जिसके शरीर पर धब्बेनुमा चित्र बने हैं। ज़ाहिर सी बात है कि बिल्ली और शेर का रिश्तेदार **चीता** ही इस परिभाषा में फिट बैठ रहा है क्योंकि उसका नामकरण हुआ ही **चित्रकः** से है। चितकबरा का अगला हिस्सा भी संस्कृत के कर्बु से बना है जिसका मतलब हुआ चित्तीदार। इससे बने **कर्बुर** मतलब होता है चित्र-विचित्र रंग, सफ़ेद-भूरा-सा आदि। बहरहाल **चित्र + कर्बुर** से बने चितकबरा शब्द जितना लुभावना दरअसल है वैसा समझा नहीं जाता।

नाज़नीनों की तिरछी चितवन के दीवानों को अक्सर कुछ उपहार भी मिल जाते हैं जिन्हें बजाय सँभालकर रखने के, वे उन्हें भुला देना ही पसंद करते हैं। ये होता है **थप्पड़ या चाँटा**। अब ये तो उम्र का तक़ाज़ा है और नज़रों की इनायत कि कोई देखता कहीं है और उसे देखते हुए देखने वाले कभी थप्पड़-चाँटे खा रहे होते हैं, तो कभी चारों खाने चित्त हो रहे होते हैं। **चित्त, चित, चिंत, चित्र** आदि शब्द इसी शृंखला में ही आते हैं चितवन जैसा एक और शब्द। यह बना है संस्कृत के **चित्** से जिसमें देखा हुआ, प्रत्यक्ष ज्ञान, नज़र डालना, दृष्टिगोचर करना जैसे अर्थ समाहित हैं और चित में निहित संचित, संग्रह किया हुआ, इकट्ठा किया हुआ (जिससे **चिता** शब्द बना है) भाव भी शामिल है। ग़ौर करें कि **चितवन** में पैनी, लुभावनी, चंचल नज़र तो शामिल है ही, साथ ही इसमें कनखी का भाव भी है जिसमें एक पल में दुनिया को समेट लेने का, जिसे देखना चाहें उसे दिल में बसा लेने का, चुन लेने का अर्थ भी उजागर हो रहा है। सवाल है कि ये चितवन कैसे अपना काम करती है? अब दुनिया में रंगभेद को चाहे आलोचना सहनी पड़ती हो मगर इश्क़ में रंगभेद नहीं होता। कभी ये साँवले-सलोने पर काम करती है तो कभी गोरे-चिट्टे पर। हमें साँवला-सलोना भी समझ में आता है और गोरा भी। मगर ये चिट्टा क्या है? ये चिट्टा भी इसी कड़ी में आता है और चित्र् से ही जन्मा है। चित्र् में निहित उज्ज्वल, धवल जैसे शब्द गोरा-चिट्टा के अर्थ को भरपूर आधार प्रदान कर रहे हैं। **चितवन** का अर्थ कटाक्ष भी होता है और तिरछी नज़रिया भी। इसे ही **तिरछी चितवन** कहते हैं। चित्ताकर्षक प्रेमी के लिए **चितचोर** शब्द भी इसी शृंखला से बँधा है। पारखी और क़द्रदाँ के अर्थ में **चितेरा-चितेरी** जैसे शब्दों क़ी भी इनसे रिश्तेदारी है। मगर जब परख में कुछ खोट नज़र आता है तो उसकी परिणति चाँटे यानी थप्पड़ के रूप में ही होती है। ग़ौर करें, चित्र् का अर्थ होता है धब्बा। जब गाल पर थप्पड़ पड़ता है तो अँगुलियों के निशान उभर आते हैं। संभव है इसीलिए उसे चाँटा कहा जाता है।

चूहे में छुपी है मसल पावर

[शब्द संदर्भ : मूषक, मुसहर, मूसाहारी, मसल पावर]

हिन्दी का मूषक और अंग्रेज़ी का माउस शब्द एक ही मूल यानी इंडो-यूरोपीय मूल के शब्द हैं। विद्या-बुद्धि के देवता गणेश के वाहन के तौर पर भारत में चूहे यानी मूषक को जो प्रतिष्ठा मिली हुई है, वह पूरी दुनिया में कहीं नहीं है। अंग्रेज़ी के **माउस** शब्द

को भी **मूषक** जैसी प्रतिष्ठा अर्जित करने के लिए शताब्दियों लंबा इंतज़ार करना पड़ा। जब कम्प्यूटर का आविष्कार हो गया तो अंग्रेज़ी के **माउस** को भी गणेश वाहन मूषक की तरह कम्प्यूटर का सारथी बनने का मौक़ा मिल गया। मूषक के संस्कृत में दो रूप हैं पहला मुषकः और दूसरा मूषकः। मतलब दोनों का एक ही है चूहा। ख़ास बात यह कि अंग्रेज़ी के मसल यानी मांसपेशी शब्द का जन्म भी मूषकः या मुषकः से ही हुआ है।

मांसपेशियों के लिए **मसल** शब्द के प्रयोग की वजह के पीछे **मसल्स** में चूहे जैसी थिरकन नज़र आना है। दोनों बाँहों के ऊपरी गठीले हिस्से में इस **मूषक** की कल्पना करने से मसल शब्द बना। बाद में शक्ति के प्रदर्शन और उसके इस्तेमाल के संदर्भ में **मसलमैन** या **मसल पावर** जैसे शब्द भी बन गए। वैसे मुषकः शब्द **मुष्** धातु से बना है जिसका एक अर्थ चुराना, नष्ट करना, लूटना आदि भी है। चूहों की आदतों पर ग़ौर करें तो मूषक शब्द में इन तमाम विशेताओं का विस्तार नज़र आता है। प्राचीनकाल से ही चूहे खेती के सबसे बड़े दुश्मन माने जाते रहे हैं। ज़मींदार के कारिंदे आकर फ़सल लूटें उससे पहले मूषकों की फ़ौज इस काम को कर डालती थी। संस्कृत के मुष् से यह ग्रीक में **माईस** लैटिन में **मुस**, जर्मन में **मूस** और पुरानी इंग्लिश में भी इसी रूप में रहा और बाद में **माउस** के रूप में ढल गया।

पूर्वी भारत में अति पिछड़ी जाति का एक समूदाय **मुसहर** कहलाता है। घोर निर्धनता में जीने वाले ये लोग भूमिहीन, निरक्षर और श्रमजीवी होते हैं। इनके **मुसहर** नाम के पीछे भी मूषक ही है। ये दूसरों के खेतों में मज़दूरी कर जीवन-यापन करते हैं। मुसहर नाम से स्पष्ट है कि मूषक इनका आहार होता है। जंगली चूहे खेतों के भीतर बड़ी-बड़ी बिल बनाकर रहते हैं। इस श्रमजीवी समाज के ज़िम्मे अक्सर खेतों में चूहे पकड़ने का काम रहता आया है। इसके अलावा अन्य जीवों, जैसे—कछुओं, साँप आदि को पकड़ने का काम भी ये करते रहे हैं। चूहों पर आजीविका चलने की वजह से भी और उन्हें आहार बनाने की वजह से इन्हें **मुसहर** कहा जाता है। मुसहर जाति किसी वक़्त इतनी बुरी अवस्था में नहीं रही होगी इसका सबूत मिलता है उनके बारे में इस तथ्य से कि इस जाति के लोग बाघ से आँखें मिलाने का हौसला रखते थे।

डैनों में छिपा उड़ान का तिलिस्म

[शब्द संदर्भ : हवाई, हवाबाज़ी, हवाबाज़, हवाख़ोर, हवाख़ोरी, हवादार, हवाई जहाज़, अवडीनम्, उड्डीनम्, प्रडीनम्, विडीनम्, डैना, उडुगन, उड़ान, उड्डयन]

हवाबाज़ी के लिए उड़ना, उड़ाना या उड़ान जैसे शब्द हिन्दी में बहुत आम हैं बल्कि यूँ कहें कि बोलचाल की हिन्दी में मनुष्य या पक्षी के हवा में गति करने वाली अवस्था के लिए उड़ान शब्द के अलावा वैकल्पिक शब्द ही बहुत कम हैं और सहजता से जो शब्द दिमाग़ में आता है वह उड़ने-उड़ाने के इर्द-गिर्द ही होते हैं। इंडो-यूरोपीय भाषाओं में **व** शब्द वायु और जल दोनों से संबंधित है और इससे कई शब्द बने हैं जिससे

प्रवाह, गति जैसे अर्थ उजागर होते हैं। संस्कृत में **बः** का अर्थ होता है **वायु**। हवाबाज़ी में शामिल हवा शब्द इससे ही जन्मा है (अलबत्ता **बः** यानी **बह** के **हवा** बनने में वर्णविपर्यय का सिद्धांत लागू हो रहा है)। मूलतः यह फ़ारसी का शब्द है जो बरास्ता उर्दू-हिन्दी में भी दाख़िल हो गया। **हवा** में फ़ारसी के प्रत्यय लगने से बने कई शब्द आज हिन्दी में भी प्रचलित हैं, मसलन–**हवाई, हवाबाज़ी, हवाबाज़, हवाख़ोर, हवाख़ोरी, हवादार, हवाई जहाज़** आदि।

बहरहाल बात उड़ने-उड़ाने की हो रही थी। उड़ने-उड़ाने की शब्दावली ने कई मुहावरों को भी जन्म दिया है, जैसे–**ऊँचे उड़ना** यानी बहुत ज़्यादा महत्त्वाकांक्षी होना। हवा से बातें करने के अर्थ में **उड़ चलना** भी एक मुहावरा है। इसी तरह चंपत होने के लिए **उड़न-छू होना**, अफ़वाह के लिए उड़ती ख़बर, किसी के ख़ात्मे के लिए **उड़ाना** या **उड़ा देना**, या हाथ साफ़ करने के अर्थ में उड़ाना जैसे शब्द-युग्म मुहावरों के तौर पर प्रचलित हैं। **उड़ने-उड़ाने** से जुड़े शब्दों के मूल में दरअसल संस्कृत की **डी** धातु छुपी हुई है जिसके मायने होते हैं हवा से होकर गुज़रना, ऊपर उठना, उड़ना आदि। इससे बने **डीन** शब्द का मतलब होता है पक्षी की उड़ान। प्राचीन भारतीय मनीषियों की हवाबाज़ी के कौशल में कितनी दिलचस्पी थी यह इस तथ्य से पता चलता है कि उन्होंने पक्षियों की आसमानी कलाबाज़ियों का अध्ययन कर 101 तरह की उड़ानों का उल्लेख किया है, जैसे–अवडीनम्, उड्डीनम्, प्रडीनम्, विडीनम् आदि। **डीन** यानी उड़ना या उड़ा हुआ से अब साफ़ है कि पंख के लिए **डैना** शब्द भी इसी **डी** की देन है। ओरछा में जन्मे प्रसिद्ध रीतिकालीन कवि केशवदास का यह दोहा तो उक्ति की तरह प्रसिद्ध है–

सूर सूर तुलसी ससी, उडुगन केसवदास।
अबके कवि खद्योत सम, जहँ-तहँ करहिं प्रकास ॥

इस दोहे में जो उडुगन (उडुगण) शब्द आया है उसका मतलब है नक्षत्र, तारे आदि। यह बना है **उडु + गण** से। स्पष्ट है कि **उडु** शब्द भी **डी** से ही बना है जिसमें हवा में गति की बजाय अंतरिक्ष में स्थिति की बात प्रमुख हो गई है।

हवाबाज़ी के सरकारी महकमे अर्थात सिविल एविएशन मिनिस्ट्री को आज हम दो नामों से जानते हैं। पहला है नागर विमानन मंत्रालय। दूसरा ज़रा कठिन है नागरिक **उड्डयन मंत्रालय**। मगर **डी** का रहस्य खुलने के बाद **उड्डयन** जैसा शब्द उतना कठिन नहीं रह गया होगा। ज़ाहिर है कि उड़ान का संबंध **उड्डयन** से, उडुगण से और उड़ने-उड़ाने से यूँ ही नहीं है।

दरिया तो संगीत है

[शब्द संदर्भ : सिंहनाद, जयनाद, हर्षनाद, आर्तनाद, नदी, नदिया, नद, नाद]

प्रकृति ही संगीत है। अंतर्मन की गहराई से अगर प्रकृति को अनुभव करें तो समूची सृष्टि में संगीत प्रवाह महसूस होगा। प्रकृति का सांगीतिक रूप शब्दों से भी उजागर

होता है। भारतीय शास्त्रीय संगीत का एक चिर परिचित शब्द है **नाद** जिसका मूलार्थ है ध्वनि। इसके विशिष्ट अर्थों में घोष, गर्जना, ऊँची आवाज़, दहाड़ अथवा चीख़-चिल्लाहट भी शामिल हैं। **सिंहनाद** शब्द इससे ही बना है जिसका मतलब शेर की दहाड़ होता है। **जयनाद** जिसका मतलब है विजयी सेना का जयघोष, जीत की हर्षध्वनि। इससे ही बना **हर्षनाद**। प्राचीनकाल से अब तक मांगलिक कार्यों अथवा किसी मनोरथ के पूर्ण होने पर उसकी दूर-दूर तक सूचना कराने के लिए शंख बजाया जाता रहा है। जयघोष के लिए तो शंखध्वनि अनिवार्य थी इसीलिए **शंखनाद** शब्द बना। जीत की हर्षध्वनि के लिए जयनाद शब्द भी है। **नाद** शब्द आमतौर पर अनुनासिक ध्वनि के लिए भी प्रयोग में आता है। संगीत में **नादब्रह्म** शब्द भी है जिसका मतलब है ओंकार ध्वनि, अव्यक्त शब्द। **अनुनाद** यानी प्रतिध्वनि भी सांगीतिक शब्दावली का एक आम शब्द है। करुण पुकार के लिए **आर्तनाद** भी इसी कड़ी में है।

नाद बना है संस्कृत की धातु **नद्** से जिसमें यही सारे भाव समाए हैं। **नद्** से ही बना है **नदः** जिसका अर्थ है दरिया, महाप्रवाह, विशाल जलक्षेत्र अथवा समुद्र। ग़ौर करें कि बड़ी नदियों के साथ भी **नद** शब्द जोड़ा जाता है जैसे **ब्रह्मपुत्रनद**। ग्लेशियर के लिए **हिमनद** शब्द इसीलिए गढ़ा गया। अब साफ़ है कि **नद्** शब्द से ही बना है **नदी** शब्द जो बेहद आम है। ग़ौर करें कि नदी यानी सलिला, सरिता, धारा, तरला, नदिया, सिंधु, निर्झरिणी आदि शब्दों के में उजागर प्रवाहवाची भाव पर।

सवाल उठता है **नदी** शब्द की उत्पत्ति **नद्** धातु से क्यों हुई, जिसके तमाम अर्थ शोर, ध्वनि, गर्जना से जुड़ते हैं? इसका उत्तर नदी के एक और पर्यायवाची में छुपा है। नदी को शैलबाला, पर्वतसुता या पार्वती भी कहा जाता है। ज़्यादातर धाराओं का प्राकृतिक उद्गम पर्वतों से ही होता है। ऊँचे पर्वतों से जब जलधाराएँ नीचे की ओर यात्रा शुरू करती हैं तो चट्टानों से टकराकर घनघोर ध्वनि के साथ नीचे गिरती हैं। यह शोर है। यही गर्जना है। पहाड़ों से नीचे आने पर जब वे मैदानों में बहती हैं तो उनकी गति क्षीण ज़रूर हो जाती है मगर छोटी चट्टानों, कंकड़-पत्थरों से संघर्ष तब भी जारी रहता है जिससे कलकल ध्वनि पैदा होती है। यही है संगीत। यही है नाद जिसमें छुपा है नदी के जन्म का रहस्य। और **नदी** शब्द में छुपा है **नाद** यानी संगीत का जन्म। चकराइए मत, सभ्यता के विकासक्रम में जब मनुष्य की वाचिक चेष्टाएँ अर्थवान होने लगी थीं और भाषा का जन्म होने को था तभी मनुष्य ने पहाड़ी धाराओं की ध्वनि को **नद्** कहा और कालांतर में, भाषा के विकासक्रम में इसके अन्य अर्थ विकसित होते चले गए।

दिशाओं के हाथी-दिग्गज

[शब्द संदर्भ : दिग्गज, दिक्, गज]

बोलचाल की हिन्दी का एक शब्द है दिग्गज जो कि आमतौर पर किसी बड़े और प्रभावशाली व्यक्ति के संदर्भ में इस्तेमाल किया जाता है। इस शब्द के महत्त्व को जताने वाले कुछ मुहावरे भी हिन्दी में चलते हैं, जैसे—दिग्गजों की लड़ाई या दिग्गजों

का अखाड़ा। दरअसल दिग्गज संस्कृत का शब्द है और ज्यों-का-त्यों हिन्दी में भी प्रयोग किया जाता है। यह संस्कृत के दो शब्दों से मिलकर बना है दिक् + गज् = दिग्गज। इसके शाब्दिक मायने हुए दिशाओं के हाथी। पुराणों के मुताबिक़ समूचे ब्रह्मांड को आठ हाथियों ने थाम रखा है। इनके नाम हैं–(1) ऐरावत, (2) पुंडरीक, (3) वामन, (4) कुमुद, (5) अंजन, (6) पुष्पदंत, (7) सार्वभौम, (8) सुप्रतीक। दिशा के लिए मूलरूप से संस्कृत शब्द **दिश्** है जिससे **दिक्** और **दिग्** दो अन्य शब्द बने हैं जिनका अर्थ भी यही है। इससे हिन्दी में कुछ अन्य शब्द भी बने हैं, जैसे–दिग्दिगंत (दिशाओं का छोर), दिग्विजय (चारों दिशाओं में दिखाया पराक्रम) और दिगंबर (एक संप्रदाय जिसके लिए दिशाएँ ही वस्त्र हों)। इसी तरह एक अन्य शब्द है दिक्पाल जिसका अर्थ है दिशाओं के रक्षक। ग़ौरतलब है कि भारतीय ज्ञानसंहिताओं में चार की जगह कहीं दस और कहीं आठ दिशाएँ मानी जाती हैं। ये रक्षक स्वयं देवगण हैं जिन्हें स्वयं ब्रह्मा ने ये ज़िम्मेदारी दी–(1) इन्द्र पूर्व के, (2) अग्नि दक्षिण-पूर्व के, (3) यम दक्षिण के, (4) सूर्य दक्षिण-पश्चिम के, (5) वरुण पश्चिम के, (6) वायु पश्चिमोत्तर के, (7) कुबेर उत्तर के और (8) सोम उत्तर-पूर्व के। इसके अलावा पाताल को देखने की ज़िम्मदारी शेषनाग ने सँभाली और आकाश स्वयं ब्रह्मा ने सँभाला।

नस-नस फड़कती है ख़ानदान के नाम पर

[शब्द संदर्भ : नस, स्नायु, शिरा, नर्व, नसब, नाम-ओ-नसब, नसीम]

रोमांच की अवस्था या ख़ुशी के संचार को मुहावरेदार भाषा में **नस** फड़कना कहा जाता है। नस शब्द से जुड़े कई और भी मुहावरे हैं, मसलन–नस पहचानना, नस ढीली पड़ना, **नस-नस** में समाना आदि। शरीर की रक्त वाहिकाओं के लिए संस्कृत-हिन्दी में **स्नायु, नस, नाड़ी** या **शिरा** शब्द हैं जिनमें से **नस** का प्रयोग आमतौर पर होता है। अरबी-फ़ारसी के **नब्ज़** और **रग** जैसे लफ़्ज़ भी इन्हीं अर्थों में इस्तेमाल किए जाते हैं। अंग्रेज़ी में देखें तो इनके लिए नर्व, नर्वस जैसे शब्द चलन में हैं। ख़ास बात ये कि नस या स्नायु और नर्व, नर्वस, जैसे शब्द एक ही मूल से जन्मे हैं। इंडो-यूरोपीय भाषा-परिवार के ही एक शब्द SNEU से ही इनका उद्गम माना जाता है। इसी से बना है संस्कृत का स्नु शब्द और स्नु से ही निकले हैं **स्नायु** और **नस**। वर्ण विपर्यय सिद्धांत अर्थात अक्षरों का क्रम बदलने से **स्नायु** हो गया **नस**। यह वैसे ही है जैसे **लखनऊ** खाँटी लखनवी में हो जाता है **नखलऊ**। यही है वर्ण विपर्यय। बहरहाल, ख़ास बात ये कि जहाँ संस्कृत में स्नायु का अर्थ नाड़ी, पेशी या तंत्रिका है वहीं अंग्रेज़ी में SNEU से बने NERVE क़ा अर्थ सिर्फ़ तंत्रिका यानी एक ऐसी नाड़ी जो मस्तिष्क और शरीर के बीच संदेशों को लाने-ले जाने का जरिया बने। ग़ौरतलब है कि स्नू से ही प्राचीन लैटिन में बना **न्यूरोस**, ग्रीक में **न्यूरोन**, आर्मीनियाई भाषा में **नर्ड** जिसका अर्थ भी यही था। इसी से अंग्रेज़ी में बने **स्नू, नर्व** और **नर्वस** जैसे शब्द जो नाड़ी या तंत्रिका के अर्थ में प्रयोग किए जाते हैं जबकि हिन्दी में नाड़ी अथवा **नस** को

आमतौर पर रक्तवाहिनी के रूप में समझा जाता है। हालाँकि **नब्ज़** शब्द अरबी का है और ये भाषा इंडो-यूरोपीय परिवार की नहीं है मगर ऐसा लगता है कि यह नब्ज़ भी अरबी में इंडो-यूरोपीय मूल से ही पहुँचा है। मिसाल के तौर पर अरबी में साइटिका नर्व को नसा कहा जाता है। ज़ाहिर है जिस स्नू से अंग्रेज़ी में नर्व और हिन्दी में नस ने जन्म लिया कोई ताज्जुब नहीं कि अरबी का **नब्ज़** और **नसा** भी वहीं से आया हो। इसी **स्नु** का एक अर्थ है बह निकलना या रिसाव। फ़ैज़ अहमद फ़ैज़ साहब का एक शेर है–

मैदाने-वफ़ा दरबार नहीं, याँ नामो-नसब की पूछ कहाँ
आशिक़ तो किसी का नाम नहीं, कुछ इश्क़ किसी की ज़ात नहीं

इसमें नाम ओ **नसब** शब्द पर ग़ौर करें। ख़ानदान, जाति, कुल या गोत्र दरअसल एक परंपरा है। ग़ौर करें कि परंपरा का कोई-न-कोई स्रोत होता है जो बना है संस्कृत की **स्रु** धातु से जिसमें बहना, गिरना, धारा बहाना आदि भाव हैं। नदी का पर्यायवाची शब्द **सरिता** भी इसी स्रोत की उपज है। **स्रोत** से ही जन्मा है हिन्दी का शब्द **सोता** जिसका मतलब जलस्रोत, छोटा नाला, बहाव आदि होता है। बहाव में गति है, विकास है। कुल, गोत्र, ख़ानदान या वंश-परंपरा भी लगातार गतिशील रहती है। इसमें भी बहाव का ही भाव है। अरबी ज़बान के लफ़्ज़ नसब का मतलब भी कुल या गोत्र ही है। ख़ालिस हिन्दुस्तानी बोलने वाले आज भी ख़ानदान के अर्थ में **नाम** ओ **नसब** शब्द का प्रयोग करते हैं। **नसीब** यानी भाग्य, तक़दीर भी इसी कड़ी के शब्द हैं। सुबह-सुबह की हवा को **नसीम** कहते हैं। इसके प्रवाहवाची शब्द पर ग़ौर करें,तो रिश्तेदारी नज़र आती है। हिन्दी में भी किसी अज्ञात कुल-गोत्र वाले का उल्लेख करते समय होता न सोता मुहावरा बोला जाता है अर्थात जिसका कोई न हो। यहाँ होता में होतृ यानी यजमान और सोता में स्रोत यानी वंश छुपा नज़र आ रहा है। स्रु की ही तर्ज़ पर इसी वर्णक्रम की धातु है शृ जिसमें भी बहाव सार्थक हो रहा है। **नस** का ही एक प्रकार है शिरा। इसका मतलब होता है रक्त वाहिका, नालिका, नाड़ी आदि। ज़ाहिर है शिरा इसी शृ की देन है।

पतंग की परिंदों से होड़

[शब्द संदर्भ : क़त्ल, क़ातिल, मक़तूल, मक़तल, कतरनी, कटखना , कटार, कटुआ, परवाज़, परवाना, परसोख्ता, परवेज़, पंख, फेदर, पेन, पतंग, पत्ता, पवन, परवरिश]

संस्कृत में उड़ने के भाव को दर्शाने वाली एक मूल क्रिया है **पत्**। इसी से बना है **पत्र** जिसका अर्थ है पौधे या वृक्ष की पत्ती या पक्षी के पंख। दरअसल देवनागरी के **प** वर्ण का मतलब ही पत्ता या वायु होता है। ज़ाहिर है इन दोनों के मेल से उड़ने की क्रिया पूरी होती है। इसीलिए वायु के लिए पवन शब्द भी प्रचलित है। प में निहित उड़ान के भाव का प्रसार इंडो-यूरोपीय परिवार की कई भाषाओं में हुआ है। संस्कृत हिन्दी समेत भारत की ज़्यादातर भाषाओं में कनकौव्वे के लिए **पतंग** शब्द का इस्तेमाल

किया जाता है जो **पत्** से ही बना है। **पत्** का अर्थ होता है पक्षी। ज़ाहिर है कि कीटों के लिए भी **पतंगा** शब्द आम है। पतंग में समाए पक्षी के अर्थ पर अगर ग़ौर करें तो पाएँगे कि भारत को छोड़कर समूचे यूरोप-एशिया के कई मुल्कों में **पतंग** को अनेक पक्षियों के हूबहू आकार में उड़ाने का रिवाज़ रहा है। यूरोप में तो भौंरे के आकार की पतंग को bee kyte कहा जाता है।

उड़ने की क्रिया से जुड़े कुछ और भी शब्द है, जैसे–फहराना, लहराना। ये क्रियाएँ आमतौर पर झंडे या ध्वजदंड के लिए **इस्तेमाल** की जाती हैं। झंडे के लिए पताका भी एक आम शब्द है और यह भी **पत्** शब्द से ही बना है। डॉ. रामविलास शर्मा के मुताबिक़ द्रविड़ और फ़ारसी भाषाओं में इसके अन्त्य **त्** के स्थान पर **र** का उच्चारण होता है। तमिल में **पत्** का अर्थ है उड़ना। **पतल्** या **पतवई** जैसे शब्दों का मतलब होता है चिड़िया अथवा पक्षी। द्रविड़ परिवार की कोत भाषा में **पर्न** या **पर्नद** का मतलब भी उड़ना ही है। द्रविड़ और फ़ारसी में एक जैसा रूपांतर यह भी स्थापित करता है कि किसी ज़माने में द्रविड़ भाषाओं का प्रसार सुदूर उत्तर-पश्चिम तक था।

समझा जा सकता है कि फ़ारसी और उर्दू में **त्** के स्थान पर **र** के प्रवेश से पक्षी के लिए **परिंदा** अथवा पंख के लिए **पर** शब्दों की रचना हुई। **पत** के **पर** रूपान्तर ने फ़ारसी में और भी कई शब्द बनाए, मसलन–परवाज, परवाना, परसोख्ता, परवेज़, **परवरिश** वग़ैरह। संस्कृत क्रिया पत् से जैसे पत्र (पंख) बना वैसे ही अंग्रेज़ी में भी पंख के लिए **फेदर** शब्द है। ग़ौरतलब है कि **प** की क़तार का अगला वर्ण **फ** ही है। इसी तरह पंख के लिए लैटिन के **पेन्ना** का निर्माण हुआ। इसी से अंग्रेज़ी का **पेन** (लेखनी) शब्द बना। ग़ौरतलब है कि पुराने ज़माने में पक्षियों के पंखों से ही लिखने का काम लिया जाता था। अंग्रेज़ी के **पेन** से ही बना है **हेन** जिसका मतलब होता है मुर्गी अथवा एक पक्षी। अरबी में लेखनी के लिए **कलम** शब्द है। लिखने के लिए सरकंडे की सींखों का भी प्रयोग दुनिया भर में किया जाता रहा है। सींख के ऊपरी हिस्से को छीलकर नुकीला बनाकर लिखने का काम किया जाता था। चूँकि सरकंडे का सिर **क़लम** किया जाता था सो लेखनी के लिए अरबी में **क़लम** शब्द आम हो गया। ग़ौर करें कि वैसे अरबी का यह **क** सेमिटिक (अरबी हिब्रू) और भारोपीय भाषा-परिवार के उसी धातु मूल से जुड़ा है जिससे में **क़त्ल, क़ातिल, मक़तूल, मक़तल, कतरनी, कटखना, कटार, कटुआ** जैसे तमाम शब्द बने हैं।

पतनशील होना लाज़िमी है

[शब्द संदर्भ : पतन, पतनशील, पतित, पतिता, पत्र, पत्ता, दोना-पत्तल, पत्रावली, द्रोण]

देवनागरी के **प** वर्ण में निहित वायु के अर्थ में मूलतः गति का भाव ही प्रमुख है। इसीलिए इससे पवन शब्द बना। प से बने **पतः** या **पत्** में एक तरफ़ जहाँ उड़ना, जाना, ऊँचाई पर पहुँचना जैसे अर्थ हैं वहीं दूसरी तरफ़ गिरना, नीचे आना, उतरना,

निकट आना जैसे भाव भी इसमें निहित हैं। ग़ौर करें कि उड़ान भरना और फिर नीचे उतरना दोनों ही गतिवाचक क्रियाएँ हैं इसलिए **प** में मूल रूप से गति या प्रवाह का भाव ही महत्त्वपूर्ण नज़र आता है। आमतौर पर चारित्रिक अधोगति के अर्थ में हिन्दी में **पतन, पतनशील, पतित, पतिता** जैसे शब्द ख़ूब इस्तेमाल होते हैं। ये सब शब्द **पत्** में समाए नीचे उतरने, गिरने आदि भावों के आधार पर बने हैं। **पत्** से ही बना **पत्र** यानी **पत्ता** भी हवा में गति करता है फिर गिरता है। यानी पत्ते में उड़ने, उठने, गति करने और गिरने की सब क्रियाएँ शामिल हैं। ज़ाहिर सी बात है कि हिन्दी में प्रचलित हवा में उड़ना, ऊँचे उड़ना जैसे मुहावरे कहीं-न-कहीं चेतावनी या व्यंग्य के रूप में ही इस्तेमाल किए जाते हैं जिनमें शायद यह भाव भी छुपा है कि ऊँचे उड़ने के बाद गिरने की भी आशंका होती है अर्थात पतन हो सकता है।

पत् से बने पत्र में जहाँ फूल की पत्ती, वृक्ष की पत्ती का अर्थ है वहीं इसमें चिट्ठी अथवा ख़त वाले पत्र का भाव भी शामिल हो गया। **पत्र** या यानी दस्तावेज़, पांडुलिपि आदि। आमतौर पर कह दिया जाता है कि पुराने ज़माने में लिखने का काम काग़ज़ की जगह पत्तों पर किया जाता था। मगर शायद ही कहीं ऐसा किया जाता हो। अलबत्ता प्राचीनकाल में वृक्षों की बहुत पतली छाल पर ज़रूर लिखा जाता था और उसे ही पत्र कहा जाता था जैसे **ताड़पत्र, भोजपत्र** आदि। यह नामकरण इसलिए नहीं हुआ क्योंकि वे पत्ते थे बल्कि उनमें पत्तों जैसा गुण था अर्थात सचमुच सामान्य वृक्षों की छाल जैसी रुक्षता और मोटापन उनमें नहीं था। जो पत्ते की तरह से पतले थे। अब **पतला** शब्द की व्युत्पत्ति के पीछे भी इस पत्र को तलाशा जा सकता है। धातु की पतली चादर के लिए भी **पतरा** शब्द इसी मूल का है। विवाह आदि में सहभोज के दौरान हिन्दुस्तान में आज भी दोना-पत्तल पर खाने का रिवाज़ है। थालीनुमा आकृति की **पत्तल** के लिए यह शब्द पत्र से ही बना है क्योंकि दोना और पत्तल दोनों हीं पत्तों से बनाए जाते हैं। इनका शुद्ध रूप हुआ **पत्र + अवलि=पत्रावलि**। इससे ही बना **पत्तल**। दोना बना है संस्कृत के **द्रोणिः** शब्द से जिसका मतलब होता है पानी का डोल, चिलमची, कुप्पी आदि। दो पहाड़ों के बीच की भूमि जहाँ पानी एकत्रित हो जाता है द्रोणिका ही कहलाती है। इससे ज़ाहिर होता है कि किसी ज़माने में **द्रोण** यानी दोने में दाल या सब्ज़ी नहीं बल्कि पानी भरकर दिया जाता था।

काश! चलते पहाड़

[शब्द संदर्भ : नग, नागा, नगाधिराज, नगाइच, नागादित्य, नागार्जुन, नगालैंड]

साधु-संन्यासियों को आश्रयस्थली के रूप में पर्वत-उपत्यकाएँ प्रिय रही हैं। प्राचीनकाल से ही परिपाटी भी रही कि संन्यस्त व्यक्ति घर-बार छोड़कर या तो सघन वन-प्रान्तरों में जाता या नदी तटों पर आश्रमवासी हो जाता। इससे भी बढ़कर जब वैराग्य अधिक प्रबल होता तो तपस्या के निमित्त परिव्राजक पहाड़ों की ओर कूच करता था जहाँ की स्वर्गिक शांति विश्वात्मा की खोज में सहायक होती।

नागा साधुओं की एक व्युत्पत्ति उपरोक्त व्याख्या के तहत संस्कृत शब्द **नगः** से भी बताई जाती है जिसका अर्थ होता है पर्वत, पहाड़ आदि। नागा यानी जो पर्वतों पर रहते हैं। मगर नागाओं के स्वरूप पर ग़ौर करें तो **नगः** शब्द की तुलना में नग्न शब्द कहीं अधिक मेल खाता है। तो फिर पहाड़ के रूप में **नगः** के क्या मायने हैं? पृथ्वी पर उद्भूत प्रकृति की सभी रचनाओं पर ग़ौर करें तो पहाड़ हमें स्थिर-गंभीर नज़र आते हैं। वे जड़ हैं अर्थात चलते नहीं हैं इसीलिए पर्वत का एक नाम है अचल। जो स्थिर है। संस्कृत के मूल अक्षर **'गृ'** में चलने, जाने अथवा गति संबंधी भाव छुपे हैं। और **'नृ'** वर्ण में नकार का भाव छुपा है। इस तरह देखें तो **नगः** का अर्थ भी वही हुआ जो अचल का है यानी जो स्थिर है, जो कहीं न जाए वह है **नगः** अर्थात पहाड़। सोचिए, अगर पहाड़ चलते तो क्या होता? निश्चित ही महाकवि कालिदास मेघ को तो अपना दूत तब न बनाते। कालिदास ने 'कुमारसम्भव' में हिमालय पर्वत को **नगाधिराज** कहा है—अस्त्युत्तरस्या दिशि देवतात्मा हिमालयो नाम नगाधिराजः।

नगः से ही बने हैं **नगेन्द्र, नगपति** अर्थात पर्वतश्रेष्ठ हिमालय। **नगपति** और **नगेन्द्र** की दूसरी व्याख्या भी है। दरअसल अचल वाले अर्थ में **नगः** का अर्थ चट्टान, वनस्पति, वृक्ष, पौधे आदि भी आते हैं। **नागार्जुन** भी इसी कड़ी में आता है। संस्कृत में इन्हें भी **नगः** ही कहा गया है। इस तरह नगेन्द्र का मतलब हुआ वृक्ष, वनस्पतियों से समृद्ध, स्वामी यानी हिमालय। आज इस तथ्य को वैज्ञानिक भी मानते हैं कि दुनिया की सबसे समृद्ध और विविध वनस्पति श्रृंखला हिमालय श्रेणी में ही मिलती है। अचल से बने हिमाचल और अरुणाचल दोनों पर्वतीय प्रदेशों के नाम हैं। यहाँ कई लोग अचल को अंचल समझने की भूल कर देते हैं।

नगः से ही बना है **नगालैंड** अर्थात नागालैंड। यानी पर्वतीय भूमि। भारत के उत्तर पूर्वांचल का यह छोटा-सा राज्य नगालैंड बीते कई दशकों से भारत का अशांत क्षेत्र है। 1963 में इसे राज्य का दर्जा मिला था। हिन्दुओं में एक उपनाम होता है नगाइच। यह बना है नागादित्य से। क्रम कुछ यूँ रहा—नागादित्य > नागादिच्च > नागाइच्च > नगाइच।

पानी में समाई चमक

[शब्द संदर्भ : पानी, प्यास, प्याऊ, परनाला, प्यासा, पिपासा, पनीला, पनघट, पनिहारिन, जलपान, आब, अफ्श]

संस्कृत में एक धातु है **पा** जिसका अर्थ है पीना, एक ही साँस में चढ़ाना। इसी तरह संस्कृत में **प** वर्ण का अर्थ भी पीने से ही जुड़ा है। बहना और धारा संबंधी अर्थ भी इसमें शामिल हैं। इससे ही बना है संस्कृत का लफ़्ज़ **अप्** इसका अर्थ भी जल है।

संस्कृत की **प** या **पा** धातुओं का विस्तार पश्चिमी देशों, तक हुआ और यहाँ भी इंडो-यूरोपीय परिवार की भाषाओं में ऐसे कई शब्द बने हैं जिनसे पानी, बादल, तरल, पेय और धारा संबंधी अर्थ निकलते हैं, अलबत्ता कहीं-कहीं ये समीपवर्ती वर्णों में बदल गए, हैं—मसलन—**फ** या **ब**। पुरानी फ़ारसी का **अफ्शः**, आयरिश का **अब**, लात्वियाई

और लिथुआनियाई के **उपे** जैसे शब्द भी नदी या जल-धारा का अर्थ बतलाते हैं। **इन** सभी शब्दों की संस्कृत के **अप्** से समानता पर ग़ौर करें। पानी के अर्थ वाला संस्कृत का **अप्** फ़ारसी में आब बनकर मौजूद है। **आब** का एक अर्थ चमक भी होता है, ज़ाहिर है प्रकाश के सम्पर्क में आने पर पानी में पैदा होने वाली कान्ति से **आब** में चमक वाला अर्थ भी समा गया। संस्कृत में **द** वर्ण का अर्थ है कुछ देना या उत्पादन करना। चूँकि पृथ्वी पर पानी बादल लेकर आते हैं इसलिए **अप्** + **द** मिलकर बना **अब्द** यानी पानी देने वाला। उर्दू-फ़ारसी में यह **अब्र** बनकर मौजूद है। यही नहीं, जानकारो के मुताबिक़ पानी के लिए लैटिन का **अक्वा** और अंग्रेज़ी का **एक्वा** शब्द भी **अप्** से रिश्ता रखतें हैं। जर्मन में नदी के लिए **एख्वो** शब्द है।

आज जल के अर्थ में अगर सबसे ज़्यादा कोई शब्द बोला जाता है तो वह है **पानी**। हिन्दी का पानी शब्द आया है संस्कृत के **पानीयम्** से जिसने हिन्दी समेत कई भारतीय भाषाओं में पानी के रूप में अपनी जगह पक्की कर ली। यही नहीं, द्रविड़ परिवार की तमिल में **पनि** शब्द का मतलब है बहना। इसी तरह तमिल का ही एक शब्द है **पुनई** (नदी, जल) जिसके बारे में भाषा-विशेषज्ञों का कहना है कि यह भी संस्कृत मूल से ही जन्मा है। संस्कृत में **पान** अर्थात (पीना), **पयस्** (जल), **पयोधि** (समुद्र) और हिन्दी में **पानी, प्यास, प्याऊ, परनाला, प्यासा, पिपासा, पनीला, पनघट, पनिहारिन, जलपान** वग़ैरह कई शब्दों की पीछे संस्कृत की **प** या **पा** धातुएँ ही हैं।

फीस दो या पशु, बात एक ही है...

[शब्द संदर्भ : फीस, पशु, पाश]

हिन्दी के **पशु** और अंग्रेज़ी के **फीस** शब्द में भला क्या रिश्ता हो सकता है? एक का अर्थ है मवेशी या जानवर जबकि दूसरे का मतलब होता है शुल्क या किसी क़िस्म का भुगतान। हक़ीक़त में दोनों शब्द एक ही हैं। दोनों ही शब्द इंडो-यूरोपीय भाषा-परिवार के हैं और इनका उद्गम भी एक ही है। संस्कृत में एक शब्द है पाशः जिसका अर्थ है फंदा, डोरी, शृंखला, बेड़ी वग़ैरह। ज़ाहिर है जिन पर पाश से क़ाबू पाया जा सकता था वे ही **पशु** कहलाए। हिन्दी में **पशु** शब्द का जो अर्थ है वही **फीस** के प्राचीन रूप **फीओ** शब्द का भी मतलब था यानी जानवर। संस्कृत का पशु ही इंडो-यूरोपीय भाषा-परिवार में घुसकर **पेकू** बना। वहाँ से लैटिन में प्रवेश हुआ तो **फेहू** हो गया। उसके बाद बना प्राचीन इंग्लिश का **फीओ**। और फिर फीस बनकर हिन्दी में समा गया। ताज्जुब है, गया था तो पशु था, लौटा तो शुल्क हो गया! सवाल है कि इतने लंबे सफ़र में इसके भीतर का पशु कहाँ गुम हो गया? दरअसल पुराने ज़माने में जब मुद्रा का चलन आम नहीं हुआ था, ख़रीद-फ़रोख़्त सिर्फ़ वस्तु विनिमय या अदला-बदली के ज़रिए ही हुआ करती थी और इसका सबसे बड़ा माध्यम थे **पशु**। इसी परंपरा के चलते पशु से बने फीस लफ़्ज़ का अभिप्राय पश्चिमी दुनिया में मुद्रा के लेन-देन या शुल्क भुगतान से जुड़ गया।

फाँसी का फंदा

[शब्द संदर्भ : पशु, पाश, बाहुपाश, मोहपाश, पाशविक, फाँस, फँसना, फँसाना, पशुता, पशुपतिनाथ]

संस्कृत-हिन्दी का बेहद आम शब्द है पशु जिसके मायने हैं जानवर, चार पैर और पूँछ वाला जन्तु, चौपाया, बलि योग्य जीव। मूर्ख व बुद्धिहीन मनुष्य को भी पशु कहा जाता है। **पशु** शब्द की उत्पत्ति भी दिलचस्प है। आदिमकाल से ही मनुष्य पशुओं पर क़ाबू करने की जुगत करता रहा। अपनी बुद्धि से उसने डोरी-जाल आदि बनाए और हिंसक जीवों को भी क़ाबू कर लिया। संस्कृत में एक शब्द है **पाशः** जिसका अर्थ है फंदा, डोरी, शृंखला, बेड़ी वग़ैरह। ज़ाहिर है जिन पर पाश से क़ाबू पाया जा सकता था, वे ही पशु कहलाए। पाशः शब्द से ही हिन्दी का **पाश** शब्द बना जिससे बाहुपाश, मोहपाश जैसे लफ़्ज़ बने यानी बाँहों की ज़जीर में जकड़ना जिसे स्नेहालिंगन कहा जा सकता है। मोहपाश यानी सम्मोहन। इसका सामान्य अर्थ किसी के प्रेम में बँधना भी है। प्राचीनकाल में पाश एक अस्त्र को भी कहा जाता था। पाशः शब्द के जाल और फंदे जैसे अर्थों को और विस्तार तब मिला जब बोलचाल की भाषा में इससे फाँस या फाँसी, फँसा, फँसना-फँसाना जैसे शब्द भी बने। पशुओं जैसे बर्ताव को **पाशविक** कहा जाता है अर्थात पशुवत्। बोलचाल में अब पाशविक का अर्थ हिंसक व्यवहार से लगाया जाता है।

भारतीय संस्कृतिं में **पाश** से बने पशु शब्द के दार्शनिक अर्थ भी हैं इसीलिए शिव का एक नाम है पशुपतिनाथ। काठमांडू के जगप्रसिद्ध पशुपतिनाथ मंदिर में शिव के इसी रूप की आराधना होती है। यहाँ **पशु** का अर्थ है समूची पृथ्वी और उसके प्राणी जिन्हें स्वयं उत्पन्न किया है, इसीलिए **पशुपति**। इसी तरह पाशुपत दर्शन भी है। पुराणों के मुताबिक़ इस दर्शन के संस्थापक **नकुलीश** यानी स्वयं शिव थे। यहाँ **पाशु** का अर्थ वे सांसारिक बंधन हैं जिनसे जीव (पशु) जकड़ा हुआ है।

बारिश के मौसम में आया नया साल

[शब्द संदर्भ : वत्स, बच्चा, बछड़ा, बछिया, बाछा, बछरू, बछेड़ा, नवसंवत्सर, वत्स, वात्सल्य]

नया साल, नववर्ष या नवसंवत्सर ऐसे शब्द हैं जिन्हें हर बरस दुहराने का मौक़ा मिल जाता है। वर्ष शब्द का जन्म संस्कृत के **वर्षः** या **वर्षम्** से हुआ। इन दोनों शब्दों का अर्थ है बरसात, बौछार या मेघवृष्टि। एक अन्य अर्थ है बादल जो **बरसात** से ही जुड़ता है। दरअसल प्राचीन समय में कालगणना में ऋतुओं ने ही मानव की मदद की। एक वर्षा के बाद दूसरी **वर्षा** का समय आने पर मनीषियों ने इस मध्यावधि को वर्ष के रूप में जाना-समझा और इसका उल्लेख किया। हिन्दी में साल के लिए बरस शब्द भी इसी से बना। इसी तरह **वर्ष** और **बरस** के साम्य पर साल के लिए ग्रीक भाषा में **ओरस** शब्द है। इस तरह वर्षा पर ही **वर्ष** का ज्ञान आधारित था।

शरद ऋतु को भी प्राचीनकाल में साल से जोड़कर देखा जाता था। **शरद** का अर्थ संस्कृत में पतझड़ के अलावा वर्ष भी है। प्रसिद्ध वैदिक उक्ति **जीवेत् शरदः शतम्** में सौ बरस जीने की बात ही कही गई है। ऋतुबोध से कालगणना का एक और

उदाहरण **हेमन्त** से मिलता है जिसका मतलब है जाड़े का मौसम। यह बना **हिम्** या **हेम्** से जिसका अर्थ ही ठंडक या बर्फ़ है। वैदिक युग में वर्ष के अर्थ में **हिम्** शब्द भी प्रयोग में लाया जाता था। संस्कृत उक्ति–**शतम् हिमाः** यही कहती है। लेकिन वर्ष, संवत्सर और बरस से भी ज़्यादा इस्तेमाल होने वाला शब्द है साल जो हिन्दी में ख़ूब इस्तेमाल किया जाता है पर हिन्दी का नहीं है। **साल** शब्द फ़ारसी से हिन्दी-उर्दू में आया जिसका अर्थ पुरानी फ़ारसी में जो बीत गया था। फ़ारसी में इसका अर्थ वर्ष ही है और इससे बने **सालगिरह-सालाना** जैसे लफ़्ज़ ख़ूब बोले जाते हैं।

उर्दू-हिन्दी में प्रचलित बच्चा संस्कृत के **वत्स** से ही बना है जिसके मायने हैं शिशु। वत्स के बच्चा या बछड़ा बनने का क्रम कुछ यूँ रहा है–वत्स > वच्च > बच्च > बच्चा या फिर वत्स > वच्छ > बच्छ > बछड़ा। संस्कृत का वत्स भी मूल रूप से वत्सरः से बना है जिसका अर्थ है वर्ष, भगवान विष्णु या फाल्गुन माह। इस वत्सरः में ही **सं** उपसर्ग लग जाने से बनता है **संवत्सर** शब्द जिसका मतलब भी वर्ष या साल ही है। **नवसंवत्सर** भी नए साल के अर्थ में बन गया। संवत्सर का ही एक रूप **संवत्** भी है।

वत्सरः से वत्स की उत्पत्ति के मूल में जो भाव छुपा है वह एकदम साफ़ है। बात यह है कि वैदिक युग में **वत्स** उस शिशु को कहते थे जो वर्ष भर का हो चुका हो। ज़ाहिर है कि बाद के दौर में (प्राकृत-अपभ्रंश काल) में नादान, अनुभवहीन, कमउम्र अथवा वर्ष भर से ज़्यादा आयु के किसी भी बालक के लिए **वत्स** या **बच्चा** शब्द चलन में आ गया। यही नहीं, मनुष्य के अलावा गाय-भैंस के बच्चों के लिए भी **बच्छ, बछड़ा, बाछा, बछरू, बछेड़ा** जैसे शब्द प्रचलित हो गए। ये तमाम शब्द हिन्दी समेत ब्रज, अवधी, भोजपुरी, मालवी आदि भाषाओं में ख़ूब चलते हैं। फ़ारसी में भी बच्चः या बचः लफ़्ज़ के मायने नाबालिग़, शिशु, या अबोध ही होता है। ये सभी शब्द वत्सरः की श्रृंखला से जुड़े हैं। इन सभी शब्दों में जो स्नेह-दुलार-लाड़ का भाव छुपा है, दरअसल वही **वात्सल्य** है।

बिखराव ही तो जीवन है

[शब्द संदर्भ : किरण, सूर्यकिरण,- बिखराव, बिखरना, बखार, बक्खर]

सूरज की प्रखर ज्योति अनगिनत रेखाओं में बिखरकर दुनिया में उजाला भरती है। किसी भी प्रकाशपुंज से निकलती आलोक-रेखाओं को आमतौर पर रश्मि कहते हैं। बोलचाल की भाषा में इसके लिए **किरण** शब्द ख़ूब चलता है। सूर्यकिरण, चन्द्रकिरण जैसे शब्द युग्म स्वतंत्र रूप से प्रचलित हैं। रश्मियों पर सवार होकर ही प्रकाश समूचे जगत को उजास से नहला देता है।

किरणों का **बिखरना** ही उजाला होना है। किरण और **बिखराव** में गहरी रिश्तेदारी जो ठहरी। **किरण** शब्द बना है **कृ** धातु से जिसमें फैलाना, बिखेरना, इधर-उधर फेंकना, छितराना, तितर-बितर करना, भरना, प्रहार करना, काटना आदि भाव शामिल हैं। ख़ुदाई करना भी इसमें शामिल है। इसी **कृ** से बना **किरण** क्योंकि प्रकाश हर तरफ़

समाया, बिखरा है। **किरण** से **विकिरण** शब्द भी समझ में आता है। **वि** उपसर्ग का मतलब ही होता है पृथक्करण, अलग-अलग करना आदि। किरणपुंज से प्रकाश का पृथक्करण ही **विकिरण** हुआ। इसीलिए इसमें छितराना, दूर-दूर तक फैलाना अथवा ज्ञान, विख्यात जैसे अर्थ शामिल हैं। **विकिरः**, **विकिरण** या **विकीर्ण** शब्द इससे ही बने हैं जिसमें यही सारे भावार्थ शामिल हैं। **बिखराव, बिखरना, बखरना** या **बिखराना** जैसे शब्द **विकिरण** से बने हैं। ग़ौर करें, वनस्पतियों के प्रसरण का तरीक़ा **विकिरण** ही कहलाता है। आदिम समाज में जन-समूहों का कई क्षेत्रों में विकीर्णन होता रहा। आज भी हो रहा है। ब्रह्मांड के निर्माण का बिग बैंग सिद्धांत विकिरण को ही सिद्ध कर रहा है। आकाशगंगाएँ आज भी फैल रही हैं, विस्तारित हो रही हैं।

खेती-किसानी के काम आने वाले उपकरणों में **हल-बक्खर** आम हैं। इसमें जो **बक्खर** है उसकी रिश्तेदारी भी **विकिरः** यानी बिखराने से है। बीजों को बोने से पहले भूमि को जोता जाता है। जुताई में मिट्टी को छितराने, फैलाने और बिखेरने जैसी क्रियाएँ ही तो शामिल हैं। ग़ौर करें कि ख़ुदाई करना भी **कृ** धातु के अर्थ में शामिल है। जोतने में सीमित अर्थ में ख़ुदाई की क्रिया भी सम्पन्न हो रही है। खेती के लिए **कृषि** शब्द की मूल धातु है **कृष्** जिसमें भी यही **कृ** नज़र आता है। **कृष्** का अर्थ हुआ हल चलाना, खींचना आदि। प्रतिमाओं को तराशने, नक्क़ाशी करने के लिए संस्कृत में **उत्कीर्ण** शब्द है। ध्यान दें, **कृ** में शामिल काटना, ख़ुदाई करना या चोट पहुँचाने जैसे अर्थों पर। कृ में उद् उपसर्ग (यानी ऊपर से) लगने से बना उत्कीर्ण जिसका भाव हुआ शिला या प्रस्तर पर ऊपर से काट-छाँट कर प्रतिमा की आकृति तराशना। तराशने, उत्कीर्ण करने के अर्थ में अंग्रेज़ी के कार्व में भी **कृ** में मौजूद खोदने का भाव झाँक रहा है। आकृति शब्द भी **कृ** धातु की ही देन है। प्राचीनकाल में मनुष्य ने जो भी आकृतियाँ बनाईं वे पत्थर से ही उकेरी गई थीं। तूलिका और रंगों का इस्तेमाल तो विकासक्रम में बहुत देर से शुरू हुआ।

भेड़ जो बन गई ऊन

[शब्द संदर्भ : ऊर्ण, ऊन]

प्राचीनकाल से ही मनुष्य ने मौसम की मार से शरीर को बचाने के लिए पहले पेड़ों की छाल को ज़रिया बनाया। सदियों तक यह सिलसिला चला। बाद में पशुओं के साथ सह-जीवन के दौरान उसे मृत जीवों की खाल को पहनने का विचार आया। भारतीय भाषाओं का आमफ़हम शब्द ऊन बना है संस्कृत के ऊर्ण से जिसका अर्थ भी ऊन ही है। संस्कृत में इसके अलावा **उरा** (भेड़), **उरण** (भेड़), **ऊर्ण** (ऊन), **ऊर्णायु** (ऊनी या भेड़) और **ऊर्णु** (ढकना, छिपाना) तथा **ऊर्णम्** (नर्म, ऊन) वग़ैरह। इन तमाम शब्दों का अर्थ है ढाँकना या छिपाकर रखना। एक भेड़ जिस तरह अपने ही बालों से ढकी-छुपी रहती है, उसी तरह अपने शरीर को छुपाना या ढकना। ज़ाहिर सी बात है लाक्षणिक आधार पर शब्दों का निर्माण करने वाले समाज ने ये तमाम शब्द बनाए होंगे। बाद में भेड़ के अर्थ में **उरा** या **उरण** जैसे शब्द सामने आए।

ग़ौर करें कि संस्कृत की **वस्** धातु से बने **वास, निवास** या **आवास** जैसे शब्दों के साथ ही **वस्त्र** जैसा शब्द भी बना। इसमें भी लक्षण ही प्रधान है अर्थात शरीर जिसमें वास करे वही है वस्त्र। फिलहाल बात ऊन की हो रही है। फ़ारसी में भी इससे मिलता-जुलता शब्द है **ऊस** जिसका अर्थ है बकरी की एक जाति। निश्चित ही भेड़ के रोएँदार नर्म बालों से ढके शरीर को देखकर ही मानव ने पहले उसकी खाल को धारण किया होगा। बाद में सिर्फ़ उसके बालों का वस्त्र की तरह उपयोग करने का विचार आया होगा। ख़ास बात यह भी है कि न सिर्फ़ संस्कृत बल्कि द्रविड़ भाषाओं में भी ढाकना, छुपाना जैसे अर्थ वाले कई शब्द मिल जाएँगे। मिसाल के तौर पर तलवार म्यान में छुपी रहती है इसलिए तमिल में म्यान के लिए **उरई** शब्द मिलता है। तमिल के ही **आळी** (छुपना), **आळियल** (खाल) जैसे शब्द यही ज़ाहिर करते हैं। इसके अलावा ग्रीक के **अरेप्सो** जैसा शब्द भी है जिसका मतलब है ढाँकना या छत डालना। ऊन

मेघ और मड की रिश्तेदारी

[शब्द संदर्भ : मड, मेह, मेघ, मिहिका, मेहनम्, मघवन]

हिन्दी और संस्कृत में बादल के अर्थ में बोला जाने वाला **मेघ** शब्द का अंग्रेज़ी के **मड** यानी कीचड़ शब्द से गहरी रिश्तेदारी है। दरअसल ये दोनों ही शब्द इंडो-यूरोपीय मूल के हैं। संस्कृत में **मेघ** शब्द की उत्पत्ति **मः** या **म** धातु से हुई है जिसका अर्थ है नमी या जल। अंग्रेज़ी के **मड** शब्द की उत्पत्ति इंडो-यूरोपीय शब्द MEU-MU है जिसका मतलब भी नमी, गीलापन या गंदगी ही होता है। जहाँ तक गंदगी के भाव का सवाल है संस्कृत की **मः** धातु से ही कुछ अन्य शब्द भी बने हैं, जैसे–**मीढ, मेहनम्** और **मूत्रम्** आदि। ये सभी गंदगी या नमी का बोध कराते हैं। फ़ारसी के प्राचीन रूप अवेस्ता में भी एक शब्द है **मुथ्र** जो गंदगी विष्ठा के अर्थ समेटे है।

मः में समाए नमी अथवा जल के भाव वाले कुछ और शब्द भी हिन्दी-संस्कृत के अलावा अन्य इंडो-यूरोपीय भाषाओं में हैं, जैसे–**मेह** यानी बादल, **मही** यानी जलराशि, **मिहिका** यानी **हिम** या पाला, लैटिन का **मिडोस** यानी नमी या आर्द्रता और इसके अलावा ओल्ड जर्मेनिक का **मड** जिससे अंग्रेज़ी का **मड, मडल** या **मडी** जैसे शब्द बने। पुराणों में इन्द्र को वर्षा का देवता कहा गया है। वर्षा **मेघों** से होती है इसीलिए संस्कृत में इन्द्र का एक नाम **मघवन्** या **मघन** भी है।

मैं पीता नहीं हूँ, पिलाई गई है

[शब्द संदर्भ : पीना, पिलाना, प्लावन, पलेवा, फ्लोट, फ्लाइट, फ्लाइंग, फ्लाईओवर, ओवरफ्लो, जलप्लावन, फ्लड]

पीना-पिलाना चाहे एक शब्द हो मगर इसमें दो क्रियाएँ शामिल हैं और दोनों के अर्थ जुदा हैं। इसी का फ़ायदा उठाते हुए तो मयकशी के शौकीन बारहा अपने बचाव में

कहते हैं–मैं पीता नहीं हूँ, पिलाई गई है। ग़ौरतलब है कि भाषाविज्ञान के नज़रिए से भी पीना और पिलाना शब्द अलग-अलग मूल के हैं। पीने पर फिर कभी बात होगी फिलहाल पिलाने की बात करते हैं। इस सिलसिले में सभी जानते हैं कि पीने वाला कई बार आउट हो जाता है क्योंकि पिलाने वाले की तरफ़ से **ओवरफ्लो** रहता है। ओवरफ्लो को बाढ़ यानी **फ्लड** भी कह सकते हैं।

अंग्रेज़ी में बाढ़ के लिए **फ्लड** शब्द आमतौर पर काम में लिया जाता है। यह शब्द भारत में भी ख़ासकर हिन्दी में भी ख़ूब प्रचलित है। **फ्लड** शब्द इंडो-यूरोपीय भाषा-परिवार का शब्द है और इसकी उत्पत्ति भारोपीय परिवार की धातु PLEU से हुई है। संस्कृत में भी बहना, तैरना, जलप्रलय होना, बाढ़ आना, जल-थल होना जैसे अर्थ प्रकट करने वाली एक धातु है **प्लु**। इससे ही बना है प्लुत। इससे **फ्लड** की समानता पर ग़ौर करें। इसका मतलब भी है बाढ़ या जलमय, जलमग्न होना। संसार की लगभग हर सभ्यता में इस बात का उल्लेख है कि अतीत में समूची पृथ्वी पर भीषण बाढ़ आई थी जिसे **महाजल प्लावन** कहा जाता है। यह **प्लावन** इसी मूल से आ रहा है। ग़ौर करें PLEU और **प्लु** धातुएँ ध्वनि और उच्चारण में लगभग एक हैं और इनसे बने क्रमशः फ्लड और प्लुत में निहित अर्थसाम्य पर। **प्लुत** से ही बना है **प्लव** शब्द जिसका मतलब है तैरता हुआ, बहता हुआ, उछलना, कूदना आदि। इसी से बना है प्लावनम् यानी बाढ़ आना। बाढ़ को **जल प्लावन** भी कहते हैं। **प्लव** से ही बने हैं **पिलाना** या **पिलवाना** (पीना नहीं) जैसे शब्द। खेती-किसानी की शब्दावली में एक शब्द है **पलेवा**। बुवाई से पहले मिट्टी में पर्याप्त नमी होना आवश्यक है ताकि बीजों का अंकुरण सही हो सके। इसके लिए खेतों में नहरों अथवा कुओं से पानी छोड़ा जाता है जिसे पलेवा कहते हैं। यह पलेवा भी इसी **प्लु** से जन्मे **प्लावन** का ही देशज रूप है।

इसी श्रृंखला में आता है अंग्रेज़ी का **फ्लो** शब्द। इसका मतलब है बहाव, प्रवाह, तैरना आदि। संस्कृत धातु **प्लु** में भी यही सारी बातें शामिल है। **प्लु** से जुडे हुए कई शब्द यूरोपीय भाषाओं में प्रचलित हैं, मसलन। ग्रीक **फ्लुओ** (बहना), लैटिन **फ्लुविउस** (नदी) जर्मन **फ्लुट** (बाढ़) आदि रूप बने हैं। आज रोज़मर्रा की हिन्दी में **फ्लाइट, फ्लाइंग, फ्लाईओवर, फ्लो** जैसे शब्द ख़ूब बोले जाते हैं जो इसी मूल से जन्मे हैं।

ये नागनाथ, वो साँपनाथ...

[शब्द संदर्भ : नाग, नागपंचमी, स्नैक, शेषनाग, नागनाथ]

सर्प का पर्यायवाची शब्द **नाग** भी इंडो-यूरोपीय मूल से ही जन्मा है। हिन्दी **नाग** की व्युत्पत्ति संस्कृत के **नागः** से हुई है जिसका मतलब होता है काला भुजंग साँप। एक काल्पनिक दैत्य जिसकी मुखाकृति तो मनुष्य जैसी होती है मगर धड़ से नीचे का हिस्सा सर्प जैसा ही होता है। इसे पातालवासी बताया गया है। हिन्दू विश्वासों के मुताबिक़ यह पृथ्वी भी एक विशाल सर्प के फन पर टिकी है। पुराणों के मुताबिक़ इस सर्प का नाम शेषनाग है। दरअसल ये कश्यप ऋषि और दक्ष पुत्री **कद्रु** के पुत्र हैं। इनके सौ

फन हैं और एक फन पर पृथ्वी टिकी है। इनकी देह पर भगवान विष्णु और देवी लक्ष्मी निवास करते हैं। इन्हें ही नारायण भी माना गया है। प्रलय के समय पृथ्वी के नष्ट होने के बावज़ूद ये शेष रहे, इसलिए इन्हें **शेषनाग** कहा जाता है। इनका निवास पाताल है। अमरनाथ धाम की यात्रा का एक पड़ाव शेषनाग भी है। यहाँ एक विशाल झील है।

यूँ देखा जाए तो नाग जाति का जो उल्लेख पुराणों में है वह मनुष्यों की ही एक जाति के रूप में है, न कि रेंगने वाले सरीसृपों के रूप में। ग़ौरतलब यह भी है कि सर्प जाति के लिए उपजे नकारात्मक भाव का बोध जहाँ साँप में ज़बर्दस्त होता है वहीं **नाग** शब्द के साथ ऐसा नहीं है। अलबत्ता दो एक जैसी बुराइयों को रेखांकित करने के लिए नागनाथ और साँपनाथ वाले मुहावरे में ज़रूर इसका उल्लेख है जिसे नकारात्मक कहा जा सकता है। नाथ सम्प्रदायों के नवनाथों में से एक **नागनाथ** भी बताए जाते हैं।

अब आते हैं नाग यानी SNAKE की उत्पत्ति पर। पुरानी अंग्रेज़ी के SNACA, स्वीडिश के SNOK, जर्मन के SCHANAKE और लगभग सभी भारतीय भाषाओं में इस्तेमाल किए जाने वाले नाग-नागिन जैसे तमाम शब्द भारतीय-यूरोपीय परिवार के मूल शब्द SNAG से ही बने हैं। इस शब्द का मतलब भी कोई रेंगने वाला जंतु ही होता है। अंग्रेज़ी का SNAIL शब्द, जिसका मतलब होता है घोंघा, भी इसी **स्नैग** से ही बना है। ग़ौर करें कि घोंघा भी रेंगता ही है। अजीब बात है कि अंग्रेज़ी के सर्पेंट शब्द को जहाँ स्नैग से बने सर्पेंट ने पछाड़ दिया है वहीं इसी SNAG से बना **नाग** शब्द हिन्दी में सर्प के लिए आमतौर पर बोले जाने वाले साँप शब्द से ज़्यादा लोकप्रिय नहीं हो पाया है। नाग शब्द के कई अन्य संदर्भ भी हैं। इतिहास में एक **नागवंश** भी प्रसिद्ध हुआ है। पर्वतीय जी के 'भारतीय संस्कृति कोश' के मुताबिक़ 150 से 250 विक्रमी संवत् के बीच मथुरा से लेकर उज्जैन तक फैले विशाल भूक्षेत्र पर नागवंशियों का शासन था। सिकंदर के आगमन के समय नागवंशी राजा ने ही उसका स्वागत किया था, ऐसा उल्लेख है। जनमेजय के **नागयज्ञ** का संदर्भ भी पुराणों में ख़ूब आता है। कश्यप और **कद्रू** की सौ संतानें थी जो नाग थीं। जब इन्होने लोगों को कष्ट दिया तो ब्रह्मा ने शाप दिया कि गरुड़ और जनमेजय के यज्ञ द्वारा उनका नाश होगा। पश्चात्ताप करने पर ब्रह्मा ने उन्हें आशीर्वाद दिया कि एक विशेष स्थान पर तुम सुरक्षित रहोगे, वह नागलोक कहलाएगा। इसीलिए पाताल को नागलोक भी कहते हैं। ब्रह्मा ने जिस दिन आशीर्वाद दिया उसे ही नागपंचमी कहते हैं।

आस्तीन में सरसराया साँप

[शब्द संदर्भ : सर्प, सरीसृप, सरसराना, सरपट, सरकना, साँप, सर्पिल, सर्पेंट]

तेज़ गति से चलने या भागने के लिए हिन्दी का एक शब्द है **सरपट**। इसी तरह एक शब्द है **सरसराना** जिसका मतलब है हवा का तेज़ चलना। लापरवाही से किए गए, या जल्दबाज़ी में किए गए काम के लिए फ़ारसी का एक शब्द है **सरसरी** जो उर्दू-हिन्दी में भी ख़ूब इस्तेमाल होता है। इसके **सरसरी** नज़र डालना या सरसरी तौर पर जैसे रूप

रोज़ाना इस्तेमाल होते हैं। तेज़ी, जल्दबाज़ी और रफ़्तार से जुड़े ये दोनों ही शब्द जन्मे हैं संस्कृत की **सृ** धातु से जिसका अर्थ है तेज़ चलना, आगे बढ़ना और फैलना आदि। इसी से जन्मा है **सृप्** शब्द जिसका इस्तेमाल रेंगने वाले जीवों के संदर्भ में **सरीसृप** (रेप्टाइल्स) में देखा जाता है। अचरज की बात ये कि **सृ** से जन्मे **सृप्** में गति का भाव तो सुरक्षित रहा मगर **सृ** में समाई तेज़ी का यहाँ लोप हो गया। मूलतः **सृप्** में पेट के बल रेंगने का भाव प्रमुख है। इसके अलावा इसके मंद-मंद चलना, छुप-छुपकर देखना, हिलना-डुलना, रेंगना आदि अर्थ भी हैं। रेंगना को ही सरकना भी कहते हैं और यह भी इसी सृ धातु से बना है।

संस्कृत की इस धातु का जन्म भी संभवतः प्राचीन इंडो-यूरोपियन परिवार से ही हुआ है। इसी से भारतीय और यूरोपीय भाषाओं में कई शब्द बने जिनका अर्थ किसी रेंगने वाले प्राणी अर्थात साँप से जुड़ा। भारतीय-यूरोपीय भाषा-परिवार में साँप के लिए जो मूल शब्द मिलता है, वह भी SERP है। अंग्रेज़ी में साँप के लिए एक शब्द SARPENT भी है जो लैटिन के SERPENTUM से बना है। इसी तरह ग्रीक भाषा में एक शब्द है–HERPEIN जिसका मतलब होता है रेंगना और HERPETON जिसका मतलब होता है साँप। यहाँ **स** और **ह** में वही बदलाव हो रहा है जैसा **सिन्धु** और **हिन्दू** में हुआ। अल्बानियन भाषा के GARPER का मतलब भी यही होता है और इन भाषाओं के ये शब्द SERP से ही बने है। ग़ौर करें कि **सृ** से ही बना है संस्कृत का सृप जिसका मतलब हुआ रेंगना या पेट के बल चलना। बाद में **सर्पः** या **सर्पति** शब्द चलन में आए जिनका रेंगने वाले जन्तु जैसा लाक्षणिक अर्थ नहीं होकर सीधा संबंध साँप से ही था। रेंगने वाले प्राणियों (रेप्टाइल्स) के लिए सरीसृप शब्द प्रचलित है। **सर्पः** का प्राकृत रूप हुआ **सप्प** जिसने हिन्दी में **साँप** का रूप लिया। घुमावदार या कुंडलीदार के अर्थ में **सर्पिल** या **सर्पिलाकार** शब्द भी इसी मूल से जन्मे हैं। ये बड़ी अजीब बात है कि एक ओर जहाँ भारतीय संस्कृति में सर्प को पूजा जाता है, उसका धार्मिक महत्त्व है वहीं साँप के लाक्षणिक रूप से जुड़ी नकारात्मक कहावतें भी हिन्दी में प्रचलित हैं, जैसे– **साँप मरे और लाठी न टूटे, आस्तीन का साँप, सीने पे साँप लोटना, साँप सूँघना, साँप का सिर कुचलना** आदि। साँप के बच्चे को **सँपोला** कहते हैं और यह एक मुहावरे के तौर पर भी प्रयोग में लाया जाता है जिसका मतलब हुआ कि दुष्ट की संतान। अज्ञेय की एक प्रसिद्ध कविता भी साँप पर ही है–

साँप!
तुम सभ्य तो हुए नहीं
नगर में बसना भी
तुम्हें नहीं आया।
एक बात पूछूँ–उत्तर दोगे?
तब कैसे सीखा डसना,
विष कहाँ पाया?

रँगे सियार का सफ़रनामा

[शब्द संदर्भ : शृगाल, जैकाल, सियार]

दुनिया भर में धूर्त और चालाक व्यक्ति के संदर्भ में जिस इकलौते पशु को सर्वाधिक प्रतीक माना गया है वह है सियार। संसार की ज़्यादातर लोक भाषाओं में इसके बारे में बोधकथाएँ, कहावतें, लोकोक्तियाँ आदि हैं जो मनुष्य को धूर्त प्रवृत्तियों से आगाह करती हैं। 'पंचतंत्र' और 'हितोपदेश' ने तो सियार की कुख्यात छवि को ख़ूब उभारा है। हितोपदेश में करटक-दमनक की जोड़ी सदियों से मशहूर है। यहाँ तक कि अरबी-फ़ारसी तक में आज से सैकड़ों साल पहले ये पहुँच चुकी थीं। फ़ारसी में तो करटक–दमनक, कलीलाह, **दिमनाह** बनकर मौजूद हैं। सियार शब्द का मूल संस्कृत का शृंगालः या शृकालः है। इसका अर्थ है उचक्का, धूर्त, ठग, डरपोक और दुष्ट प्रकृति का। सियार बहुत तेज़ भाग भी सकता है इसीलिए शृगालः के पीछे कुछ विद्वानों को संस्कृत की **'शृ'** धातु भी नज़र आती है जिसका मतलब ही है बहुत तेज़ भागना या चलना। कुछ लोग इसकी उत्पत्ति **'शृ'** धातु से भी मानते हैं जिसका अर्थ है फाड़ डालना, टुकड़े-टुकड़े कर डालना। ग़ौरतलब है कि शृगालः से ही फ़ारसी-उर्दू का शगाल बना। फ़ारसी से ये गया तुर्की में जहाँ इसका रूप हुआ **चकाल**। इसका अगला पड़ाव बनी अंग्रेज़ी जहाँ एक नए रूप **जैकाल** बनकर यह सामने आया। ख़ास बात यह कि सभी भाषाओं में इसकी शोहरत चालाक-धूर्त प्राणी की है। संस्कृत के बाद प्राकृत में इसका रूप हुआ **सिआलो** और **सियाली**। हिन्दी में यह सियार हुआ। सियार पर कई कहावतें भी हैं जिनमें **रँगा सियार** सबसे प्रसिद्ध है।

रुद्राक्ष के बहाने आँख की बात

[शब्द संदर्भ : आँख, अक्ष, रुद्राक्ष, रुदन, रावण]

शिव के **रौद्र** रूप के संदर्भ में अक्सर उनके तीसरे नेत्र का उल्लेख होता है। मगर नेत्र का संदर्भ **रुद्राक्ष** से भी जुड़ता है और यहाँ भी शिवजी की उपस्थिति है। नेत्र के लिए हिन्दी में आम बोल-चाल का शब्द है आँख, अंग्रेज़ी में इसे कहतें हैं आई। दिलचस्प बात ये कि आई EYE और आँख एक ही मूल यानी प्रोटो इंडो-यूरोपियन भाषा-परिवार के हैं। आँख शब्द बना है संस्कृत के **अक्षि** से जिसका मतलब होता है नेत्र, आँख की पुतली, दो की संख्या अथवा दृश्यमान। अक्षि शब्द की मूल धातु है अश्। इसका मतलब है पहुँचना, व्याप्त होना, संचित होना अथवा पैठना। ग़ौर करें कि जगत में जो कुछ भी दृश्यमान है, जिसका निश्चित आकार-प्रकार में भौतिक अस्तित्व है, वह सब नेत्रों में व्याप्त हो जाता है, संचित हो जाता है इसीलिए **अश्** से बने **अक्षि** शब्द में नेत्र का भाव सार्थक है। संस्कृत का **अक्षि** ही अपभ्रंश में **आक्खि-आखि** होते हुए हिन्दी में आँख हुआ। इसी का एक रूप नज़र आता है **रुद्राक्ष** में। चौपड़ के खेल में पासों को भी **अक्ष** ही कहा जाता है।

दरअसल **रुद्राक्ष** बना है **रुद्र + अक्ष** से मिलकर। पुराणों में **रुद्र** एक गणदेवता का नाम है। इसी तरह शिव के उग्र रूप को भी रुद्र कहते हैं। ग़ौरतलब है कि **रुद्र** से ही बना है **रौद्र** अर्थात उग्र। **रौद्रता** ही **रुदन** का कारण भी बनती है।

ये तमाम शब्द बने हैं संस्कृत की **रू** धातु से जिसमें क्रोध से चिंघाड़ना, भयंकर आवाज़ करना आदि भाव शामिल हैं। संस्कृत के **रव** का अर्थ होता है ध्वनि करना। इस कड़ी का सर्वाधिक प्रसिद्ध शब्द रावण है। जब कोई व्यक्ति ग़ुस्से में होता है तो उसकी आँखें लाल हो जाती हैं। रुद्र बना है **रुद्** धातु से जिसमें चिंघाड़ना, भयानक ध्वनि करने का भाव है। यहीं से **रुद्र** ने रौद्र भाव ग्रहण किया और इस तरह **रुद्राक्ष** का अर्थ हुआ **रौद्ररूप** वाले शिव के नेत्र। ग़ुस्से की अभिव्यक्ति के मुहावरे भी हैं–आँख दिखाना, आँखें तरेरना या आँखें चढ़ाना! यूँ **रुद्राक्ष** एक वृक्ष है जो पहाड़ी क्षेत्र में होता है और इसके बीजों की माला बनाई जाती है जिसे **अक्षसूत्र** भी कहते हैं और इसे पवित्र माना जाता है। शैव परंपरा में **रुद्राक्ष** का बड़ा महत्त्व है। शिव का एक नाम अक्षमालिन् भी इसी वजह से है। महर्षि वसिष्ठ की पत्नी का नाम भी **अक्षमाला** है।

अक्षि से मिलते-जुलते उच्चारण में ग्रीक में आँख के लिए **ओप्सिस** लफ़्ज़ है वहीं लैटिन में **ओकुलस,** लिथुआनी में **अकिस,** आर्मीनियाई में **अखु** जैसे शब्द हैं। वैसे भाषाविज्ञानियों ने आँख, आई समेत इन तमाम शब्दो के लिए प्रोटो इंडो-यूरोपीय भाषा में OQW जैसे शब्द की कल्पना की है जिससे इनका जन्म हुआ है। माना जाता है कि अंग्रेज़ी ज़बान के EYE का जन्म इससे ही हुआ है। ग्रीक भाषा में देखने के लिए एक धातु है OP जो इसी से निकली है। अंग्रेज़ी के **ऑप्टिकल, आप्टिक्स** जैसे शब्द इसी धातु से निकले हैं जिनका मतलब देखना या प्रकाश संबंधी होता है। नेत्रचिकित्सा के लिए **ऑप्थेलमॉलॉजी** जैसा शब्द बना है **ऑप्थेलमॉस** से जिसका अर्थ होता है आँख। **अश्** से ही बना है संस्कृत-हिन्दी का **अक्ष** जिसका अभिप्राय भी पैठना, व्याप्त होना आदि है। इससे ही बना है संस्कृत का अक्षः जिसका अर्थ है धुरी, धुरा, गाड़ी का पहिया, तराज़ू की डंडी आदि। ग़ौरतलब है कि अंग्रेज़ी के **एक्सिस** और **एक्सिल** जैसे शब्द इससे ही निकले हैं। इसके बीजों की माला बनाई जाती है जिसे **अक्षसूत्र** भी कहते हैं और इसे पवित्र माना जाता है। शैव परंपरा में रुद्राक्ष का बड़ा महत्त्व है। शिव का एक नाम अक्षमालिन् भी इसी वजह से है।

कटखना क़ातिल और कतरनी

[शब्द संदर्भ : क़ातिल, मक़तूल, मक़तल, क़त्लगाह, क़त्लेआम, क़तील, कट, कार्य, कारण, प्रकृति, आकृति, कृति, काट-छाँट, कर्तनी, कतरनी, कृत, कर्तव्य, कटुआ, कटौती, कटखना, कटार, कटारी]

किसी चीज़ को विभाजित करने या हिस्से करने के लिए उसे काटा जाता है। अनगढ़ को आकार देने, तराशने के लिए काट-छाँट करनी पड़ती है। इससे मूल रूप की तुलना में आकार ज़रूर छोटा हो जाता है, मगर उसमें निखार आ जाता है। यह काट-छाँट जीवन के हर पहलू में नज़र आती है। आध्यात्मिक रूप को निखारने के लिए

चित्तवृत्तियों की काट-छाँट से लेकर भौतिक रूप को सँवारने के लिए की जाने वाली कॉस्मेटिक सर्जरी तक इसमें देख सकते हैं। शिल्प की हर विधा में यह नज़र आती है।

प्राचीन इंडो-यूरोपीय भाषा-परिवार की धातु KER बड़ी महत्त्वपूर्ण है। संस्कृत की **कृ** धातु इसी शृंखला की कड़ी है। किसी कार्य के होने में 'करने' का भाव प्रमुख होता है। हिन्दी के कई शब्द इसी **कृ** धातु से बने हैं जिनमें करना, कार्य, कारण, कृति, प्रकृति, आकृति जैसे कई शब्द शामिल हैं। कृ के अंदर करने, होने का जो भाव है उसके कई अर्थ हैं, जैसे—प्रहार करना, टुकड़े-टुकड़े करना, विभक्त करना आदि। इससे ही बने कृत् का अर्थ होता है काटना, विभक्त करना, नष्ट करना आदि। इसी का दूसरा अर्थ होता है निर्माण करना, बनाना, उत्पन्न करना इत्यादि। ग़ौर करें कि वृक्ष की कटाई में उसे नष्ट करने का भाव है मगर जब उसकी लकड़ी को तराश कर, छीलकर खिलौने या कलाकृति बनाई जाती है तो वह **कृत्** की श्रेणी में आ जाता है। इसीलिए कहा जाता है कि निर्माण और विनाश एक शृंखला से बँधे प्रकृति के दो आयाम हैं। किए जा सकने वाले उचित मंतव्य को ही कर्तव्य कहते हैं जो **कृ** से ही बना है।

बहरहाल, **कृ** से ही बनी है **कतरनी** अर्थात कैंची। संस्कृत में इसके लिए **कर्तनी** और **कर्त्री** जैसे शब्द हैं। हिन्दी का **कतरनी** संस्कृत के कर्तनी का ही वर्ण विपर्यय है। मराठी में कैंची को **कातरी** कहते हैं। **कृ** में निहित विभक्त करने के भाव से ही बना है कटना, काट, काटना जैसे शब्द। अंग्रेज़ी में **कैंची** को कहते हैं **सीज़र**। हिन्दी की कतरनी और अंग्रेज़ी की **सीज़र** आपस में मौसेरी बहनें हैं। प्राचीन भारोपीय धातु KER का ओल्ड जर्मनिक में रूप हुआ SKER जिसका मतलब होता है काटना, बाँटना। अंग्रेज़ी के शेअर यानी अंश, टुकड़े, हिस्से आदि और **शीअर** यानी काटना इससे ही बने हैं और इसका ही बदला हुआ रूप है सीज़र यानी कैंची। हिन्दी के कटार, कटारी जैसे हथियारों के नामकरण के पीछे भी यही है। कटुआ, कटौती, कटखना जैसे अनेक शब्दों के मूल में भी यही **कृ** धातु है। KER और **कृ** में मौजूद **क** ध्वनि और उसमें निहित विभक्त करने, नष्ट करने के भावों का विस्तार न सिर्फ़ प्राचीन भारोपीय परिवार में नज़र आता है बल्कि सेमेटिक परिवार की हिब्रू और अरबी जैसी भाषाओं में भी है। ग़ौर करें अरबी लफ़्ज़ **क़त** पर जिसका मतलब होता है काटना। क़त्ल का मतलब होता है हिंसा, हनन, जान से मारना, हत्या वग़ैरह। यह शब्द फ़ारसी, उर्दू और हिन्दी में भी ख़ूब प्रचलित है। इससे बने क़ातिल (हत्यारा), क़त्लगाह, मक़तल (वधस्थल), क़त्लेआम (नरसंहार) और क़तील (जिसे मार डाला गया हो) जैसे शब्द ख़ूब प्रचलित हैं। अंग्रेज़ी के कट पर भी ध्यान दिया जाना चाहिए।

सूरज की रस्सियाँ

[शब्द संदर्भ : रश्मि, रास, रश्मिरथी, रस्साकशी]

रस्सी बड़े काम की चीज़ है। जब इससे खींचने-लटकाने जैसे काम ले लिए जाते हैं तब इससे मुहावरे बन जाते हैं। मसलन सबक के बावजूद स्वभाव न बदलने वाले के लिए

रस्सी जल गई पर ऐंठन नहीं गई मुहावरा ख़ूब इस्तेमाल होता है। रस्सी पर चलना यानी कठिन काम को अंजाम देना। रस्सी तुड़ाना यानी पीछा छुड़ाना। खींचातानी के लिए **रस्साकशी** आदि कई मुहावरे रस्सी से जन्मे हैं। यह रस्सी कहाँ से जन्मी?

रस्सी शब्द बना है संस्कृत शब्द **रश्मिः** से जिसका हिन्दी रूप **रश्मि** है। इस शब्द से हमारा परिचय प्रकाश किरण के रूप में ही है। दरअसल रश्मि शब्द बना है संस्कृत धातु **अश्** से जिसमें व्याप्ति, भराव, पहुँचना, उपस्थिति, प्रविष्ट होना जैसे भाव हैं। ज़ाहिर है प्रकाश-रेख, अंशु या किरण में ये तमाम-भाव मौजूद हैं। कोई भी प्रकाशपुंज अंधकार को आलोकित करते हुए स्वयं वहाँ प्रवेश नहीं करता बल्कि उसकी रश्मियाँ वहाँ प्रकाश को भरती हैं। सूर्योदय के समय देखते-ही-देखते एक-एक कर सहस्रों रश्मियाँ जल-थल में व्याप्त हो जाती हैं। ये किरणें ही ज्योतिपुंज से उत्सर्जित ऊर्जा की वाहक होती हैं। रश्मि में भाव है पुण्य का। आलोकित करना, प्रकाशित करना ये पुण्यकर्म हैं। जीव-जगत को प्रकृति के कलुष से, तमस से, अंधकार से मुक्ति दिलाने से बड़ा पुण्य और क्या हो सकता है? **रश्मिरथी** ऐसे व्यक्ति को कहते हैं जो पुण्यात्मा हो। राष्ट्रकवि रामधारी सिंह दिनकर का प्रसिद्ध खंडकाव्य है **रश्मिरथी** जो कर्ण के महान चरित्र पर लिखा गया है। ग़ौरतलब है कि कर्ण कौरवों के पक्ष में थे परंतु वे तेजस्वी, पुण्यात्मा थे। दरअसल ये रश्मियाँ डोर हैं। माध्यम हैं प्रकाश को भूलोक पर पहुँचाने का। सूर्योदय या सूर्यास्त के समय ये रश्मियाँ नज़र भी आती हैं और सचमुच सूर्य और पृथ्वी के बीच तनी हुई डोर की तरह ही जान पड़ती हैं। रश्मि का ही अपभ्रंश रूप है **रस्सी**। इसका पुल्लिंग हुआ रस्सा जिसका आकार या मोटाई रस्सी से अधिक होती है। रस्सी एक माध्यम है। माध्यम की आवश्यकता व्याप्ति के लिए होती है। रस्सी की मदद से पहाड़ पर चढ़ा जाता है, खाई में उतरा जाता है। कुएँ से पानी खींचा जाता है। ये तमाम क्रियाएँ प्रविष्ट होने, उपस्थित होने, व्याप्त होने, पहुँचने से जुड़ी हैं।

रस्सी से ही बना है **रास** शब्द जिसका मतलब होता है लगाम। ग़ौर करें लगाम के ज़रिए सारथी अपना आदेश जुए में जुते पशु तक पहुँचाता है। लगाम ढीली छोड़ना और लगाम कसना जैसे मुहावरों में काम के संदर्भ में आदेश-निर्देश के नरम अथवा कठोर होने का पता चल रहा है। **रास थामना** मुहावरे का अर्थ है मार्गदर्शन करना, नेतृत्व करना। रास का एक अन्य अर्थ कमरबंद या करधनी भी होता है। तनातनी के अर्थ में रस्साकशी एक आम मुहावरा है। यह बना है **रस्सा + कशी** (कश—खींचना) अर्थात यह संकर शब्द है जो फ़ारसी और संस्कृत के मेल से बना है। हालाँकि **कश** शब्द मूलतः संस्कृत की **कर्ष्** धातु से जन्मा है जिसमें खींचने का भाव है।

हवाओं पे लिख दो, हवाओं के नाम

[शब्द संदर्भ : वात, वार, बयार, हवा, वह, बहक, वोदका, वाटर, वेट, स्वेट]

इनसान ने अब तक हासिल ज़्यादातर ज्ञान प्रकृति से ही सीखा है। भाषाविज्ञान के नज़रिए से इसे आसानी से समझा जा सकता है। इंडो-यूरोपीय भाषा-परिवार के

साथ-साथ द्रविड़ भाषा-परिवार के कई शब्दों से यह बात साफ़ हो जाती है। गति और प्रवाह संबंधी ज़्यादातर शब्दों में अंतर्संबंध है और इनका उद्गम भी एक ही है और वह है हवा और पानी। प्रकृति की इन दोनों शक्तियों के गति और प्रवाह जैसे लक्षणों ने मानव की स्मृतियों पर ऐसा असर डाला कि भाषा का जन्म होने के बाद इनके कई अर्थ प्रकट हुए। इंडो-यूरोपीय भाषाओं में **व** शब्द वायु और जल दोनों से संबंधित है और इससे कई शब्द बने हैं जिससे प्रवाह, गति जैसे अर्थ उजागर होते हैं। संस्कृत में **वः** का अर्थ होता है वायु। हिन्दी का **हवा** शब्द इससे ही जन्मा है, अलबत्ता **वः** के **हवा** बनने में वर्ण विपर्यय का सिद्धांत लागू हो रहा है। संस्कृत का एक अन्य शब्द है **वह्** जिसका मतलब हुआ **प्रवाह**। बहाव, बहना, बहकना जैसे शब्दों का मूल भी यही है। **वह्** से ही बना संस्कृत का **वात्** जिसका अर्थ भी हवा ही होता है। **वात्** से बना **वार्** जिसका एक रूप अंग्रेज़ी के **एयर** में नज़र आता है। मराठी में भी हवा को **वारं** ही कहा जाता है। हिन्दी में मंद हवा के झोंके को **बयार** कहते हैं। संस्कृत **वात्** से रूसी भाषा के **वेतेर** यानी हवा से समानता पर ग़ौर करें। **वह्** के प्रवाही अर्थ से ही जलसूचक शब्द **वार** जन्मा है। वरुण भी इससे ही बना है जिसका अर्थ समुद्र देव है। अब ज़रा ग़ौर करें जर्मन के **व्हासर**, ग्रीक के **हुदौर** और अंग्रेज़ी के **वाटर** पर। इन सभी का मतलब होता है पानी। रूसी में पानी के लिए **वोद** शब्द है। विश्वप्रसिद्ध रूसी शराब **वोदका** का नामकरण भी इससे ही हुआ है। यही नहीं, अंग्रेज़ी के वेट यानी गीला, नम या भीगा शब्द में भी यही **वह्** मौजूद है। पसीने के लिए अंग्रेज़ी के **स्वेट**, हिन्दी शब्द **स्वेद** और नमी, गीलेपन के लिए **आर्द्र** जैसे शब्दों की समानता पर भी सोचा जा सकता है।

हाइड्रोजन ही पानी है

[शब्द संदर्भ : उदकम्, समुद्र, वोदका, विंटर, वाटर, व्हिस्की, हाइड्रोजन]

केमिस्ट्री की दुनिया में ऑक्सीजन और **हाइड्रोजन** से मिलकर पानी का निर्माण हुआ है अर्थात पानी की रचना में हाइड्रोजन का योगदान है। इसके उलट भाषाविज्ञान की दुनिया में यह महत्त्वपूर्ण तथ्य है कि हाइड्रोजन शब्द के निर्माण में पानी की ख़ास भूमिका रही है। जानते हैं कैसे! संस्कृत में पानी के लिए कई शब्द हैं इनमें **उदकम्**, **उदम्** या **उदक** भी हैं और ये शब्द जल भंडार, सागर या जलाशय का अर्थ रखते हैं। इन सभी शब्दों का निर्माण संस्कृत की धातु **उद्** से हुआ है जिसमें अतिशय ऊँचाई पर, उत्तर में या ऊपर जैसे भाव हैं। ज़ाहिर सी बात है कि बादल ही जल के वाहक हैं जो पृथ्वी से ऊपर आसमान में रूप धारण करते हैं। इसके अलावा मनुष्य की स्मृतियों में उत्तर दिशा में स्थित हिमालय ही पानी का उद्गम रहा है। ध्यान दें कि उत्तर **उद + तर** से ही बना है यानी जो ऊपर है। **उद्** से ही बना उद्र जिसका अर्थ हुआ पानी। इसमें **सम्** उपसर्ग लग जाने से बना **समुद्र**। ज़ाहिर है जहाँ बहुत सा पानी हो वही समुद्र होगा। शिव के कई नामों में एक नाम समुद्र भी है।

पानी के लिए उद् धातु का प्रसार पश्चिम में भी हुआ और इंडो-यूरोपीय भाषा-परिवार में **उडेर, वेडोर, वेड** जैसी नई धातुएँ बनीं जिनसे यूरोपीय भाषाओं में कई शब्द बने। सबसे पहले बात हाइड्रोजन की। उद्र से ग्रीक भाषा में **हुद्र** (हुड्र), **हुदोर** (हुडोर) जैसे शब्द बने जिनसे **हाइड्रोजन** समेत पानी से रिश्तेदारी रखने वाले अनेक शब्दों का जन्म हुआ। अंग्रेज़ी का वाटर यानी पानी और वेट यानी नमी जैसे शब्द भी इसी से बने हैं क्रम कुछ यूँ रहा होगा–उद **> उड > हुड > वेड > वेट > वाटर**। ग़ौरतलब है कि सर्दियों के लिए अंग्रेज़ी में **विंटर** शब्द है जिसका जन्म भी **उड** या **वेड** की शब्द-शृंखला से है जिनसे **वेट** (नमी) जैसे शब्द बने और जिनका अर्थ-विस्तार शीत-ऋतु हुआ। यही नहीं, डच में **वैटेर**, जर्मन में **वैसर** समेत कई यूरोपीय भाषाओं में इससे मिलते-जुलते शब्द हैं जिनका अर्थ पानी या लहर है। रूसी में पानी के लिए **वोद** शब्द है। विश्वप्रसिद्ध रूसी शराब वोदका का नामकरण इससे ही हुआ है। **व्हिस्की** के पीछे भी यही शब्द-शृंखला हैं।

हाथी ने दिखाई, हाथ की सफ़ाई!

[शब्द संदर्भ : हस्तिन, हस्त, हथेली, हथौड़ा, हथौड़ी, हाथ, हस्तिनी, नायिका]

हाथी को चाहे मनुष्य से भी अधिक बुद्धिमान माना जाता हो, वह कितना ही पूजनीय हो मगर उसकी गणना पशुओं में ही होती है अर्थात हाथी के चार पैर ही होते हैं। अब ये कहने की बात नहीं कि मनुष्य के शरीर को गतिशील बनाने वाली जो चार प्रमुख संरचनाएँ (अंग) नज़र आती हैं वे दो हाथ और दो पैर होते हैं। पशुओं को मनुष्य से अलग करने वाले कई कारणों में एक कारण यह भी है कि पशुओं के शरीर पर नज़र आते ये चार अंग पैर होते हैं और इसीलिए उन्हें चौपाया कहा जाता है।

अगर कहा जाए कि हाथी के पास भी **हाथ** होता है तो शायद कोई यक़ीन नहीं करेगा मगर हाथी के नामकरण के पीछे उसकी सूँड़ का ही **हाथ** है। दरअसल हाथी की सूँड़ ही उसका हाथ होती है। जितनी सफाई से इसके ज़रिए असंभव लगने वाले काम करता है, इनसान को उन्हें करने के लिए भारी-भरकम मशीनों की ज़रूरत पड़ती है। संस्कृत में हाथ के लिए **हस्तः** शब्द है। हिन्दी का हाथ इससे ही बना है। हाथ कंधे से लेकर अँगलियों की पोरों तक समूचे हिस्से को कहते हैं। हाथ के अगले हिस्से के लिए **हथेली** शब्द **हस्त + तल** से बना है। मनुष्य पैरों की बनिस्बत हाथों से ही अधिकांश कार्य-व्यापार संपन्न करता है सो रोज़मर्रा की कुछ वस्तुओं के नाम भी इसी मूल से उपजे हैं, जैसे–**हथौड़ा, हथौड़ी**। किसी उपकरण की मूठ को **हत्था** या **हत्थी** भी कहा जाता है। **हथियार, हथकरघा** वग़ैरह भी इसी कड़ी में गिने जा सकते हैं। हाथ की महिमा मुहावरों में नज़र आती है। जितनी कहावतें या मुहावरे रूप को लेकर नहीं बने हैं उससे ज़्यादा हाथ से बने हैं, मसलन–हाथ की सफ़ाई, हाथ से निकलना, हाथ लगना, हाथ आना, दो-दो हाथ करना, हाथ आज़माना, हाथ डालना, हाथ ख़ाली होना, हाथ खुला होना, हाथ पीले होना आदि।

हस्तः से ही बना है हस्तिन् जिसका मतलब हुआ हाथ जैसी सूँड़ वाला। ग़ौरतलब है कि वो तमाम कार्य, जो इनसान अपने हाथों से करता है, हाथी अपनी सूँड़ से कर लेता है इसीलिए पृथ्वी के इस सबसे विशाल थलचर का हाथी नाम सार्थक है। **हस्तिन्** का एक अर्थ गणेश भी होता है जो उनके गजानन की वजह से बाद में प्रचलित हुआ। हस्तिनी से बना हथिनी शब्द। शृंगार रस के तहत साहित्य में जो नायिकाभेद बताए गए हैं उनमें से एक नायिका को हस्तिनी भी कहते हैं।

प्रशासन-व्यवस्था-समूह

क़ानून का डंडा या डंडे का क़ानून

[शब्द संदर्भ : क़ानून, शुगरकेन, केन, क़ानूनगो, क़ानूनी, क़ानूनन, दंडाधिकारी]

क़ानून लफ़्ज़ की शख़्सियत में ज़बर्दस्त सैलानीपन है। मज़े की बात ये कि **क़ानून** सबको कड़वा और कड़क लगता है मगर इसमें मिठास भी छुपी है। क़ानून एक ऐसा शब्द है जो रोज़मर्रा की हिन्दी में इस्तेमाल होता है। प्रायः हर रोज़ हम इसे बोलते, लिखते, पढ़ते या सुनते हैं। अतिशयोक्ति लगे तो सचाई ख़ुद परख लीजिए। इस लफ़्ज़ के हिन्दी में दाख़िल होने की दास्तान भी दिलचस्प है। ज़रा देखते हैं क़ानून के इस रमते जोगी का सफ़रनामा।

हिन्दी के अपने से लगने वाले क़ानून लफ़्ज़ की हिन्दुस्तान में जब आमद हुई उससे पहले ये आधी दुनिया और दर्जनों मुल्कों का सफ़र कर चुका था। यह अरबी ज़बान का है और भारत में इस्लामी दौर की शुरुआत में ही आ चुका था। अब ये अलग बात है कि ईश्वर की राह का संदेश देने वाले सूफ़ी फ़क़ीर इस क़ानून को अपने ब्रह्मज्ञान की पोटली में बाँधकर लाए या ख़ुदाई क़ानून की धज्जियाँ उड़ाने वाले बर्बर हमलावर। ग़ौर करें, **क़ानून** शब्द के चरित्र पर। इसका अर्थ बतलाने वाले जितने भी शब्द हैं, मसलन–नियम, रीति, क़ायदा, ये सभी एक ही भाव लिये हुए हैं सीधेपन का। यानी जो कुछ भी किया जाए सीधा हो, टेढ़ा न हो। समाजशास्त्रीय ढंग से देखें तो भी सीधे काम स्वीकार्य होते हैं, टेढ़े या ग़लत नहीं। सीधा यानी सही, टेढ़ा यानी ग़लत। अब ज़रा सीधे-टेढ़े की पहेली भी सुलझा ली जाए। भाषाविज्ञानियों के मुताबिक़ दरअसल क़ानून मूलतः अरबी ज़बान का भी नहीं है अलबत्ता है यह सेमेटिक भाषा-परिवार का ही। प्राचीन हिब्रू में एक शब्द है, **क़ैनां (ह)** जिसका मतलब है लंबा, सीधा, पोले तने वाला वृक्ष। सरकंडा या बाँस का इस अर्थ में नाम लिया जा सकता है। यही शब्द ग्रीक ज़बान में **कैना (ह)** के रूप में मौजूद है। अर्थ वही है लंबा, सीधा, पोल'' वृक्ष। एक और अर्थ है छोटी छड़ जिससे पैमाइश की जा सके। अर्थात किसी चीज़ का जो मानक तय किया जा चुका है उसका आकलन इस छड़ से होता था।

क़ानून का पालन न करने वालों पर भी **केन** यानी डंडे ही बरसते हैं। ग़ौर करें कि अंग्रेज़ी में **केन** का मतलब छड़ भी होता है। वाकिंग स्टिक भी **केन** ही कहलाती है और अपनी लंबाई और मिठास के चलते गन्ने को भी **शुगरकेन** नाम इसी वजह से मिल गया। यहाँ चाहें तो हिन्दी के गन्ने की तुलना भी मुखसुख के लिए इस केन से कर सकते हैं। दोनों में रिश्तेदारी जो ठहरी। इन शब्दों के अन्य यूरोपीय भाषायी रूप

हुए अंग्रेज़ी में **केन,** फ्रेंच में **केने,** लैटिन में **केना** अर्थात बाँस वग़ैरह। इसी से बना है ग्रीक भाषा का KANWN जिसका मतलब हुआ नियम क़ायदा। अंग्रेज़ी में इसका रूप हुआ CANON और मतलब वही रहा। ग़ौर करें नियम-क़ायदे के संदर्भ में सीधे-टेढ़े की पहेली यहाँ सुलझ रही है। वृक्ष के सीधे तने को प्रतीकस्वरूप सीधी राह, रीति या जीवन पद्धति से जोड़कर देखें तो नियम-क़ायदा अपने आप साफ़ हो जाता है। थोड़ा और आगे की बात करें तो सीधी-सरल सी लगने वाली यह छड़ सही राह दिखाने के प्रतीकस्वरूप ही नियमों का पालन कराने वालों के हाथों में भी पहुँच गई। ग़ौर करें, हर राज्य का ध्वज एक दंड पर टिका रहता है। भारत में भी केन या बेंत को दंड या डंडा कहते हैं। अब सज़ा के लिए दंड शब्द यूँ ही तो नहीं बन गया होगा! दंड यानी डंडे से ही सज़ा तय होती थी सो दंड देने वाला दंडाधिकारी मजिस्ट्रेट, बना। प्राचीन उल्लेखों, चित्रों व अन्य साक्ष्यों में हर शासक के हाथ में दंड भी उसकी सत्ता और दंडाधिकारी होने का प्रतीक था। मजिस्ट्रेट की टेबल पर रखा हथौड़ा इसी दंड का प्रतीक था, वरना लोगों को शांत कराने वाले उपकरण के तौर पर तो यह सबको नज़र आता ही है। दंड में निहित शक्ति ही अंग्रेज़ी के केन और क़ानून में भी झलक रही है।

अरबों के स्पेन में लगातार हमलों ने इस शब्द के अन्य रूपों को भी यूरोप में प्रसारित किया। हिब्रू के इस लफ़्ज़ का सफ़र जहाँ बरास्ता अरबी यूरोप में हुआ वहीं तुर्की, फ़ारसी होते हुए लगभग सभी भारतीय ज़बानों में ये क़ानून के रूप में मशहूर हो गया। हमारे यहाँ इसका मतलब हुआ शासकीय नियम, विधि आदि। अंग्रेज़ी राज के दौरान एक सरकारी पद भी सामने आया **क़ानूनगो**। आज भारत में ब्राह्मणों और कायस्थों में यह सरनेम के रूप में भी नज़र आता है। क़ानूनगो मालगुज़ारी महकमे का वह सरकारी सेवक होता था जिसके जिम्मे पटवारियों के सिपुर्द भूमि संबंधी दस्तावेज़ों की जाँच करने का काम था। क़ानून से ही बने **क़ानूनन, क़ानूनी, क़ानूनदाँ** और **कानूनियाँ** जैसे शब्द भी प्रचलित हैं।

कुटनियों की साज़िशें और बर्बाद कुटुम्ब

[शब्द संदर्भ : कुटुम्ब, कुणबी, कुनबी, कुनबा, कुर्मी, कुटि, कुटीर, कुट, कोटर, कोट, निम्नकोटि, उच्चकोटि, कुटिल, कौटिल्य, कूटनीति, कुटनी]

कुटुम्ब के परिवार वाले अर्थ का भाव इतना व्यापक है कि इसमें समूची पृथ्वी का जीव-जगत ही समाहित हो गया है। थोड़े और व्यापक संदर्भ में इस पर बात करते हैं। प्राचीनकाल से ही मनुष्य का सबसे प्रमुख आश्रय क्या रहा है? ज़ाहिर है चारों ओर से घिरी हुई जगह जो गुफा, कंदरा, कुटी, छप्पर कुछ भी हो सकती है। मगर नहीं, ये सब तो सभ्यता के विकासक्रम का हिस्सा हैं। आश्रय की सबसे आदिम अभिव्यक्ति मनुष्य ने समूहबद्ध होकर की और इसे उसने पशुओं से सीखा। कोई भी समूह, परिवार या कुटुम्ब मूलतः एक आश्रय होता है। गुफा, कंदरा, मकान आदि तो

रूपाकारों के नाम हैं। इसीलिए कुटुम्ब में आश्रय वाला भाव साफ़-साफ़ नुमायाँ हो रहा है। **कुणबी, कुनबी, कुनबा, कुर्मी** जैसे शब्द तो कुटुम्बकम् से बने मगर **कुटुम्ब** की व्युत्पत्ति का आधार क्या है?

ग़ौर करें कि कुटुम्ब के निवास के तौर पर तो हवेली या प्रासाद ही चाहिए। मगर भाषाविज्ञान में कुटुम्ब का रिश्ता जुड़ता है कुटी या कुटि से। देखते हैं कैसे। **कुटि** दरअसल झोंपड़ी या एक छप्परदार घर को कहते हैं। यह बना है **कुट्** धातु से जिसका मतलब हुआ वक्र या टेढ़ा। इसका एक अन्य अर्थ होता है वृक्ष। प्राचीनकाल में झोंपड़ी या आश्रम निर्माण के लिए वृक्षों की छाल और टहनियों को ही काम में लिया जाता था जो वक्र होती थीं। एक **कुटि** (कुटी) के निर्माण में टहनियों को ढलुआ आकार में मोड़कर, झुकाकर छप्पर बनाया जाता है। इस तरह कुट् से बने कुटः शब्द में छप्पर, पहाड़ (कंदरा) जैसे अर्थ समाहित हो गए। भाव रहा आश्रय का। इसके अन्य कई रूप भी हिन्दी में प्रचलित हैं, जैसे–कुटीर, कुटिया, कुटिरम्। छोटी कंदरा या गुफ़ा आदि। विशाल वृक्षों के तने में बने खोखले कक्ष के लिए **कोटरम्** शब्द भी इससे ही बना है जो हिन्दी में **कोटर** के रूप में प्रचलित है। ग़ौर करें कि क़िला अथवा दुर्ग के लिए एक शब्द संस्कृत में है **कोटः** जिसका हिन्दी रूप है कोट और मतलब हुआ क़िला या दुर्ग। यह भी बना है कुट् धातु से। आज के कई प्रसिद्ध शहरों, मसलन–**राजकोट, सियालकोट, पठानकोट, कोटा** आदि शहरों में यही **कोट** झाँक रहा है। कहने की ज़रूरत नहीं कि इन शहरों के नामकरण के पीछे किसी-न-किसी दुर्ग अथवा क़िले की उपस्थिति बोल रही है। इसी से बना है **परकोटा** शब्द जिसका मतलब आमतौर पर चहारदीवारी या क़िले की प्राचीर होता है। श्रेणी के लिए भी कोटि शब्द का चलन है, मसलन–**निम्नकोटि, उच्चकोटि**। इसका अर्थ होता है चरम सीमा या धार। ग़ौर करें कि किसी टहनी को जब मोड़ा जाता है तो वह चरमकोण पर वक्र होकर तीक्ष्ण और धारदार हो जाती है। कुट् धातु का वक्र भाव यहाँ साफ़-साफ़ नज़र आ रहा है। यही पराकाष्ठा का भाव संख्यावाची **कोटि** में नज़र आता है जिसे हिन्दी में **करोड़** भी कहेते हैं।

अब आते हैं **कुट्** धातु में निहित वक्रता वाले भाव पर। बक्र यानी टेढ़ा। बोलचाल में हम छल-प्रपंच करने वाले, बेईमान, चालबाज़ व्यक्ति को 'टेढ़ा' भी कहते हैं। **कुट्** से बने कुटिल का अर्थ भी यही है टेढ़ा, चालबाज़, छली, प्रपंची, बेईमान आदि। **कुट्** का ही एक अन्य रूप नज़र आता है **कूट** में जिसमें भी जटिल, टेढ़ापन, तीक्ष्ण, धारदार, घर, आवास आदि भाव छुपे हैं। चाणक्य का एक नाम कौटिल्य भी प्रसिद्ध है। इसमें यही **कुट्** या **कूट** धातुएँ झाँक रही हैं। कूट में भी वक्रता है। इसका अर्थ है जालसाज़ी, दाँव-पेच, चालाकी, भ्रम, धोखा, छद्म आदि। कूटनीति में यही सब कुछ होता है। राजकाज के संदर्भ में चाणक्य इन बातों में विशारद थे इसीलिए उन्हें **कौटिल्य** भी कहा गया और उनकी नीति को कूटनीति। प्राचीनकाल में सेविका, दूती को **कुटनी** कहा जाता था। यह शब्द भी इसी कड़ी में आता है। बाद में चुगलख़ोर, शातिर और

बदमाश औरत के लिए **कुटनी** शब्द आम हो गया। इन्हीं कुटनियों की साज़िश से न जाने कितने **कुटीरों** (कुटुम्ब का एक अर्थ गृहस्थी भी है) में आग लगी है और न जाने कितने **कोट** (क़िले) धराशायी हुए हैं।

कुनबापरस्ती बढ़ी और सिमट गया कुटुम्ब

[शब्द संदर्भ : कुनबापरस्ती, कुटुम्ब]

परिवारवाद के लिए हिन्दी-उर्दू में एक शब्द बड़ा आम है वह है **कुनबापरस्ती**। दोनों ही शब्द मुहावरे का महत्त्व हासिल कर चुके हैं जिसका मतलब होता है अपने लोगों को तरजीह देना। मोटेतौर पर यह लफ़्ज़ उर्दू-फ़ारसी का नज़र आता है मगर है नहीं। यह शुद्धतः संस्कृत मूल का है मगर उर्दू के असर से इसमें फ़ारसी का परस्त विशेषण जुड़ गया और बन गया **कुनबापरस्त** जैसा नया संकर शब्द जो परिवारवाद का अर्थ देता है। **कुनबा** शब्द जन्मा है संस्कृत के **कुटुम्बम्** या **कुटुम्बकम्** से जिसका मतलब परिवार, ख़ानदान, गृहस्थी, वंश आदि होता है। बहरहाल कुटुम्ब की बजाय आज कुनबा शब्द ज़्यादा चलता है। इससे बने कुछ मुहावरे भी काफ़ी बोले जाते हैं, जैसे–कहीं की ईंट कहीं का रोड़ा, भानुमति ने कुनबा जोड़ा या कुनबा बढ़ाना आदि। इसमें पहली कहावत का अर्थ बेजोड़ चीज़ों के मेल से है तो दूसरी का एक से लोगों की तादाद बढाने से है।

बोलचाल में **कुटुम्ब** शब्द को हम सामान्य परिवार के रूप में न देखते हुए ख़ानदान के अर्थ में भी देखते हैं। परिवार की शाखाएँ-प्रशाखाएँ भी इसमें नज़र आती हैं मगर संस्कृत **कुटुम्ब** में परिवार भी है और खानदान भी। यूँ भी प्राचीनकाल में तो पूरा कुटुम्ब ही परिवार था जिसे आज सामूहिक परिवार कहा जाता है। प्रसिद्ध संस्कृत उक्ति 'वसुधैव कुटुम्बकम्' में भी तो यही भाव है। प्राचीनकाल से ही भारतीय समाज ग्रामों में रहता था जहाँ की व्यवस्था कृषि आधारित थी। **कुटुम्ब** से बने **कौटुम्बिक** का अर्थ था परिवार का भरण-पोषण करने वाला। ज़ाहिर है खेती करके, अन्न उत्पादन कर ही परिवार का पालन संभव था। अतः **कौटुम्बिक** व्यापक अर्थ में पालनकर्ता भी हुआ। कालांतर में इसका एक रूप बना **कुणबी** और दूसरा रूप हुआ **कुनबी**। एक अन्य रूप **कुर्मी** या **कुरमी** भी इसी कुटुम्ब से बने। ग़ौरतलब है कि समूचे दक्षिण भारत से लेकर उत्तर भारत तक आज इन उपनामों वाले लोग एक प्रमुख खेतिहर समुदाय की पहचान रखते हैं। ज़्यादातर संपन्न किसान हैं। उत्तर प्रदेश बिहार में ये **कुर्मी** है तो महाराष्ट्र में **कुणबी**। मध्य प्रदेश में ये **कुनबी** है तो कोंकण और दक्षिण में **कुलम्बी** और **कुलवाड़ी**, गुजरात में **कनबी** है तो कर्नाटक में **कलबी**। यूँ इन तमाम राज्यों में इनकी प्रमुख पहचान इन उपनामों के अलावा पटेल, पाटील, पाटिल और देशमुख आदि के रूप में भी है। इतिहासकार शिवाजी महाराज को भी **कुणबी** समाज का ही बताते हैं। कुछ भाषाविज्ञानी इस शब्द की उत्पत्ति द्रविड़ मूल से भी मानते हैं। **कन (कण)** यानी अनाज का दाना और **बी** यानी **बीज**। इस तरह **कुनबी** का अर्थ हुआ अन्न उगाने

वाला। मगर ध्वनिसाम्य और अर्थसाम्य के आधार पर बनी इस व्युत्पत्ति को बहुत ज़्यादा मान्यता नहीं मिली है।

कुली के कुल की पहचान

[शब्द संदर्भ : कुली, कूलि, कुलीगीरी, कुली बैरिस्टर]

भारत में आमतौर पर बस स्टैंड या रेलवे स्टेशन पर यात्रियों का सामान ढोने वाले के लिए **कुली** शब्द का प्रयोग किया जाता है। किसी ज़माने में ब्रिटिश साम्राज्यवादी नीति का सबसे घिनौना पहलू इसी शब्द के ज़रिए उजागर हुआ था। सभी ब्रिटिश और फ्रेंच उपनिवेशों के मूल निवासियों के लिए अंग्रेज़ लोग **कुली** शब्द इस्तेमाल करने लगे थे। अंग्रेज़ी, पुर्तगाली के अलावा यह शब्द तुर्की, चीनी, वियतनामी, बर्मी आदि भाषाओं में भी बोला जाता है।

हिन्दी को **कुली** शब्द यूरोपवासियों की देन है पर यह भारतीय मूल का ही शब्द है। हालाँकि आर्य भाषा-परिवार का न होकर इसका रिश्ता द्रविड़ भाषा-परिवार से जुड़ता है। हिन्दी का कुली दरअसल तमिल मूल का शब्द है और कन्नड़ में भी बोला जाता है। इन दोनों भाषाओं में इसका उच्चारण **कूलि** के रूप में होता है जिसका मतलब हुआ मज़दूर अर्थात ऐसा दास जो मेहनत के बदले में पैसा पाए। वैसे गुजरात के तटवर्ती इलाक़े की एक आदिम जनजाति का भी यही नाम है।

ग़ौरतलब है कि क़रीब पाँच हज़ार साल पहले तक द्रविड़ भाषाओं का विस्तार सुदूर उत्तर-पश्चिमी भारत तक था और आपसी संपर्क के ज़रिए इसका प्रवेश तुर्की भाषा में भी हो गया जहाँ इसका रूप बना **कुलू** यानी **दास**। और इसी से उर्दू-फ़ारसी में भी कुली के रूप में इसकी पैठ हो गई। अंग्रेज़ों से भी पहले सोलहवीं सदी के आसपास पुर्तगालियों ने जब भारत के दक्षिणी तट पर पैर पसारने शुरू किए तो वे इस शब्द के संपर्क में आए। पुर्तगालियों के बाद फ्रांसीसी नस्लवाद अतीत की बात नहीं बल्कि आज भी अपनी घिनौनी हक़ीक़त के साथ आतंकवाद के रूप में मौजूद है।

सत्रहवीं सदी तक यूरोप के लोग इससे परिचित हो चुके थे। एक अन्य मान्यता के अनुसार **कुली** शब्द चीनी भाषा के **कू-लि** से बना है जिसका मतलब था कड़ी मेहनत, परिश्रम। जब चीन में यूरोपियों का आगमन हुआ तो इस शब्द में निहित श्रम की गरिमा का अपमान होना शुरू हुआ। आत्मसम्मान के साथ कड़े परिश्रम का इसमें जो भाव था वह ग़ुलामी के बोझ तले अपनी चमक खो बैठा। धीरे-धीरे यह शब्द समूचे दक्षिण एशियाई देशों के उन मेहनतकशों के लिए प्रयोग होने लगा जिन्हें मजबूरी में विदेशियों के लिए अपना पसीना बहाना पड़ता था। जो भी हो पुर्तगालियों के ज़रिए अंग्रेज़ भी इस शब्द के संपर्क में आए और फिर तो ब्रिटिश उपनिवेशों, जैसे—चीन, बर्मा, वियतनाम, ताइवान, दक्षिण अफ्रीका आदि में इस शब्द का चलन आम हो गया। हिन्दी में कुलीगीरी जैसा समास भी इन दिनों प्रचलित है।

अपनी नस्लवादी सोच के चलते अहंकारी अंग्रेज़ों ने गुलाम मुल्कों की रियाया के लिए **कुली** शब्द का खुला प्रयोग शुरू कर दिया। अठारहवीं सदी की शुरुआत में जब अंग्रेज़ों ने भारत समेत तमाम पूर्वी उपनिवेशों से सस्ती मज़दूरी पर हज़ारों लोगों को मॉरीशस, अमेरिका, कनाडा आदि जगह भेजना शुरू किया तो इस शब्द का विस्तार भी क़रीब-क़रीब पूरी दुनिया में हो गया। बाद के दौर में एशियाई अल्प आय वर्ग के लोग भी इस शब्द के दायरे में आ गए थे। आमतौर पर दक्षिण अफ्रीका, गुयाना, फिजी, मॉरीशस और ट्रिनीडाड जैसे उपनिवेशों में भारतीय चाहे श्रमिक हों या अन्य कर्मचारी अथवा व्यापारी कुली शब्द ही उसके लिए हिकारत भरी पहचान थी। ग़ौरतलब है कि महात्मा गांधी को प्रिटोरिया, जोहांसबर्ग में **कुली बैरिस्टर** कहा जाता था। ज़ाहिर है यह बात उनके अकेले के लिए नहीं थी। ब्रिटिश उपनिवेशों में भारतीय जब दी वाली, मुहर्रम या ईद मनाते थे तो उनके उत्सवों को कुली कार्निवाल कहा जाता था। मगर यह तो सिर्फ़ भाषिक मामला है। नस्लवाद अतीत की बात नहीं बल्कि आज भी अपनी घिनौनी हक़ीक़त के साथ आतंकवाद के रूप में आज भी मौजूद है।

दुष्ट-दुश्मन-दुःशासन

[शब्द संदर्भ : बदनाम, बदतमीज़, बददिमाग़, बदतर, बदकार, बदहवास, बदहाल, बदसूरत, बदी, पतित, पातकी, पतन, दुष्ट, दुष्टात्मा, दुःशासन, दुश्त, प्रदूषण]

बुरे कर्म को हिन्दी में दुष्टता और बुरे कर्म करने वालों कों **दुष्ट** कहा जाता है। नीच, अधम, पापी, पातकी व्यक्ति ही दुष्ट कहलाता है। जिसके बुरे कर्म हों और दोषी व अपराधी चरित्र भी हो। यही सारे कर्म दुष्टता कहलाते हैं। दुष्ट शब्द **दुष्** धातु से जिसमें बुरा होना, भ्रष्ट होना, ख़राब होना, पाप होना, ग़लती होना, नष्ट होना जैसे तमाम नकारात्मक भाव हैं। दुष् धातु में शामिल इन्हीं भावों का असर नज़र आता है **दूषण** या **दूषणम्** पर जिसका अर्थ विषाक्त करना, बर्बाद करना, मिटाना, नष्ट करना आदि है। पर्यावरण के संदर्भ में अक्सर **प्रदूषण** शब्द का आमतौर पर प्रयोग होता है। प्रदूषण शब्द का इस्तेमाल यूँ तो आबोहवा के बिगड़ने के लिए होता है मगर अब कला, साहित्य से लेकर राजनीति यानी समाज के हर क्षेत्र में जो भी गिरावट आ रही है उसके लिए प्रदूषण शब्द का बेखटके इस्तेमाल होता है। **दुष्** धातु से बना है **दुष्ट** शब्द जिसका अर्थ बदमाश, नीच, पापी, कपटी, छली, प्रपंची आदि होता है।

संस्कृत से होती हुई **दुष्ट** की छाया फ़ारसी पर भी बरास्ता अवेस्ता पड़ी। फ़ारसी में दुष्ट की तरह **दुश्त** शब्द है जिसका मतलब भी नीच, निकृष्ट और ख़राब से ही है। **दुष्** उपसर्ग की महिमा कुछ अन्य फ़ारसी शब्दों में भी नज़र आती है, जैसे–**दुश्मन** यानी शत्रु या विरोधी अथवा **दुश्नाम** यानी गालियाँ, अपशब्द आदि। परेशानी, मुश्किल, संकट, कठिनाई आदि के अर्थ में **दुश्वार** या **दुश्वारी** जैसे उर्दू-फ़ारसी के शब्द भी हिन्दी में प्रचलित हैं जो इसी मूल के हैं। दरअसल **दुश्वार** मूलतः दुशयार है जिसका मतलब होता है बुरा साल या बुरा वर्ष। कठिन समय, मुश्किल घड़ी के अर्थ में यह

दुश्वार बनकर उर्दू-हिन्दी में प्रचलित हो गया। **दुष्** की तरह ही **दुस्** धातु भी है जो आमतौर पर उपसर्ग की तरह प्रयुक्त होती है। इससे और भी कई शब्द बनें है जो हिन्दी में प्रचलित हैं, जैसे—**दुश्चरित्र** अर्थात बुरे चाल-चलन वाला। **दुष्काल** यानी बुरा समय, **दुष्टात्मा**, दुष्प्रवृत्ति। महाभारत के खलनायक और धृतराष्ट्र के सौ पुत्रों में से एक **दुःशासन** के कुकर्मों की याद दिलाने के लिए द्रौपदी के चीरहरण का प्रसंग काफ़ी है। **दुःशासन** यानी जिसका शासन बुरा हो।

फ़ारसी का **बदमाश** शब्द भी बड़ा दिलचस्प है। यह बना है फ़ारसी के **बद** और अरबी के **मआश** से। फ़ारसी की **बद्** धातु एक बहुप्रयुक्त उपसर्ग भी है जिससे हिन्दी-उर्दू के कई प्रचलित शब्द जन्मे हैं। फ़ारसी के इस **बद्** शब्द का अंग्रेज़ी के **बैड** से अर्थसाम्य का रिश्ता तो है मगर दोनों का जन्म से रिश्ता नहीं है। **बद्** यानी बुरा, निकृष्ट, अशुभ, ख़राब, अपवित्र, अमंगल, गिरा हुआ, बिगड़ा हुआ आदि। अरबी के **मआश** का मतलब होता है आजीविका। इस तरह **बदमाश** का शुद्ध रूप हुआ **बदमआश** जिसका मतलब है ग़लत रास्ते पर चलने वाला, बुरे काम करने वाला। बद् उपसर्ग से बने कई शब्द हिन्दी में ख़ूब प्रचलित हैं, जैसे—**बदनाम, बदतमीज़, बददिमाग़, बदतर, बदकार, बदहवास, बदहाल, बदसूरत** और **बदी** आदि। भाषाविज्ञानियों के मुताबिक़ **बद्** शब्द पुरानी फ़ारसी के **वत** से बना है। यह भी संभव है कि इसकी व्युत्पत्ति का आधार संस्कृत की **पत्** धातु हो जिसमें नैतिक रूप से गिरना, अधःपतन, नरक में जाना जैसे भाव शामिल हैं। पतित, पातकी, पतन जैसे शब्द भी इससे ही बने हैं। बहुत संभव है कि फ़ारसी के **बद्** की रिश्तेदारी **पत्** से हो क्योंकि **प** वर्णक्रम में ही **ब** आता है और संस्कृत अवेस्ता में **प** और **ब** में अदला-बदली की प्रवृत्ति रही है।

कुलीनों की गोष्ठी में ग्वाले

[शब्द संदर्भ : गोष्ठ, गोष्ठी, गोशाला, गऊघर, काव्यगोष्ठी, शास्त्रगोष्ठी, आख्यानगोष्ठी, चित्रगोष्ठी, वीणागोष्ठी, जल्पगोष्ठी, पदगोष्ठी]

बैठक, महफ़िल, मीटिंग, सम्मेलन आदि के अर्थ में हिन्दी में आमतौर पर बोला जाने वाला शब्द है **गोष्ठी**। आज की आपाधापी वाले दौर में जिसे देखिए मीटिंगों में व्यस्त है। हर बात के लिए गोष्ठी का आयोजन सामान्य बात है। गोष्ठियाँ बुलाना और उनमें जाना संभ्रान्त और कुलीन लोगों का शगल भी है। मगर किसी ज़माने में यह शब्द महज़ चरवाहों की बैठक के तौर पर जाना जाता था। **गोष्ठी** शब्द भारतीय समाज में गाय के महत्त्व को सिद्ध करने वाला शब्द है। इससे पहले हम गोत्र शब्द की उत्पत्ति के संदर्भ में भी इसकी चर्चा कर चुके हैं।

प्राचीनकाल में देश की अर्थव्यवस्था कृषि और पशुपालन पर आधारित थी। घर-घर में मवेशी पाले जाते थे जिनमें गोवंश का स्थान सर्वोपरि था। गोष्ठी शब्द बना है **गो + ष्ठः = गोष्ठ्** अर्थात एकत्र होना, ढेर लगना वग़ैरह। ज़ाहिर है गायों को जहाँ एकत्रित किया जाता था उसे ही **गोष्ठ्** कहते थे। इससे बने **गोष्ठः** या **गोष्ठम्** का

मतलब हुआ **गोशाला, गऊघर**। गोवंश की अधिकता की वजह से पुराणों में तो समूचे ब्रज प्रदेश को ही **गोष्ठम्** कहा गया है। इसके अलावा **गोष्ठम्** का एक अर्थ ग्वालों के बैठने का स्थान भी है। जब गायों को **गोष्ठम्** में बाँध दिया जाता था तो ग्वाले भी वहीं बैठकर कुछ देर सुस्ताते और चर्चा करते थे। इसके लिए **गोष्ठी** शब्द चल पड़ा। ये दिलचस्प बात है कि सदियों पहले अनपढ़ ग्वालों की जिस बतरस-चर्चा के लिए **गोष्ठी** शब्द ने जन्म लिया कालांतर में उसी शब्द को विद्वानों की समूह-चर्चा के रूप में मान-सम्मान मिल गया। यूँ आज हिन्दी में (मालवा, राजस्थान में ज़्यादा) पिकनिक के अर्थ में गोठ शब्द प्रचलित है जो इसी मूल से उपजा है। शास्त्रों में कहा गया है कि विद्या, शील, धन, आयु और बुद्धि में समान लोगों के बीच हो सकने वाले संवाद या चर्चा को ही गोष्ठी कहते हैं। आज गोष्ठी को सम्मेलन, सभा, संवाद, बातचीत, जन-समुदाय, समाज आदि व्यापक अर्थों में देखा जाता है। गुप्तकाल में राजकुलों में काव्यगोष्ठी, शास्त्रगोष्ठी, आख्यानगोष्ठी, चित्रगोष्ठी, वीणागोष्ठी, जल्पगोष्ठी और पदगोष्ठी जैसे विभिन्न सम्मेलनों का उल्लेख है।

गोत्र यानी गायों का समूह

[शब्द संदर्भ : गुरुकुल, गोत्र]

जातिवादी सामाजिक व्यवस्था की ख़ासियत ही यही रही कि इसमें हर समूह को एक ख़ास पहचान मिली। हिन्दुओं में **गोत्र** होता है जो किसी समूह के प्रवर्तक अथवा प्रमुख व्यक्ति के नाम पर चलता है। सामान्य रूप से गोत्र का मतलब कुल अथवा वंश परंपरा से है। यह जानना दिलचस्प होगा कि आज जिस गोत्र का संबंध जाति-वंश-कुल से जुड़ रहा है, सदियों पहले यह इस रूप में प्रचलित नहीं था। गोत्र तब था गोशाला या गायों का समूह। दरअसल संस्कृत में एक धातु है **त्रै**–जिसका अर्थ है पालना, रक्षा करना और बचाना आदि। **गो** शब्द में **त्रै** लगने से जो मूल अर्थ प्रकट होता है जहाँ गायों को शरण मिलती है, ज़ाहिर है गोशाला में। इस तरह गोत्र शब्द चलन में आया। ग़ौरतलब है कि ज़्यादातर और प्रचलित गोत्र ऋषि-मुनियों के नाम पर ही हैं, जैसे–भारद्वाज-गौतम आदि मगर ऐसा क्यों? इसे यूँ समझें कि प्राचीनकाल में ऋषिगण विद्यार्थियों को पढ़ाने के लिए गुरुकुल चलाते थे। इन गुरुकुलों में खान-पान से जुड़ी व्यवस्था के लिए बड़ी-बड़ी गोशालाएँ होती थीं जिनकी देखभाल का काम भी विद्यार्थियों के ज़िम्मे होता था। ये गायें इन गुरुकुलों में दानस्वरूप आती थीं और बड़ी तादाद में पलती थीं। गुरुकुलों के इन गोत्रों में समाज के विभिन्न वर्ग भी दान-पुण्य के लिए पहुँचते थे। कालांतर में **गुरुकुल** के साथ-साथ गोशालाओं को ख्याति मिलने लगी और ऋषिकुल के नाम पर उनके भी नाम चल पड़े। बाद में उस कुल में पढ़ने वाले विद्यार्थियों और समाज के विभिन्न वर्गों के लोगों ने भी अपनी पहचान इन गोशालाओं यानी गोत्रों से जोड़ ली जो सदियाँ बीत जाने पर आज भी बनी हुई है।

गोस्वामी-गोसाईं-गुसैयाँ

[शब्द संदर्भ : गोसाईं, गुसाँईं, गोसावी, गोस्वामी]

भारतीय समाज में **गो** अर्थात गाय की महत्ता जगज़ाहिर है। ख़ास बात ये कि तीज-त्योहारों, व्रत-पूजन और धार्मिक अनुष्ठानों के चलते हमारे जन-जीवन में गोवंश के प्रति आदरभाव उजागर होता ही है मगर भाषा भी एक ज़रिया है जिससे वैदिक काल से आज तक गो अर्थात गाय के महत्त्व की जानकारी मिलती है। हिन्दी में एक शब्द है **गुसैयाँ**, जिसका मतलब है ईश्वर या भगवान। इसी तरह गुसाँई और **गोसाईं** शब्द भी हैं। ये सभी शब्द बने हैं संस्कृत के **गोस्वामिन्** से जिसका अर्थ हुआ गउओं का मालिक अथवा गायें रखने वाला। वैदिक काल में गाय पालना प्रतिष्ठा व पुण्य का काम समझा जाता था। जिसके पास जितनी गायें, उसकी उतनी ही प्रतिष्ठा। यह इस बात का भी प्रतीक था कि व्यक्ति सम्पन्न है। कालांतर में **गोस्वामिन्** शब्द **गोस्वामी** और बाद में **गोसाईं** के रूप में समाज के धनी और प्रतिष्ठित व्यक्ति के लिए प्रचलित हो गया। इसी आधार पर साधु-संतों के मठों और आश्रमों का भी आकलन होने लगा। साधु-संतों के नाम के आगे गोसाईं लगाना आम बात हो गई। मराठी में गोस्वामी हो जाता है **गोसावी**।

गो का एक अर्थ इन्द्रिय भी होता है। इस तरह **गोस्वामी** का मतलब हुआ जिसने अपनी इन्द्रियों पर क़ाबू पा लिया हो। शैव और वैष्णव सम्प्रदाय में **गोसाईं** शब्द की व्याख्या इसी अर्थ में की जाती है। शैव गोस्वामी शंकराचार्य के आध्यात्मिक उत्तराधिकारी माने जाते हैं। ये मठवासी भी होते हैं और घरबारी भी। इसी तरह वैष्णवों में भी होता है। ये लोग मठों-अखाड़ों में रहते हैं और पर्वों पर तीर्थस्थलों पर एकत्रित होते हैं। वल्लभकुल, निम्बार्क और मध्व सम्प्रदायों के आचार्य भी यह पदवी लगाते हैं। उन्नीसवीं सदी के पूर्वार्ध में अंग्रेज़ों के शासनकाल में शैव गोसाइयों ने शस्त्र धारण कर लिये थे। ये लोग मराठों की फ़ौज में भी भर्ती हुए थे। वैराग्य धारण करने के बाद साधु हो जाने के बावज़ूद जो लोग पुनः गृहस्थाश्रम में लौट आते हैं उनके वंशजों को भी **गोसाईं** या **गुसाँई** कहा जाता है।

ग्राम, गँवार और संग्राम

[शब्द संदर्भ : गँवारू, गँवई, गँवेली, गँवार, ग्रामीण, ग्राम, संग्राम, त्रस्त, ग्रसनम्, ग्रसित]

हिन्दी का गाँव संस्कृत के **ग्राम** शब्द का ही एक रूप है। **ग्राम** शब्द के मायने हैं बस्ती, पुरवा या गाँव और यहाँ के निवासी हुए ग्रामीण। आमतौर पर फूहड़, मूर्ख या उजड्ड व्यक्ति को गँवार कहा जाता है। मगर इसका मूल अर्थ वही है जो ग्रामीण का होता है। नागर सभ्यता के शिष्टाचारों ने ग्रामीण सभ्यता को हीन समझा। ग्रामीणों का सादगी भरा आचार-व्यवहार अशिष्टता का सूचक माना जाने लगा। फलतः गाँव का व्यक्ति ग्रामीण से गँवार बन गया। इस मूल से ही हिन्दी को गँवारू, गँवई, गँवेली जैसे शब्द भी मिले। गँवार के लक्षणों के आधार पर गँवारूपन जैसा मुहावरा भी बाद में चल

पड़ा। ऐसे ही कुछ अन्य लक्षणों के आधार पर दो वर्गों की पहचान बताने वाली कहावत–सिर बड़ा सरदार का, पैर बड़ा गँवार का भी प्रचलित हुई।

देखें, क्या है ग्राम से गँवार तक की शब्दावली का आधार। संस्कृत की एक धातु है **ग्रस्** जिसका अर्थ है निगलना, भसकना, भकोसना आदि। इससे बने **ग्रास** शब्द का मतलब होता है भोजन-पोषण का अंश, कौर, टुकड़ा। पकड़ने के अर्थ में भी इसका प्रयोग होता है जिससे **ग्रस्त, ग्रसनम्, ग्रसित** जैसे शब्द बने हैं। नि वाला, कौर आदि को हम गुणवाचक रूप में और क्या नाम दे सकते हैं? मुँह में रखने लायक़ भोजन अंश को जिस तरह समेटकर पिंड बनाया जाता है उससे इसे समग्र या समुच्चय भी कहा जा सकता है। स्पष्ट है कि **ग्रस्** धातु में समुच्चय का भाव भी है। मूलतः **ग्राम** शब्द का अर्थ भी समुच्चय से ही जुड़ता है अर्थात किसी वंश, जाति या गोत्र के लोग। प्राचीन भारतीय समाज पशुपालकों और कृषकों का था। इनमें एक वर्ग योद्धाओं का भी था। ज़ाहिर है जत्था या जाति-समूह के अर्थ में ही **ग्राम** शब्द का प्रयोग होता रहा। बाद में उस भूक्षेत्र को भी ग्राम कहा जाने लगा। ग़ौरतलब है कि आज भी जाति समूह के नाम पर ग्रामों के नाम देखने को मिलते हैं, जैसे–रावतों की ढाणी या बामनटोला आदि। ग़ौरतलब है कि **ग्रामदेवी, ग्रामदेवता** जैसी व्यवस्था से भी यही साबित होता है कि ग्राम पहले किसी जाति समूह को ही कहते थे। इस तर्ज़ पर नगरदेवता जैसी व्यवस्था कभी नहीं रही। वजह वही है कि नगर में जाति समूह का अर्थ निहित नहीं है। किसी विवाद की स्थिति में जब एक साथ ऐसे कई जत्थे (या ग्राम) एकत्र होते थे तब इस जमाव को **संग्राम (सम + ग्राम)** कहते थे। बहुधा विवाद का हल लड़ाई के ज़रिए ही निकलता था इसलिए **संग्राम** का एक अर्थ युद्ध, रण अथवा लड़ाई भी हो गया। आज के दौर में ग्राम के झगड़े सुलझाने वाले पीठ या मंडल को पंचायत कहते हैं। कभी इसी व्यवस्था को संग्राम कहते थे। अलबत्ता ग्राम पंचायत में भी झगड़ा नहीं सुलझता है तो संग्राम आज भी होकर ही रहता है।

ग्वालों की बस्ती में घोषणा

[शब्द संदर्भ : गोशाला, घोष, घोसी, घांची, घोषणा, घोषवती, घोषाल]

आमतौर पर गायों को रखने के स्थान को गोशाला कहा जाता है। गोवंश से जुड़ी शब्दावली का ही एक शब्द है घोष अथवा **घोषः** जिसका मतलब भी गोशाला ही है। यूँ आमतौर पर इस शब्द का मतलब मुनादी अथवा घोषणा ही है। **घोषः** शब्द बना है संस्कृत की घुष् धातु से जिसके मायने हैं कोलाहल करना, चिल्लाना, सार्वजनिक रूप से कुछ कहना वग़ैरह। **घोषः** या घोष का मतलब गोशाला तो होता ही है इसके अलावा ग वालों की बस्ती, गाँव या ठिकाने को भी घोष ही कहते हैं। अहीरों के टोले और बस्तियाँ भी प्राचीनकाल में घोष ही कहलाती थीं। ग़ौरतलब है कि मवेशियों को लगातार हाँकने और देखभाल करने के लिए इन बस्तियों में लगातार होने वाले कोलाहल की वजह से यह नाम मिला होगा।

पूर्वी उत्तर प्रदेश के एक ज़िले का नाम है **घोसी** जिससे साफ़ ज़ाहिर होता है कि किसी ज़माने में यहाँ गोपालकों की बस्तियाँ बहुतायत में होंगी इसीलिए इस पूरे क्षेत्र को ही घोष कहा जाने लगा जो बाद में घोसी के रूप में प्रचलित हुआ।

गोपालकों के एक वर्ग का उपनाम भी **घोसी** है जिसके पीछे भी **घोष** ही है। उत्तर प्रदेश में घोसी प्रायः मुस्लिम अहीरों का उपनाम होता है। पश्चिमी राजस्थान और गुजरात में भी दुग्ध उत्पादक किसानों का एक जाति-नाम **घांची** भी है जिससे ज़ाहिर है कि पूर्व में जो घोसी है वही पश्चिम में **घांची** है। संस्कृत में घोष का अर्थ न सिर्फ़ शोरगुल, मुनादी या घोषणा है बल्कि इसका एक मतलब झोंपड़ी भी होता है। इसी तरह कायस्थों के एक गोत्र का नाम भी **घोष** है। बंगाल में यह उपनाम ज़्यादा देखने को मिलता है। **घोषाल** भी प्रचलित है। **घोष** से ही बना है **घोषवती** शब्द जिसका अर्थ है वीणा। वीणा के तारों की झनकार से निकलते गंभीर नाद को जिसने भी सुना है वह जानता है कि घोषवती नाम कितना सार्थक है। इसी तरह ऋग्वेद में उल्लेखित एक महिला ऋषि का नाम भी **घोषा** है।

चतुर चालों के माहिर

[शब्द संदर्भ : शतरंज, चतुरंग, चतुरंगिणी, चौक, चौराहा, चौका बासन, चतुर्दिक्, चौकीदार, चौकसी, चौखाना, चारपाई, चौपाई, बुद्धिबळ, चौगान]

चत् धातु से बने **चत्वरम्** के हिन्दी रूप चार की महिमा नगर व्यवस्था (चौक, चौराहा) रसोई (चौका-बासन), भूगोल (चतुर्दिक्), सुरक्षा-गुप्तचरी (चौकीदार, चौकसी) आदि कई क्षेत्रों में नज़र आती है। चार की संख्या बहुत महत्त्वपूर्ण है और इस अंक की ख़ूबी यही है कि इससे बने कई शब्द संस्कृत, हिन्दी, उर्दू, फ़ारसी में नज़र आते हैं। पशुओं के लिए **चौपाया** और शय्या के लिए **चारपाई**, किसी घिरे हुए अहाते, इमारत के लिए **चारदीवारी**, खानेदार कपड़े के लिए **चारखाना** या **चौखाना** आदि शब्द इसे साबित भी करते हैं। चार से बनी कई कहावतें भी हिन्दी में मशहूर हैं, जैसे–चारों ख़ाने चित्त होना, चौकड़ी भूलना, आँखें चार होना, चार चाँद लगना आदि। खेलों की दुनिया में भी पोलो के लिए चौगान जैसा शब्द इसी की देन है। यही नही, दुनिया के सबसे लोकप्रिय खेलों में एक शतरंज में भी इसी **चत्** यानी **चार** की महिमा उजागर हो रही है। भारत में जन्मे और चार तरह के मोहरों से खेले जाने वाले इस खेल का नामकरण संस्कृत में हुआ और दुनिया भर में इसी के रूप चल रहे हैं।

शतरंज दरअसल **चत्** से बने चतुर् (चार) और अंग से मिलकर बना है। इसका सही रूप है चतुरंग। प्राचीनकाल में सेना के चार अंग होते थे जिसे **चतुरंगिणी** सेना कहा जाता था जिसके चार प्रमुख अंग होते थे–पदातिक, हस्तिसेना, अश्वसेना और रथसेना। शतरंज के खेल को भी किसी सेना की व्यूहरचना के आधार पर तैयार किया गया है। संस्कृत का चतुरंग ही फ़ारसी में जाकर शत्रंज बन जाता है। इस खेल को बुद्धिमानों का खेल माना जाता है और कहा जाता है कि इसके जैसा तार्किक और

बुद्धिमानीपूर्ण खेल आज तक कोई दूसरा नहीं बना। मराठी में इस खेल को बुद्धिबळ ही कहते हैं। इसमें निहित चतुर् के दूसरे भाव यानी चतुराई, अक़्लमंदी की सार्थकता भी इसमें साबित हो रही है। **चतुरंग** से **शत्रंज** होता हुआ अरबी में इसने **शतरंज** का रूप ले लिया। अरबी में इसकी व्याख्या शतरंज यानी **सौ रंज** (दुख) से भी की जाती है। अरबी से शतरंज शब्द ने स्पेनी में AJEDREZ रूप ग्रहण किया जहाँ से पुरानी फ्रेंच में ESCHES और फिर अंग्रेज़ी के CHESS में ढल गया।

चौधरी की चौधराहट

[शब्द संदर्भ : चक्रधर, चक्रधारिन, चौधरी, चौधराइन, चौधराहट]

हिन्दी में **चौधरी** शब्द बड़ा आम है और किसी ख़ास या सम्मानित व्यक्ति के लिए प्रयोग किया जाता है। इस लिहाज़ से देखें तो न सिर्फ़ उत्तर भारत या हिन्दीभाषी क्षेत्रों में बल्कि दक्षिण में भी, ख़ासकर आंध्र प्रदेश और महाराष्ट्र में यह नज़र आता है। यही नहीं, बांग्लादेश और पाकिस्तान में भी **चौधरी** की धाक देखी जा सकती है। किसी समूह-समाज के मुखिया के लिए भी **चौधरी** शब्द आमतौर पर इस्तेमाल किया जाता है। कहीं यह जातीय विशेषण है तो कहीं पदवी और रुतबे का प्रतीक। कहीं यह सिर्फ़ सरनेम या उपनाम है। कहीं यह आगे लगता है कहीं पीछे। अपने आसपास के नामों पर ग़ौर करें तो इसे समझ सकते हैं, मसलन–चौधरी रामसिंह या रामसिंह चौधरी। कुल मिलाकर इससे जुड़ा महत्त्व और सम्मान का भाव ही उभरकर आता है।

चौधरी शब्द बना है संस्कृत के दो शब्दों **चक्र + धर** यानी चक्रधर या **चक्रधारिन्** से। इसका विकासक्रम कुछ यूँ रहा होगा चक्रधर > चक्कधर > चउक्कधर > चव्वधर > चौधरी। ग़ौरतलब है कि संस्कृत में **चक्र** का अर्थ गोल, घेरा या वृत्त के अलावा राज्य, प्रांत, जिला, सेना समूह, दल आदि समुच्चय से संबंधित भी होता है। धर यानी रखने वाला या सँभालने वाला। इस नाते चक्रधर का मतलब हुआ राज्यपाल, शासक, प्रान्तपाल आदि। **चक्रधर** शब्द का एक मतलब होता है प्रभु या भगवान विष्णु। साफ़ है कि इस शब्द के साथ सम्मान शुरू से ही जुड़ा हुआ है। समझा जा सकता है कि राजाओं के ज़माने में इलाक़ा विशेष अथवा सेना या अन्य समूह के मुखिया के तौर किसी की नियुक्ति जब की जाती थी तो उसे चक्रधर की उपाधि दी जाती थी। चौधरी अब सिर्फ़ सरनेम या जाति विशेषण के तौर पर नज़र आता है। एक बात और, अंग्रेज़ों ने भी अपने राजकाज के दौरान चौधरी के रुतबे को भुनाया। उन्होंने जिन्हें ऊपर उठाना चाहा उन्हें खुलकर चौधरी के तौर पर स्थापित कराया, उपाधि बाँटी। अलबत्ता भूस्वामी के तौर पर चौधरी की महिमा हमेशा ज़मींदार से नीचे ही रही। चौधरी शब्द से जुड़ी मुखिया की माया इस क़दर प्रभावी रही है कि आज देश की ज़्यादातर जातियों में चौधरी विद्यमान है। यही नहीं, इसकी प्रभावशाली अर्थवत्ता ने चौधराहट जैसे मुहावरे को भी जन्म दिया। यही नहीं, चौधरी की पत्नी कहाँ पीछे रहती सो वो भी ठसक के साथ बन गई चौधराइन। यूँ कुछ संदर्भ चौधरी की व्युत्पत्ति **चतुर्धारी** से भी बताते हैं।

ज़रूरी है नाप-जोख और माप-तौल

[शब्द संदर्भ : पैमाँ, पैमाना, पैमाइश, नाप-जोख, नाप-तौल, माप-तौल, ज्ञान, ज्ञापन, विज्ञापन, तुल, तौल, प्रतिमा]

किसी वस्तु की मात्रा, परिमाण आदि के निर्धारण के लिए **नाप-जोख** या **नाप-तौल** जैसे शब्द हिन्दी में प्रयोग किए जाते हैं। इन दोनों ही शब्द युग्मों में **नाप** शब्द समान है। इसी तरह माप-जोख और माप-तौल शब्द भी इन्हीं अर्थों-संदर्भों में प्रयुक्त होते रहे हैं। संस्कृत की **तुल्** धातु का मतलब होता है मापना, तौलना, ऊपर करना, उठाना, जाँच-परीक्षण करना आदि। किन्हीं घटनाओं, वस्तुओं, परिस्थितियों और चिंतन में समानता का आधार ढूँढ़ने को तुलना करना कहा जाता है जो इसी मूल से बना है

सबसे पहले बात **नाप-जोख** की। यह शब्द बना है **नाप + जोख** के मेल से। **नाप** शब्द पैमाइश से जुड़ा है और किसी वस्तु, स्थान या ढाँचे के निर्माण या रचना की प्रक्रिया के तहत प्रयोग होता है। इसमें वस्तु की लंबाई, चौड़ाई, ऊँचाई, मात्रा अथवा परिमाण का निर्धारण आ जाता है। **नापना** दरअसल इसी क्रिया का नाम है। ग़ौर करें नापने की क्रिया से प्राप्त निष्कर्षों पर। ये आँकड़े दरअसल उस वस्तु के बारे में विशिष्ट ज्ञान कराते हैं। वस्तु के सभी आयामों का परीक्षण करना ही नाप-जोख है। संस्कृत धातु **ज्ञा** में जानना, समझना, परिचित होना, परीक्षण करना आता है। संस्कृत के **ज्ञ** वर्ण में अधिकांश लोगों को ग + य अर्थात ग्य ध्वनि सुनाई पड़ती है। मगर शुद्ध रूप में यह है **ज + ञ्** है मगर इसके कुछ अन्य रूप भी हैं मसलन गुजराती में **ग + न + य** अर्थात **ग्न्य** की ध्वनि। **ज्ञा** से बने **ज्ञाप्** में भी यही सारे भाव हैं। इसमें से **ग्** ध्वनि का लोप होने से बना नाप। जॉन प्लैट्स के मुताबिक़ क्रम कुछ यूँ रहा–**ज्ञाप्य = नप्प = नाप**। ग़ौर करें **ज्ञान, ज्ञापन** और **विज्ञापन** जैसे शब्द भी इसी कड़ी से जुड़े और सूचना व जानकारी का माध्यम हैं।

जोख भी एक क्रिया है जिसका मतलब भी पैमाइश और तौल ही होता है। इसमें वस्तु का वज़न, लंबाई, चौड़ाई, ऊँचाई आदि का हिसाब शामिल है। इससे ही जोखना शब्द भी बना है। यह बना है **जुष्** धातु से जिसमें परीक्षण, चिंतन-मनन, जाँच-पड़ताल के अलावा सुखी और प्रसन्न होना जैसे भाव भी शामिल है। नाप-तौल भी **नाप + तौल** इन दो शब्दों से मिलकर बना है। तौल यानी तराज़ू के एक पलड़े पर बाट या बटखरा व दूसरे पलड़े पर कोई पदार्थ रखकर उसका भार अथवा परिमाण मापना। यह बना है संस्कृत की **तुल्** धातु से जिसका मतलब होता है मापना, तौलना, ऊपर करना, उठाना, जाँच-परीक्षण करना आदि। किन्हीं घटनाओं, वस्तुओं, परिस्थितियों और चिंतन में समानता का आधार ढूँढ़ने को तुलना करना कहा जाता है जो इसी मूल से बना है। इसके अलावा तराज़ू के लिए तुला, योग्य, समरूप, बराबर के अर्थ में **तुल्य, समतुल्य**, तुलनीय या तुलना जैसे शब्द या बेमिसाल, अनुपम अथवा बेशुमार के अर्थ में **अतुल** शब्द भी इसी मूल से निकले हैं।

इसी तरह माप-तौल और माप-जोख शब्द भी है। इन दोनों में **माप** शब्द समान रूप से मौजूद है। संस्कृत में एक धातु है **मा** जिसमें सीमांकन, नाप-तौल, तुलना करना आदि भाव हैं। इससे ही बना है माप शब्द। किसी वस्तु के समतुल्य या उसका **मान** बढ़ाने के लिए प्रायः उपमा शब्द का प्रयोग किया जाता है। यह इसी कड़ी का शब्द है। इसी तरह प्रति उपसर्ग लगने से मूर्ति के अर्थ वाला प्रतिमा शब्द बना। प्रतिमा का मतलब ही सादृश्य, तुलनीय, समरूप होता है। दिलचस्प बात यह कि फ़ारसी का पैमाँ, पैमाना या पैमाइश शब्द भी इसी मूल से जन्मा है। बस, वर्ण विपर्यय के चलते माप का पैमाँ हो गया।

जोखिम उठाएँ या न उठाएँ!

[शब्द संदर्भ : जोखिम, योगक्षेमं, कुशलक्षेम]

ज़िंदगी में आए दिन तरह-तरह की आशंकाएँ बनी रहती हैं। आर्थिक नुक़सान से लेकर शारीरिक हानि यहाँ तक कि मौत तक इनमें शामिल है। इससे निजात मिलनी असंभव है। जीवन है, तो जोखिम है। मगर इसे कम किया जा सकता है, इससे उत्पन्न स्थितियों के नुक़सान की भरपाई की जा सकती है। आर्थिक हानि अथवा अन्य नुक़सान की आशंका, ख़तरा, अनिष्ट के लिए हिन्दी में एक शब्द है जोखिम। जान का जोखिम जैसा मुहावरा भी इससे ही बना है। जोखिम में प्रयुक्त ध्वनियों की प्रकृति से इस शब्द के उर्दू होने का आभास होता है। वैसे पूर्वी शैलियों में इसके जोखम या जोखिऊँ जैसे रूप भी मिलते हैं। जोखिम भी संस्कृत मूल का ही शब्द है जो बना है **योगक्षेमं** से। भारतीय जीवन बीमा का स्लोगन **योगक्षेमं वहाम्यहम्** सबने विज्ञापनों में देखा है। योगक्षेमं शब्द बना है **योग + क्षेम** से। इसका पहला हिस्सा योग संस्कृत धातु यु से ही बना है जिसमें मिलना, जुड़ना, संपृक्त होना अथवा युक्त होना जैसे भाव शामिल हैं। इसमें ही एक अर्थ और जुड़ जाता है प्राप्ति का। कुछ प्राप्त होने में मिलने, जुड़ने, युक्त होने का भाव ही निहित है। दूसरे हिस्से **क्षेम** का अर्थ है प्रसन्नता, शुभ, सुखी, आराम आदि।

हिन्दी में प्रचलित **कुशलक्षेम** में इसका आए दिन प्रयोग होता है। **क्षेम** में शामिल शुभ, कल्याण, प्रसन्नता आदि भावों का ही विस्तार है सुरक्षा, बचाव, संरक्षण आदि सो ये तमाम अर्थ भी **क्षेम** में शामिल हैं। एल.आई.सी. ने अपने स्लोगन में **योगक्षेमं** शब्द का प्रयोग यूँ ही नहीं किया है। इस शब्द का प्राचीनकाल से ही अर्थशास्त्र से रिश्ता रहा है। **योग** शब्द में शामिल प्राप्ति के भाव का अर्थ हुआ अप्राप्त की प्राप्ति ही योग है और जो प्राप्त हो गया है उसकी रक्षा करना क्षेम कहलाता है—**अलभ्यलाभो योगः स्यात् क्षेमो लब्धस्य पालनम्**। इस तरह **योगक्षेमं** यानी प्राप्ति और उसकी रक्षा की मंगलकामना। भारतीय जीवन बीमा निगम ने अपना स्लोगन गीता के नवें अध्याय में आए इस श्लोक से उठाया है—

अनन्याश्चिन्तयन्तो मां ये जनाः पर्युपासते।
तेषां नित्याभियुक्तानां योगक्षेमं वहाम्यहम्॥

इसका अर्थ हुआ कि 'जो निरंतर मेरा चिंतन करते हैं, मुझमे आस्था रखते हैं उनके योगक्षेम मैं वहन करूँगा।' यानी ईश्वर भी आस्था के निवेश के साथ सुरक्षा और समृद्धि की गारंटी दे रहे हैं। इससे बेहतर स्लोगन तो जीवन बीमा निगम के लिए हो ही नहीं सकता था। सो इस तरह योगक्षेम का अर्थ हुआ सामान की सुरक्षा, संपत्ति की देखभाल, कल्याण, बीमा आदि। मगर **योग** बना **जोग** और **योगक्षेम** हुआ **जोखम** या **जोखिम** और इसका अर्थ सिर्फ़ नुक़सान या हानि तक सीमित हो गया। योगक्षेमं वहाम्यहम् में कुशलता-सुरक्षा का दायित्व वहन करने अर्थात उठाने की बात कही गई है। इसी तरह जोखिम शब्द के साथ भी उठाना शब्द ही प्रयोग किया जाता है। बीमा करने वाले जोखिम उठाते हैं। कैसी विडम्बना है कि प्राचीनकाल में योगक्षेम की बात करने वाला समाज आज किसी भी तरह का जोखिम न उठाने की सलाह देता है।

डंडापरेड और दंडवत की महिमा

[शब्द संदर्भ : दंड, दंडनीति, डंडा, डंडापरेड, दंडवत्, लाठी, डंडबैठक, दंडकारण्य, लाठीचार्ज, दंडाधिकारी]

डंडे की महिमा सब जानते हैं। इससे बने मुहावरे **डंडापरेड** से सभी परिचित हैं। डंडा यानी बाँस या लकड़ी का लंबा टुकड़ा, छड़ी या सोंटा। यह लफ़्ज़ बना है संस्कृत के दंडः से जिसकी उत्पत्ति **दण्ड्** धातु से हुई है। दंड् का मतलब है सज़ा देना। बाद में सजा देने वाले उपकरण यानी छड़ी के लिए ही दंड शब्द प्रचलित हो गया जिसने डंडे का रूप ले लिया। यह डंड या दंड शब्द सजा और जुर्माने के लिए भी प्रयुक्त होता है तथा भुजदंड भी एक प्रयोग है। प्रणाम के अर्थ में भी 'दंडवत्' शब्द का प्रयोग होता है। ग़ौरतलब है कि प्राचीनकाल से ही तिलक, साफा-पगड़ी और दंड यानी छड़ी वग़ैरह समाज के प्रभावशाली लोगों का पसंदीदा प्रतीक चिह्न थे। राजा के हाथ में हमेशा दंड रहता था जो उसके न्याय करने और सज़ा देने के अधिकारी होने का प्रतीक था। आज भी ज़िलों व तहसीलों के प्रशासकों के लिए दंडाधिकारी शब्द चलता है। पौराणिक ग्रंथों में यम, शिव और विष्णु का यह भी एक नाम है।

प्रणाम अथवा अभिवादन करने का एक तरीक़ा है दंडवत् नमस्कार। यह भूमि के समानान्तर सरल रेखा में लेट कर किया जाता है। दंडवत् अर्थात डंडे के समान। जिस तरह डंडा भूमि पर पड़ा रहता है, आराध्य के सामने अपने शरीर की वैसी ही मुद्रा बनाकर नमन करने को ही दंडवत् कहा जाता है। इस मुद्रा का एक अन्य नाम साष्टांग नमस्कार भी है। ग़ौरतलब है कि दंडवत् मुद्रा में शरीर के आठों अंग आराध्य अथवा गुरु के सम्मान में भूमि को स्पर्श करते हैं, ये हैं–छाती, मस्तक, नेत्र, मन, वचन, पैर, जंघा और हाथ। इसी मुद्रा को **साष्टांग** प्रणिपात कहा जाता है जिसके तहत मन और वचन के अलावा सभी अंगों का स्पर्श भूमि से होता है। मन से आराध्य का स्मरण किया जाता है और मुँह से नमस्कार या प्रणाम शब्द का उच्चार किया जाता है। दंड धारण करने वाले संन्यासी को दंडीस्वामी कहा जाता है। **दंड** धारण करने की

परंपरा प्रायः दशनामी संन्यासियों में प्रचलित है। शंकराचार्य परंपरा के ध्वजवाहक मठाधीश भी दंड धारण करते है। प्राचीन धर्मशास्त्र में दंड का महत्त्व इतना अधिक था कि मनुस्मृति में तो दंड को देवता के रूप में बताया गया है। एक श्लोक है–

दंडः शास्ति प्रजाः सर्वा दंड एवाभिरक्षति।
दंडः सुप्तेषु जागर्ति दंडं धर्मं विदुर्बुधाः ॥

अर्थात–दंड ही शासन करता है। दंड ही रक्षा करता है। जब सब सोते रहते हैं तो दंड ही जागता है। बुद्धिमानों ने दंड को ही धर्म कहा है। राजनीतिशास्त्र का ही दूसरा नाम **दंडनीति** भी है। पुराणों में उल्लेख है कि अराजकतापूर्ण काल में ही देवताओं के आग्रह पर ब्रह्मा ने एक लाख अध्यायों वाला दंडनीति शास्त्र रच डाला था। **डंडे** से बना **डंड बैठक** शब्द व्यायाम के अर्थ में प्रयुक्त होता है उसी तरह उत्साह, ख़ुशी आदि के प्रदर्शन के लिए बाँसों उछलना या बल्लियों उछलना जैसे मुहावरा भी आम हैं।

दंड और **डंडे** की तरह ही **लाठी** शब्द भी हिन्दी में ख़ूब प्रचलित है। लाठी का मतलब है बाँस की लंबी लकड़ी जो चलने के लिए सहारे का काम करे या हथियार के रूप में काम आए। मुहावरा भी है कि बुढ़ापे की लाठी होना। ग़ौर करें कि दंड का निर्माण प्राचीनकाल से आज तक ज़्यादातर बाँस से ही किया जाता रहा है। साँप भी मर जाए और लाठी भी न टूटे मुहावरा भी ख़ूब मशहूर है। यही लाठी शब्द बना है संस्कृत के **यष्टिः** या **यष्टी** से जिसका मतलब होता है झंडे का डंडा, सोटा, गदा, शाखा या टहनी आदि। इससे बने **यष्टिका** का प्राकृत रूप हुआ **लट्ठिआ** जो **लाठी** में बदल गया। लाठी के यष्टि रूप से बने एक से शब्द हम ख़ूब परिचित हैं, वह है–देहयष्टि। क़द-काठी के अर्थ में देहयष्टि शब्द प्रयोग में भी लाया जाता है। संस्कृत मूल से जन्मे लाठी शब्द से अंग्रेज़ी राज में एक नया शब्द जन्मा **लाठीचार्ज**। यह आज भी पुलिसिया ज़ुल्म के तौर पर ही जब-तब सामने आता है। लाठी चलाने वाले को **लठैत** कहा जाता है। आमतौर पर मुहावरे के तौर पर इसका प्रयोग गुर्गा या चेला के तौर पर भी होता है।

बक-बक वकील की, अधिवक्ता के वचन

[शब्द संदर्भ : एडवोकेट, वकील, अधिवक्ता, वाग्देवी, वाक्, बकबक, वॉइस, वोकल, वोकेब्युलरी, वचन, वाचन, वाचिक]

अंग्रेज़ी का **एडवोकेट** शब्द **वकील** के अर्थ में हिन्दी में भी ख़ूब समझा और प्रयोग किया जाता है। हिन्दी में इसके लिए **अधिवक्ता** शब्द बनाया गया है जबकि अरबी, फ़ारसी और उर्दू में इसके लिए **वकील** शब्द पहले से मौजूद है। यह जानना दिलचस्प हो सकता है कि एकदम समान अर्थ वाले इन तीनों शब्दों का जन्म भारतीय-यूरोपीय मूल से हुआ है। इंडो-यूरोपीय मूल की एक धातु है **वेक**, जिसका मतलब है मनुष्य के मुँह से निकलने वाली ध्वनि। इसी तरह संस्कृत में एक धातु है **वच्** जिसका मतलब

होता है कहना, बोलना, व्याख्या करना आदि। **वाचिक, वचन** और **वाचन** जैसे शब्द इसी मूल से जन्मे हैं। **वाक्** धातु भी इसी कड़ी में आती है। ज्ञान की देवी सरस्वती को **वाग्देवी** भी इसीलिए कहा जाता है।

वच् से ही बना है **वक्तृ** यानी बोलने वाला। हिन्दी का **वक्ता** और **वकील** के अर्थ में अधिवक्ता शब्द इससे ही बना है। कही गई बात के लिए **वक्तव्य** शब्द इसी कड़ी में आता है। **वचनम्** का अर्थ जहाँ भाषण, उद्गार है वहीं वचन का अर्थ वादा यानी कही गई बात पर खरा उतरना है। बोलने, कहने वाले के लिए वाचक (कथावाचक) जैसे शब्द भी इसी कड़ी में आते हैं। ज़्यादा बोलने वाले के लिए वाचाल शब्द ख़ूब प्रचलित है। देसी हिन्दी में तिरस्कार के साथ कहने के लिए एक शब्द ख़ूब मशहूर है–बकना, जो वच् से ही जन्मा है। इससे ही निकला है **बक-बक** करना जैसा लोकप्रिय मुहावरा। देवताओं के गुरु बृहस्पति का एक नाम है वाचस्पति, जो **वाचः** और **पतिः** यानी वाणी का स्वामी अर्थ में प्रयुक्त होता है। इसी कड़ी में आते हैं अंग्रेज़ी के **वॉइस, वोकल, वोकेब्युलरी** जैसे शब्द जिनका मतलब कहना, शब्द अथवा ध्वनि करना है। पुरानी फ़ारसी में भी बोलने के लिए वाक् शब्द है जिससे **वकील** शब्द बना। अरबी में भी यह शब्द है जिसका मतलब है भरोसे का आदमी–जिसके कहे पर भरोसा किया जा सके। अंग्रेज़ी का **एडवोकेट** शब्द बना है लैटिन के **एडवोकेट्स** से। यह लैटिन के ही **वोकेयर** शब्द में **एड** उपसर्ग लगने से बना है। **एडवोकेट** का मतलब हुआ अदालत में पक्ष रखने वाला।

दोपहर की पहरेदारी और प्रहार

[शब्द संदर्भ : पहरा, पहर, प्रहर, प्रहरी, पहरेदार]

हिन्दी शब्द **प्रहार** का अर्थ होता है आघात करना, चोट पहुँचाना, वार करना, घायल करना आदि जबकि **पहरेदार** का मतलब होता है निगरानी करने वाला, रक्षा करने वाला आदि। एक अन्य शब्द है पहर जिसका मतलब होता है तीन घंटे की अवधि। मोटेतौर पर इन तीनों ही शब्दों में इसके अलावा कोई समानता नज़र नहीं आती कि इनमें **प** वर्ण समान रूप से विद्यमान है। मगर इनमें न सिर्फ़ गहरी रिश्तेदारी है बल्कि ये एक ही मूल से जन्मे भी हैं।

ग़ौरतलब है कि संस्कृत में **पहर** को **प्रहरः** कहा जाता है। पहर यानी दिन का आठवाँ भाग अर्थात तीन घंटे का समय। ग़ौरतलब है कि प्राचीनकाल में चौबीस घंटों को तीन-तीन घंटों के हिसाब से आठ हिस्सों में बाँटकर कालगणना की जाती थी। इस हिसाब से चार पहर का दिन और चार पहर की रात। प्रत्येक तीन घंटे की सूचना राज्यसत्ता की ओर से घंटे को बजाकर दी जाती थी जो प्रायः नगर के मुख्य स्थान पर होता था। इस घंटे पर ज़ोरदार आघात अर्थात **प्रहार** करने से जो ध्वनि होती थी उसे ही **प्रहरः** यानी **पहर** कहा जाता था। ग़ौर करें कि सूर्योदय के दो पहर बीत चुके समय तक छह घंटे व्यतीत हो चुके होते हैं इसीलिए बारह बजे के आसपास के समय को

दोपहर कहा जाता है जो इससे ही बना है। बाद में अलग-अलग बोलियों में **दुपहरिया, दोपहरी** जैसे शब्द रूप भी बन गए। चूँकि आठों पहरों की सूचना के लिए लगातार, दिन-रात एक ही व्यक्ति घंटा नहीं बजा सकता थी, इसलिए अलग-अलग व्यक्ति एक-एक या दो-दो पहर के लिए बारी-बारी से घंटा बजाने का काम करते थे। इसी वजह से उन्हें **प्रहरिन्** कहा जाता था। इसी **प्रहरिन्** का हिन्दी रूप हुआ **प्रहरी**। अरसे बाद प्रहरिन के बजाए घंटे की घनघोर गूँज में ख़ुद प्रहरी इस क़दर गुम हुआ कि उसकी जगह आ गया पहरी, जिसने फिर कभी घंटा नहीं बजाया और सिर्फ़ चौकसी ही करता रहा कि कोई आ न जाए, या ग़ायब न हो जाए–प्रहरिन की तरह। इस शब्द के साथ कालांतर में निगरानी का भाव भी जुड़ गया सो **पहरी** का अर्थ हुआ सुरक्षाकर्मी। बाद में इससे ही बना **पहरा** शब्द जो उर्दू-फ़ारसी में भी गया। पहरे के साथ प्रमुखता से सुरक्षा का भाव चस्पाँ हो गया। इसमें फ़ारसी का **दार** प्रत्यय लग जाने से बना **पहरेदार**।

राजनय, राजनीति और विनय

[शब्द संदर्भ : नेत्र, नायिका, खलनायक, नयन, नैन, नैना, नायक, राजनय, विनय, राजनीति]

नेत्र के अलावा आँख का एक और पर्यायवाची शब्द है **नयन**। हिन्दी की अन्य बोलियों में इसके लिए **नैन** और **नैना** जैसे शब्द भी प्रचलित हैं। **नयन** का जन्म संस्कृत धातु **नी** से हुआ है जिसका अर्थ ले जाना, मार्गदर्शन करना, संचालन करना आदि है। **नी** से बना **नयः** और फिर बना **नयनम्**। ग़ौरतलब है कि शरीर के सभी हिस्सों यानी अंगों के संचालन का काम दृष्टि के ज़रिए होता है और चूँकि दृष्टि का गुण आँखों के पास होता है इसलिए उन्हें **नयनम्** की संज्ञा मिली जो हिन्दी में **नयन** कहलाए।

यह जानना दिलचस्प होगा कि न्याय की जिस देवी की आँखों पर हमेशा पट्टी बँधी होती है उस **न्याय** और **नयनों** का जन्म एक ही मूल से हुआ है। **नी** धातु से ही बने **न्याय** का मतलब नीति, नियम, क़ानून, इनसाफ़ आदि है। यही नहीं राजनीति, शास्त्र, सुशासन, सच्चाई और ईमानदारी जैसी बातें भी इसके अंतर्गत आती हैं। न्याय के अर्थ में उक्ति है–**'नियन्ति अनेन'** यानी वह प्रणाली अथवा तरीक़ा जिससे उचित निर्णय की ओर जाया जा सके वही न्याय है। **नी** धातु से बने **नयः** का मतलब प्रदर्शन करना, बताना, निर्देशन करना भी है। **नयः** में उपसर्गों के लगने से कई नए शब्द बनें, जैसे–**अभिनय**। **अभि** उपसर्ग लग जाने से यहाँ अर्थ हुआ आंगिक चेष्टाओं का प्रदर्शन अथवा मनोभावों को नेत्रों या अन्य शारीरिक संकेतों से दिखाना। इसके बाद **नायक, नायिका** अथवा **खलनायक** जैसे शब्दों का जन्म हुआ।

नयः के साथ शासन, नीति, सिद्धांत, विचार जैसे अर्थों के चलते भी कुछ नए शब्द जन्मे, जैसे–**राजनय** जिसका अर्थ हुआ **राजनीति**। अर्थात शासन को संचालित करने वाली प्रणाली। भारत के संदर्भ में देखें तो राजनय का मतलब डिप्लोमेसी होता है जबकि राजनीति का अर्थ पॉलिटिक्स है। इसी तरह **नयः** में जब **वि** उपसर्ग लगता है

तो **विनय** शब्द बनता है जिसका मतलब होता है श्रद्धा, विनम्रता और सौजन्यता। विनय के इस अर्थ में समाहित है नीति और सिद्धांत के भाव। इसके अन्य अर्थों में शिक्षण, प्रशिक्षण और अनुशासन भी शामिल हैं।

पाटील का दुपट्टा

[शब्द संदर्भ : पाटील, पटेल, पटेलाई, पटेलन, पाटीदार, पाटिल, पटोला, पटवारी, पट्टकीलक]

अक्सर मराठीभाषियों के **पाटील** उपनाम को हिन्दी क्षेत्रों में **पाटिल** लिखा जाता है जो अशुद्ध है। **पाटील** नाम के साथ बड़ी ई की मात्रा सही है यह सिद्ध होता है इस शब्द की व्युत्पत्ति से। दरअसल जो हिन्दीभाषी क्षेत्रों में पटेल है वही महाराष्ट्र में पाटील है। पटेल गुजरात में भी ख़ूब होते हैं। आज प्रचलित तौर पर गाँवों में पटेल उस व्यक्ति को कहते हैं जो गाँव का प्रमुख हो या मुखिया हो। इसका स्त्रीवादी **पटेलन** है। ग़ौरतलब है कि संस्कृत में एक शब्द है **पट्टकील** जो **पाटील** या **पटेल** का आधार है। यह लफ़्ज़ बना है संस्कृत के **पट्टः** या **पट्टम्** और **कीलकः** के मेल से। संस्कृत में पट्ट के कई अर्थ है, जैसे–सूत, रेशम, कपड़ा, तख़्ती, राजाज्ञा, शिला, पेढ़ी आदि।

पट्ट से ही जन्मा है हिन्दी का **दुपट्टा** यानी ओढ़नी या उत्तरीय। यह शब्द बना है **पट्ट** में **द्वि** उपसर्ग लगने से। अर्थात ऐसा कपड़ा जो दोहरा हो। इससे ही बना है पटोल या **पटोला** शब्द जिसका मतलब होता है एक प्रकार का रेशमी कपड़ा। साड़ी की एक ख़ास क़िस्म जो बंगाल में पाई जाती है, वह भी **पटोला** कहलाती है। यह सिल्क यानी रेशमी होती है। ढाका की मलमल चूँकि मशहूर थी, अतः बंगाल से इसका रिश्ता स्वाभाविक है। मौर्यकाल में सूत से बने पट्टे पर भूमि संबंधी स्वामित्व का उल्लेख किया जाता था। ये लिखित पट्ट, कीलकों में रखे जाते थे। कीलक यानी धातु या बाँस की पोली नलकियाँ जिनमें गोल घुमाकर इन सरकारी दस्तावेज़ों को सुरक्षित रखा जाता। जिसके अधिकार में **पट्टकील** होता उसे **पट्टकीलक** कहा जाता। इस विवरण से स्पष्ट है कि **पट्टकीलक** एक पदवी थी। यह व्यक्ति राजा का विश्वासपात्र और प्रमुख कर्मचारी होता था जिसके पास राज्य का भूमि संबंधी रिकॉर्ड रहता था। यह व्यवस्था तत्कालीन समाज में शासन के उच्चतम स्तर से नीचे तक थी अर्थात छोटे सामंतों के यहाँ भी भूमि बंदोबस्त का काम **पट्टकीलक** देखते और वे गाँव के प्रमुख व्यक्ति कहलाते। आज भी भू-अभिलेख संबंधी दस्तावेज़ों को पट्टा कहा जाता है और इस रिकॉर्ड को रखने का काम एक सरकारी कर्मचारी करता है जिसे **पटवारी** कहते हैं। **पाटीदार** भी इस क़िस्म का पद था। आज यह गुजरात और मालवा की सम्पन्न कृषक जाति है। बाद के दौर में ताँबे की पट्टियों पर यानी ताम्रपत्रों पर भू-अभिलेखों का चलन शुरू हुआ तो भी ऐसे अभिलेख **पट्टकीलकों** के ही पास सुरक्षित रहते। यही **पट्टकीलक, पट्टईल** में तब्दील होते हुए **पाटील, पाटेल, पाटैलु** या **पटेल** कहलाए। बाद में यह कार्य जातिगत विशेषण में तब्दील हो गया। गुजरात के **पटेल** या मालवा के **पाटीदार** भी इसी मूल से जुड़ते हैं।

फ़ुर्र हुआ जमादार का अफ़सरी रोब-दाब

[शब्द संदर्भ : जमा, जमात, जमाअत, जमाते-इस्लामी, जमाजथा, जमाख़र्च]

भारत में मुस्लिम संस्कृति के प्रभाव में जो शब्द प्रचलित हुए और हिन्दी समेत तमाम हिन्दुस्तानी भाषाओं में ऐसे तमाम लफ़्ज़ चल-फिर रहे हैं—**जमादार** भी ऐसा ही शब्द है। पहले मुस्लिम राज और फिर अंग्रेज़ी राज में सरकारी कर्मचारी होने के कारण जमादार का ख़ासा रसूख था। जमादार शब्द बना है अरबी शब्द **जम** से जिसमें समूह, इकट्ठा होने या भीड़ का भाव है। इसी से निकले हैं **जमा** या **जमाव** जैसे शब्द जिनका मतलब है समूह, जत्था, अड़चन आदि। **जमा** का मतलब बचत की राशि होता है। इससे ही बने शब्द **जमाख़र्च** का मतलब रुपए-पैसे का हिसाब और **जमाजथा** का अर्थ धनसंपत्ति भी होता है। महाजनी पद्धति में हिसाब-किताब के बही-खाते के आमदनी वाले कॉलम को भी जमा ही कहा जाता है। यहाँ भी एकत्रित होने या समूह का भाव प्रमुख है। इसके बावज़ूद इस जमा से **जमादार** शब्द नहीं बना। अरबी धातु **जम** से बना **जमाअत** जिसे हिन्दी में **जमात** भी कहा जाता है। इसका मतलब होता है क़तार या पंक्ति। मदरसों में लगने वाली कक्षाओं को भी **जमाअत** या **जमात** ही कहते हैं। वर्ग या तबके के अर्थ में भी जमाअत शब्द का इस्तेमाल होता है, जैसे--जमाअते-इस्लामी। मुसलमानों के धार्मिक समागम में बाहर से आने वाले श्रद्धालुओं के जत्थे भी जमात (**तब्लीगी जमाअत**) ही कहलाते हैं और फ़ौज की टुकड़ी को भी जमात कहते हैं। कुल मिलाकर वही समूह वाला भाव उभर रहा है।

इसी **जमाअत** शब्द में फ़ारसी प्रत्यय **दार** जुड़कर बना **जमाअतदार** अर्थात किसी जत्थे, समूह का मुखिया। मुस्लिम शासन में जमाअतदार सरकारी सेवक ही रहा। आमतौर पर जमाअतदार फ़ौजी अफ़सर रहा मगर राजस्व वसूली करने वाला प्रमुख कारिंदा भी **जमादार** कहलाता रहा। ग़ौरतलब है कि वसूली की क्रिया में जमा करने का भाव भी है इसीलिए लगान को जमा भी कहा जाता था। फ़ौज में जिस अफ़सर के मातहत एक टुकड़ी या जमात रहती उसे जमाअतदार कहा जाता। अंग्रेज़ी राज में भी जमाअतदार ब्रिटिश फ़ौज के उस हिन्दुस्तानी अफ़सर को कहा जाता था जिसके मातहत सिपाहियों की एक कंपनी रहती। इसे **सेकंड लेफ्टिनेंट** कहा जा सकता है। बोलचाल में यह शब्द जमादार में तब्दील हो गया। बाद में दूसरे महकमों में भी मुखिया पद के लिए यह शब्द चल पड़ा। अंग्रेज़ो के ज़माने में ही मेहतरों / सफाईकर्मियों के काम की निगरानी करने वाले को भी जमादार कहा जाने लगा था।

बंडलबाज़ समधी

[शब्द संदर्भ : बंधन, बंधुत्व, बाँधना, बंधेज, बाँधनी, बाँध, बैंडेज, बाउंड, रबर बैंड, बाइंड, बाइंडर, बंदी, बंदापरवर, बंदानवाज़, बंदगी, बंदा, बाइंडिंग]

हिन्दी की रिश्तेदारी वाली शब्दावली में एक शब्द है समधी। यह शब्द जन्मा है संबंध से। कुटुंब में पति और पत्नी के पिता को **समधी** कहा जाता है। और आसानी के लिए

कहें तो बहू या दामाद के पिता **समधी** कहलाते हैं। दरअसल अपनी संतानों में विवाह होने से वे संबंधी हो जाते हैं। इसी वजह पहले वे **संबंधी** कहलाए बाद में इसने **समधी** की शक्ल ले ली। ये संबंध शब्द बना है **सम + बंधू** से। यानी बराबरी से जुड़ना, मेल, रिश्ता, गठजोड़, नाता वग़ैरह-वग़ैरह।

संस्कृत की **बंधू** धातु से ही बना है हिन्दी का **बंधन** शब्द। इसी तरह रोकना, ठहराना, दमन करना जैसे अर्थ भी बंधू में निहित हैं। हिन्दी-फ़ारसी सहित यूरोपीय भाषाओं में भी इस बंधन का अर्थ-विस्तार ज़बर्दस्त रहा। जिससे आप रिश्ते के बंधन में बंधे हों वह कहलाया **बंधु** अर्थात भाई या मित्र। इसी तरह जहाँ पानी को **बंधन** में जकड़ दिया तो कहलाया **बाँध**। बंधन में रहने वाले व्यक्ति के संदर्भ में अर्थ होगा **बंदी** यानी क़ैदी। इससे ही **बंदीगृह** जैसा शब्द भी बना। बहुत सारी चीज़ों को जब एक साथ किसी रूप में कस या जकड़ दिया जाए तो बन जाता है **बंडल**। ग़ौर करें तो हिन्दी-अग्रेज़ी में इस तरह के और भी कई शब्द मिल जाएँगे, मसलन–बंधन, बंधुत्व, बाँधना, बंधेज, बाँधनी, बाँध, बैंडेज, बाउंड, रबर बैंड, बाइंड, बाइंडर वग़ैरह-वग़ैरह। अंग्रेज़ी के बंडल और फ़ारसी के **बाज़** प्रत्यय के मेल से हिन्दी में एक मुहावरा भी बना है–**बंडलबाज़** जिसका मतलब हुआ गपोड़ी, ऊँची हाँकने वाला, हवाई बातें करने वाला या ठग। इस रूप में आपस में गठबंधन करने वाले सभी नेता बंडलबाज़ समधी हुए कि नहीं?

बात करें फ़ारसी में संस्कृत बंधू के प्रभाव की। जिस अर्थ प्रक्रिया ने हिन्दी में कई शब्द बनाए उसी के आधार पर फ़ारसी में भी कई लफ़्ज़ बनें हैं, जैसे–बंदः जिसे हिन्दी में **बंदा** कहा जाता है। इस लफ़्ज़ के मायने होते हैं–ग़ुलाम, अधीन, सेवक, भक्त वग़ैरह। ज़ाहिर सी बात है कि ये तमाम अर्थ भी एक व्यक्ति का दूसरे के प्रति बंधन ही प्रकट कर रहे हैं। इसी से बना **बंदापरवर** या **बंदानवाज़** यानी प्रभु, ईश्वर। वही तो भक्तों की देखभाल करते हैं। प्रभु के साथ लीन हो जाना, बँध जाना ही भक्ति है इसीलिए फ़ारसी में भक्ति को कहते हैं **बंदगी**। इसी तरह एक और शब्द है बंद जिसके कारावास, अंगों का जोड़, गाँठ, खेत की मेंड़, नज़्म या नग़्मे की एक कड़ी जैसे अर्थों से भी ज़ाहिर है कि इसका रिश्ता **बंधू** से है।

गाँठ बाँधने का दौर

[शब्द संदर्भ : गठीला, गठौत, गठड़िया, गठजोड़, गठबंधन, ग्रन्थ, ग्रन्थी, ग्रन्थि, गुत्थमगुत्था, गूँथना, गाँठ, गठान, गट्ठर, गुठली, गठरी]

बीते कुछ बरसों से भारतीय राजनीति में गठबंधन का दौर चल रहा है। अब इस गठबंधन की गाँठ कितनी पक्की होती है इसका नमूना ख़ुद राजनीतिक ही पेश करते रहते हैं। हाल की ताज़ी मिसाल कर्नाटक की है। बहरहाल **गठबंधन** बड़ा मज़ेदार शब्द है–यह दो अलग-अलग शब्दों से मिलकर बना है **गठ + बंधन**। इस कड़ी में बात करते हैं पहले हिस्से यानी **गठ** की, अगली कड़ी में बंधन पर चर्चा होगी। **गठ** शब्द बना है

संस्कृत की धातु **ग्रथ्** से इससे ही बना है **ग्रन्थः** जिसका मतलब हुआ एक जगह जमा, झुंड, लच्छा, गुच्छा आदि। पुस्तक, किताब, साहित्यिक रचना, प्रबंध जैसे अर्थों वाला ग्रन्थ इसी से जन्मा है। ग़ौर करें कि पुस्तक विभिन्न पृष्ठों का समुच्चय या झुंड है। ग्रन्थ से बनी **ग्रन्थिः**। गूँथना भी इसी कड़ी का शब्द है। गुत्थमगुत्था जैसा आमफ़हम शब्द भी इसके भाई-बंदों में आता है। कई लोग हीनग्रन्थि को हीनभावना कहने के आदी हैं। दरअसल एक मनोविकार को हीनग्रन्थि कहा जा सकता है। भावना बार-बार पैदा हो सकती है, जबकि ग्रन्थि मन में पैठ कर जाती है। हीनता का स्थायी भाव ही हीनग्रन्थि पैदा करता है। इससे ही हिन्दी में बने **गाँठ** या **गठान** जिसका मतलब है रस्सी का बंधन, जोड़, उभार, जमाव आदि। **गाँठ** जिस्म में भी पड़ती है और मन में भी। मन की गाँठ भी किन्हीं विचारों का जमाव ही है जो ग्रन्थि के रूप में हमारे व्यवहार में नज़र आता है।

कबिरा धागा प्रेम का मत तोड़ो चटकाय।
जोड़े से भी ना जुड़े, जुड़े गाँठ पड़ जाय ॥

शरीर की पेशियों, नसों में भी अक्सर ग्रन्थि विकसित हो जाती है जो त्वचा पर उभार ला देती है। इसे भी गाँठ ही कहते हैं। सिखों में जो पुरोहित होता है, **ग्रन्थी** कहलाता है। यह बना है संस्कृत के **ग्रन्थिकः** से। पुरोहितों का काम पोथी पुराणों के बिना चलता नहीं सो ग्रन्थ से जुड़ा ग्रंथी। कपडों, किताबों या अन्य वस्तुओं की पैकिंग को गट्ठर कहा जाता है। पोटली को **गठरी** कहते हैं। ये भी ग्रंथ से बने हैं। अच्छी तंदुरुस्ती वाले को **गठीला** सजीला भी कहा जाता है। फलों के बीज आमतौर पर **गुठली** कहलाते है जो इससें ही संबंधित है। एक कहावत ने तो आम की गुठली को ही मशहूर कर दिया है। वृद्धावस्था का एक रोग होता है जिसे **गठिया** कहते हैं। इस रोग में ख़ासतौर पर पैरों में गाँठें पड़ जाती हैं। यह इसी मूल से जन्मा है। जब ग्रन्थ के पन्नों को जोड़ा जा रहा होता है तो इस क्रिया को **ग्रन्थनम्** कहते हैं। इससे ही बना है गाँठना। यानी चीज़ों को मिलाना, ज़माना, एक साथ रखना। आज गाँठना शब्द से बने **रोब गाँठना, रिश्ते गाँठना** जैसे मुहावरे प्रचलित हैं। गाँठना शब्द आज नकारात्मक अर्थ में ही प्रयोग होता है। यानी जोड़-जुगाड़ में लगे रहना। जब गाँठने की क्रिया सम्पन्न हो जाती है तो उसका **गठन** हो जाता है। यानी उसका समुच्चय बन जाता है। एकता के अर्थ में संगठन शब्द इससे ही बना है। ग्रन्थ से बने और भी कई शब्द हिन्दी की विभिन्न बोलियों में तलाशने पर मिल जाएँगे, जैसे—**गठीला, गठौत, गठड़िया** और **गठजोड़** आदि।

बजा दो बैंडबाजा!

[शब्द संदर्भ : बैंडबाजा, बैंड, बाजा, वद, वदनम्, वाद्यवृंद, बजाना, बजना, वाजंत्री, वाद्य]

बैंडबाजा दरअसल अंग्रेज़ी के बैंड और हिन्दी के बाजा शब्दों से मिलकर बना देसी शब्द है। अंग्रेज़ी में बैंड का अर्थ फीता या स्ट्रिप है जिसे किसी चीज़ के इर्द-गिर्द

चिपकाया अथवा बाँधा जाए जैसे रबरबैंड को बाँधा जाता है। इसी तरह बैंड का दूसरा अर्थ, जो हिन्दी में ज़्यादा प्रचलित है, वह है मांगलिक अवसरों पर आमंत्रित वाद्यवृंद अथवा शादी-ब्याह के मौक़े पर बाजा बजाने वाली मंडली। सबसे पहले बात बाजे की। बाजा दरअसल संस्कृत के **वाद्यम्** शब्द का तद्भव रूप है जिसका मतलब हुआ **बाजा**, बाजे की ध्वनि आदि। यह लफ़्ज़ संस्कृत की मूल-धातु **वद्** से बना है जिसका अर्थ है कहना, बोलना, उच्चारण करना। संगीतिक संदर्भों के तहत इसमें स्वरों को ऊँचा उठाना, गायन करना, प्रवीणता दिखाना आदि भाव भी शामिल हैं। इस तरह **वाद्यम्** शब्द का अर्थ हुआ मधुर ध्वनि करने वाले संगीत यंत्र अथवा साज। इसी का एक और क्रियारूप बना **वादन** या **वादनम्** जिसका मतलब हुआ बजाना, ध्वनि करना। वादक शब्द भी इसी से बना जिसका देसी रूप **बजैया, बजनियाँ** या **बजवैया** भी बोला जाता है। मराठी में वाद्यवृंद के लिए **वाजंत्री** शब्द भी है। हिन्दी में **बजाना** शब्द का एक अर्थ मारपीट या लाठी चलाना वग़ैरह भी है।

अब आते हैं बैंड पर। अंग्रेज़ी में इसका अर्थ है म्यूजिशियंस का ग्रुप। दुनिया भर के संगीत समूह अपने नाम के साथ बैंड शब्द का प्रयोग करते हैं, जैसे–**रॉकबैंड**। मूलतः इस शब्द का मतलब किसी ख़ास काम को करने वाले व्यक्तियो का समूह है। कोई समूह **बैंड** तभी कहलाएगा जब उसकी ड्रेस के साथ एक फीता भी पहचान के तौर पर जोड़ा जाए, मसलन–पुलिस या फ़ौज। ज़ाहिर सी बात है कि बैंड बजाने वालों की पहचान भी उनकी टोपी या बाँह पर बँधे एक फीते से होती है। ख़ास बात ये कि बैंड शब्द मूलतः भारतीय यूरोपीय भाषा-परिवार का ही है और इसकी उत्पत्ति का आधार संस्कृत शब्द **बंध्** में छुपा है जिसका अर्थ है बाँधना, कसना, जकड़ना आदि। वैसे वाद्ययंत्रों या वादकों के समूह को **बैंड** कहने का चलन इंग्लैंड में भी सोलहवीं-सत्रहवीं सदी के आसपास ही शुरू हुआ। इस तरह भारत में वाद्यम् से बने बाजे के साथ बैंड के जुड़ जाने से बन गया **बैंडबाजा**। अब यूँ तो बैंडबाजे का **बजना** या **बजाना** मांगलिक शगुन होता है मगर मुहावरे के तौर पर अब बैंडबाजा बजना वाक्य का अर्थ शादी के लक्षण के साथ ही किसी हानि या नुक़सान होने के संदर्भ में भी समझा जाता है।

बहस 1, ...और गाली में बदल गई बहस

[शब्द संदर्भ : बहस, बहसना, बहसियाना, मुबाहिसा, बहस-मुबाहिसा]

बहस, बहस और बहस। सब तरफ़ आजकल **बहस** का हल्ला है। हिन्दुस्तानी आदमी आमतौर पर काफ़ी कुछ फ़ुरसतिया क़िस्म का होता है। बहस के बिना न खाना पचता है न हाजत होती है। सबसे ज़रूरी चीज़ है बहस। जिस बहस की हम बात करने जा रहे हैं उस बहस का सही मायने तो था देखना, परखना, समीक्षा करना मगर देखते-ही-देखते हिन्दुस्तान में **बहस** ने शक्ल बदली और यह गाली-गलौज से होती हुई अब तो झगड़े और फ़ौजदारी के पर्याय तक पहुँच गई है। मुस्लिम शासन के पहले तक

इस मुल्क में शास्त्रार्थ होता था, तर्क-वितर्क होता था और विचार-विमर्श होता था। मगर जैसे ही फ़ारसी का बहस शब्द हिन्दुस्तानियों के पल्ले पड़ा, उन्होंने शास्त्रार्थ करना छोड़, बहस करनी शुरू कर दी। देखते हैं ये बहस कहाँ से शुरू हुई? हिन्दी में जिसे हम बहस कहते हैं दरअसल फ़ारसी में उसका रूप है **बह्स**। तर्क-वितर्क करना, गर्मा-गर्म बातचीत होना, या फिर अदालत में वकीलों द्वारा जिरह करना जैसी बातें बहस के दायरे में आती हैं। मूल रूप से तो बहस शब्द फ़ारसी का भी नहीं है। यह सेमेटिक भाषा-परिवार का शब्द है और अरबी ज़बान से उपजा हुआ माना जाता है जिसका रूप है **बहथ** या **बहाथ**। इसकी मूल अरबी धातु है **ब-ह-थ** जिसका मतलब होता है देखना। इससे बने **बहथ** शब्द का मतलब था शोध, तर्क-वितर्क, समीक्षा, आलोचना, बहस आदि। तुर्की, फ़ारसी और उर्दू में **बहथ** हुआ बह्स जिसमें वाद-विवाद, सवाल-जवाब, खंडन-मंडन आदि अर्थ समाहित हैं। बहस के अन्य अर्थों में झगड़ा भी बाद में शामिल हो गया। बहस शब्द का एक रूप **बहश** हिब्रू में भी मिलता है। फ़ारसी में वाद-विवाद के लिए **बहसमुबाहसः** जैसा शब्द भी चलता है और बहस करदन जैसा मुहावरा भी प्रचलित है। हिन्दी में भी यह उर्दू के प्रभाव में **मुबाहिसा** के रूप में चला आया है। दरअसल **मुबाहिसा** शब्द **बहस** का बहुवचन है। दिलचस्प ये कि मुबाहसः अरबी में **मुबाहथा** है।

बरास्ता फ़ारसी, उर्दू होते हुए बहस बड़े मज़े में हिन्दी के साथ-साथ भोजपुरी में भी जम गई जहाँ इसका रूप **बहँस** नज़र आता है और हिन्दी में तो **बह्स** हो गई **बहस** और फिर **बहसना, बहसियाना** जैसे क्रिया रूप भी बन गए। हम हिन्दुस्तानी इसीलिए तो किसी भी बहस का रूप बदल देने में माहिर हैं। बहस किस तरह से गाली-गलौज से लेकर फ़ौजदारी तक पर आ जाती है ये सब हमें बताने की ज़रूरत नहीं है।

बहस-2, विमर्श में घुमक्कड़ी भी है ज़रूरी

[शब्द संदर्भ : विचार, विमर्श, विचार-विमर्श, चर, चरण, आचरण]

किसी मुद्दे पर ख़ास चिंतन अथवा बातचीत को **विचार-विमर्श** कहा जाता है। विचार और विमर्श दोनों एक-दूसरे के पर्यायवाची शब्द हैं। वैसे दोनों की उत्पत्ति अलग-अलग धातुओं से हुई है। विचार-विमर्श का मतलब होता है सोच-विचार करना, चिंतन-मनन करना, समाधान निकालना। इन दोनों शब्दों के अलग-अलग भी यही अर्थ होते हैं।

आमतौर पर **विमर्श** कहते हैं किसी ख़ास बिंदु का सम्यक् दृष्टि से परीक्षण, उस पर तर्क-वितर्क के साथ भली-भाँति सोच-विचार आदि। यही बात विचार में भी है। इसमें भी जाँच-पड़ताल, विचार-विनिमय, निष्कर्ष का निर्धारण आदि बातें आती हैं। संस्कृत में **विमर्श** और **विमर्ष** दोनों ही शब्द हैं और इनकी व्युत्पत्ति **मृश्** और **मृष्** धातु से बताई गई है। हिन्दी में **विमर्श** शब्द ज़्यादा प्रचलित है। परीक्षण या परख के अर्थ में **मृश्** धातु के मायने बड़े महत्त्वपूर्ण हैं। इसका मतलब होता है किसी वस्तु को छूना, स्पर्श करना। ग़ौर करें कि किसी वस्तु की परख के लिए उसे छूना या स्पर्श करना ज़रूरी है। इसी

तरह किसी तथ्य की परख के लिए, किसी नतीजे तक पहुँचने के लिए चिंतन के स्तर पर उसके सभी आयामों को छूना-परखना ज़रूरी है। यह तभी संभव है जब सम्यक् चर्चा हो, विचार हो। तभी ज्ञान रूपी निष्कर्ष हासिल होगा। इस तरह **मृश्** से बने विमर्श में जहाँ चिंतन, विचार जैसे भाव प्रमुख हुए वहीं इससे ही बने परामर्श में सलाह वाला अर्थ प्रमुख हुआ। **विमर्श** के बाद ही **परामर्श** की स्थिति बनती है।

विचार का जन्म **चर्** धातु में **वि** उपसर्ग लगने से हुआ है। चर् धातु का अर्थ है इधर-उधर घूमना। ग़ौर करें कि मनुष्य ने जो कुछ भी जाना-समझा है वह घूम-फिर कर ही जाना है। चर् यानी चलना। चलने का काम पैरों से होता है इसीलिए उन्हें चरण कहा गया। विचरण से ही आचरण बनता है। आचरण ही संस्कार का आधार है। आचरण से चरित्र स्पष्ट होता है सो चरित्र का मूल भी यही चर् धातु हुई। मुद्दे की बात यह कि चर् धातु में निहित घूमने-फिरने, भ्रमण करने का जो भाव है उसमें परीक्षण अर्थात घूम-फिर कर ज्ञान हासिल करने, भली-भाँति किसी वस्तु, तथ्य को देखने-समझने की बात आती है। घूम फिर कर जब पर्याप्त तथ्य मिल जाएँ तो क्या करना चाहिए? उन तथ्यों पर **विमर्श** होना चाहिए। यही विचार है। चर् में **वि** उपसर्ग लगने से बना **विचार**। अर्थात किन्हीं तथ्यों, बिन्दुओं के आसपास **विचरण** करते हुए, विमर्श करते हुए निष्कर्ष पर पहुँचा जाए। विचार-विमर्श, चिन्तन-मनन भी एक तरह की घुमक्कड़ी है तभी आप मंज़िल तक पहुँचते हैं। मगर अब तो जो भी **विमर्श** होते हैं उनमें घुमक्कडी तो गायब हो गई, बस बंद कमरों में किसी-न-किसी रूप में शिकार हो रहा होता है कभी व्यक्ति का, कभी विचार का।

बहीखातों का अंबार यानी दफ़्तर

[शब्द संदर्भ : दफ़्तर, ऑफ़िस, लेटर, दफ़्तरी, कार्यालय]

जीवन-यापन के लिए इस दुनिया में सभी को कुछ-न-कुछ काम करना पड़ता। अब कमाई करने के भी अलग-अलग अंदाज़ हैं। ज़्यादातर पढ़े-लिखे लोग आराम से बैठकर काम करते हैं क्योंकि वे दिमाग़ी मेहनत ज़्यादा करते हैं। अनपढ़ या कम शिक्षित लोगों को आराम का काम नसीब नहीं क्योंकि उन्हें शारीरिक मेहनत करनी होती है। बहरहाल बैठकर काम करने की जगह को हिन्दी में **कार्यालय**, उर्दू में **दफ़्तर** और अंग्रेज़ी में **ऑफ़िस** कहते हैं। दफ़्तर का मूल अरबी में अर्थ है बहीखाता, मोटी किताब, उधार खाता या जिल्द आदि। कागज़ों का पुलिंदा और फाइलों का ढेर भी इसके अंतर्गत आता है। दफ़्तर शब्द की हिन्दी में आमद बरास्ता फ़ारसी-उर्दू हुई है। मुस्लिम शासन के शुरुआती दौर में ही यह शब्द भारत आ गया था।

यूँ **दफ़्तर** सेमेटिक मूल का शब्द है और अरबी भाषा का माना जाता है। हिब्रू में **दफ़्तर** को **दिफ़्तर** कहा जाता है जिसका अर्थ भी नोटबुक या खाताबही से ही है। हिब्रू में एक शब्द है दफ़ जिसका मतलब होता है पृष्ठ। संभव है इसका रिश्ता **दिफ़्तर** या **दफ़्तर** से हो मगर भाषाशास्त्री इस **दफ़्तर** शब्द को ग्रीक से अरबी में आया मानते

हैं। ग्रीक भाषा का एक शब्द है **डिफ्थेरा** जिसका मतलब है पतली महीन झिल्ली, चमड़ा। इसका अरबी रूपांतरण दफ़्तर और हिब्रू रूप **दिफ़्तर** हुआ। गले के रोग **डिफ़्थीरिया** का नामकरण भी इससे ही हुआ है। इस रोग से कंठ में एक अदृश्य झिल्ली उत्पन्न हो जाती है। पुराने ज़माने में अरब में चमड़े की महीन परतों पर लिखा जाता था और उन्हें मोटे तार में पिरोकर एक साथ रखा देते थे। इन्हें ही दफ़्तर कहते थे। अंग्रेज़ी के लेटर LETTER, यानी पत्र का उद्गम भी इसी DIPHTHERIA से माना जाता है जो लैटिन के LITTERA का बदला हुआ रूप है। यहाँ इसका मतलब है चिह्न, अंकित या अक्षर। लेटर का मतलब पत्र-चिट्ठी होता है और हिन्दी में भी इस्तेमाल किया जाता है मगर लेटर अक्षर को भी कहते हैं।

दफ़्तर के कई रूप अन्य भाषाओं में भी नज़र आते हैं, मसलन–बल्गारी में **दफ़्तर** को **तेफ्तेर**, किरग़ीज़ी में **देप्तेर**, पर्शियन में **दफ़्तर**, स्वाहिली में **दफ़्तारी**, ताजिक और उज्बेकी में **दफ़्तार** तथा तुर्की में **देफ्तेर** कहते हैं। तो स्पष्ट है कि बहीखाते या लिखने की बही, दस्तावेज़ या ग्रंथालय के अर्थ में दफ़्तर शब्द प्रचलित हुआ। बाद में उस स्थान को ही दफ़्तर कहा जाने लगा जहाँ सरकारी दस्तावेज़ों में लिखत-पढ़त का काम किया जाता था और फिर सरकारी कार्यालय **दफ़्तर** कहलाने लगे। आज के वातानुकूलित और कम्प्यूटरों वाले ऑफ़िस भी **दफ़्तर** ही कहलाते हैं जहाँ किसी खाते, रजिस्टर या बही का नामोनिशाँ नहीं है। दफ़्तर से हिन्दी-उर्दू में **दफ़्तरी** जैसा शब्द भी बना जिसका मतलब था दफ़्तर के रजिस्टर, खाता बही आदि में खाने और लकीरें बनाने वाला, एंट्री करने वाला।

मिर्ज़ा एडमिरल उर्फ़ अमीरुल बह्र

[शब्द संदर्भ : मिर्ज़ा, अमीर, अमीरज़ादा, उमरा, उमराव, मीर, मीरमहफ़िल, मीरबख़्शी, मीरेकारवाँ, एडमिरल]

शब्दों के सफ़र में विदेशी मूल के ऐसे ढेरों आमफ़हम शब्द मिलेंगे जिन्होंने समतुल्य हिन्दी शब्दों को प्रचलन से हटाते हुए अपना प्रभुत्व क़ायम किया है। आज बोलचाल में उन्हें ही अपनाया जाता है। अरबी का अमीर ऐसा ही एक लफ़्ज़ है जो श्रीमंत, धनवान, धनाढ्य, धनिक जैसे हिन्दी के पर्याय होने के बावज़ूद ज्यादा प्रचलित हैं। **अमीर** मूलतः अरबी भाषा का शब्द है और अरबी सौदागर की तरह ही इसने भी ख़ूब यात्राएँ की और अपने कुनबे को समृद्ध किया है। यह बना है **अम्र** से जिसका मूल अर्थ है नायक, सरदार अथवा अध्यक्ष। ज़ाहिर है ये तमाम लफ़्ज़ किसी-न-किसी पद का बोध भी कराते हैं और इनके साथ प्रभुत्व, अधिकार और प्रकारांतर से समृद्धि भी जुड़ी हुई है, जिसकी वजह से इससे बने **अमीर** में नायकत्व से जुड़े इन तमाम भावों के साथ धनवान, धनाढ्य, धनिक जैसे अर्थ प्रमुख हो गए। **अमीर** का बहुवचन होता है **उमरा**। इसीलिए बादशाही दौर में सामंतों को अमीर-उमरा कहते थे। शुद्ध रूप में यह **अमीर अल उमरा** है जिसका मतलब होता है अमीरों का अमीर। तुर्की के सुल्तान

की भी यह उपाधि थी क्योंकि किसी ज़माने में उसे इस्लामी दुनिया में अव्वल दर्जा मिला था। **उमरा** से ही हिन्दी में **उमराव** शब्द बना है। **उमरावजान** और **उमरावसिंह** जैसे नामों में यही झाँक रहा है।

अमीर की महिमा का एक और रूप दिखता है **मीर** शब्द में। यह **अमीर** का ही संक्षिप्त रूप है मगर इसकी स्वतंत्र सत्ता है। प्रायः राज्याश्रित कई पदों के साथ इसे जोड़ा जाता रहा है अथवा उपाधि के रूप में इसका प्रयोग होता रहा। **मीरमुंशी** अर्थात हेडक्लर्क। रीतिमुक्त धारा के सिरमौर कवि घनानंद मोहम्मदशाह रंगीले के दरबार में **मीरमुंशी** थे। **मीरेकारवाँ, मीरबख़्शी** यानी तनख़्वाह बाँटने वाला अधिकारी, **मीरमहफ़िल** यानी सभापति आदि अनेक शब्द इससे बने हैं।

मिर्ज़ा शब्द भी इससे ही निकला है मगर यह अरबी नहीं बल्कि फ़ारसी का है। अपने शुद्ध रूप में यह **मीरज़ा** है जिसका मतलब होता है शाही ख़ून यानी राजपुत्र। यह शब्द भी मूल फ़ारसी शब्द **अमीरज़ादा** का संक्षिप्त रूप है। **अमीर** यानी **शासकज़ादा** यानी पुत्र अर्थात राजकुमार। **मीरज़ा** ने मुखसुख के आधार पर **मिर्ज़ा** रूप ले लिया। मीर और अमीर की तरह ही मिर्ज़ा शब्द का भी उपाधि या खिताब के तौर पर इस्तेमाल होता रहा है।

अमीर के नायकत्व वाला भाव अगर सर्वाधिक अगर सुरक्षित रहा है तो एक ऐसे शब्द में जो है तो अंग्रेज़ी का मगर मूल उसका भी अरबी ही है। जलसेना अध्यक्ष को अंग्रेज़ी में **एडमिरल** कहा जाता है। यह बना है अरबी के **अमीर अल बहर** से। यूरोप का इस शब्द से परिचय क़रीब ग्यारहवीं सदी में क्रूसेड धर्मयुद्धों के दौर में हुआ जब उनका साबक़ा अरब लड़ाकों से हुआ। अरबों की जलसेना ज़बर्दस्त थी और यूरोप वाले भी इसमें बढ़े-चढ़े थे। सबसे पहले कैटलन भाषा ने इसे अपनाया जो पश्चिमी भूमध्यसागरीय इलाक़े में बोली जाने वाली भाषा है। यहाँ इसका उच्चारण हुआ एमिरल। फिर पुर्तगाली में इसका रूपांतरण हुआ ALMIRANTE जो अंग्रेज़ी में ADMYRALL होता हुआ ADMIRAL के रूप में स्थापित हो गया।

रंगमहल के दस दरवाज़े

[शब्द संदर्भ : दर, दर्रा, द्वारम, द्वारका, दशद्वार, डोर, दरवाज़ा, सफ़दर]

हिन्दी के **द्वार**, अग्रेज़ी के **डोर** और फ़ारसी के **दर** शब्द मूलतः एक ही परिवार के सदस्य हैं। इन तमाम शब्दों के लिए संस्कृत का शब्द है **द्वार्**। इसका अर्थ है फाटक-दरवाज़ा, उपाय या तरकीब। हिन्दी में आमतौर पर बोले जाने वाले **द्वारा** शब्द (इसके द्वारा, उसके द्वारा) में भी उपाय वाला भाव ही है। द्वार् से ही **द्वारम्** भी बना है जिसके मायने है तोरण, प्रवेशद्वार, घुसना, मार्ग वग़ैरह। इसके अलावा शरीर के छिद्र (आँख, कान, नाक वग़ैरह) भी द्वार कहलाते हैं इसीलिए मानव शरीर को दशद्वार की उपमा दी गई है। मध्यकाल में सूफ़ी कवियों ने भी आत्मा-परमात्मा के संदर्भ में देह

को रंगमहल की उपमा देकर इसके दस दरवाज़ों की बात कही है। गुजरात के पश्चिमी छोर पर स्थित कृष्ण की राजधानी के **द्वारवती, द्वारावती** या **द्वारका** जैसे नाम भी समुद्री रास्ते से भारत में प्रवेश वाले भाव की वजह से ही रखे गए हैं। प्राचीन उल्लेखों के अनुसार इस नगर में प्रवेश के भी कई **द्वार** थे इसलिए इसे **द्वारवती** कहा गया।

इंडो-यूरोपीय भाषा-परिवार में **द्वार** शब्द के लिए मूल धातु DHWER या DHWOR है। अब संस्कृत के **द्वार** शब्द से इसकी समानता पर ग़ौर करें। ओल्ड इंग्लिश में इसके लिए **डुरा** शब्द है तो पोस्ट जर्मेनिक में **डुर**। ग्रीक में इसे **थुरा** तो रशियन में **द्वेर**, स्लोवानी में **दुरी**, चेक में **द्वेरी** और पोलिश में **द्रेव्जी** कहते हैं। इसी क्रम में आता है अंग्रेज़ी का **डोर**।

उर्दू में भी **फाटक** के लिए दरवाज़ा शब्द आम है और हिन्दी में भी ख़ूब इस्तेमाल किया जाता है। दरअसल प्राचीन ईरान की भाषा अवेस्ता और वेदों के भाषा में काफ़ी समानता है। अवेस्ता में भी **द्वारम्** शब्द ही चलन में था जिसने पुरानी फ़ारसी में **द्वाराया** की शक्ल ले ली और फ़ारसी तक आते-आते बन गया **दरः** जिसका मतलब है दो पहाड़ों के बीच का रास्ता। संस्कृत के **द्वारम्** का अर्थ रास्ता भी है। इसी से निकले **दर्रा** या **दर** लफ़्ज़ के मायने भी यही हैं। बीच का रास्ता वाली विशेषता पर ग़ौर करे। फ़ारसी में एक लफ़्ज़ है **सफ़दर** पर जिसके मायने हैं शूरवीर, योद्धा, महारथी आदि। यह भी बना है **दर** से ही। दर शब्द के मद्‌देनज़र इसका भाव हुआ सेना की पंक्ति को चीरता हुआ आगे बढ़ जाने वाला। सेना की बीच से रास्ता बना लेने वाला अर्थात सफ़दर। फ़ारसी के **दरगाह** या **दरबान** और हिन्दी के **द्वारपाल, द्वारनायक** अथवा **द्वाराधीश** जैसे शब्द इससे ही बने हैं। **दर** शब्द से हिन्दी में कई मुहावरे जन्मे हैं, मसलन—दर-दर की ठोकरें खाना, दरवाज़े पर नाक रगड़ना, दरवाज़ा बंद होना, दरवाज़ा खुलना आदि।

लंबरदार से अलमबरदार तक

[शब्द संदर्भ : नंबर, लंबरदार, अलमबरदार, नामबरदार]

देश में विदेशी शासन की आज भी कई निशानियाँ देखने को मिल जाती हैं जिनका असर भाषा-बोली पर स्थायी है। गाँव-देहात में आज भी एक ख़ास शब्द सुनने को मिलता है **लंबरदार**। पुराने ज़माने में **चौधरी** की **चौधराहट** की तरह ही **लंबरदार** का भी अपने इलाक़े में अव्वल नंबर ही रहता रहा। कहने की ज़रूरत नहीं कि इसके रुतबे में हिस्सेदारी करने के लिए चौधरी की अर्धांगिनी जैसे चौधराइन बन गई वैसे ही लंबरदार की बीवी भी **लंबरदारनी** बन गई।

दरअसल हिन्दी, फ़ारसी और उर्दू का लंबरदार शब्द बना है अंग्रेज़ी के नंबर शब्द में फ़ारसी का **दार** प्रत्यय लगने से। उत्तर भारत में इसे **नंबरदार** और **लंबरदार** दोनों तरीक़े से बोला जाता है। दरअसल इस नाम के पीछे अगर देखें तो प्राचीन भारत की संयुक्त

परिवार प्रथा नज़र आती है। निकट संबंधियों के भरे-पूरे परिवार की समृद्ध और समझदारी भरी परंपरा अंग्रेज़ों के शासन सँभालने तक साँसें ले रही थी। यह परंपरा सामाजिक सुरक्षा के लिहाज़ से चाहे बढ़िया थी मगर कुटुम्ब की संयुक्त अधिकार वाली संपत्तियों, ज़मीनों आदि का हिसाब-किताब बड़ा पेचीदा काम था। ख़ासतौर पर सरकार को जब लगान चुकाने की बात सामने आती थी तब इसकी मुश्किलें नज़र आती थीं। मगर सरकार को तो लगान वसूलना ही होता था सो एक व्यवस्था बनाई गई जिसके मुताबिक़ संयुक्त परिवार के एक व्यक्ति विशेष को इस काम के लिए मुकर्रर कर दिया जाता था कि वह सरकारी शुल्क, लगान या अन्य दस्तावेज़ी कामों के लिए उत्तरदायी होगा। इस पूरी कार्रवाई का **नंबर** देखकर रजिस्ट्रेशन होता था यानी वह व्यक्ति **नंबर** के ज़रिए रजिस्टर्ड होता इसलिए उसे **नंबरदार** कहा जाने लगा। वही व्यक्ति बाद में समूचे गाँव से राजस्व वसूली के लिए भी प्रतिनिधि बनाया जाने लगा।

फ़ारसी में एक शब्द है **नामबरदार** अर्थात जो **नामवर** है या प्रसिद्ध है। देखा जाए तो **नामबरदार** से भी **नंबरदार** का जन्म हुआ माना जा सकता है मगर ऐतिहासिक प्रमाण यही कहते हैं कि अंग्रेज़ी के **नंबर** से ही बना **नंबरदार** जो मुखसुख के लिए बाद में **लंबरदार** के रूप में लोकप्रिय हो गया। अब आते हैं **अलमबरदार** पर। कुछ लोग इसे हिन्दी में **अलंबरदार** भी लिखते हैं जो ग़लत प्रयोग है। यह शब्द भी अरबी-फ़ारसी के ज़रिए हिन्दी-उर्दू में आया। **अलमबरदार** भी शाही दौर में एक पद था। अरबी में **अलम** कहते हैं ध्वज, झंडा, पताका अथवा पहाड़ को। साफ़ है कि जब सेना या राजा का क़ाफ़िला निकलता था तो सबसे आगे ध्वजवाहक ही चलते थे जिन्हें **अलमदार** या **अलमबरदार** कहा जाता था। आज इसका मुहावरे के तौर पर भी प्रयोग होता है जिसका अर्थ है किसी ख़ास पंथ, धर्म अथवा राजनीतिक विचारधारा के बड़े नेता। हिन्दी में **झंडाबरदार** शब्द भी ख़ूब चलता है।

लाटसाब बचे हैं, लपटनसाब गए

[शब्द संदर्भ : लॉर्ड, लेडी, नायब, लाटसाब]

आमतौर पर ख़ुद को तुर्रमख़ाँ समझने वाले लोगों को व्यंग्य में **लाटसाब** कहा जाता है। किसी ज़माने में हिन्दुस्तान में **लाटसाब** शब्द व्यंग्य से नहीं बल्कि सचमुच आदर-सम्मान से कहा जाता था। वह ज़माना था अंग्रेज़ों का और अंग्रेज़ हाकिम ही **लाटसाब** कहलाता था। हालाँकि लाटसाब कोई घोषित पदवी नहीं थी बल्कि यह ब्रिटिश राज द्वारा भारत में नियुक्त सर्वोच्च अधिकारी, जो गवर्नर जनरल या वाइसरॉय होता था, **लॉर्ड** कहलाता था। ज़ाहिर सी बात है कि इस **लॉर्ड** के मुल्क में ख़ूब चर्चे होते थे लिहाज़ा हिन्दी क्षेत्र में इस शब्द का आसान देशी रूप बना लिया **लाटसाब**। लॉर्ड स्तर के अन्य महानुभावों का भी इंग्लैंड से आना-जाना होता रहता था जिससे इस पदवी की ठसक और रुतबे की अच्छी-ख़ासी धमक भारतीय जनमानस में थी जिसके चलते किसी भी ऊँचे ओहदेदार फ़िरंगी के लिए भी लाटसाब शब्द

इस्तेमाल किया जाने लगा। अंग्रेज़ गए, अंग्रेज़ी का **लॉर्ड** भी गया मगर बोलचाल की ज़बान में **लाटसाब** शब्द आज भी हिन्दी में बसा हुआ है। ख़ासतौर पर देहात में इसे ख़ूब बोला जाता है।

अंग्रेज़ी के **लॉर्ड** शब्द की अर्थवत्ता वही है जो भारत में अन्नदाता शब्द की है। अन्नदाता अर्थात सर्वशक्तिमान ईश्वर, भगवा़न। प्राचीनकाल में मानव अपने भोजन के लिए स्वयं प्रबंध करता था मगर जब राज्य व्यवस्था का निर्माण और श्रम का मूल्यांकन शुरू हुआ तो मनुष्य का भोजन इसके भुगतान पर निर्भर हुआ। अन्नदाता जैसे शब्द तभी जन्मे। वह शक्ति जो भोजन का प्रबंध करती है उसे ही अन्नदाता कहा गया। लॉर्ड (lord) शब्द बना है मध्यकालीन अंग्रेज़ी के **लैफोर्ड** से जिसमें गृहपति, मुखिया, शासक, वरिष्ठ और ईश्वर आदि भाव समाहित थे। अंग्रेज़ी में **लोफ** का अर्थ होता है ब्रेड, रोटी जो बना है अर्थात **हैफ** से। इस तरह लॉर्ड बना half + ward = loaf + ward से जिसका अर्थ हुआ रोटी देने वाला यानी स्वामी, मालिक। लॉर्ड का स्त्रीवाची है लेडी जिसका पुराना रूप है **लैफ्डी** अर्थात जिसका मतलब हुआ आटा गूँथने वाली। मगर भाव है स्वामिनी, मालकिन आदि। इसकी व्याख्या **अन्नपूर्णा** में भी तलाशी जा सकती है। बोलचाल की हिन्दी में चाहे लॉर्ड शब्द न चलता हो मगर लेडी शब्द तो यूँ रचा-बसा है कि कई बार तो उसका विकल्प नहीं मिलता। लेडी का बहुवचन लेडीज़ बहुत प्रचलित है। सवारी के साथ तो हिन्दी का कोई दूसरा शब्द प्रयोग ही नहीं होता। उदाहरण के लिए **लेडीज़ सवारी** या **लेडीज़ डिब्बा** (कूपा) में नारी, स्त्री, महिला जैसे शब्द जोड़कर देखें, फ़र्क़ साफ़ पता चल जाएगा। अंग्रेज़ी राज में ही एक और शब्द भी चलता था **लपटन साब**। दरअसल यह **लेफ्टिनेंट** का देशी उच्चारण था। यह बना है पुरानी फ्रेंच के ल्यू + टेनेंट से जिसका अर्थ है स्थान का मालिक मगर इसमें भाव है स्थानापन्न का। अर्थात वरिष्ठ अधिकारी की ग़ैरमौजूदगी में जो काम सँभाले। डिप्टी, नायब आदि। यह शब्द ख़ासतौर पर सेना में ज़्यादा इस्तेमाल होता है।

वज़ीरेआज़म से वाइसरॉय तक

[शब्द संदर्भ : वज़ीर, वज़ीरेआज़म, वाइसरॉय]

नेतागीरी करने वाले हर शख़्स का अरमान होता है कि वह अवाम की नुमाइंदगी करे। फिर हज़ारों ख़्वाहिशें ऐसी की तर्ज पर उसे **वज़ीर** यानी मंत्री बनने के सपने आने लगते हैं। ज़ाहिर सी बात है कि इसके बाद **वज़ीरेआला** या **वज़ीरेआज़म** यानी मुख्यमंत्री/प्रधानमंत्री की कुर्सी भी उसके एजेंडा में जुड़ जाती है। **वज़ीर** शब्द हिन्दी में फ़ारसी से आया। यह लफ़्ज़ वैसे उर्दू, तुर्की, अरबी आदि अनेक एशियाई भाषाओं में इस्तेमाल होता है।

शतरंज में भी **वज़ीर** शब्द ख़ूब इस्तेमाल होता है। खेल का सबसे प्रमुख मोहरा वज़ीर ही होता है। राजा से भी ज़्यादा ख़ास। उसके बिना राजा की हार लगभग तय है।

अंग्रेज़ी के **वाइसरॉय** और **वज़ीर** शब्द में गहरी रिश्तेदारी है। इंडो-यूरोपीय भाषा-परिवार के ये शब्द भारतीय उपमहाद्वीप और यूरोप के बीच अलग-अलग रूपों में यात्राएँ करते रहे हैं। वज़ीर मूलतः फ़ारसी ज़बान का लफ़्ज़ है और वहीं से अन्य भाषाओं में गया। फ़ारसी, पहलवी, ईरानी ज़बानों में इसके **वज़ीर, विसिर, विज़ीर** जैसे रूप भी मिलते हैं जिनमें प्रमुखता से ज़िम्मा लेना, ज़िम्मेदारी उठाना (किसी के स्थान पर), महत्त्वपूर्ण ओहदा, प्रतिनिधित्व करना आदि भाव निहित हैं। इन तमाम रूपों में पश्चिम एशिया में **वज़ीर** शब्द का अभिप्राय ख़लीफ़ा, अमीर, मलिक या सुल्तान जैसे आला दर्जे के सियासी ओहदों से है। आमतौर पर प्रधानमंत्री के अर्थ में इसका इस्तेमाल होता है।

वज़ीर की उत्पत्ति अवेस्ता के **विचिरा** से हुई है जहाँ इसका मतलब था न्यायकर्ता, मध्यस्थ अथवा पंच। ग़ौर करें कि ये सभी महत्त्वपूर्ण दायित्व हैं और इसे निभाने वाले की न्यायाधीश के स्थान पर भूमिका तय करते हैं। अवेस्ता से यह पहलवी में विचिर हुआ और फिर मध्यकालीन फ़ारसी में **विजिर** का रूप लेते हुए आज के **वज़ीर** में ढल गया। अरबी में **वज़ीर** शब्द की व्युत्पत्ति **वजारा** से मानी जाती है जिसमें बोझ उठाने का भाव है मगर यह बोझ वस्तु के संदर्भ में न होकर प्रशासन और दफ़्तर के कामकाज के संदर्भ में है। स्पष्ट है कि यहाँ किसी के स्थान पर काम करने, बोझ उठाने, ज़िम्मेदारी लेने, स्थानापन्न बनने, जगह लेने, जगह भरने जैसे तमाम भावों से ही अभिप्राय है।

अंग्रेज़ी का **वाइसरॉय** शब्द भी भारतीय अभी भूले नहीं हैं। जब-जब भारतीय स्वतंत्रता संग्राम की बात चलेगी, अंग्रेज़ी राज के सभी प्रतीकों का भी उल्लेख होगा। वाइसरॉय का मतलब होता है प्रांतपाल, राज्यपाल या सूबेदार। मोटेतौर पर इन सभी शब्दों में किसी प्रदेश के राज्यप्रतिनिधि की हैसियत से तैनात वरिष्ठ सरकारी अधिकारी का भाव ही है। भारत में वाइसरॉय ब्रिटिश राजघराने के प्रतिनिधि के तौर पर नियुक्त सर्वोच्च शासक कहलाता था। वाइसरॉय शब्द की व्युत्पत्ति भाषाविज्ञानी प्राचीन भारतीय भाषा-परिवार की धातु **विक** या **विग** से मानते हैं जिसमें जगह लेना, घूमना आदि जैसे भाव निहित हैं। अंग्रेज़ी का **वाइस** शब्द इससे ही बना है जिसका मतलब सहकारी, सहायक, स्थानापन्न ही होता है। लैटिन में इससे बना विसेरियस यानी **उप** (नायब या सहायक अधिकारी), अंग्रेज़ी के वाइसरॉय से इसका संबंध है। यूँ अंग्रेज़ी का **वाइसरॉय वाइस + राय** का मिला जुला रूप है। **वाइस** यानी उप या नायब (के स्थान पर) और **राय** यानी राजा या शासक। ग़ौरतलब है कि **राय** शब्द से ही अंग्रेज़ी का **रॉयल** यानी राजसी/राजकीय शब्द निकला है। इस तरह वाइसरॉय हुआ शासक का प्रतिनिधि या उसका स्थानापन्न। अवेस्ता के **विचिरा** से लैटिन के विकेरियस (VICARIUS) की रिश्तेदारी है। इस तरह वज़ीर और **वाइसरॉय** भी संबंधी ही हुए।

शब्दों के मूल भाव के साथ अर्थ कैसे भिन्न होते जाते हैं, इसका नमूना है कुछ अन्य शब्द जो इससे ही बने हैं। अंग्रेज़ी में **विंड** शब्द का मतलब है हवा। यह अर्थ इसलिए मिला क्योंकि हवा में घूमने का भाव है। ज़ाहिर है हवा में स्थानापन्न करने का भी भाव है। पृथ्वी पर निर्वात कभी नहीं रहता। हवा घूमते हुए लगातार अपनी ही स्थानापन्न होती है। इसी तरह लगातार घूमना यानी स्थानापन्न होना ही है। किसी व्यक्ति की एवज़ में ज़िम्मेदारी उठाना भी स्थानापन्न होना है। कमज़ोर, निर्बल के अर्थ में अंग्रेज़ी के WEAK शब्द पर ग़ौर करें। इसी मूल से जन्मे हैं। निर्बल या कमज़ोर वस्तु मुड़ती है, दोहरी हो जाती है, उसमें घुमाव आ जाता है। वृद्ध व्यक्ति की पीठ दोहरी हो जाती है। इससे हटकर सप्ताह के अर्थ में वीक (WEEK) शब्द भी इसी मूल से जन्मा है। यहाँ भी भाव चक्र, घूमना आदि है। समय चक्र का नाम ही सप्ताह है। कहाँ **बाइसरॉय** जैसा परम शक्तिशाली और कहाँ वीक यानी कमज़ोर! यही है शब्दों का सफ़र।

फ़सल के फ़ैसले का फ़ासला

[शब्द संदर्भ : फ़सल, फ़स्ल, फ़ासला, फ़सील, हासिल, महसूल, फ़ैसला, उपज, पैदावार, फ़ैसल, फ़स्लेगुल, फ़स्लेख़िज़ाँ, फ़स्लेबहार]

खेती के संदर्भ में उपज या पैदावार के लिए सबसे आम हिन्दी शब्द **फ़सल** है जिसका इस्तेमाल हर वर्ग के लोग बड़ी सहजता से करते हैं। फ़सल के विविध रूप भी प्रचलित है। मूलतः यह अरबी ज़बान का शब्द है जो बरास्ता फ़ारसी हिन्दुस्तानी में दाख़िल हुआ। अरबी में इसका रूप है **फ़स्ल**। ज़्यादातर अरबी शब्द तीन अक्षरों वाली धातुओं से बनते हैं फ़स्ल भी **फ-स-ल** ध्वनियों से बना है। **फ़स्ल** का मूलार्थ है अंतर, दूरी या अंतराल। ग़ौर करें ऋतुचक्र पर। एक मौसम के बाद दूसरा मौसम आता है। दो ऋतुओं के बीच स्पष्ट अंतराल होता है। एक के बाद एक बदलते वर्ष के काल खंडों को इसलिए **फ़स्ल** कहा गया क्योंकि एक निश्चित अंतर उनमें है अर्थात काल, समय या वक़्त का भाव भी **फ़स्ल** में है। पैदावार या उपज के अर्थ में **फ़स्ल** को **फ़सल** नाम बाद में मिला, पहले इसका मतलब समय, अंतराल, हिस्सा, अनुभाग ही था। एक ख़ास मौसम क्या है? समय चक्र का विशेष अनुभाग ही न! **फ़स्लेबहार** या **फस्लेगुल** का अर्थ वसंत ऋतु से ही है। इसी तरह **फ़स्लेखिज़ाँ** यानी पतझड़ का मौसम। यहाँ मौसम के रूप में **फ़स्ल** शब्द का मतलब साफ़ नज़र आ रहा है। बुवाई के बाद जब पौधों की वृद्धि की तयशुदा मियाद होने के वक़्त को **फ़स्ल** कहा जाता जिसकी राह देखी जाती। इसे **फ़स्ल** आना कहते। बाद में रूढ़ अर्थ में इसका मतलब पैदावार या उपज हो गया। अंश, हिस्सा के तौर पर किसान की मेहनत का प्रकृति द्वारा दिया गया हिस्सा ही है फ़सल। इसी तरह किसी पुस्तक के अलग-अलग अध्यायों को भी फ़स्ल ही कहते हैं।

अंतर, अंतराल या दूरी के अर्थ में **फ़स्ल** से ही बना है **फ़ासला**। दो फ़सलों के बीच का वक़्त ही **फ़ासला** कहलाता था। यह अंतराल ही समय का भी प्रतीक है और दूरी

का भी। अंतराल क्या है? एक बिंदु से दूसरे बिंदु के बीच का फ़र्क़। इसे चाहे तो समय से माप लें या दूरी से। यूँ अंतराल में दूरी और काल दोनों का ही समावेश होता है। प्राचीन बस्तियाँ परकोटों से घिरी होती थीं जिन्हें **फ़सील** कहते थे। परकोटा, या क़िले की दीवार आबादी और वीराने में फ़र्क़ करती थी, अंतर पैदा करती थी। शहर और वीराने का **फ़ासला** जो बताए, वही है **फ़सील**। हालाँकि हिन्दी में परकोटा, दीवार या चारदीवारी के अर्थ में **फ़सील** शब्द कम प्रचलित है मगर इसका इस्तेमाल लिखत-पढ़त की भाषा में होता है। न्याय के लिए हिन्दी का सर्वाधिक प्रचलित शब्द है **फ़ैसला** जो इसी कड़ी का हिस्सा है। वैसे फ़ैसला का शुद्ध अरबी रूप है **फ़ैसलः**। इसी तरह **फ़ैसल** का मतलब होता है न्यायकर्ता। किसी ज़माने में दो फ़सलों के बीच के अंतराल में फ़ैसला आ जाता था। आज यह **फ़ासला** दो **फ़सलों** का नहीं दो जन्मों से भी ज़्यादा का हो गया है। **फ़ैसला** भी एक उपलब्धि है। न्याय की तराज़ू पर दोनों पक्षों को तौलने के बाद जो अंतर मालूम होता है वही फ़ैसला होता है।

फ़सल के अर्थ में **पैदावार** शब्द भी फ़ारसी का ही है। यह बना है फ़ारसी के **पैदा** शब्द से जिसका अर्थ है उत्पन्न, आविर्भूत, प्रसूत आदि। चूँकि जो पैदा होता है, वह प्राप्त होता है, **हासिल** होता है इसीलिए इसे **हुसूल** भी कहते हैं। यह हिन्दी में आमतौर पर इस्तेमाल नहीं होता मगर इसी कड़ी का हासिल शब्द ख़ूब इस्तेमाल होता है। सरकार जब पैदावार पर टैक्स लगाती है तो उसे **महसूल** कहते हैं। ग़ौर करें यह **हुसूल** से पहले **म** उपसर्ग लगने से ही बना है। **महसूल** आम हिन्दी में इस्तेमाल होता है। पैदा शब्द की रिश्तेदारी **पिदर** से है जिसका अर्थ होता है पिता अथवा जन्मदाता। **पिदर** से ही बना है **पैदा** शब्द। **पिदर** का संबंध संस्कृत के **पितृ** से है। भारोपीय भाषा-परिवार में **पिता** के लिए इससे मिलते-जुलते शब्दों का प्रचलन है। इसी क्रम में अंग्रेज़ी का **फादर** शब्द भी आता है। फ़सल किसान के लिए संतान की तरह होती है, ज़ाहिर है वह उसे पिता की तरह ही पालता-पोसता है। इसीलिए वह **पैदादार** है। फ़सल के लिए हिन्दी का एक अन्य शब्द है **उपज** जो बोलचाल में ख़ूब प्रचलित है। यह बना है **उपजनः** यानी **उप + जन** के मेल से। **जन** का मतलब होता है जन्मना, उत्पन्न होना। इसमें **उप** जैसे प्रसिद्ध उपसर्ग का भाव है चेष्टा, प्रयत्न आदि। चूँकि फ़सल के उत्पन्न होने में किसान की मेहनत और प्रयास शामिल हैं, अतः **उपज** का भाव स्पष्ट है। यह सचमुच किसान की मेहनत का ही फल होता है।

अरदली की क़तार में खड़े लोग

[शब्द संदर्भ : अरदली, ऑर्डरली, ऑर्डर, रेखा, रेशा, रेशम, ऋतु]

किसी के मातहत काम करने के संदर्भ में हिन्दी में अक्सर एक मुहावरा प्रचलित है **अरदली में रहना, अरदली करना** या **अरदली में चलना**। यह बना है **अर्दली** या **अरदली** शब्द से जिसकी बनावट और ध्वनियों की वजह से पहली नज़र में यह उर्दू-फ़ारसी का लगता है पर मूलतः यह शब्द बना है अंग्रेज़ी के **ऑर्डली (ऑर्डरली)** से जिसका मतलब

होता है सुव्यवस्थित, अनुशासित रूप से कार्य करने वाला मगर व्यवहार में **ऑर्डली** से अभिप्राय ऐसे व्यक्ति से है जो किसी ओहदेदार का सहायक, अनुचर या परिचर होता था। भारत में आमतौर पर अर्दली की पहचान नौकर की रही। पुराने ज़माने में किसी रसूखदार का अरदली हो जाना बड़ी शान की बात हुआ करती थी। आज भी इसमें कमी नहीं आई है।

अंग्रेज़ी राज में ही ऑर्डली शब्द रियासती राजकाज की भाषा का हिस्सा बन चुका था जिसका उर्दू संस्कार **अर्दली** के तौर पर हुआ। ठीक वैसे ही जैसे ज्योग्रॉफी (geography) से उर्दू-पंजाबी का जुगराफिया बना। अंग्रेज़ी राज में **ऑर्डली** एक ऐसा सहायक होता था जो उसकी राह आसान करते हुए उसके बताए हुए कामों का बेहतर इंतज़ाम करते हुए अधिकारी के आगे-पीछे चलता था। आमतौर पर फ़ौज और सामान्य प्रशासन में इस शब्द को अपनाया गया। सहायक या अनुचर की भूमिका में जन-सामान्य में नौकर-सेवक-भृत्य जैसे शब्द चलते रहे। इससे ही **अरदली** मुहावरा भी बना जिसका मतलब किसी की सरपरस्ती में, मातहती में जीविकोपार्जन करने वाला। अरदली या ऑर्डली शब्द में ऑर्डर शब्द साफ़ नुमायाँ हो रहा है।

ऑर्डर भारोपीय भाषा-परिवार से जुड़ा शब्द है और इसमें भी संस्कृत के **ऋ** अथवा **र** वर्ण की महिमा झाँक रही है। इसका हिन्दी में प्रयोग आमतौर पर आदेश, हुक्म या आज्ञा के तौर पर होता है जिसका सीधा संबंध **अरदली** से जुड़ता है। मगर मूल रूप में **ऑर्डर** में क्रम, पंक्ति, एकसूत्रता, सरलता, वर्ग, श्रेणी, कोटि और व्यवस्था जैसे भाव शामिल हैं। इनमें क्रम सबसे महत्त्वपूर्ण है। आजकल के अर्दली ख़ुद ऑर्डर देते हैं, अफ़सर के मुलाक़ातियों को क़तार में खड़ा करते हैं। ऑर्डर शब्द बना है मूल इतालवी भाषा की धातु ORED (H) से जिसमें व्यवस्था का भाव है। इससे लैटिन का **ऑर्डिनेम**, फ्रेंच का **ऑर्द्रे** और अंग्रेज़ी का **ऑर्डर** शब्द बना जिसमें पंक्ति, व्यवस्था जैसे अर्थ समाए हैं। ग़ौर करें, इन तमाम शब्दों में छुपे भावों में क्रम सबसे महत्त्वपूर्ण है। क्रम में शामिल भाव बहुत व्यापक हैं। आदेश पालन में क्रम ही महत्त्वपूर्ण है। कोई भी आदेश, किसी व्यवस्था के तहत और व्यवस्था निर्माण के लिए होता है। व्यवस्था किन्हीं चीज़ों या बातों को क्रम देने का ही नाम है। क्रम का स्वरूप हमेशा सरल या रैखिक ही होता है। क़तार के अर्थ में अंग्रेज़ी का **रो** (ROW) शब्द भी इसी कड़ी का हिस्सा है। भारोपीय भाषा-परिवार की एक धातु है **री** (REI) जिससे **ऑर्डर** या **रो** जैसे शब्द बने हैं। संस्कृत में **ऋष** या **रिष्** धातु का अर्थ है कुरेदना, खुरचना, ज़ख़्मी करना आदि। संस्कृत के **ऋष्** शब्द में कुरेदना, खरोचना, काटना, छीलना आदि भाव समाहित हैं। **ऋष्** का अपभ्रंश रूप होता है **रिख** जिसका मतलब होता है पंक्ति। हिन्दी का रेखा इससे ही बना है। मराठी में **रेखा** को **रेषा** कहते हैं। प्राचीनकाल में अंकन का काम सबसे पहले पत्थर पर शुरू हुआ था। पत्थरों पर उत्कीर्ण लकीर में **ऋष्** धातु में निहित कुरेदने, खरोचने की बात साफ़ हो रही है। दुनिया की प्राचीनतम रेखा किसी काग़ज़ पर नहीं बल्कि पत्थर पर ही उकेरी गई थी।

ग़ौर करें रो और रेखा की समानता पर। बसाहट के अर्थ में भी क़तार, पंक्ति का भाव आता है। बांग्ला में **सरणि** शब्द आम है। सिविल लाइन या पुलिस लाइन की तरह वहाँ सरणि शब्द चलता है। **रो हाउसिंग** भी इसी तर है जिसका संबंध **ऋ** धातु से है। फ़ारसी में रिश्ता **तन्तु,** सूत्र या धागे को कहते हैं जिसे रेखा के अर्थ में समझा जाता है **ह** का प्रयोग है। या सरल रेखा के अर्थ में ही राह की पहचान होती और जिसका अर्थ-विस्तार संबंध में होता है। संस्कृत का मराठी का **रेषा,** हिन्दी का **रेशा** एक ही धागे से बँधे हैं जिससे **रेशम** जैसा शब्द भी बना है। रिश्ता भी एक धागा है जो दो लोगों में रिश्तेदारी अर्थात संबंध बनाता है। कुरेदने, खरोंचने की क्रिया के ज़रिए ही प्राचीन मानव ने चिह्नांकन सीखा। यही रेखांकन है। रेखा, क्रम का विस्तार ही पदानुक्रम में आता है जिसके लिए अंग्रेज़ी में **रैंक** शब्द प्रचलित है और हिन्दी में भी यह आम बोलचाल में प्रचलित है। ऑर्डर का रिश्ता क्रम या पंक्ति से स्थापित हो चुका है। व्यवस्था तभी बनती है जब उसकी कोई प्रणाली हो। यही **रीति** कहलाती है जो **ऋत्** धातु से बनती है। **ऋत्** में भी क्रम निहित है। मौसम के लिए **ऋतु** शब्द में एक ख़ास अनुशासन, क्रम या चक्र साफ़ समझा जा सकता है। इसका बदला हुआ रूप **रुत** है जिसका प्रयोग **रुत बदलना** जैसे मुहावरे में भी होता है जो परिवर्तन को ही इंगित करता है।

कोर्ट, कचहरी और जुलूस

[शब्द संदर्भ : कचहरी, कृत्य, दुष्कृत्य, सुकृत्य, अतिक्रमण, कोर्ट-कचहरी, कोर्ट, कृत्यगृह, अंगीकृत, अंगीकार, इजलास, जलसा, जुलूस, मजलिस, पंचायत, न्यायालय, नीति]

हिन्दी का बड़ा आम शब्द है **कचहरी** जिसका मतलब है न्यायालय, अदालत या कोर्ट। क़ानूनी झमेलों में पड़ने को आमतौर पर अदालतों के चक्कर काटना कहा जाता है। इसी तर्ज़ पर कोर्ट-कचहरी के चक्कर लगाना वाक्य भी प्रचलित है इसमें चाहे कोर्ट अंग्रेज़ी का और कचहरी हिन्दी का शब्द हो मगर दोनों के मेल से कोर्ट-कचहरी में मुहावरे का असर पैदा हो गया है। मूल रूप से कचहरी शब्द बना है संस्कृत के कृत्यगृह से जिसका मतलब होता है अदालत। यह बना है **कृत्य + गृह** की संधि से और फिर कृत्यगृह > कच्चघर > कच्चहर > होते हुए **कचहरी** में ढल गया। संस्कृत शब्द कृत्य की धातु है **कृ** जो मूलतः कर्म क्रिया के अर्थ में प्रयोग होती है। मोटेतौर पर जिसके मायने हैं करना। यह प्रत्यय की तरह भी कई शब्दों में प्रयोग होती है जैसे अंगीकृ यानी अपनाना। इससे ही **अंगीकार/अंगीकृत** शब्द बना। **अतिकृ** यानी बढ़ जाना। इससे ही **अतिक्रमण** शब्द बना। **कृ** से ही बनता है **कृत्य** जिसके मायने हैं जो करना चाहिए अथवा उचित, उपयुक्त, युक्तियुक्त व्यवहार। ज़ाहिर है यही न्याय है इसीलिए **कृत्यगृह** को न्यायालय की अर्थवत्ता मिल गई। कहने की ज़रूरत नहीं कि कृत्य से बने **कचहरी** में **सुकृत्य** करने वालों की नहीं बल्कि **दुष्कृत्य** करने वालों की आमदरफ्त ज़्यादा होती है।

हिन्दी में अदालत के लिए **न्यायालय** शब्द भी चलता है मगर ज़्यादातर लिखत-पढ़त की भाषा में। इस्तेमाल के हिसाब इसका क्रम सबसे आख़िर में है। मेरे विचार से बोलचाल में सबसे ज़्यादा **कोर्ट** शब्द चलता है, फिर अदालत और उसके बाद कचहरी। बहरहाल न्याय शब्द का जन्म संस्कृत धातु **नी** से हुआ है जिसका अर्थ ले जाना, मार्गदर्शन करना, संचालन करना आदि है। यह जानना दिलचस्प होगा कि न्याय की जिस देवी की आँखों पर हमेशा पट्टी बँधी होती है उस **न्याय** और **नयनों** का जन्म **नी** धातु से ही हुआ है। न्याय का मतलब नीति, नियम, क़ानून, इनसाफ़ आदि है। यही नहीं राजनीति, शास्त्र, सुशासन, सच्चाई और ईमानदारी जैसी बातें भी इसके अंतर्गत आती हैं। इसी न्याय में निवास या आश्रय के भाव वाले आलय की संधि से बनता है न्यायालय शब्द जिसे अदालत के सरकारी तौर पर मान्य रूप में प्रयोग की परिपाटी है।

हिन्दी में ही कोर्ट-कचहरी के अर्थ गें **अदालत** और **इजलास** दोनों शब्द प्रचलित हैं मगर ये दोनों उर्दू से हिन्दी में चले आए हैं। यूँ इनका मूल स्थान अरबी का है। **इजलास** का अरबी में सही रूप **इज्लास** है। यह बना है जलसा से। **जलसा** शब्द हिन्दी में अपनी स्वतंत्र अर्थवत्ता रखता है मगर यह बरास्ता फ़ारसी-उर्दू मूल रूप से अरबी से ही हिन्दी में दाख़िल हुआ है जहाँ इसका शुद्ध रूप है **जल्सः** जो बना है सेमेटिक धातु **ज-ल-स** से। यह धातु समुच्चयवाचक है जिसमें बैठक, गोष्ठी अथवा समूह का भाव है। **जलसा** का अर्थ हुआ महफ़िल, सत्र, सभा, आयोजन, संगठन, उत्सव आदि। इसमें **म** उपसर्ग लगने से बना मजलिस जिसका अर्थ होता है परिषद, सभा, गोष्ठी, संघ, समिति, कमेटी आदि।

इसी कड़ी का शब्द है **जुलूस** जिसमें उत्सव यात्रा, शोभायात्रा का भाव शामिल है। अरबी का जुलूस हिन्दी में इस क़दर घुल-मिल गया है कि शोभायात्रा के लिए इससे बेहतर कोई शब्द सूझता ही नहीं। **जल्सः** में **इ** उपसर्ग लगने से बना इज्लास जिसमें मान्य लोगों की सार्वजनिक बैठक का वही भाव है जो पंचायत में होता है। प्राचीनकाल में विवादों की सुनवाई सार्वजनिक स्थलों पर बैठक के ज़रिए ही होती थी। एक ही मूल से पैदा हुए इन सभी शब्दों के अर्थ एक समान होने पर भी इनके बर्ताव में अंतर है। आज ये तमाम लफ़्ज़ हिन्दी में बड़ी सहूलियत से इस्तेमाल किए जा सकते हैं। किसी **इज्लास** के दौरान किसी जलसे या मजलिस पर पाबंदी लगाई जा सकती है।

अब **कोर्ट** की बात। अंग्रेज़ी में कोर्ट शब्द आया फ्रेंच के **कोर्ट** से जिसका मतलब है घिरा हुआ स्थान। न्यायिक गतिविधियों के लिए क़रीब तेरहवीं सदी के आसपास कोर्ट शब्द का अंग्रेज़ी में प्रयोग शुरू हुआ और **कोर्टशिप, कोर्टरूम** और फिर **हाईकोर्ट, सुप्रीमकोर्ट** जैसे शब्द भी बन गए भारत में अंग्रेज़ी राज क़ायम होने के बाद जब फ़िरंगी इनसाफ़ भी करने लगे तब इस लफ़्ज़ से हिन्दुस्तानी भी परिचित हुए।

अदालत में अदला-बदली

[शब्द संदर्भ : अदल-बदल, फेरबदल, बदलाव, बदली, अदालत, तबादला, रद्दोबदल, आदिल]

हिन्दी उर्दू में **अदला-बदली** एक ऐसा शब्द युग्म है जो मुहावरे की अर्थवत्ता रखता है और इसके दो अन्य शब्दरूप भी प्रचलित हैं, मसलन–**अदल-बदल** या **अदली-बदली**। इसका शुमार उन शब्दों में है जिनका इस्तेमाल रोज़मर्रा की भाषा में ख़ूब होता है। इस शब्दयुग्म में कुछ अन्य आमफ़हम शब्दों के जन्म-सूत्र भी छिपे हैं। यह सेमेटिक भाषा-परिवार से निकला है और इसका रिश्ता अरबी भाषा से है। अदला-बदली का अर्थ होता है परिवर्तन, स्थानापन्न। इससे बने हिन्दी शब्दों में फेरबदल, बदलाव, बदलना, बदली आदि प्रचलित हैं। मूल अरबी में इससे **तबादला** शब्द भी बना है जिसका अर्थ स्थानान्तरण या ट्रान्सफ़र होता है। इससे ही बने रद्दोबदल में नवीनीकरण का भाव छिपा है। अदला-बदली में हेराफेरी का भाव भी छुपा हुआ है। अरबी में एक धातु है **अ-द-ल** जिससे **अदाला** शब्द का निर्माण होता है। अरबी में इसका अभिप्राय है चीज़ों को उनके उचित स्थान पर रखना। ग़ौरतलब है कि यहाँ उचित शब्द का महत्त्व है। यहाँ चीज़ का अभिप्राय भौतिक वस्तु तक भी सीमित नहीं है बल्कि कथन, विचार, वाद, मुद्दा अथवा तथ्य जैसी बातें इसमें शामिल हैं। इस पृष्ठभूमि में देखा जाए तो भद्रता, सज्जनता और पवित्रता जैसे शब्द भी इसके दायरे में आ जाते हैं। ये सब अर्थ स्थापित करते हैं कि न्यायपूर्ण तरीक़े से किया गया कार्य ही **अदाला** कहलाता है।

इस शब्द में 'औचित्य' को जो महत्त्व मिला हुआ है उसकी वजह से इसका काफ़ी अर्थ-विस्तार हुआ। **अदला-बदली** में जहाँ **अदाल** का अर्थ-परिवर्तन या फेरबदल के रूप में नज़र आ रहा है वहीं इससे बने **अदालत** शब्द में इसकी व्यापकता नज़र आती है। **अदालत** यानी वह स्थान जहाँ न्याय होता है जिसे न्यायालय, कोर्ट या कचहरी कहते हैं। न्याय क्या है? तथ्यों को सही परिप्रेक्ष्य में देखना। तथ्य अर्थात सत्य को उचित स्थान पर प्रतिष्ठित करना। यही है **अदाला** और यह काम जहाँ होता है उसे अदालत कहते हैं। जो व्यक्ति न्यायप्रिय है अथवा ईमानदारी से काम करता है वह **आदिल** है। सज्जन, सुभद्र, शालीन व्यक्ति भी आदिल है। **आदिल** में न्याय और विवेक से जुड़ी समूची अर्थ-संपदा समेटी जा सकती है। **अ-द-ल** से बने **अदाला** की व्याप्ति संज्ञा के तौर पर कई अन्य भाषाओं में भी हुई है। हिब्रू में एक स्त्रीवाची नाम है **अदालिया** जिसका मतलब होता है प्रभु की शरण में, इसमें सज्जनता, भद्रता, ईमानदारी जैसे शब्दों का भाव समाहित है। रूसी, अजरबैजानी और तुर्की में इसी अर्थ में अनेक शब्द हैं। हिब्रू से जर्मन भाषा में भी इसकी व्याप्ति हुई है जहाँ इसका रूप **अडेल, ऐडेलिया** होता है। **अदाल** यानी न्याय असत्य की जगह पर सत्य को पुनर्स्थापित करता है। उचित को प्रश्रय देता है और बुराई की जगह अच्छाई को प्रतिष्ठित करता है। यही है **बदलाव, बदली** या **तबादला**। इस रूप में न्याय पूर्ण बदलाव को ही तबादला कहा जाना चाहिए मगर तुष्टीकरण के इस

युग में आज तबादला एक ऐसा औज़ार बन गया है जिससे न्यायपूर्ण बदलाव का काम नहीं लिया जा रहा है। तबादला आज न जाने कितने अनुचित कर्मों की वजह बन चुका है।

अब आते हैं **अदला-बदली** के दूसरे हिस्से पर। सेमेटिक मूल की एक धातु है **ब-द-ल** जिससे बने हैं **बदल, बदाला** या **बदला** जैसे शब्द। मूलतः इनमें आदान-प्रदान, स्थानापन्न या लेन-देन का भाव ही समाया हुआ है। प्राचीन विश्व में कारोबार में मौद्रिक भुगतान की एवज़ में लेन-देन की प्रणाली ही प्रचलित थी जिसे वस्तु विनिमय कहा जाता है। इस **बदाल** या **बदल** में यह भाव भी शामिल है। ग़ौरतलब है कि अरबी लोगों का ज़िक्र प्राचीनकाल से ही गहन कारोबारी समझ रखने वाली जाति के तौर पर होता आया है। अरबों का हमलावर रूप देखने से सदियों पहले से भारतीय उनके सौदागर रूप से ही परिचित थे। अदला-बदली शब्द का मूलार्थ किसी ज़माने में वस्तु विनिमय से ही जुड़ा था और यह शब्द भी अरब सौदागरों ने ही ईजाद किया होगा। जिसने बाद में व्यापारिक शब्द-संपदा में अपनी जगह बनाई और फिर व्यापक अर्थ ग्रहण करते हुए बोलचाल की भाषा में समा गया। लेन-देन या स्थानापन्न के रूप में **बदल** का ही रूप **बदला** में नज़र आता है। हिन्दी-उर्दू में **बदला** शब्द का प्रचलित अर्थ प्रतिशोध ही होता है। हालाँकि प्रतिशोध को एक क्रिया की न्यायपूर्ण प्रतिक्रिया नहीं कहा जा सकता है मगर यह अदला-बदली ज़रूर है। किसी वस्तु को **बदल** देने का मतलब होता है वैसी ही दूसरी वस्तु को वैकल्पिक तौर पर प्रस्तुत करना। व्यापारिक शब्दावली में **अदला-बदली** में संतुलन महत्त्वपूर्ण होता है मगर प्रतिशोध में अक्सर यह संतुलन बिगड़ता है। प्रतिशोध में संतुलन का विकल्प नहीं होने से अक्सर बदले की क्रिया ज़्यादा व्यापक और भारी होती है। बदले का यही असंतुलन **अदालत** में जाकर न्यायदेवी के तराज़ू में तौला जाता है। आज के दौर में तो अदालतों को बदले की कार्रवाई की जगह बनाया जाने लगा है। प्रायः विचाराधीन मामलों में पेशी के दौरान बदमाशों द्वारा **अदालत** परिसर में गोली-बारी होती है। न्याय में विलंब से तंग आकर फ़रियादी आपा खोकर कई बार न्यायकर्ता के साथ अशोभनीय व्यवहार के ज़रिए इसका बदला लेते नज़र आते हैं।

समूह से समझदारी की उम्मीदें...

[शब्द संदर्भ : समूह, सामूहिक, ऊहापोह, व्यूह, चक्रव्यूह]

लोगों की भीड़, वस्तुओं का संग्रह, जानवरों का रेवड़ तथा इसी तरह के अन्य जमाव या समष्टिबोधक शब्दों के लिए हिन्दी का एक आम शब्द है समूह। सभा, गोष्ठियों या अन्य किसी जमावड़े के संदर्भ में इस शब्द का प्रयोग होता है। इस तरह एक समूह **गोष्ठी** भी है और परिवार भी। फ़ौज भी है और राष्ट्र भी। तारामंडल भी है और देवगण भी। जन-समूह एक ऐसा शब्द है जो अक्सर चुनावी रैलियों में लोगों की संख्या का आकलन करते समय कहा-सुना जाता है। समूह बना है संस्कृत की **ऊह्**

धातु से जिसमें चर्चा, तर्क-वितर्क, अटकलबाज़ी आदि भाव शामिल हैं। ग़ौर करें कि भीड़ का स्वभाव होता है हलचल करना। यह हलचल शारीरिक भी होती है और वाचिक भी। अगर कहीं भी चंद लोग इकट्ठा है तो यह तय है कि किसी भी विषय पर वार्तालाप या बहस शुरू होगी ही। चर्चा, तर्क-वितर्क-कुतर्क सब कुछ होगा। विचार-विमर्श भी होगा और परामर्श भी। समूह के साथ चाहे सोच-विचार, चर्चा जैसे शब्द जुड़े हैं मगर हर समूह समझदार हो, यह ज़रूरी नहीं। ख़ासतौर पर लोकतंत्र जो ख़ुद समूहवाची है, उसके अस्तित्व के लिए **समूह** से हमेशा समझदारी की उम्मीद होनी चाहिए।

किसी भी मुद्दे पर अटकलबाज़ी से लेकर रायशुमारी का दौर तक चल सकता है। ऐसा इसलिए होता है क्योंकि समूह का चरित्र ही यह है। हालाँकि समूह शब्द में यह बात आवश्यक नहीं है कि समुच्चय सिर्फ़ मनुष्यों का ही हो। जड़ वस्तुओं का समूह भी हो सकता है और पशु-पक्षियों का भी। मगर चर्चा, शब्द आदि वहाँ भी होते हैं। बर्तनों के समूह के लिए मनुष्य ने ख़ुद ही मुहावरा गढ़ लिया कि जहाँ चार बर्तन होंगे तो खड़खड़ाएँगे ही यानी बरतन भी बातें करते हैं। वृक्ष-समूह में भी चर्चाएँ होती हैं। आम के पेड़ों का समूह अमराई कहलाता है। अक्सर अमराई में पंचायत हो जाती है, चौपाल सजती है और दुनिया-जहान की चर्चा होती है। यूँ भी वृक्ष-समूह में पंछियों के कलरव से गुंजार होता है। और रात्रि में सचमुच वृक्ष आपस में बातें करते हैं और हवा उन्हें वाणी देती है। ये अलग बात है कि मानव-मन में बैठा दुभाषिया जो पहले वृक्ष-वाणी समझता था, अब उसका अनुवाद करना भूल चुका है। पेड़ों ने भी अब बोलना बंद कर दिया है, क्योंकि उनके समूह बचे कहाँ? मगर संवादहीनता की परिणति हमेशा पश्चात्ताप ही है, इस कठोर सच्चाई का भयावह रूप अभी समाज को देखना बाक़ी है।

संस्कृत की **ऊह्** धातु में शामिल विचार-विमर्श, चिन्तन, अनुमान लगाना आदि भाव सीधे-सीधे लोगों के आपसी संवाद को ज़ाहिर कर रहे हैं। संवाद किन्हीं दो या उससे ज़्यादा व्यक्तियों में होता है इसलिए यहाँ समूह या समष्टि का अर्थ भी निहित है। **उह्** में **सम** उपसर्ग लगने से बना समूह। हिन्दी का एक और आम शब्द है **ऊहापोह** जो **ऊह + अपोहः** से बना है। **अपोह** का अर्थ होता है तार्किक आधार पर समस्या का निराकरण। **ऊहापोह** का हिन्दी वाले अक्सर ग़लत प्रयोग करते हैं। आमतौर पर इसका प्रयोग असमंजस, अधरझूल या निष्कर्ष तक न पहुँचने की स्थिति से लगाया जाता है जबकि इसका सही अर्थ है किसी विषय पर सम्यक् तार्किक चर्चा। ऊहापोह का मुहावरे की तरह जब प्रयोग होता है तो उसका अभिप्राय यही होता है कि सोच-विचार में पड़ना।

ऊह् शब्द से बना एक और महत्त्वपूर्ण शब्द है **व्यूह**। इस कड़ी का **चक्रव्यूह** शब्द **व्यूह** की तुलना में हिन्दी में कहीं अधिक प्रयोग होता है। **ऊह** में **वि** उपसर्ग लगने से बनता है **व्यूह** जिसका अर्थ है युद्ध के मद्देनज़र सैन्य-रचना। कोई भी योजना अथवा **व्यूह**

रचना बिना तार्किक आधार और चिंतन-मनन के नहीं बनाई जाती। ऊह् में निहित ये अर्थ व्यूह में स्पष्ट हैं। फ़ौज, टुकड़ी, सैन्यदल को भी व्यूह कहा जाता है और शरीर, संरचना, निर्माण भी व्यूह ही कहा जाता है। यहाँ भी भाव समुच्चय से ही है। सेना भी फ़ौजियों का समूह है और शरीर इन्द्रियों-अंगों का समूह है। चक्रव्यूह प्राचीनकाल का बेहद महत्त्वपूर्ण सैन्यविन्यास था जिसे भेदना मुश्किल होता था। आज इस शब्द का अर्थ भी मुहावरे के तौर पर होता है जिसका मतलब विरोधी पक्ष की मारक रणनीति से है।

रिश्ते-परिवार-संबंध

अम्मा में समाई दुनिया...

[शब्द संदर्भ : अम्मा, मातर, मदर, अम्बा, अम्बिका, अम्बालिका, त्र्यंबकेश्वर]

हिन्दी का **माता** शब्द इंडो-यूरोपीय भाषा-परिवार के सबसे पुराने शब्दों में एक है। इस शब्द की छाप आज भी इस कुनबे की ज़्यादातर भाषाओं पर देखी जा सकती है। इसी वजह से संस्कृत का **मातृ,** जेंद अवेस्ता में **मातर**, फ़ारसी-उर्दू में **मादर,** ग्रीक में METER, लैटिन में MATER, जर्मन में MUOTAR, स्लाव में MATI, डच में MOEDER और अंग्रेज़ी में मदर जैसे संबोधनसूचक शब्द देखने को मिलते हैं। विद्वान इस शब्द की उत्पत्ति अलग-अलग ढंग से बताते हैं। संस्कृत में इसके जन्म के पीछे निर्माणसूचक **'मा'** धातु मानी जाती है यानी जो निर्माण करे वह माँ। कुछ इसे **मान्** धातु से निकला शब्द मानते हैं अर्थात जिसका मान-सम्मान व पूजा की जाए वह है माता। मगर कई भाषाविज्ञानी उत्पत्तियों के इन आधारों को कपोलकल्पना मानते हैं और इसे **'म'** वर्ण से निकला हुआ नर्सरी शब्द मानते हैं जो ध्वनि-अनुकरण प्रभाव के चलते एक ही आधार से उठकर भारतीय-यूरोपीय भाषा-परिवार में फैलता चला गया। ग़ौर करें कि शिशु जिन मूल ध्वनियों को अनायास निकालता है उनमें सर्वाधिक 'म' वर्ण वाली ही होती हैं, यथा–**अम्, मम्, हुम्म्** आदि।

हिन्दी सहित कई भारतीय भाषाओं में **माँ** के लिए **अम्मा** सहित इससे मिलते-जुलते शब्द चलते हैं, जैसे–मराठी में **आई, माई, माय,** कन्नड़ में **अम्ब** जैसे शब्द दरअसल संस्कृत के **अम्बा** से निकले हैं जिसका अर्थ **माँ** है। भाषाविज्ञानियों के मुताबिक़ मुस्लिम समाज में बोला जाने वाला **अम्मी** शब्द भी इससे ही निकला है और अंग्रेज़ी के **मॉम** या **मम्मी** के पीछे भी यही आधार है। **अम्बा** शब्द का मूल आधार संस्कृत धातु **अम्ब्** है। **अम्बिका, अम्बालिका** आदि शब्द भी इससे ही बने हैं जिनका अर्थ भी माता या देवी है। पार्वती को भी **अम्बिका** कहते हैं। गणेश का एक नाम **आम्बिकेयः** भी अम्बिकापुत्र होने के अर्थ में ही पड़ा। अम्ब् से ही बने **अम्बः** शब्द के मायने होते हैं पिता, आँख, जल आदि। ग़ौर करें त्र्यंबक या त्र्यंबकेश्वर पर। यहाँ इस शब्द का **त्रिनेत्र** वाला भाव साफ़ समझ में आ रहा है अर्थात शिव। इस तरह देखें तो शिव, पार्वती और गणेश में **अम्ब्** की महिमा समाई हुई है। एक और मज़ेदार बात बताएँ। **अम्बः** का एक अर्थ स्वीकृतिबोधक ध्वनि भी होता है, जैसे–'हूँ', 'हाँ' आदि। कहने की ज़रूरत नहीं कि **हूँ-हाँ** में यही **अम्बः** झाँक रहा है। राजस्थान-हरियाणा में पसरे मेवात क्षेत्र में चले जाइए वहाँ के ग्रामीणों के मुँह से आपको स्वीकृतिसूचक **'हम्बै'** की हुंकार अक्सर सुनने को मिलेगी।

सकल जग माँ ही (अम्मा में समाई दुनिया-2)

[शब्द संदर्भ : अन्ना, अन्नी, नैनी, ग्रैनी, अम्मी, मैया, महतारी, आत्या, अत्या, मातृका, माई, मामी, मैमल, मम्मा, मम्मी]

माँ की महिमा समूची भाषा-संस्कृति में न्यारी है। सृष्टि में अगर जीवनदायिनी शक्ति कोई है तो वह सिर्फ़ माँ है। इसीलिए सीधे-सीधे माता के अर्थ वाले संबोधनकारी शब्दों के अलावा भी ऐसे कई शब्द हैं जिनका मूलभाव निर्माण, पालन-पोषण, विकास, श्रद्धा आदि से जुड़ता है। उन्हें भी माँ के समकक्ष या पर्यायवाची शब्द के रूप में रुतबा मिल गया। यूँ सृष्टि और प्रकृति का अर्थ भी माँ ही होता है। भाषाविज्ञानी इसे **'म'** वर्ण से निकला हुआ नर्सरी शब्द मानते हैं जो ध्वनि-अनुकरण प्रभाव के चलते एक ही आधार से उठकर भारतीय-यूरोपीय भाषा-परिवार में फैलता चला गया। ग़ौर करें कि शिशु जिन मूल ध्वनियों को अनायास मुँह से निकालता है उनमें सर्वाधिक **'म'** वर्ण वाली ही होती हैं, यथा—**अम्, मम्, हुम्म्** आदि। यह माना जाता है कि ये ध्वनियाँ स्तनपान के समय भी शिशु के मुँह से निकलती हैं। शिशु के मुँह से जब **मम्-मम्** जैसी ध्वनियाँ निकलती हैं तो हम इसे उसके भूखे होने का संकेत ही मानते हैं। इस ध्वनि संकेत की महिमा देखिए कि समूचे जीव-जगत में स्तनपायियों के लिए अंग्रेज़ी में **मैमल** शब्द प्रयोग किया जाता है जो बना है लैटिन कि **मैम्मा** से जिसका मतलब ही है **स्तन** अथवा **पोषणग्रंथि**। जो स्तनपान कराए, पालन करे वह **माँ**। इसलिए अंग्रेज़ी में माँ के लिए **मम्मा, मम्मी** जैसे शब्द हैं। थलचर स्तनपायियों में ज्ञात सबसे विशाल मगर अब विलुप्त हाथी की प्रजाति के लिए भी मैमथ शब्द इसी मूल का है। यही नहीं मातृत्व से जुड़ा मैटरनिटी और मातृकुल को इंगित करने वाले **मैटरनल** जैसे शब्द भी इसी मूल से उपजे हैं।

अम्मा की व्यापकता हिन्दी के साथ-साथ तमाम उत्तर भारतीय और दक्षिण भारतीय भाषाओं में भी है। अम्मा की छाया इतनी गहरी है कि दक्षिणी भाषाओं में तो ज़्यादातर रिश्ते ही इस शब्द में समा गए हैं। तेलुगू में **माँ** के रूप में तो अम्मा है ही, नानी के लिए **अम्मयू, अम्मसी** और **अम्माअत्ता** जैसे रूप भी हैं। तेलुगू में दादी के लिए **अम्माम्मी, मामी** के लिए **अन्मंति, अम्मे** यानी पिता, अम्मी यानी छोटी बहन जैसे शब्द यही साबित करते हैं। इसी तर्ज़ पर हिन्दी में माँ के भाई के लिए मामा व मामा की पत्नी के लिए **मामी** जैसे शब्द भी **माँ** की महत्ता को ही सिद्ध करते हैं। संस्कृत में मामा के लिए **मातुल** व **मातुलानी** शब्द भी हैं। दक्षिण की भाषाओं में अम्मा के अलावा अक्का (बड़ी बहन के लिए भी प्रचलित), अत्ता, अत्तिका, अन्ना, अन्नी (ग़ौर करें नानी, अंग्रेज़ी के **नैनी** या **ग्रेनी** जैसे शब्दों पर) के अलावा उर्दू में **अम्मी**, हिन्दी में **मैया, महतारी, माई, मातृका** जैसे अनेक पर्यायवाची शब्द हैं जो माँ की महिमा का बखान करते हैं। मराठी में पिता की बहन अर्थात बुआ को **अत्या, आत्या** कहते हैं जो दक्षिणी प्रभाव (संभवतः कन्नड़) है।

क्या है माँ का ऐश्वर्य (अम्मा में समाई दुनिया-3)

[शब्द संदर्भ : अम्मा, अम्बा, वसुमति, वसुधा, धात्री, धाय, जल, जीवन, जननि]

माँ के जीवनदायी अर्थों पर ग़ौर करें तो उसमें भी **अम्, अम्ब, मम्** की छाया नज़र आती है। सृष्टि में जीवन की उत्पत्ति पानी में ही हुई है इसीलिए जीवन-प्राण जैसे लक्षणों के लिए **ज** धातु की कल्पना की गई। इसीलिए जीवन में, जल में जन्म वाचक यह **ज** नज़र आता है। कहने की ज़रूरत नहीं कि **माता** का एक पर्याय **जननि** भी है जिसका अर्थ जन्म देने वाली इसी **ज** धातु से है।

जल के लिए संस्कृत में एक शब्द है **अम्बु**। इसका जन्म हुआ है **अम्ब्** नामक धातु से। इसके दो ही अर्थ हैं। एक तो शब्द करना **(अम्, मम्, हुम्)** दूसरा है जाना। इस जाना में **अम्बु** अर्थात जल का प्रवाही भाव भी छुपा है। अम्ब् से ही बने हैं **अम्बा, अम्बिका, अम्बालिका** जैसे शब्द जिसमें माता, दुर्गा, भवानी, देवी जैसे अर्थ समाए हैं। समझा जा सकता है कि जल और अम्बु में क्या रिश्ता है, पानी का, प्राण का जन्मदायी जननि का। स्त्री की सृजनकारी, जन्मदात्री क्षमताओं के कारण ही उसके लिए भाषा में आदरसूचक शब्दों का निर्माण हुआ। संस्कृत धातु **प्र** एवं **पृ** के विस्तार सूचक भावों से **पृथ्वी** शब्द जन्मा। पृथ्वी जो सुविस्तृत है, विशाल है, बढ़ाने वाली है—बीज को, धन को, तन को। कहने की ज़रूरत नहीं कि पृथ्वी को वैदिक युग से ही दैवी रूप मिला है, माता का दर्जा दिया गया है। भूलोक के अलावा पृथ्वी का अर्थ हुआ ऐश्वर्य को फैलाने वाली, कीर्ति को फैलाने वाली। पृथ्वी अर्थात देवी के दो रूप प्रमुख हैं एक उदार दूसरा विकराल। उदार रूप में ही देवी पृथ्वी सबकी माता है जो सबको धन-धान्य देती है, पालन-पोषण करती है। इस रूप में इसके कई नाम हैं, जैसे—वसुधा, वसुमति, वसुंधरा, धरती माता, अम्बुवाची (वर्षा-सूचक लक्षणों से युक्त भूमि) और ठकुरानी इत्यादि। वसु का अर्थ होता है धन-दौलत अथवा समृद्धि। पृथ्वी के गर्भ में जितनी दौलत समाई है इसीलिए उसे **वसुमति** अथवा **वसुधा** कहा गया है। गर्भस्थ शिशु भी स्त्री के लिए दौलत होता है इसीलिए वसु शब्द का अर्थ शिशु भी होता है। जन्म देने के बाद संतान ही माँ के लिए ऐश्वर्य समान होता है। काली, देवी, दुर्गा, भवानी, कपालिनी, चामुंडा आदि भी माँ के ही रूप हैं मगर ये सभी रूप माँ को शक्तिरूपिणी दिखाते हैं अर्थात उसके विकराल रूप को दिखाते हैं जिसे अपनी सृष्टि पर आए संकट से रक्षा की ख़ातिर धारण करना पड़ता है। माँ के निर्माण-सूचक रूप को दर्शाने वाला शब्द है **धात्री** जिसका अर्थ हुआ जो वसु धारण करे, पालन करे, निर्माण करे। स्त्री अपने गर्भ में शिशु को धारण करती है, उसका निर्माण करती है। बाद में रूढ़ अर्थों में धात्री से बने धाय शब्द के मायने थोड़े बदल गए और इसका अर्थ जन्म देने वाली नहीं बल्कि पालने-पोसने वाली माता अर्थात उपमाता से जुड़ गया। धाय शब्द यही तो कहता है। पृथ्वी का एक अन्य पर्याय **धारयित्री** भी है।

घर की रानी से नौकरानी तक

[शब्द संदर्भ : मही, महिला, मेहरारू, मिहरारू, मेहतर, महिरारू, रानी, महारानी, महाराज्ञी, राज्ञी]

तमाम पूर्वग्रहों के बावज़ूद भारतीय संस्कृति में नारी के जो विभिन्न नाम मिलते हैं वे मातृसत्तात्मक समाज में उसके महिमामय रूप को प्रदर्शित करते हैं। इन नामों के देशज भाषाओं में बदले हुए रूपों में भी अतीत की नारी के ग़ौरव के अवशेष नज़र आते हैं। उदाहरण के लिए **महिला** शब्द मही में इलच् प्रत्यय से मिलकर बना है। कुछ विद्वान इसे **मही + लास्य** से मिलकर बना शब्द मानते हैं। **मही** शब्द **मह्** धातु से बना है जिसमें गुरुता का भाव है। **मही** पृथ्वी को भी कहते हैं जिसे समस्त प्राणिजगत की जननि माना जाता है। मही का अर्थ राज्य, देश, साम्राज्य भी है। मही नदीवाची शब्द भी है। अरावली पर्वत से एक नदी निकलती है जिसका नाम **माही** है, मूलतः **मही** से ही बना है। यह खम्भात की खाड़ी में समुद्र से मिलती है। नारी अपने सबसे ग़ौरवमयी रूप माँ बनकर ही प्रकट होती है क्योंकि यही रूप उसे सृष्टि सृजन का प्रमुख भागीदार बनाता है। जननि के रूप में नारी पूरी कायनात में सबसे ऊँचे स्थान पर नज़र आती है। क्योंकि वह उर्वरा है। वह सर्जक है। वह जीवनदायिनी है इसीलिए सर्वश्रेष्ठ है। माँ के रूप में पृथ्वी के बाद सर्वाधिक सम्मानित गाय को भी **महा** कहा जाता है। **मही** से बने महिला शब्द में नारी की महत्ता ही झलक रही है।

पुरुषाधीन होने के बाद गृहिणी के तौर पर चारदीवारी की सत्ता तक सीमित कर दी गई महिला से **महिरारू, मिहरारू, महरारू** या **मेहरारू** जैसे अनेक रूप बने। हिन्दी की पूर्वी बोलियों में इसका अर्थ होता है पत्नी, घर वाली, भार्या आदि। महादेवी वर्मा के संस्मरण में एक निम्नवर्गीय स्त्री, दबंगों को झिड़कती है–हम सिंह के मेहरारू होत सियारन के जाब! पत्नी की भूमिका जब ज़रूरत से ज़्यादा घरेलू हो जाती है तो घर वाली भी होम मिनिस्टर की तथाकथित झूठी उपाधि की हक़ीक़त समझ जाती है। अब उसकी सहायक के तौर पर कोई-न-कोई परिचारिका घर के कामकाज में हाथ बँटाती है। दिलचस्प यह है कि पत्नी को नौकरानी के रूप में देखने वाले समाज ने सचमुच गृह साम्राज्ञी की सहायिका के लिए **मेहरारू** से ही शब्द गढ़ लिया और **महिला** का एक नया रूप **महरी** या **महिरी** सामने आया जिसमें काम वाली बाई की अर्थवत्ता समाई है। नौकरानी शब्द हिन्दी में आम है मगर यह हमने फ़ारसी से लिया है। नौकर में **आनि** प्रत्यय लगाकर हमने नौकरानी शब्द बना लिया। नौकरी शब्द भी इसी मूल का है।

मह् धातु की अवनति का एक अन्य उदाहरण **मेहतर** में सामने आता है। इसे पूरे देश में सफ़ाईकर्मियों के लिए प्रयोग किया जाता है। शुद्ध रूप में यह है महत्तर यानी विशिष्ट, गुरुतर और बड़े काम करने वाला। इस गुरुता का बोध रत्ती भर भी **मेहतर** में नज़र नहीं आता। ऐसा माना जाता है कि विदेशी आक्रमणों के वक़्त पराजय की स्थिति में दासता और दंड से बचने के लिए विभिन्न सवर्ण वर्गों के लोग समय-समय पर अपने मूल स्थान से अन्यत्र स्थानों को पलायन करते रहे और आजीविका के लिए श्रमजीवी बने और **महत्तर** कहलाए। हर तरह की दुश्वारियाँ झेलते हुए इन्हीं में से कुछ समूह पनप गए और कुछ

इस हद तक बदहाल हुए कि उन्हें जातीय ग़ौरव की स्मृतियाँ तक छिन गईं क्योंकि ताक़तवर वर्ग द्वारा उन्हें निकृष्ट कर्म अपनाने पर विवश किया गया। संभवतः मेहतर के मूल में यही हालात रहे हों। **मेहतर** से ही हमने मेहतरानी शब्द भी बना लिया।

कन्या के नाम के साथ रानी शब्द लगाने की भारत में परम्परा रही है। कई लड़कियों का नाम ही **रानी** होता है। सुधारानी, देविकारानी आदि ऐसे ही नाम हैं। रानी शब्द दरअसल **राज्ञी** से बना है जिसका अर्थ होता है राजमहिषी, मलिका, सम्राज्ञी आदि। आप्टे कोश के मुताबिक़ यह राजन में **ङीप्** प्रत्यय लगने से बना है। संस्कृत के **ज्ञ** व्यंजन को हिन्दी में **ग + य** अर्थात ग्य की तरह से उच्चारा जाता है मगर इसमें **ज + न** अथवा **ग + न** की ध्वनि है। **ङीप्** प्रत्यय में ई का स्वर होता है जिसके लगने ले **ज + न** की ध्वनियाँ **ज्ञ** में बदल गईं और बन गया **राज्ञी** शब्द जिसका अर्थ हुआ राजा की पत्नी, राजरानी। अपने तद्भव रूप में राज्ञी से फिर **ज + न** जैसी ध्वनियों का लोप हुआ और **रानी** शब्द जन्मा। साफ़ है कि रानी के पीछे राजा खड़ा हुआ है। **महाराज्ञी** से जुड़ी आन-बान-शान की कल्पना करते हुए लोगों में अपनी लाड़ली के नाम के साथ **रानी** शब्द लगाना शुरू कर दिया। **मह्** धातु की महत्ता महाराज्ञी, महारानी, राजरानी, रानी में क़ायम रही। मगर फिर इसी रानी से कुछ स्त्रीवाची प्रत्ययों, जैसे–आनी, अनी, इन, आईन का निर्माण हुआ जिनसे क्रमशः नौकरानी (आनी), ज़मींदारनी, तहसीलदारनी (अनी), महाराजिन (इन), चौधराइन, ठकुराइन (आइन) जैसे शब्द भी बने।

इसलिए पाहुन है दामाद

[शब्द संदर्भ : दामाद, पाहुना, घूर्ण, समधी]

अतिथि को भारतीय संस्कृति में देवता समान माना जाता है। अगर अतिथि से रिश्तेदारी स्थापित करने वाला एक ख़ास शब्द हिन्दी समेत कई भारतीय भाषाओं में प्रचलित है–**पाहुन** या **पाहुना**। आमतौर पर इसका मतलब भी मेहमान या अतिथि ही होता है मगर लोक संस्कृति में पाहुन का अर्थ जमाई या दामाद के तौर पर ज़्यादा प्रचलित है। उत्तर प्रदेश, बिहार, राजस्थान, छत्तीसगढ़ और मालवांचल में यह इसी रूप में प्रचलित है। प्राचीनकाल में, जब आवागमन के साधन सुलभ नहीं थे, देश-दुनिया को जानने-समझने की चाह में लोगों ने चरणों का ही सहारा लिया। चरणों के बल पर हमारे पुरखों ने विश्व परिक्रमा कर डाली और ज्ञान की ऐसी थाती ग्रंथों में छोड़ गए जिसका अध्ययन आज तक चल रहा है। देशाटन या पर्यटन की अभिलाषा में पदयात्री बनना पहली शर्त थी। एक निश्चित दूरी तय करने के बाद यात्री किसी ठिकाने पर विश्राम करते थे। इसे भी **चरण** ही कहा जाता था। ऐसे कई चरणों अर्थात पड़ावों से गुज़रती हुई यात्रा सम्पूर्ण होती थी। ग़ौर करें **चरणों** से तय की गई दूरी को विश्राम के अर्थ में भी **चरण** नाम ही मिला। बाद में **चरण** शब्द का प्रयोग और व्यापक हुआ तथा ठहराव के अर्थ में ग्रंथ के अध्याय, मुहिम के हिस्से या योजना के भाग, हिस्से या खंड के रूप में भी चरण शब्द का प्रयोग चलता रहा।

प्राचीनकाल में आतिथ्य परंपरा के अनुसार कई चरणों में घुमक्कड़ी करने वाले यात्रियों को विश्राम के लिए ग्राम या नगरवासी अपने पलक-पाँवड़े बिछा देते थे। प्रायः गाँव के हर घर में कोई-न-कोई **पाहुना** होता ही था। इसके मूल में घुमक्कड़ी ही थी। संस्कृत में **घूर्ण** शब्द का अर्थ होता है चक्कर लगाना, चलना, निरंतरता आदि। इसमें **प्रा** उपसर्ग लगने से बना **प्राघूर्णः** जिसका अपभ्रंश रूप **पाहुण्णअ** हुआ जो **पाहुना** में बदला। मराठी में इसे **पाहुणा**, राजस्थानी में **पावणा** कहते हैं। भाव यही है कि जो लगातार घूमता रहे वह पाहुना। **घूर्ण** में घूमने अर्थात चक्रगति के साथ पर्यटन का भी भाव है। पाहुना को दामाद या जमाई समझने के पीछे भी लोक संस्कृति ही है। यह दिलचस्प है कि दामाद के माता-पिता तो **समधी** कहलाते हैं अर्थात वे वधू पक्ष वालों के संबंधी बन जाते हैं मगर उनका पुत्र **पाहुना** अर्थात मेहमान ही कहलाता है...ऐसा क्यों? 'अतिथि देवो भव' की संस्कृति वाले समाज ने दामाद को पाहुना इसीलिए कहा ताकि उसका विशिष्ट आतिथ्य बरक़रार रहे। यूँ भी वर पक्ष के यहाँ दामाद का आगमन कन्या की विदाई के लिए ही होता है, सो कुछ दिनों की ख़ातिरदारी वधू पक्ष को गवारा थी मगर दामाद का लगातार कई दिनों तक ससुराल में टिकना यूँ भी पितृसत्तात्मक समाज में अच्छा नहीं माना जाता। अलबत्ता पूर्वी और दक्षिण भारत के कुछ समाजों में जहाँ मातृसत्तात्मक समाज व्यवस्था थी वहाँ घर-जमाई की ही परंपरा थी वहाँ दामाद पाहुना नहीं रहता था। घूर्णः से ही हिन्दी का घूमना शब्द भी बना है, क्रम कुछ यूँ रहा घूर्णः > घूर्णनीयं > घुम्मणअं > घुम्मना > घूमना। घुमक्कड़, घुमंतू शब्द भी इसी मूल के हैं। चकरी के अर्थ में **घिरनी** शब्द इसी मूल का है। बांग्ला में घुमाने को **घुरानो** और सिंधी में **फेरी** लगाने को **घोरानो** कहते हैं। सावन के मौसम में घटाओं का घुमड़ना, मन में विचारों का घुमड़ना दरअसल एक क़िस्म का मंथन है, जो अस्थिरता का सूचक है। यह घूर्णः से ही आ रहा है। घूर्ण की तर्ज़ पर संस्कृत में **घूर्म** भी है जिसमें भी चक्रगति, **भ्रमण**, घूमने का भाव है। राजस्थानी लोकनृत्य **घूमर** भी इसी मूल से उपजा है।

जमाई दामाद क्यों, दूल्हा दुर्लभ क्यों

[शब्द संदर्भ : जमाई, दामाद, समधी, संबंधी, दूल्हा, जामा]

पुत्री के पति के लिए हिन्दी में **दामाद** शब्द आम है। वैसे इस रिश्ते के लिए जमाई, जामाता जैसे शब्द भी हैं मगर दामाद बोलचाल में ज़्यादा घुला-मिला है। दामाद शब्द मूलतः हिन्दी का नहीं है मगर हिन्दी के जमाई से इसकी गहरी रिश्तेदारी है। मान्यता है कि जमाई दसवाँ ग्रह होता है। ज्योतिष शास्त्र के मुताबिक़ सौरमंडल में नौ ग्रह ही हैं। कन्याराशि से संबद्ध होने के कारण जमाई को दसवाँ ग्रह माना गया है–**जामाता दशमो ग्रहः**। उपरोक्त उक्ति से यह स्पष्ट है कि कन्या वर का जितना सम्मान भारतीय संस्कृति में है उतना अन्य किसी संबंधी का नहीं है। ख़ासतौर पर दामाद और उसके परिजन सबसे महत्त्वपूर्ण होते हैं इसीलिए समधी शब्द को संबंधी अर्थात रिश्तेदार का पर्याय होना चाहिए था मगर यह शब्द सिर्फ़ वैवाहिक संदर्भ में ही प्रयुक्त

होता है। संस्कृत में एक शब्द है **जामातृ** जिसका अर्थ होता है पुत्री का पति। इस शब्द में स्वामी, मालिक का भी भाव है। हिन्दी का जमाई और **जामाता** शब्द भी **जामातृ** से ही उपजे हैं। कहीं-कहीं इसे **यामाता** भी कहा जाता है। कुछ व्याख्याकार **जा** अर्थात संतान और **मा** यानी निर्माण करना से जामाता की व्युत्पत्ति बताते हैं अर्थात जो संतान का निर्माण करे। संस्कृत का **जामातृ** शब्द अवेस्ता में **जामातर** का रूप धारण करता है और फिर फ़ारसी में यह **दामाद** हो जाता है। तुर्की में भी यह **दामातर** के रूप में मौजूद है जबकि ग्रीक में **जामितर** के रूप में इसकी उपस्थिति है। मराठी का **जावई** भी **जामातृ** का ही अपभ्रंश है। हिन्दी में **जमाई** के लिए **पाहुना, पावणा, कँवरसाब, ब्याहीजी** और **यजमान, जिजमान** जैसे शब्द भी इस्तेमाल किए जाते हैं।

संस्कृत में पुत्री के लिए **जामा** शब्द है। इसमें पुत्रवधू का भाव भी निहित है। **जामिः** का अर्थ भी स्त्रीवाची है जिसमें बहन, पुत्री, पुत्रवधू, निकट संबंधी स्त्री, गुणवती स्त्री आदि। ये दोनों शब्द बने हैं **जम्** धातु से जिसका अर्थ होता है भोजन। जीमण, ज्योनार जैसे शब्द इसी जम् धातु से बने हैं। **जम्** में **ज** वर्ण में निहित उत्पन्न करना जैसा भाव शामिल है। **जम्** अर्थात आहार ही जीवन का मुख्य आधार है। हमारे समाज में पारंपरिक तौर पर भोजन निर्माण का काम स्त्री ही करती आई है इसीलिए जम् से बने **जामिः** अथवा **जामा** में भोजन निर्माण करने वाली स्त्री का भाव भी निहित है। इसी क्रम में आता है **जाया** शब्द जिसका अर्थ है **पत्नी**। **दम्पती** की तर्ज़ पर पति-पत्नी के लिए **जायापति** या **जम्पती** शब्द भी है।

कन्या के भावी पति को **दूल्हा** भी कहा जाता है। यह शब्द कुछ रस्मों तक ही प्रयोग में आता है क्योंकि उसके बाद उसे पति का दर्जा भी मिल जाता है। कहते हैं कि शब्द बोलते हैं। इनके ज़रिए इतिहास, संस्कृति, परंपरा हर बात के साक्ष्य मिलते हैं। दूल्हा शब्द अपने आपमें भारतीय समाज में कन्या की स्थिति को स्पष्ट करता है। यह शब्द बना है संस्कृत के **दुर्लभ** शब्द से, इसका अपभ्रंश हुआ **दुल्लहओ** जिससे बना खड़ी बोली का दूल्हा। ज़ाहिर है कि प्राचीनकाल से ही कन्या का विवाह पिता के लिए भारी चिंता का विषय रहा है। कन्या के लिए अच्छा पति मिलना पुराने ज़माने से ही मुश्किल रहा है इसीलिए सुपात्र को **दुर्लभ** माना गया जो बाद में दूल्हा के अर्थ में वर का पर्याय हो गया। समाज ने मान लिया कि कन्या का जिससे विवाह हो रहा है वह दुर्लभ-पात्र ही है। पुत्री के विवश पिता कैसे-कैसे दुर्लभ और सुपात्र जमाई ढूँढ़ते हैं यह आए दिन उनके कुकर्मों से उजागर होता रहता है।

जो हुक्म मेरे आक़ा, मेरे कक्का, मेरी अक्का!

[शब्द संदर्भ : आक़ा, आग़ा, अक्का, अका, एक्का, एका, कक्क, कक्का, कुक्कु, काकू, काका, काकी, आग़ाज़]

अरेबियन नाइट्स यानी क़िस्सा हज़ार रात की कहानियों में अलादीन के क़िस्से सबसे ज़्यादा मशहूर हैं। ख़ासतौर पर उसके जादुई चिराग़ की तो पूरी दुनिया क़ायल है और

बतौर मन की मुरादें पूरी करने के साधन के रूप में अलादीन का चिराग़ एक मुहावरा भी बन गया। अलादीन का चिराग़ जिसे रगड़ते ही एक जिन्न प्रकट होता था और कहता क्या हुक्म मेरे आक़ा? उर्दू-फ़ारसी के अनूदित साहित्य के ज़रिए **आक़ा** शब्द भी हिन्दी में प्रचलित है। **आक़ा** शब्द का प्रयोग वरिष्ठ, स्वामी, मालिक, आदरणीय आदि अर्थों में होता है। फ़ारसी, उर्दू और हिन्दी में आक़ा शब्द तुर्की भाषा से आया है। ग़ौरतलब है कि मुस्लिम हमलावरों के ज़रिए और पश्चिमी एशिया के मुल्कों से व्यापारिक संबंधों के चलते ही भारतीय भाषाओं में नए शब्दों की आमद होती रही है। **आक़ा** शब्द मूलतः मंगोल भाषा का है जिसका मतलब होता है बड़ा भाई। इसका एक अन्य अर्थ है परिवार का मुखिया। ज़ाहिर है कि समाज में पहली संतान को ही परिवार का मुखिया बनने के अधिकार मिलते थे इसीलिए यह अर्थ प्रचलित हुआ। **आक़ा** का तुर्की भाषा का ही एक अन्य रूप है **आग़ा** जिसका अर्थ भी स्वामी, मालिक, बड़ा भाई आदि होता है। फ़ारसी, मंगोल, तुर्की के कुलीन घरानों का भी एक उपनाम आग़ा है। इस्माइली मुसलमानों के धर्मगुरु भी **आग़ाखान** के नाम से दुनिया भर में मशहूर हैं। ये दोनों शब्द मूलतः यूराल्टिक भाषा-परिवार से संबंध रखते हैं। उर्दू में आका और आक़ा ये दोनों शब्द प्रचलित हैं। नुक़ते वाला आक़ा यानी स्वामी, मालिक, सरदार आदि। बिना नुक़ते का **आका** यानी बड़ा भाई। तुर्की में एक मुहावरा है **आक़ा वा इनी**। **आक़ा** यानी अग्रज और **इनी** यानी अनुज। इस तरह मतलब निकला समूचा कुनबा अर्थात छोटे से बड़े तक। एक ख़ास बात पर ग़ौर करें। तुर्क-मंगोल समाज कितना पुरुषप्रधान है यह भी इस मुहावरे से ज़ाहिर है जहाँ बड़े पुत्र और छोटे पुत्र में ही समूचे परिवार की कल्पना कर ली गई है।

आक़ा शब्द में मूलतः जिस वरिष्ठता के भाव की व्याप्ति है वह व्यापक स्तर पर हमें विश्व मानचित्र में साइबेरिया के धुर पूर्वी छोर पर उत्तर ध्रुवीय सागर के कामचट्का क्षेत्र की भाषा से लेकर धुर दक्षिण अफ्रीका की बाँटू भाषा तक मिलते हैं। कहने की ज़रूरत नहीं कि इन दोनों सिरों के बीच मौजूद तुर्की, अरबी, ईरानी, संस्कृत और द्रविड़ भाषाओं में भी इस शब्द या इससे मिलती-जुलती ध्वनियों और भावों वाले शब्दों, जैसे—आक़ा, आग़ा, अक्का, अका, एक्का, एका, कक्क, कक्का, कुक्कु, काकू, काका, काकी आदि हैं जिनका अभिप्राय मालिक, सरदार, मुखिया, दीदी, दादा वरिष्ठ संबंधी से है। हिन्दीभाषी भी यह तथ्य जानते हैं कि मराठी समेत ज़्यादातर दक्षिण भारतीय भाषाओं में बड़ी बहन के लिए **अक्का** शब्द प्रचलित है। हालाँकि तमिल, तेलुगू, कन्नड़ और मलयालम की तरह मराठी द्रविड़ नहीं बल्कि आर्य भाषा-परिवार से निकली है। मगर इसका क्षेत्र दक्षिण होने से द्रविड़ भाषाओं का भी इस पर काफ़ी असर है। बड़ा, वरिष्ठ या आदरणीय के अर्थ में उपरोक्त सभी शब्दों का जन्म आल्टिक भाषा-परिवार की **अग** या **अक** धातु से हुआ मालूम होता है। वरिष्ठता में पूर्व या पहले का भाव प्रमुख है। बड़ा भाई यानी अग्रज। इस अग्र की **अग** या **अक** से साम्यता पर विचार करें! **अग्र** से ही बना है **आगे** जो अव्वल या पहला के अर्थ में भी प्रयुक्त होता है। इसे भूत और भविष्य दोनों ही कालों में प्रयोग किया जाता है। किसी भी काम के

शुभारंभ के लिए **आग़ाज़** शब्द का प्रयोग अब हिन्दी में भी होता है। वैसे यह उर्दू-फ़ारसी का शब्द है। यह भी **अक/अग** की कड़ी का हिस्सा है। **आग़ाज़** की तुलना **अग्र, आग़ा, आक़ा** में निहित पूर्व का, पहले का, पहले से, वरिष्ठ या बड़ा जैसे भावों से करके देखें तो भी यह साबित होता है। **आक़ा वा इनी** वाले **इनी** का अर्थ होता है छोटा भाई अर्थात **अनुज**। जो पीछे जन्मा। यह संयोग नहीं है कि तुर्की के **इनी** और संस्कृत के **अनु** में लघुता या पीछे होने का भाव है।

यूराल्टिक भाषा-परिवार की ज़्यादातर भाषाओं, जैसे—अनु रूसी, मंगोल, कोरियन, तुर्किक और जापानी जैसी भाषाओं में अक या अग से बने शब्द हैं। रूसी में एक शब्द है एका यानी जो पहले से उत्पन्न है। सुदूर पूर्व की कामचट्का क्षेत्र की भाषा में **एके** या **अके** जैसे शब्द हैं जिनका मतलब होता है बड़ी बहन या बड़ा भाई। समझा जा सकता है कि यह शब्द-शृंखला ही द्रविड़ भाषाओं में बड़ी बहन के लिए प्रयुक्त **अक्का, अक्कन, अक्कम, अक्काताई** जैसे शब्दों तक पहुँचती है। इस नतीजे तक पहुँचने में यह तथ्य काफ़ी मदद करता है कि द्रविड़ समुदाय किसी ज़माने में दक्षिण भारत तक सीमित नहीं था बल्कि सुदूर उत्तर-पश्चिम के बलूचिस्तान तक फैला हुआ था। इस क्षेत्र की ब्राहुई भाषा पर द्रविड़ भाषा का ज़बर्दस्त असर है। अफ्रीका के दक्षिणी क्षेत्र के डेढ़ दर्जन देशों में बोली जाने वाली बाँटू भाषा का **कुक्कू** शब्द भी इसी कड़ी का हिस्सा है जिसका अभिप्राय पुरखों से है। हिन्दी में पिता के भाई अथवा ताया/ताऊ के लिए काका संबोधन है। **काका** की पत्नी **काकी** कहलाती है। मराठी में भी चाची या आंट के लिए **काकू** संबोधन है।

पति की बादशाहत

[शब्द संदर्भ : पिता, पितृ, पति, पादशाह, बादशाह, पाशा, बाशा]

पति और परमेश्वर में तो रिश्तेदारी है मगर पति और **बादशाह** में क्या रिश्तेदारी है? दरअसल पति-परमेश्वर शब्दयुग्म में भावविलास है। यह मुहावरा है। मगर पति और बादशाह सहोदर हैं। एक ही मूल से जन्मे हैं। **पति** शब्द का मूल अर्थ है स्वामी, प्रभु, ईश्वर आदि। ग़ौरतलब है ये सभी अर्थ संरक्षण, पालन की ओर इशारा कर रहे हैं। यूँ पति और पत्नी दोनों ही ख़ुद को कभी **बादशाह-बेग़म** से कम नहीं समझते हैं और कभी ग़ुलाम से भी बदतर समझने लगते हैं।...मन की रुचि जैती जितै, तित तैती रुचि होय...।

पति अर्थात विवाहिता स्त्री का संगी, भर्तार, शौहर हसबैंड वग़ैरह-वग़ैरह। पति शब्द बना है संस्कृत और इंडो-यूरोपीय भाषा-परिवार की **पा** धातु से जिसमें रक्षा करना, पालन करना, बचाना, देखभाल करना जैसे भाव हैं। **पा** उपसर्ग लगने से परिपालक, परिपालन, प्रतिपालन आदि शब्द बने हैं जिनमें शासक, शासन, रक्षण जैसे भाव ही समाहित हैं। पति शब्द का अर्थ मालिक, शासक, राजा ही होता है क्योंकि वह प्रजा को संरक्षण प्रदान करता है। कन्या जब तक अविवाहित है तब तक उसका संरक्षण पिता करता है। ग़ौरतलब है कि **पिता** शब्द भी उसी **पा** धातु से बना है जिसमें संरक्षण

और देखभाल का भाव है, जिससे **पति** शब्द जन्मा है मगर किसी कोश या संदर्भ में **पिता** शब्द की व्याख्या इस भाव से नहीं मिलती। अलबत्ता **पा** से ही बने **पालक** या **पाल** शब्द का अर्थ राजा, शासक, संरक्षक के साथ पिता भी मिलता है। विवाहिता के संगी को पति कहने के पीछे भाव यही है कि पिता के घर संरक्षित कन्या के सारे दायित्व अब उसने उठा लिये हैं। वही उसका पालक है। पति शब्द की व्याप्ति **राष्ट्रपति, कुलपति, अधिपति** जैसे शब्दों में उसके संरक्षणकर्ता होने का ही बोध कराती है। संस्कृत की **पा** धातु जस-की-तस ईरान की प्राचीन भाषा अवेस्ता में भी इसी संरक्षण के भाव के साथ मौजूद है। यही नहीं, अवेस्ता में **पति** शब्द का अर्थ भी संरक्षक ही है। **पा** का प्रसार यूरोपीय भाषाओं में भी मिलता है जैसे ग्रीक में **पोमा** यानी आवरण, **पीमो** यानी मार्गदर्शक लैटिन में **पोती** यानी ताक़तवर, शक्तिशाली आदि। अवेस्ता से पुरानी फ़ारसी में भी **पति** शब्द बरक़रार रहा और **शाह** शब्द से जुड़कर **पातशाह** > पादशाह होते हुए **बादशाह** में ढल गया। तुर्की में आटोमन शासकों द्वारा सम्मानित नागरिकों को दी जाने वाली प्रसिद्ध उपाधि रही है **पाशा** जिसका मतलब था अधिकार सम्पन्न, कुलीन। तुर्की में **पाशा** नाम धारी अनेक सेनाधिकारी या राज्यपाल हुए हैं। यह **पाशा** दरअसल **पादशाह** ही है जो पादशाह > पात्शाह > पाश्शा होते हुए **पाशा** के संक्षिप्त रूप में ढल गया। भारत में भी **पाशा** उपनाम अनजाना नहीं है। पाशा का ही दूसरा रूप **बाशा** भी है। हैदराबाद की निज़ामशाही में **बाशा** उपाधियाँ दी जाती थीं। इसका अरबी रूप **बासा** है। भारत में आज भी प्रमुख शहरों में पत्थरों के ख़ुत्बे दिख जाएँगे जो 1911 में जॉर्ज पंचम की भारत यात्रा की स्मृति में अंग्रेज़ी शासन और रजवाड़ों ने लगवाए थे। इन ख़ुत्बों में जॉर्ज पंचम को पादशाह ही लिखा गया है। पंजाबी में भी पादशाह शब्द चलता है। सिख धर्म में ईश्वर को सच्चा पादशाह कहा गया है।

पुरुष की घबराहट का प्रतीक है महिला

[शब्द संदर्भ : स्त्री, तिरिया, त्रयी, ईश्तर, महिला, स्त्रैण]

संस्कृत में **महिला** के लिए **स्त्री** या **त्रिया** दोनों ही शब्दरूप मिलते हैं। हिन्दी में, ख़ासतौर पर लोक शैली में महिला को **तिरिया** कहा जाता है। शब्द शक्ति की अगर बात करें तो इसका ध्वन्यार्थ स्त्री की तुलना में नकारात्मक भाव उजागर करता है। इसमें संस्कृत-श्लोक **त्रिया चरित्रम्...**की बड़ी भूमिका रही है क्योंकि स्त्री से बने **तिरिया** में नारी के क्रिया-कलापों के नकारात्मक पक्ष को समेट दिया है। तिरिया चरित्तर, तिरिया हठ जैसी उक्तियों में यह स्पष्ट है। 'पद्मावत' में जायसी कहते है—तुम्ह तिरिया मतिहीन तुम्हारी... । **तिरिया** या **तिरीया** रूप बने हैं संस्कृत के **त्रयी, त्रय** या **त्रि** से जिनके विभिन्न अर्थों में एक अर्थ स्त्री का भी है। स्त्री शब्द के मूल में संस्कृत की **स्त्यै** धातु है। यह समूहवाची शब्द है जिसमें ढेर, संचय, घनीभूत, स्थूल आदि भाव शामिल हैं। इसके अलावा कोमल, मृदुल, स्निग्ध आदि भाव भी निहित हैं। ग़ौर करें कि स्त्री ही है जो मानव जीवन को धारण करती है। सूक्ष्म अणुओं को अपनी कोख में धारण करती है।

उनका संचय करती है। नर और नारी में केवल नारी के पास ही वह कोश रहता है जहाँ ईश्वरीय जीवन का सृजन होता है। उसे ही कोख कहते हैं। कोख में ही जीवन के कारक अणुओं का भंडार होता है। वहीं पर वे स्थूल रूप धारण करते हैं। गर्भ में सृष्टि-सृजन का स्निग्ध, मृदुल, कोमल स्पर्श उसे मातृत्व का सुख प्रदान करता है। **स्त्यै** में **ड्रप्** प्रत्यय लगने से बनने वाले **स्त्री** शब्द में यही सारे भाव साकार होते हैं। ग़ौर करें कि संस्कृत में किसी भी जीव के पूरक पात्र अर्थात मादा के लिए स्त्री शब्द है क्योंकि नए जीव की सृष्टि का अनोखा गुण उसी के पास है। इसीलिए वह मातृशक्ति है, इसीलिए वह स्त्री है। कई भाषावैज्ञानिक और इतिहासकार ऋग्वेदकालीन आर्यों का असूरियों-फिनीशियों से भाषायी-सामाजिक संबंध जोड़ते हैं और फिनीशियों की प्रधान देवी **ईश्तर** का संबंध संस्कृत शब्द स्त्री के जन्म से जोड़ते हैं। डॉ. भगवतशरण उपाध्याय की 'वृहत्तर भारत' पुस्तक में सरसरी तौर पर यह उल्लेख आता है पर इसका कोई प्रमाण वहाँ नहीं मिलता। हालाँकि **ईश्तर** में कई भारतीय देवियों से सादृश्यता है। देवी दुर्गा की तरह वे सिंहवाहिनी है। **ईश्तर** शौर्य, युद्ध तथा काम की देवी है। लक्ष्मी की तरह उनके साथ भी उलूक नज़र आते हैं। पुरुष के लिए **स्त्रैण** शब्द भी इसी कड़ी का है।

संस्कृत की **मह्** धातु से बना है स्त्री के लिए हिन्दी का सर्वाधिक प्रचलित शब्द महिला। यह शब्द स्त्री की महिमा दर्शाता है। इसी शब्द में उस युग की छाया नज़र आती है जब पृथ्वी पर मातृसत्तात्मक व्यवस्था थी। महानता, महान, महीयसी, महा, महत्तर जैसे तमाम प्रधानता स्थापित करने वाले भावों के समेटे हुए शब्दों का जन्म भी उसी **मह्** से हुआ है जिससे महिला शब्द बना है। **मह्** में सम्मान, आदर, महत्ता, श्रद्धा महत्त्वपूर्ण समझना जैसे भाव हैं। ज़ाहिर है **मह्** से बने **महिला** शब्द में यही सारे भाव शामिल हैं। हालाँकि आप्टे कोश में महिला का अर्थ स्त्री के साथ-साथ विलासिनी, मदमत्त स्त्री भी दिया हुआ है। पर लगता है ये दोनों नकारात्मक भावार्थ महिला के साथ बाद में जोड़े गए होंगे। ग़ौरतलब है कि मातृसत्तात्मक समाज में मानव समुदायों का नेतृत्व स्त्री ही करती थी। वही किसी भी समूह की अधिष्ठात्री होती थी।

उस दौर में रिश्तों का जन्म नहीं हुआ था। अपने कुनबे को बढ़ाने के लिए समूह की प्रमुख स्त्री अपनी पसंद से पुरुषों का वरण करती थी। कालांतर में सामाजिक तौर पर ज़्यादा शक्ति अर्जित कर चुके मनुष्य की स्मृति में मातृसत्तात्मक नारी का वही रूप किरकिरी की तरह चुभता रहा होगा। लगता है, हमारे मनीषियों ने विलासिनी या मदमत्त जैसे भाव इसीलिए मह् धातु से महत्त्वपूर्ण होने का आभास कराने वाले महिला शब्द के साथ तभी जोड़े होंगे। महिला शब्द पुरुष की घबराहट का प्रतीक लगता है।

लोग-लुगाई

[शब्द संदर्भ : लोक, लोग, लुगाई, नर, नारी]

लोकबोली का ही एक और शब्द है **लुगाई** जो हिन्दी, राजस्थानी, ब्रज, अवधी, भोजपुरी आदि कई बोलियों में ख़ूब प्रचलित है। आमतौर पर इसका अभिप्राय पत्नी से है मगर

मूल अर्थ में स्त्री, औरत अथवा नारी के लिए ही **लुगाई** शब्द का प्रयोग होता है। लुगाई शब्द **लोग** का स्त्रीवाची है। **लोग** पुल्लिंग है। लोग शब्द संस्कृत धातु **लोक्** से जन्मा है जिसका मतलब होता है नज़र डालना, देखना अथवा प्रत्यक्ष ज्ञान प्राप्त करना। इससे बने संस्कृत के लोकः का अर्थ हुआ दुनिया, संसार। मूल धातु लोक् में समाहित अर्थों पर ग़ौर करें तो साफ़ है कि नज़र डालने, देखने अथवा प्रत्यक्ष ज्ञान करने पर क्या हासिल होता है? ज़ाहिर है सामने दुनिया ही नज़र आती है। यही है **लोक्** का मूल भाव। **लोक्** से जुड़े भावों का अर्थ-विस्तार लोकः में अद्भुत रहा। पृथ्वी पर निवास करने वाले सभी प्राणियों में सिर्फ़ मनुष्यों के समूह को ही लोग कहा गया जिसकी व्युत्पत्ति लोकः से ही हुई है। लोकः का अर्थ मानव समूह, मनुष्य जाति, समुदाय, समूह, समिति, प्रजा, राष्ट्र के व्यक्ति आदि है।

मनुष्य की मेधा ने, मनीषा ने प्रकृति में स्वयं को भी रखा और **लोक** का एक अर्थ मनुष्य भी हुआ। यूँ लोग शब्द में पुरुष-स्त्री का फ़र्क़ नहीं है। राष्ट्रभाषा हिन्दी भी इसका फ़र्क़ नहीं करती मगर लोकभाषाएँ अपनी गहन और सूक्ष्म अभिव्यक्ति के लिए लगातार शब्द गढ़ती रहती हैं सो लोग का भी स्त्रीवाची रूप **लुगाई** बनकर सामने आया। इस लुगाई का बहुवचन लुगायाँ होता है। अब अगर स्त्री-पुरुष की सम्मिलित उपस्थिति की बात करनी हो तो औरत-मर्द की तरह से **लोग-लुगाई** शब्द का इस्तेमाल होता है। **लोक** में जाग्रत्-दृष्टिगत् विश्व का भाव है। जो कुछ भी सनातन सृष्टि है, वह लोक है। नारी शब्द से ज़ाहिर है कि नर का स्त्रीवाची रूप है मगर ऐसा है नहीं। संस्कृत की एक धातु है **नृ** जिसका अर्थ होता है मानव, मनुष्य, मनुष्यजाति। इसमें स्त्री-पुरुष का भेद नहीं है। **नृ** से ही पुरुषवाची **नर** शब्द बना है और स्त्रीवाची **नारी** भी। **नृ** में ही सिंह, **पालः** या **पतिः** जैसे शब्दों की संधि से **नृसिंह, नृपाल, नृपति** जैसे शब्द बनते हैं। **नृपाल** या **नृपति** का अर्थ प्रभु, राजा, अधिपति आदि होता है। नृसिंह **नरसिंह** का ही शुद्ध रूप है जो भगवान विष्णु का एक अवतार है। **नृपशु** का अर्थ **नरपशु** होता है। नृपशु में जहाँ मनुष्य के पशुत्व का भाव है वहीं इससे बने **नरपशु** में पुरुष के पशुत्व का आभास होता है जबकि ऐसा नहीं है। स्त्री को भी नरपशु की उपमा दी जा सकती है। इसी तर्क प्रणाली पर **नृमेध** यज्ञ के **नरमेध** यज्ञ को तौलकर देखें तो अर्थ यही होगा—मनुष्यों के लिए किया जाने वाला यज्ञ।

रिश्ते-नाते और परिवार

[शब्द संदर्भ : परिवार]

परिवार शब्द के मायने है कुटुम्ब, जाति-समूह, आश्रितजन वग़ैरह। हिन्दी का यह शब्द मूलतः संस्कृत की दो धातुओं **परि + वृ** से मिलकर बना है। दरअसल **परि** संस्कृत-हिन्दी का बहुत लोकप्रिय उपसर्ग है जिसके मायने होते हैं आसपास, चारों ओर, इर्द-गिर्द आदि। इसी तरह **वृ** धातु का अर्थ हुआ घेरना, लपेटना या जिसे चुना जाए। वामन शिवराम आप्टे के कोष में कहा गया है—**परिव्रियते अनेन** यानी जिसमें व्यक्ति को घेरा

जाए वह परिवार है। ज़ाहिर है **परिवार** नाम का समूह संबंधों का समुच्चय है जिसके मूल में स्त्री-पुरुष हैं। स्त्री-पुरुष संबंध से ही परिवार का निर्माण हुआ और अन्य संबंधों या रिश्तों का जन्म हुआ। यह आश्चर्यजनक है कि विभिन्न संस्कृतियों-समाजों में पारिवारिक शब्दावली में ग़ज़ब की समानता है। माता-पिता और भाई-बहन के रिश्ते को प्रकट करने वाले शब्द इंडो-यूरोपीय भाषाओं जैसे हिन्दी, उर्दू, फ़ारसी, अंग्रेज़ी, जर्मन, फ्रेंच आदि में मिलते-जुलते है। कई समुदायों में रिश्ते तो हैं मगर उनके लिए अलग से शब्दों का अभाव है, जैसे—हिन्दी में चाचा या मामा जैसे शब्द मिलते हैं मगर अंग्रेज़ी में यहाँ दोनों रिश्ते अंकल ही कहे जाते हैं, फ़र्क़ यही कि एक जगह मैटरनल शब्द जोड़ लिया जाता है। आज जो शब्द हम सुबह से शाम तक सुनते रहते हैं, जैसे—माँ, मम्मी-डैडी, अम्मा, माता-पिता, मादर, मदर-फादर आदि सभी शब्द चाहे अलग-अलग भाषाओं के हों, मगर इनका उद्‌गम एक ही है और उच्चारण की समानता भी क़ाबिले-ग़ौर है।

मौसेरी बहने हैं क्वीन, महारानी, ज़नानी

[शब्द संदर्भ : ज़न, ज़नान, जन्म, जननि, जान, जन्तु, क्वीन]

प्रकृति में निहित उर्वरा शक्ति सिर्फ़ और सिर्फ़ स्त्री को प्राप्त हुई है। शक्ति के दो महत्त्वपूर्ण स्वरूप हैं संहार और सृजन। पुरुष चाहे बाहुबल को परमतत्त्व मानते हुए हज़ारों वर्षों से मिथ्या गर्व में लीन रहा हो मगर प्रकृति ने उसे परमशक्ति नहीं दी है। शक्ति के रूप में पुरुष भी स्त्री को ही पूजने को विवश है। वजह सिर्फ़ एक ही है कि शक्ति के दोनों रूपों को पुरुष नहीं साध सकता। शक्ति का प्रयोग पुरुष सिर्फ़ संहार या विनाश के लिए कर सकता है। संहार के साथ सृजन को साधना शायद पुरुष के स्वभाव में नहीं है। इसीलिए स्त्री ही शक्तिवाहिनी बनी। यही वजह है कि निर्माण-सृजन-पालन से जुड़ी शब्दावली में स्त्रीवाची शब्द ज़्यादा मिलेंगे। प्रकृति, पृथ्वी, धरणि, धारिणी, माँ, अम्म, वसुधा, सृष्टि यहाँ तक कि स्वयं शक्ति शब्द की व्यंजना भी स्त्रीवाची ही है।

महिला के लिए उर्दू-हिन्दी में एक शब्द चलता है ज़नाना जिसका अर्थ होता है महिलाओं जैसा अर्थात स्त्रैण। यहाँ आशय औरताना सिफ़त वाले मर्द से है। इसमें हिजड़ा भी शामिल है। इसका शुद्ध फ़ारसी रूप है **जनानः**। मगर हिन्दी में **ज़नाना** का प्रयोग महिलाओं का या महिलाओं संबंधी के अर्थ में भी होता है, जैसे—ज़नाना लिबास या लेडीज़ कूपे के लिए ज़नाना डिब्बा। इसका ज़नानी रूप भी हिन्दी में प्रचलित है और महिला यात्री को ज़नानी सवारी ही कहा जाता है। मूलतः यह फ़ारसी का शब्द है और अवेस्ता के **जनिश** से रूपांतरित हुआ है जिसका मतलब है पत्नी। अरबी-फ़ारसी में इसका रूप है **ज़न** जिसकी रिश्तेदारी इंडो-ईरानी भाषा-परिवार के जन शब्द से है जिसमें जन्म देने का भाव है। संस्कृत में उत्पन्न करने, उत्पादन करने के अर्थ में **जन्** धातु है। इससे बना है **जनिः, जनिका, जनी** जैसे शब्द जिनका मतलब होता है स्त्री, माता, पत्नी। जिससे हिन्दी-उर्दू के जन्म, जननि, जान, जन्तु जैसे अनेक शब्द बने हैं। भाषाविज्ञानियों ने **ज़न**,

ज़नान, जननि जैसे शब्दों को प्रोटो इंडो-यूरोपीय मूल का माना है और एक धातु खोजी है–GWEN जिसका मतलब है स्त्री, माता, पत्नी। इन तीनों शब्दों का व्यापक अर्थ उत्पन्न करने, प्रजनन करने के दैवी गुण से जुड़ा हुआ है। इस धातु से भारतीय, ईरानी समेत अनेक यूरोपीय भाषाओं में कई स्त्रीवाची शब्द बने हैं।

प्राचीन आर्यों के भाषा संस्कार में **ज्ञ** जैसा व्यंजन आदिकाल से रहा है। ज्ञ का तिलिस्म आर्य तो जानते थे मगर इस व्यंजन में छुपी **ज् + ञ्** अथवा **ग + न + य** जैसी ध्वनियाँ हज़ारों सालों से आर्यों के विभिन्न भाषा-भाषी समूहों को भी वैसे ही प्रभावित करती रही हैं, जैसे–आज भी करती हैं। हिन्दीभाषी **ज्ञ** का उच्चारण **ग्य** करते हैं **तो** गुजराती-मराठी भाषी **ग्न्य** या **द्न्य** और आर्यसमाजी **ज्न**। मूल रूप से प्रोटो इंडो-यूरोपीय भाषा-परिवार की धातु **GWEN** में कुछ **ज्ञ** जैसी ही ध्वनियाँ रही होंगी इसीलिए इंडो-ईरानी भाषा-परिवार में जहाँ इससे बने शब्दों में **ज-ज़** ध्वनियाँ प्रमुख रहीं वहीं यूरोपीय भाषाओं में **ग** और इसकी निकटवर्ती ध्वनि **क** प्रमुख हो गईं। अंग्रेज़ी के क्वीन QUEEN शब्द को देखिए जिसका मतलब होता है रानी, यह दरअसल गोथिक भाषा के QINO से निकला है जो प्रोटो जर्मनिक KWOENIZ से बना है। प्रोटो इंडो-यूरोपीय GWEN का ही परिवर्तित रूप है KWOENIZ, ग्रीक में इसका रूप है गाइने जिससे अंग्रेज़ी में गाइनोकोलॉजी (स्त्रीरोग संबंधी) जैसे शब्द बने हैं। ग़ौर करें आर्यभाषियों के जो समूह पश्चिम की ओर गए, ग्वेन धातु से बने स्त्रीवाची शब्दों ने वहाँ **क** और **ग** जैसी ध्वनियाँ ग्रहण कीं। इसी ग्वेन का प्रसार जब पूर्व की ओर हुआ तो वहाँ **ज** ध्वनियों वाले शब्दों का निर्माण हुआ, जैसे–**जन, ज़नान** आदि। कुछ अपवाद भी हैं। कुर्दिश में इसका रूप **जिन** है जबकि क्रोशिया में **ज़ेना**। क्रोशिया यूरोपीय देश है मगर इस्लाम का प्रभाव होने के चलते वहाँ **ज़ेना** शब्द को फ़ारसी-अरबी प्रभाव माना जा सकता है।

ग़ौर करें कि संस्कृत शब्द राज्ञी से ही रानी बना है। यहाँ ज्ञ की ही महिमा रही और **ज् + ञ** में से **ज** का लोप हो गया और ञ की अनुनासिकता शुद्ध **न** में तब्दील हो गई और इस तरह रानी शब्द बना। इसी का पूर्व रूप था **जनि** जिससे **जननि** जैसा शब्द बना और स्त्री की प्रजनन, जन्मदात्री तथा पोषण करने की शक्तियों का भाव सुरक्षित रहा जबकि रानी में शासन शक्ति का भाव उभरा। साफ़ है कि **क्वीन** और **रानी** मौसेरी बहनें हैं। अंग्रेज़ी का **क्वीन** मूल रूप से प्राचीनकाल में सामान्य स्त्री, माँ या पत्नी के लिए प्रयोग होता रहा किन्तु बाद में महारानी अथवा राजा की संगिनी के अर्थ में यह शब्द रूढ़ हो गया। दिलचस्प यह कि भारत में जहाँ राज्ञी जैसे प्रभावी शब्द को अपनाने की चाह में जनसामान्य ने इसका रानी रूप अपना लिया जो एक सामान्य नाम की तरह प्रयोग होता है। जबकि ब्रिटेन में **क्वीन** एक ओहदा बना। इस शब्द की महिमा उत्तरोत्तर बढ़ती रही हालाँकि यह शब्द सामान्य धरातल से उठा था। भारत में देवी को भी रानी या महारानी की उपमा दी जाती है जबकि पाश्चात्य संस्कृति में देवी के लिए क्वीन शब्द का प्रयोग बिरल है।

संदर्भ

शब्द संदर्भ सूची

पुस्तक सूची

वेब संदर्भ

शब्द संदर्भ सूची

पुस्तक सूची

1. संस्कृत हिन्दी कोश, वामन शिवराम आप्टे, मोतीलाल बनारसीदास, दिल्ली
2. ज्ञान शब्द कोश, ज्ञानमंडल प्रकाशन, वाराणसी
3. उर्दू-हिन्दी शब्दकोश, मुहम्मद मुस्तफा खाँ मद्दाह, उत्तर प्रदेश हिन्दी संस्थान
4. हिन्दू धर्मक कोश, डॉ. राजबली पांडेय, उत्तर प्रदेश हिन्दी संस्थान, लखनऊ
5. भारतीय संस्कृति कोश, लीलाधर शर्मा पर्वतीय, राजपाल एंड सन्स, दिल्ली
6. भारत के प्राचीन भाषा-परिवार और हिन्दी (तीन खंड) रामविलास शर्मा, राजकमल प्रकाशन, दिल्ली
7. हिन्दी भाषा, भोलानाथ तिवारी, किताब महल, दिल्ली
8. भारतीय संस्कृति और हिन्दी प्रदेश, डॉ. रामविलास शर्मा, किताबघर प्रकाशन, नई दिल्ली
9. इतिहास और समकालीन परिदृश्य (चार खंड) हिन्दी माध्यम कार्यान्वयन निदेशालय, दिल्ली विश्वविद्यालय, दिल्ली
10. सूफ़ीवाद, डॉ. प्रभा श्रीनिवासुलु, डॉ. गुलनाज़ तँवर, मध्य प्रदेश हिन्दी ग्रन्थ अकादेमी
11. ऋग्वैदिक असुर और आर्य, डॉ. एम.एल. सिंहदेव निर्मोही, राधा पब्लिकेशंस, नई दिल्ली
12. कबीर, हजारी प्रसाद द्विवेदी, राजकमल प्रकाशन, दिल्ली
13. कोशकला, रामचंद्र वर्मा, बदरीनाथ कपूर, लोकभारती, इलाहाबाद
14. शब्द परिवार कोश, डॉ. बदरीनाथ कपूर, राजपाल एंड सन्स, दिल्ली
15. हिन्दी शब्दशक्ति और पारिभाषिक शब्दावली, डॉ. बालेंदु शेखर तिवारी, क्लासिक पब्लिशिंग कम्पनी, नई दिल्ली
16. भाषाविज्ञान, डॉ. अनुज प्रताप सिंह, नमन प्रकाशन, नई दिल्ली
17. हिन्दी मुहावरे और लोकोक्ति कोश, डॉ. बदरीनाथ कपूर, लोकभारती प्रकाशन, इलाहाबाद
18. हिन्दी की शब्द-सम्पदा, विद्यानिवास मिश्र, राजकमल प्रकाशन, नई दिल्ली
19. मानव समाज, राहुल सांकृत्यायन, लोकभारती प्रकाशन, इलाहाबाद
20. प्राचीन भारत : एक रूपरेखा, डी.एन. झा, मनोहर, नई दिल्ली
21. वैदिक साहित्य और संस्कृति का स्वरूप, ओमप्रकाश पांडेय, विश्वप्रकाशन, दिल्ली
22. भारत की नदियों की कहानी, डॉ. भगवतशरण उपाध्याय, राजपाल एंड सन्स, दिल्ली
23. कुटज, हजारीप्रसाद द्विवेदी, लोकभारती पैपरबैक्स, इलाहाबाद
24. सोमतत्व, कल्याणमल लोढ़ा, कमलाप्रसाद द्विवेदी, मानस ग्रन्थागार, वाराणसी

25. अमीर खुसरो और उनका हिन्दी साहित्य, भोलानाथ तिवारी, प्रभात प्रकाशन, दिल्ली
26. भारतीय विवाह संस्था का इतिहास, विश्वनाथ काशीनाथ राजवाड़, पीपुल्स पब्लिशिंग हाउस, नई दिल्ली
27. सनातन यक्ष प्रश्न, आचार्य निशांतकेतु, डायमंड बुक्स, नई दिल्ली
28. भारतीय दर्शन, श्रीनिवास गणेश सरदेसाई, आर.जी. देसाई, गिरगाँव, मुंबई
29. अपनी संस्कृति, माधव गोविंद वैद्य, प्रभात प्रकाशन, दिल्ली
30. अच्छी हिन्दी, रामचंद्र वर्मा, लोकभारती, इलाहाबाद
31. प्राचीन कवि, विश्वंभर मानव, लोकभारती प्रकाशन, इलाहाबाद
32. भारत में आर्यों का आगमन, रामशरण शर्मा, हिन्दी माध्यम कार्यान्वयन निदेशालय, दिल्ली विश्वविद्यालय
33. संत नामदेव, लग जोग, नेशनल बुक ट्रस्ट, दिल्ली
34. प्राकृत भाषाओं का उद्‌भव और विकास, आचार्य नरेन्द्रनाथ, रामा प्रकाशन, लखनऊ
35. कबीर : व्यक्तित्व और कर्तृत्व : अभिलाषदास, पारख प्रकाशक, कबीर संस्थान, इलाहाबाद
36. राजस्थान के प्राचीन नगर और क़स्बे, राघवेन्द्र सिंह मनोहर, राजस्थान पत्रिका प्रकाशन
37. भारतीय औषधियाँ, कर्नल आर.एन. चोपड़ा, उत्तर प्रदेश हिन्दी संस्थान, लखनऊ
38. संस्कृति क्या है, विष्णु प्रभाकर, सस्ता साहित्य मंडल, नई दिल्ली
39. भारतीय मुसलमान, विलियम डब्ल्यू हंटर, प्रकाशन संस्थान, नई दिल्ली
40. शूद्र कौन थे, डॉ. भीमराव अंबेडकर, मध्य प्रदेश हिन्दी ग्रंथ अकादेमी, भोपाल
41. रजवाड़ी लोकगीत, लक्ष्मीकुमारी चूण्डावत, चम्पालाल रांका एंड कम्पनी
42. भारत की प्राचीन भाषाएँ, राजमल वोरा, हिन्दी माध्यम कार्यान्वयन निदेशालय, दिल्ली विश्वविद्यालय
43. राहुल निबंधावली, राहुल सांकृत्यायन, पीपुल्स पब्लिशिंग हाउस, दिल्ली
44. बुद्ध का चक्रवर्ती साम्राज्य, राजेश चंद्रा, किताबघर, नई दिल्ली
45. भारत की भाषा समस्या, रामविलास शर्मा, राजकमल प्रकाशन, दिल्ली
46. राजवाड़े लेख संग्रह, तर्कतीर्थ लक्ष्मण शास्त्री जोशी, साहित्य अकादेमी, नई दिल्ली
47. भारत-अलबरूनी, नेशनल बुक ट्रस्ट, दिल्ली
48. इब्नबतूता की भारत यात्रा या चौदहवीं सदी का भारत, नेशनल बुक ट्रस्ट, दिल्ली
49. भारत का भाषा सर्वेक्षण, सर जॉर्ज अब्राहम ग्रियर्सन, उ.प्र. हिन्दी संस्थान, लखनऊ
50. भारतीय समाज, एम.एल. गुप्ता, डी.डी. शर्मा, साहित्य भवन, आगरा
51. जिप्सी : भारत की विस्मृत संतति, चमनलाल, सूचना प्रसारण मंत्रालय, दिल्ली
52. धर्म का मर्म, अखिलेश मिश्र, राजकमल प्रकाशन

वेब संदर्भ

1. कम्पेरेटिव डिक्शनरी ऑफ़ इंडो-आर्यन लैंग्वेजेज़—सर राल्फ लिली टर्नर (गूगल बुक्स)
2. एटिमोलॉजिकल डिक्शनरी ऑफ़ मॉडर्न इंग्लिश—अर्नेस्ट वीकले (गूगल बुक्स)
3. ए काम्प्रिहेन्सिव पर्शियन-इंग्लिश डिक्शनरी—एफ. स्टेंगास (गूगल बुक्स)
4. ए डिक्शनरी : हिन्दुस्तानी एंड इंग्लिश—जॉन शेक्सपियर (गूगल बुक्स)
5. ए डिक्शनरी ऑफ़ इराक़ी अरेबिक बेवरली ई क्लैरिटी (गूगल बुक्स)
6. डिक्शनरी ऑफ़ मुस्लिम नेम्स—सलाहुद्दीन अहमद (गूगल बुक्स)
7. डिक्शनरी ऑफ़ सिंग्लिश, सिंगापुर एंड इंग्लिश सिंगापुर डिक्शनरी डॉट कॉम (गूगल बुक्स)
8. ए डिक्शनरी ऑफ़ उर्दू, क्लासिकल हिन्दी एंड इंग्लिश—जॉन टी प्लैट्स (गूगल बुक्स)
9. ग्लॉसरी : जुडिशियल एंड रेवेन्यू टर्म्स, ब्रिटिश इंडिया ईस्ट इंडिया कम्पनी के लिए—एच.एच. विल्सन द्वारा प्रणीत (गूगल बुक्स)
10. बाल्शॉन हिब्रू लैंग्वेज डिटेक्टिव
11. द हॉब्सन-जॉब्सन डिक्शनरी बिब्लियोमेनिया
12. गज़ेटियर्स ऑफ़ बॉम्बे प्रेसिडेन्सी महाराष्ट्र सरकार
13. क्लासिकल डिक्शनरी ऑफ हिन्दू माइथॉलॉजी एंड रिलीज़न—जॉन डॉसन (गूगल बुक्स)
14. कॉलोक्वियल इंग्लिश पर्शियन डिक्शनरी ले. कर्नल डी.सी. फिलॉट (गूगल बुक्स)
15. इंटरनेशनल बैंक नोट सोसाइटी—द आई.बी.एन.एस. डॉट ऑर्ग.
16. डायलेक्ट कल्चर एंड सोसाइटी इन ईस्टर्न अरेबिया—क्लाइव होल्स (गूगल बुक्स)
17. एन्साइक्लोपीडिया ऑफ़ इंडो-यूरोपियन कल्चर जे.पी. मेलॉरी, डगलस क्यू एडम्स (गूगल बुक्स)
18. इंग्लिश-उर्दू डिक्शनरी
19. ग्लॉसरी ऑफ़ इस्लामिक टर्म्स इन अरेबिक-विकिपीडिया
20. हिब्रू इन इट्स वेस्ट सेमिटिक सेटिंग : कॉम्प्रिहेन्सिव सर्वे—ए. मर्टनेन (गूगल बुक्स)
21. मोहम्मद हैदरी मल्येरी होम पेज
22. हिन्दी शब्दसागर-श्यामसुंदर दास (गूगल बुक्स)
23. ईरानोलॉजी डॉट कॉम
24. हेरिटेज सोसाइटी : इस्माइली डॉट नेट
25. जहाने रूमी

26. एब्सोल्यूट डिक्शनरी डॉट कॉम
27. लोकल एटिमोलॉजी : ए डेरीवेटिव डिक्शनरी ऑफ़ ज्योग्राफिकल नेम्स–रिचर्ड स्टीफन चार्नक
28. मेमोरीज ऑफ़ द हिस्ट्री, फोकलोर एंड डिस्ट्रीब्यूशन ऑफ़ द रेसेस ऑफ़ द नॉर्थ वेस्टर्न प्राविंसेस ऑफ़ इंडिया–हेनरी मायर्स इलियट
29. प्लेस नेम्स ऑफ़ द वर्ल्ड–एड्रियन रूम
30. पोर्चुगीज़ वोकेबल्स इन एशियाटिक लैंग्वेजेज़–सेबेस्टियो रॉडॉल्फो डेलगाडो, एंथोनी सोरेस
31. संस्कृत-इंग्लिश डिक्शनरी–एम. मोनियर-विलियम्स
32. द सिविलाइजेशन ऑफ़ इंडिया–रमेश चंदर दत्त
33. द क्लासबुक ऑफ़ एटिमोलॉजी–जेम्स लाइंड
34. हिन्दी मॉरल प्रीसेप्टर आर रूडिमेंटल प्रिन्सीपल्स ऑफ़ पर्शियन ग्रामर–जॉन बोर्थविक गिलक्रिस्ट
35. द पॉलिटिकल लैंग्वेज ऑफ़ इस्लाम–बर्नार्ड लेविस
36. द क़ुरान : एन एन्साइक्लोपीडिया–ऑलिवर लीमैन
37. द कम्पलीट इडियट्स गाइड टू अंडरस्टैंडिग इस्लाम–याहिया एमेरिक
38. द न्यू एन्साइक्लोपीडिया ऑफ़ इस्लाम–सिरिल ग्लासी, ह्यूस्टन स्मिथ (गूगल बुक्स)
39. द वर्ड्स ऑफ़ मैथेमेटिक्स : एन एटिमोलॉजिकल डिक्शनरी ऑफ़ मैथेमेटिकल टर्म्स–स्टीवन श्वार्जमैन (गूगल बुक्स)
40. द पॉलिटिक्स ऑफ़ लैंग्वेज : एन आर्टिफिशल डिवाइड–अफ्रीकन हेरिटेज, मेसोपोटेमिन रूट्स, इंडियन कल्चर एंड ब्रिटिश कॉलोनियलिज्म–अब्दुल जमील ख़ान
41. यू.एस. जियोलॉजिकल सर्वे
42. वर्ड ओरिजिन्स एंड हाउ वी नो दैम : एटिमोलॉजी फॉर एवरीवन–अनतोली लिबरमैन
43. वर्ड फॉर वर्ड
44. वर्ड ऑफ़ द डे
45. वर्डनिक डॉट कॉम
46. बैब ला : शब्दकोश, शब्दसंग्रह, अनुवाद
47. बिग इंग्लिश रशियन एंड रशियन इंग्लिश डिक्शनरी
48. इ.जे. ब्रिल्स फर्स्ट एन्साइक्लोपीडिया ऑफ़ इस्लाम
49. गोथिक एटिमोलॉजिकल डिक्शनरी–विनफ्रेड फिलिप लेहमैन, हैविट एंड फीस्ट (गूगल बुक्स)

●●●